权威·前沿·原创

皮书系列为
"十二五""十三五""十四五"时期国家重点出版物出版专项规划项目

BLUE BOOK

智 库 成 果 出 版 与 传 播 平 台

未成年人蓝皮书

BLUE BOOK OF MINORS

中国未成年人数字生活与网络保护研究报告（2021~2022）

THE DIGITAL LIFE AND INTERNET PROTECTION OF MINORS IN CHINA (2021-2022)

主　编／田　丰　高文珺
副主编／郭　冉

社会科学文献出版社
SOCIAL SCIENCES ACADEMIC PRESS (CHINA)

图书在版编目(CIP)数据

中国未成年人数字生活与网络保护研究报告.2021-2022/田丰,高文珺主编.--北京:社会科学文献出版社,2022.10
 (未成年人蓝皮书)
 ISBN 978-7-5228-0173-5

Ⅰ.①中… Ⅱ.①田… ②高… Ⅲ.①互联网-影响-青少年-研究报告-中国-2021-2022 Ⅳ.
①D669.5 ②TP393.4

中国版本图书馆CIP数据核字(2022)第087908号

未成年人蓝皮书
中国未成年人数字生活与网络保护研究报告(2021~2022)

主　　编/田　丰　高文珺
副 主 编/郭　冉

出 版 人/王利民
责任编辑/孙海龙　胡庆英　赵　娜　孙　瑜　李明锋　孟宁宁　李　薇
责任印制/王京美

出　　版/社会科学文献出版社·群学出版分社(010)59366453
　　　　　地址:北京市北三环中路甲29号院华龙大厦　邮编:100029
　　　　　网址:www.ssap.com.cn
发　　行/社会科学文献出版社(010)59367028
印　　装/三河市东方印刷有限公司

规　　格/开　本:787mm×1092mm　1/16
　　　　　印　张:29.5　字　数:447千字
版　　次/2022年10月第1版　2022年10月第1次印刷
书　　号/ISBN 978-7-5228-0173-5
定　　价/168.00元

读者服务电话:4008918866

▲ 版权所有 翻印必究

主要编撰者简介

田　丰　男，汉族，1979年6月出生，社会学博士，研究员，博士生导师，中国社会科学院社会发展战略研究院志愿服务研究室室主任。兼任中国社会学会副秘书长、中国社会变迁研究会副秘书长、中国志愿服务研究中心常务副秘书长、中长期青年发展规划专家委员会委员。2018年获得中组部万人计划青年拔尖人才，2020年获得国务院特殊津贴专家。主要研究方向：志愿服务、青年与网络，在《社会学研究》《青年研究》《中国青年研究》等刊物上发表学术论文60余篇。

高文珺　女，汉族，1983年4月出生，社会学博士，中国社会科学院社会学研究所副研究员，中国社会科学院社会学研究所出站博士后，加拿大多伦多大学心理学系访问学者。主要研究领域为互联网社会心态、社会共识和社会价值观、青少年与互联网。出版专著《社会共识的形成》《中老年社会心态和互联网生活》《网络直播：参与式文化与体验经济的媒介新景观》，在 Journal of Cross-Cultural Psychology, Asian Journal of Social Psychology, 《心理科学》《中国青年研究》等刊物发表学术论文50余篇。

目 录

Ⅰ 总报告

B.1 中国未成年人数字生活与网络保护报告……… 田 丰 高文珺 / 001

Ⅱ 分报告

B.2 未成年人在线教育报告……………………… 郭 冉 韩晓雪 / 024
B.3 未成年人网络亚文化报告…………………………… 吴子洋 / 049
B.4 未成年人网络游戏使用报告………………………… 田 丰 / 087
B.5 未成年人短视频使用报告…………………………… 田 丰 / 113
B.6 未成年人网络使用动机报告…………………… 高文珺 刘东浩 / 136
B.7 未成年人网络沉迷报告……………………………… 张 衍 / 163

Ⅲ 专题报告

B.8 未成年人网络媒介使用与价值观报告………… 高文珺 滕素芬 / 188
B.9 未成年人网络活动与情绪控制………………………… 顾旭光 / 214

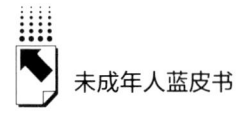

B.10 未成年人网络行为与心理健康研究 ………… 刘晓柳 滕素芬 / 240
B.11 未成年人网络使用与创造性 ………………… 应小萍 吴 吉 / 261
B.12 未成年人互联网使用与人际关系研究 ……… 郭 舟 韩晓雪 / 286
B.13 家长对未成年人亚文化的态度研究报告 …… 顾旭光 周晓倩 / 344
B.14 家长对子女在线教育及人际关系评价研究
  ……………………………………………… 郭 舟 韩晓雪 / 369
B.15 家庭因素对未成年人网络沉迷的影响研究
  ……………………………………………… 张 衍 马 畅 / 420

附 录 ……………………………………………………………… / 444

Contents …………………………………………………………… / 449

总报告
General Report

B.1
中国未成年人数字生活与网络保护报告

田丰 高文珺*

摘　要： 本报告分析了未成年人网络保护的法规变革，结合全国性的问卷调查，勾勒出当前未成年人学习、娱乐、社交等数字生活的特点，阐释其互联网使用的动机以及互联网使用对其价值观念、心理健康和创造性的影响。报告指出，未成年人数字生活与家庭环境、学校环境紧密相关，互联网-家庭-学校的生态系统影响着未成年人的成长和发展。基于此，报告建议未成年人网络保护要关注以下几个方面：政府部门以系统化视角制定法规、平台企业强化数字内容价值导向、落实学校网络素养教育、重视家庭教育、社区学校家庭联动丰富线下活动、合理引导未成年人主观能动性等。

---

* 田丰，中国社会科学院社会发展战略研究院研究员，中国社会科学院社会发展战略研究院志愿服务研究室主任，中长期青年发展规划专家委员会委员。高文珺，中国社会科学院社会学研究所副研究员，中国社会科学院社会心理与行为实验室副研究员，中国社会科学院社会学研究所社会心理学研究中心副研究员。

关键词： 未成年人　数字生活　网络保护

随着互联网技术快速发展和移动智能终端设备的广泛普及，未成年人的成长和社会化过程越来越离不开互联网与各种数字应用。互联网为未成年人搭建了数字化的学习、生活、娱乐和社交空间，但是互联网环境复杂多样，未成年人的生理、认知、社会性和人格尚未成熟，身心的发展性与网络的复杂性相互作用，引发不少关于未成年人互联网使用的争议。针对未成年人网络保护，国家有关部门陆续出台了相关措施。2021年6月1日，新修订的《中华人民共和国未成年人保护法》正式施行，其中专章规定了未成年人网络保护的内容。2021年5月启动的"清朗"系列专项行动的一个重要内容就包括开展"未成年人网络环境整治"专项行动。2021年8月，防止未成年人沉迷网络游戏新规落地。全社会对未成年人数字实践活动的关注度不断提升。

社会在快速向信息化和数字化方向发展，未成年人不可避免会卷入其中。从当下来看，对未成年人数字生活的理解可包括未成年人使用网络和数字媒介的心理与行为特点，数字亚文化的构建和演化，以及数字能动性和数字素养的具体表现。为对数字社会发展与未成年人成长发展的关系有更全面的认识，"未成年人数字生活与网络保护"课题组于2021年，在全国31个省（自治区、直辖市），针对6~18岁的在校学生及其家长进行抽样调查，收回有效学生问卷21733份，家长问卷19804份（抽样及调查对象详细情况见附录1）。本次调查旨在勾勒出未成年人在互联网空间的学习、娱乐和社交特点[1]，以及互联网使用对其思维认知、情绪心理、创新能力和价值观念的影响。

一　未成年人保护相关法规的变革

2021年是中国未成年人保护事业发展的重要一年：修订后的《中华人

---

[1] 本报告中的未成年人指6~18岁正在接受初等教育和中等教育的在校学生。

民共和国未成年人保护法》正式施行；《中国儿童发展纲要（2021-2030年）》发布，强调加强未成年人网络保护，落实政府、企业、学校、家庭、社会保护责任。三是《中华人民共和国家庭教育促进法》规定未成年人的父母或者其他监护人有责任预防未成年人沉迷网络。

（一）《中华人民共和国未成年人保护法》增设网络保护专章

修订后增设网络保护专章的《未成年人保护法》正式实施，意味着中国进入了未成年人网络保护的新阶段。《未成年人保护法》一是明确了网络保护的各方主体，在未成年人网络素养教育中强调了国家、社会、学校和家庭的责任。二是在政府监管上增加了诸多的网络信息和网络环境管理部门，除去以往经常出现的网信、公安、文化和旅游、新闻出版、电影、广播电视等部门外，新纳入了教育、卫生健康等部门，尤其是教育部门的纳入能够有效拓展和增强未成年人网络保护的路径。三是细化了未成年人网络保护管理的内容，要求网络游戏、网络直播、网络音视频、网络社交等网络服务提供者应当针对未成年人使用其服务设置相应的时间管理、权限管理、消费管理等功能。四是强化了未成年人网络保护中学校的职责，学校不仅要为未成年人安装未成年人网络保护软件或者采取其他安全保护技术措施，而且发现未成年学生沉迷网络的，应当及时告知其父母或者其他监护人。五是对未成年人网络隐私保护提出了具体要求，要求平台分年龄管理的方式比较好地协调了未成年人使用网络权利和监护人职责之间的关系。六是国家建立统一的未成年人网络游戏电子身份认证系统，对网络游戏的监管成为重头戏。

当然，《未成年人保护法》网络保护内容不只是上述六个方面，还有很多的细节内容，但也存在一些值得深入研究和讨论的地方。比如第七十条规定，"未经学校允许，未成年学生不得将手机等智能终端产品带入课堂，带入学校的应当统一管理"，执行起来就具有一定的难度。还有网络沉迷，至今尚未科学、全面地确定其测量标准，它被多次提及，也为现实社会中可能出现过度治理埋下了伏笔。

毫无疑问，《未成年人保护法》中增加了网络保护的内容是跟进时代要

求的一大进步,但未成年人网络保护仅仅依靠法律是远远不够的,如果没有形成社会性协作合力,法律的效用就会大打折扣。尤其是法律的内容能否精准地反映时代的变化和未成年人健康成长成才的需求,还要经过时间的检验。

(二)《中国儿童发展纲要(2021-2030年)》强调网络保护和网络素养

《中国儿童发展纲要》每十年由国务院颁布一次,是指导未来十年儿童发展的纲领性文件,《中国儿童发展纲要(2021-2030年)》最大的亮点是增设了儿童与安全领域,并将网络保护,预防和干预儿童沉迷网络,有效治理不良信息、泄露隐私等问题,作为儿童与安全的主要目标之一写进了纲要。

《中国儿童发展纲要(2021-2030年)》在加强未成年人网络保护中直接明确了政府、企业、学校、家庭、社会五方的保护责任,在具体内容上也基本与《未成年人保护法》保持了高度一致,如隐私保护、网络权限管理、网络教育监管等,体现出中国对未成年人网络保护法律规定和政策指引之间的一致性和衔接性。

《中国儿童发展纲要》与《未成年人保护法》相比最大的特色是强调了网络的文化教化功能,如思想道德教育、网络文明教育等。一方面强调要利用网络技术给未成年人提供适合他们的内容,并为弱势儿童群体,如欠发达地区儿童、残疾儿童、困境儿童的网络素养提升及参与网络生活提供支持。另一方面强调网络语言文明教育,将网络视为儿童思想道德教育的新途径,培养儿童良好的用网习惯,增强其信息识别和网上自我保护能力等。这些提法比强制的禁止性规定更加柔和,也更加符合未成年人的真实生活和网络需求,更具有贴近现实的时代感。实际上,未成年人需要的是更安全的网络科技和高质量的数字生活,而非与网络生活隔绝或被冠以无法准确测量的污名化病症。

《中国儿童发展纲要(2021-2030年)》也更加强调低龄未成年人的网

络保护,坚持对不同年龄段儿童分类指导的原则,在社会、学校、家庭之外,增加了幼儿园作为提升网络素养的主要渠道,但其中的可操作性有待观察。

(三)《中华人民共和国家庭教育促进法》

人类从农业社会走向工业社会最明显的变化之一,就是家庭功能的外化,农业社会中家庭所具有的生产、教育等功能,在工业化过程中逐步被专门的生产机构和教育机构所取代,这在全球范围内都具有一定的规律性。《家庭教育促进法》是非常符合中国国情和中国特色的一部法律,中国自古以来就特别重视家庭、家教、家风,尽管在工业化过程中,家庭教育功能一部分被学校所取代,但家庭对教育的作用始终发挥着广泛、重要的影响。

进入互联网时代之后,中国大规模人口流动和家庭教育作用之间的冲突开始日益明显,最为突出的是农村外出务工家庭催生了大量的留守儿童,也由此引发了一些普遍性的社会问题,这些社会问题一部分诱因是家庭监管和家庭教育的缺失。而这些问题在互联网时代被放大,数字生活对未成年人的诱惑力是不言而喻的,留守儿童的网络使用监管和网络素养教育缺失引发了相当数量的未成年人网络沉迷现象。而解决未成年人网络沉迷的问题需要政府、社会、企业、学校和家庭共同努力,家庭作为孩子数字生活最重要的场域,家庭教育的缺失导致政府、社会、企业和学校的努力可能会事倍功半,因而在网络时代强化家庭教育,是未成年人网络保护最重要的一环。

《家庭教育促进法》侧重于家庭、家教、家风,在网络保护规定方面有不少新的突破,主要有以下三个方面:第一是明确了家庭责任和监护人的责任,强调了家庭与学校之间在引导未成年人健康上网和防欺凌方面需要有更多的合作。第二是未成年人的父母和监护人具有预防未成年人沉迷网络的责任,也就是明确了家庭教育在未成年人数字生活中的预防作用和重要功能。第三是地方政府的责任得到明确,其需要为留守未成年人和困境未成年人的父母或者其他监护人实施家庭教育创造条件。可见,《家庭教育促进法》对

未成年人数字生活中家庭教育作用的强调，以及对政府、学校、家庭角色的界定更加符合中国国情，也更有利于形成未成年人网络保护的合力。

2021年除了上述三个主要法规政策的出台之外，在相关法规政策精神的指引下，我国在网络游戏、网络直播、网络短视频等方面均出台了一些更为细致的管理规则和管理规定，这些管理规则和管理规定在执行过程中给未成年人的数字生活营造了更加清朗的网络空间，也为未成年人网络保护实务工作的开展提供了更为充实的依据。

二　未成年人数字生活特点

（一）未成年人首次触网日益低龄化，城市未成年人比农村未成年人更早接触网络，使用设备更多元

调查显示，未成年人首次触网低龄化趋势明显，平均21.09%的未成年人在上学前就接触了网络，62.01%在上小学期间首次接触网络。其中，小学低年级的未成年人有38.15%在上小学前就已经接触了网络（见图1），而初高中学段的未成年人分别只有11.12%和13.16%是在上小学前接触过网络，由此可见，在过去10余年间，未成年人首次接触互联网的时间越来越早。

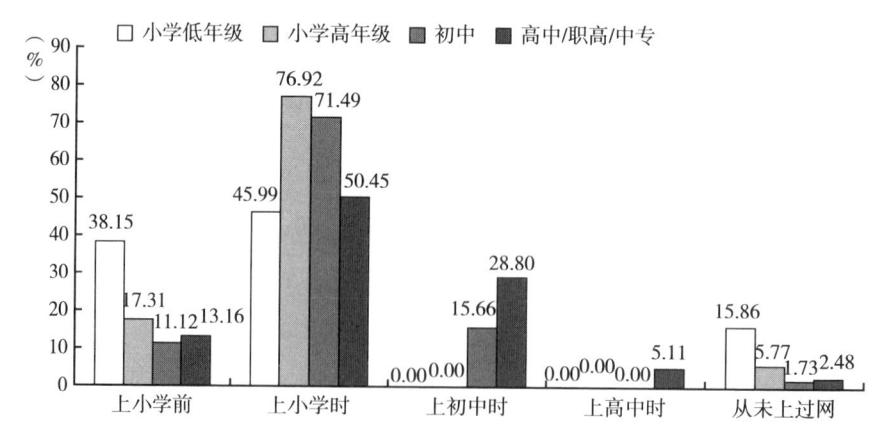

图1　未成年人首次触网时间

首次触网时间还存在一定的城乡差异，城市未成年人首次触网时间要早于农村未成年人。城市未成年人在上小学前就接触网络的平均百分比为23.23%，农村未成年人相应比例为14.46%；城市未成年人在上小学时期接触网络的比例为63.91%，农村未成年人相应比例为56.12%。此外，未成年人的上网设备也存在城乡差异，手机是未成年人上网的最常用设备，但农村未成年人使用手机上网的比例（92.56%）要高于城市未成年人（81.75%），而城市未成年人和农村未成年人相比，使用电脑（29.69% vs. 20.40%）和平板电脑（31.21% vs. 11.13%）作为上网常用设备的比例更高（见图2）。总体看，城市未成年人要比农村未成年人更早接触网络，并且在上网的硬件设施上更加多元。

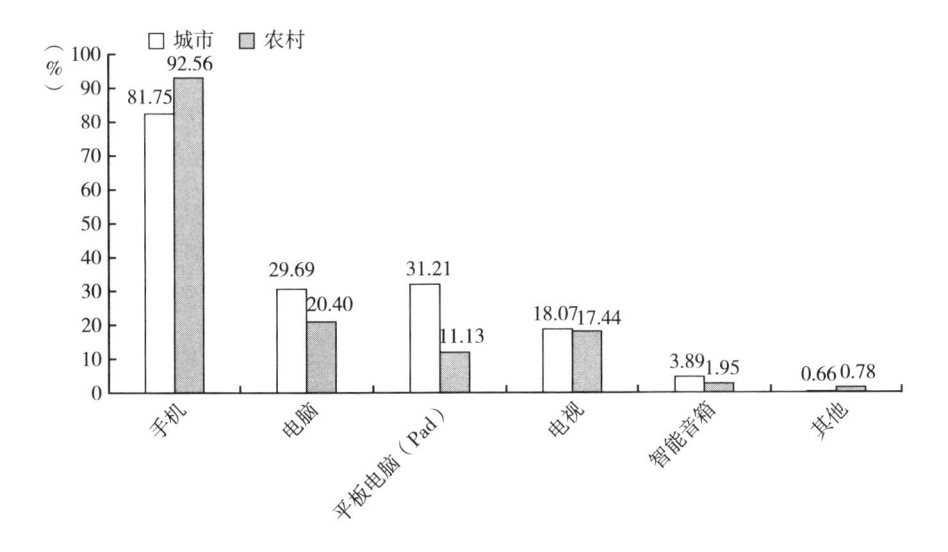

图 2 城乡未成年人上网设备

（二）未成年人数字生活多样化，随年龄增长娱乐和社交应用频繁，城市未成年人网络学习活动较多，农村未成年人网络娱乐活动较多

整体上，未成年人使用网络和数字媒介所进行的实践活动呈现多样化态势，涵盖了学习、娱乐、社交和生活等领域（见表1）。其中，最经常从事

的网络活动是与学习相关的活动，如收发学校通知、作业等（36.77%）；其次是休闲娱乐活动，包括听音乐（30.12%）、看短视频（22.86%）、听书/听故事等（18.42%）、看视频（16.54%）、玩游戏（16.06%）和看动漫（13.39%）；此外，互联网还为未成年人提供了社交媒介，17.47%的未成年人经常或总是在网上聊天。

表 1　未成年人网络活动类型和频率

单位：%

上网进行的活动	没有或很少	有时	经常或总是
收发学校通知、作业等	33.22	30.01	36.77
听音乐	40.33	29.55	30.12
网上学习	32.92	41.22	25.85
搜索信息	35.89	38.83	25.28
看短视频	47.66	29.48	22.86
听书/听故事等	54.95	26.63	18.42
聊天	58.21	24.32	17.47
看视频(如看剧、综艺)	56.01	27.45	16.54
玩游戏	59.12	24.82	16.06
看动漫	61.35	25.26	13.39
看新闻/资讯	70.48	20.21	9.31
使用社交网站	79.54	11.67	8.78
网上购物/消费	75.70	16.22	8.08
看小说	79.71	12.30	7.99
内容创作，如录歌、编辑视频等	74.21	17.95	7.84
看直播(不含课程直播)	83.86	11.41	4.73
听电台	86.73	9.31	3.96
逛微博	89.63	6.43	3.94
逛网络社区(如贴吧、知乎等)	88.78	7.65	3.58
粉丝应援(如投票、集资、打榜等)	93.08	4.44	2.48
在网上就社会事件发表言论	92.74	5.56	1.70
收发邮件	93.02	5.39	1.58

注：表中数据收集于2021年4月，在2021年下半年，"清朗"系列专项行动开展，"双减"政策实施，游戏和短视频平台也陆续推出新的防沉迷措施，该数据不能反映出这些措施实施后的情况，下同。

针对这些互联网活动，选取未成年人经常参与的排名在前十的活动做进一步比较分析，对比不同学龄段未成年人经常或总是从事的网上活动，可以发现（见图3），随着年龄增长，未成年人会更频繁使用互联网进行社交和娱乐。小学低年级学生的常见互联网使用行为是以工具性使用为主，将互联网作为接收学校通知和辅助学习工具，娱乐和社交应用都较少。其中，娱乐以听书或听故事为主。到了小学高年级，经常利用互联网媒介学习的人数比例又有增加，经常进行网上学习的比例从小学低年级的19.63%增至30.57%；上网听音乐、看短视频、玩游戏和看视频的比例也有提升，但网络娱乐实践主要还是集中在初高中阶段。高中阶段经常上网听音乐的比例为55.25%，看短视频比例为35.68%，看视频比例为26.93%，玩游戏比例为22.67%，看动漫比例为17.64%，通过网络媒介进行社交也是以初高中阶段的学生为主，上网聊天的比例从小学低年级的3.80%升至高中的35.18%。

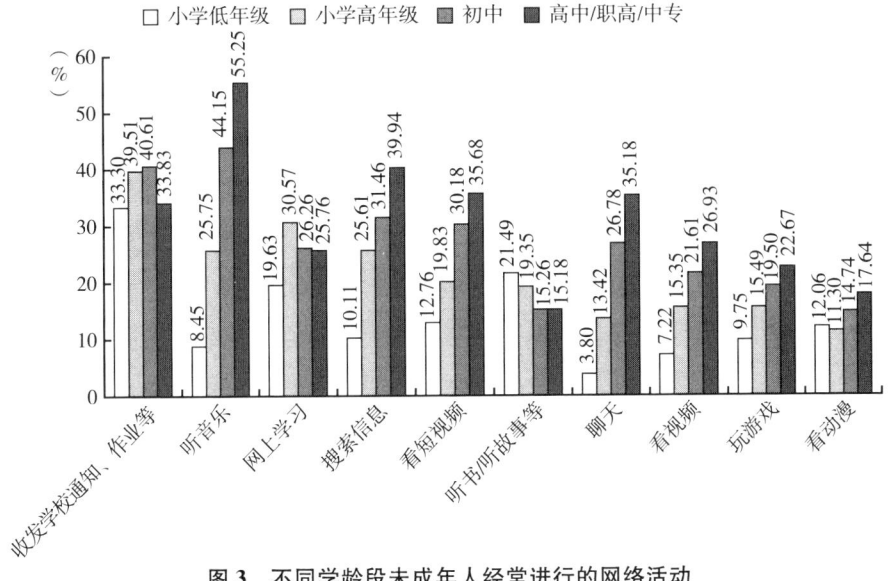

图3 不同学龄段未成年人经常进行的网络活动

对比城乡未成年人经常或总是从事的网上活动，结果显示（见图4），城市未成年人利用互联网学习的比例更高，农村未成年人利用互联网进行娱乐的比例更高，主要差异表现在网上学习、搜索信息、听书/听故事等、看短视

频和视频节目等活动上。城市学生经常上网学习的比例要比农村学生高出9.86个百分点（28.28% vs. 18.42%），经常搜索信息的比例高出4.33个百分点（26.35% vs. 22.02%），经常听书、听故事的比例高出4.42个百分点（19.50% vs. 15.08%）。农村学生经常看短视频的比例要比城市学生高出6.26个百分点（27.58% vs. 21.32%），经常看视频的比例高出3.48个百分点（19.17% vs. 15.69%）。在其他常见的互联网活动上，城乡未成年人差异较小。

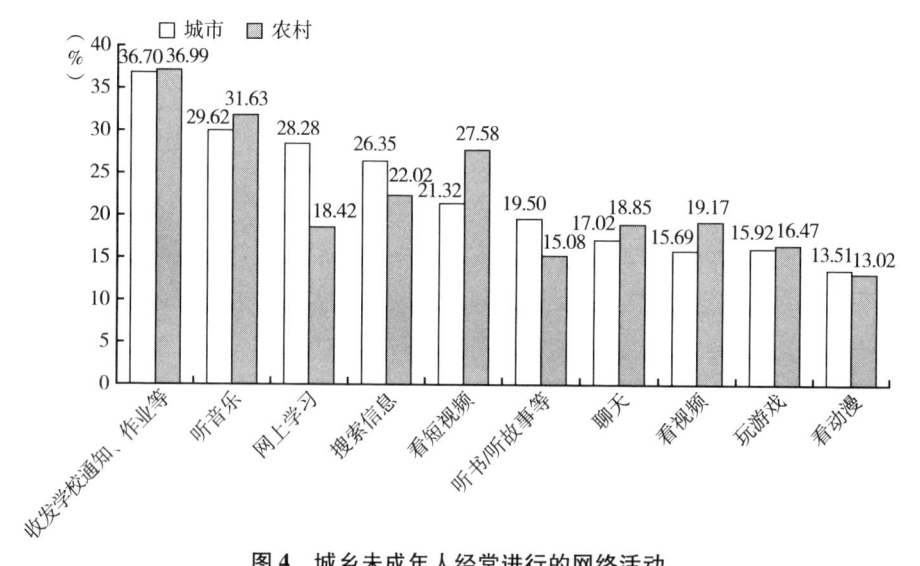

图4 城乡未成年人经常进行的网络活动

（三）未成年人网络学习活动以作业辅导和上网课为主，课外在线教育以学科类为主，美术教育有兴起趋势

未成年人上网学习是其最常从事的网络活动，进一步分析显示，未成年人利用互联网从事的学习活动以查资料和辅助做作业最为常见，经常如此的人数比例都超过了四分之一。排在第三位和第四位的常见网上学习活动是上网课和学习课外知识。

对未成年人上网课的情况做进一步分析，78.48%的未成年人都曾在课外上过网课，在这些上过网课的未成年人中，67.26%的人每周上1～2节网

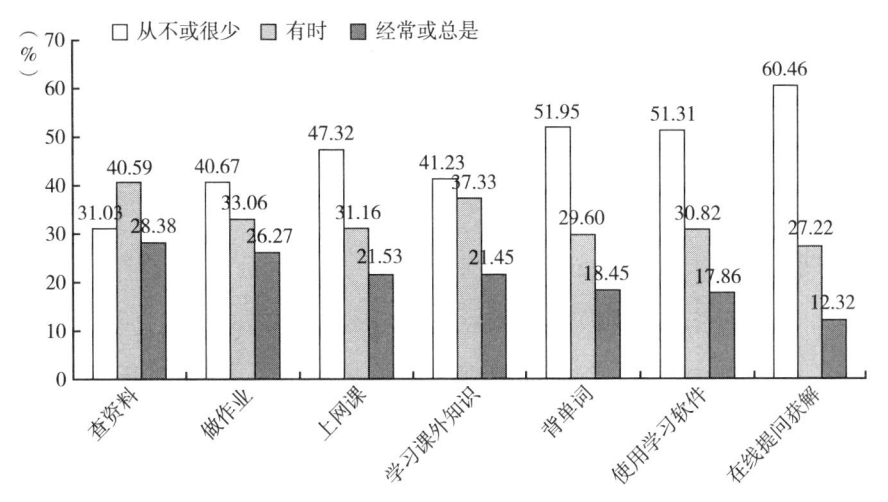

图5 未成年人网上学习活动类型

课，网课学习内容以学科类为主，特别是语数外三大主科，各年级平均有45.86%的人上过数学（非奥数）网课，45.05%的人上过英语网课，43.20%的人上过语文网课；随着学科设置的变化，高中生有超过三成的人上过物理和化学网课。而非学科在线教育方面，美术类教育较受欢迎，平均有14.03%的人上过美术网课，小学阶段未成年人学习美术的比例最高。

未成年人对于网课总体接受程度较高，有54.79%的未成年人喜欢或非常喜欢上网课，而在上过网课的未成年人中，这一比例为69.80%。同时，这些上网课的未成年人中，63.47%的人认为网课对学习比较有帮助，18.26%的人认为非常有帮助；但是，大部分人（82.47%）还是认为，线下上课比上网课的效果好。

（四）未成年人网络娱乐多在周末进行，时长多在1小时以内，但随着年龄增长，网络娱乐占据的时间增多

网上娱乐活动是未成年人数字生活的重要组成部分，调查显示未成年人网上娱乐活动丰富多样，最为常见的是听音乐、看短视频和视频节目、玩网络游戏和看动漫。从时间花费上看，未成年人网上娱乐的时间主要集中在周

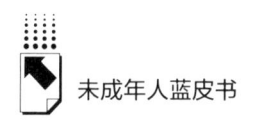

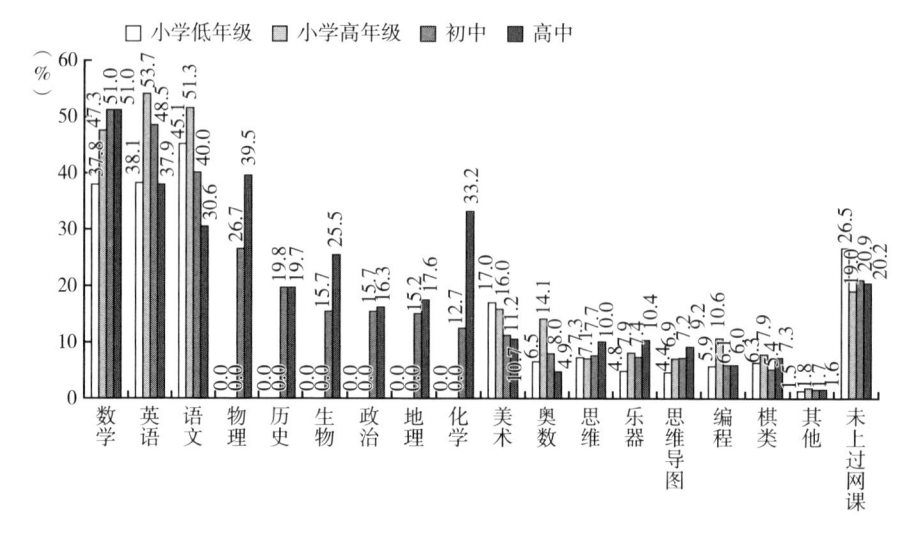

图 6　未成年人网课学习内容分布

末。具体而言，工作日，未成年人上网娱乐的时间都比较少，半数左右的人不会上网看视频、短视频、动漫或是玩游戏，其他人也大多将时间控制在1小时以内（见图7）。周末上网娱乐的人数会有所增加，比如看视频节目的人数比例从平时的45.34%增至55.08%[1]，看短视频的人数比例从平时的55.52%增至66.57%，玩游戏的人数比例从平时的47.91%增至61.65%。同时，娱乐的时间也有所增加，如看视频超过两个小时的人数比例从工作日的4.14%增至6.45%，看短视频超过两个小时的人数比例从工作日的4.73%增至7.90%，玩游戏超过两个小时的人数比例从工作日的4.82%增至9.44%。

随着年龄增长，未成年人网上娱乐的时间明显增加（见图8和图9）。初高中生因课业较多，工作日和小学生一样，大多较少进行网络娱乐，但如果进行网络娱乐，时间会更长。而在周末，初高中生进行网络娱乐的人数比例则会大幅提高，娱乐时间也大幅增加。如初中生看视频、看短视频和玩游戏的人数比例从工作日到周末提升了14.82~17.96个百分点，高中阶段的

---

[1] 该数值为总体比例（100%）减去从未使用的人数比例所得，下同。

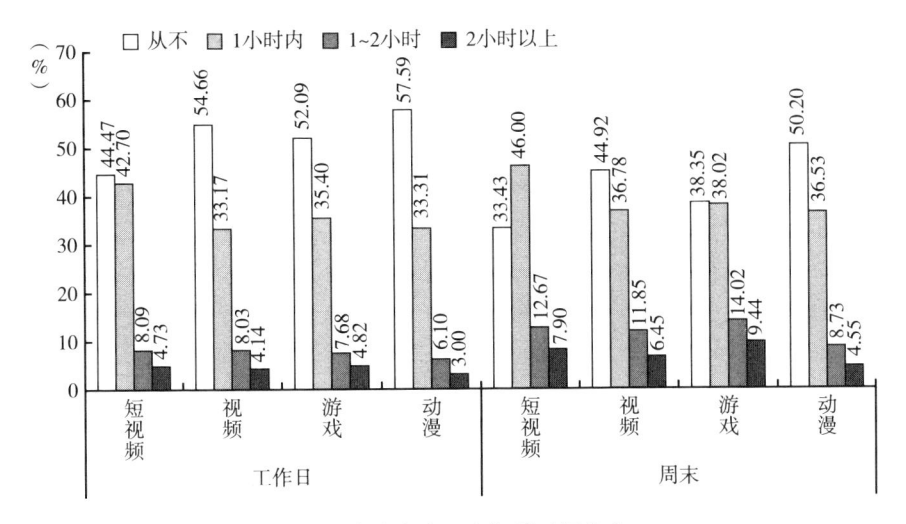

图7 未成年人网上娱乐时间分布

学生则提升了19.78~20.56个百分点。时长上，初中生工作日看视频、看短视频和玩游戏超过两个小时的比例为5.76%、6.99%和7.40%，在周末，相应比例提升至8.42%、11.64%和13.33%。高中阶段的学生工作日看视频、看短视频和玩游戏超过两个小时的比例为7.85%、9.33%和7.46%，在周末，相应比例提升至13.88%、17.34%和16.73%。这些结果表明，网络娱乐已成为初高中阶段未成年人重要的休闲娱乐方式，且随年龄增长，其所占据的未成年人的时间呈上升趋势。

（五）未成年人随年龄增长，网络社交增多，高年级未成年人更易将网络作为重要交友渠道

在调查中，通过互联网媒介聊天是未成年人社交方式的一种，随着年龄增长，未成年人进行网上聊天的比例增加、时间增多。对于小学低年级阶段的未成年人来说，无论是工作日还是周末，上网聊天的人数比例都比较少，四分之一左右的人会上网聊天，绝大多数都在1小时以内。小学高年级的未成年人参与网上聊天的人数比例增加，近半数的人会上网聊天，同样绝大多数聊天时长都在1小时以内，且工作日和周末差异不大。初高中阶段参与网

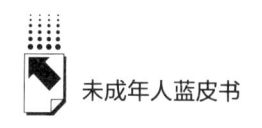

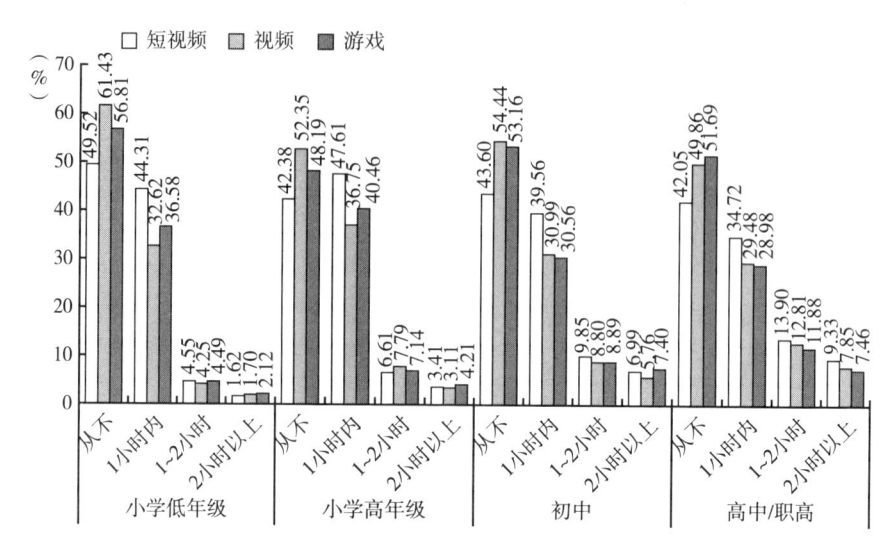

图 8　不同学龄段未成年人工作日网上娱乐时间分布

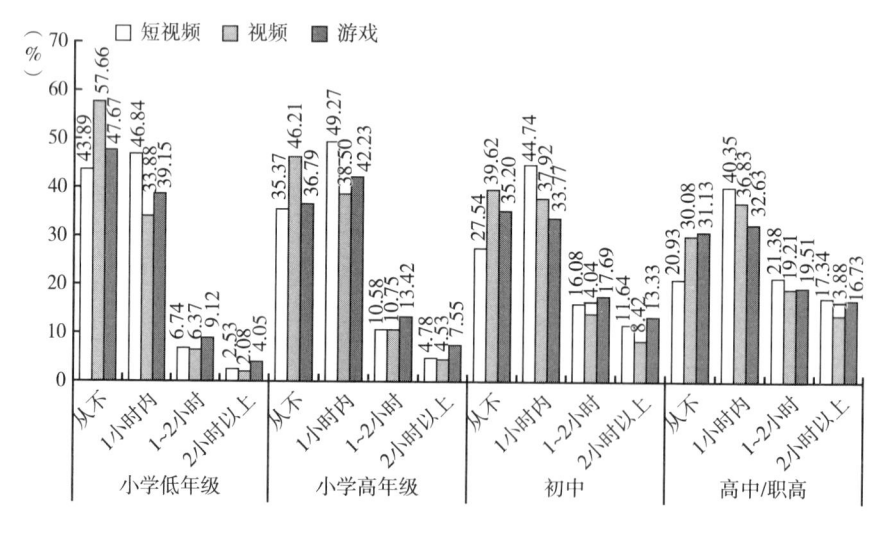

图 9　不同学龄段未成年人周末网上娱乐时间分布

上聊天的人数比例明显增加，周末上网聊天的人数明显多于工作日，且聊天时间有明显增加。比如，初中生上网聊天的比例工作日为 62.69%，周末提升至 75.18%，聊天时长超过两个小时的在工作日有 7.28%，周末为

10.96%。高中阶段的学生上网聊天的比例工作日为66.28%，周末为86.67%，聊天时长超过两个小时的在工作日有10.27%，周末则为16.55%。

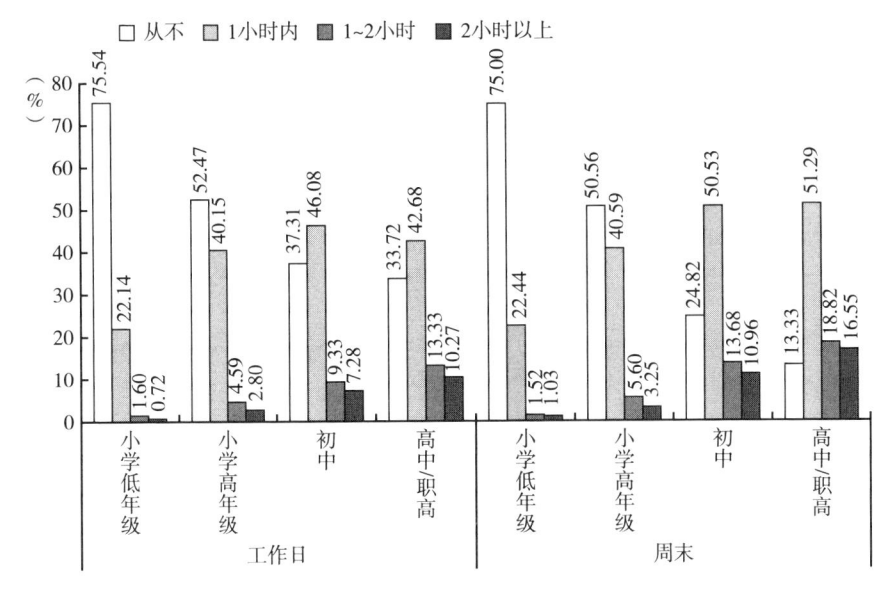

图10　不同学龄段未成年人网上聊天的时间分布

从社交对象看，未成年人的好朋友还是以现实生活中的好友为主，平均有13.96%的未成年人在网上会较多地与未见过面的网友进行交流，小学低年级阶段这一比例最低，合计为8.40%[1]，其他年龄段的未成年人也都在两成以下（见图11），也就是说未成年人的网上社交对象还是以现实生活中有接触的人为主。不过，随着年龄增长，未成年人的社交会更多地借助网络途径。在小学低年级阶段，有13.57%[2]的人认为网络是交友的重要途径，随年龄增长，越来越多的人认可这一观点，高中/职高阶段，这一比例达到了39.79%。

---

[1] 该数值为选择"比较多"和"非常多"两项比例的和。
[2] 该数值为"比较同意"和"非常同意"网络是交友的重要途径这一观点的人数比例相加所得。

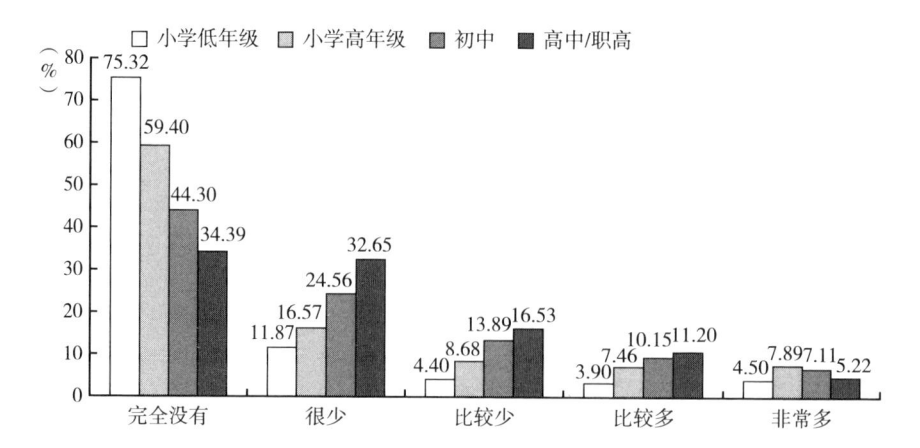

图 11 不同学龄段未成年人与没见过面的网友进行交流的人数比例

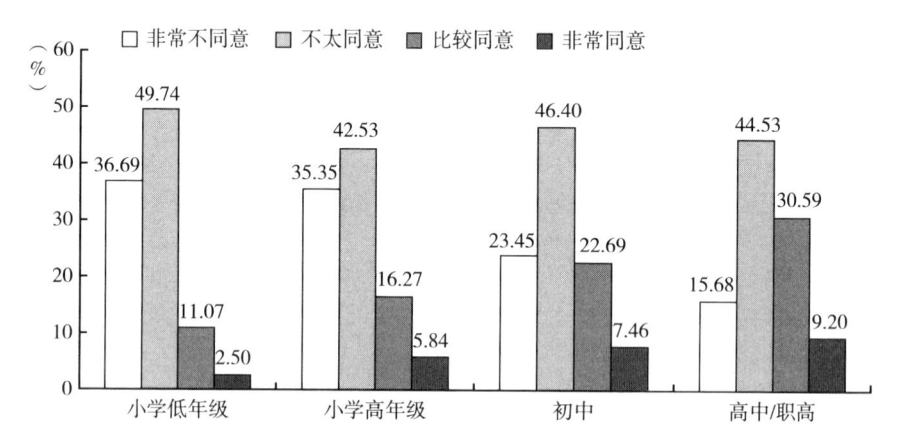

图 12 不同学龄段未成年人将网络视为重要交友途径的人数比例

三 未成年人数字生活的心理机制与深远影响

（一）未成年人使用互联网最主要是满足认知需要，其次是娱乐需要

本调查发现，未成年人使用互联网的动机排序从高到低依次是满足认知需要、娱乐需要、自我表达需要和社交需要。具体而言，平均有六成左右未成年人将互联网视为拓展视野、获取信息和辅助学习的重要渠道，满足认知需要，认知动机成为未成年人上网的最主要动机，但值得注意的是也有超过四成的未成年人将互联网作为满足娱乐放松需要的途径；36.80%的未成年人认为网络可以充分表达自我。有四分之一的未成年人以社交为目的，将互联网作为寻找志趣相同伙伴、认识朋友的重要渠道。随着年龄增长，未成年人使用互联网来满足各种认知和心理需要的动机增强。

（二）未成年人网络沉迷与触网早晚、网络娱乐活动长短有关

本调查发现，我国未成年人中有16.50%有一定的网络沉迷倾向，男性、居住在农村以及处于高中/职高阶段的未成年人沉迷倾向更高。其中，男生有网络沉迷风险的比例比女生高出6.32个百分点，农村未成年人比城市未成年人有网络沉迷风险的比例高出4.74个百分点，高中阶段未成年人有网络沉迷风险的比例比其他年级未成年人高0.97~4.55个百分点。进一步分析显示，首次触网时间越早，网络娱乐活动越频繁，网络沉迷风险越高，而网络学习活动则不会增加网络沉迷风险。对网络亚文化的过分喜爱，如对弹幕、二次元和饭圈等文化的喜爱，也可能会增加网络沉迷的风险。网络沉迷还与未成年人的社会心态存在关联，生活满意度越低、学习压力越大、对未来发展越没信心的未成年人，网络沉迷倾向也会越高。

（三）未成年人的数字生活对其价值观念、心理健康和创造性产生一定影响

调查发现，未成年人的网络使用会影响其价值观念、心理健康程度、情绪稳定性和创造性。在价值观念方面，未成年人使用网络娱乐媒介越频繁，越可能更注重外在的财富成功、社会认可和形象出众等价值，而越少追求个人成长、亲和乐群和热心公益等内在价值。和从不或很少看视频、玩游戏、看短视频的未成年人相比，经常或总是使用这些媒介的未成年人重视财富成功的比例会高出7.69~12.31个百分点，重视社会名气的比例会高出2.68~

4.82个百分点,重视形象出众的比例会高出14.03~16.55个百分点。心理健康方面,回归分析结果显示,网上进行娱乐活动和社交活动越频繁,心理健康水平越低;网络学习活动越频繁,心理健康水平越高。

创造性方面,适当的网络使用有助于未成年人创造性的培养,比如,经常或总是进行网络学习的未成年人(包括上网课、做作业、在线提问解题、查资料、背单词、学习课外知识等),在多个领域表现出的创造性行为都会比较多。与从不或很少上网学习的未成年人相比,经常或总是上网学习的未成年人,在手工设计领域表现出较高创造性的人数比例高出15.54个百分点,在策划集体活动、人际交往等社会活动领域创造性较高的人数比例要高出14.00个百分点,在语言文学领域创造性较高人数比例要高出14.02个百分点,在科学技术领域创造性较高的人数比例要高出13.98个百分点,在文艺表演领域创造性较高的人数比例要高出12.87个百分点。

四 未成年人数字生活与互联网-家庭-学校生态

根据生态系统理论,未成年人的成长发展是其与环境相互作用的产物。互联网的出现,打破了物理空间的限制,拓展了未成年人日常活动所能接触的直接环境,与未成年人以往所直接接触的家庭和学校环境共同形成了一个新系统。本调查也证实,未成年人的数字生活与家庭环境、学校环境紧密相关,共同构成了一个互联网-家庭-学校生态系统,影响着未成年人的成长和发展。

(一)亲子关系、父母关系和父母的作用形塑着未成年人的数字生活

家庭环境会直接影响青少年的上网动机强度,父母对子女越了解、亲子互动越频繁、亲子关系越是亲近,未成年人越少依赖网络使用来满足心理需要,上网动机越弱。比如,父母对子女了解程度较高的时候,未成年人将互联网作为娱乐放松主要途径的比例降低14.24个百分点,作为自我表达媒介的比例下降11.30个百分点,作为寻求志同道合伙伴重要途径的比例下降

11.47个百分点。亲子关系亲近的时候，未成年人将互联网作为重要娱乐途径的比例下降20.31个百分点，作为自我表达媒介的比例下降12.74个百分点，作为寻求志同道合伙伴重要途径的比例下降14.37个百分点。玩网络游戏或看短视频等网络娱乐活动的频率也会相应减少。父母对子女了解程度高的时候，孩子经常或总是玩游戏的比例降低5.61个百分点，经常或总是看短视频的比例降低8.80个百分点；父母和孩子关系亲近的时候，孩子经常或总是玩游戏的比例降低10.79个百分点，看短视频的比例降低13.00个百分点。

良好的父母关系和亲子关系还是降低未成年人网络沉迷的关键因素，父母之间关系很好的孩子，和父母关系很不好的孩子相比，其网络沉迷风险会降低9.49个百分点；而父母经常吵架的孩子，和父母很少吵架的孩子相比，其网络沉迷风险会提升22.47个百分点。同时，家长对孩子采用降低期望但严格管理的教养方式能够降低未成年人网络沉迷的程度。家长的网络监管意识越弱、自身上网频率越高、网络娱乐活动越频繁，其子女的网络沉迷风险越高。比如，父母对孩子学习完全不管的时候，和父母管的比较严格的时候相比，孩子总是玩网络游戏的比例要高出11.92个百分点，总是看短视频的比例要高出9.74个百分点。平时每天玩游戏或看短视频时长较长（3小时以上）的家长，和不玩游戏或不看短视频的家长相比，其孩子有网络沉迷风险的比例分别高出5.36和11.10个百分点；和玩游戏或看视频用时较少（1小时以内）的家长相比，其孩子网络沉迷的风险也会分别高出5.22和8.83个百分点。

（二）学校环境和网络素养教育影响未成年人的数字生活

调查显示，未成年人不适应学校环境时，使用互联网娱乐和社交的动机会更强烈，将互联网作为娱乐放松主要途径的比例会提升14.64个百分点，作为社交重要渠道的比例会提升14.35个百分点。而良好的同学关系则可以减少未成年人对互联网满足心理需要的依赖。与此同时，未成年人学校融入程度越高，网络沉迷风险也会越低，喜欢学校的孩子网络沉迷风险会降低5.75个百分点，不适应学校想转学的孩子网络沉迷风险会增加19.24个百分点。

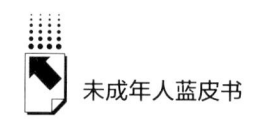

学校网络素养教育开展的情况也会影响未成年人的网络使用，调查中，94.86%的学校都开展过网络素养相关教育，涉及网络安全防范和自我保护教育（79.81%）、文明上网教育（66.71%）、网络防沉迷教育（62.75%）、网络相关法律法规知识普及（58.59%）和网络操作技能（42.87%）。未成年人在学校接受过网络素养相关教育的，其有网络沉迷倾向的比例要比没接受过相关教育的未成年人低（16.30% vs. 20.05%），并且，各种类型的网络素养教育都能降低未成年人网络沉迷的风险（见图13）。

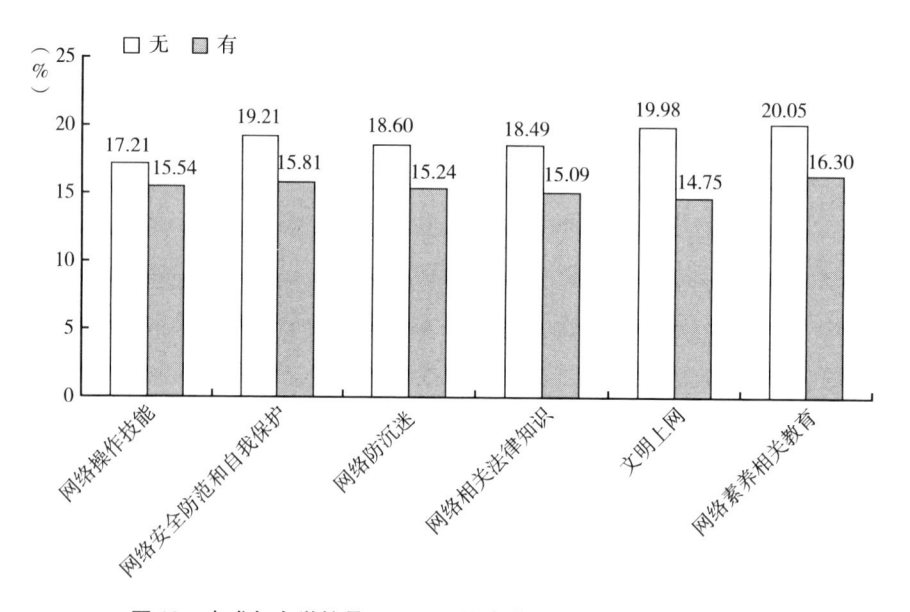

图 13　未成年人学校是否开展网络素养教育与其网络沉迷倾向

综合上述结果，数字社会中，对于未成年人网络保护和健康积极上网的引导，都应置于"互联网-家庭-学校"系统之中去探讨有效的方案。

五　数字社会未成年人网络保护的对策建议

2021年不仅仅是中国未成年人网络保护最重要的一年，而且是元宇宙闯入人们视野的元年，现实社会与虚拟空间之间的界限必然会随着技术的进步越来越模糊，未成年人未来必然不只是基于互联网的网络生活，还有基于虚拟模拟技术的数字化生活，因而也更需要人们关注到技术进步对未成年人的各种影响，而不只是局限于当下的社会议题，未成年人保护要更多关注背后的社会机制，据此，提出以下几点对策建议。

（一）政府部门出台法规政策坚持系统观念

未成年人网络保护议题持续被社会关注，给政府相关部门带来较大的施政的社会压力，一系列法规政策的出台显然也回应了社会关注和时代需求，但从具体保护措施来看，缺少足够的系统思维，出现了不少头痛医头脚痛医脚的权宜之计。尽管这种应对措施也能够发挥相应的作用，但长期来看，权宜之计并非万全之策，特别是元宇宙的兴起，意味着在现实社会和虚拟空间构建防火墙的难度越来越大，且未成年人融入虚拟空间也成为技术进步的必然结果，他们所接触的各种数字生活会越来越多，因而，政府部门出台法规政策应当坚持系统观念，出台有利于统筹形成合力、全方位提升保护效能的整体性法律法规和政策措施。

（二）平台企业强化数字内容价值导向

中国互联网发展已度过野蛮生长期，网络社交、网络购物、网络视频、网络游戏等各领域在未成年人中的渗透率都达到了较高的水平，社会各界对网络平台企业提供的数字内容的关注和要求越来越高，因而各平台企业对数字内容的价值导向要更加关注，不能只将眼光集中在吸引流量、增加用户、赚取利润、提高估值等商业价值和资本利益上，而要将数字内容价值导向作为平台长期发展的前提，充分发挥平台企业的社会责任，给未成年人提供优质数字内容，主动构建清朗的网络空间，配合学校、家庭提高未成年人的网络素养，共同助力未成年人网络保护水平提升。

（三）学校网络素养教育尽快落实到位

网络素养教育是当前未成年人网络保护的最薄弱环节，本应承担网络素

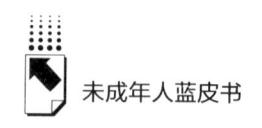

养教育的学校至今未能充分发挥作用。虽然家庭教育也是未成年人提升网络素养的重要路径，但从全社会范围来讲，只有学校教育才是真正能够实现全覆盖的主要路径，尤其是留守儿童、困境家庭等父母和监护人没有能力进行网络素养教育的家庭，主要依靠学校来实现未成年人网络素养的提高。因而，在各级学校加强网络素养教育是当务之急，应当尽快提上议事日程，但现有的法律规定仅要求使用网络开展教学活动，发现学生网络沉迷时告知父母等，这些要求对于亟待提升网络素养的未成年人而言无疑是隔靴搔痒。

（四）要更加重视家庭教育的关键作用

在未成年人网络保护中，家庭和未成年人都属于需要被保护的一方，在以往的媒体报道中，极少有媒体把家庭也视为需要承担重要责任的一方，家庭在未成年人网络保护中的关键性作用往往被忽视。在全社会加大未成年人网络保护的过程中，家庭第一责任人的角色应当被强化，家长的网络素养、网络行为都会对未成年人产生直接的影响。尤其是要注意，家庭的责任不是把未成年人隔绝于网络空间和数字生活之外，而是教育和引导他们合理地认识和了解网络，配合学校来学习掌握网络技能，提升网络素养，协助落实政府部门的相关规定和企业的防范措施，避免未成年人过度依赖或沉迷网络。

（五）社区学校家庭联动丰富线下活动

从现有研究来看，在未成年人网络保护和网络防沉迷方面，疏导的效果远比堵截的效果更好，转移未成年人的注意力，增加他们线下生活时间空间是非常重要的一环。在现有的法规政策中并没有规定相关的内容，但推动社区、学校、家庭联动丰富线下活动的内容和场景是必须要重视的方面。应当鼓励政府、企业、学校、小区、公园、体育场馆的运动场地与属地社区联合，在空暇时间和节假日免费或优惠开放，并合理组织引导未成年人积极参与线下活动。

（六）合理引导未成年人的主观能动性

互联网时代，未成年人的数字生活是其社会实践重要的组成部分，大多数未成年人在孩童时期就已经接触并掌握了一定的网络技能，因而应当合理引导未成年人科学、有效使用网络技能，充分发挥他们探索世界、学习知识的主观能动性。同时，在提升未成年人网络素养，加强网络保护，避免过度依赖网络中也需要利用他们的主观能动性，让他们充分认识到网络空间的风险和过度依赖网络的后果，正确认识数字生活的局限性，进而形成合理、文明使用网络的数字生活习惯。

分 报 告
Topical Reports

B.2 未成年人在线教育报告

郭冉 韩晓雪[*]

摘 要： 在线教育是将传统教学场域转移到线上的技术手段，对传统教育形式产生了深远的影响。本文通过对抽样调查数据的分析，从课内、课外两个维度出发，对比了疫情前后未成年人的在线教育情况。本文发现：（1）无论是课内学习还是课外学习，完成学习任务、拓展知识面都是未成年人使用网络的主要目标；（2）未成年人对网课的态度呈现双重性，一方面对网课的接受程度较高，另一方面仍倾向于线下上课，在肯定网课学习效果的同时，更加倾向于线下的互动；（3）家长对子女上网课发挥监督作用；（4）未成年人对网课的评价普遍较为客观，一方面认可网课的便捷性和可重复观看的特点，另一方面遇到过损害视力、难以集中注意力、不能及时沟通和反馈等诸多问题，网课本身对硬件、网络环境有较高的要求；（5）不同学习阶段、和父母不同同住

---

[*] 郭冉，中国社会科学院社会发展战略研究院助理研究员；韩晓雪，中国社会科学院大学马克思主义学院硕士研究生。

方式的学生在网课学习过程中出现明显差异，高年级学生对网课的接受程度较低、学习效果相对较差，与父母同住的学生的学习效果更好。

关键词： 未成年人　在线教育　课内学习　课外学习

一　在线教育基本情况

在线教育，是指利用已有的互联网、人工智能等技术手段，将传统的课外教育元素，包括线下学习环境、学习资源、学习方式、教学关系等，转移到线上进行的一种方法。在线教育打破了传统的教学关系和教学空间、时间的限制，形式相对灵活。总的来看，在线教育仍然是课程教育的延伸，学生使用在线教育更多的是为了丰富学习方式和拓展学习内容。

从形式上看，学生主要通过上网课、做作业、在线问答、查资料、背单词、使用学习软件和学习课外知识的方法来完成在线学习。如图1所示，学生在线学习经常做的两件事情是查资料（28.38%）和做作业（26.27%），这说明完成课内学习任务是在线学习主要的目标。此外，有较多学生通过在线学习来拓展学习视野、增加学习技能储备，如上网课（21.53%）、学习课外知识（21.45%），背单词（18.44%），使用学习软件，如识字、数字软件（17.87%）。对于交互式的在线提问、获得解答，学生则关注较少（12.32%）。

在线学习时做得最少的事情，是在线提问、获得解答，超过六成的学生选择这项。很少在线背单词，使用学习软件如识字、数学软件的学生比例也都超过了一半。这说明，学生在线学习时，更多会关注课内要求的学习任务，完成作业并通过课外知识、查找资料辅助学习，其学习具有一定的自主性。

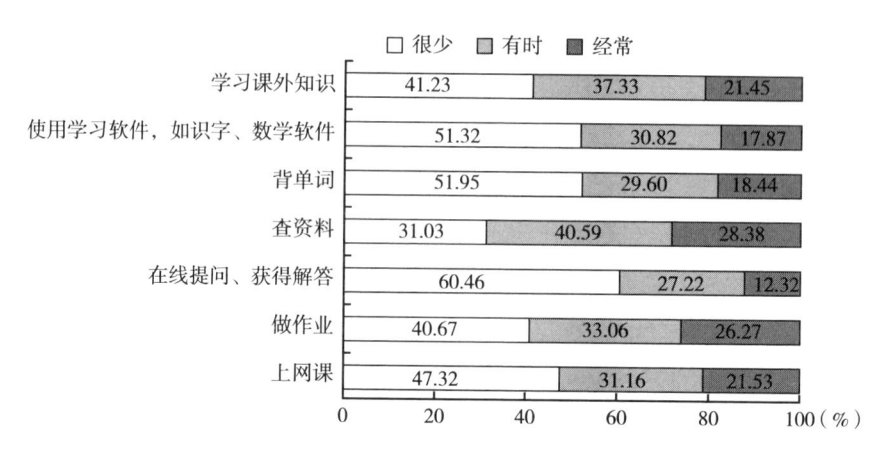

学生在线学习时所做的事情	很少	有时	经常
学习课外知识	41.23	37.33	21.45
使用学习软件，如识字、数学软件	51.32	30.82	17.87
背单词	51.95	29.60	18.44
查资料	31.03	40.59	28.38
在线提问、获得解答	60.46	27.22	12.32
做作业	40.67	33.06	26.27
上网课	47.32	31.16	21.53

图1 学生在线学习时所做的事情

二 课外在线教育的学习情况

（一）基本情况

1. 网课学习科目以三大主课为核心，理科和美术具有相对优势

课外在线学习的主要目的是为课内学习做补充。它既是"培优补差"的课外培训的一种重要类型，也是传统课外学习在互联网发展的大环境下采用的新形式。从总体上看，绝大多数学生都参加过课外在线学习，仅有21.52%的学生从未上过网课。这从侧面表明，参与课外在线学习已经成为一种非常普遍的学习方式。

具体来看，学习科目的分布明显体现出学科分布的差异。"强主干，弱枝叶"的特点比较明显，即以语文、数学（非奥数）、英语为主，理科和美术具有相对优势，其他科目较少且比例较为均衡。作为中考、高考的必考科目，语文、数学（非奥数）、英语三大主课是最主要的在线学习课程，占比均接近一半。其中，有45.86%的学生上过数学（非奥数）课，45.05%的学生上过英语课，43.20%的学生上过语文课。此外，作为艺术类的美术课也有不小的学习比例（14.30%）。

在传统观念中，"学好数理化"意味着在未来择业、工作中会占有较大优势，因而物理、化学、奥数总的学习比例低于主科，但相较于其他课程仍然具有一定的优势。其中，学习物理课的学生占12.27%，学习化学课的学生占9.14%，学习奥数课的学生占9.02%。此外，思维、编程等侧重于科技和应用类的课程也有一定的优势。其他课程，如生物、历史，乐器，围棋、象棋等，思维导图，地理，政治的学习比例都在6%~8%，比例分布相对均衡（见图2）。

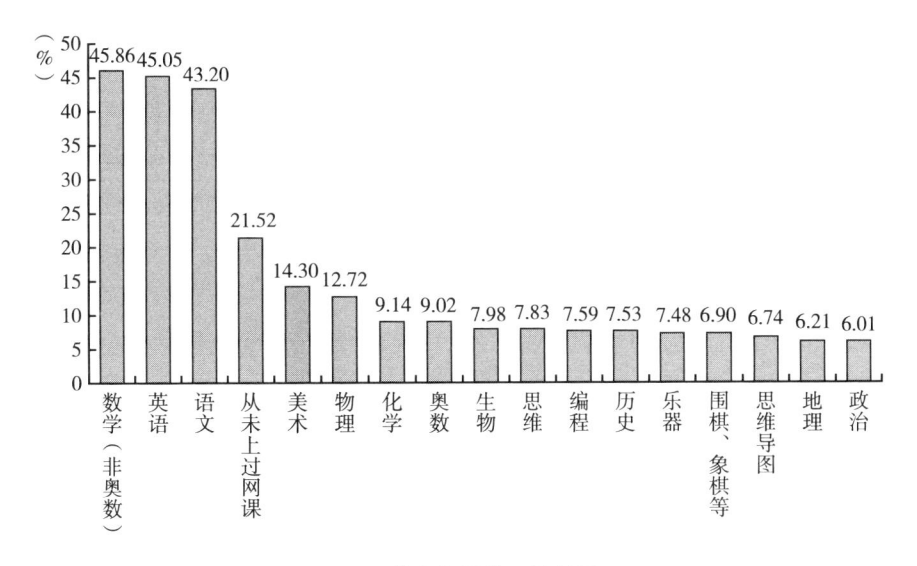

图2 学生上网学习的科目

2. 在校学生每周平均有2.44节网课，不同地区学校、和父母不同同住方式、不同学习阶段的学生网课学习的频率有差异

不同类型的学生网课学习时间的长短并不相同，网课安排相对灵活。据统计，在校学生每周平均有2.44节网课。男生网课数为每周2.53节，女生网课数为每周2.37节，性别对网课学习的频率影响不大。重点学校学生平均每周有2.36节网课，非重点学校学生平均每周有2.48节网课，学校类型对网课学习的频率影响亦不大。学校所在地区、和父母同住方式、学生所处

学习阶段对每周网课数有一定影响。

乡镇学校学生的网课数（2.65节）高于农村（2.55节）、城市（2.44节）学校学生的网课数，而县城学校学生的网课数（2.38节）最少（见图3）。

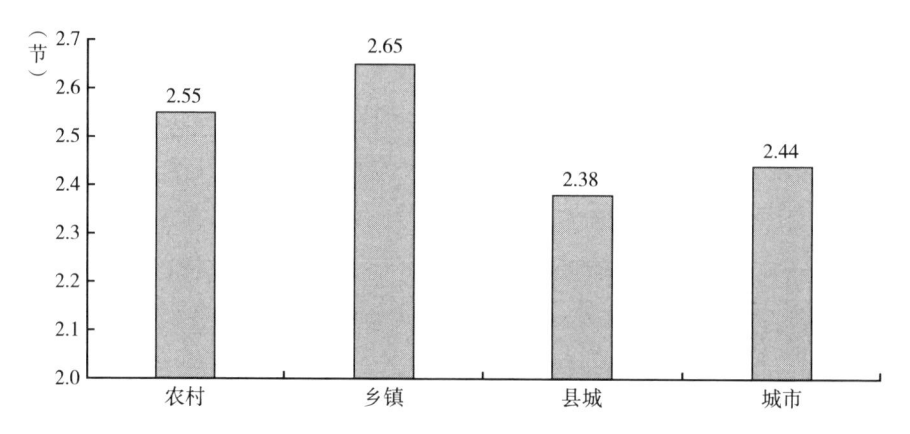

图3　不同地区学校学生的网课数

不和父母同住的学生的网课数（2.67节）高于和父亲同住的学生的网课数（2.54节），也高于和母亲同住的学生的网课数（2.48节），和父母同住的学生的网课数（2.40节）最少（见图4）。

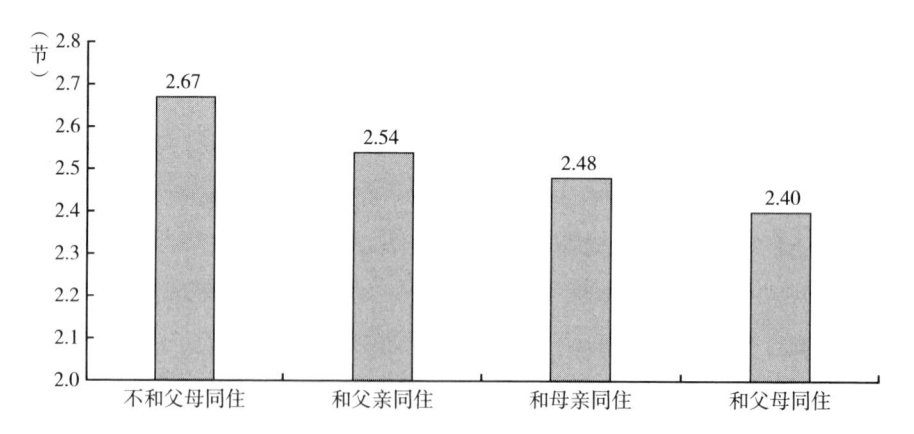

图4　和父母不同同住方式学生的网课数

网课数在不同学习阶段的学生中存在差异。小学低年级学生的网课数最少（2.30节），其次是初中生（2.42节），再次是高中生（2.45节），小学高年级学生的网课数最多（2.56节）（见图5）。教育资源是有限的，对不同学习阶段的网课做出有针对性的安排是必要的。高年级学生面临较大的考试压力，课程安排相对较多，而低年级学生的教学内容较为简单，需要通过网课学习补充的内容也相对较少。

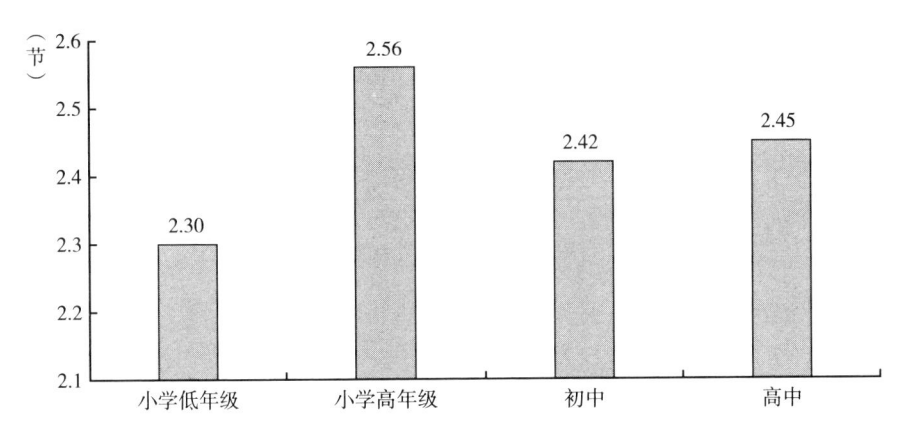

图5 不同学习阶段学生的网课数

（二）手机仍是最主要的网课设备，使用比例超过半数

虽然"网络授课"的模式有了较大发展，但仍具有一定的局限性。设备的产品端、应用端、音频或画质等情况，会影响网课的氛围、学生的注意力，甚至会影响学生的视力。高品质的摄像头、麦克风等产品设备往往能和平台软件兼容，学生可以获得高质量的网课体验。

手机是日常生活中最为常用的电子设备。随着手机和移动互联网的普及，方便、易用的优势使之成为最主要的网课设备。有52.32%的学生将手机作为上网课的主要设备。有25.68%的学生选用平板电脑，23.65%的学生选用笔记本电脑或台式电脑。相较于手机，多类型的电脑设备屏幕更大，能在很大程度上会减轻眼睛疲劳、增强画面质感。随着现代媒体和科学技术的

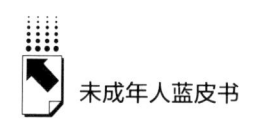

发展，电视投屏受到一些家长的青睐，有6.55%的学生在电视大屏上上网课（见图6）。多种网课设备类型的出现反映出家长和老师对网课质量的重视。

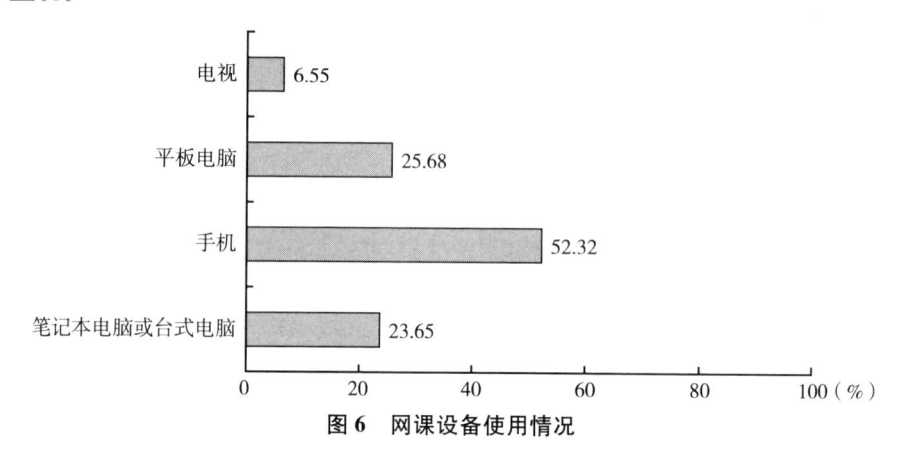

图6 网课设备使用情况

（三）网课学习效果

总的来看，虽然家长和老师都已经为学生上好一节网课提供保障，但不同学生对网课知识的理解程度存在差异。这种差异在不同地区学校、和父母不同同住方式、不同学习阶段上呈现出来。

1. 城乡教育水平的差距在学习效果上有所体现

总体来看，学校所在地区的城市化水平越高，学生能够听得懂网课内容的比例越高。这在一定程度上体现了城乡教育水平的差异。

城市学校中有23.73%的学生表示"全都能听懂"，其次是农村学校，有21.30%的学生表示"全都能听懂"，县城学校的学生"全都能听懂"的占比为14.25%，而乡镇学校中仅有13.68%的学生表示"全都能听懂"。"大部分能听懂"的学生学校所在地区同"全都能听懂"的排序一致：城市（55.04%）、农村（52.02%）、县城（51.31%）、乡镇（47.65%）。"部分能听懂"的学生学校所在地区是倒序排列的：乡镇（25.64%）、县城（24.58%）、农村（21.52%）、城市（15.98%）。"小部分能听懂"与"部分能听懂"的学生学校所在地区排序相同：乡镇（11.32%）、县城（9.02%）、农村（4.26%）、城市（4.63%）。乡镇学校中"全都听不懂的"的学生比例依然最高，为1.71%；城市学校的学生比例最低，为0.62%；农村学校的学生比例（0.90%）超过了县城学校的学生比例（0.84%），但二者差距较小（见图7）。

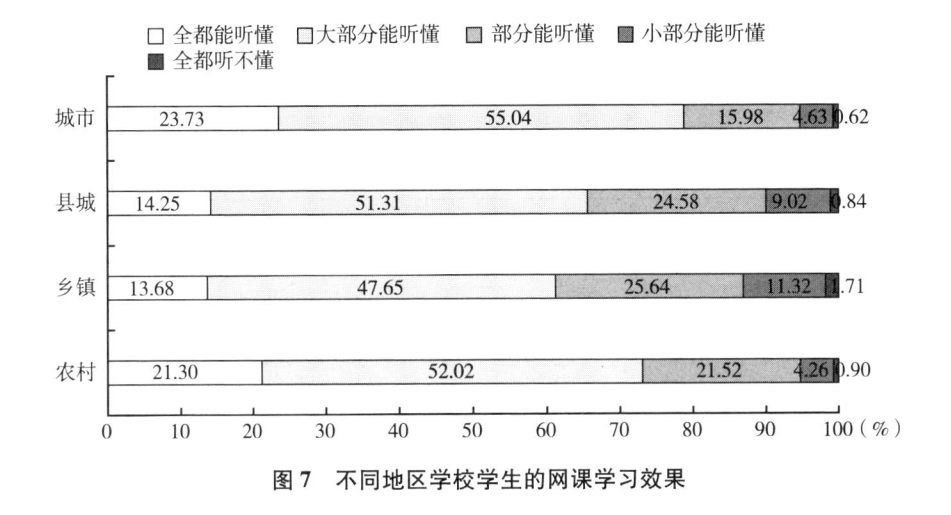

地区	全都能听懂	大部分能听懂	部分能听懂	小部分能听懂	全都听不懂
城市	23.73	55.04	15.98	4.63	0.62
县城	14.25	51.31	24.58	9.02	0.84
乡镇	13.68	47.65	25.64	11.32	1.71
农村	21.30	52.02	21.52	4.26	0.90

图7 不同地区学校学生的网课学习效果

2. 和父母同住的学生的网课学习效果较好

和父母同住的学生中有23.60%表示"全都能听懂"，是四种分类标准中比例最高的，只有0.62%的学生表示"全都听不懂"。不和父母同住的学生中仅有14.92%的表示"全都能听懂"，更多这种情况的学生选择了"大部分能听懂"和"部分能听懂"。和父母一方同住对学生网课的学习效果影响较小。相对而言，和母亲同住的稍微好一些，"全都能听懂"的学生比例为17.00%，比和父亲同住的16.97%稍高一些；"全都听不懂"的比例为0.96%，比和父亲同住的1.15%稍低一些（见图8）。

3. 网课内容"全都能听懂"的比例，从低年级到高年级先提高后下降

不同学习阶段的学生的网课学习效果存在差异。总体来看，小学高年级学生能听懂网课的比例最高，其次是小学低年级学生，再次是初中生，高中生要听懂网课较为困难。这一方面与学生的认知发展有关，年级越高的学生认知越强。人的发展是一个分阶段的连续过程，不同年级学生的学习能力自

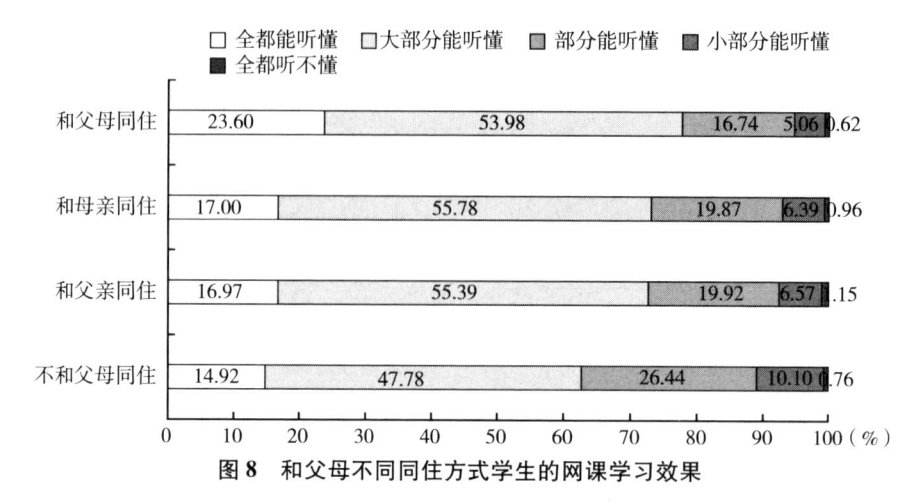

□ 全都能听懂 □ 大部分能听懂 □ 部分能听懂 ■ 小部分能听懂
■ 全都听不懂

	全都能听懂	大部分能听懂	部分能听懂	小部分能听懂	全都听不懂
和父母同住	23.60	53.98	16.74	5.06	0.62
和母亲同住	17.00	55.78	19.87	6.39	0.96
和父亲同住	16.97	55.39	19.92	6.57	1.15
不和父母同住	14.92	47.78	26.44	10.10	0.76

图 8 和父母不同同住方式学生的网课学习效果

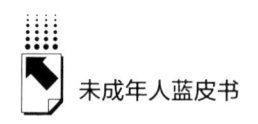

然是不同的。另一方面与学习知识的难度相关，年级越高难度越大，也就越难全面掌握。小学、初中的知识较为基础，更易于学习，而高中的知识则比较难懂，这一特点也反映在网课的学习效果上。

小学平均约有 26.00% 的学生表示"全都能听懂"。其中，小学高年级学生占 29.72%，小学低年级学生占 22.47%。有 17.86% 的初中生表示"全都能听懂"。高中生的占比最低，仅为 9.37%。"大部分能听懂"、"部分能听懂"与"小部分能听懂"的比例相差不大。表示"全都听不懂的"的高中生比例最高，为 1.01%；小学高年级比例最低，为 0.59%（见图 9）。

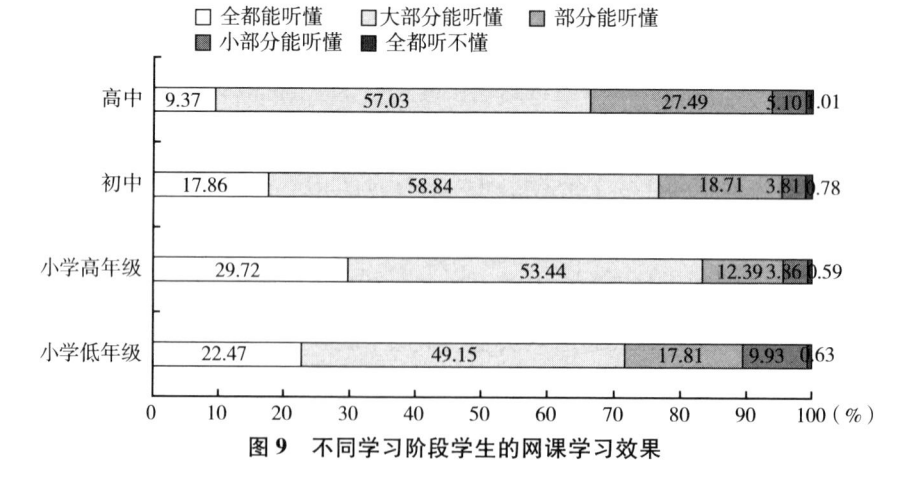

□ 全都能听懂 □ 大部分能听懂 □ 部分能听懂
■ 小部分能听懂 ■ 全都听不懂

	全都能听懂	大部分能听懂	部分能听懂	小部分能听懂	全都听不懂
高中	9.37	57.03	27.49	5.10	1.01
初中	17.86	58.84	18.71	3.81	0.78
小学高年级	29.72	53.44	12.39	3.86	0.59
小学低年级	22.47	49.15	17.81	9.93	0.63

图 9 不同学习阶段学生的网课学习效果

（四）未成年人对网课的评价与接受程度

1. 大多数学生认为网课对学习有帮助，仅有不足20%的学生认为没有帮助

有63.47%的学生认为网课对自身学习比较有帮助，有18.26%的学生认为网课对自身学习帮助非常大，即有超过80%的学生肯定了网课对学习的帮助作用，说明网课在学生群体中具有较高的接受度和认可度。相应地，有不到20%的学生不太适应网课学习，认为网课对自身学习没有帮助。其中，有16.23%的学生认为网课对自身学习不太有帮助，有2.03%的学生认为网课对自身学习完全没有帮助（见图10）。网课对学习的帮助作用在城市学校（19.42%）、小学高年级（24.42%）学生群体中有明显的体现。

网课学习不受时间、空间的限制，可以使探究学习更加深入。学生遇到问题时，可以在网上及时和同学、老师进行交流。绝大多数学生认为网课学习对自身有帮助。而体现在每个不同的个体上，网课的帮助作用或多或少，不同地区学校、和父母不同同住方式、不同学习阶段的学生对网课对学习是否有帮助这一问题的反应也不相同，但差别不大。

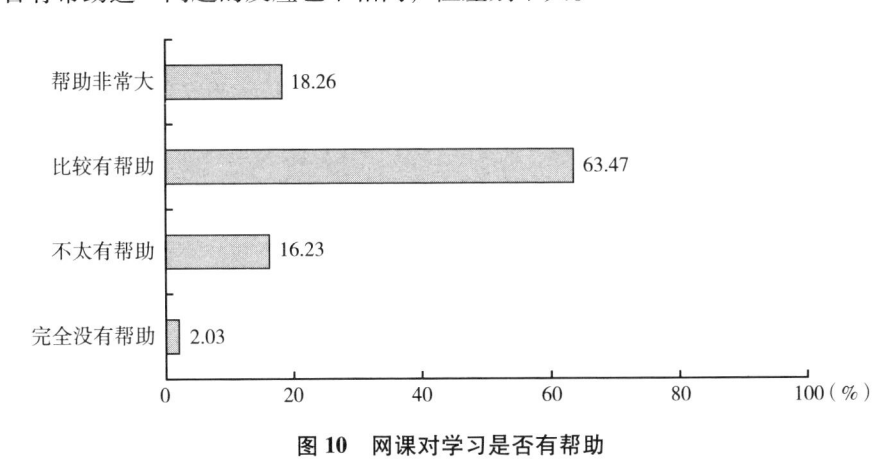

图10 网课对学习是否有帮助

- 帮助非常大 18.26
- 比较有帮助 63.47
- 不太有帮助 16.23
- 完全没有帮助 2.03

从不同地区学校来看，乡镇学校的学生对网课的帮助价值认可度最低，有25.10%的学生认为网课对自身学习"完全没有帮助"或"不太有帮助"，

其次是县城学校（20.94%）和农村学校（19.51%）的学生，城市学校的学生中认为网课对自身学习"完全没有帮助"或"不太有帮助"的学生占比最低，为17.16%（见图11）。这说明，网课对不同地区学校学生产生的效果并不相同。

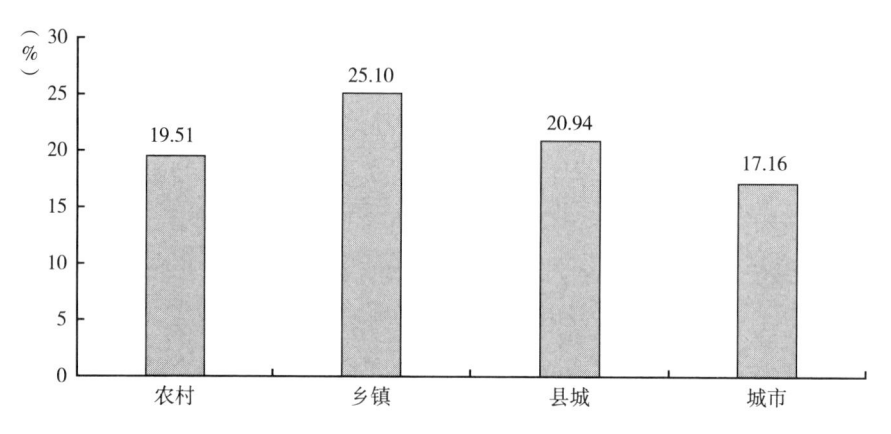

图11 不同地区学校的学生认为网课"完全没有帮助"或"不太有帮助"的占比情况

从不同学习阶段来看，学生对网课的认可度呈U形分布。高中生对网课的帮助价值认可度最低，有21.72%的学生认为网课对自身学习"完全没有帮助"或"不太有帮助"，其次是小学低年级学生（20.73%）和初中生（17.42%），小学高年级学生中认为网课对自身学习"完全没有帮助"或"不太有帮助"的学生占比最低，为14.88%（见图12）。这说明，不同学习阶段学生的网课学习效果不同。

2. 近七成学生表示喜欢上网课，超三成学生持相反态度

在问及对网课总体的接受程度时，有9.40%的学生表示"非常喜欢"上网课，60.40%的学生表示"喜欢"上网课，总比例接近70%。相反，有超过30%的学生不接受网课。其中，有26.08%的学生表示"不喜欢"上网课，4.13%的学生表示"非常不喜欢"上网课（见图13）。

具体而言，城市学校的学生对网课的总体接受程度最高，有10.13%的学生表示"非常喜欢"上网课，61.04%的学生表示"喜欢"上网课，

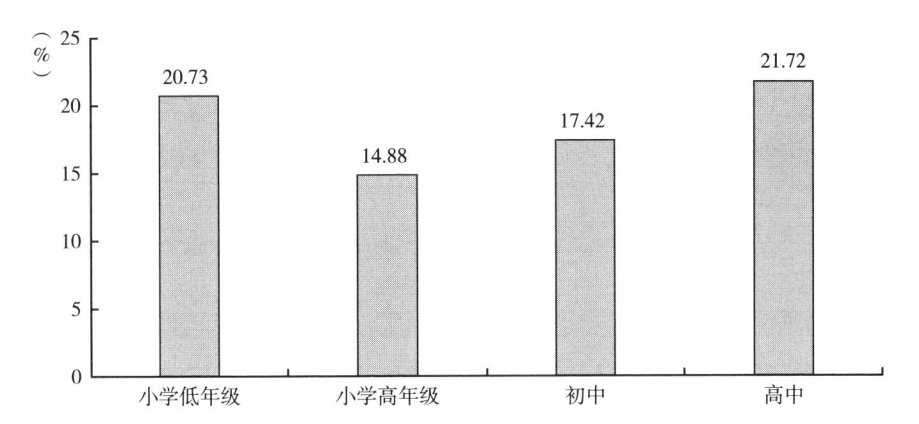

图 12　不同学习阶段的学生认为网课"完全没有帮助"或"不太有帮助"的占比情况

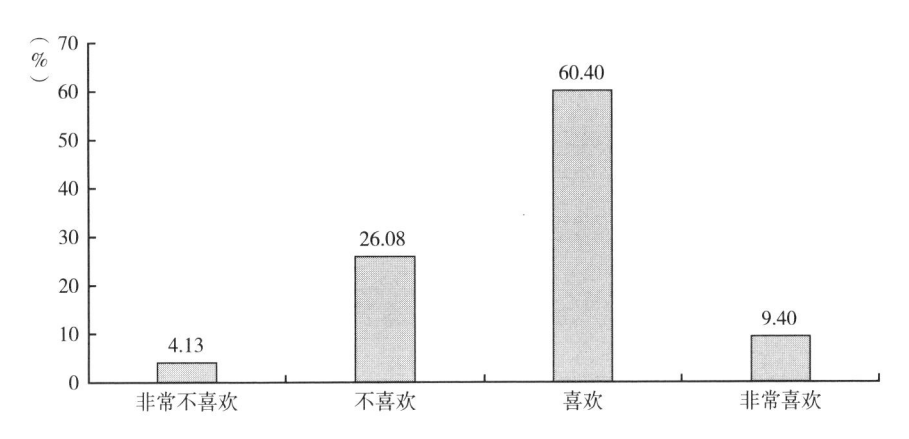

图 13　学生对网课的总体接受程度

比例均为四类学校中最高的。乡镇和农村学校的学生对网课的总体接受程度较低。其中，乡镇学校的学生"非常不喜欢"上网课的比例最高（6.20%），农村学校的学生"不喜欢"上网课的比例最高（32.96%）（见图14）。

此外，小学生对网课的总体接受程度较高，有11.65%的小学高年级学生表示"非常喜欢"上网课，10.43%的小学低年级学生表示"非常喜欢"

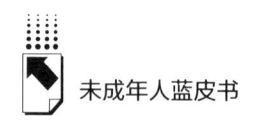

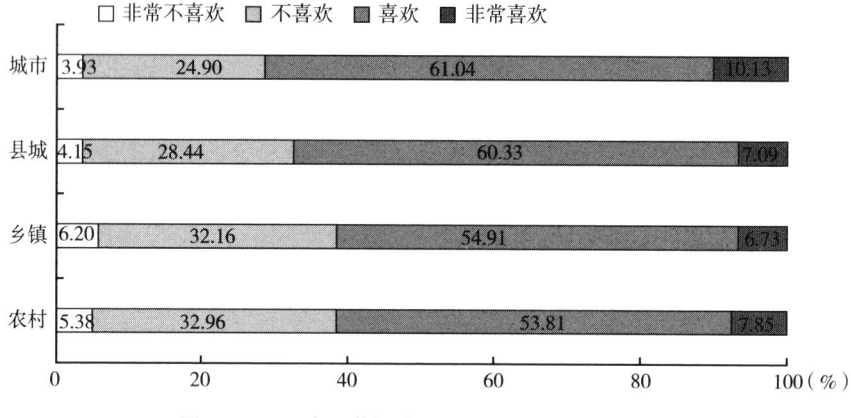

图 14 不同地区学校学生对网课的总体接受程度

上网课。高中生对网课的总体接受程度最低,"非常不喜欢"上网课的比例最高(4.77%),其次是初中生(4.25%)(见图15)。

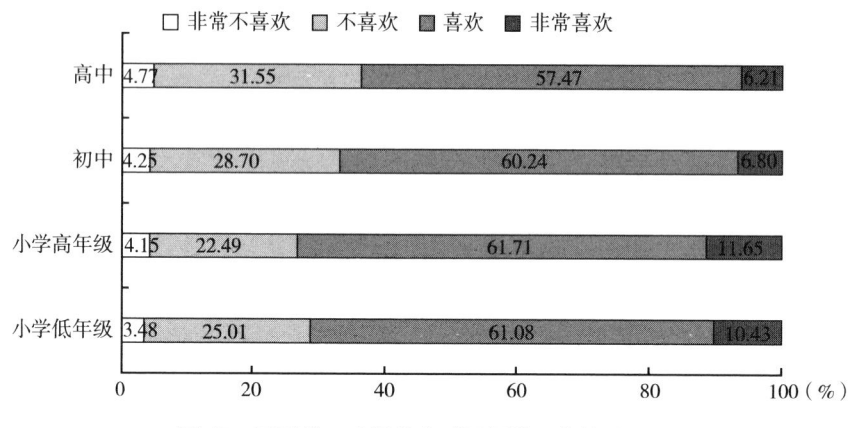

图 15 不同学习阶段学生对网课的总体接受程度

3. 相较于网上上课,绝大多数学生认为线下上课的效果更好

比起网上上课,传统的线下上课的优势在于学生和老师之间能够通过眼神等进行交流,对课堂上的问题即时反馈。虽然大部分学生认为网上上课有一定的帮助作用,但如果让他们在网上上课和线下上课之间做个选择,则绝大多数会选择线下上课这种传统模式。根据调查,有82.47%的学生认为线下上课的效果更好，仅有17.53%的学生认为网上上课的效果更好。

从性别这一标准来看，认为线下上课效果更好的女生占比为84.09%，男生占比为80.82%；认为网上上课效果更好的男生占比为19.18%，女生占比为15.91%（见图16）。女生较于男生更倾向于选择线下上课。

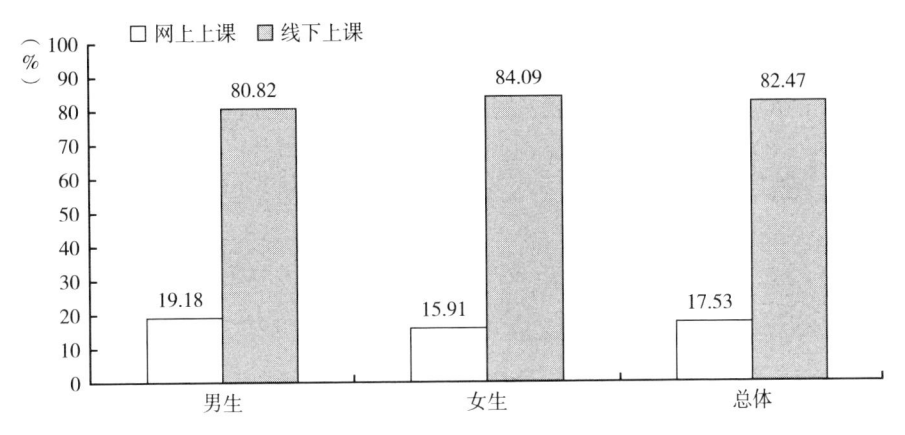

图16 男生和女生对网上上课和线下上课的倾向性

同样，和父母不同的同住方式也会影响学生对授课方式的接受度和倾向性。和父母同住的学生中有83.14%的认为线下上课的效果更好，和母亲同住的学生中有81.49%的认为线下上课的效果更好，和父亲同住的学生中有80.51%的认为线下上课的效果更好，不和父母同住的学生中有79.89%认为线下上课的效果更好，呈现递减的趋势。相反，和父母同住的学生中有16.86%的认为网上上课的效果更好，和母亲同住的学生中有18.51%的认为网上上课的效果更好，和父亲同住的学生中有19.49%的认为网上上课的效果更好，不和父母同住的学生中有20.11%的认为网上上课的效果更好，呈现递增的趋势（见图17）。

4.学生对网课的评价呈现出两面性

学生对网课有正反两方面的评价，总体相对客观全面。正面评价中，有83.77%的学生认为"网课内容可以反复观看，便于复习和理解"，有

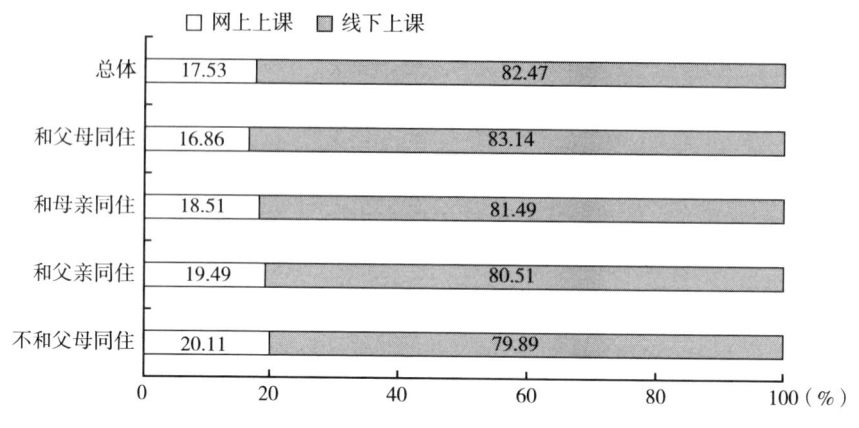

	网上上课	线下上课
总体	17.53	82.47
和父母同住	16.86	83.14
和母亲同住	18.51	81.49
和父亲同住	19.49	80.51
不和父母同住	20.11	79.89

图17 和父母不同同住方式的学生对网上上课和线下上课的倾向性

72.90%的学生认为"上网课让我学到了更多新的知识和技能";负面评价中,有79.21%的学生认为"与隔着屏幕相比,我还是更喜欢和老师面对面交流",有76.69%的学生认为"上网课眼睛太累"。由此可以看出,绝大多数学生认可网课学习的便捷性,但他们更倾向于线下上课。此外,有超半数学生评价"网课效果没有线下面对面上课好""网课对上课设备和网速要求高""网课的学习内容丰富""上网课能让我接触到更多优秀的老师""上网课的时间、地点灵活""上网课可以自己选择学习方式、控制学习进度""上网课时如有疑问,我无法与老师及时交流"。有近半数学生评价"上网课可以更有针对性地解决我的问题""上网课时,我比较难集中注意力""如果没人在旁监督,我上网课效果并不好"(见图18)。

任何事物都有两面性,网课同样有利有弊。网课具有随时随地学习、灵活性强的优势。网课视频大多可以看回放,在很大程度上保障了"停课不停学",可以为学生提供优质的教育资源、为整合各领域优秀的师资力量提供便利。但是,网课在有针对性地辅导学生方面不及传统教学,每个学生的思维方式和能力不同,面授是比较快捷的解决问题的方式。此外,网课还会对学生的视力造成影响,也不方便监督。线上和线下教育如何更好地结合,有待进一步解决。

未成年人在线教育报告

评价项目	百分比
网课内容可以反复观看，便于复习和理解	83.77
与隔着屏幕相比，我还是更喜欢和老师面对面交流	79.21
上网课眼睛太累	76.69
上网课让我学到了更多新的知识和技能	72.90
网课效果没有线下面对面上课好	69.71
网课对上课设备和网速要求高	66.75
网课的学习内容丰富	66.43
上网课能让我接触到更多优秀的老师	66.33
上网课的时间、地点灵活	66.12
上网课可以自己选择学习方式、控制学习进度	64.87
上网课时如有疑问，我无法与老师及时交流	56.28
上网课可以更有针对性地解决我的问题	49.93
上网课时，我比较难集中注意力	47.53
网课的课上形式比线下更有趣	46.64
如果没人在旁监督，我上网课效果并不好	45.87

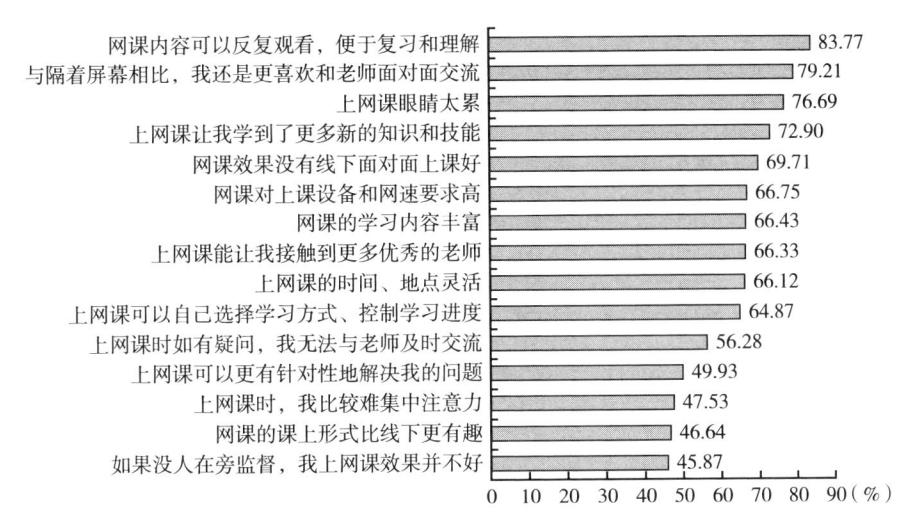

图18 学生对网课的评价

三 学校组织的在线教育

（一）组织情况

1. 不同地区学校组织网上教学的比例相近

疫情期间，有86.62%的被访者所在学校组织了网上教学。其中，非重点学校组织网上教学的比例为85.34%，重点学校组织网上教学的比例为89.77%。

不同地区学校组织网上教学的比例不同。网上教学在农村学校中最为普遍，占比为88.70%；其次是城市学校，占比为87.66%；县城学校和乡镇学校组织网上教学的比例差别不大，分别为83.31%和82.22%（见图19）。不同地区学校组织网上教学的比例均在82%~89%。

2. 网上教学比例与学生所处学习阶段呈正相关关系

小学低年级的网上教学比例为76.77%，小学高年级的网上教学比例为87.20%，而初中的网上教学比例达到91.55%，高中的网上教学比例最高，

039

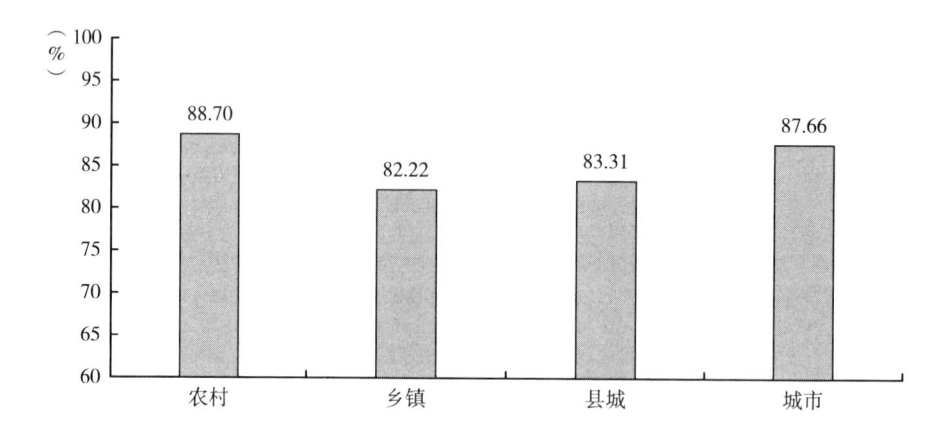

图 19　不同地区学校组织网上教学的比例

为94.84%（见图20）。从学生所处学习阶段来看，小学低年级和高中的网上教学比例差距较大，这主要受学习任务和学习紧迫性的影响。

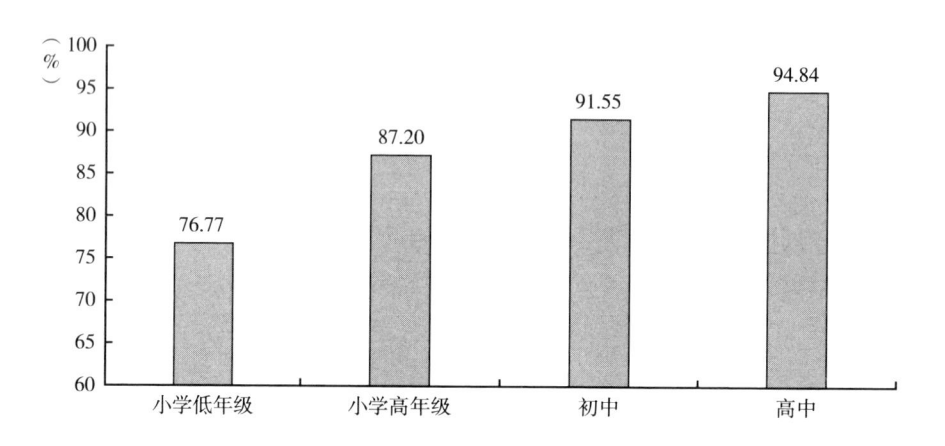

图 20　不同学习阶段的网上教学比例

（二）平台使用情况

疫情期间，钉钉被教育部选为网课教学平台，使用比例较高、使用范围广泛。数据显示，有50.83%的学校将钉钉作为组织网上教学的渠道。

微信因其使用的普遍性，更易于被家长操作，成为21.26%的学校选用的网上教学渠道。腾讯会议在疫情时期为大家熟知，有14.62%的学校选用腾讯会议开展网上教学。有线电视（11.60%）、QQ（11.34%）、腾讯课堂（7.78%）占有一定比例。学习通（4.72%）、网易云课堂（4.61%）、B站（1.54%）、智慧树（0.97%）等也是少数学校的选择（见图21）。

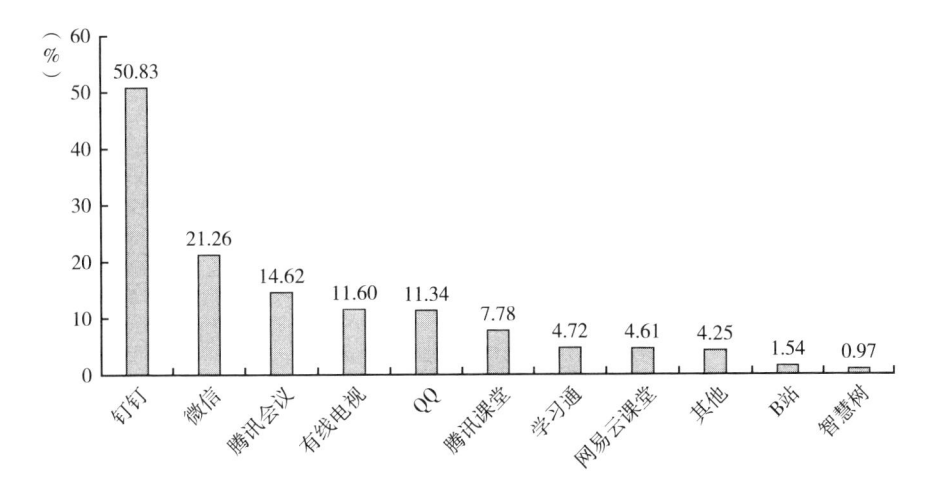

图21　学校组织网上教学的渠道

（三）家长监督情况

1. 大多数家长会不同程度地监督网上教学

在在线课堂上，老师与学生之间的反馈和沟通不如线下课堂那样顺畅，老师很难清楚地观察到每个学生的状态。自律性差的学生很难集中注意力，学习效果不佳，所以家长要去指导、监督孩子的在线学习。除了授课教师外，家长几乎承担了孩子所有的教育工作，不仅要监督孩子的课后学习，还要"紧盯防守"孩子的听课状态。

从数据来看，大部分家长承担了监督网上教学的任务。其中，有32.11%的家长"有时会"监督网上教学，有29.45%的家长"经常会"监

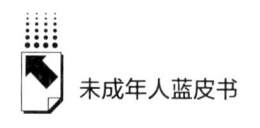

督网上教学，有16.77%的家长"总是会"监督网上教学。综上所述，有将近80%的家长会不同程度地监督网上教学。有超过20%的家长表示"从来不会"或"很少会"监督网上教学。其中，"从来不会"监督网上教学的家长占6.07%，"很少会"监督网上教学的家长占15.59%（见图22）。

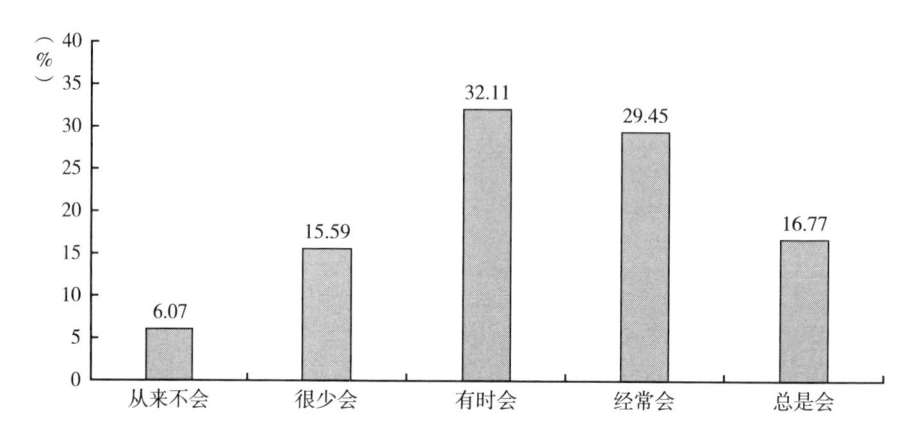

图22　家长监督网上教学的程度

2. 非重点学校的学生家长会更多监督网上教学

重点学校与非重点学校家长监督网上教学的比例存在一定差异，这一方面与学生的自主学习能力有关，另一方面与家长对子女教育的重视程度有关。非重点学校中"总是会"监督网上教学的家长占18.56%，"经常会"监督网上教学的家长占31.35%，而非重点学校家长"总是会"监督网上教学的比例为12.63%，"经常会"监督网上教学的比例为25.05%。在"有时会"监督网上教学的家长中，非重点学校学生家长占30.42%，重点学校学生家长占36.03%。"很少会"监督网上教学、"从来不会"监督网上教学的学生家长比例，重点学校高于非重点学校（见图23）。这说明，非重点学校的家长更加注重孩子的学习状态，对孩子的监督比例和频率更高。

3. 家长监督网上教学的频率随年级升高而下降

家长对网上教学的监督在不同学习阶段呈现出更大的差异。有36.03%

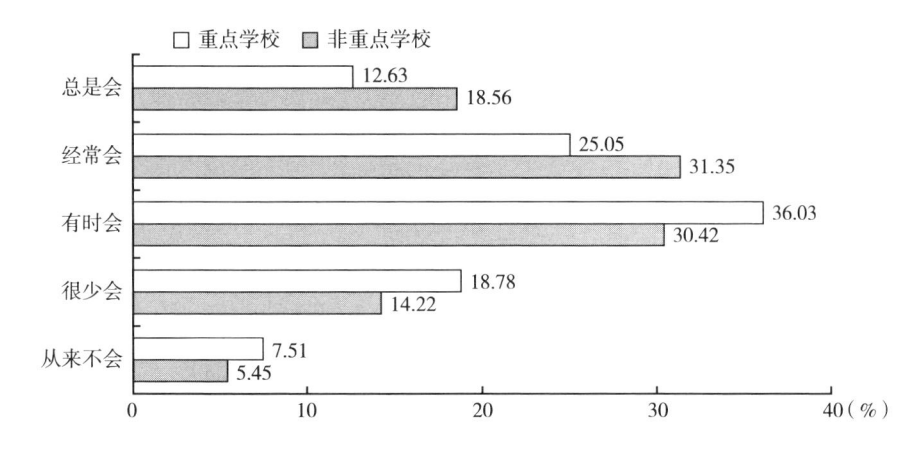

图 23　重点学校与非重点学校学生家长监督网上教学的情况

的小学低年级的学生家长"经常会"监督网上教学，而小学高年级的学生家长中，"经常会"监督网上教学的占30.10%，同序列的初中学生家长占比较低（28.11%），高中学生家长占比最低（22.47%）（见图24）。这说明，随着年龄的增长，学生的主动性与自觉性会逐步提升，家长的监督也随之减少。

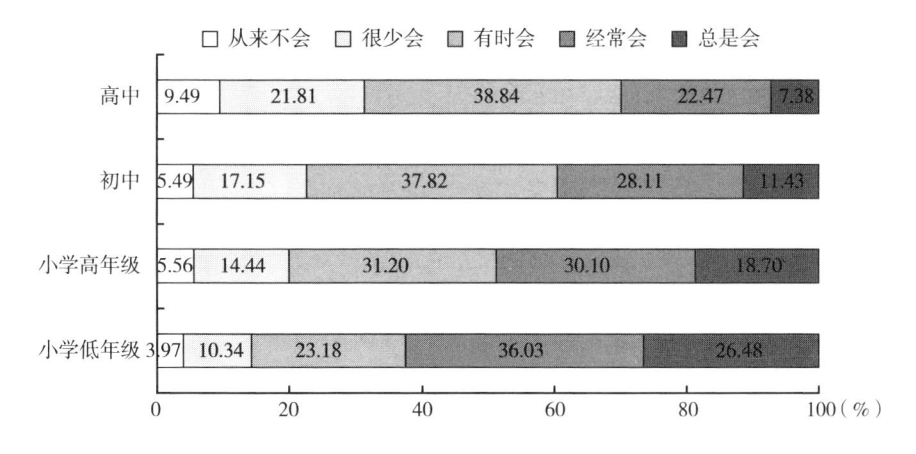

图 24　不同学习阶段的学生家长监督网上教学的情况

043

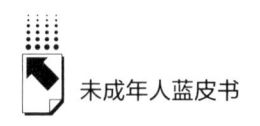

（四）网课学习效果

1. 大多数学生能够跟上进度，跟不上进度的学生中只有不到一半的学生会向老师反馈

在网课学习过程中，有48.00%的学生表示"大部分时间能跟上进度"，24.90%的学生表示"总是能跟上进度"，因此有72.90%的学生听课情况较为乐观，能够跟上进度。此外，还有18.28%的学生表示"有时能跟上进度"，6.93%的学生表示"很少能跟上进度"，甚至有1.89%的学生表示"从来都跟不上进度"（见图25）。而且，在跟不上进度的学生中，仅有47.65%的学生会和老师或家长反馈自己不太能跟上进度。可见，不同特点的学生在吸收知识的程度上有不同表现，有些学生学习能力强，无论采用何种授课方式都可以紧随老师的上课思路，而有些学生在这一方面则相对薄弱。总的来说，网上上课的方式能被大多数学生接受，是疫情期间一种有效的授课模式。同时表明，有一部分学生的学习能力仍需提高。

选项	百分比
总是能跟上进度	24.90
大部分时间能跟上进度	48.00
有时能跟上进度	18.28
很少能跟上进度	6.93
从来都跟不上进度	1.89

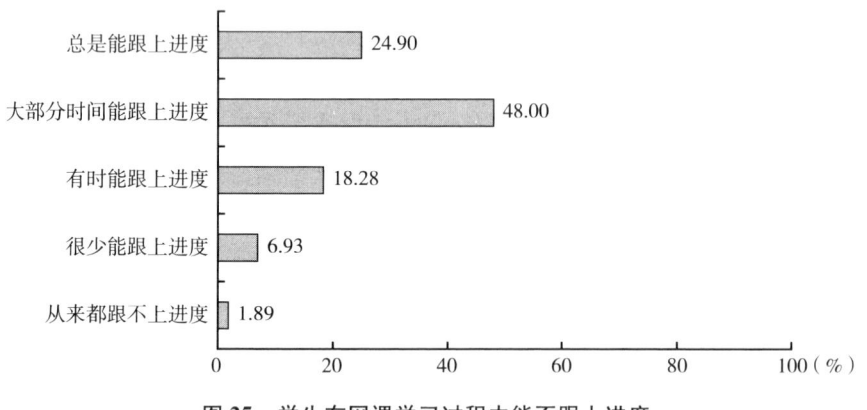

图25 学生在网课学习过程中能否跟上进度

2. 女生跟上进度的比例略高于男生

能否在网课学习过程中跟上进度，在不同性别的学生群体中存在差异。有24.34%的女生、25.45%的男生表示"总是能跟上进度"，这一序列男生和女生的表现相差不大。同样的情况存在于"有时能跟上进度"、"很少能跟上进度"和"从来都跟不上进度"的评测中。二者的区别更多体现在"大部分时间能跟上进度"的学生比例上，女生的这一比例为50.31%，而男生的这一比例为45.67%（见图26）。这在一定程度上说明，女生在网课学习过程中跟上进度的总体情况比男生稍好一些。

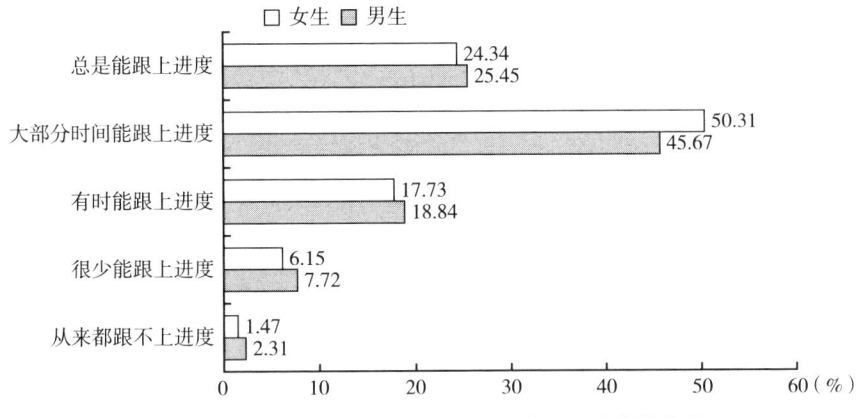

图26 男生和女生在网课学习过程中跟上进度的差异

3. 教学效果存在城乡差异，城市学校学生的学习效果相对较好

不同地区学校的学生在网上上课的效果不同。城市学校的学生"总是能跟上进度"的比例最高，为27.24%。乡镇学校的学生"从来都跟不上进度"的比例最高，为3.59%（见图27）。

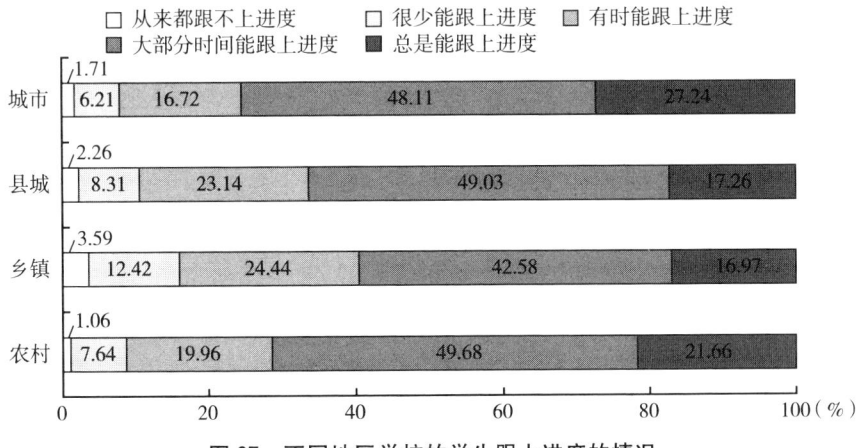

图27 不同地区学校的学生跟上进度的情况

4. 和父母同住的学生的学习效果更好

在不同的家庭情况下，学生网课学习的效果不同。和父母同住的学生"总是能跟上进度"的比例最高，为27.61%。不和父母同住的学生"从来都跟不上进度"的比例最高，为3.28%（见图28）。和父母同住的学生的学习效果更好。

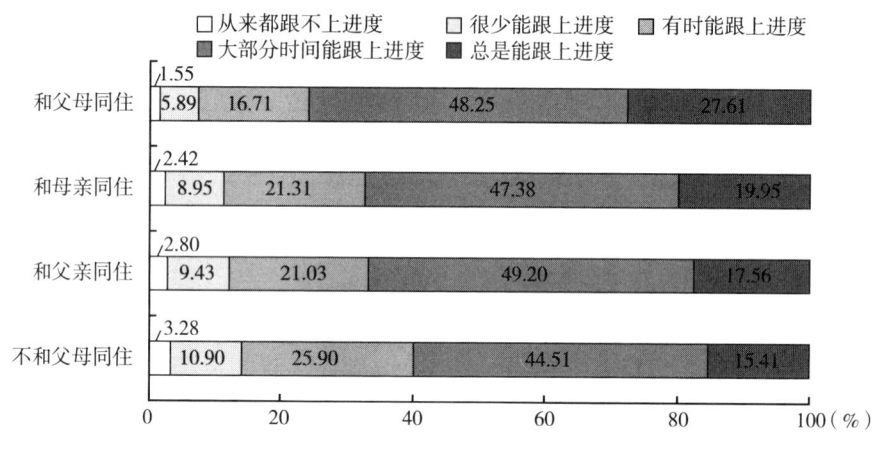

图28　和父母不同同住方式对跟上进度的影响

5. 网课学习效果与学习阶段呈负相关关系

在不同的学习阶段，学生上网课学习的效果不同。小学高年级的学生"总是能跟上进度"的比例最高，为32.98%，而高中生"总是能跟上进度"的比例仅为13.96%。"从来都跟不上进度"的小学高年级学生、小学低年级学生和初中生的比例都低于2%，而高中生这一选项的占比为2.77%。"很少能跟上进度"的高中生占比为23.76%，比其他三个阶段的学生比例都高出不少。这个现象说明，网课学习效果与学习阶段呈负相关关系，年级越高，网课学习效果相对越差。

（五）对网课的评价

1. 学校网课是否遇到过问题

网课学习会暴露出一些问题。从"经常或总是"发生的问题来看，有22.88%的学生表示"上课感觉眼睛不舒服"；"有问题无法及时与老师沟

未成年人在线教育报告

□ 从来都跟不上进度　□ 很少能跟上进度　□ 有时能跟上进度
■ 大部分时间能跟上进度　■ 总是能跟上进度

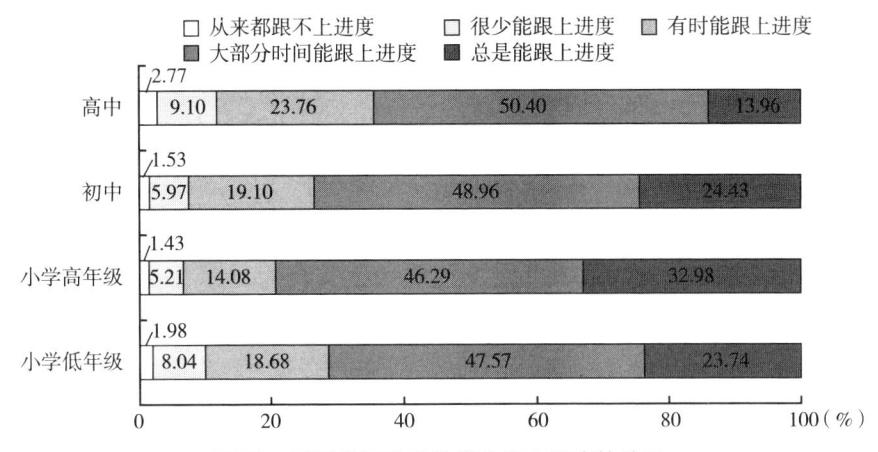

学习阶段	从来都跟不上	很少能跟上	有时能跟上	大部分时间能跟上	总是能跟上
高中	2.77	9.10	23.76	50.40	13.96
初中	1.53	5.97	19.10	48.96	24.43
小学高年级	1.43	5.21	14.08	46.29	32.98
小学低年级	1.98	8.04	18.68	47.57	23.74

图29　不同学习阶段的学生跟上进度的差异

通"也是反映较多的问题，占比为18.50%；有15.82%的学生反映"没有人及时辅导"；有14.17%的学生反映"和平时在学校上课相比，网上上课时更听不懂"；有12.44%的学生反映"难以集中注意力"（见图30）。

相比之下，家中网络设备在上网课过程中出现的问题较少，极少有缺少网络和上网设备的情况发生，但偶尔会出现"网络不稳定、经常掉线"的情况。

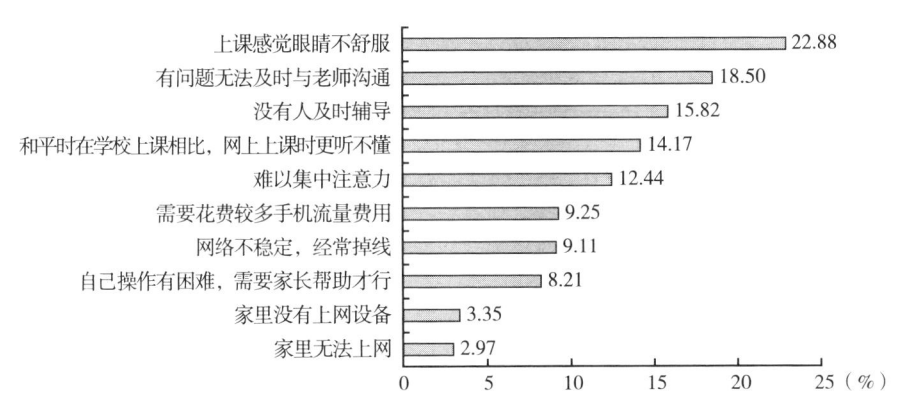

问题	百分比
上课感觉眼睛不舒服	22.88
有问题无法及时与老师沟通	18.50
没有人及时辅导	15.82
和平时在学校上课相比，网上上课时更听不懂	14.17
难以集中注意力	12.44
需要花费较多手机流量费用	9.25
网络不稳定，经常掉线	9.11
自己操作有困难，需要家长帮助才行	8.21
家里没有上网设备	3.35
家里无法上网	2.97

图30　学校在网课学习过程中"经常或总是"遇到的问题

2. 大多数学生倾向于线下上课或者网上和线下相结合的上课方式

总体来看，在选择上课方式时，有47.44%的学生倾向于线下上课的方

式，有44.15%的学生倾向于网上和线下相结合的方式上课，只有8.41%的学生倾向于网上上课的方式。

重点学校的学生倾向于网上和线下相结合的方式上课（48.94%），非重点学校的学生倾向于网上上课的方式（49.28%）。不过无论是哪种类型的学校，学生支持网上上课的比例都是最低的。其中，重点学校学生支持网上上课的比例为8.08%，非重点学校学生支持网上上课的比例为8.54%（见图31）。这说明学生认为线下上课更具吸引力。线上、线下的学习方式各有优劣。只有充分发挥好线上、线下学习方式的优势，实现二者的高效融合，才能更好地提高学生的学习效率、学习能力和思维品质，也才能更好地适应未来教育改革与发展的需要。

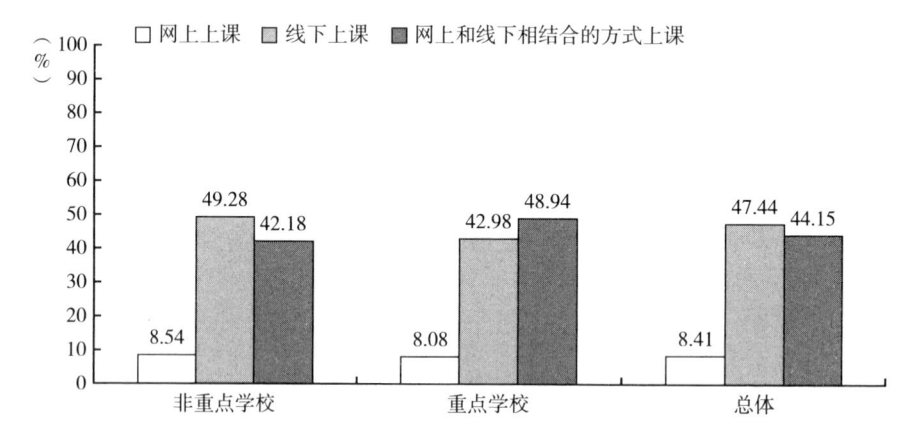

图31 学生对上课方式的选择倾向

B.3
未成年人网络亚文化报告

吴子洋*

摘　要： 未成年人网络亚文化是以未成年人为主要创造及使用群体，凭借互联网媒介技术发展出的与主流文化相对应的在线文化，随着互联网在未成年人生活中的高度普及和深度渗透，未成年人网络亚文化也随之兴起并发展。本次调查选取了当下社会讨论度较高的三种热门网络亚文化："饭圈"文化、"二次元"文化以及"弹幕"文化，开展了全国性大调查，在全面分析具体亚文化类型的传播度、参与度及喜爱度的基础上对未成年人网络亚文化使用情况进行整体把握，为政策制定及学术研究提供验证及参考。

关键词： 未成年人　网络亚文化　"饭圈"文化　"二次元"文化　"弹幕"文化

一　未成年人网络亚文化

在互联网技术及设备不断普及的今天，互联网络在未成年人生活中应用的广度和深度都在不断增加。2021年7月，共青团中央维护青少年权益部和中国互联网络信息中心（CNNIC）联合发布《2020年全国未成年人互联网使用情况研究报告》，该报告显示，2020年我国未成年网民达到1.83亿

---

* 吴子洋，中国社会科学院大学社会学系，在读博士生。

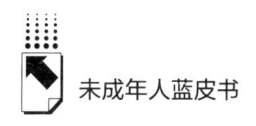

人，互联网普及率为94.9%，高于全国互联网70.4%的普及率。与此同时，超过三分之一的小学生在学龄前已经开始使用互联网，并呈逐年上升趋势，未成年人首次触网年龄越来越小。另外，城乡未成年人互联网普及率基本拉平，城乡差距在2020年已经下降至0.3个百分点。未成年人网络使用群体范围的扩大化，导致互联网与未成年人生活的更深融合，这进一步带来了未成年人网络亚文化的兴起和变化。

未成年人网络亚文化作为以未成年人为主要创造及使用群体的互联网媒介在线文化，在未成年人网络使用普及的今天日渐丰富，不断发展出网络社交文化、网络流行语文化、"饭圈"文化、"二次元"文化等新形式。而现有的关于未成年人网络亚文化的研究除纯理论分析外，多是针对某种亚文化现象的放大研究，尤其是较为负面的困境研究，这在一定程度上是基于未成年人成长阶段的心理特征推测，以及网络等媒介对于此类事件的大量报道，并反过来加深了公众的这种负面印象。

那么现实中未成年人对于网络亚文化的实际了解、参与和喜爱程度如何？本次调查针对当下社会讨论度较高的三种热门网络亚文化："饭圈"文化、"二次元"文化以及"弹幕"文化，开展了全国性大调查，在全面分析具体亚文化类型的基础上对未成年人网络亚文化使用情况进行整体把握，为政策制定及学术研究提供验证及参考。

二 未成年人与"饭圈"文化

（一）未成年人"饭圈"文化接触及参与情况

1. 仅不到两成未成年人参与粉丝应援活动，不到一成加入"饭圈"

近年来，由于"饭圈"文化巨大的网络声音和颇具话题讨论度的社会事件，持续吸引社会关注，其相关联的负面活动甚至在今年引发了政府加强"饭圈"乱象治理的"清朗"专项行动，同时政府强调"严控青少年参与"，其主要目的在于消除"饭圈"文化中不良内容对未成年人的消极影响。本调查数据显示，超八成未成年人从未参与过粉丝应援活动，超九成未成年人从未实际加入过某"饭圈"。本次调查从两个层面来了解未成年人对于"饭圈"文化的接触及参与情况。一是较为宽泛的，在行为层面上对于粉丝应援活动的参与，如在网上为偶像投票、集资、打榜等。二是具有一定群体身份意识的，对某一或某些"饭圈"的实际加入。

调查发现，83.30%的未成年人从未参与过粉丝应援活动，如在网上为偶像投票、集资、打榜等。未成年人对粉丝应援活动的参与也以低频率为主，9.79%的未成年人很少参与粉丝应援活动，不到一成，4.44%的未成年人有时会参与粉丝应援活动，低频率参与粉丝应援活动的未成年人不到15%。而经常参与粉丝应援活动的未成年人占1.30%，总是参与粉丝应援活动的未成年人则仅占1.17%，高频率参与粉丝应援活动的未成年人不到2.5%。此外，93.67%的未成年人从未实际加入过某"饭圈"，只有6.33%的未成年人实际加入过某"饭圈"，不到一成（见图1）。

根据调查结果，宽泛意义上的"饭圈"文化以及粉丝应援活动，在未成年人群体中仍具有鲜明的亚文化特质，并未成为主流文化及普遍行为，深度卷入其中的未成年人只有极少数。但由于我国巨大的人口基数，接触"饭圈"文化及参与粉丝应援活动的未成年人仍构成了一个数目庞大的群体，加上未成年人判断能力的局限及同辈传播的影响，我们仍然要对"饭圈"

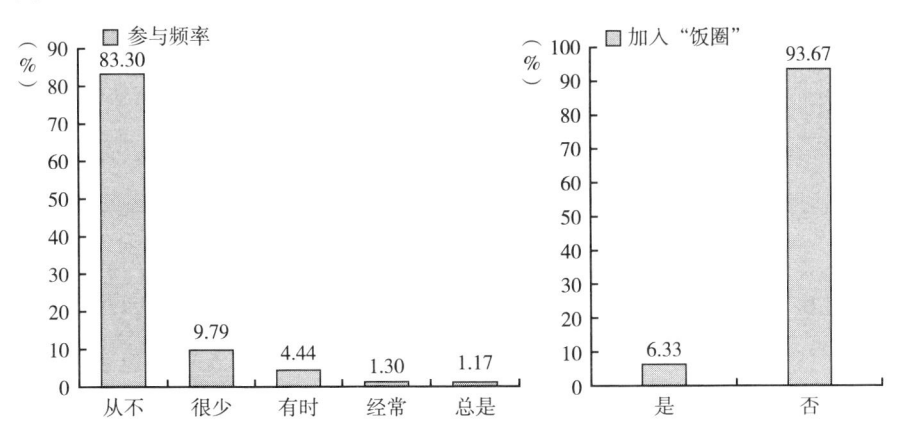

图1 未成年人粉丝应援活动参与频率及加入"饭圈"情况分布

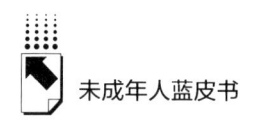

文化中的不理性内容加以严肃治理,并严控无底线诱导未成年人参与粉丝应援活动的行为。

2. 女生参与"饭圈"活动更多且更为频繁

我们进一步分析发现,未成年人粉丝应援活动以及"饭圈"的参与行为表现出了较为明显的性别差异。我们通过调查数据发现,2.78%的男生曾加入过某"饭圈",女生加入过"饭圈"的比重则为9.86%,是男生这一比重的三倍多。将类型行为的条件放宽,则有20.61%的女生参与过粉丝应援活动,男生参与粉丝应援活动的比重仍较低,为12.77%。其中很少或有时参与粉丝应援活动的女生为16.98%,男生为11.45%,而未成年人高频率参与粉丝应援活动时的性别差异则最为显著,3.63%的女生经常或总是参与粉丝应援活动,男生这一比例为1.32%,相差近三倍(见图2)。调查数据结果显示,女生更容易加入"饭圈",且在参与粉丝应援活动的未成年人中,女生更容易呈现较高的卷入程度。

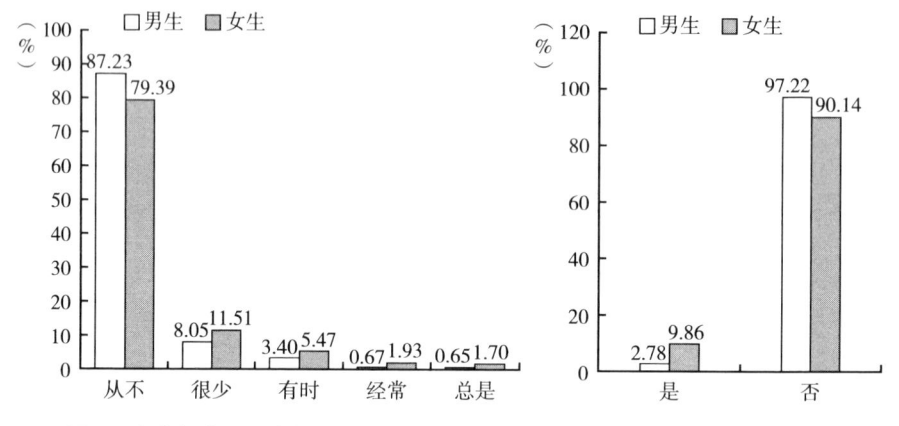

图 2 未成年人粉丝应援活动参与频率及加入"饭圈"情况的性别差异分布

3. 农村未成年人的"饭圈"活动参与度更高,卷入度无明显城乡差异

未成年人粉丝应援活动的参与行为及"饭圈"的加入行为也表现出一定的城乡差异,且这种城乡之间的差异相较于未成年人的居住地,在未成年人的学校所在地上更为明显。根据调查数据,24.93%在农村上学的未成年

人参与过粉丝应援活动，高于在城市上学的未成年人的这一比例（15.97%）。而在加入"饭圈"方面，8.52%在农村上学的未成年人曾经加入过某"饭圈"，明显高于城市未成年人6.13%的比例（见图3）。在粉丝应援活动的参与频率上，在城市及农村上学的未成年人均以低频率参与为主，其低频率和高频率参与粉丝应援活动分别占城乡参与过粉丝应援活动的比重也基本一致。整体而言，虽然占比均较低，但农村未成年人更容易参与粉丝应援活动以及加入"饭圈"，并且在卷入度上没有明显的城乡差异。

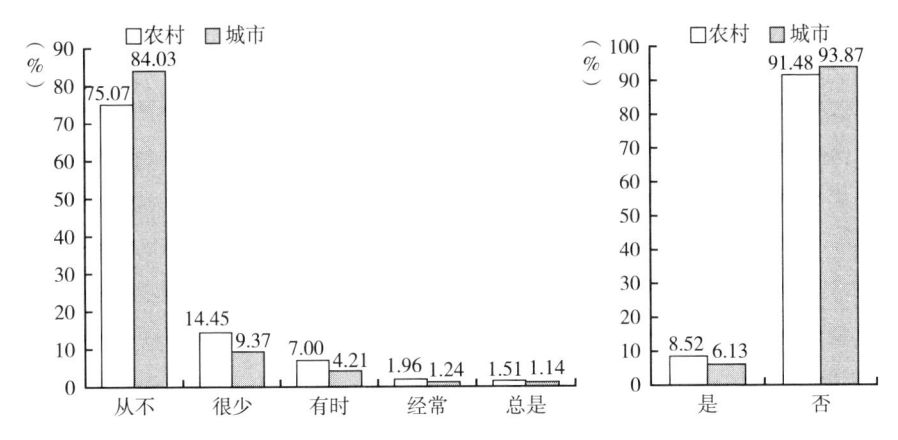

图3 未成年人粉丝应援活动参与频率及加入"饭圈"情况的城乡（学校所在地）差异分布

4. 未成年人对"饭圈"的活动的参与随年级上升而增加

在受教育阶段上，未成年人粉丝应援活动参与频率及加入"饭圈"情况表现出了明显的差异。调查数据显示，只有2.03%的小学低年级未成年人加入过某"饭圈"，这个比例在小学高年级的未成年人中则翻了一番，达到4.43%。未成年人在初中及高中加入"饭圈"的比例则分别为10.85%和11.75%。同时未成年人参与粉丝应援活动的比重也从小学阶段的约一成，分别在初中及高中阶段增长至23.01%和31.22%（见图4）。整体上看，未成年人的年级越高，越容易参与粉丝应援活动。各受教育阶段的未成年人在粉丝应援活动的参与频率上均呈递减趋势，但在参与粉丝

应援活动的未成年人中，初中未成年人高频率参与的比重高于高中的未成年人。

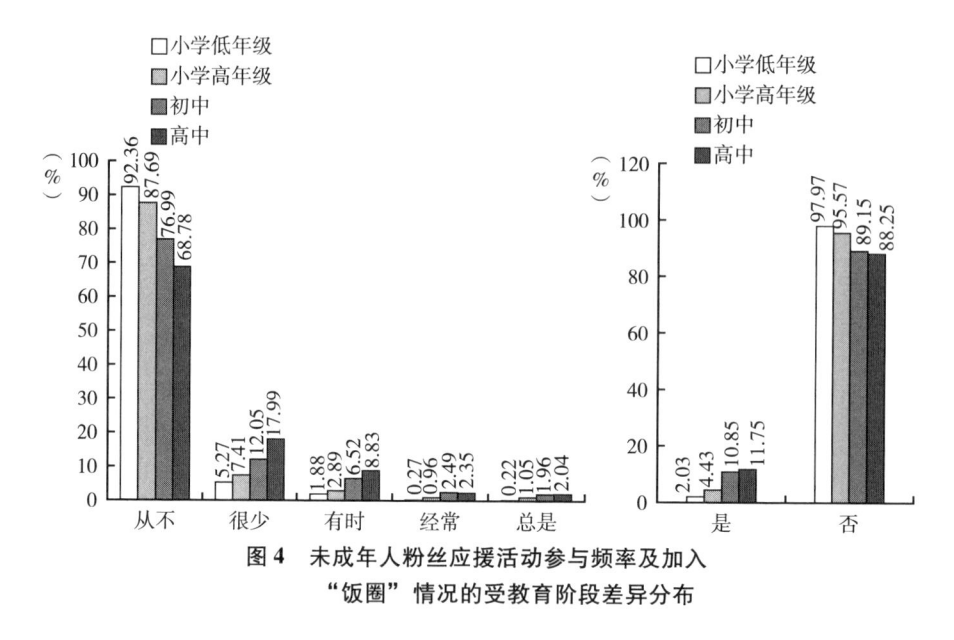

图4 未成年人粉丝应援活动参与频率及加入"饭圈"情况的受教育阶段差异分布

5. 没有与父母同住的未成年人参与"饭圈"活动更多且更为频繁

未成年人粉丝应援活动参与频率及加入"饭圈"情况同样在家庭居住情况及照料关系上存在差异。没有与父母同住的未成年人加入"饭圈"的比例最高，为8.25%，且总是参与粉丝应援活动的比例最高，为1.94%。与父亲同住的未成年人参与"饭圈"的占比为7.25%，高于与母亲同住的未成年人的这一比例（6.27%）。此外，我们考虑城乡分布可以发现，在农村且与父亲同住的未成年人参与粉丝应援活动的比例是最高的，为29.26%，高于在农村且没有与父母同住的未成年人的这一比例（24.39%）以及在农村与母亲同住的未成年人的这一比例（19.95%），以及其他居住形式的未成年人的这一比例。在城市且与父母同住的未成年人参与粉丝应援活动的比例最低，为14.28%。调查数据显示，与父母共同居住的未成年人更不容易出现参与粉丝应援活动及加入"饭圈"的情况，而近三成与父亲同住的农村未成年人表现出了粉丝应援活动参与行为，需要重点关注。

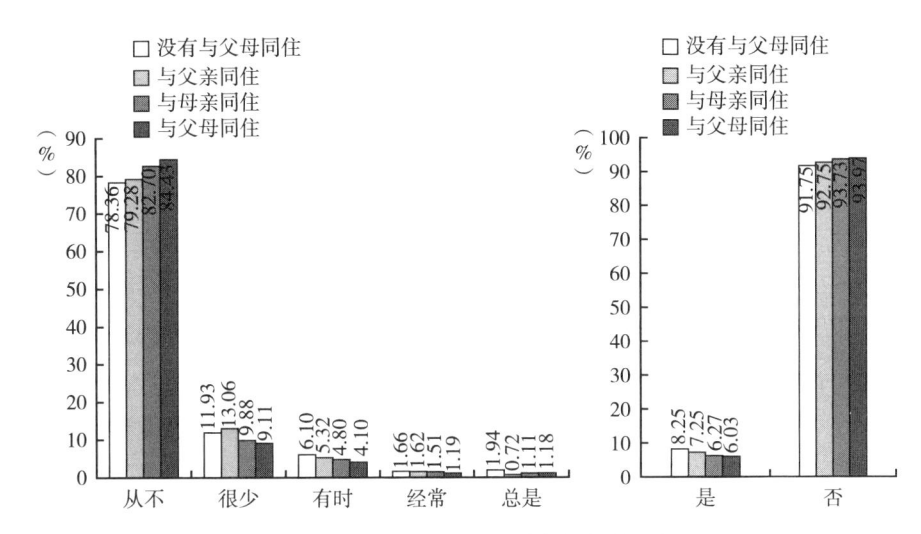

图5 未成年人粉丝应援活动参与频率及加入
"饭圈"情况的家庭居住情况差异分布

（二）未成年人对"饭圈"文化的了解程度及态度

1. 超七成未成年人了解过"饭圈"文化，仅不到一成未成年人喜爱"饭圈"文化

在了解未成年人参与粉丝应援活动及实际加入"饭圈"的具体情况后，本报告进一步分析了未成年人对于"饭圈"文化的态度及看法。相对于超八成未成年人未参与过粉丝应援活动，以及超九成未成年人未实际加入过某"饭圈"的比重，完全不了解"饭圈"的未成年人比重则降至不到三成。调查数据显示，26.04%的未成年人对"饭圈"文化不了解，这说明了"饭圈"文化在未成年人中的传播广度。而在逾七成了解过"饭圈"文化的未成年人中，40.81%的未成年人非常不喜欢"饭圈"文化，24.01%的未成年人不太喜欢"饭圈"文化，6.85%的未成年人比较喜欢"饭圈"文化，只有2.29%的未成年人非常喜欢"饭圈"文化。调查结果显示，"饭圈"文化虽然在未成年人中广为传播，但并未广受欢迎，反而只有不足一成的未成年人对其持积极态度。

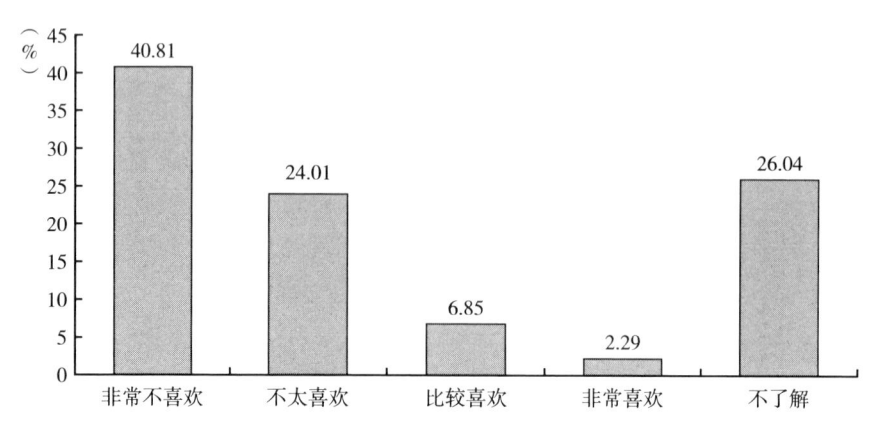

图6 未成年人对"饭圈"文化的喜爱程度分布

2. 喜爱"饭圈"文化的女生是男生的三倍多

未成年人对"饭圈"文化的态度同样存在明显的性别差异。调查数据显示，了解过"饭圈"文化的女生比重略高，但整体上男生、女生对于"饭圈"文化的了解程度相近，均超过七成，但是在具体态度上两者有较大差异。近一半的男生非常不喜欢"饭圈"文化，占比达48.4%，明显高于女生的这一比例（33.26%）。而比较喜欢"饭圈"文化和非常喜欢"饭圈"文化的女生占比分别为10.44%和3.84%，持对应态度的男生占比分别为3.25%及0.73%，女生喜爱"饭圈"文化的比重约是男生比重的三倍多。

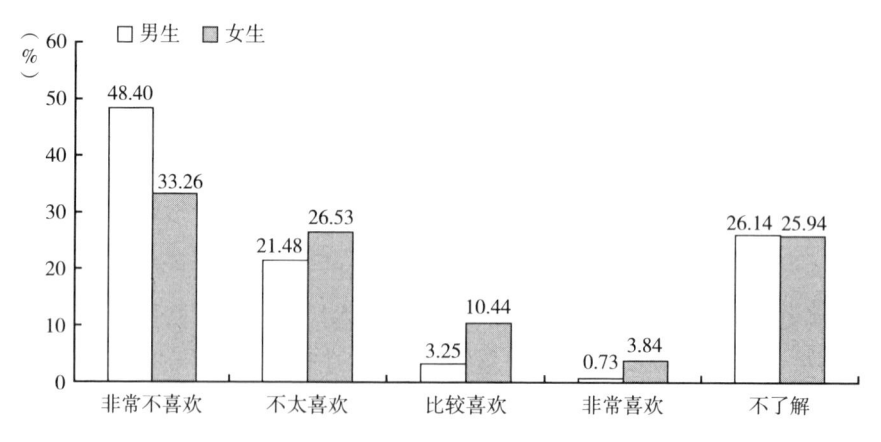

图7 未成年人对"饭圈"文化喜爱程度的性别差异分布

根据调查数据,在接触到"饭圈"文化的未成年人中,女生对"饭圈"文化的接受度更高,并更容易持积极态度。

3. "饭圈"文化在农村未成年人中的传播度及接受度更高

未成年人对"饭圈"文化的态度也存在明显的城乡差异,整体上看,未成年人居住地及学校所在地表现出的城乡差异趋势大致相同,但在对于"饭圈"文化的具体态度上,居住地之间的城乡差异明显,在对于"饭圈"文化的一般了解程度上,学校所在地之间的城乡差异也较为明显(见图8)。

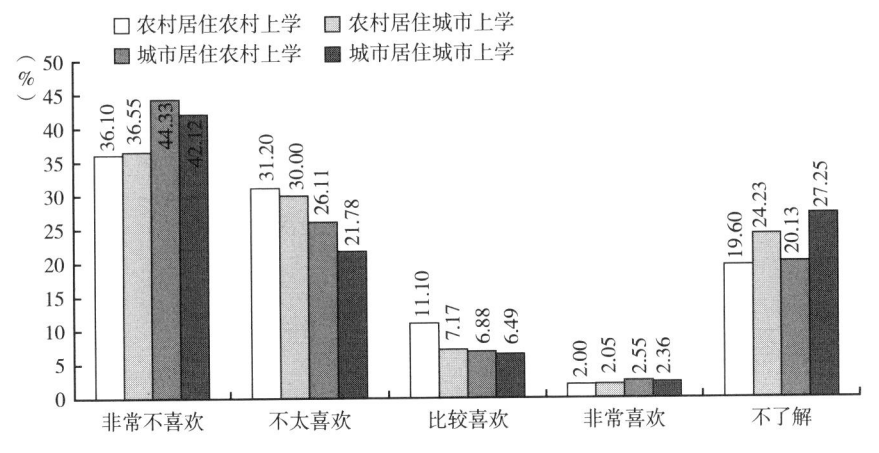

图8 未成年人对"饭圈"文化态度的城乡差异分布

在城市上学的未成年人对于"饭圈"文化的了解程度低于在农村上学的未成年人,按照差异更为明显的学校所在地来看,80.17%在农村上学的未成年人了解过"饭圈"文化,比在城市上学的未成年人73.41%的比重多出近一成。

从态度差异更为明显的居住地来看,非常不喜欢"饭圈"文化的城市未成年人的比例也明显高于农村未成年人的占比,达到42.23%。但非常喜欢"饭圈"文化的城市未成年人占比为2.37%,略高于农村未成年人2.04%的比例,且在所有了解过"饭圈"文化的未成年人中,居住在城市的未成年人非常喜欢"饭圈"文化的占比为3.24%,也高于居住在农村的未成年人2.67%的占比。调查数据显示,农村及城市未成年人对于"饭圈"的态度都以消极为主,"饭圈"文化在农村未成年人中的传播范围相对更广,其中传播度的城乡差异在学校所地上更为明显,在农村上学的未成年人更容易接触到"饭圈"文化,且农村未成年人对"饭圈"文化的态度相对积极,但城市未成年人对于"饭圈"文化的态度具有一定的两极化趋势,相对于农村未成年人,非常不喜欢及非常喜欢"饭圈"文化的比重都相对较高。

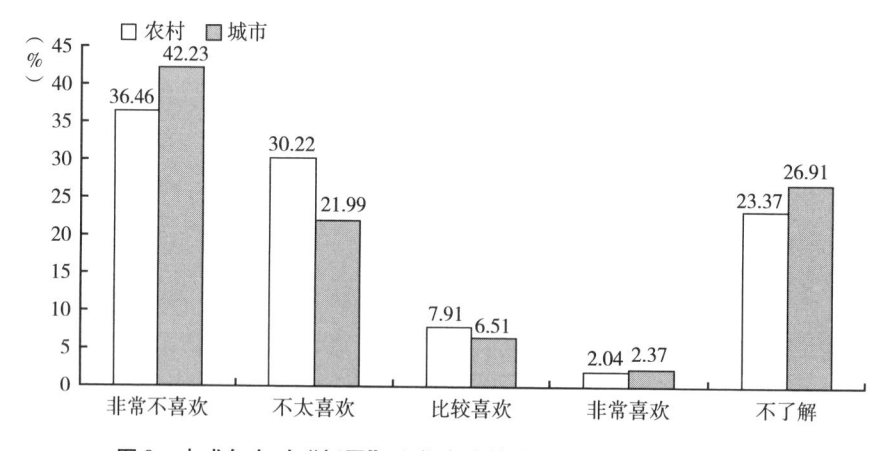

图9 未成年人对"饭圈"文化态度的城乡(居住地)差异分布

4. "饭圈"文化在未成年人中的传播及接受程度随年级的上升而提高

未成年人对于"饭圈"文化的了解程度随着年级的上升而提高,同时表现出不喜爱程度降低和喜爱程度提升的趋势。36.69%的小学低年级未成年人不了解"饭圈"文化,这一比例在高中阶段已降至17.25%,减少了近两成。同时,非常不喜欢"饭圈"文化的未成年人的占比,从小学低年级阶段的43.32%降至高中阶段的35.65%,减少了近一成。另外,非常喜欢"饭圈"文化的未成年人占比峰值出现在初中阶段,高中阶段出现了回落。调查数据显示,未成年人随着年级的提升对"饭圈"文化更为了解和喜爱,初中是未成年人对于"饭圈"文化持积极态度最为集中的时期。

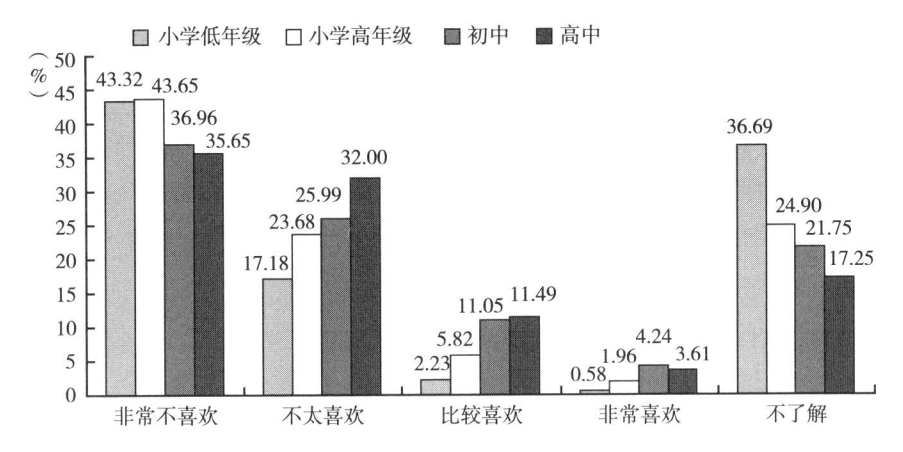

图 10 未成年人对"饭圈"文化喜爱程度的受教育阶段差异分布

5. 没有与父母同住的未成年人对"饭圈"最为了解和喜爱

在与父母的居住情况方面，调查显示，没有与父母同住的未成年人相较于与父亲或母亲一方同住以及与父母同住的未成年人更了解"饭圈"文化，并且在非常喜欢"饭圈"文化上所占的比重最大，达到3.19%。值得注意的是，与母亲同住的未成年人非常喜欢"饭圈"文化所占的比重仅为1.87%，低于与父母同住的未成年人所占的比重。

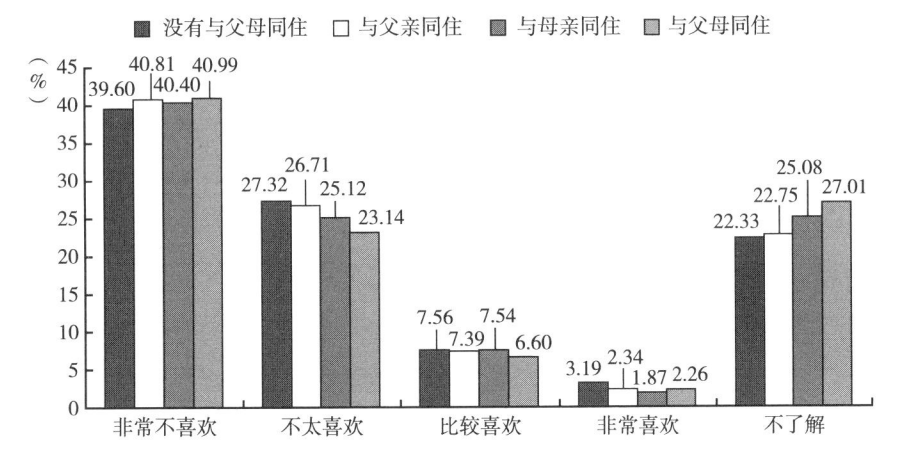

图 11 未成年人对"饭圈"文化喜爱程度的家庭居住情况差异分布

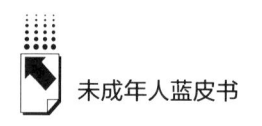

（三）未成年人对"饭圈"文化的看法及感受

1. 未成年人加入"饭圈"的社交驱动明显，偏向正面评价

曾实际加入过某"饭圈"的未成年人又对"饭圈"文化有着怎样的看法呢？通过对调查数据的分析，我们可以看到加入"饭圈"的未成年人的积极反馈有很强烈的趣缘社交取向，41.24%加入"饭圈"的未成年人在"饭圈"里可以找到兴趣相投的人，40.80%的加入"饭圈"的未成年人很喜欢在与其他粉丝一起应援时，体验到的团结的感觉（见表1）。在"饭圈"中的社交，一方面让未成年人体验到了在虚拟空间以趣缘为导向的互动关系带来的强烈精神情感刺激，为其加入某"饭圈"提供了动机，另一方面利用网络趣缘关系扩展了未成年人在现实生活中以血缘及业缘为主的社会关系，进一步提供了维系其加入"饭圈"的行为动力。

表1 未成年人加入"饭圈"的积极感受

单位：%

	比重
在"饭圈"里可以找到兴趣相投的人	41.24
与其他粉丝一起应援时，体验到的团结的感觉很好	40.80
"饭圈"让我与偶像的距离更近了	24.36
"饭圈"有趣的活动和互动可以为其提供消遣娱乐	23.71
"饭圈"活动让我很有参与感	20.51
参与"饭圈"活动时，我的能力会得到他人的认可	12.51
在"饭圈"中我可以获得归属感	12.22
参与"饭圈"活动时，我的能力能够充分体现出来	10.18

加入"饭圈"使得未成年人与其喜爱艺人的联系更为紧密，24.36%的加入"饭圈"的未成年人认为加入"饭圈"与自己偶像的距离更近了。"饭圈"在"追星"行为中起到了信息传递、组织和联结个体的作用，并在一定程度上带给了未成年人积极体验。

另外，参与"饭圈"活动一定程度上满足了未成年人休闲娱乐的需求，使其获得了参与感，并为其提供了能力展示的机会。23.71%加入"饭圈"的未成年人认为"饭圈"有趣的活动和互动可以为其提供消遣娱乐,20.51%加入"饭圈"的未成年人则认为"饭圈"活动让其很有参与感。10.18%加入"饭圈"的未成年人认为参与"饭圈"活动时,其能力能够充分体现出来。

"饭圈"在一定程度上为未成年人提供了获得他人认可及群体归属感的虚拟社交平台。12.51%加入"饭圈"的未成年人认为参与"饭圈"活动时,其能力会得到他人的认可,12.22%加入"饭圈"的未成年人认为其在"饭圈"活动中可以获得归属感。

2. 未成年人厌烦"饭圈"骂战,但消极感受整体不深

由于"饭圈"是在主体层面上作为由网络趣缘关系联结起来的虚拟社群,其由相同偏好聚集的特性决定了其成员对信息的相似筛选逻辑,以及其内群体在某些精神情感要素上的高度同质性,后者在信息内容趋于片面的同时建立起了群体内部趋于封闭的信息传播渠道。认同偏好共识、情感情绪共鸣以及信息茧房的形成使处于其中的个体理性很容易被淹没,与此同时,"饭圈"在组织形态上,本身存在着自发适应环境的理性行动取向,在不良资本恶意诱导,甚至渗透进"饭圈"内部对未成年人进行鼓励号召的情况下,反而产生了大量不理性的行为,这些现象也给加入"饭圈"的未成年人带来了负面的感受。

表2 未成年人加入"饭圈"的消极感受

单位:%

	比重
粉丝间互撕、辱骂的行为让我感到厌烦	34.25
参与打榜、投票、刷量控评影响学习	9.82
参加"饭圈"的活动浪费时间,没有意义	7.05
在"饭圈"里被鼓动消费,浪费钱	5.24

调查数据显示,34.25%加入"饭圈"的未成年人对粉丝间互撕、辱骂的行为感到厌烦,这一感受在未成年人所有反馈的感受中居于第三位,仅排在关于"饭圈"趣缘社交的正向反馈之后,是未成年人在"饭圈"中最为强烈

的负面感受。而9.82%加入"饭圈"的未成年人感受到在"饭圈"参与打榜、投票、刷量控评等活动影响到了日常学习，7.05%加入"饭圈"的未成年人认为参加"饭圈"的活动浪费时间，没有意义。除此之外，还有5.24%加入"饭圈"的未成年人感受到在"饭圈"里被鼓动消费，浪费钱。

根据调查数据我们可以发现，在"饭圈"中互相辱骂的现象较为普遍，并且给加入"饭圈"的未成年人带来了非常消极的体验。但是，整体上对"饭圈"产生负面反馈的未成年人较少，加入"饭圈"的未成年人对其评价趋向正面，只有很少的未成年人认为"饭圈"活动没有意义，而对于在"饭圈"治理行动中被重点整治的诱导未成年人打榜投票、刷量控评或逼迫未成年人消费的现象，也只有少数的未成年人做了报告。调查结果显示，大部分加入"饭圈"的未成年人是趋向积极内容且行为较为理性的，但为了防止畸形资本在触及底线的内容上对未成年人进行"洗脑"宣传，还需要持续改善网络环境，并引导未成年人进行正确的价值判断。

三　未成年人与"二次元"文化

（一）未成年人"二次元"文化接触及参与情况

1.近一半未成年人接触过"二次元"文化

根据调查数据，约五成未成年人在日常生活中接触过"二次元"文化，比重为53.09%，46.91%的未成年人从未接触过"二次元"文化。看动漫是未成年人最常接触"二次元"文化的情境，38.82%的未成年人会观看动画、漫画，占接触"二次元"文化未成年人的73.12%。29.56%的未成年人会打游戏，占接触"二次元"文化未成年人的55.68%。除了这两个未成年人接触"二次元"文化的主要情境，还有10.64%的未成年人喜爱虚拟偶像（如洛天依、初音、叶修、李泽言、许墨等），9.26%的未成年人阅读轻小说，7.96%的未成年人接触或参与过cosplay（角色扮演），分别占接触"二次元"文化未成年人的20.04%、17.44%和14.99%，相对小众。

表3 未成年人最常接触的"二次元"类型

单位：%

	比重
未接触过"二次元"文化	46.91
动画、漫画	38.82
游戏	29.56
虚拟偶像	10.64
轻小说	9.26
cosplay（角色扮演）	7.96

2. 接触"二次元"文化的男生比女生多近一成，打游戏的男生约为女生的两倍

未成年人在接触"二次元"文化的情况上存在一定的性别差异，男生对"二次元"文化内容接触更多，接近六成，57.35%的男生接触过"二次元"文化，高于女生48.84%的比例。在使用"二次元"的具体情境上，相较而言，女生更喜欢的"二次元"文化的内容为虚拟偶像、轻小说以及cosplay（角色扮演），但总体与男生相差不大。而男生更喜欢看动画、漫画以及打游戏，其中选择打游戏的男生所占的比重约为女生的两倍，偏好观看动漫的未成年人性别差异不大。

表4 未成年人最常接触"二次元"类型的性别差异分布

单位：%

未成年人最常接触的"二次元"类型	男生	女生
未接触过"二次元"文化	42.65	51.16
动画、漫画	40.79	36.87
游戏	39.17	19.99
虚拟偶像	9.61	11.66
轻小说	8.68	9.83
cosplay（角色扮演）	7.87	8.04

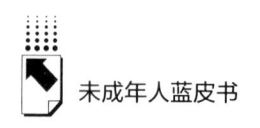

3. 农村未成年人接触"二次元"文化更多，具体类型差异不大

城乡差异同样存在于未成年人对"二次元"文化的接触过程中，我们通过对调查数据的分析发现，在未成年人"二次元"文化接触情况上，居住地的城乡差异比学校所在地更为明显，整体上农村未成年人接触"二次元"文化内容更多，近六成（57.02%）居住在农村的未成年人接触过"二次元"文化，高于居住在城市的未成年人所占的比重（51.81%）。在未成年人使用"二次元"的具体情境上，整体城乡差异不大，小于性别差异。相较而言，居住在农村的未成年人更喜欢看动画、漫画、打游戏，以及阅读轻小说，其中选择阅读轻小说的农村未成年人所占的比重为11.80%，较为明显地高于城市未成年人所占的比重（8.43%），是城乡差异最大的未成年人"二次元"接触类型。城市未成年人更喜欢的"二次元"类型为虚拟偶像以及cosplay（角色扮演），但总体与农村未成年人相差不大。

表5　未成年人最常接触"二次元"类型的城乡（居住地）差异分布

单位：%

未成年人最常接触的"二次元"类型	农村	城市
未接触过"二次元"文化	42.98	48.19
动画、漫画	39.95	38.45
游戏	31.48	28.93
虚拟偶像	9.86	10.89
轻小说	11.80	8.43
cosplay（角色扮演）	7.81	8.00

4. 未成年人对"二次元"文化的接触程度随年级上升而提升

在受教育阶段上，接触过"二次元"文化的未成年人所占比重随着年级的上升而增加，36.32%处于小学低年级的未成年人接触过"二次元"文化，这个比重在小学高年级的未成年人中提升至52.80%。初中及高中的未成年人接触"二次元"文化的比重均高于接触过"二次元"文化未成年人的平均比例，61.64%的初中未成年人接触过"二次元"文化，在高中这一比例则为69.07%。在未成年人接触"二次元"文化的具体情境上同样保持了这种比重随年级上升而上升的趋势，并且在从小学低年级到小学高年级之间有一个较为明显的提升。整体上看未成年人对于不同"二次元"文化内容的接触在受教育阶段上都存在较为明显的差异，但在观看动画、漫画时不同受教育阶段的未成年人比重相差不明显，在小学低年级就有28.51%的未成年人会观看动画、漫画，这一比重在高中未成年人中上升至50.36%。最为明显的差异出现在未成年人对虚拟偶像的关注和喜爱上，只有3.70%的小学低年级未成年人喜爱虚拟偶像，高中未成年人的这一比重为16.51%，约是小学低年级学生的4倍多。

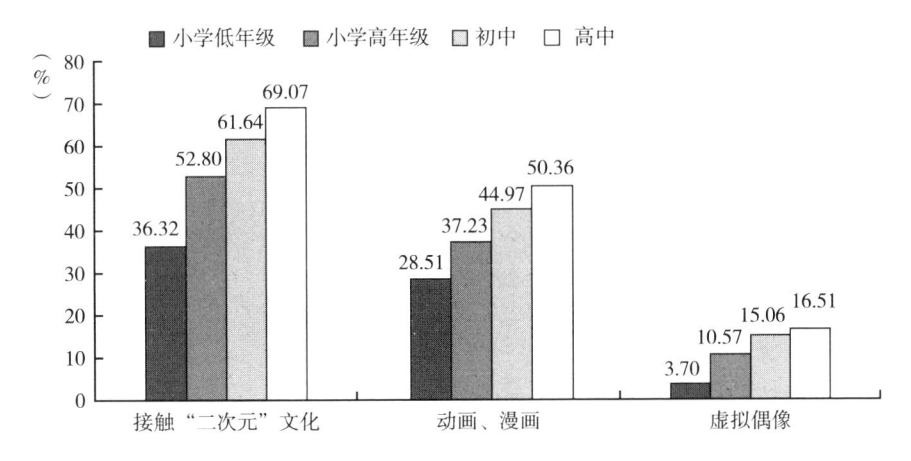

图12 未成年人接触"二次元"文化的受教育阶段差异分布

5. 没有与父母同住的未成年人对"二次元"文化的接触更多

未成年人对"二次元"文化的接触同样在与父母的居住情况上表现出了群体差异，整体上看没有与父母同住的未成年人接触"二次元"文化最多，所占比重为60.54%，与父亲同住的未成年人接触"二次元"文化所占的比重为58.56%，这一比重在与母亲同住的未成年人中继续下降至57.06%，而未成年人与父母同住时接触"二次元"文化所占的比重最小，为50.97%，比没有与父母同住的未成年人的比重低约一成。在未成年人接触"二次元"文化的具体情境上同样保持了这种趋势，但是与母亲或父亲

一方同住的未成年人接触cosplay更多,与母亲同住的未成年人最少接触虚拟偶像。

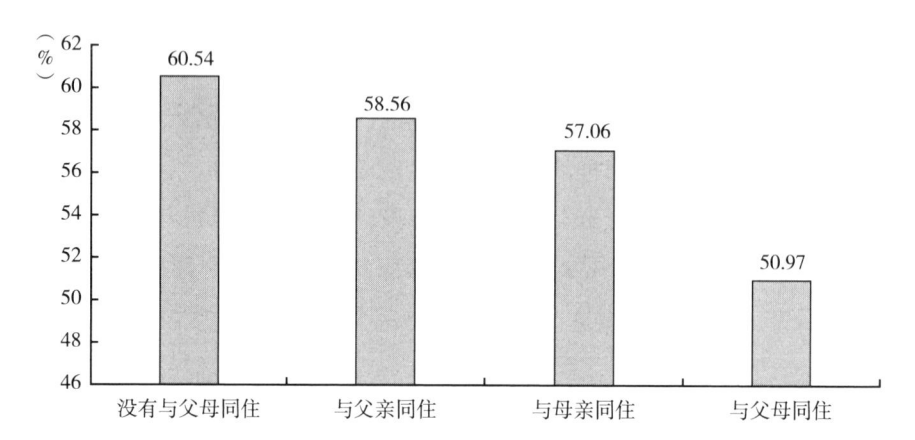

图13 未成年人接触"二次元"文化的家庭居住情况差异分布

没有与父母同住 60.54%
与父亲同住 58.56%
与母亲同住 57.06%
与父母同住 50.97%

(二)未成年人对"二次元"文化的了解程度及态度

1. 近八成未成年人了解过"二次元"文化,近三成未成年人喜欢"二次元"文化

在未成年人群体中"二次元"文化的参与度较高,超半数未成年人实际接触过"二次元"文化,那么未成年人对于"二次元"文化的态度及看法又如何呢?调查数据显示,21.31%的未成年人对"二次元"文化不了解,"二次元"文化在未成年人中的传播度较"饭圈"文化更高。在未成年人对"二次元"文化的具体态度上,仍呈现由消极到积极人数不断下降的趋势,近半数未成年人对"二次元"文化持消极态度,26.81%的未成年人非常不喜欢"二次元"文化,22.82%的未成年人不太喜欢"二次元"文化。近三成未成年人对"二次元"文化持积极态度,其中,20.47%的未成年人比较喜欢"二次元"文化,只有8.58%的未成年人非常喜欢"二次元"文化。调查结果显示,虽然"二次元"文化在未成年人中传播范围较广,但未成年人对其态度仍以消极为主,接受度也高于"饭圈"文化。

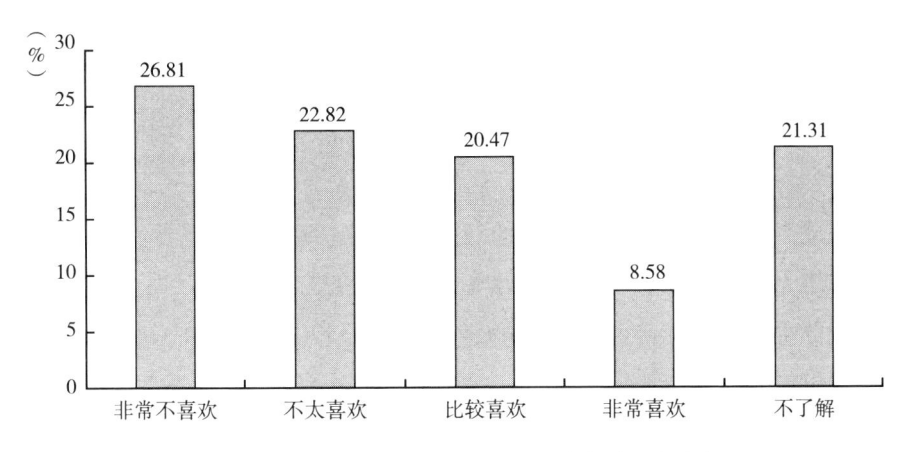

图 14　未成年人对"二次元"文化的喜爱程度分布

2. 男生更了解并喜欢"二次元"文化

未成年人对"二次元"文化的态度存在着一定的性别差异。整体上男生对于"二次元"文化的态度更为积极。调查数据显示，81.12%的男生了解过"二次元"文化，高于女生的这一比例（76.26%），非常不喜欢"二次元"文化的男女生所占的比重相差不大，整体女生偏多。而比较喜欢"二次元"文化和非常喜欢"二次元"文化的女生所占比重分别为17.94%和6.98%，持相同态度的男生所占的比重分别为23.01%及10.19%，较女

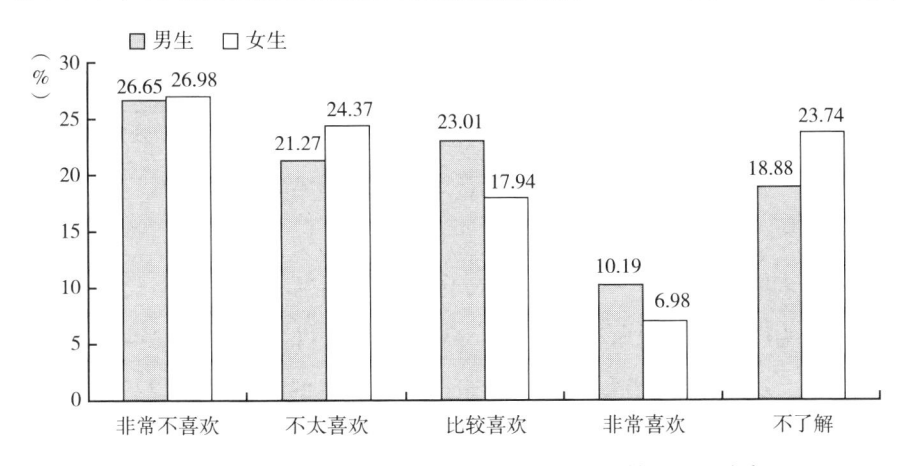

图 15　未成年人对"二次元"文化喜爱程度的性别差异分布

067

生而言，男生更喜欢"二次元"文化。根据调查数据，在了解过"二次元"文化的未成年人中，男生对"二次元"文化的接受度更高，态度更积极。

3. 农村未成年人对"二次元"文化的整体态度更为积极，同时偏向于两极化

未成年人对"二次元"文化的态度也存在一定的城乡差异。我们分别以未成年人居住地及学校所在地为城乡分类依据对未成年人"二次元"态度进行分析，可以看到其表现出的城乡差异趋势相同，均是在农村上学的未成年人更为了解"二次元"文化，且对待"二次元"文化的态度更为缓和。但在对于"二次元"文化的具体态度上，居住地之间的城乡差异明显，在对于"二次元"文化的一般了解程度上，学校所在地之间的城乡差异则较为明显，这一趋势与"饭圈"文化表现出的城乡差异大致相同。

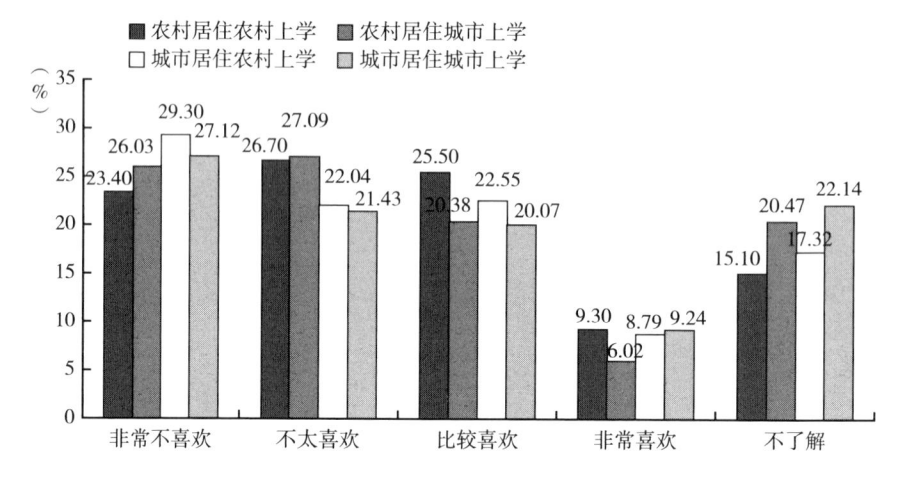

图16 未成年人对"二次元"文化喜爱程度的城乡差异分布

城市未成年人对于"二次元"文化的了解程度低于农村未成年人，按照差异较为明显的学校所在地来看，83.92%在农村上学的未成年人了解过"二次元"文化，高于在城市上学的未成年人所占的比重（78.22%）。从态度差异更为明显的居住地来看，非常不喜欢"二次元"文化的城市未成年人最多，占比为27.23%，但不太喜欢"二次元"文化的城市未成年人的占比为21.46%，明显低于农村未成年人所占的比重（27.02%），整体上看农村未成年人更容易对"二次元"文化持消极态度。另外，农村未成年人比较喜欢"二次元"文化的比例比城市未成年人的这一比例高，但非常喜欢"二次元"文化的城市未成年人的比例明显高于农村未成年人，达到了9.22%。

调查数据显示，农村及城市未成年人对于"二次元"文化的态度都以消极为主，"二次元"文化在农村未成年人中的传播范围相对更广，但城市未成年人对其持积极态度的比例相对更高，并且与"饭圈"文化相同，城市未成年人对于"二次元"文化的态度具有一定的两极化趋势，相较于农村未成年人，其非常不喜欢及非常喜欢"二次元"文化的占比都相对较高，同时农村未成年人对于"二次元"文化的态度更为缓和。

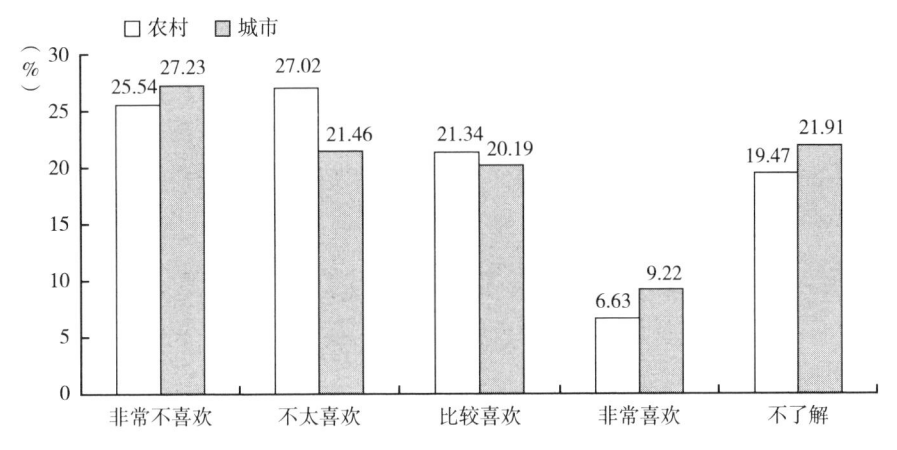

图17　未成年人对"二次元"文化喜爱程度的城乡（居住地）差异分布

4."二次元"文化在未成年人中的传播及接受程度随年级的上升而提高

未成年人对于"二次元"文化的了解程度随着年级的上升和年龄的增长而提高，同时呈现不喜爱程度降低和喜爱程度提升的趋势。31.85%的小学低年级未成年人不了解"二次元"文化，这一比重在高中阶段已降至15.97%，同时，非常不喜欢"二次元"文化的未成年人所占的比重，由小学低年级阶段的31.62%降至高中阶段的18.49%。另外，初中、高中时期

069

的未成年人对"二次元"文化持积极态度的比重相差不大。调查数据显示，未成年人随着年级的上升会变得对"二次元"文化更为了解和喜爱。

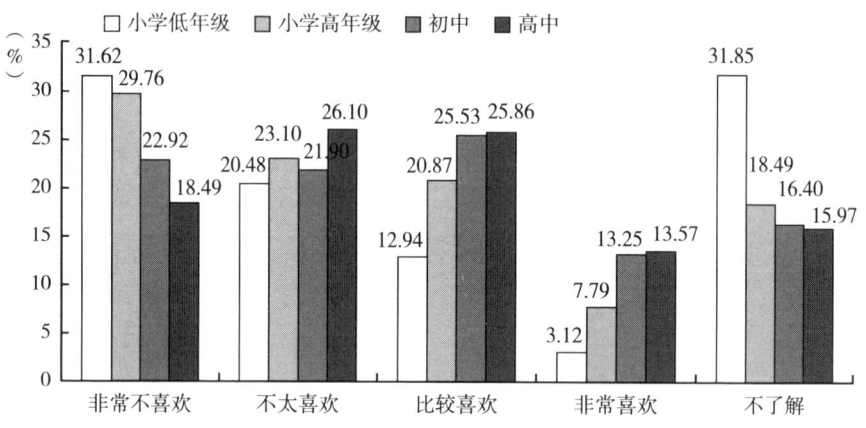

图 18 未成年人对"二次元"文化喜爱程度的受教育阶段差异分布

5. 没有与父母同住的未成年人对"二次元"文化更为了解和喜爱

在与父母的居住情况方面，调查显示，没有与父母同住的未成年人相较于与父亲或母亲一方同住以及与父母同住的未成年人更了解"二次元"文化，更容易对其持积极态度。同时，与父母一方同住的未成年人非常喜欢"二次元"文化所占的比重更大。

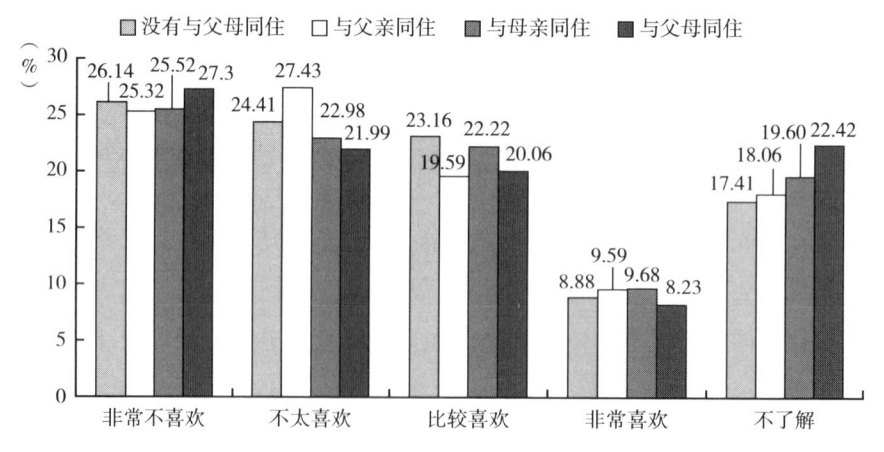

图 19 未成年人对"二次元"文化喜爱程度的家庭居住情况差异分布

(三)未成年人对"二次元"文化的看法及感受:以娱乐诉求为主要动机

虽然有一半多的未成年人接触过"二次元"文化,远高于未成年人对于"饭圈"的参与度,近三成的喜爱度也明显高于"饭圈",但接触过"二次元"文化的未成年人对其做出积极评价的占比相较于"饭圈"整体偏低。休闲娱乐是未成年人在"二次元"文化中的最主要需求,29.88%接触过"二次元"文化的未成年人表示接触"二次元"让自己感到很放松,没有压力,"有时候看看,为了放松一下""非常过瘾",还可以"释放压力"。21.82%接触过"二次元"文化的未成年人认为接触"二次元"可以让自己很快乐,他们将其作为一种享受,觉得有趣,比如"虚拟歌手让我听到更奇妙的声音""游戏很好玩""画风好看""看动漫很有趣很热血"。此外,14.16%接触过"二次元"文化的未成年人接触"二次元"是为了打发时间,只是"看过番剧""偶尔接触过""随便刷到"或者"仅仅觉得有趣,但不是'二次元'爱好者"。除此之外,还有14.00%接触过"二次元"文化的未成年人将"二次元"当作自己的爱好。

还有较多的未成年人在丰富的"二次元"文化形式中让自己的兴趣和个性得到了进一步发展。认为"二次元"文化能让自己发挥想象力和创造力的未成年人占接触过"二次元"文化未成年人的29.84%,比如"可以让我有更多的绘画灵感"。15.60%接触过"二次元"文化的未成年人认为自己从"二次元"中学到了更多知识,如"可以接触不同种类的音乐""学习漫画绘画技巧"等。还有9.16%接触过"二次元"文化的未成年人认为其可以在"二次元"中充分展示自己的个性。

"二次元"文化因其包含内容的丰富性及其在未成年人群体中的大量传播,以及未成年人对其相对较高的喜爱度,成了同辈之间交流推荐的话题之一。17.31%接触过"二次元"文化的未成年人认为"二次元"让自己有了更多话题可以和同学交流,也有未成年人表示接触"二次元"文化是因为"参加活动需要",或者"因为有朋友喜欢'二次元',跟着一起了解"。

"二次元"文化还使未成年人体验到了超越现实的理想空间。12.22%

接触过"二次元"文化的未成年人认为"二次元"世界有自己理想的生活，包括"有一些精神可嘉的人物和情节设计""很喜欢其中的一个角色""是作者和观众的思想寄托"或者"'二次元'里的故事很美好""'二次元'很奇妙，会有一种和现实不太一样的感觉""感觉可以从不同角度看世界""有自己的空间""因为现实中不存在的很多美好感到身心愉快"。

"二次元"作为一种混合的文化形式，同样具有一定的社交联结作用。13.33%接触过"二次元"文化的未成年人认为"二次元"让自己认识了很多志趣相同的人。5.58%接触过"二次元"文化的未成年人表示在"二次元"中找到了一种群体归属感："'二次元'是一个神奇的大家庭。"还有5.10%接触过"二次元"文化的未成年人认为在"二次元"文化里，自己能够获得他人的认可。

表6 接触过"二次元"的未成年人对"二次元"文化的积极感受

单位：%

	比重
接触"二次元"文化让我感到很放松，没有压力	29.88
"二次元"能让自己发挥想象力和创造力	29.84
接触"二次元"让我很快乐	21.82
"二次元"让我有了更多话题可以和同学交流	17.31
"二次元"让我学到了更多知识	15.60
我接触"二次元"是为了打发时间	14.16
"二次元"是我的爱好	14.00
"二次元"让我认识了很多志趣相同的人	13.33
"二次元"世界有我理想的生活	12.22
"二次元"中我可以充分展示自己的个性	9.16
"二次元"让我找到了一种群体归属感	5.58
在"二次元"文化里，我能够获得他人的认可	5.10

除了积极评价，还有部分未成年人觉得"二次元"文化"无聊"或对"二次元"文化"无感"，"感觉没有什么意义"或者"虚拟不真实没啥用处"，他们甚至认为喜欢"二次元"的人沉迷幻想，"很奇怪"或者很"幼稚"。整体上，未成年人对于"二次元"文化的具体体验无论积极或消极的都不算强烈。

四 未成年人与"弹幕"文化

(一)未成年人"弹幕"文化接触及参与情况

1. 近六成未成年人接触或参与过"弹幕"文化,其中观看动漫时应用最为频繁

根据调查数据,57.73%的未成年人接触或参与过"弹幕"文化,42.27%的未成年人从未接触过"弹幕"文化。动漫是未成年人最常观看或发送弹幕的情境,24.48%的未成年人在此时观看或发送弹幕,占使用"弹幕"未成年人的42.40%。除此之外,23.75%的未成年人会在听音乐的时候使用弹幕,19.34%的未成年人在看影视剧时会观看或发送弹幕,分别占使用"弹幕"未成年人的41.14%和33.50%。除了以上三个未成年人使用"弹幕"的主要情境,还有16.53%的未成年人在看综艺(非选秀)或演出节目时观看或发送"弹幕",13.78%的未成年人在看电竞(游戏)赛事时观看或发送"弹幕"。在看体育赛事,看网络直播,以及看选秀节目时观看或发送"弹幕"的未成年人相对较少,分别占8.14%、7.65%和6.02%。另外在综合性视频平台中,未成年人更喜欢在哔哩哔哩网站(B站)发送"弹幕",17.12%的未成年人在哔哩哔哩网站(B站)观看或发送"弹幕",只有1.92%的未成年人在AcFUN网站(中国大陆第一家视频弹幕网站)观看或发送"弹幕"。

表7 未成年人观看或发送"弹幕"的情境及"弹幕"网站

单位:%

	占比
未接触过	42.27
看动漫	24.48
听音乐	23.75
看影视剧	19.34
在哔哩哔哩网站(B站)	17.12

续表

	占比
看综艺（非选秀）或演出节目	16.53
看电竞（游戏）赛事	13.78
看体育赛事	8.14
看网络直播	7.65
看选秀节目	6.02
在 AcFUN 网站	1.92

2. 男生比女生更多地使用"弹幕"，尤其在观看电竞及体育赛事时

未成年人对"弹幕"的使用情况存在一定的性别差异，男生更喜欢观看或发送"弹幕"，58.52%的男生会使用"弹幕"，高于女生56.94%的比重，但整体上相差不大，均接近六成。在使用"弹幕"的具体情境上，相较而言，女生更喜欢在听音乐、看影视剧、看综艺（非选秀）或演出节目、看选秀节目的时候使用弹幕，而男生更喜欢在看动漫、使用哔哩哔哩网站（B站）、看电竞（游戏）赛事、看体育赛事、看网络直播、使用AcFUN网站的时候观看或发送"弹幕"。其中看电竞（游戏）赛事以及看体育赛事时使用"弹幕"的男生比重显著大于女生，而女生在看综艺（非选秀）或演出节目、看选秀节目时，使用"弹幕"的比重则明显高于男生。未成年人在使用哔哩哔哩网站（B站）、听音乐以及看动漫时男生及女生的"弹幕"使用频率差别不大。这些差异一定程度上也来自内容本身带有的用户性别偏好。

表8 未成年人观看或发送"弹幕"情境的性别差异分布

单位：%

未成年人观看或发送"弹幕"的情境	男生	女生
未接触过	41.48	43.06
看动漫	27.64	21.33
听音乐	21.26	26.22
看影视剧	14.24	24.42
在哔哩哔哩网站（B站）	18.59	15.66

续表

未成年人观看或发送"弹幕"的情境	男生	女生
看综艺(非选秀)或演出节目	10.18	22.85
看电竞(游戏)赛事	22.24	5.35
看体育赛事	12.79	3.50
看网络直播	9.25	6.06
看选秀节目	3.52	8.51
在 AcFUN 网站	2.65	1.19

3. 农村未成年人"弹幕"使用更多，具体类型差异不大

未成年人对"弹幕"的使用情况同样存在一定的城乡差异，在农村居住的未成年人更喜欢观看或发送"弹幕"，使用"弹幕"的农村未成年人超六成，占比为63.39%，高于城市未成年人所占的比重（55.89%）。在未成年人使用"弹幕"的大部分具体情境上同样保持了这种城乡差异，在看动漫、听音乐、看影视剧、看综艺（非选秀）或演出节目、看电竞（游戏）赛事、看体育赛事、看网络直播、看选秀节目以及使用AcFUN网站的时候，农村未成年人均更喜欢观看或发送"弹幕"，其中在看影视剧以及听音乐时差别较为明显，其他情境中未成年人"弹幕"使用的频率相差不大。另外，只有在使用哔哩哔哩网站（B站）时，城市未成年人才更喜欢使用"弹幕"。

表9 未成年人观看或发送"弹幕"情境的城乡（居住地）差异分布

单位：%

未成年人观看或发送"弹幕"的情境	农村	城市
未接触过	36.61	44.11
看动漫	26.36	23.87
听音乐	28.16	22.31
看影视剧	25.41	17.37
在哔哩哔哩网站(B站)	14.09	18.10
看综艺(非选秀)或演出节目	18.08	16.03
看电竞(游戏)赛事	14.18	13.64
看体育赛事	9.03	7.84

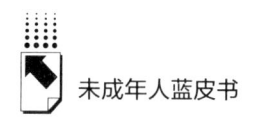

续表

未成年人观看或发送"弹幕"的情境	农村	城市
看网络直播	8.58	7.35
看选秀节目	6.71	5.80
在 AcFUN 网站	1.93	1.92

4. 未成年人的"弹幕"使用频率随年级上升而增加

在受教育阶段上，未成年人观看或发送"弹幕"的比例随着年级的上升而提升，39.19%处于小学低年级的未成年人会观看或发送"弹幕"，这个比重在小学高年级的未成年人中提升至55.33%。初中及高中的未成年人观看或发送"弹幕"的比重均高于使用"弹幕"未成年人的平均比例，67.49%的初中未成年人会使用"弹幕"，在高中这一比例则为78.68%。在未成年人使用"弹幕"的具体情境上同样保持了这种使用比例上升的趋势，并且在从小学低年级到小学高年级有一个较为明显的提升。另外值得注意的是，在看动漫时不同受教育阶段的未成年人使用"弹幕"的比例相差最不明显，在小学低年级就有20.54%的未成年人在观看动漫时观看或发送"弹幕"，这一比例在高中未成年人中上升至28.30%。最为明显的差异出现在未成年人使用哔哩哔哩网站（B站）时，只有3.20%的小学低年级未成年人观看或发送"弹幕"，在高中则有39.33%的未成年人使用"弹幕"，约是小学低年级未成年人的13倍。

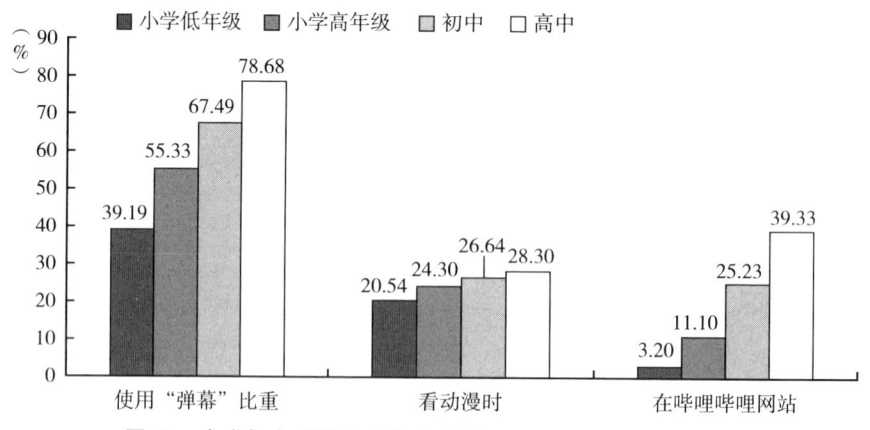

图20 未成年人观看或发送"弹幕"的受教育阶段差异分布

5. 没有与父母同住的未成年人最容易使用"弹幕"

未成年人观看或发送"弹幕"的比重同样在与父母的居住情况上表现出了群体差异，整体上看没有与父母同住的未成年人使用"弹幕"最多，占比为64.36%，与父亲同住的未成年人观看或发送"弹幕"所占的比重为63.96%，这一占比在与母亲同住的未成年人中下降至62.18%，而未成年人与父母同住时使用"弹幕"的比例最低，为55.50%，比没有与父母同住的未成年人低近一成。在未成年人使用"弹幕"的具体情境上同样保持了这种趋势，也有一些未成年人与母亲同住时，使用"弹幕"的频率最低，或者在与父亲同住时占比最高，如看网络直播、使用AcFUN网站、看体育赛事，以及看电竞游戏赛事。

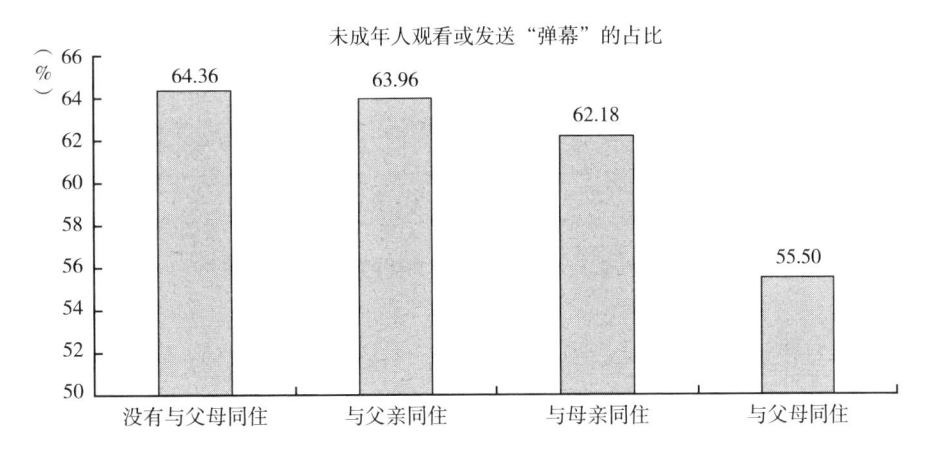

图21 未成年人观看或发送"弹幕"的家庭居住情况差异分布

（二）未成年人对"弹幕"文化的了解程度及态度

1. 近八成未成年人了解过"弹幕"文化，超一成未成年人喜欢"弹幕"文化

在了解未成年人及实际使用"弹幕"的具体情况后，本报告进一步分析了未成年人对于"弹幕"文化的态度及看法。相较于超四成未成年人未接触过"弹幕"，完全不了解"弹幕"的未成年人所占比重则降至两成左右。调查数据显示，只有20.61%的未成年人对"弹幕"文化不了解，这说

明了"弹幕"文化在未成年人中的传播广度。但是，39.25%的未成年人非常不喜欢"弹幕"文化，25.59%的未成年人不太喜欢"弹幕"文化，11.64%的未成年人比较喜欢"弹幕"文化，只有2.91%的未成年人非常喜欢"弹幕"文化。调查结果显示，与其他亚文化形式相对应，"弹幕"文化虽然在未成年人中广为传播，但并未广受欢迎，只有一成多的未成年人对其持积极态度。

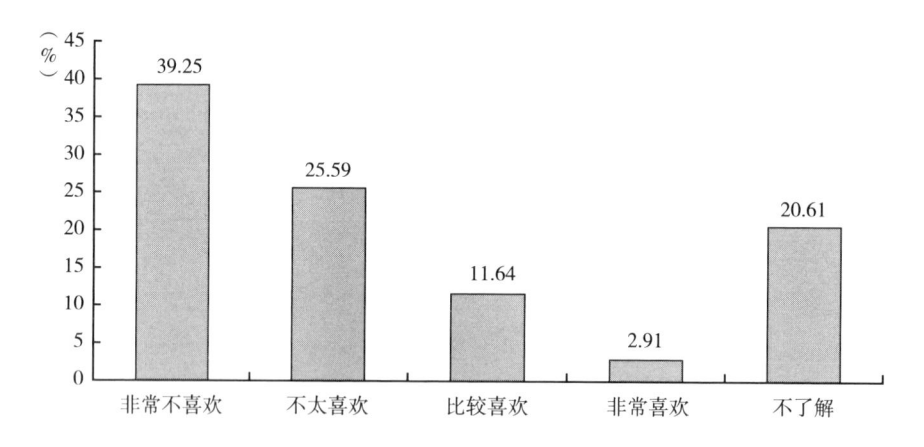

图22 未成年人对"弹幕"文化的喜爱程度分布

2. 男生对"弹幕"文化更为了解和喜爱，整体性别差异不大

未成年人对"弹幕"文化的态度同样存在明显的性别差异。调查数据显示，男生和女生对于"弹幕"文化的了解程度差距不大，均约八成，整体上男生对于"弹幕"文化更为了解。在未成年人对于"弹幕"文化的具体态度上，约四成男生非常不喜欢"弹幕"文化，占比为41.58%，高于女生所占的比重（36.94%）。而比较喜欢"弹幕"文化和非常喜欢"弹幕"文化的男生的比例分别为11.96%和3.50%，持相同态度的女生的比例分别为11.31%和2.32%。整体上男生及女生对于"弹幕"文化的态度均以消极为主，且差异不大，相对而言男生的态度更偏向于积极，且表现出两极化，而女生对"弹幕"文化的态度更为缓和。

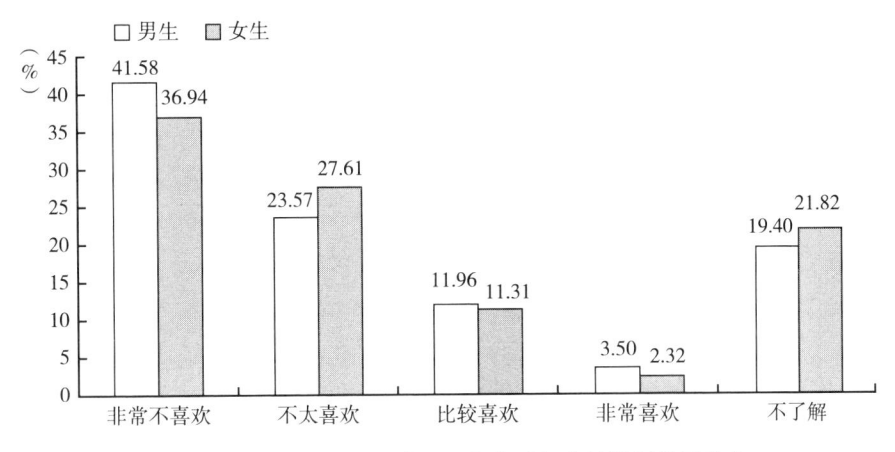

图 23 未成年人对"弹幕"文化喜爱程度的性别差异分布

3. 城市未成年人对"弹幕"文化的整体态度更为积极，同时表现出两极化

未成年人对"弹幕"文化的态度也存在明显的城乡差异。分别以未成年人居住地及学校所在地为城乡分类依据对未成年人对于"弹幕"文化的态度进行分析，可以看到其表现出的城乡差异趋势大致相同，均是在农村上学的未成年人更为了解"弹幕"文化。但在未成年人对于"弹幕"文化的具体态度上，居住地之间的城乡差异较为明显，在未成年人对于"弹幕"文化的一般了解程度上，学校所在地之间的城乡差异较为明显，这一趋势与"饭圈"以及"二次元"文化表现出的城乡差异大致相同。

城市未成年人对于"弹幕"文化的了解程度低于农村未成年人，按照差异更为明显的学校所在地来看，83.36%在农村上学的未成年人了解过"弹幕"文化，高于在城市上学的未成年人的比例（79.04%）。从态度差异更为明显的居住地来看，非常不喜欢"弹幕"文化的城市未成年人的比例为39.89%，高于农村居住未成年人37.31%的比例。同时比较喜欢"弹幕"文化的城市未成年人的比例为11.91%，高于农村未成年人的这一比例（10.79%），且城市未成年人非常喜欢"弹幕"文化的占比为3.21%，明显高于农村未成年人所占的比重（1.99%）。调查数据显

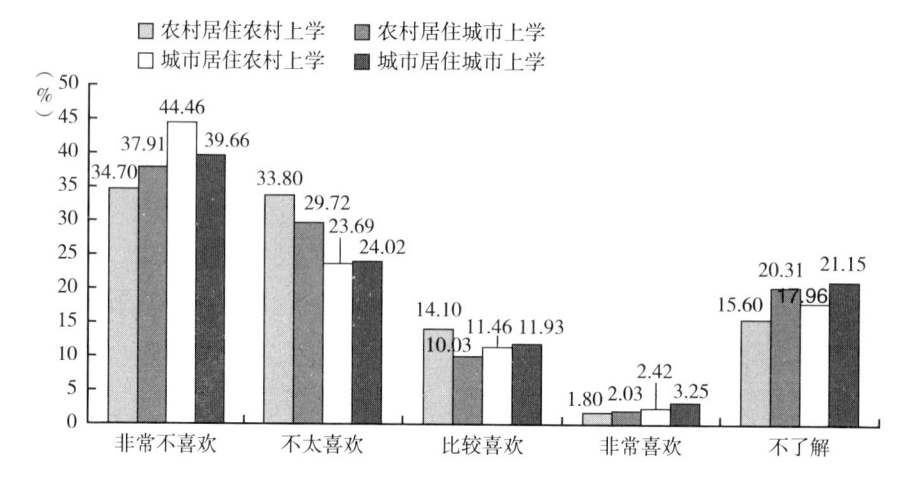

图 24 未成年人对"弹幕"文化喜爱程度的城乡差异分布

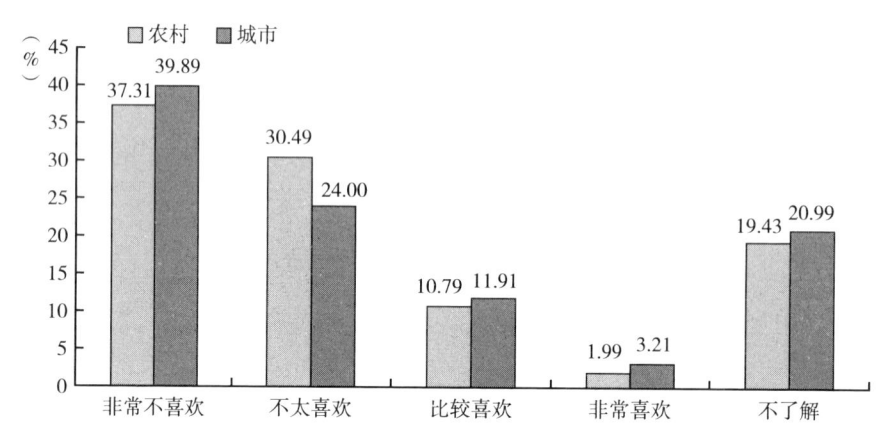

图 25 未成年人对"弹幕"文化喜爱程度的城乡（居住地）差异分布

示，农村及城市未成年人对于"弹幕"的态度都以消极为主，"弹幕"文化在农村未成年人中的传播范围相对更广，但城市未成年人对其持积极态度的占比相对更高，而且城市未成年人对于"弹幕"文化的态度出现了一定的两极化趋势，相较于农村未成年人，其非常不喜欢及非常喜欢"弹幕"文化的占比都相对较高，而农村居住的未成年人对于"弹幕"文化的态度更为缓和。

4. "弹幕"文化在未成年人中的传播及接受程度随年级的上升而提高

未成年人对于"弹幕"文化的了解程度随着年级的提升而提高，同时表现出不喜爱程度的降低和喜爱程度的提升。34.47%的小学低年级未成年人不了解"弹幕"文化，这一比例在高中阶段已降至17.25%，同时，非常不喜欢"弹幕"文化的未成年人的比例，由小学低年级阶段的43.99%降至高中阶段的35.65%。另外，非常喜欢"弹幕"文化的未成年人的比例峰值出现在初中阶段，高中时则出现了回落。调查数据显示，随着年级的上升未成年人对"弹幕"文化变得更为了解和喜爱，初中阶段是未成年人对于"弹幕"文化持积极态度最为集中的时期（见图26）。

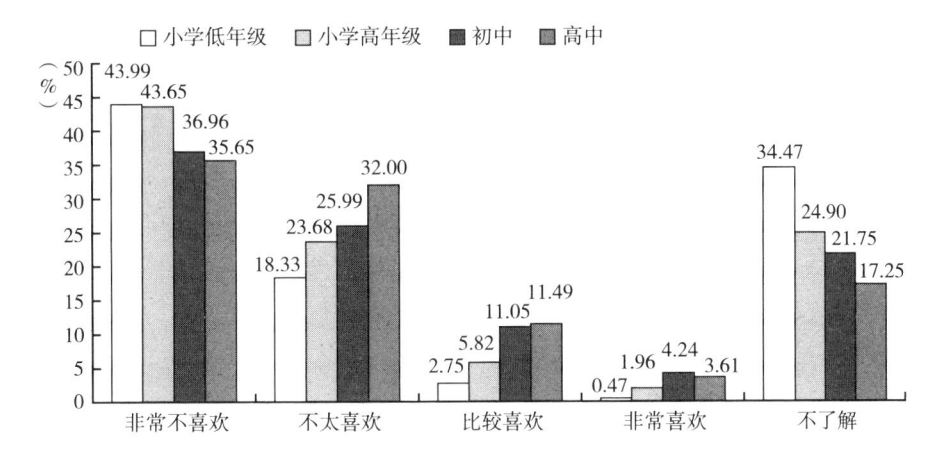

图26 未成年人对"弹幕"文化喜爱程度的受教育阶段差异分布

5. 没有与父母同住的未成年人对"弹幕"文化更为了解和喜爱

在与父母的居住情况方面，调查显示，没有与父母同住的未成年人相较于与父亲或母亲一方同住以及与父母同住的未成年人更了解"弹幕"文化，并且在非常喜欢"弹幕"文化上占比最高，为3.88%。但整体上，未成年人对于"弹幕"文化的态度在其与父母的居住情况上差异不大。

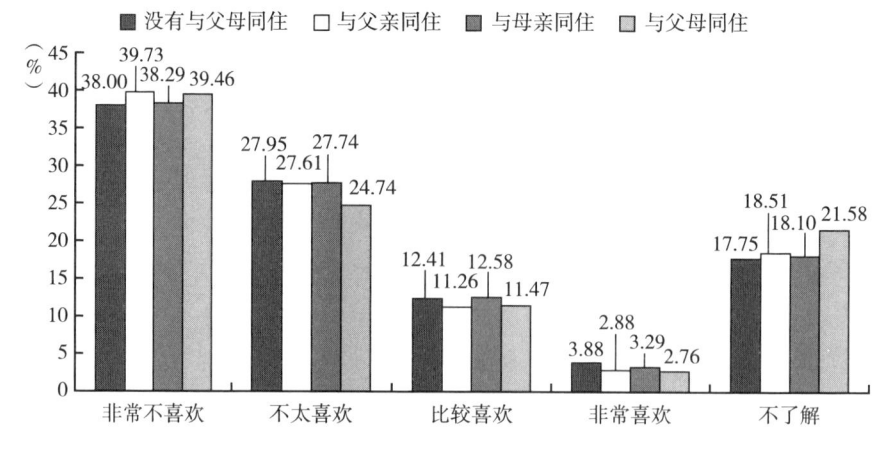

图 27　未成年人对"弹幕"文化喜爱程度的家庭居住情况差异分布

（三）未成年人对"弹幕"文化的看法及感受：关注内容本身及其交互性

通过对调查数据的分析，可以看到不接触"弹幕"的未成年人约四成，"弹幕"文化在未成年人中的普及度已过半，那么未成年人对于"弹幕"文化的实际感受是什么呢？调查分析发现，未成年人对于"弹幕"文化的感受和评价主要基于其内容及形式。

未成年人对于"弹幕"文化的关注主要集中在内容本身上，28.85%接触过"弹幕"的未成年人觉得"弹幕"大多很无聊，在未成年人所有关于"弹幕"文化的感受中占比最高。另外27.57%接触过"弹幕"的未成年人觉得"弹幕"很有意思，是积极反馈占比最高的一项，有很多未成年人表示"'弹幕'是人民智慧的结晶""弹幕里有很多人才"，自己可以在"弹幕"中获取有用或者喜欢的信息，可以提前了解帮助判断视频质量或补充利用信息帮助自己理解视频内容。还有17.05%接触过"弹幕"的未成年人认为"弹幕"上有很多三观不正的内容，占比也比较高，对"弹幕"内容的不满是未成年人对于"弹幕"文化最主要的负面感受来源。

未成年人对于"弹幕"的积极感受还来自在线交流的互动形式。25.55%

接触过"弹幕"的未成年人认为开"弹幕"就像有人陪伴自己一起看节目，与父亲同住的未成年人在"弹幕"中感受到陪伴的最多，与母亲同住的未成年人有这种感受的比例也高于没有与父母同住或与父母同住的未成年人。还有18.22%接触过"弹幕"的未成年人认为使用"弹幕"可以直接表达自己的观点，13.90%的未成年人认为发"弹幕"使自己很有参与感，13.28%的未成年人认为"弹幕"让自己可以寻找到志趣相投的人，相较于"饭圈"以及"二次元"文化，这里表达出的社交意味较弱，而是找到了具有同感的人，比如在看恐怖片时"弹幕"可以缓解紧张的心情。11.86%接触过"弹幕"的未成年人认为"弹幕"让自己能够与人实时交流，可以让自己知道别人是怎么想的，可以让自己反驳自己认为错误的言论。7.44%接触过"弹幕"的未成年人认为自己通过"弹幕"得到了他人的认可，还有4.55%的未成年人通过"弹幕"宣泄情绪，初中生和少年阶段的未成年人在这一点上更为明显。

除此以外，在不同群体对于"弹幕"文化的感受上，城乡差异不大，整体上农村未成年人更容易获得积极感受。性别差异同样不明显，整体上男生更容易认为"弹幕"内容无聊，更有参与感，更容易宣泄情绪，更喜欢表达自己观点并得到他人认可，更喜欢与他人实时交流，而女生更喜欢"弹幕"中有人陪伴的感觉。另外，认为"弹幕"很有意思的未成年人的年级差异较大，积极感受的整体趋势和使用趋势大致相同。

表10 接触过"弹幕"的未成年人对"弹幕"的积极感受

单位：%

	比重
我觉得"弹幕"很有意思	27.57
开"弹幕"就像有人陪伴我一起看节目	25.55
"弹幕"可以让我直接表达自己的观点	18.22
发"弹幕"让我很有参与感	13.90
"弹幕"让我能寻找到志趣相投的人	13.28
"弹幕"让我能够与人实时交流	11.86
通过"弹幕"我感觉自己得到了他人的认可	7.44
"弹幕"能让我宣泄情绪	4.55

除了低质量或不良内容的影响，未成年人对于"弹幕"的形式也有一些消极体验，21.57%接触过"弹幕"的未成年人觉得开"弹幕"时看视频或节目的体验不好，会遮挡屏幕影响画面观看，或者"会被剧透"，影响自己对于视频内容的理解和人物的感受。

表11 接触过"弹幕"的未成年人对"弹幕"的消极感受

单位：%

	比重
"弹幕"大多很无聊	28.85
我觉得开"弹幕"时看视频或节目的体验不好	21.57
"弹幕"上有很多三观不正的内容	17.05

五 讨论与总结

（一）未成年人对"饭圈"文化有一定了解，但参与度不高；农村未成年人参与更多

整体上看，超七成未成年人了解过"饭圈"文化，但仅有不到两成的未成年人参与过粉丝应援活动，不到一成加入过"饭圈"，对其持积极态度的未成年人也不足一成，不喜欢"饭圈"文化的未成年人则超过六成。未成年人在"饭圈"文化的参与和态度上性别差异明显，参与或喜爱"饭圈"文化的女生是男生的三倍多。同时还存在一定的城乡差异，农村未成年人更了解"饭圈"文化，也更容易参与粉丝应援活动以及加入"饭圈"，对于"饭圈"文化的态度更为缓和。而参与粉丝应援活动的城市未成年人更容易出现深度卷入，对于"饭圈"文化的态度具有一定的两极化趋势，相对于农村未成年人，其非常不喜欢及非常喜欢"饭圈"文化的占比都相对较高。另外，与父母共同居住的未成年人最不了解"饭圈"文化，也不容易参与粉丝应援活动及加入"饭圈"，最不喜欢"饭圈"文化。未成年人对"饭

圈"文化的参与和态度也在受教育阶段上表现出了明显的差异,未成年人对"饭圈"文化的了解程度和参与度随年级上升提升了近两成,并且表现出了更深的卷入程度和更为积极的态度,初中阶段非常喜欢"饭圈"文化的未成年人最多,高中阶段则出现了回落。

(二)未成年人加入"饭圈"多为社交驱动,厌烦"饭圈"骂战

根据对调查数据的分析,"饭圈"的社交形式及社交实质在一定程度上带给了加入"饭圈"的未成年人积极感受,借助网络的趣缘联结拓宽了未成年人的社交渠道,并给其带来了在精神情感上更为纯粹的社交体验,在"饭圈"活动为未成年人提供娱乐、参与感及能力展示机会的同时,"饭圈"互动也在关系层面为未成年人带来了个体声誉及群体归属感,使其获得了加入"饭圈"的相互推动的动机和动力。但在加入"饭圈"的未成年人对"饭圈"的观感中,其对"饭圈"粉丝间互撕和辱骂行为的厌烦排在前列,表明很多加入"饭圈"的未成年人本身对这类行为并不赞同。

(三)"二次元"在未成年人中较为流行,男生、城市未成年人和高年级未成年人对弹幕态度更积极

调查数据显示,近八成未成年人了解过"二次元"文化,超半数未成年人实际接触过"二次元"文化,近四成的未成年人会观看动画、动漫,近三成未成年人会打游戏,同时近三成未成年人喜爱"二次元"文化。整体上看,未成年人对于"二次元"文化的参与度及接受度都比较高,但其态度仍以消极为主,接近五成。在对于"二次元"文化的了解、参与及态度上,除不同受教育阶段的未成年人差异较为明显外,各群体类型之间差别不大。相较而言,在性别差异上,男生对"二次元"文化的了解程度更高,接触更多,并更容易持积极态度。在城乡差异上,农村未成年人对"二次元"文化的了解和接触更多,态度更为缓和,而城市未成年人对"二次元"文化的整体态度更为积极,同时表现出两极化,与"饭圈"文化相同,非常不喜欢及非常喜欢"二次元"文化所占的比重都相对较大。在家庭关系

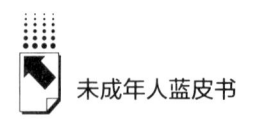

上，没有与父母同住的未成年人对"二次元"文化更为了解，接触更多并更加喜爱。而在受教育阶段上，未成年人对"二次元"文化的了解程度随年级的上升而提高，实际接触过"二次元"文化的未成年人则随年级上升增加了超三成，其接受度和喜爱度也随之提高。

（四）未成年人接触"弹幕"文化较多，但喜爱度不高；农村未成年人、不与父母同住以及高年级未成年人使用弹幕更多

根据调查数据，约八成未成年人了解过"弹幕"文化，近六成未成年人接触或参与过"弹幕"文化，但只有一成多喜爱"弹幕"文化，仍有超六成持消极态度。看动漫、听音乐以及看影视剧是未成年人最经常观看或发送"弹幕"的三个情境。整体上看，男生对"弹幕"文化更为了解，也比女生更多地使用"弹幕"，尤其在观看电竞及体育赛事时，相对而言男生对"弹幕"文化的态度更积极，且表现出两极化，而女生的态度更为缓和，但整体上差异不大。在城乡差异上，农村未成年人对"弹幕"的了解和使用更多，但城市未成年人对其持积极态度的占比相对更高，且具有一定的两极化趋势，相对于农村未成年人，其非常不喜欢及非常喜欢"弹幕"文化的比例都相对较高。另外，没有与父母同住的未成年人最了解"弹幕"文化，态度也偏向于积极，但整体差异不大，没有与父母同住的未成年人最容易使用"弹幕"，比与父母同住的未成年人多近一成。在受教育阶段上，随着年级的提升未成年人对"弹幕"文化的了解程度有所提高，实际接触和使用则增加了近四成，喜爱度也随之增加，但与"饭圈"文化相同，初中阶段是未成年人对于"弹幕"文化持积极态度最为集中的时期，在高中时期则有所回落。

B.4 未成年人网络游戏使用报告

田 丰*

摘 要： 本文使用调查数据分析了当前未成年人使用网络游戏的基本情况，并对不同类型的未成年人进行了细致分析，发现农村未成年人、留守儿童使用网络游戏的时长更长。网络游戏会对未成年人产生正反两方面的影响，大部分未成年人能够认识到网络游戏带来的影响，而家庭关系（包括亲子关系和夫妻关系）的和谐程度以及未成年人与学校环境的亲近度都会产生较强的影响。家长控制模式和未成年人保护模式的应用有助于减少未成年人的游戏频率，但也有一部分未成年人为了玩网络游戏开设了其他账号或有隐瞒玩网络游戏的行为。文章根据研究结果，提出了相关的对策建议。

关键词： 网络游戏 未成年人 家庭关系 学校环境

随着互联网的普及，网络游戏不可避免地成为网络社会日常生活的一部分，未成年人也无法避免在日常生活中接触到网络游戏。根据共青团中央和中国互联网信息中心联合发布的《2020年全国未成年人互联网使用情况研究报告》，上网玩游戏的未成年网民比例为62.5%，较2019年（61.0%）提升1.5个百分点。据中国音数协游戏工委发布的游戏产业报告数据，2021年上半年中国游戏用户达到6.67亿，游戏销售收入达到1504.93亿元。同

---

* 田丰，中国社会科学院社会发展战略研究院研究员，中国社会科学院社会发展战略研究院志愿服务研究室室主任。

时，报告乐观地认为国家级实名认证系统已基本建成，对未成年人的保护进入新阶段。目前，未成年人使用网络游戏的问题依然受到社会各界的普遍关注，特别是最近两年在政策法规层面先后出台了一系列号称史上最严的关于未成年人使用网络游戏的限制性规定。本研究试图全面透视未成年人使用网络游戏的具体情况以及网络游戏对未成年人产生了哪些影响，探索究竟应该如何合理地引导未成年人健康成长。

一 未成年人网络游戏的使用情况

游戏是人的天性，在没有电子游戏和网络游戏的年代，孩童们在现实生活中玩的游戏也是多种多样的。电子游戏的出现让整个社会产生了集体性焦虑，无论是电子游戏厅还是网吧，都成为政府严格监管的对象。而如今，它们却在网络时代被未成年人所抛弃。互联网的出现和电子科技的进步，使游戏设备日益小型化、便携化和普及化，直到智能手机出现，网络游戏彻底取代了传统电子游戏，成为未成年人最主要的游戏选择。

（一）接近七成未成年人玩过网络游戏，留守儿童比例更高

调查数据发现，在所有的未成年人中，有31.74%从不上网玩游戏，有64.81%玩手机游戏，有8.37%玩主机游戏，有15.11%玩电脑游戏，还有1.09%玩其他电子游戏。

表1 未成年人玩游戏使用设备情况

单位：%

你是否玩过下列电子游戏/网络游戏	百分比
手机游戏	64.81
主机游戏（如XBOX、Switch、PS平台上的游戏）	8.37
电脑游戏（如英雄联盟、魔兽世界等）	15.11
从不上网玩游戏	31.74
其他电子游戏	1.09

虽然有超过三成未成年人从不上网玩游戏,但如果分城乡来看的话,农村未成年人从不上网玩游戏的比例要更低一些,为29.35%;农村没有和父母共同居住的留守儿童从不上网玩游戏的比例还要低一些,为22.11%。如果再细化一下,农村没有和父母共同居住且处于初中阶段的留守儿童从不上网玩游戏的比例仅有16.67%。

进一步比较年级差异,小学低年级学生中从不玩游戏的比例最高,为46.39%,小学高年级学生中29.59%的人从不玩游戏,初中生中23.48%的人从不玩游戏,高中或职高学生中18.34%的人从不玩游戏。可以看出,网络游戏在初、高中生中的普及率比较高,对这一群体的网络游戏行为可给予更多关注。

(二)未成年人平均使用网络游戏时长不长,留守儿童中游戏迷多

在网络社会,未成年人接触网络游戏可谓司空见惯,但若痴迷于网络游戏则会损害未成年人的身心健康。衡量未成年人是否痴迷于网络游戏的一个重要指标就是每天花费在网络游戏上的时间,对于未成年人究竟每天使用多长时间玩网络游戏才能算是游戏沉迷并没有形成一致性的意见或者标准,但多数研究者认为未成年人每天花费两个小时以上玩网络游戏是一个重要的阈值。

在实际生活中,完全将未成年人隔绝于网络游戏之外几乎是不可能的,也有一些家长对未成年人玩网络游戏有一些管理措施,通常是周一到周五对子女严格要求,周六周日适当放宽。调查数据发现,从周一到周五,未成年人不玩网络游戏的比例占到54.50%,玩1小时以内的比例占34.12%,1~2小时的比例占6.99%,2~3小时的比例占2.29%,3小时以上的比例占2.11%。到了周六日,未成年人玩网络游戏的时长有比较明显的增长,不玩游戏的比例下降到39.81%,降低了近15个百分点,玩1小时以内的比例略增至37.15%,1~2小时的比例增至14.07%,2~3小时和3小时以上的比例均增加了一倍,分别占4.70%和4.26%。

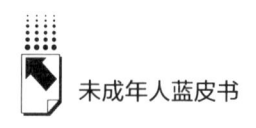

表2 未成年人平均每天玩网络游戏的时长分布

单位：%

最近一个月的周一到周五，平均每天花费在网络游戏上的时间			最近一个月的周末，平均每天花费在网络游戏上的时间		
时长	频次	百分比	时长	频次	百分比
从未有过	6535	54.50	从未有过	4774	39.81
1小时以内	4091	34.12	1小时以内	4455	37.15
1~2小时	838	6.99	1~2小时	1687	14.07
2~3小时	274	2.29	2~3小时	564	4.70
3小时以上	253	2.11	3小时以上	511	4.26

对数据进一步分析发现：周一到周五城市未成年人平均每天玩网络游戏的时长为0.23小时，农村为0.35小时；周末城市未成年人平均每天玩网络游戏的时长为0.50小时，农村为0.63小时，平均值都没有超过一个小时。尽管从平均时长和比例上来看，未成年人玩网络游戏的时长并不长、超过两个小时的比例并不高，但是，考虑到未成年人的整体规模是以亿为单位，很小比例的人口规模也是以百万计，还需要重视数以百万计的未成年人玩网络游戏时间过长的问题。同时，需要注意城市未成年人和农村未成年人在网络游戏时长上出现的巨大差距。无论是周一到周五，还是周六周日，城市未成年人玩网络游戏的时间明显少于农村未成年人，尤其是玩网络游戏在两个小时以上的比例差距较为明显：周一到周五，城市未成年人有1.90%玩了3小时以上，而农村未成年人玩3小时以上的比例为2.95%；周六周日，城市未成年人有4.26%玩了3小时以上，而农村未成年人玩3小时以上的比例为6.43%。后者比前者超出比例均在50%以上，这意味着农村未成年人过度使用网络游戏、出现游戏沉迷的可能性更大。

表3 分城乡未成年人平均每天玩游戏的时长分布

单位：%

最近一个月的周一到周五,平均每天花费在网络游戏上的时间			最近一个月的周末,平均每天花费在网络游戏上的时间		
时长	城市	农村	时长	城市	农村
从未有过	55.25	51.58	从未有过	39.81	36.84
1小时以内	34.45	32.83	1小时以内	37.15	35.33
1~2小时	6.46	9.05	1~2小时	14.07	15.15
2~3小时	1.95	3.60	2~3小时	4.70	6.26
3小时以上	1.90	2.95	3小时以上	4.26	6.43

数据分析还发现，父母没有在身边的留守儿童，网络游戏使用时长超过两个小时的情况较为突出，有超过10%的留守儿童在周一到周五每天玩网络游戏的时间超过两个小时，到了周六周日，这一比例接近20%，意味着周末离开学校之后，在没有父母监管的情况下，五个留守儿童中就有一个"游戏迷"。

（三）手机是未成年人最主要的游戏设备，王者荣耀最受欢迎

从电子游戏到网络游戏，再到手机游戏，科技产品对未成年人的吸引力一直存在，也容易使未成年人过度沉迷，与以往为应对电子、网络游戏沉迷而去限制电子游戏厅和网吧不同，手机游戏的出现，令政府和社会在保护未成年人、避免他们过度陷入游戏当中时面临着更大的挑战，因为手机作为私人物品，很难再通过行政命令和法规制度来实现全社会统一管理。调查数据发现，未成年人使用的游戏设备中手机占据了绝对的优势，占比达到62.24%，远远高于排名第二、第三的电脑（16.81%）和平板电脑（16.76%），这也造成了移动互联网时代智能手机带来的监管难的问题。在缺乏被监管主体的情况下，客观上也要求政府相关部门改变以往强监管、硬控制、以堵为主的管理思路，在强化网络平台责任管理的同时，合理引导未成年人适度使用网络游戏。

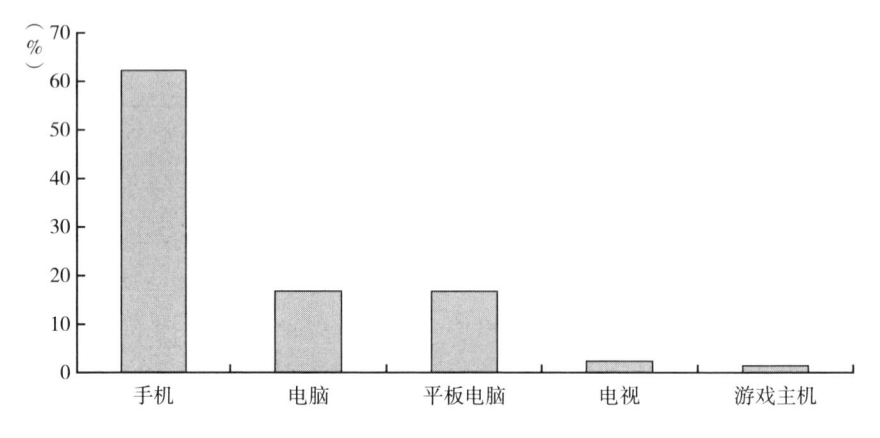

图1 未成年人玩游戏所使用的设备情况

从未成年人玩网络游戏使用的设备情况来看，手机占据主流。在手机游戏的使用排名中，有35.10%玩过王者荣耀，排名第一；排名第二的是和平精英，占31.36%；排名第三的是我的世界，占28.37%。三种游戏分别是多人在线战术竞技游戏（MOBA），第三人称射击游戏（TPS）和沙盒类建筑游戏（Sandbox Games），体现出未成年人在网络游戏选择上的多样性。排名第四到第八的是消消乐、狼人杀、第五人格、斗地主、QQ飞车，占比均在10%以上，都属于未成年人较为喜欢的网络游戏，且在游戏类型的分布上也更为广泛，涉及益智类休闲游戏、模拟策略类游戏、非对称性对抗竞技类游戏、棋牌类游戏、竞速类游戏。奇迹暖暖等养成类游戏在未成年人中也有一定的市场，可是剑侠情缘这样具有比较长的历史的角色扮演类游戏在未成年人的游戏选择中比例偏低，只有1.15%的人曾经玩过。

表4 未成年人手机游戏的使用排名

游戏名称	百分比(%)	排名	游戏名称	百分比(%)	排名
王者荣耀	35.10	1	消消乐	21.27	4
和平精英	31.36	2	狼人杀	14.35	5
我的世界	28.37	3	第五人格	13.85	6

续表

游戏名称	百分比(%)	排名	游戏名称	百分比(%)	排名
斗地主	12.18	7	闪耀暖暖	3.59	15
QQ飞车	11.88	8	QQ炫舞	3.44	16
火影忍者	7.81	9	乐高无限	3.32	17
皇室战争	6.76	10	梦幻西游	3.28	18
奇迹暖暖	6.45	11	炉石传说	2.81	19
三国杀	6.24	12	完美世界	2.06	20
阴阳师	4.57	13	权力的游戏	1.47	21
魂斗罗	3.99	14	剑侠情缘	1.15	22

与手机游戏的火爆相比，未成年人玩电脑游戏的比例则大幅下降，有61.55%的未成年人表示从来不玩电脑游戏。我的世界在未成年人电脑游戏使用比例中遥遥领先，也是唯一一款占比超过20%的电脑游戏，穿越火线、英雄联盟的比例超过了10%，剩下所有电脑游戏的使用比例均没有超过5%，表现出了较大的落差。从游戏自身的情况来看，我的世界作为已经有10年历史的老游戏依然能够收获20%以上的玩家，关键在于它可以在多个平台上保持相同的进度，这也增加了用户的黏性。其他电脑游戏则很少能够兼容于多个平台且能提供类似的游戏体验，比如曾经风靡的NBA 2K、FIFA、DOTA等游戏都已经被手机游戏所取代，成为不再招未成年人待见的"古董"。

表5　未成年人电脑游戏的使用排名

游戏	百分比(%)	排名	游戏	百分比(%)	排名
我的世界	20.34	1	地下城与勇士	2.71	10
穿越火线	14.89	2	魔兽世界	2.69	11
英雄联盟	11.17	3	NBA 2K	2.18	12
守望先锋	4.39	4	炉石传说	2.13	13
梦幻西游	4.05	5	星际争霸	1.89	14
GTA	3.70	6	FIFA	1.58	15
QQ炫舞	3.58	7	DOTA	1.36	16
PUBG	3.56	8	EVE	1.02	17
堡垒之夜	3.51	9	其他	4.86	

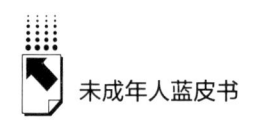

二 网络游戏对未成年人生活的影响

（一）过半未成年人认为网络游戏带来了愉悦，但并不是乐趣的唯一来源

未成年人参与网络游戏最大的动机是娱乐，网络游戏所能提供的娱乐往往与现实生活中的娱乐游戏完全不同。调查数据发现，有16.98%的未成年人认为自己非常符合"玩网络游戏让我心情愉悦"，有52.61%的未成年人认为自己比较符合，两者相加超过了2/3。除了娱乐之外，玩网络游戏还有减压的功能，这对很多需要承担沉重学习压力的未成年人而言是一个玩网络游戏的重要原因，有16.20%的未成年人表示自己非常符合"玩网络游戏减小了我的压力"，有48.47%表示自己比较符合。

数据中还能看到，一些未成年人认为玩网络游戏可以帮助自己减少负面情绪，有12.44%认为自己非常符合"玩网络游戏能够减少我的一些不好的情绪，比如无助感、罪恶感、绝望感等"，有30.73%认为自己比较符合。而纯粹为了消磨时间去玩网络游戏的未成年人比例相对较低，有6.36%认为自己完全符合"我玩网络游戏是为了打发时间"，有32.38%认为自己比较符合。事实上，未成年人在玩网络游戏之外还有其他有趣的选择，有34.58%认为自己完全不符合"如果没有网络游戏，我的生活将很无趣"，有41.24%认为自己不太符合，两者相加比例超过了3/4，这意味着虽然未成年人玩网络游戏的

表6 未成年人对网络游戏的看法（一）

单位：%

	完全不符合	不太符合	比较符合	非常符合
玩网络游戏让我心情愉悦	8.06	22.35	52.61	16.98
玩网络游戏能够减少我的一些不好的情绪，比如无助感、罪恶感、绝望感等	25.31	31.51	30.73	12.44

续表

	完全不符合	不太符合	比较符合	非常符合
我玩网络游戏是为了打发时间	22.11	39.15	32.38	6.36
玩网络游戏减小了我的压力	11.73	23.60	48.47	16.20
如果没有网络游戏,我的生活将很无趣	34.58	41.24	17.36	6.83

一个重要目的是娱乐,但网络游戏并不是大多数未成年人乐趣的唯一来源,因此给未成年人提供更多的娱乐选择,或许可以降低他们游戏沉迷的可能性。

(二)存在部分游戏沉迷倾向,对未成年人的保护需要加强

少部分未成年人玩网络游戏时间偏长,存在着网络游戏沉迷倾向,调查发现玩网络游戏时间过长确实存在着比较大的问题。有5.10%的未成年人认为自己非常符合"我不能忍受减少或停止玩网络游戏",有14.10%认为自己比较符合;有2.68%的未成年人认为自己非常符合"我玩网络游戏的时间越来越长",有10.94%认为自己比较符合。虽然认为网络游戏不能停和玩网络游戏的时间越来越长的比例并不是很高,却值得关注。尤其是还有一部分未成年人认为"如果不能玩网络游戏,我会感到难受或焦虑",有3.13%认为自己非常符合,有12.67%认为自己比较符合,这也印证了一部分未成年人出现了比较明显的网络游戏沉迷倾向。

其实,未成年人并不是不知道过度玩网络游戏的负面作用,只是因为过于专注而难以自制。从数据中可以看到,有3.77%和20.78%的未成年人认为自己非常符合和比较符合"即使知道过度玩网络游戏不好,我还是会继续"的特征,还有6.67%和26.13%认为自己非常符合和比较符合"玩网络游戏的时候,我会完全专注,不关注其他"的特征。可见,仅仅依靠自身意志来抵御网络游戏的诱惑,可能有一部分未成年人难以真正抗拒,故而需要社会各界的大力帮助,不断加强对未成年人的网络保护。

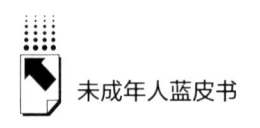

表 7　未成年人对网络游戏的看法（二）

单位：%

	完全不符合	不太符合	比较符合	非常符合
我不能忍受减少或停止玩网络游戏	41.00	39.80	14.10	5.10
即使知道过度玩网络游戏不好，我还是会继续	36.73	38.73	20.78	3.77
如果不能玩网络游戏，我会感到难受或焦虑	46.03	38.17	12.67	3.13
玩网络游戏的时候，我会完全专注，不关注其他	30.95	36.26	26.13	6.67
我玩网络游戏的时间越来越长	45.86	40.52	10.94	2.68

（三）网络游戏有助于未成年人社会交往，小部分人会隐瞒游戏时间

未成年人网络沉迷最糟糕之处在于沉溺于网络游戏的内部世界，而对游戏外的世界"视而不见"，对现实生活中的兴趣爱好和娱乐活动失去兴趣。调查数据发现，有 2.09% 认为自己非常符合"有网络游戏之后，我对之前的一些爱好和娱乐活动都失去了兴趣"，有 9.52% 认为自己比较符合。这些特征不仅与玩网络游戏时间过长有直接联系，而且反映出其对游戏产生了一定程度的依赖。甚至一些未成年人为了玩游戏，会向家人隐瞒自己玩游戏的时间，有 2.70% 认为非常符合，有 13.74% 认为比较符合。

在实际调研过程中，能够看到未成年人玩网络游戏除了娱乐动机之外，还有一个重要原因是为了维系他们的社会关系网络。调查数据发现，6.45% 的未成年人认为自己非常符合"我和同学、朋友因为玩网络游戏，关系变得更好了"，有 27.45% 认为比较符合，两者合计大约占 1/3，另外 2/3 的未成年人则不太符合和完全不符合类似特征。而另外一组调查数据显示，玩网络游戏除了可能会增进同伴关系，也有可能导致现实社会交往的减少，有 1.89% 的未成年人认为自己非常符合"因为玩网络游戏，我和同学、朋友的来往越来越少了"，有 7.95% 认为比较符合。现实社会交往的减少，对未成年人而言是十分不利的，他们需要在现实社会交往过程中不断适应社会文化、了解社会规范、习得社会规则，才能真正进入成年期，一旦缺乏现实社会交往，则难以实现上述目标，进而成为社会中的"异类"。

表8 未成年人对网络游戏的看法（三）

单位：%

	完全不符合	不太符合	比较符合	非常符合
有网络游戏之后，我对之前的一些爱好和娱乐活动都失去了兴趣	51.72	36.67	9.52	2.09
我和同学、朋友因为玩网络游戏，关系变得更好了	29.69	36.41	27.45	6.45
因为玩网络游戏，我和同学、朋友的来往越来越少了	53.00	37.17	7.95	1.89
我会向家人隐瞒我自己玩网络游戏的时间	50.80	32.76	13.74	2.70

（四）成就感的驱动力较强，虚拟社会认可度更为重要

即便是对成年人而言，成就感都是游戏能够产生巨大吸引力的原因，对未成年人也同样如此。调查数据发现，有9.94%的未成年人认为自己非常符合"在网络游戏中每完成一个任务我都很有成就感"，有40.13%认为比较符合，两者合计超过了1/2。值得注意的是，由于中国社会传统的教育思维和管教方式，未成年人在现实生活中所能够获得的成就感是相对有限的，而网络游戏能够提供的成就感恰恰是其在日常生活中所无法获得的。这与中国家庭习以为常的教养方式有很大的关系，中国式家长对孩子的教育往往缺少足够的鼓励和表扬，在学校里学习让孩子获得成就感的机会相对有限，因此，可以获得的成就感就成为未成年人游戏不停手的重要因素。从调查数据中也可以看到，未成年人认为自己完全符合和比较符合"在网络游戏中，我感觉自己很成功"的比例分别为6.30%和22.74%。在获得成功体验的同时，未成年人在游戏中也产生了掌控世界的感觉，有8.23%的未成年人认

为自己非常符合"在网络游戏中，我感觉一切都在自己控制之中"，有25.35%认为比较符合。

表9 未成年人对网络游戏的看法（四）

单位：%

	完全不符合	不太符合	比较符合	非常符合
在网络游戏中,我感觉自己很成功	34.18	36.78	22.74	6.30
在网络游戏中每完成一个任务我都很有成就感	21.10	28.84	40.13	9.94
在网络游戏中,我感觉一切都在自己控制之中	26.38	40.04	25.35	8.23
在网络游戏中,我认识了很多朋友	28.69	34.74	26.89	9.68
我在网络游戏中更容易得到他人的认可	30.97	36.29	24.87	7.87
如果不能玩网络游戏,我将失去很多朋友	54.01	37.13	6.62	2.24

网络游戏虽然只存在于虚拟空间之中，但是随着社交网络的普及和在游戏虚拟空间中的带入，网络游戏也成为未成年人社会交往和结识朋友的一种重要方式，不少未成年人能够在网络游戏中结识朋友，同时脱离网络游戏也有可能让他们失去朋友。调查数据发现，有9.68%的未成年人认为自己非常符合"在网络游戏中，我认识了很多朋友"，有26.89%认为比较符合。同时，有2.24%的未成年人认为自己非常符合"如果不能玩网络游戏，我将失去很多朋友"，有6.62%认为比较符合。相较而言，未成年人在网络游戏中结识朋友的比例要远远高于离开游戏失去朋友的比例，因而从社会交往视角来看，未成年人在网络游戏中获得朋友的增量较多，而离开网络游戏的损失较少，真正影响未成年人社会交往的是在网络游戏中是否得到他人的认可。数据表明，有7.87%的未成年人认为自己完全符合"我在网络游戏中更容易得到他人的认可"，有24.87%认为比较符合，这也证明了获得认可比担心失去朋友更加符合未成年人玩网络游戏的心理状态。

（五）未成年人在网络游戏中有部分能力得到提升，但网络游戏也存在诸多负面影响

在一些研究中，特别是涉及电子竞技的研究，一些学者发现网络游戏在一定程度上能够提高玩家的观察能力、反应能力和团队合作能力，在调查中未成年人对这些能力的提升持有较高比例的认同。有13.90%的未成年人认为自己非常符合"网络游戏提高了我的一些能力，比如观察能力、反应能力等"，有46.81%认为比较符合，两者合计超过了六成；有11.42%的未成年人认为自己非常符合"网络游戏可以锻炼我的团队合作能力"，有35.51%认为比较符合；有8.28%的未成年人认为自己非常符合"通过网络游戏，我学到了一些新的知识"，有39.33%认为比较符合；有9.39%的未成年人认为自己非常符合"在网络游戏中我能体验不同的生活"，有38.91%认为比较符合。

表10 未成年人对网络游戏的看法（五）

单位：%

	完全不符合	不太符合	比较符合	非常符合
网络游戏提高了我的一些能力，比如观察能力、反应能力等	14.67	24.62	46.81	13.90
通过网络游戏，我学到了一些新的知识	20.87	31.52	39.33	8.28
玩网络游戏耽误了我的学习	28.98	37.46	23.95	9.60
在网络游戏中我能体验不同的生活	22.84	28.86	38.91	9.39
我希望自己将来成为出色的电子竞技选手	46.43	35.60	12.18	5.79
我和父母的关系因我玩网络游戏而变差	51.97	33.12	11.78	3.13
网络游戏让我的身体健康状况变差	48.85	33.52	13.86	3.77
我曾因为玩网络游戏而没有按时吃饭或睡觉	52.72	29.27	14.48	3.53
网络游戏可以锻炼我的团队合作能力	24.47	28.60	35.51	11.42

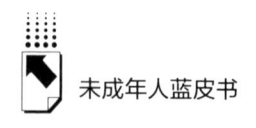

观察能力、反应能力、团队合作能力的提升，以及获得新知识和对不同生活的体验，都是未成年人在网络游戏中所获得的收益，但同时，他们也会付出相应的代价。有9.60%的未成年人认为自己非常符合"玩网络游戏耽误了我的学习"，有23.95%认为比较符合；有3.77%的未成年人认为自己非常符合"网络游戏让我的身体健康状况变差"，有13.86%认为比较符合；有3.53%的未成年人认为自己非常符合"我曾因为玩网络游戏而没有按时吃饭或睡觉"，有14.48%认为比较符合；有3.13%的未成年人认为自己非常符合"我和父母的关系因我玩网络游戏而变差"，有11.78%认为比较符合。这些说明未成年人在玩网络游戏的过程中，身心健康、生活规律、家庭关系可能受到负面的影响。

三 对未成年人玩网络游戏相关因素的分析

（一）玩网络游戏的频率与其和父母关系的相关性

未成年人玩网络游戏并不是简单的个体行为，而是与他所处的社会环境有较强的相关性，尤其是家庭内部关系对未成年人的影响较大。调研发现，与父母关系非常亲近的未成年人中从不玩网络游戏的比例为35.47%，总是玩网络游戏的比例仅为3.78%，而与父母关系非常不亲近的未成年人中从不玩网络游戏的比例为26.27%，总是玩网络游戏的比例为12.90%。类似的，未成年人中表示父母总是真正关心我但我依然总是玩网络游戏的比例仅为4.61%，而父母从不真正关心我、我总是玩网络游戏的比例高达11.64%。

表11 未成年人玩网络游戏的频率与其和父母关系亲近程度的相关性

单位：%

	非常不亲近	不太亲近	比较亲近	非常亲近
从不	26.27	23.77	25.08	35.47
很少	29.49	26.53	28.02	29.12

续表

	非常不亲近	不太亲近	比较亲近	非常亲近
有时	19.35	23.62	27.61	23.10
经常	11.98	15.18	14.12	8.53
总是	12.90	10.89	5.17	3.78

表12 未成年人玩网络游戏的频率与其父母对其关心程度的相关性

单位：%

	从不关心	很少关心	有时关心	经常关心	总是关心
从不	36.99	24.60	22.35	26.87	35.55
很少	21.23	28.70	26.42	28.73	29.10
有时	14.38	21.64	32.18	27.13	22.14
经常	15.75	13.21	13.38	13.44	8.61
总是	11.64	11.85	5.67	3.82	4.61

（二）玩网络游戏的频率与代际冲突的相关性

在媒体曝光的新闻案例中，不少未成年人因为玩网络游戏与父母之间存在着冲突和矛盾。调查发现，总是与父母彼此感到厌烦的未成年人总是玩网络游戏的比例高达15.28%，从未与父母彼此感到厌烦的未成年人总是玩网络游戏的比例仅为3.79%，前者是后者的约四倍。与心理和情感上的厌烦相比，未成年人与父母之间发生争吵冲突的影响更大，数据分析表明，在总是与父母发生争吵的未成年人中总是玩网络游戏的比例为18.66%，而从不与父母发生争吵但却总是玩网络游戏的比例为3.54%，前者是后者的五倍多。

表13 未成年人玩网络游戏的频率与和父母彼此感到厌烦的相关性

单位：%

	从不感到厌烦	很少感到厌烦	有时感到厌烦	经常感到厌烦	总是感到厌烦
从不	36.44	26.64	23.29	22.00	27.57
很少	28.98	29.53	25.37	30.29	26.25

续表

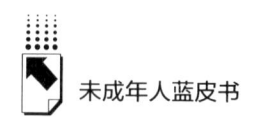

	从不感到厌烦	很少感到厌烦	有时感到厌烦	经常感到厌烦	总是感到厌烦
有时	21.96	27.40	29.17	24.57	20.93
经常	8.83	12.18	15.27	13.71	9.97
总是	3.79	4.25	6.89	9.43	15.28

表14 未成年人玩网络游戏的频率与和父母发生争吵的相关性

单位：%

	从不发生争吵	很少发生争吵	有时发生争吵	经常发生争吵	总是发生争吵
从不	43.96	29.39	24.31	24.07	23.62
很少	27.06	31.70	25.79	24.88	25.95
有时	18.87	24.93	30.27	22.46	20.99
经常	6.58	10.28	14.36	18.58	10.79
总是	3.54	3.70	5.27	10.02	18.66

（三）父母关系与未成年人玩网络游戏的频率亦有关联

在以往的研究中，关于未成年人玩网络游戏与亲子关系的相关性的研究较多，但探索父母关系对他们玩网络游戏的影响的研究较为少见。父母关系是家庭关系的重要组成部分，父母之间的关系与未成年人玩网络游戏的频率之间也存在着较强的相关性。调查发现，父母之间关系很好的未成年人总是玩网络游戏的比例是4.16%，而父母之间关系不好的未成年人总是玩网络游戏的比例是10.64%。同样，在父母经常吵架的家庭中，未成年人总是玩网络游戏的比例是15.04%，而父母不吵架的未成年人总是玩网络游戏的比例是4.01%。这说明家庭内部能不能有一个有利于未成年人健康成长的和美环境，对他们玩网络游戏的频率也有一定的影响。

表 15　未成年人玩网络游戏的频率与父母之间关系好坏的相关性

单位：%

	完全不好	不太好	比较好	非常好
从不	27.36	23.65	25.43	35.80
很少	25.53	26.74	27.73	29.55
有时	24.92	23.91	28.27	22.32
经常	11.55	16.07	14.08	8.17
总是	10.64	9.64	4.49	4.16

表 16　未成年人玩网络游戏的频率与父母之间吵架频率的相关性

单位：%

	完全不吵架	不太吵架	有时吵架	经常吵架
从不	36.45	26.74	24.19	20.68
很少	29.31	28.60	25.71	24.81
有时	22.25	27.23	26.28	21.80
经常	7.97	13.13	14.80	17.67
总是	4.01	4.30	9.01	15.04

（四）学校环境对未成年人玩网络游戏的频率存在影响

在进入学龄之后，未成年人每天在学校里学习的时间超过 8 个小时，学校也成为对他们身心健康成长影响最大的因素之一。有一些研究发现，随着孩子年龄的增长，学校对孩子成长的影响逐渐超过家庭和父母对孩子的影响。此次调查发现，未成年人表示"我非常喜欢这所学校"又总是玩网络游戏的比例为 4.02%，而表示"我完全不喜欢这所学校"又总是玩网络游戏的比例是 12.79%。从比例上来看，后者是前者的三倍多，这说明对未成年人来说学校环境的影响是比较大的。

表17　未成年人玩网络游戏的频率与对学校喜爱度的相关性

单位：%

	我完全不喜欢这所学校	我不太喜欢这所学校	我比较喜欢这所学校	我非常喜欢这所学校
从不	27.62	21.65	25.01	36.51
很少	22.09	27.33	28.56	29.13
有时	21.51	23.95	28.49	22.20
经常	15.99	16.91	13.48	8.14
总是	12.79	10.15	4.46	4.02

此外，调查还发现了未成年人在学校与老师、同学的亲近程度对其玩网络游戏的频率也有比较大影响。表示"在学校，我与周围的人非常亲近"的未成年人总是玩网络游戏的比例为4.63%，表示"在学校，我与周围的人都不亲近"的未成年人总是玩网络游戏的比例为9.68%，两者相差一倍多。

表18　未成年人玩网络游戏的频率与在学校和老师、同学的亲近度的相关性

单位：%

	在学校,我与周围的人都不亲近	在学校,我与周围的人不太亲近	在学校,我与周围的人比较亲近	在学校,我与周围的人非常亲近
从不	27.96	25.72	27.33	37.21
很少	27.24	27.78	29.20	28.20
有时	21.51	24.96	26.96	21.92
经常	13.62	14.46	12.31	8.03
总是	9.68	7.08	4.20	4.63

现代社会中传统的熟人社会逐渐被陌生人社会所取代，未成年人在生活社区中交朋友的难度增大，但同辈群体对他们的影响是不可忽视的，调查发现未成年人表示现实生活中的好朋友非常多且总是玩网络游戏的比例为7.23%；好朋友比较多且总是玩网络游戏的比例为3.34%；好朋友比较少且总是玩网络游戏的比例为5.10%；好朋友很少且总是玩网络游戏的比例为5.31%；完全没有好朋友且总是玩网络游戏的比例为12.15%。从数据来看，

好朋友的数量对玩网络游戏频率的影响呈现两头比较高，中间比较低形态，也恰恰反映出了同辈群体的数量对未成年人玩网络游戏的频率的影响特点。当未成年人在现实生活中完全没有好朋友的时候，会更多地在虚拟社会中寻找存在感；当未成年人在现实生活中有非常多好朋友的时候，在与好朋友的互动过程中，则或多或少会使用网络游戏作为玩耍、互动的手段。

表19　未成年人玩网络游戏的频率与拥有好朋友数量的相关性

单位：%

	完全没有好朋友	好朋友很少	好朋友比较少	好朋友比较多	好朋友非常多
从不	35.51	31.40	29.54	30.92	32.04
很少	23.36	26.93	29.11	29.90	26.30
有时	16.82	23.79	24.44	25.57	23.32
经常	12.15	12.56	11.82	10.26	11.10
总是	12.15	5.31	5.10	3.34	7.23

（五）父母的管教和陪伴是重要变量

家庭是未成年人成长的第一场所，家长是未成年人健康成长的第一责任人，父母的管教和陪伴对未成年人玩网络游戏频率的影响是需要高度重视的。调查发现，父母对子女学习管得很严但总是玩网络游戏的未成年人比例是4.54%；管得较严但总是玩网络游戏的比例是3.66%；管得较松且总是玩网络游戏的比例是7.65%；完全不管且总是玩网络游戏的比例为15.58%。

表20　未成年人玩网络游戏的频率与父母对子女学习管理严格程度的相关性

单位：%

	父母完全不管子女学习	父母对子女学习管得较松	父母对子女学习管得较严	父母对子女学习管得很严
从不	33.12	24.09	28.64	39.34
很少	22.73	27.08	29.70	27.95
有时	17.53	26.40	26.97	19.89
经常	11.04	14.76	11.03	8.28
总是	15.58	7.65	3.66	4.54

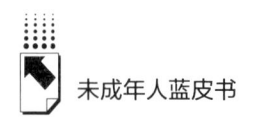

除父母对子女学习管理的严格程度外，父母对子女上网时间管理的严格程度也同样有重要的影响。调查数据发现，父母对子女上网时间管得很严但子女总是玩网络游戏的比例为3.40%；管得较严但子女总是玩网络游戏的比例为3.92%；管得较松且子女总是玩网络游戏的比例为8.61%；完全不管且子女总是玩网络游戏的比例为16.88%。

表21 未成年人玩网络游戏的频率与父母对子女上网时间管理严格程度的相关性

单位：%

	父母完全不管	父母管得较松	父母管得较严	父母管得很严
从不	34.60	20.07	26.20	41.51
很少	17.72	26.44	29.33	29.38
有时	21.94	27.56	28.29	19.28
经常	8.86	17.31	12.26	6.44
总是	16.88	8.61	3.92	3.40

父母对子女的教育，除了管教之外，陪伴也具有非常重要的影响，调查将父母陪子女读书的频率作为测量指标之一，以此来分析父母陪伴对未成年人玩网络游戏频率的影响。数据分析发现，父母从未陪伴子女读书、子女总是玩网络游戏的比例是9.84%。随着父母陪伴子女读书频率的提高，子女总是玩网络游戏的比例逐渐下降。父母每周至少陪子女读书一次，总是玩网络游戏的未成年人比例降至4%以下，下降了50%以上。可见，父母对子女的陪伴影响力是非常大的。

表22 未成年人玩网络游戏的频率与父母陪伴的相关性

单位：%

	从不	很少	有时	经常	总是
父母从未陪伴	23.48	27.48	23.58	15.62	9.84
父母每年陪伴一次	24.32	25.88	28.02	14.98	6.81
父母每半年陪伴一次	26.19	26.01	28.82	13.36	5.62

续表

	从不	很少	有时	经常	总是
父母每个月陪伴一次	25.93	29.10	26.14	13.44	5.40
父母每周陪伴一次	30.64	29.83	24.54	11.25	3.73
父母每周陪伴一次以上,但不是每天	31.18	29.07	26.20	10.64	2.90
父母每天陪伴一次及以上	38.93	29.03	22.22	6.40	3.42

(六)家长控制模式和未成年人保护模式的影响

日常生活中可以看到,大部分家长都反对未成年人玩网络游戏,很多家长也叹息缺少足够的控制手段,实际上,当前大部分网络平台和应用程序都增设了未成年人保护模式,手机、平板电脑等硬件生产商也都设计了家长控制模式,但家长的使用率并不是很高。调查数据发现,从不玩网络游戏的未成年人的家长从不使用家长控制模式或者未成年人保护模式的比例为43.57%,总是玩网络游戏的未成年人的家长从不使用家长控制模式或者未成年人保护模式的比例为58.23%,两者相差近15个百分点,也证明了家长控制模式或者未成年人保护模式对未成年人玩网络游戏的频率有一定的抑制作用。

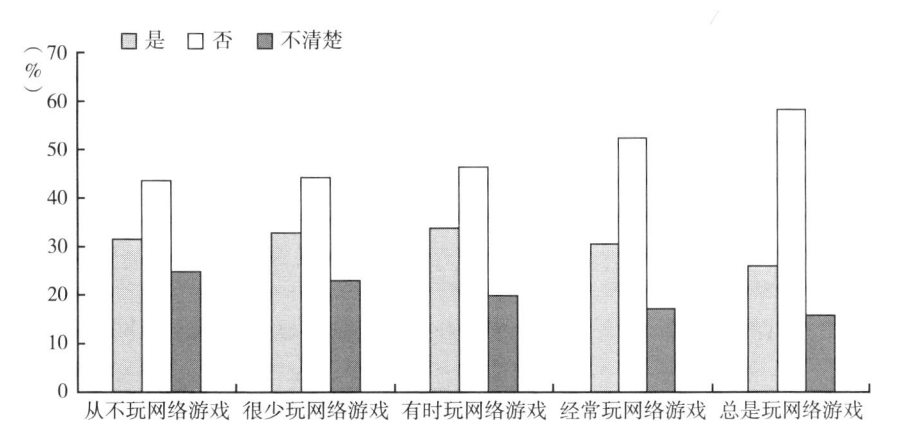

图 2　家长是否设定过类似的"未成年人保护模式"或"家长控制模式"

针对家长控制模式或者未成年人保护模式，未成年人有自己的应对之策，其中最为典型的就是使用家长不知道的账号，以此来躲过家长的监管和软硬件中各种模式的控制，即便不是为了玩网络游戏。调查数据发现，总是玩网络游戏的未成年人使用家长不知道的账号的比例是39.51%，经常玩网络游戏的未成年人使用家长不知道的账号的比例是31.62%，有时玩网络游戏的未成年人使用家长不知道的账号的比例是21.88%，很少玩网络游戏的未成年人使用家长不知道的账号的比例是16.47%，从不玩网络游戏的未成年人使用家长不知道的账号的比例是10.55%

图3 我在网上有家长不知道的账号

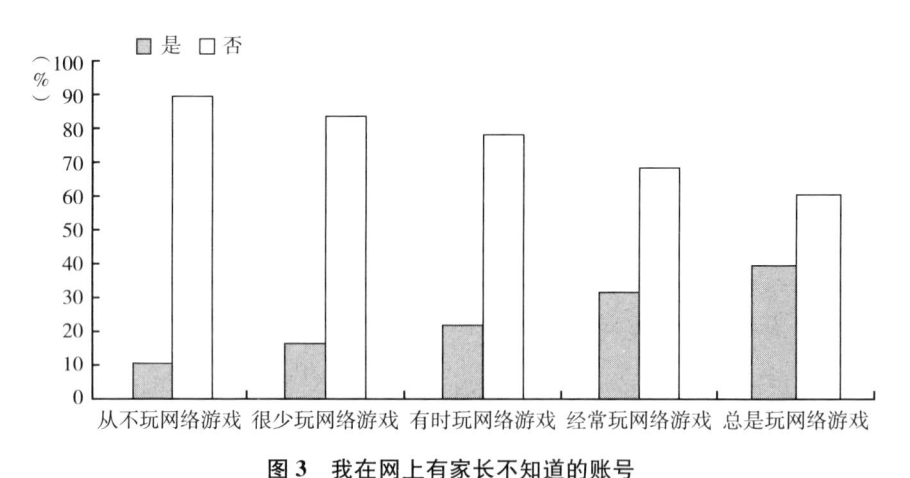

四 网络游戏给未成年人成长带来的影响

（一）玩网络游戏对未成年人的学习成绩和其对未来预期的影响

对未成年人来说，学习和游戏一直是一对矛盾，尤其是过度玩网络游戏会占用大量的学习时间、分散学习精力。调查数据显示，从不玩网络游戏的未成年人对自身学习成绩非常满意的比例为6.09%，很少玩网络游戏的未成年人对自身学习成绩非常满意的比例为5.25%，有时玩网络游戏的未成年人对自身学习成绩非常满意的比例为4.91%，经常玩网络游戏的未成年人对自身学习成绩非常满意的比例为4.75%,但总是玩网络游戏的未成年人对自身学习成绩非常满意的比例高达10.23%,同时对自身学习成绩非常不满的比例也高达22.70%。这显然与一般常识不符,造成这种落差的重要原因可能是一部分总是玩网络游戏的未成年人已经放弃了在学习上的努力,进而产生了比较高的自我满意度,而另外一部分则依然希望在学习上有所进步,进而产生了比较多的不满。

表23 未成年人玩网络游戏的频率与其对自身学习成绩满意度的相关性

单位:%

	对自身学习成绩非常不满	对自身学习成绩不太满意	对自身学习成绩比较满意	对自身学习成绩非常满意
从不	15.30	44.81	33.80	6.09
很少	13.73	47.64	33.38	5.25
有时	13.88	48.09	33.12	4.91
经常	14.01	49.00	32.24	4.75
总是	22.70	37.44	29.64	10.23

对学习压力的感知也证明了上文中的推论。调查发现,与其他组的未成年人相比,总是玩网络游戏的未成年人感知到非常大学习压力的比例远远高于其他组,达到19.24%;同时,完全没有感知到学习压力的比例也远远高于其他组,达到11.79%。现实生活中,人们对某种事情压力的感知往往与对事情的预期存在着比较密切的联系,预期越高,压力越大;反之,没有很高的预期,也就不会有很大的压力。总是玩网络游戏的未成年人感到学习压力很大和完全没有学习压力,两头严重偏高的分布,说明总是玩游戏的未成年人中有一部分对学习已经没有了高预期,由此也会很大程度地降低他们对学习压力的感知,而依然有预期的则可能感受到很大的学习压力。

对学习成绩的满意度和对学习压力的感知只是从一个侧面反映出了其对未成年人玩网络游戏的频率产生的影响,把未成年人对未来发展的信心作为另一个侧面则可以看到,从不玩网络游戏的未成年人对未来非常有信心的比例为37.29%,完全没有信心的比例为3.11%,而总是玩网络游戏

的未成年人对未来非常有信心的比例下降到23.74%，完全没有信心的比例却上升到12.13%。这说明有相当一部分总是玩网络游戏的未成年人对自己未来人生的发展失去了信心，由此产生的潜在社会后果可能是严重的。

表24 未成年人玩网络游戏的频率与其对学习压力感知的相关性

单位：%

	完全没有学习压力	学习压力不太	学习压力比较大	学习压力非常大
从不	9.91	41.83	39.76	8.51
很少	6.85	43.97	42.10	7.08
有时	6.77	41.31	44.43	7.48
经常	6.97	41.42	43.19	8.42
总是	11.79	32.76	36.22	19.24

表25 未成年人玩网络游戏的频率与其对未来发展信心的相关性

单位：%

	对未来发展完全没有信心	对未来发展不太有信心	对未来发展比较有信心	对未来发展非常有信心
从不	3.11	14.60	44.99	37.29
很少	3.12	17.46	48.54	30.87
有时	3.93	18.49	48.93	28.65
经常	4.75	23.05	48.62	23.58
总是	12.13	24.09	40.03	23.74

五 研究总结和政策建议

通过对未成年人网络游戏行为及其影响因素的系统分析，可以看到在国家严格控制未成年人游戏时间的政策出台之前，有相当部分的未成年人日常生活中游戏时间偏长，且对他们可能产生了一些不利的潜在影响。因而，为了保护未成年人，出台相应的严格控制游戏行为和游戏市场的政策措施是有必要的。

进一步的分析发现，未成年人对自己的游戏行为所产生的影响有着比较客观的认识，特别是对一些游戏所产生的负面影响是能够认识到的，同时也能够感知到游戏给他们带来的一些帮助，他们对游戏所能够产生的正面和负面因素都有比较清晰的了解，他们真正缺乏的是足够的控制力，因而需要借助于外部的力量才能够实现对游戏行为和游戏时长的控制。

考虑到未成年人群体之间存在着比较大的差异，农村未成年人、留守儿童等群体的游戏行为频率和游戏时长显著偏离了平均值，意味着这群未成年人需要更多的关注，尤其是留守儿童，由于缺乏父母足够的监管，其行为更有可能出现偏差。

实际上，未成年人的游戏行为受到多方面因素的影响。调查发现，家庭关系（包括亲子关系和夫妻关系）会对未成年人玩游戏的频率产生影响，学校环境（包括未成年人对学校的喜欢程度和对他所属群体的亲近度）同样会产生影响，这些发现意味着学校作为未成年人在家庭之外最重要的成长场所也发挥着重要作用。

研究还关注了家长控制模式和未成年人保护模式的作用，发现这些模式在一定程度上能够对未成年人的游戏行为和游戏市场进行控制，但一部分未成年人也会选择使用多个账号和向家长隐瞒游戏行为等方式规避监管，单纯的技术手段还需要与家庭、学校配合才能真正发挥作用。

综上所述，在网络时代要兼顾未成年人获得正常的数字化生活空间和保护未成年人的健康成长需要多方协同，在对互联网游戏公司的行为进行监管的同时，还需要加强对家长的教育、引导，特别是对一些特殊家庭的家长，要帮助他们意识到家庭教育的重要性。同时，还应看到学校环境的影响，学校也应该在教育未成年人正确认识网络社会和游戏行为的基础上，加强未成年人在真实生活环境中与同伴群体的互动和游戏，单纯地屏蔽网络只会增加未成年人对学校的疏离感，进而在虚拟的游戏世界中寻找乐趣和归属感。总之，对未成年人游戏行为的管理和控制还需要更多的社会政策协同发力，形成合理有效的治理体系，更要着眼于根治和预防，不能"头痛医头、脚痛医脚"，治标不治本。

参考文献

《2020年全国未成年人互联网使用情况研究报告》,https：//m.thepaper.cn/baijiahao_13672193。

《2021年1~6月中国游戏产业报告》,https：//xw.qq.com/cmsid/20210729A0FNKV00。

B.5
未成年人短视频使用报告

田丰*

摘 要： 本文使用调查数据系统性地分析了未成年人使用短视频的基本情况，并根据未成年人群体的使用频率和使用时长进行划分。进一步分析表明，未成年人短视频重度使用用户所在家庭存在一定程度的问题，如与家长关系不太亲密，但这种关系更多是两者的相关关系。未成年人短视频重度使用用户在个人性格上也容易出现一定程度的不良倾向，这些不良倾向有可能引发社会问题。综合来看，短视频作为近年来国内未成年人使用频率很高的网络娱乐方式，海外研究较少，我们应当在更多的研究领域进行探索。

关键词： 未成年人 短视频 家庭关系 个人性情

在移动互联网时代，精悍简洁的短视频在未成年人中成为最流行的网络娱乐工具，根据QuestMobile发布的数据，2021年6月，每天移动互联网用户总时长为3654.5亿分钟，其中，短视频使用时长为888.4亿分钟，占比约为24%，已经是手游的4倍，可谓是移动互联网时代的时间熔炉。早在2018年，有研究就发现，未成年人群体中短视频使用时长已经超过游戏，有超过20%的未成年人"几乎总是"在看短视频，而与网络游戏相比，短视频对未成年人成长的影响却没有大范围的引发社会关注，相关的调查研究

---

* 田丰，中国社会科学院社会发展战略研究院研究员，中国社会科学院社会发展战略研究院志愿服务研究室室主任。

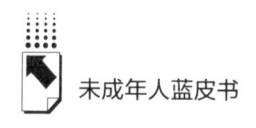

也明显不足。中国互联网络信息中心（CNNIC）发布的第49次《中国互联网络发展状况统计报告》显示，截至2021年12月，我国网络游戏用户达5.54亿人，较2020年12月增加3561万人，占网民整体的53.6%；同期，短视频用户规模为9.34亿人，较2020年12月增长6080万人，占网民整体的90.5%。此消彼长，短视频增速超过游戏已成定局。事实上，未成年人在日常生活中过度使用短视频的情况较为常见，甚至已在一定程度上危害未成年人身心健康，只不过短视频作为一种新型的网络娱乐工具，其对未成年人影响的相关调查和研究不足掩盖了这一现象。本研究力争使用全国范围内的调查数据来分析未成年人使用短视频的现状，以及短视频对未成年人产生的影响和作用机制。

一 未成年人短视频使用基本情况

短视频在未成年人中较为流行，对于具有强烈外部世界探索欲和好奇心的未成年人而言，短视频为未成年人打开了丰富庞杂、不一样的世界，他们在短视频里可以看到形形色色的人物，各种各样的故事，感官刺激非常强烈。与此同时，由于短视频崛起速度飞快，它对未成年人身心健康影响的相关研究相对滞后，对未成年人正面和负面影响尚未呈现，媒体和家长很容易忽略短视频的负面影响，甚至还有一些家长乐于与子女分享观看短视频的快乐时光。本章节将分析短视频在未成年人中的使用频率，及未成年人的使用时长。

（一）未成年人短视频的使用频率

调查数据分析发现，未成年人短视频的使用频率总体上是比较高的，有5.55%的未成年人表示总是使用短视频，有16.79%表示经常使用短视频，有29.65%表示有时使用短视频，有24.43%表示很少使用短视频，还有23.58%表示从不使用短视频。这意味着有四分之三以上的未成年人在日常生活中会使用到短视频，有五分之一多的未成年人是短视频的忠实用户。短视频在未成年人中的传播力是非常强的，短视频除出现在人们日常使用的各种短视频 APP 外，还可以通过社交媒介等通信工具进行点对点、点对群的传播，而现在未成年人拥有智能手机的比例较高，他们可以在自己社交的"私密"空间里分享短视频。调研中也发现，有一些未成年人会把一些内容不健康的短视频通过社交软件发送给其他未成年人，这种传播方式比较私密，不太容易被家长和老师察觉，因而造成的负面影响也容易被忽视。

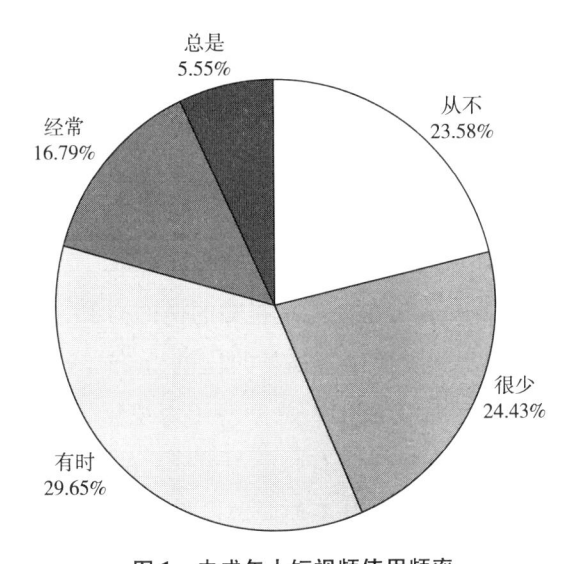

图 1　未成年人短视频使用频率

从不同受教育阶段的未成年人使用短视频的频率来看，呈现从小学到初中，再到高中依次递增的特点。具体来讲，处于小学阶段的未成年人总是使用短视频的比例为 3.65%，处于初中阶段的未成年人总是使用短视频的比例为 8.49%，处于高中阶段的未成年人总是使用短视频的比例为 8.61%，依次递增。未成年人经常使用短视频的比例在小学阶段为 13.20%，在初中阶段为 20.91%，在高中阶段为 22.98%，也是依次递增。由此可见，从小学到初中是未成年人使用短视频增幅最大的时期，其背后的原因可能与未成年人是否拥有智能手机相关，家长不倾向于子女过早的拥有智能手机，在小学阶段未成年人使用智能手机的比例远远低于初中阶段和高中阶段。

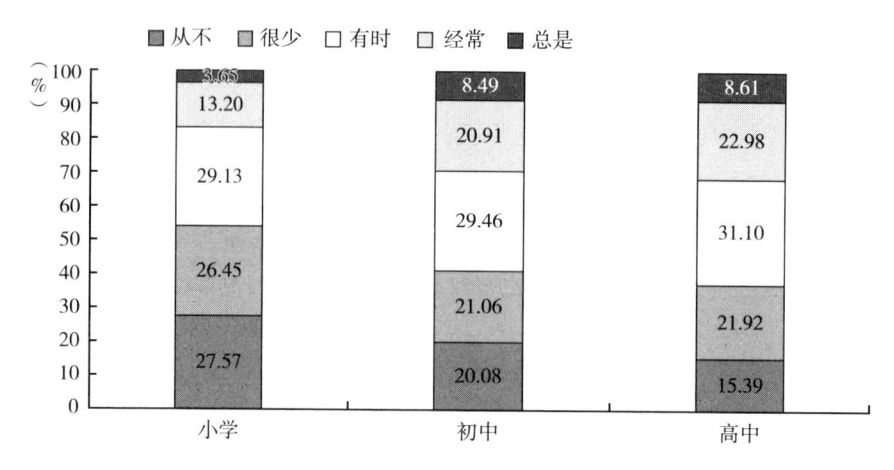

图2 不同受教育阶段未成年人短视频使用频率

不同性别的未成年人使用短视频的比例略有差异。女性未成年人总是使用短视频的比例为5.47%，经常使用短视频的比例为17.52%，有时使用短视频的比例为29.73%，很少使用短视频的比例为25.29%，从不使用短视频的比例为21.99%。男性未成年人总是使用短视频的比例为5.65%，经常使用短视频的比例为16.00%，有时使用短视频的比例为29.56%，很少使用短视频的比例为23.50%，从不使用短视频的比例为25.30%。这说明，

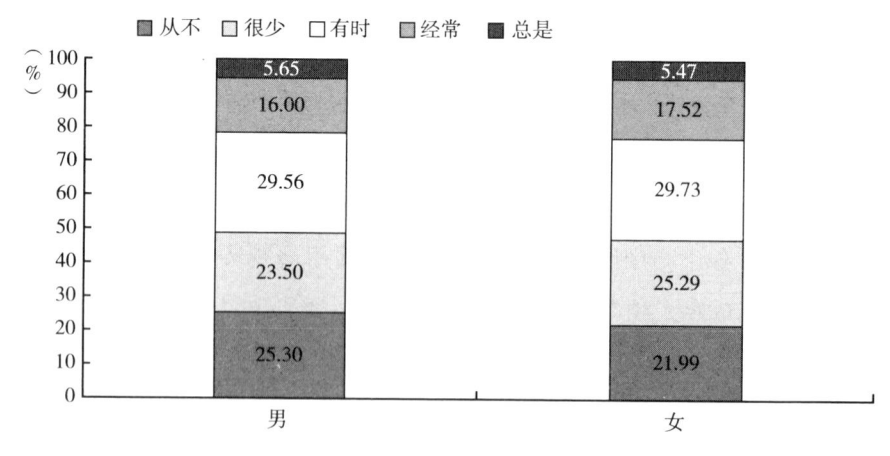

图3 不同性别未成年人短视频使用频率

短视频成为男孩和女孩共同喜欢使用的应用，其原因是短视频的内容池较为丰富，且在推送算法的加持下，无论是男孩还是女孩都能够找到符合自己偏好的内容，这让他们更容易沉迷于网络短视频的虚拟世界。我们调研中还发现，有一部分未成年人会自己制作并发布短视频，甚至能够吸引不少的粉丝和关注，当短视频中有一些与未成年人年龄相仿的小哥哥和小姐姐的视频内容时，更增加了男孩和女孩对短视频 APP 的认同感，媒体曾爆出一些未成年人使用短视频 APP 来找 CP 事件，这严重影响了未成年人的世界观。

从城乡差异来看，城市未成年人使用短视频的比例要明显低于农村未成年人。城市未成年人总是使用短视频的比例为 5.19%，经常使用短视频的比例为 15.45%，有时使用短视频的比例为 28.86%，很少使用短视频的比例为 25.25%，从不使用短视频的比例为 25.24%。农村未成年人总是使用短视频的比例为 6.96%，经常使用短视频的比例为 22.02%，有时使用短视频的比例为 32.71%，很少使用短视频的比例为 21.20%，从不使用短视频的比例为 17.11%。出现城乡差异的主要原因是农村与城市孩子在娱乐生活丰富程度上的差异。中国整体上已经进入了移动互联时代，农村互联网的普及率随着智能手机的应用大大提高，农村未成年人使用和拥有自己智能手机的比例也比较高，但他们日常生活中除互联网以外的娱乐方式的丰富程度依然低于城市未成年人，自然会把更多的时间花在智能手机和短视频 APP 上。此外，城市和农村家庭对未成年人使用网络行为态度的差异也有比较大的影响，相当部分城市家庭早已有意识地引导和规范未成年人网络的使用行为，让未成年人更加科学、合理，有选择、有节制地使用网络。可是，大部分农村家庭还缺乏这样的意识，他们对未成年人网络使用行为的引导相对不足，特别是一些父母不在孩子身边的家庭，未成年人在网络使用上缺少家庭监管。

进一步的数据分析发现，没有与父母同住的未成年人使用短视频的频率最高，与父母同住的未成年人使用短视频的频率最低。没有与父母同住的未成年人总是使用短视频的比例为 7.94%，经常使用短视频的比例为 22.27%，两者相加超过了 30%。与父亲同住的未成年人总是使用短视频的

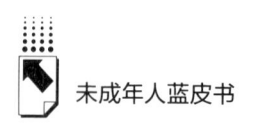

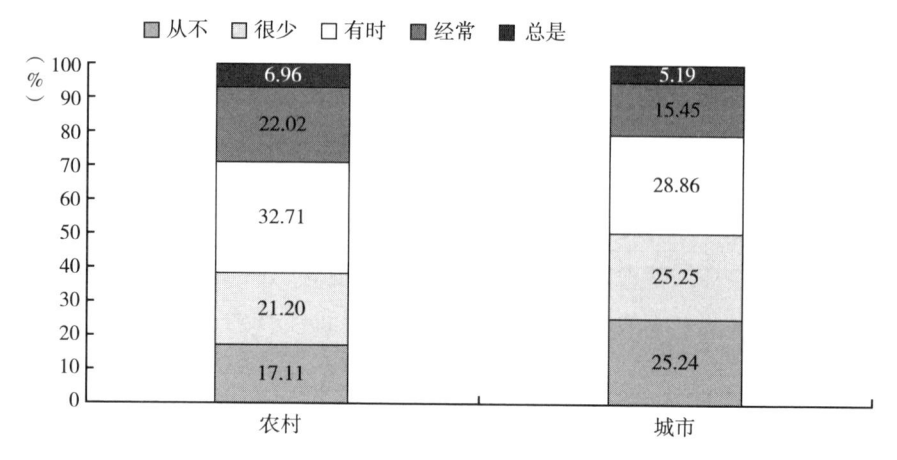

图4 分城乡未成年人短视频使用频率

比例为5.89%，经常使用短视频的比例为16.93%。与母亲同住的未成年人总是使用短视频的比例为7.10%，经常使用短视频的比例为18.44%。与父母同住的未成年人总是使用短视频的比例为5.12%，经常使用短视频的比例为16.14%。根据数据不难看出，家庭居住状况对未成年人短视频使用频率的影响是明显的，当未成年人没有与父母同住，并缺少来自家庭的引导和监管时，使用短视频的频率会明显提高，这一状况在农村家庭中更为明显。

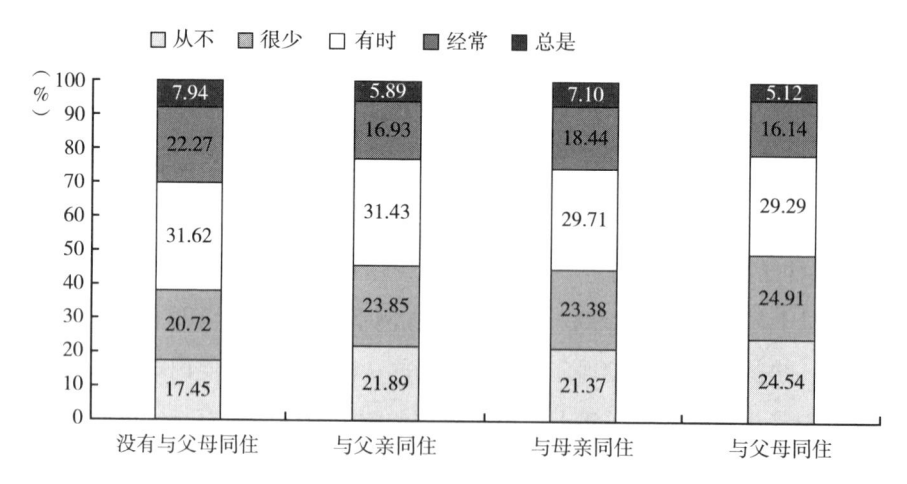

图5 分居住状况未成年人短视频使用频率

我们把农村未成年人使用短视频的频率单独分析，可以看到没有与父母同住的农村未成年人总是使用短视频的比例为9.24%，经常使用短视频的比例为26.07%，两者合计超过了35%。这说明在缺少父母关爱和监管的情况下，农村未成年人更有可能在网络中寻找心理慰藉。此外，我们还能看到与母亲同住的农村未成年人总是使用短视频的比例为11.31%，经常使用短视频的比例为20.18%，明显高于与父亲同住和与父母同住的农村未成年人。这在一定程度上与女性对未成年人使用短视频的认识有比较大关系，她们可能更加宽容地看待孩子玩短视频这件事情。而从家庭传统来说，在严父慈母的家庭教养模式下，母亲对未成年人子女网络行为的约束力可能也相对较弱。

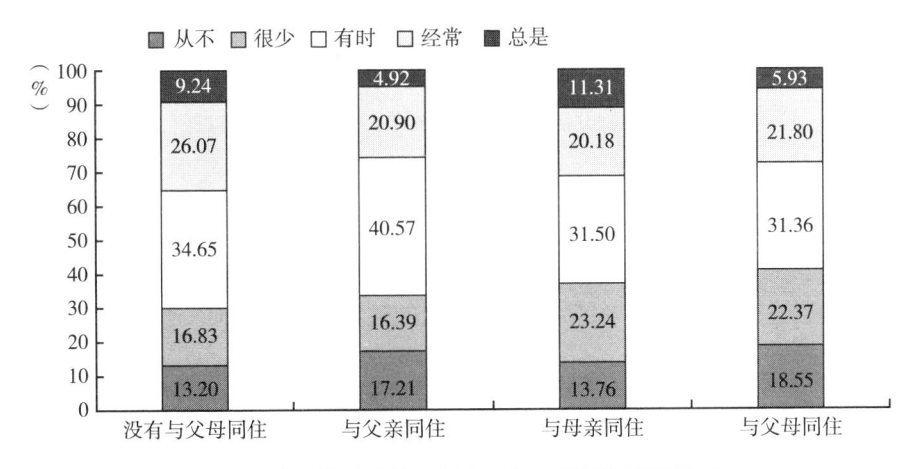

图6 分居住状况的农村未成年人短视频使用频率

我们将未成年人性别与居住模式进行交叉分析也有一些新的发现。与父亲同住的男孩使用短视频频率最低，只有2.24%总是使用短视频和20.90%经常使用短视频，两者合计23.14%。与母亲同住的男孩使用短视频频率要高出很多，有13.04%总是使用短视频，有18.12%经常使用短视频，两者合计31.16%，比与父亲同住的男孩高出约8个百分点，两者较为悬殊。没有与父母同住的女孩总是使用短视频的比例为5.94%，经常使用的比例为23.52%；没有与父母同住的男孩总是使用短视频的比例为12.59%，经常使用的比例为26.67%；两者相差也较为明显。这说明在没有父母引导和监管的情况下，男孩比女孩更容易使用

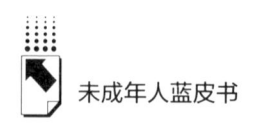

短视频,从以往的媒体报道来看,男孩在使用各种网络应用中出现各种问题的比例较高,沉迷于短视频或者被不良内容误导的可能性也更大。

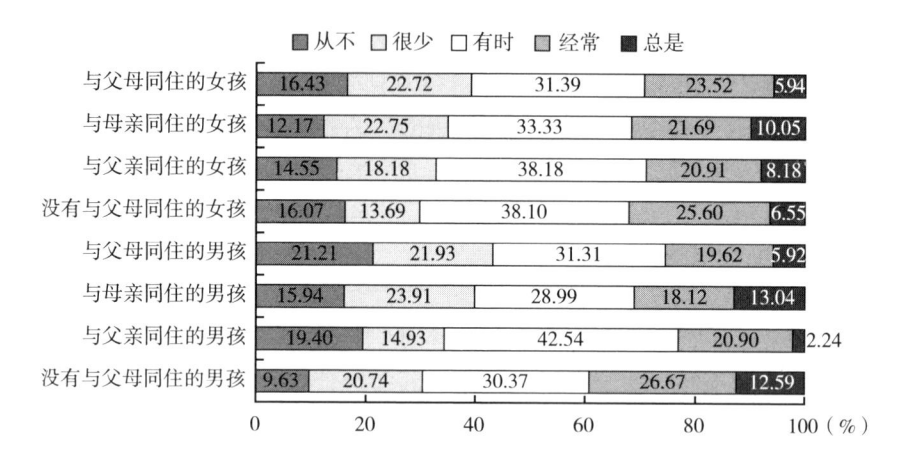

	从不	很少	有时	经常	总是
与父母同住的女孩	16.43	22.72	31.39	23.52	5.94
与母亲同住的女孩	12.17	22.75	33.33	21.69	10.05
与父亲同住的女孩	14.55	18.18	38.18	20.91	8.18
没有与父母同住的女孩	16.07	13.69	38.10	25.60	6.55
与父母同住的男孩	21.21	21.93	31.31	19.62	5.92
与母亲同住的男孩	15.94	23.91	28.99	18.12	13.04
与父亲同住的男孩	19.40	14.93	42.54	20.90	2.24
没有与父母同住的男孩	9.63	20.74	30.37	26.67	12.59

图7 分性别分居住状况的未成年人短视频使用频率

从未成年人短视频使用频率与家庭生活水平之间的关系来看,家庭生活水平越高,短视频使用的频率越低。家庭生活处于低水平的未成年人总是使用短视频的比例6.52%,经常使用短视频的比例为20.53%;家庭生活处于

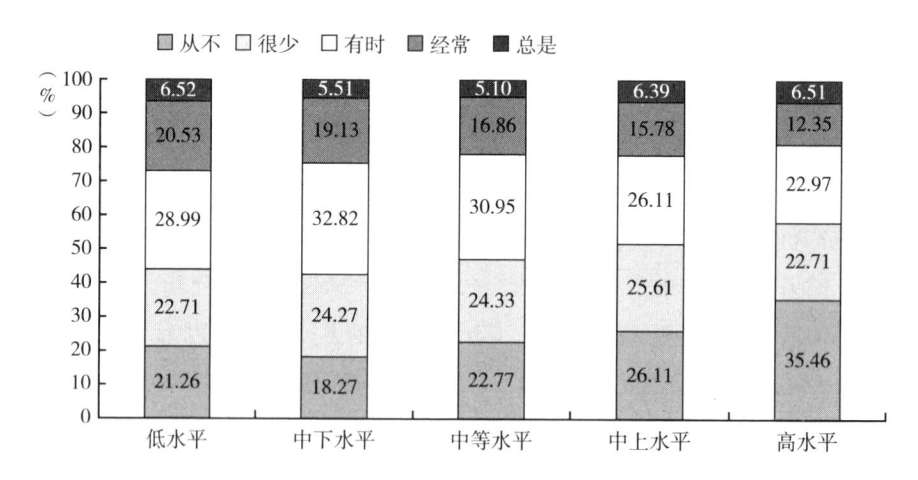

	低水平	中下水平	中等水平	中上水平	高水平
总是	6.52	5.51	5.10	6.39	6.51
经常	20.53	19.13	16.86	15.78	12.35
有时	28.99	32.82	30.95	26.11	22.97
很少	22.71	24.27	24.33	25.61	22.71
从不	21.26	18.27	22.77	26.11	35.46

图8 分家庭生活水平的未成年人短视频使用频率

中下水平的未成年人总是使用短视频的比例5.51%，经常使用短视频的比例为19.13%；家庭生活处于中等水平的未成年人总是使用短视频的比例5.10%，经常使用短视频的比例为16.86%；家庭生活处于中上水平的未成年人总是使用短视频的比例6.39%，经常使用短视频的比例为15.78%；家庭生活处于高水平的未成年人总是使用短视频的比例6.51%，经常使用短视频的比例为12.35%；

（二）未成年人短视频的使用时长

早在2019年，国家网信办就要求各个短视频平台，组织上线试点青少年防沉迷系统，并根据这些试点短视频平台的情况，全面推广上线"青少年防沉迷系统"，并形成统一的行业规范。2020年之后，为了整治互联网相关乱象，切实保护未成年人身心健康成长，国家各个部门均颁布了关于未成年人网络安全保护的法规政策，新修订的《中华人民共和国未成年人保护法》对未成年人网络保护也有了明确规定。在国家政策法规的强力推动下，各个互联网平台均推出了青少年保护模式，在青少年保护模式下很多网络娱乐应用每天只能使用40分钟。本部分则是从未成年人短视频使用时长来分析他们对短视频的使用是否符合相关未成年人保护模式的标准。

本调查将未成年人短视频使用时长分为周一到周五、周六和周日两个时间段。从周一到周五，未成年人从来不使用短视频的比例为46.13%，使用时长在1小时以内的比例为41.80%，使用时长在1~2小时的比例为7.71%，使用时长在2~3小时的比例为2.40%，使用时长在3小时以上的比例为1.96%。在周六和周日，未成年人从来不使用短视频的比例为34.10%，使用时长在1小时以内的比例为45.84%，使用时长在1~2小时的比例为12.67%，使用时长在2~3小时的比例为3.88%，使用时长在3小时以上的比例为3.51%。按照一些短视频平台规定的使用时间不超过40分钟的标准，即便是依照更为宽松的1个小时为限，从周一到周五未成年人使用短视频超时的比例超过了12%，在周六和周日未成年人使用短视频超时的比例更是超过了20%。

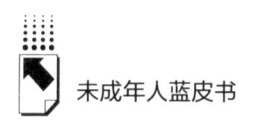

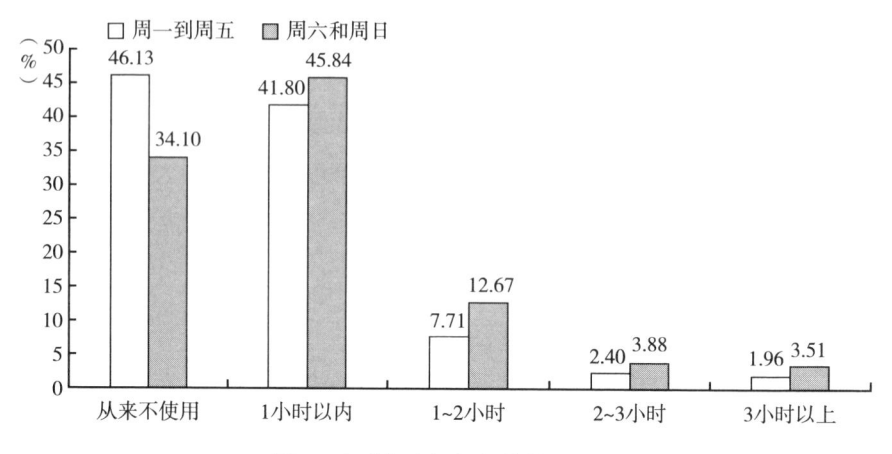

图 9　未成年人短视频的使用时长

未成年人使用短视频超时的现象较为普遍，且随着未成年人学习阶段由低到高逐级增加。我们通过对调查数据分析发现，从周一到周五，小学阶段未成年人使用短视频超过1小时的比例超过了8%，初中阶段未成年人使用短视频超过1小时的比例超过了15%，高中阶段未成年人使用短视频超过1小时的比例超过了19%。在周六和周日，小学阶段未成年人使用短视频超过1小时的比例超过了13%，初中阶段未成年人使用短视频超过1小时的比例超过了26%，高中阶段未成年人使用短视频超过1小时的比例超过了34%。处于高中阶段的未成年人，有三分之一左右在周六和周日使用短视频的时长超过规定的标准。

表1　不同受教育阶段未成年人短视频使用时长

单位：%

	周一到周五			周六和周日		
	小学	初中	高中	小学	初中	高中
从未有过	46.50	47.28	45.43	39.06	29.95	23.31
1小时以内	45.38	37.11	34.94	47.95	43.25	42.20
1~2小时	5.34	9.47	12.73	9.15	16.15	20.20
2~3小时	1.70	3.29	3.27	2.05	5.69	7.31
3小时以上	1.08	2.85	3.63	1.80	4.96	6.98

未成年人使用短视频超时的现象也存在着城乡差异,我们通过对调查数据分析发现,在城市地区,从周一到周五,小学阶段未成年人使用短视频超过1小时的比例超过8%,初中阶段未成年人使用短视频超过1小时的比例超过13%,高中阶段未成年人使用短视频超过1小时的比例超过16%。在周六和周日,小学阶段未成年人使用短视频超过1小时的比例超过了13%,初中阶段未成年人使用短视频超过1小时的比例接近23%,高中阶段未成年人使用短视频超过1小时的比例超过了29%。

在农村地区,从周一到周五,小学阶段未成年人使用短视频超过1小时的比例超过了8%,初中阶段未成年人使用短视频超过1小时的比例约22%左右,高中阶段未成年人使用短视频超过1小时的比例在27%左右。在周六和周日,小学阶段未成年人使用短视频超过1小时的比例超过了12%,初中阶段未成年人使用短视频超过1小时的比例超过了38%,高中阶段未成年人使用短视频超过1小时的比例更是接近惊人的46%。

表2 分城乡不同学习阶段未成年人短视频使用时长

单位:%

		城市			农村		
		小学	初中	高中	小学	初中	高中
周一到周五	从未有过	47.34	48.42	47.52	41.58	43.88	40.93
	1小时以内	44.62	38.11	36.22	49.86	34.17	32.18
	1~2小时	5.26	8.41	10.82	5.77	12.62	16.86
	2~3小时	1.68	3.15	2.15	1.86	3.69	5.66
	3小时以上	1.11	1.91	3.29	0.93	5.63	4.38
周六和周日	从未有过	39.69	33.31	27.14	35.35	20.00	15.06
	1小时以内	47.15	43.96	43.4	52.65	41.17	39.64
	1~2小时	9.36	13.93	17.45	7.91	22.72	26.13
	2~3小时	2.05	4.93	6.16	2.05	7.96	9.78
	3小时以上	1.75	3.88	5.86	2.05	8.16	9.40

在过度使用网络的未成年人中,留守儿童最容易出问题,也是最受关注的群体。我们分析调查数据发现,从周一到周五,小学阶段农村留守儿童使

用短视频超过1小时的比例接近12%，初中阶段农村留守儿童使用短视频超过1小时的比例超过29%，高中阶段农村留守儿童使用短视频超过1小时的比例在27%左右。在周六和周日，小学阶段农村留守儿童使用短视频超过1小时的比例超过13%，初中阶段农村留守儿童使用短视频超过1小时的比例超过了42%，高中阶段农村留守儿童使用短视频超过1小时的比例更是超过了49%，几乎每两个高中阶段留守儿童就有一个超过短视频规定使用时间限制的。

表3 农村留守儿童短视频使用时长

单位：%

	周一到周五			周六和周日		
	小学	初中	高中	小学	初中	高中
从未有过	35.64	38.89	40.85	26.73	16.67	13.38
1小时以内	52.48	31.48	31.69	59.41	40.74	37.32
1~2小时	7.92	18.52	15.49	9.90	22.22	26.76
2~3小时	1.98	5.56	5.63	0.99	14.81	9.86
3小时以上	1.98	5.56	6.34	2.97	5.56	12.68

二 短视频使用与家庭关系

短视频作为一种新近崛起的网络娱乐形式，在未成年人中收获了很大份额的拥趸，前文已分析了未成年人在短视频使用频率和使用时长上的特点，下面我们将分析短视频作为未成年人亚文化的一部分，未成年人对其的喜好程度，以及短视频对未成年人家庭关系的关联性。

（一）未成年人对短视频的喜好程度

视频和短视频一直是未成年人亚文化的重要组成部分，从早些年的追剧追番，到现在风靡一时的短视频，都得到了未成年人的偏爱，调查发现未成年人对短视频的喜好程度整体较高。未成年人认为自己非常喜欢短视频的比例为10.02%,认为自己比较喜欢的比例为41.14%,认为自己不太喜欢的比例为22.54%,认为自己非常不喜欢的比例为16.10%,还有10.19%的未成年人认为自己不了解短视频。

可见,超过一半的未成年人对短视频是喜爱的,毕竟短视频给未成年人提供了能够接触到超出他们日常生活世界的平台。我们在调研中也发现,一些未成年人能够在短视频中学习到一些学校教育所不能获得的知识和技艺,甚至一些贫苦家庭的未成年人可以通过短视频学习画画、歌唱、舞蹈等方面的技巧。但有些短视频中也包括一些不太适合未成年人的内容。在主流的短视频平台上,青少年模式下的内容库里的内容是有利于未成年人身心健康的,但关键在于未成年人在进入短视频平台时是否进行了实名认证,是否接触的是青少年模式里的优质、健康内容。事实上,有不少未成年人进入短视频平台并没有选择青少年模式。

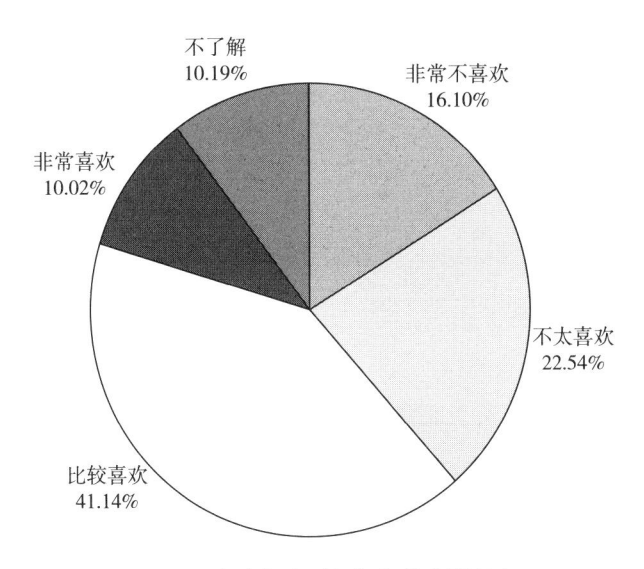

图10 未成年人对短视频的喜爱程度

(二)短视频使用强度与家庭关系

为了简化短视频使用的分析,我们将短视频使用频率和短视频使用时长两个变量进行因素分析，提取公因子后，按照得分五等分分组，分为未成年人短视频使用重度用户、中重度用户、中度用户、中轻度用户、轻度用户。我们通过调查数据分析发现，未成年人短视频强度与家庭关系之间存在着诸多关联。

未成年人短视频重度用户中有41.73%认为父母总是真正关心我，中重度用户中有47.88%认为父母总是真正关心我，中度用户中有51.21%认为父母总是真正关心我，中轻度用户中有55.24%认为父母总是真正关心我，轻度用户中有63.61%认为父母总是真正关心我。调查数据整体上呈现随着短视频使用强度增加，未成年人认为父母总是真正关心自己的比例在降低的趋势。这其中的原因可能是相互的，既有可能是父母不关心子女，导致子女转向在短视频里去寻求更多的心理慰藉，也有可能是子女过度使用短视频，忽略了父母对子女的关心。

表4 短视频不同使用程度的未成年人对家庭关系的看法（父母真正关心我）

单位：%

	从不	很少	有时	经常	总是
轻度用户	1.52	2.36	6.52	25.99	63.61
中轻度用户	1.77	2.94	9.19	30.86	55.24
中度用户	0.71	3.70	9.30	35.09	51.21
中重度用户	0.63	4.24	12.53	34.72	47.88
重度用户	1.49	5.69	14.62	36.47	41.73

在短视频使用强度对未成年人与父母沟通影响方面，我们可以看到短视频轻度用户总是会与父母谈论个人秘密和感受的比例为30.80%，中轻度用户总是会与父母谈论个人秘密和感受的比例为23.44%，中度用户总是会与父母谈论个人秘密和感受的比例为20.30%，中重度用户总是会与父母谈论个人秘密和感受的比例为16.86%，重度用户总是会与父母谈论个人秘密和感受的比例为16.02%。此外，我们还可以看到重度用户中从不会与父母谈论个人秘密和感受的比例高达10.42%，也是比例最高的。可见，未成年人短视频使用强度越高，与父母之间的沟通状况就越差。

表5　短视频不同使用程度的未成年人对家庭关系的看法
（我会与父母谈论个人秘密和感受）

单位：%

	从不	很少	有时	经常	总是
轻度用户	7.58	10.68	23.47	27.48	30.80
中轻度用户	7.07	14.31	25.21	29.98	23.44
中度用户	5.87	14.68	29.06	30.09	20.30
中重度用户	7.75	19.21	28.04	28.13	16.86
重度用户	10.42	21.19	29.77	22.59	16.02

在未成年人与父母彼此感到厌烦的回答上，轻度用户从不与父母彼此感到厌烦的比例为61.69%，中轻度用户从不与父母彼此感到厌烦的比例为54.30%，中度用户从不与父母彼此感到厌烦的比例为49.58%，中重度用户从不与父母彼此感到厌烦的比例为47.07%，重度用户从不与父母彼此感到厌烦的比例为38.22%。实际上，未成年人与父母之间出现矛盾的现象在生活中较为普遍，偶尔产生一些矛盾和冲突并不一定是坏事，但是如果父母与子女产生厌烦的频率较高，那就会引发很多的问题。值得关注的是，未成年人短视频重度用户中有20.14%有时与父母彼此感到厌烦，这一比例是轻度用户的一倍左右，由此可见，短视频使用可能成为父母与子女关系紧张的潜在诱因。

表6　短视频不同使用程度的未成年人对家庭关系的看法
（我和父母彼此感到厌烦）

单位：%

	从不	很少	有时	经常	总是
轻度用户	61.69	23.56	10.12	2.11	2.51
中轻度用户	54.30	29.51	11.48	1.94	2.77
中度用户	49.58	31.39	14.43	2.88	1.71
中重度用户	47.07	31.92	15.42	3.79	1.80
重度用户	38.22	33.27	20.14	4.42	3.94

父母通过表扬的方式激励子女是家庭亲子关系和谐的重要方式，我们调研发现，在未成年人短视频轻度用户中，父母总是喜欢或赞扬我做的事情的比例为27.41%，经常喜欢或赞扬我做的事情的比例为34.59%，两者合计达到了62.00%。在未成年人短视频重度用户中总是喜欢或赞扬我做的事情的比例为16.29%，经常喜欢或者赞扬我做的事情的比例为26.49%，两者只有42.78%。在未成年人短视频轻度用户和重度用户之间产生较大差距的原因可能是父母本身就不喜欢子女使用短视频等网络内容，也有可能是由于未成年人缺少父母的表扬，转而去短视频中寻找成就感或者娱乐感。

表7 短视频不同使用程度的未成年人对家庭关系的看法
（父母喜欢或赞扬我做的事情）

单位：%

	从不	很少	有时	经常	总是
轻度用户	4.13	8.79	25.09	34.59	27.41
中轻度用户	3.83	11.43	32.51	32.10	20.14
中度用户	2.75	11.44	33.24	33.57	19.00
中重度用户	3.34	15.06	31.65	33.27	16.68
重度用户	4.03	17.91	35.29	26.49	16.29

父母与子女共同开展一些活动有助于提升亲子关系的融洽度。我们调查发现，未成年人短视频使用强度越高，他们与父母之间的融洽度越低，具体来看，在未成年人短视频轻度用户中有35.92%总是和父母一起做开心的事情，在未成年人短视频中轻度用户中有27.68%总是和父母一起做开心的事情，在未成年人短视频中度用户中有24.44%总是和父母一起做开心的事情，在未成年人短视频中重度用户中有21.37%总是和父母一起做开心的事情，在未成年人短视频重度用户中有21.15%总是和父母一起做开心的事情。

表8　短视频不同使用程度的未成年人对家庭关系的看法
（我和父母一起做开心的事）

单位：%

	从不	很少	有时	经常	总是
轻度用户	3.01	7.51	20.86	32.69	35.92
中轻度用户	3.18	11.01	24.03	34.10	27.68
中度用户	1.96	10.38	28.46	34.76	24.44
中重度用户	1.98	14.07	30.57	32.01	21.37
重度用户	4.12	15.81	33.41	25.53	21.15

帮助子女解决现实生活中的问题是父母应尽的职责之一，调查发现，未成年人短视频轻度用户在遇到问题时，父母总是帮忙解决的比例为40.36%；未成年人短视频中轻度用户在遇到问题时，父母总是帮忙解决的比例为31.45%；未成年人短视频中度用户在遇到问题时，父母总是帮忙解决的比例为27.89%；未成年人短视频中重度用户在遇到问题时，父母总是帮忙解决的比例为30.39%；未成年人短视频重度用户在遇到问题时，父母总是帮忙解决的比例为26.97%。调查数据总体上呈现未成年人短视频使用强度越高，父母总是帮助子女解决问题的比例越低的趋势。这其中的原因可能是在父母没有办法帮助子女解决问题的时候，他们更有可能在网络空间中寻找解决问题的方式，甚至在网络中通过各种方式发泄自己的不满，进而更疏远父母，形成恶性循环。当然，如果未成年人过度依赖网络，他们也有可能会提出不切实际的要求。

表9　短视频不同使用程度的未成年人对家庭关系的看法
（当我遇到问题时，父母会帮我解决）

单位：%

	从不	很少	有时	经常	总是
轻度用户	2.89	6.80	19.78	30.18	40.36
中轻度用户	3.24	7.71	24.32	33.27	31.45
中度用户	1.71	8.26	24.79	37.35	27.89
中重度用户	2.34	9.47	22.99	34.81	30.39
重度用户	3.15	11.34	27.93	30.60	26.97

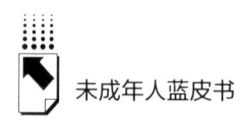

当家庭关系变得紧张时，子女与父母之间就容易发生争吵。我们调查发现未成年人短视频轻度用户中从不与父母发生争吵的比例为34.96%，未成年人短视频中轻度用户中从不与父母发生争吵的比例为25.97%，未成年人短视频中度用户中从不与父母发生争吵的比例为20.63%，未成年人短视频中重度用户中从不与父母发生争吵的比例为16.86%，未成年人短视频重度用户中从不与父母发生争吵的比例为12.48%。综上所述，未成年人短视频使用强度越高，与父母发生争吵的可能性越大。

表10 短视频不同使用程度的未成年人对家庭关系的看法
（我与父母发生争吵）

单位：%

	从不	很少	有时	经常	总是
轻度用户	34.96	41.66	17.48	3.57	2.33
中轻度用户	25.97	44.52	22.67	4.65	2.18
中度用户	20.63	46.59	26.53	4.05	2.20
中重度用户	16.86	43.37	30.21	7.48	2.07
重度用户	12.48	39.49	34.02	8.45	5.56

考虑到未成年人短视频使用强度与家庭关系之间存在着比较复杂的作用机制，其中可能存在双向相互影响，我们从中可以发现未成年人短视频使用强度与家庭关系满意度之间的联系。我们分析调查数据发现，未成年人短视频轻度用户总是对自己和父母的关系感到满意的比例为48.87%，未成年人短视频中轻度用户总是对自己和父母的关系感到满意的比例为39.40%，未成年人短视频中度用户总是对自己和父母的关系感到满意的比例为36.21%，未成年人短视频中重度用户总是对自己和父母的关系感到满意的比例为32.91%，未成年人短视频重度用户总是对自己和父母的关系感到满意的比例为29.16%，表现出短视频使用强度越高，未成年人短视频用户与父母关系满意度越低的特点。

表 11 短视频不同使用程度的未成年人对家庭关系的看法
（我对我和父母的关系感到满意）

单位：%

	从不	很少	有时	经常	总是
轻度用户	2.55	4.04	12.33	32.23	48.87
中轻度用户	2.83	6.42	17.37	33.98	39.40
中度用户	1.71	6.96	19.33	35.80	36.21
中重度用户	1.89	8.21	22.81	34.17	32.91
重度用户	3.55	10.95	25.00	31.35	29.16

三 短视频使用与未成年人性情

短视频作为网络媒介，即便是在没有刻意引导未成年人价值观和情绪的情况下，也有可能对他们产生潜移默化的影响，特别是未成年人在长时间使用短视频的过程中，如果没有进入青少年保护模式，必然会接触到一些成年人才适合的内容，这些内容对未成年人的性情也会产生不同倾向性的影响。

我们分析调查数据发现，在被问及"如果受到足够的刺激，我可能会打另一个人来出气"时，未成年人短视频轻度用户认为完全不符合的比例为68.05%，未成年人短视频中轻度用户认为完全不符合的比例为60.13%，未成年人短视频中度用户认为完全不符合的比例为54.82%，未成年人短视频中重度用户认为完全不符合的比例为54.46%，未成年人短视频重度用户认为完全不符合的比例为46.28%，未成年人短视频重度用户较轻度用户下降了接近22个百分点。同时，我们还可以看到未成年人短视频用户认为比较符合的比例，从轻度用户的5.03%增加到重度用户的13.57%，增加了1倍多，未成年人短视频用户认为非常符合的比例也呈现倍增态势。这意味着经常观看短视频的未成年人，可能更容易表现出相对易惹的情绪反应。

表12　短视频不同使用程度的未成年人性情倾向
（如果受到足够的刺激，我可能会打另一个人来出气）

单位：%

	完全不符	不太符合	比较符合	非常符合
轻度用户	68.05	25.55	5.03	1.37
中轻度用户	60.13	31.86	6.83	1.18
中度用户	54.82	35.53	8.37	1.28
中重度用户	54.46	33.99	9.02	2.52
重度用户	46.28	36.16	13.57	3.98

在被问及"有时，我感到人们在背后笑话我"时，未成年人短视频轻度用户认为完全不符合的比例为49.18%，未成年人短视频中轻度用户认为完全不符合的比例为38.69%，未成年人短视频中度用户认为完全不符合的比例为32.35%，未成年人短视频中重度用户认为完全不符合的比例为29.40%，未成年人短视频重度用户认为完全不符合的比例为21.67%，未成年人短视频重度用户较轻度用户下降了27.51个百分点。同时，未成年人短视频用户认为比较符合的比例从轻度用户的13.04%增加到重度用户的30.47%，增加了一倍多，认为非常符合的比例也增加了一倍多。

表13　短视频不同使用程度的未成年人性情倾向
（有时，我感到人们在背后笑话我）

单位：%

	完全不符	不太符合	比较符合	非常符合
轻度用户	49.18	34.00	13.04	3.79
中轻度用户	38.69	40.64	16.49	4.18
中度用户	32.35	43.84	20.14	3.67
中重度用户	29.40	37.69	27.95	4.96
重度用户	21.67	39.80	30.47	8.06

未成年人性情的变化还反映在他们对"我是一个性情平和的人"的评价上，未成年人短视频轻度用户认为非常符合的比例为21.95%，未成年人短视

频中轻度用户认为非常符合的比例为17.96%，未成年人短视频中度用户认为非常符合的比例为14.65%，未成年人短视频中重度用户认为非常符合的比例为16.50%，未成年人短视频重度用户认为非常符合的比例为16.07%。比较有趣的是，这里对性情平和认同度最低的不是重度用户，而是中度用户。

表14　短视频不同使用程度的未成年人性情倾向
（我是一个性情平和的人）

单位：%

	完全不符	不太符合	比较符合	非常符合
轻度用户	9.90	17.88	50.26	21.95
中轻度用户	9.31	23.20	49.53	17.96
中度用户	6.88	24.33	54.15	14.65
中重度用户	8.12	23.81	51.58	16.50
重度用户	8.23	26.93	48.77	16.07

在被问及"我比一般人更容易与人争辩"时，未成年人短视频轻度用户认为完全不符合的比例为39.55%，未成年人短视频中轻度用户认为完全不符合的比例为32.57%，未成年人短视频中度用户认为完全不符合的比例为26.12%，未成年人短视频中重度用户认为完全不符合的比例为25.70%，未成年人短视频重度用户认为完全不符合的比例为19.70%，未成年人短视频重度用户较轻度用户下降了近20个百分点。

表15　短视频不同使用程度的未成年人性情倾向
（我比一般人更容易与人争辩）

单位：%

	完全不符	不太符合	比较符合	非常符合
轻度用户	39.55	43.12	13.97	3.35
中轻度用户	32.57	49.94	13.72	3.77
中度用户	26.12	51.51	19.24	3.13
中重度用户	25.70	47.61	22.36	4.33
重度用户	19.70	48.34	25.13	6.83

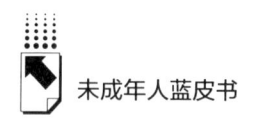

四 研究总结与展望

与网络游戏相比，短视频对未成年人身心健康的影响往往容易被忽视，主要原因在于短视频发展时间较短，尽管其传播具有很强的爆发力，且传递信息能力也很强，但学界、家长和学生自身对短视频的准确认识尚未形成。本文尝试使用最新的调查数据，对未成年人短视频的使用状况以及潜在影响进行一些探索性分析，以期能够为社会各界深入了解短视频对未成年人的影响形成初步的认识。

我们分析调查数据发现，大部分未成年人都会将短视频作为日常生活的娱乐方式，且未成年人对短视频的喜爱程度较高。就未成年人使用短视频的特点来看，处于较高受教育阶段、农村家庭的未成年人使用短视频的频率更高、强度更大，这些特点与其他网络娱乐方式具有较强一致性。且从短视频APP的使用时长来看，平均使用时间也可能超过了游戏、社交等应用，并成为未成年人使用时间最长的应用，这些分析结果都说明短视频已然成为当代未成年人重要的网络娱乐方式之一，因而对短视频的关注不能仅仅停留在产业发展和娱乐方式方面，要更加关注短视频使用对家庭关系、未成年人性情的影响。

我们通过进一步的数据分析发现，重度使用短视频的未成年人在家庭关系上更容易出现一些问题，当然这种问题可能存在着互为因果的关系，形成恶性循环。比如既有可能是未成年人过度沉迷于短视频的虚拟世界，忽略了家庭关系的存在，也有可能是未成年人本身家庭关系存在问题，导致其转而在短视频的虚拟世界中寻找慰藉和乐趣。就目前数据而言，还无法从两者的相关关系中获得因果关系的论断，但这两者之间存在的相关性是需要引起重视的问题。

短视频对未成年人性情的影响是比较明显的，我们分析调查数据发现，过度使用短视频可能导致未成年人难以融入社会，以及不利于其身心健康的情况出现。以往研究发现，未成年人性情的变化确实可能受到虚拟世界的影响，甚至产生严重的社会性危害，我们通过本研究的分析可以看到，短视频的重度用户可能存在较强烈的易怒倾向、较为明显的不自信、对外部真实世界存有更多的怀疑等问题，这些态度都存在引发社会问题的潜在可能。

虽然本文试图在一些方面进行了探索性分析，但短视频对未成年人的影响还有诸多没有被发现或者被重视的方面，比如短视频对国家认同和民族自豪感的影响等。尤其是，现阶段短视频作为一个新生的事物，在短时期内火遍全网甚至全球，可能在未来会存在很长一段时间。由于在短视频使用对未成年人的影响上可以借鉴的国外研究经验不足，需要我们更多地突破现有的研究框架，展开深入细致的分析。

参考文献

《"畸形"流量生意背后：短视频用户时长已是游戏四倍》，https：//m.thepaper.cn/baijiahao_ 14238150，最后访问日期：2021年10月21日。

中国互联网络信息中心：《第48次〈中国互联网络发展状况统计报告〉》，https：//www.cnnic.net.cn/hlwfzyj/hlwxzbg/hlwtjbg/202109/P020210915523670981527.pdf，最后访问日期：2021年10月21日。

B.6
未成年人网络使用动机报告

高文珺　刘东浩*

摘　要： 本报告分析了未成年人网络使用动机的特点、影响因素及其对网络行为的影响。数据来源于2021年在全国31个省、自治区和直辖市进行的"未成年人数字生活与网络保护调查"的21733名6~18岁在校学生的数据。结果发现，未成年人使用互联网所满足的需要依次是认知需要、娱乐需要、自我表达需要和社交需要。男生、高年级学生、农村的未成年人，亲子关系不好、亲子互动较少、不适应学校的未成年人更多地将互联网作为满足需要的重要途径。网络使用动机类型不同，未成年人网络行为频率会有差异。

关键词： 未成年人　网络使用动机　使用与满足理论

一　引言

未成年人成长于互联网时代，其学习和生活都越来越多地与网络和各种数字应用联结起来。根据2021年7月发布的《2020年全国未成年人互联网使用情况研究报告》，在6~18岁的未成年人中，互联网普及率达到了94.9%。在互联网环境中，内容因每位用户的参与而产生，参与所产生的个

---

* 高文珺，中国社会科学院社会学研究所副研究员，中国社会科学院社会心理与行为实验室副研究员，中国社会科学院社会学研究所社会心理学研究中心副研究员。刘东浩，清华大学公共管理学院博士生。

人化内容，借由人与人（P2P）的分享，形成了可读可写、共同建设的互联网信息内容（高文珺等，2019）。在这种参与式文化背景中，无论是使用互联网学习、休闲娱乐还是社交，未成年人都不仅是各种网络媒介所传递的信息的被动接收者，还是积极主动的信息创造者，他们通过网络音乐、短视频、动漫、游戏等媒介来建构自己的身份、表达自我和进行社会互动。本报告从使用与满足理论视角出发，通过调查未成年人关于互联网对其自身作用的认知来分析：未成年人使用互联网的动机、这些动机如何影响未成年人的网络行为，以及哪些因素会影响未成年人的网络使用动机。

（一）使用与满足理论视角下的互联网媒介使用动机

使用与满足理论认为，媒介受众会在社会环境和个体心理因素影响下，产生各种媒介接触需要，这些需要成为受众使用媒介的动机，在受众接触媒介之后会评估其需要满足的程度（郭庆光，1999；李特约翰、福斯，2009）。这一过程中，受众不是被动接受，而是具有能动性和选择性的个体，可根据自己的需要去选择媒介、利用媒介内容。从这一理论出发，本报告认为可以从未成年人对互联网对其自身作用的评价，来了解上网满足了未成年人何种需要，也就是未成年人使用互联网的主要目的，即上网动机。

随着互联网和信息技术的飞速发展，传播形态也在发生变化，各种基于互联网的新媒介不断涌现，为未成年人提供了诸多满足其需要的平台。有研究者根据使用与满足理论，将新媒介背景下受众的媒介使用动机分为三类（张涵静，2019）：社交与时尚动机（Leung，2001；Park et al.，2009）、娱乐享受动机（Kim et al.，2013；Hsiao et al.，2016）和认知动机（Yang & Lin，2017）。

（二）未成年人网络使用动机相关研究

未成年人的互联网使用问题近年来不仅深受社会关注，还引起了学界的重视。研究者对未成年人使用不同网络媒介的动机进行过相关分析，有研究

从整体的媒介使用方面,将未成年人使用移动社交媒介的动机总结为自我表现、自我放松、能力提升和关系建立(王伟、雷雳,2018)。还有学者认为,未成年人使用移动社交网络的动机有信息获取、关系维持、避免焦虑、娱乐消遣、情感支持和自我展示这六个方面,其中又以信息获取和关系维持为主要动机(姜永志等,2017)。还有研究分析了未成年人使用具体网络媒介的动机,如使用微博的动机包括"展示-解脱"、"便捷-沟通"、"信息-交友"和"休闲-表达"(王伟等,2015),玩网络游戏的动机可能包括成就、权力、社交与归属、享受乐趣、沉浸等(王继瑛、李明,2012;张锦涛等,2013)。

(三)研究问题

在前述研究基础上,本研究将未成年人使用网络媒介的动机分为四个方面,包括社交动机、自我表现动机、认知动机和娱乐休闲动机,分别对应于社交需要、自我表达需要、认知需要和娱乐需要的满足。根据使用与满足理论,个体需要的形成、动机的产生受所处社会环境的影响,而未成年人最常接触的社会环境就是家庭和学校,因此本报告将重点着眼于家庭环境和学校环境如何影响未成年人这些动机的形成。综上,本报告将具体分析未成年人网络使用动机的特点、影响因素,以及这些动机对其上网行为的影响。具体涉及的变量测量如下。

1. 网络使用动机

自编量表测量未成年人对于互联网对自身作用的评价,以此了解上网满足了未成年人哪些需要,即了解其上网的动机。从社交动机、自我表现动机、认知动机和娱乐休闲动机四方面进行测量。具体而言,社交动机通过未成年人评估互联网对自己认识朋友和兴趣相同的伙伴的作用来测量,自我表现动机通过评估未成年人在网上充分表达自我的程度来测量,认知动机通过未成年人对互联网是不是自己获取信息的重要渠道或学习助手的认知评价来测量,娱乐休闲动机通过未成年人评价互联网是不是自己娱乐休闲的重要途径来测量。

2. 家庭环境

对家庭环境的测量主要从亲子关系来进行，而对亲子关系则主要从以下三方面来测量。第一是父母对子女的了解程度，如对孩子好朋友、爱好、学习等六个生活方面的了解程度。第二是父母和子女互动的频率，具体测量了父母和子女平时一起进行以下三方面活动的频率：一是日常活动，如吃晚饭、看电视、做运动等；二是外出游玩活动，如去公园、看展览、外出看电影等；三是网络娱乐，如看视频、玩电子游戏、上网等。第三是父母与子女关系的亲近程度。在分析时根据得分，将了解程度、互动频率和亲近程度分为高中低三组。

3. 学校环境

对学校环境的测量包括未成年人对学校的喜欢程度和学校内人际关系，以4点计分，得分越高，表明对学校越喜欢，在学校人际关系越好。

4. 学业情况

测量未成年人的学业成绩和评价，包括：（1）学习成绩在班级的水平，以5点量表计分，分为从"不好"、"中等偏下"、"中等"、"中等偏上"到"很好"5个水平；（2）学习成绩自评满意度和家长的满意度，以4点计分，从"非常不满意"到"非常满意"，得分越高，表明满意程度越高；（3）学业压力感知，请未成年人评价自己的学业压力，从"完全没有压力"到"压力非常大"，以4点计分，得分越高，表明学业压力越大。

二 研究结果

（一）未成年人网络使用动机特点

1. 未成年人使用互联网所满足的需要依次是认知需要、娱乐需要、自我表达需要和社交需要

从未成年人对互联网作用认知的频次分布来看，近六成未成年人将互联网视为拓展视野、获取信息和辅助学习的重要渠道，即满足其认知需要，由此可见，认知动机是未成年人上网的最主要动机。排在第二位的是娱乐休闲动机，有41.03%的未成年人将互联网作为满足娱乐放松需要的主要途径。排在第三位的上网动机是自我表现动机，有36.80%的未成年人认为在网络上可以充分表达自我。社交动机排在第四位，并且社交以寻找兴趣相同的伙伴为主，超过1/3的未成年人表示互联网可以满足这一需要；另有近1/4的未成年人将互联网作为认识朋友的重要渠道（见图1）。

项目	百分比
互联网是我拓展视野、了解世界的重要渠道	59.30
互联网是我获取信息的重要渠道	58.67
互联网是我日常学习的重要助手	56.62
我娱乐放松的主要途径就是互联网	41.03
在网上，我能够充分表达自我	36.80
在网上，我更容易找到兴趣相同的人	35.71
网络是我认识朋友的重要渠道	24.76

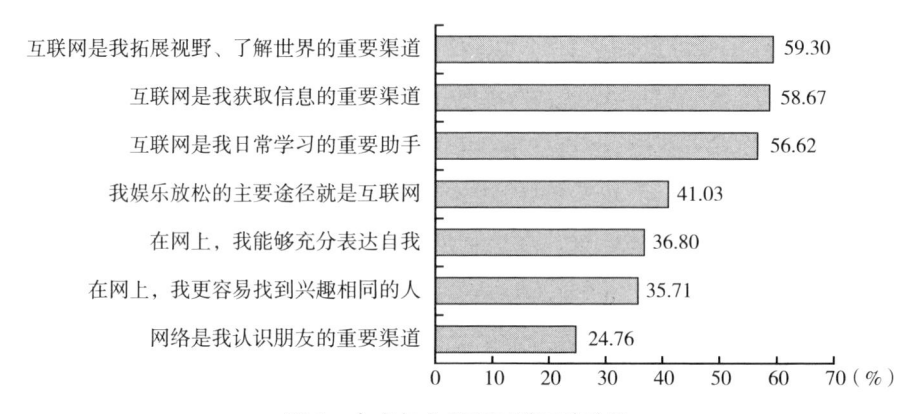

图1　未成年人使用互联网的动机

2. 男生比女生更依赖互联网来满足社交和自我表达需要

比较不同性别未成年人的网络使用动机可以发现，男女生在使用互联网的认知动机和放松娱乐动机上没有明显差异，但在社交动机和自我表现动机上存在一定差异，主要表现为男生基于社交动机使用互联网的比例要高于女生，男生比女生更多认为网络上会更容易找到兴趣相同的人（38.56% vs. 32.86%），也更多将网络视为认识朋友的重要渠道（27.74% vs. 21.79%）。男生将网络视为一个能够充分表达自我的媒介的比例（39.24%）也要高于女生（34.37%）（见表1和图2）。

3. 随着学段增长，未成年人会越来越多使用互联网来满足各种需要

对不同学段未成年人网络使用动机进行对比分析，结果如表2和图3所示。除职高/中专外，在不同学段，未成年人会更多地将互联网视为获取信息、放松娱乐、展示自我和社交的渠道，也就是使用互联网的认知动机、娱乐放松动机、自我表现动机和社交动机，都随着学龄增长而增强。

未成年人网络使用动机报告

表1 不同性别未成年人使用互联网的动机

单位：%

	男	女
互联网是我拓展视野、了解世界的重要渠道	58.76	59.83
互联网是我获取信息的重要渠道	57.97	59.37
互联网是我日常学习的重要助手	55.41	57.82
我娱乐放松的主要途径就是互联网	41.80	40.27
在网上，我能够充分表达自我	39.24	34.37
在网上，我更容易找到兴趣相同的人	38.56	32.86
网络是我认识朋友的重要渠道	27.74	21.79

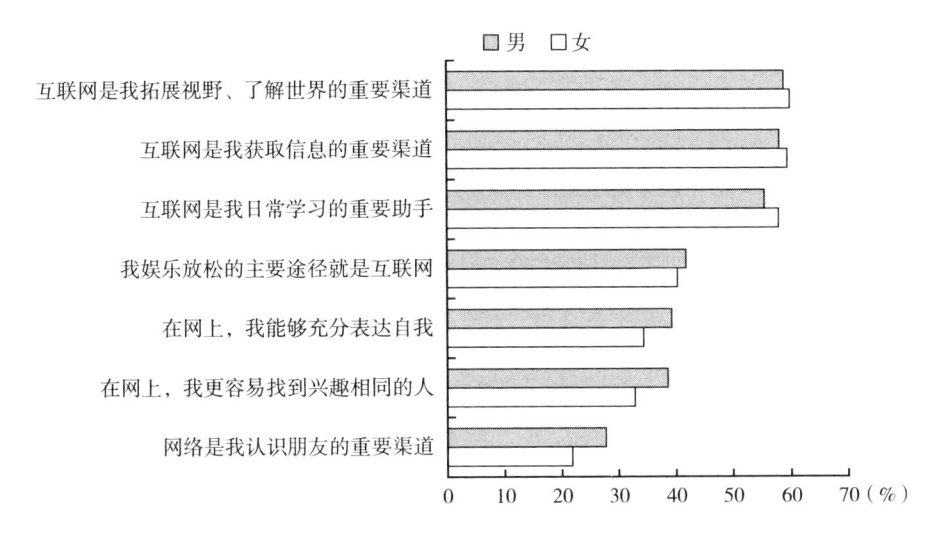

图2 不同性别未成年人使用互联网的动机对比

具体而言，在认知动机方面，小学低年级[①]均有四成左右的学生将互联网作为拓展视野、获取信息和辅助学习的重要渠道，这些项目的比例在小学高年级[②]升至五成左右，初中升至六成到七成，高中阶段有八成左右未成年

---

① 本报告中，小学低年级指1~3年级。
② 本报告中，小学高年级指4~6年级。

人认为互联网满足了他们的上述认知需要。在娱乐放松和自我表达方面，小学阶段，低年级学生有两成左右认为互联网是满足这些需要的重要媒介，高年级学生的这一比例在三成左右；初中阶段，一半左右的学生将互联网作为娱乐放松和充分表达自我的途径；而高中和职高/中专阶段，有68.16%的高中学生和61.95%的职高/中专学生都将互联网视为满足娱乐放松需要的途径，超过半数的高中学生和47.56%的职高/中专学生认为互联网能够让其充分表达自我。在社交方面，小学低年级学生中不到两成人表示互联网对其有寻找兴趣相同的人的功能，也就是，因这方面的社交动机而使用网络的比例相对较低。另外，高中学生中有53.14%的人认为互联网更容易满足自己找到兴趣相同的人的需要，职高/中专学生的这一比例达到57.84%。小学阶段将网络作为认识朋友的重要渠道的人数比例较低，低年级学生中具有这方面社交动机的人数比例为13.57%，相应比例在高中升至40.21%。

表2 不同学段未成年人使用互联网的动机

单位：%

	小学低年级	小学高年级	初中	高中	职高/中专
互联网是我拓展视野、了解世界的重要渠道	42.09	53.74	71.49	82.91	72.24
互联网是我获取信息的重要渠道	44.42	50.40	69.62	83.98	72.49
互联网是我日常学习的重要助手	42.07	51.83	64.77	78.14	71.47
我娱乐放松的主要途径就是互联网	24.70	33.89	50.06	68.16	61.95
在网上，我能够充分表达自我	23.21	33.80	46.11	53.09	47.56
在网上，我更容易找到兴趣相同的人	19.16	33.39	45.99	53.14	57.84
网络是我认识朋友的重要渠道	13.57	22.11	30.15	40.21	35.22

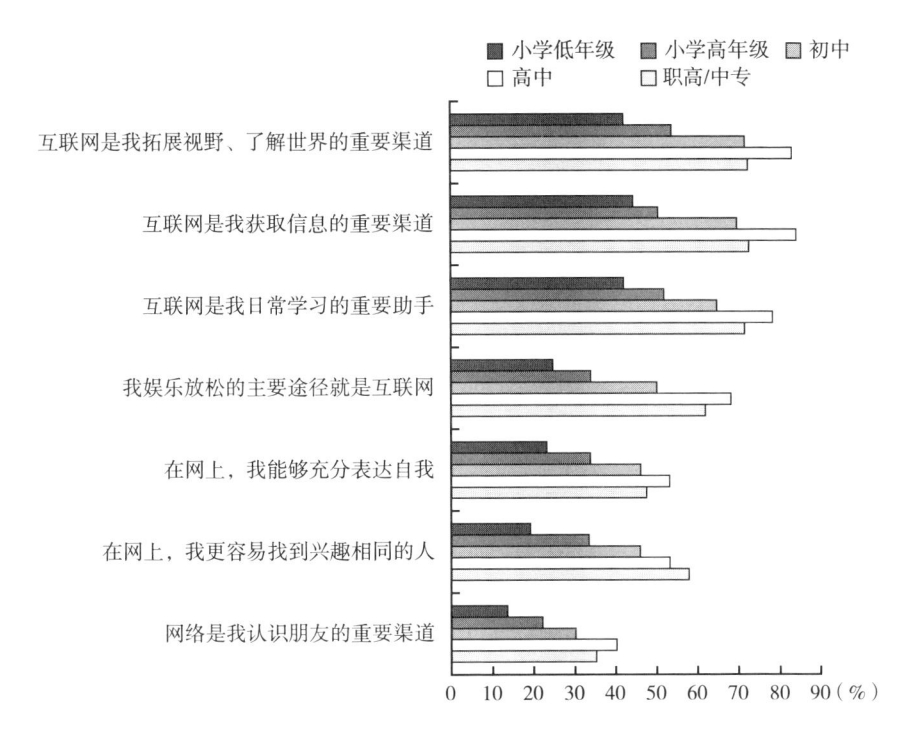

图3 不同学段未成年人使用互联网的动机对比

4. 农村未成年人比城市未成年人更多使用互联网来满足娱乐、自我表达和社交需要

对比居住在农村和城市的未成年人使用互联网的动机可以发现，农村和城市的未成年人对于互联网满足认知需要的评价差异较小（见表3和图4）。在其他几方面的动机上，农村未成年人要比城市的未成年人更多认为互联网是满足其娱乐放松需要的主要途径（43.86% vs. 40.11%）、是能满足充分自我表达需要的媒介（38.88% vs. 36.12%）以及是寻找兴趣相同之人的便利途径（39.33% vs. 34.53%）和交友的重要渠道（27.92% vs. 23.73%），因此，农村未成年人使用互联网要比城市未成年人具有更强的娱乐放松动机、自我表达动机和社交动机（见表3、图4）。

表3 城乡未成年人使用互联网的动机

单位：%

	农村	城市
互联网是我拓展视野、了解世界的重要渠道	58.65	59.51
互联网是我获取信息的重要渠道	58.61	58.69
互联网是我日常学习的重要助手	55.72	56.91
我娱乐放松的主要途径就是互联网	43.86	40.11
在网上，我能够充分表达自我	38.88	36.12
在网上，我更容易找到兴趣相同的人	39.33	34.53
网络是我认识朋友的重要渠道	27.92	23.73

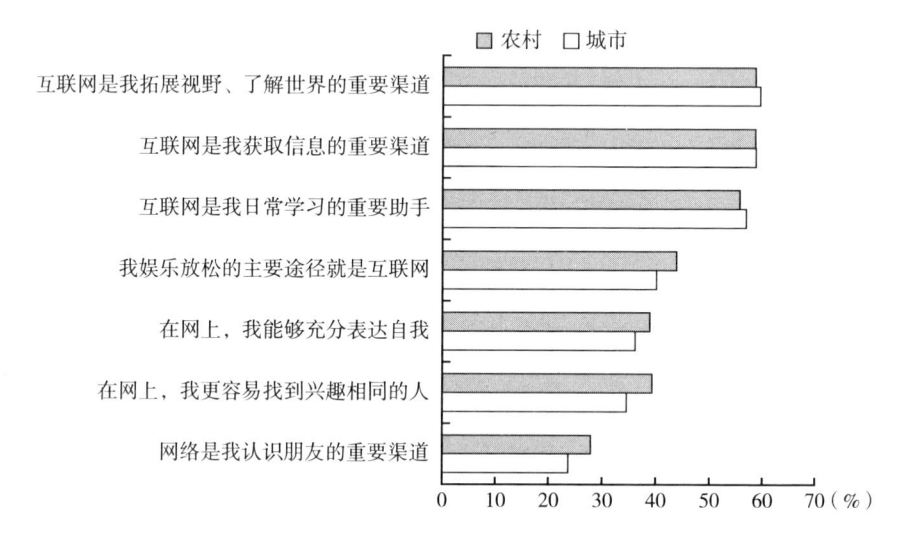

图4 城乡未成年人使用互联网的动机对比

（二）家庭环境与未成年人网络使用动机

分别计算父母对子女的了解程度、亲子之间的互动频率和亲近程度得分，并根据得分由高到低的顺序，将前三分之一分为高分组，将中间三分之一分为中间组，将后三分之一分为低分组。比较不同组别之间未成年人网络使用动机的特点，有以下几点发现。

1. 父母对子女越了解，未成年人越少依赖互联网满足需要

对比父母对其了解程度不同的未成年人使用互联网的动机的差异可以发现，父母对子女了解程度越高，未成年人越少将互联网作为获取信息、放松娱乐、表达自我或是社交的重要途径，即使用互联网的动机更弱（见表4和图5）。特别是对于放松娱乐、自我表达和社交来说，差异更为明显，父母对其了解程度高的未成年人，与父母对其了解程度低的未成年人相比，其将互联网作为放松娱乐主要途径的比例下降14.24个百分点，认为网上能充分表达自我的比例下降11.30个百分点，将互联网作为找兴趣相同之人重要途径的比例下降11.47个百分点，将网络作为认识朋友的重要渠道的比例下降10.11个百分点。

表4 父母对子女的了解程度与未成年人使用互联网的动机

单位：%

	了解程度低	了解程度中等	了解程度高
互联网是我拓展视野、了解世界的重要渠道	60.36	60.74	56.89
互联网是我获取信息的重要渠道	60.13	60.46	55.56
互联网是我日常学习的重要助手	58.00	58.03	53.95
我娱乐放松的主要途径就是互联网	47.81	42.24	33.57
在网上，我能够充分表达自我	42.03	38.04	30.73
在网上，我更容易找到兴趣相同的人	41.16	36.69	29.69
网络是我认识朋友的重要渠道	30.13	24.54	20.02

2. 亲子日常活动互动频率越高，未成年人越少使用互联网来满足需要

对比亲子日常活动频率不同的未成年人使用互联网动机的差异可以发现，父母平时和子女一同吃饭、看书、看电视或做运动的频率越高，未成年人越少将互联网作为拓展视野和了解世界、获取信息、学习、放松娱乐、自我表达或是社交的重要途径，也就是说，使用互联网的动机会减弱（见表5和图6）。这种差异在娱乐放松选择上差异最大，亲子日常活动互动频率高的未成年人，与亲子日常活动互动频率低的未成年人相比，将互联网作为娱乐放松主要途径的比例下降20.31个百分点。此外，将互联网作为拓展视

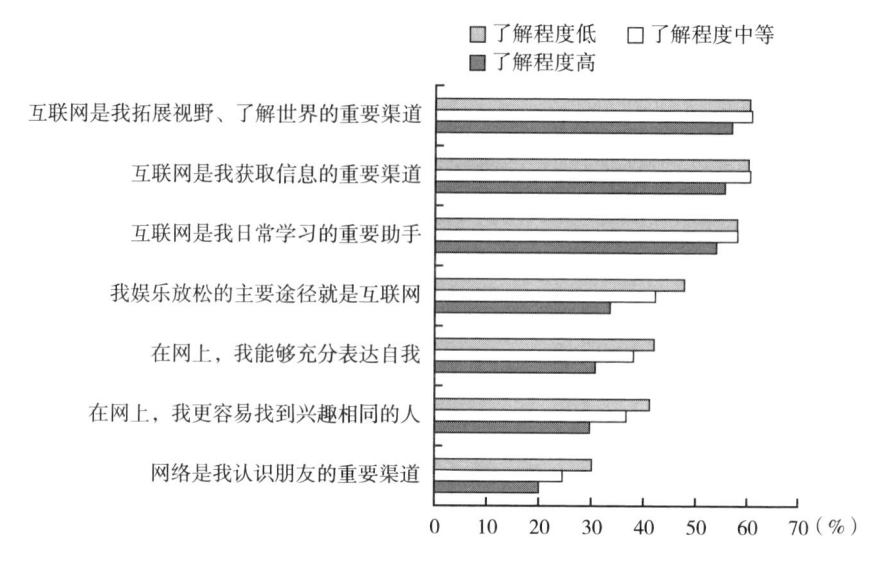

图 5　父母对子女的了解程度与未成年人使用互联网的动机对比

野、了解世界的重要渠道的比例下降14.95个百分点，将互联网作为获取信息的重要渠道的比例下降13.39个百分点，把互联网作为日常学习重要助手的比例下降10.04个百分点，将互联网作为充分表达自我的媒介的比例下降12.74个百分点，将互联网作为找兴趣相同的伙伴的途径的比例下降14.37个百分点，将网络作为认识朋友的重要渠道的比例下降9.66个百分点。

表 5　亲子日常活动互动频率与未成年人使用互联网的动机

单位：%

	亲子日常活动互动频率低	亲子日常活动互动频率中等	亲子日常活动互动频率高
互联网是我拓展视野、了解世界的重要渠道	67.18	57.84	52.23
互联网是我获取信息的重要渠道	65.69	57.44	52.30
互联网是我日常学习的重要助手	62.16	55.21	52.12
我娱乐放松的主要途径就是互联网	52.50	37.75	32.19
在网上，我能够充分表达自我	44.28	34.22	31.54
在网上，我更容易找到兴趣相同的人	44.05	32.98	29.68
网络是我认识朋友的重要渠道	30.91	21.98	21.25

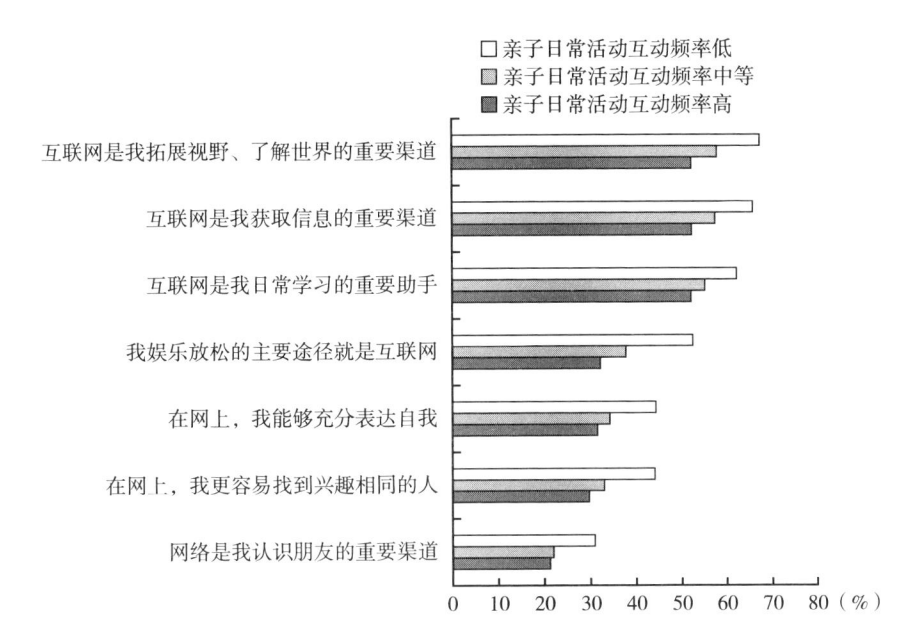

图6 亲子日常活动互动频率与未成年人使用互联网的动机对比

3. 亲子外出游玩互动频率越高，未成年人越少使用互联网来满足需要

对比亲子外出游玩频率不同的未成年人使用互联网的动机可以发现，如果父母和子女平时外出游玩频率较高，如一同去博物馆、科技馆等参观，外出去公园、游乐场，或是外出看电影、看演出的频率较高，未成年人同样也会越少将互联网作为满足需要的重要途径，使用互联网的动机会减弱（见表6和图7）。这一点在对通过互联网进行放松娱乐的影响上比较明显，亲子外出游玩频率较高的未成年人，与亲子外出游玩频率较低的未成年人相比，将互联网作为放松娱乐的主要途径的比例下降10.65个百分点，此外，将互联网作为拓展视野、了解世界的重要渠道的比例下降6.85个百分点，将互联网作为获取信息的重要渠道的比例下降7.41个百分点。

4. 亲子网上娱乐互动频率越高，未成年人越多使用互联网来满足需要

对比亲子网上娱乐互动频率不同的未成年人使用互联网动机的差异可以发现，亲子网上娱乐互动（如父母平时和子女一同上网、一同看短视频

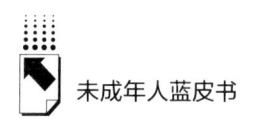

表6 亲子外出游玩频率与未成年人使用互联网的动机

单位：%

	亲子外出游玩频率低	亲子外出游玩频率中等	亲子外出游玩频率高
互联网是我拓展视野、了解世界的重要渠道	62.27	59.98	55.42
互联网是我获取信息的重要渠道	61.70	59.72	54.29
互联网是我日常学习的重要助手	57.62	57.46	54.58
我娱乐放松的主要途径就是互联网	47.37	39.19	36.72
在网上，我能够充分表达自我	39.16	34.72	36.86
在网上，我更容易找到兴趣相同的人	39.42	32.46	35.77
网络是我认识朋友的重要渠道	27.37	21.62	25.83

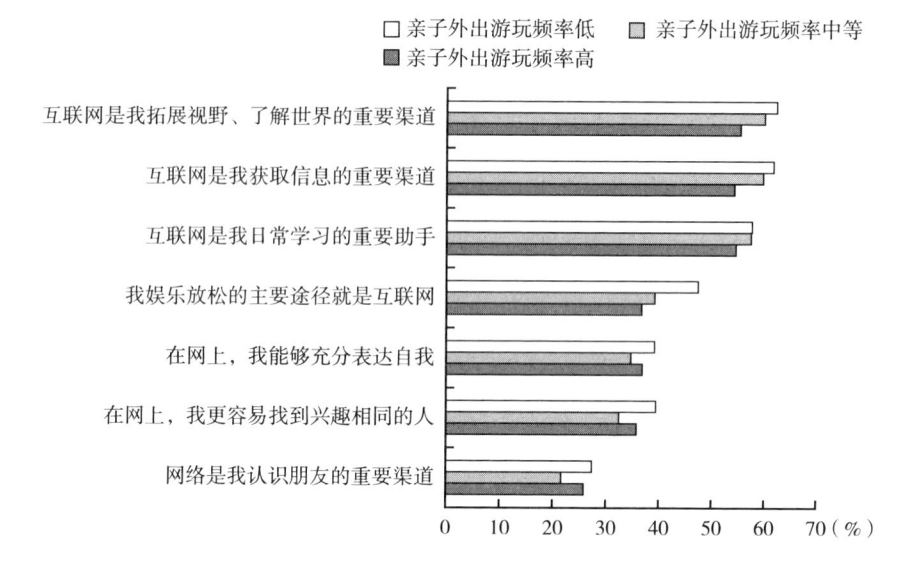

图7 亲子外出游玩频率与未成年人使用互联网的动机对比

或直播或是一同玩电子游戏）频率越高，未成年人会越多地将互联网作为获取信息、放松娱乐、自我表达或是社交的重要途径，也就是使用互联网的动机会增强（见表7和图8）。具体而言，亲子网上娱乐互动频率高的未成年人，与亲子网上娱乐互动频率低的未成年人相比，将互联网作为拓展视野、了解世界的重要渠道的比例提升5.29个百分点，将互联网作为获取信息的重要渠道的比例提升 4.08 个百分点，把互联网作为日常学习的重要助手的比例提升 8.57 个百分点，将互联网作为放松娱乐的主要途径的比例提升 9.52 个百分点，将互联网作为充分表达自我的媒介的比例提升 9.44 个百分点，认为网上更容易找到兴趣相同的伙伴的比例提升 8.87 个百分点，将网络作为认识朋友的重要渠道的比例提升 8.94 个百分点。

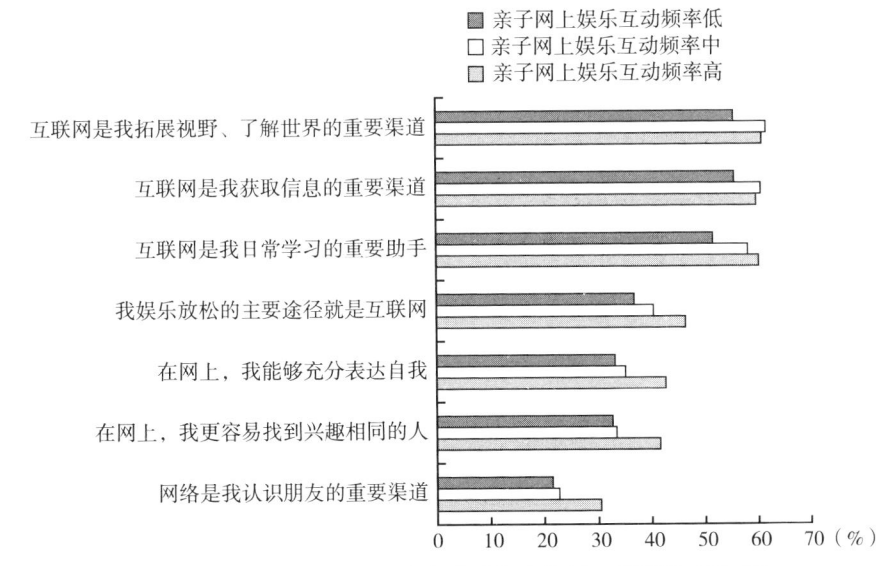

表7 亲子网上娱乐互动频率与未成年人使用互联网的动机

单位：%

	亲子网上娱乐互动频率低	亲子网上娱乐互动频率中	亲子网上娱乐互动频率高
互联网是我拓展视野、了解世界的重要渠道	55.46	61.50	60.75
互联网是我获取信息的重要渠道	55.60	60.56	59.68
互联网是我日常学习的重要助手	51.57	58.14	60.14
我娱乐放松的主要途径就是互联网	36.78	40.35	46.30
在网上，我能够充分表达自我	33.17	35.08	42.61
在网上，我更容易找到兴趣相同的人	32.69	33.41	41.56
网络是我认识朋友的重要渠道	21.54	22.76	30.48

图8 亲子网上娱乐互动频率与未成年人使用互联网的动机对比

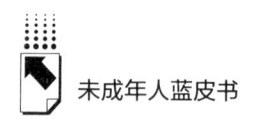

5.亲子关系越亲近，未成年人越少使用互联网来满足需要

对比亲子间亲近程度不同的未成年人使用互联网的动机可以发现，父母与子女间越亲近，未成年人越是经常感受到父母的关心和鼓励、愿意和父母交心，未成年人越少将互联网作为满足需要的重要途径，使用互联网的动机减弱。尤其是娱乐放松、表达自我和社交动机，减弱得更明显，亲子关系亲近程度高的未成年人，与亲子关系亲近程度低的未成年人相比，将互联网作为放松娱乐的主要途径的比例下降20.77个百分点，将互联网作为寻找兴趣相同的伙伴的途径的比例下降18.03个百分点，将网络作为认识朋友的重要渠道的比例下降14.25个百分点。此外，认知动机也受到一定影响，将互联网作为拓展视野、了解世界的重要渠道的比例下降10.24个百分点，将互联网作为获取信息的重要渠道的比例下降6.93个百分点，把互联网作为日常学习的重要助手的比例下降6.54个百分点（见表8和图9）。

表8 亲子关系亲近程度与未成年人使用互联网的动机

单位：%

	亲近程度低	亲近程度中等	亲近程度高
互联网是我拓展视野、了解世界的重要渠道	64.35	59.43	54.11
互联网是我获取信息的重要渠道	61.80	59.34	54.87
互联网是我日常学习的重要助手	59.68	57.03	53.14
我娱乐放松的主要途径就是互联网	51.81	40.25	31.04
在网上，我能够充分表达自我	45.31	35.71	29.38
在网上，我更容易找到兴趣相同的人	45.50	34.15	27.47
网络是我认识朋友的重要渠道	32.57	23.40	18.32

（三）学校环境与未成年人网络使用动机

1.不适应学校环境的未成年人使用互联网动机更强烈，越多将互联网用于娱乐和社交

本报告从是否喜欢学校和是否想转学两方面来衡量未成年人对学校的喜欢程度，不同未成年人的网络使用动机差异如表9、图10和图11所示。不

未成年人网络使用动机报告

亲近程度低　亲近程度中等
亲近程度高

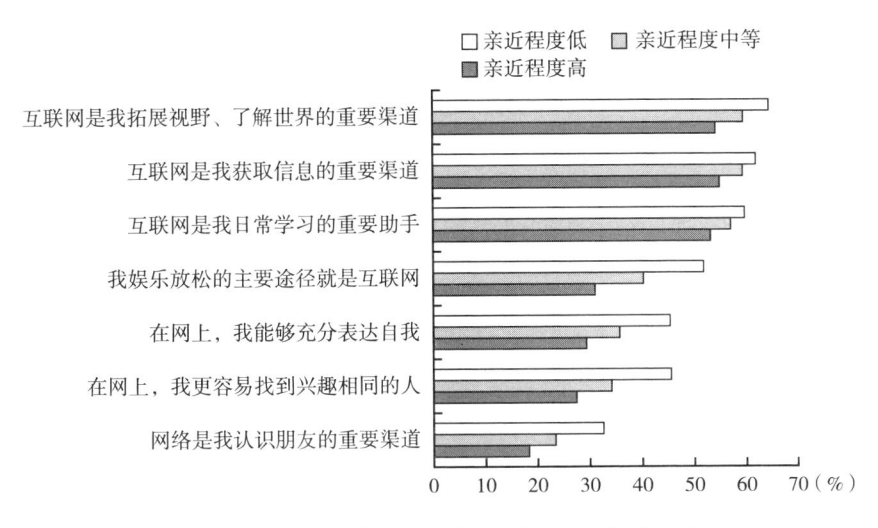

图9　亲子关系亲近程度与未成年人使用互联网的动机对比

喜欢学校和想转学都在一定程度上表明未成年人很可能对自己现在的学校环境不满意。结果显示，当未成年人不满意其学校环境时，其使用互联网的各种动机都会更强烈，特别是会更多将互联网作为其娱乐放松、表达自我和社交的重要途径。具体而言，不喜欢自己学校的学生，与喜欢自己学校的学生相比，将互联网作为娱乐放松的主要途径的比例高出14.77个百分点，认为在网上能充分表达自我的比例高出13.04个百分点，将网络作为寻找兴趣相同的伙伴的重要途径的比例高出14.64个百分点，将网络作为认识朋友的重要渠道的比例高出14.35个百分点。而想转学的学生对学校环境更为不适应，这些学生和那些不想转学的学生相比，将互联网作为自己放松娱乐的主要途径的比例高出23.44个百分点，认为在网上能充分表达自我的比例高出24.11个百分点，通过网络寻找兴趣相同之人的比例高出25.32个百分点，将网络作为认识朋友的重要渠道的比例高出25.90个百分点。此外，想转学的学生把互联网作为拓展视野和了解世界、获取信息、日常学习的重要渠道的比例也要比不想转学的学生高出十个百分点以上。总体上，这一结果表明，对学校不适应、不喜欢学校的未成年人上网动机更强，尤其是更倾向于将互联网作为满足自己娱乐、自我表达和社交需要的重要途径。

151

表9 学校喜欢程度与未成年人使用互联网的动机

单位：%

	喜欢学校		想转学	
	不喜欢	喜欢	不想转学	想转学
互联网是我拓展视野、了解世界的重要渠道	63.84	58.76	58.04	70.49
互联网是我获取信息的重要渠道	61.28	58.36	57.58	68.40
互联网是我日常学习的重要助手	58.84	56.36	55.26	68.67
我娱乐放松的主要途径就是互联网	54.24	39.47	38.67	62.11
在网上,我能够充分表达自我	48.46	35.42	34.36	58.47
在网上,我更容易找到兴趣相同的人	48.80	34.16	33.15	58.47
网络是我认识朋友的重要渠道	37.59	23.24	22.14	48.04

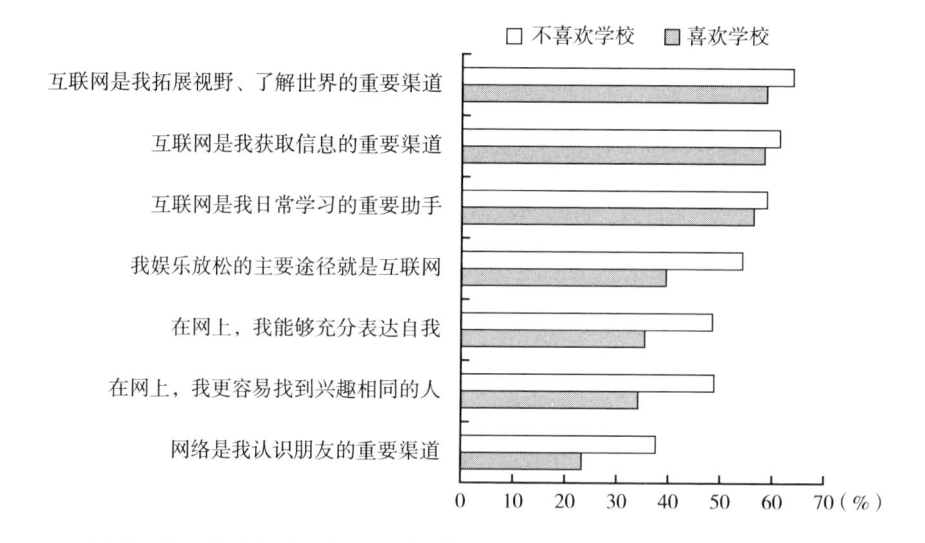

图10 学校喜欢程度（是否喜欢学校）与未成年人使用互联网的动机对比

2. 良好的同学关系让未成年人更少将互联网视为满足需要的重要途径

校内人际关系状况不同的未成年人使用互联网的动机的差异如表10和图12所示。校内人际关系好的未成年人，将互联网作为学习工具的比例会更高；而校内人际关系不好的未成年人，则会有更多人认为互联

未成年人网络使用动机报告

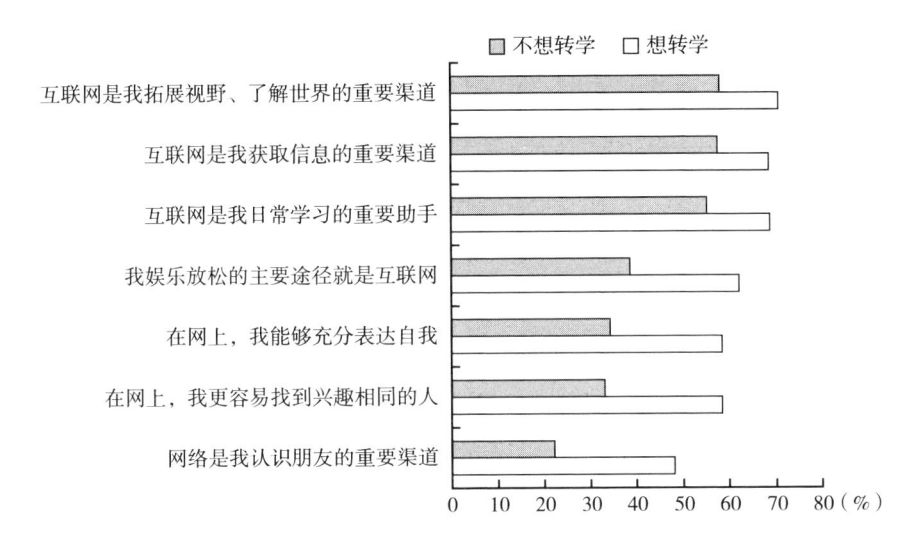

图11 学校喜欢程度（是否想转学）与未成年人使用互联网的动机对比

网是满足其娱乐、社交和自我表达需要的重要途径。这一结果表明，现实生活中，如果校内人际关系不好，则未成年人可能会更多求诸互联网来满足需要；而良好的校内人际关系则让未成年人更多关注互联网的信息获取功能。

表10 校内人际关系与未成年人使用互联网的动机

单位：%

	校内人际关系不好	校内人际关系好
互联网是我拓展视野、了解世界的重要渠道	55.55	59.96
互联网是我获取信息的重要渠道	53.90	59.52
互联网是我日常学习的重要助手	52.75	57.31
我娱乐放松的主要途径就是互联网	45.09	40.31
在网上，我能够充分表达自我	39.11	36.39
在网上，我更容易找到兴趣相同的人	39.90	34.96
网络是我认识朋友的重要渠道	27.46	24.28

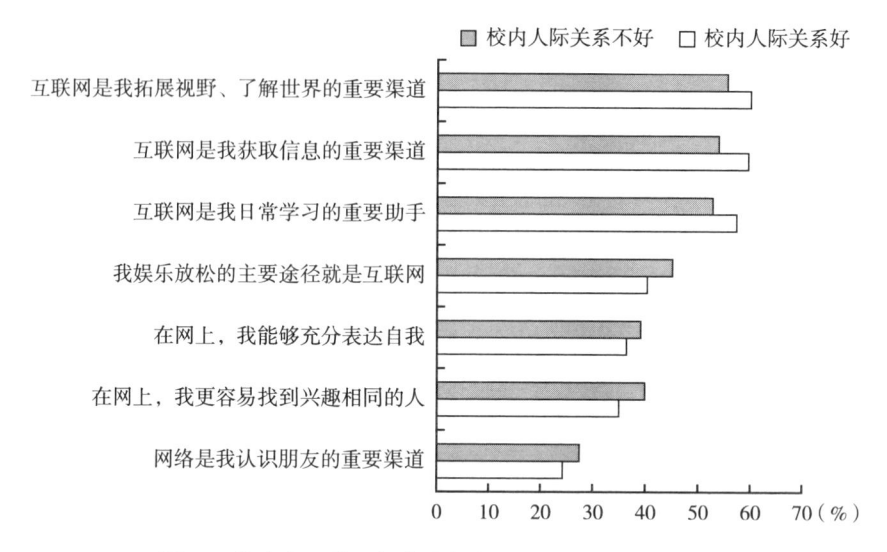

图12 校内人际关系与未成年人使用互联网的动机对比

（四）未成年人网络使用动机与日常网络行为

分析未成年人在不同的互联网动机驱使下，其日常网络行为的特点，计算各动机的平均值进行回归分析。这里分析的常见行为包括娱乐类，如看视频、看短视频、玩游戏、听音乐、看动漫；社交和社会活动类，如聊天、使用社交网站、粉丝应援；学习和信息获取类，如网上学习、搜索信息、看新闻和资讯、逛微博。在各回归分析中，为剔除性别、年龄、城乡等人口学变量的影响，控制各动机之间的相互作用，分析网络使用动机对网络行为的独立作用，以上述变量为自变量，分别以各种网络行为频率为因变量，进行多重线性回归分析。自变量采用分层进入的方式，考察每层中增加的变量对回归方程解释力度的影响，从而判定增加的变量是否和因变量有独立关联。具体而言，第一层纳入人口学变量；第二层纳入动机变量，每层变量采用全部进入方式。

1.未成年人网络娱乐行为更多是为了满足娱乐和社交需要，认知动机可以减少网络娱乐行为

对网络娱乐行为和网络使用动机之间关系的回归分析结果显示，两步回归之后的回归方程可在一定程度上解释网络娱乐行为频率的变化（见表11）。在控制了人口学变量的影响之后，第二步进入的网络使用动机变量都显著增强了回归方程的解释力，表明网络使用动机与未成年人网上娱乐行为的选择关系紧密。对于网上看视频行为来说，回归方程累计解释了未成年人参与频率11.8%的变化，看视频的频率与未成年人的认知动机呈负相关，与社交动机和娱乐休闲动机呈正相关，与自我表现动机关联不大。也就是说，当未成年人越多认可互联网对满足获取知识和信息的作用时，他们会越少在上网时看视频，而当未成年人越多认为互联网是满足其社交和娱乐需要的重要途径时，其上网看视频的频率越高。从相关系数大小看，娱乐休闲动机与看视频的频率关系最紧密。

表11　网络娱乐活动对网络使用动机的回归分析结果

自变量	最终标准化系数β				
	看视频	看短视频	玩网络游戏	听音乐	看动漫
学段	0.176 ***	0.135 ***	0.096 ***	0.369 ***	-0.024 ***
性别	0.118 ***	0.024 ***	-0.280 ***	0.082 ***	-0.057 ***
城乡	0.028 ***	0.055 ***	-0.007	-0.048 ***	-0.002
认知动机	-0.021 *	-0.045 ***	-0.112 ***	0.046 ***	0.003
社交动机	0.086 ***	0.085 ***	0.125 ***	0.065 ***	0.090 ***
娱乐休闲动机	0.154 ***	0.207 ***	0.183 ***	0.054 ***	0.127 ***
自我表现动机	0.017	0.046 ***	0.059 ***	0.036 ***	0.028 **
R^2	0.118	0.123	0.176	0.211	0.050
ΔR^2	0.043	0.068	0.063	0.026	0.043
ΔF	261.822 ***	422.105 ***	414.996 ***	178.374 ***	247.411 ***

*** $p<0.001$，** $p<0.01$，* $p<0.05$。

对于上网看短视频、玩网络游戏这些行为来说，回归方程累计解释了未成年人看短视频频率12.3%的变化，解释了玩网络游戏频率17.6%的变化。各行为频率均与未成年人的认知动机呈负相关，与社交动机、娱乐休闲动机和自我表现动机呈正相关。也就是说，当未成年人更多认为互联网是满足认

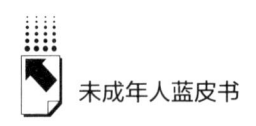

知需要的重要途径时,其看短视频、玩网络游戏的频率越低,而当未成年人更多认为互联网是满足其社交、娱乐和自我表达需要的重要途径时,其看短视频和玩网络游戏的频率都会增加。从相关系数大小看,娱乐动机与看短视频和玩网络游戏频率关联都是最紧密的,其次是社交动机。换言之,未成年人看短视频和玩网络游戏不仅是为了满足娱乐需要,还是为了满足社交需要。

对于听音乐的行为来说,回归方程累计解释了未成年人参与21.1%的变化,上网听音乐的频率与未成年人的认知动机、社交动机、娱乐休闲动机和自我表现动机都呈正相关,与社交动机相关系数最大。也就是说,未成年人认为上网听音乐可以满足社交、娱乐、认知和自我表达需要。

对于看动漫行为来说,回归方程累计解释了未成年人参与5.0%的变化,上网看动漫的频率与未成年人的社交动机、娱乐休闲动机和自我表现动机都呈正相关,与娱乐休闲动机相关系数最大,与认知动机没有明显关联。也就是说,未成年人认为看动漫更多可能是基于满足社交、娱乐和自我表达的需要。

综合上述结果,未成年人的网络娱乐行为,包括看视频、看短视频、玩网络游戏、听音乐和看动漫,基本都是为了满足娱乐需要,同时这些娱乐方式也是其满足社交需要的途径。当未成年人更多注重互联网拓展视野和了解世界、获取信息的功能时,其看视频、看短视频和玩游戏的行为会减少。

2. 未成年人上网社交多是为了满足社交和娱乐需要,认知动机可以减少粉丝应援行为

对网络上的社交和社会活动行为和网络使用动机之间关系的回归分析结果显示,两步回归之后的回归方程可在一定程度上解释网上社交行为频率的变化,网络使用动机与未成年人网上社交方式的选择关系紧密(见表12)。具体而言,对于上网聊天行为来说,回归方程累计解释了未成年人参与频率27.2%的变化,上网聊天频率与社交动机、娱乐休闲动机和自我表现动机呈正相关,与认知动机关联不大。也就是说,当未成年人更多将互联网作为满足其社交、娱乐和自我表达需要的重要途径时,其上网聊天的频率越高。从相关系数大小来看，上网聊天与社交动机关系最紧密，其次是娱乐休闲动机。可见，未成年人在网上聊天主要是为了满足社交需要，与满足娱乐需要关系也较大。

表12 社交和社会活动对网络使用动机的回归分析结果

自变量	最终标准化系数β		
	聊天	使用社交网站	粉丝应援
学段	0.408***	0.363***	0.160***
性别	0.053***	0.014*	0.121***
城乡	-0.028***	-0.030***	0.016*
认知动机	-0.014	0.042***	-0.070***
社交动机	0.139***	0.123***	0.128***
娱乐休闲动机	0.073***	0.089***	0.078***
自我表现动机	0.053***	0.045***	0.062***
R^2	0.272	0.257	0.094
ΔR^2	0.047	0.060	0.036
ΔF	349.532***	436.440***	218.157***

*** $p<0.001$，* $p<0.05$。

对于使用社交网站行为来说，回归方程累计解释了未成年人参与频率25.7%的变化，使用社交网站与认知动机、社交动机、娱乐休闲动机和自我表现动机均呈正相关。从相关系数大小看，使用社交网站与社交动机关系最紧密。也就是说，未成年人使用社交网站主要也是为了满足社交需要、娱乐需要，不过也与满足自我表达和认知需要有关。

对于上网参与粉丝应援这一社会活动来说，回归方程累计解释了未成年人参与频率9.4%的变化，参与粉丝应援与认知动机呈负相关，与社交动机、娱乐休闲动机和自我表现动机均呈正相关。从相关性来看，参与粉丝应援与社交动机关系最紧密，其次是娱乐休闲动机和认知动机。可以看出，未成年人参与粉丝应援，也是其满足社交需要的重要途径，而当未成年人更多注重互联网的认知功能时，会更少参与网上的粉丝应援活动。

综合来看，上网聊天、使用社交网站和参与网上粉丝应援对未成年人来说都兼具社交和娱乐功能，而让未成年人更多认识到互联网在知识获取方面的作用，可以减少其参与粉丝应援等的频率。

3. 未成年人上网学习和获取信息主要是为满足认知需要，社交和娱乐动机会减少网上学习和信息获取行为

对上网学习和信息获取行为和网络使用动机之间关系的回归分析结果显示，两步回归之后的方程可在一定程度上解释网上学习和信息获取行为频率的变化（见表13）。具体而言，对于上网学习行为来说，回归方程累计解释了未成年人参与频率5.2%的变化，上网学习与认知动机和自我表现动机呈正相关，与社交动机和娱乐休闲动机呈负相关。也就是说，当未成年人更多将互联网作为获取信息和自我表达的途径时，其上网学习的频率越高；而当未成年人更多将互联网作为满足社交和娱乐需要的途径时，其上网学习的频率越低。从相关系数大小来看，上网学习与认知动机关系最紧密。也就是说，未成年人上网学习主要是为了满足认知需要，而未成年人对互联网娱乐功能更关注时，会减少上网学习的行为。

表13 学习和信息获取行为对网络使用动机的回归分析结果

自变量	最终标准化系数 β			
	上网学习	搜索信息	看新闻和资讯	逛微博
学段	0.052***	0.246***	0.332***	0.307***
性别	0.039***	0.021***	0.008	0.170***
城乡	-0.111***	-0.077***	-0.030***	-0.020***
认知动机	0.214***	0.264***	0.148***	-0.004
社交动机	-0.024*	-0.022*	0.027**	0.071***
娱乐休闲动机	-0.085***	0.005	0.028**	0.096***
自我表现动机	0.035***	0.007	0.020*	0.041***
R^2	0.052	0.170	0.194	0.188
ΔR^2	0.029	0.059	0.035	0.029
ΔF	168.302***	387.661***	233.763***	197.197***

*** $p<0.001$，** $p<0.01$，* $p<0.05$。

对于网上搜索信息行为来说，回归方程累计解释了未成年人参与频率17.0%的变化，网上搜索信息与认知动机呈正相关，与社交动机呈负相关，与娱乐休闲动机和自我表现动机没有显著关联。从相关系数大小来看，网上搜索信息主要是与认知动机有关联。可见，未成年人网上搜索信息的行为主要基于认知的需要，而未成年人更关注互联网社交功能时，会减少其搜索信息的行为。

对于上网看新闻和资讯的行为来说，回归方程累计解释了未成年人参与频率19.4%的变化，该行为与认知动机、社交动机、娱乐休闲动机和自我表现动机都呈正相关，与认知动机关系更紧密。由于新闻和资讯类型各异，因此，未成年人上网看新闻和资讯时，虽然主要是满足认知需要，但也部分满足了娱乐、社交和自我表达的需要。

对于逛微博的行为来说，回归方程累计解释了未成年人参与频率18.8%的变化，该行为与社交动机、娱乐休闲动机和自我表现动机都呈正相关，与认知动机没有显著关联。从相关系数大小来看，逛微博与娱乐休闲动机关系最紧密。从这一结果来看，微博作为分享简短实时信息的社交媒体和网络平台，对未成年人来说，其使用微博与满足获取信息的需要并无关联，更多是基于娱乐和社交需要的满足，对自我表达需要的满足也有作用。

综合上述结果，可以看出，当未成年人更多认可互联网获取信息和辅助学习的功能时，其上网进行学习、搜索信息与看新闻和资讯的频率更高，而当未成年人更多认可互联网的娱乐和社交功能时，其上网学习和获取信息的行为会减少。

三 讨论与结论

本报告分析了未成年人网络使用动机的特点、影响因素和动机对网络行为的影响，主要有以下五个方面的发现。

（一）未成年人使用互联网主要是满足其认知需要，满足娱乐需要次之

从未成年人对互联网作用的评价中可以看出，互联网对未成年人来说，

最主要是能够满足其认知需要,其次是满足其娱乐需要,排在第三位和第四位的分别是满足自我表达需要和社交需要。由此可以看出,大多数未成年人使用互联网,是基于拓展视野和了解世界、获取信息和学习的动机,同时,娱乐放松也是未成年人使用互联网的一个重要原因。

(二)男生、高年级学生和农村的未成年人会更多将互联网作为满足心理需要的重要途径

在分析中发现,不同未成年人在使用互联网满足认知需要上的表现差异不大,但在娱乐、社交和自我表达等心理需要上存在差异。男生要比女生更多将互联网作为满足社交和自我表达需要的重要途径,这可能是因为现实生活中,女生要比男生更善社交和展示自我。农村未成年人要比城市未成年人更多将互联网作为满足娱乐、自我表达和社交的需要,这可能与其在现实生活中的娱乐和社交途径较少有关。随着年龄增长,未成年人会越来越多地将互联网作为满足各种需要的途径,这可能与随着年龄增长,未成年人接触互联网的机会增加、使用互联网的能力增强有关。

(三)亲子关系越好,亲子互动越多,未成年人越少使用互联网来满足需要

父母对孩子越了解,与孩子越亲近,亲子之间一起进行日常活动和外出游玩的频率越高,未成年人使用互联网满足各种需要的比例都会有较大程度下降;如果父母和未成年人一起从事网络活动(如看短视频、玩游戏)的比例高,未成年人使用互联网满足需要的比例会提升。这一结果提示,减少未成年人网络依赖的一个重要途径是注重家庭环境营造,哪怕只是父母能更多地和孩子一起吃饭、看书、看电视或做运动,孩子都会更少依赖互联网来满足各种需要。

(四)在学校的不适应会增加未成年人使用互联网来满足需要的概率

在不喜欢学校、想转学或是校内人际关系不好的时候,未成年人使用互

联网的动机会增加，会更多使用互联网来满足自己的需要，尤其是满足娱乐、社交和自我表达的需要。这一结果提示，未成年人的互联网使用与学校环境也有一定关联，家长和老师要关注未成年人对学校生活的适应性，帮助其更好地适应学校生活，以减少其依赖互联网满足需要的概率。

（五）未成年人网络行为选择与动机类型有关

未成年人更多依赖互联网满足何种需要会影响其对网络行为的选择。上网看视频、看短视频、玩游戏、听音乐和看动漫不仅能满足娱乐需要，还能满足社交需要，而更看重互联网认知功能的未成年人，看视频、看短视频和玩游戏的行为都会减少。未成年人上网聊天、使用社交网站和参与网上粉丝应援都是同时满足了社交和娱乐需要，而更多基于认知动机使用互联网的未成年人，粉丝应援行为会减少。未成年人在使用互联网满足认知需要的需求越强时，会更多上网学习、搜索信息与看新闻和资讯，而当未成年人更多将互联网作为娱乐和社交的重要途径时，上网时会更少学习和获取信息。

参考文献

高文珺、何祎金、田丰，2019，《网络直播：参与式文化与体验经济的媒介新景观》，电子工业出版社。
共青团中央维护青少年权益部、中国互联网络信息中心，2021，《2020年全国未成年人互联网使用情况研究报告》，http：//www.cnnic.net.cn/hlwfzyj/hlwxzbg/qsnbg/202107/P020210720571098696248.pdf，最后访问日期：2021年12月6日。
郭庆光，1999，《传播学教程》，中国人民大学出版社。
姜永志、白晓丽、刘勇，2017，《青少年移动社交网络使用动机调查》，《中国青年社会科学》第1期。
斯蒂芬·李特约翰、凯伦·福斯，2009，《人类传播理论》（第九版），史安斌译，清华大学出版社。
王继瑛、李明，2012，《青少年网络游戏与心理健康：动机的调节与中介》，《心理学探新》第3期。
王伟、雷雳，2018，《青少年移动社交媒介使用动机的结构及问卷编制》，《教育理论与

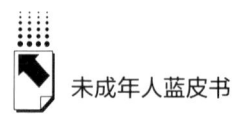

实践》第16期。

王伟、檀杏、雷雳，2015，《青少年微博用户的网络社会支持与生命意义感：动机的中介作用》，《心理研究》第2期。

张涵静，2019，《"使用与满足"理论视域下的老年人微信接触研究》，硕士学位论文，南昌大学。

张锦涛、陈超、刘凤娥、赵会春、王燕、方晓义，2013，《网络游戏动机量表在中国大学生中的初步修订》，《中国临床心理学杂志》第1期。

Hsiao C. H., Chang J. J., & Tang K. Y. 2016. "Exploring the Influential Factors in Continuance Usage of Mobile Social Apps: Satisfaction, Habit, and Customer Value Perspectives," *Telematics and Informatics* 2：342-355.

Kim, Y. H., Kim, D. J., & Wachter, K. 2013. "A Study of Mobile User Engagement (MoEN): Engagement Motivations, Perceived Value, Satisfaction, and Continued Engagement Intention," *Decision Support Systems* 56：361-370.

Leung, L. 2001. "College Student Motives for Chatting on ICQ," *New Media & Society* 4：483-500.

Park, N., Kee, K. F., & Valenzuela S. 2009. "Being Immersed in Social Networking Environment: Facebook Groups, Uses and Gratifications, and Social Outcomes," *Cyberpsychology & Behavior* 6：729-733.

Yang, H. L., & Lin, R. X. 2017. "Determinants of the Intention to Continue Use of SoLoMo Services: Consumption Values and the Moderating Effects of Overloads," *Computers in Human Behavio* 73：583-595.

B.7 未成年人网络沉迷报告[*]

张 衍[**]

摘 要： 本报告调查了21733名6~18岁的未成年人，发现我国未成年人有网络沉迷倾向的比例并不高，但其网络沉迷的状况必须引起重视。有0.9%的未成年人网络沉迷得分为满分4分，较为沉迷，有14.78%的未成年人存在一定程度的耐受性，有18.36%的未成年人存在一定的戒断症状。男性、农村未成年人、高年级学生和首次上网时间较早的未成年人，网络沉迷的风险更高。看短视频、玩游戏、看直播（不含直播课）、粉丝应援和看动画/动漫等网络娱乐类行为，会增加未成年人的网络沉迷得分，但是上网学习、搜索信息等网络学习类行为和聊天等行为，对网络沉迷得分没有显著影响，甚至可能降低网络沉迷得分。学校融入度高、生活满意度高、幸福感强、学习成绩满意度高和未来信心强是防止网络沉迷的保护性因素，而感知到的互联网对自己的重要程度高和学业压力大是发生网络沉迷的危险性因素。防范未成年人网络沉迷的关键是提高他们线下生活的质量。防网络沉迷教育具有一定的作用，可考虑在全国各学校推行。

关键词： 未成年人 网络沉迷 网络沉迷倾向

---

[*] 本报告受国家社会科学基金青年项目（21CSH045）的资助。
[**] 张衍，中国社会科学院社会学研究所博士后、助理研究员，研究方向为社会心理学和文化心理学。

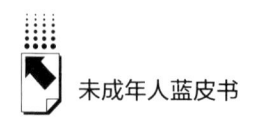

一　引言

据第49次《中国互联网络发展状况统计报告》，截至2021年12月，我国网民规模达10.32亿人，较2020年12月增加4296万人，互联网普及率达73.0%。超十亿网民构成了全球最大的数字社会。据《2020年全国未成年人互联网使用情况研究报告》，2020年，我国未成年网民达到1.83亿人，互联网普及率为94.9%；超过1/3的小学生在学龄前就开始使用互联网，而且呈逐年上升趋势，随着数字时代的发展，孩子们首次触网的年龄越来越小。

互联网为未成年人搭建了数字化的学习、生活、娱乐和社交空间，但是互联网环境复杂多样，未成年人的生理、认知、社会性和人格尚未成熟，未成年人身心的发展性与网络的复杂性相互作用，引发不少关于未成年人网络使用的争议。2020年10月，十三届全国人大常委会审议通过新修订的《未成年人保护法》，其中专章规定了未成年人网络保护的内容。2021年，国家网信办在全国范围内开展"清朗"系列专项行动，其中就包括未成年人网络环境整治，着力为未成年人营造健康、安全、干净的网络环境，集中整治影响未成年人身心健康、妨碍未成年人上网学习的不良信息。重点打击"软色情"图文、视频，严厉打击涉及未成年人的不良网络社交行为，深入清理QQ群组、互动社区、网络游戏、网文小说、视频直播等环节存在的不良亚文化信息，深入整治网课平台推送低俗娱乐等与学习无关的信息问题。

除了未成年人网络使用环境，未成年人网络沉迷也是一个需要迫切关注的问题。在研究中，网络沉迷或网络成瘾又被称为"病理性互联网使用"（Pathological Internet Use，PIU）（雷雳、杨洋，2007）。这是一种多维度的综合征，包括认知和行为的诸多症状，这些症状可能导致如社会退缩、逃学、孤独、抑郁等社会性、学业、健康等方面的消极后果（雷雳，2010；Caplan，2005；Davis，2001）。尽管人们关注未成年人网络沉迷问题，但是没有大规模的未成年人网络沉迷调查。在全国范围内，未成年人网络沉迷现状如何？有哪些特征的未成年人属于高风险人群？影响未成年人网络沉迷的因素有哪些呢？本报告基于"未成年人数字生活与网络保护调查"的全国调查，旨在对上述问题进行探索。

网络沉迷指标采用雷雳、杨洋（2007）编制的"青少年病理性互联网使用量表"进行测量。该量表由凸显性、耐受性、强迫性上网/戒断症状（以下简称戒断症状）、心境改变、社交抚慰和消极后果6个维度组成。根据研究需要，在凸显性、耐受性、戒断症状和心境改变维度中各选1道，在消极后果中选择3道与网络成瘾更接近的题目，共7道用于测量未成年人的网络沉迷。为避免未成年人选择"中立"的比例较大，本报告采用4级评分的方式，让被试在"完全不符合"（=1）、"不符合"（=2）、"符合"（=3）和"完全符合"（=4）间选择，得分越高，代表越可能倾向网络沉迷。在本报告中，量表的内部一致性较高（Cronbach's $\alpha = 0.867$）。

本报告分析了四种特征变量在网络沉迷上的差异，分别是：性别、城乡、学段和学校类型。其中，学校类型指的是未成年人在读学校是否为重点中小学，不包括技校/中专/职高。这四种特征变量，在后续对影响因素的分析中，也作为控制变量进行了控制。

本报告分析了未成年人网络使用行为对网络沉迷的影响，包括首次上网时间、网络使用频率、周一至周五和周六至周日的上网时长。本报告还分析了22种未成年人上网做的事情（如粉丝应援、玩游戏、看直播等）与网络沉迷的关系，以及9种常见网络行为的上网时长与网络沉迷的关系。除了网络使用行为，本报告还分析了亚文化、网络教育、互联网重要程度感知、学校融入、自尊、自我效能感、生活满意度、幸福感、学业压力对未成年人网络沉迷的影响。

二 研究结果

（一）未成年人网络沉迷的现状

1. 未成年人网络沉迷比例较低

本报告中，未成年人的网络沉迷得分为1分至4分，平均得分为1.89±

0.65分。因为4级评分的中值为2.5分,将低于2.5分的划为网络沉迷倾向较低组,将高于2.5分的划为网络沉迷倾向较高组。网络沉迷的分布如图1所示,其中大多数未成年人的网络沉迷倾向较低,网络沉迷倾向较低组有18148人(83.5%),而网络沉迷倾向较高组有3585人(16.5%)。但是也应注意到,有196位(0.9%)未成年人网络沉迷得分为满分4分,网络沉迷程度较高。具体分布情况如图1所示。

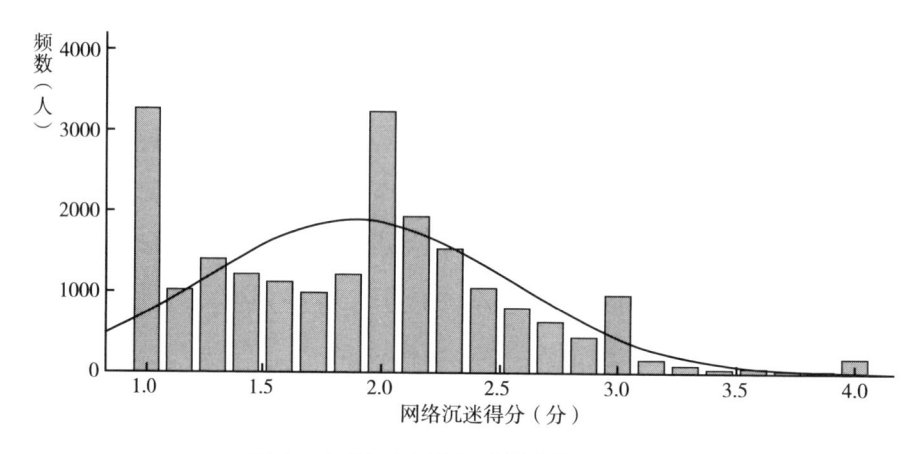

图1 未成年人网络沉迷得分的分布情况

2. 未成年人网络沉迷的表现

对各项目的调查结果如图2所示。"一旦上网,我就不会再去想其他的事情了"这一题测量的是网络沉迷的凸显性,得分越高,表明使用网络时越沉迷。此题中,有4.60%选择了"非常符合",有19.60%选择了"比较符合"。"比起以前,我必须花更多的时间上网才能感到满足"这一题测量的是网络沉迷的耐受性,得分越高,表明需要更多网络刺激才能满足。此题中,有2.72%选择了"非常符合",有12.06%选择了"比较符合"。"如果不能上网,我会感到很失落"这一题测量的是戒断症状,得分越高,表明戒断症状越严重。此题中,有3.21%选择了"非常符合",有15.15%选择了"比较符合"。"当我不开心时,上网可以让我开心起来"这一题测量的是心境改变程度,得分越高,表明网络使用越能改变心境。此题中,有

7.04%选择了"非常符合",有30.54%选择了"比较符合"。可以看到,网络对未成年人的影响主要体现在带来开心的心境改变(有37.58%选择了符合①),其次是凸显性(有24.20%选择了符合),还有一部分未成年人存在一定程度的耐受性(有14.78%选择了符合)和戒断症状(有18.36%选择了符合)。

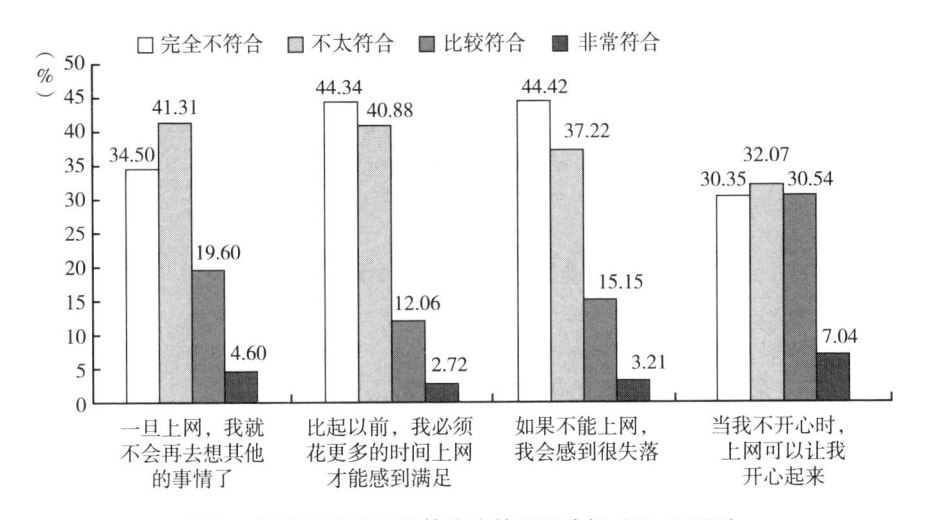

图2 网络沉迷凸显性等维度的项目分析(N=21733)

另有三道题目测量了网络带来的消极后果(见图3)。在"因为上网的关系,我和家人的交流减少了"这一题中,有3.91%选择了"非常符合",有15.38%选择了"比较符合"。在"上网让我的身体健康状况变差"这一题中,有7.04%选择了"非常符合",有17.18%选择了"比较符合"。在"因为上网,我的学习成绩下降了"这一题中,有7.98%选择了"非常符合",有19.71%选择了"比较符合"。可见,未成年人认为上网的主要后果是成绩下降(有27.69%选择了符合)、其次是身体变差(有24.22%选择了符合)和与家人的交流减少(有19.29%选择了符合)。

---

① 本报告中,我们将"比较符合"和"非常符合"合并为"符合",下同。

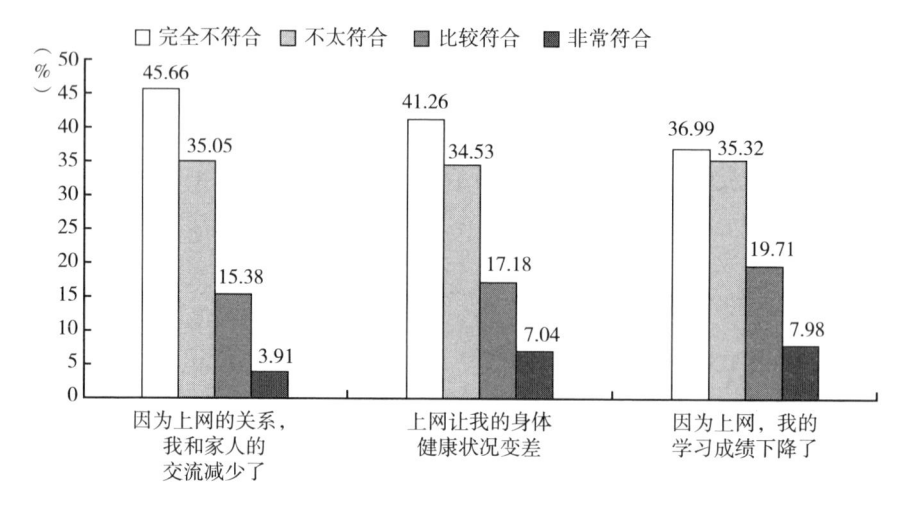

图3　网络沉迷消极后果维度的项目分析（$N=21733$）

（二）未成年人网络沉迷的人口学特征

1. 男性网络沉迷倾向程度更高

男性未成年人网络沉迷得分显著高于女性未成年人（$t=12.40$，$p<0.001$）。男性的平均得分为1.95±0.01，女性的平均得分为1.84±0.01。男性中有19.66%的未成年人网络沉迷得分较高，而女性中的这一比例为13.34%（见图4）。

2. 农村未成年人网络沉迷倾向程度更高

农村未成年人网络沉迷得分显著高于城市未成年人（$t=14.22$，$p<0.001$）。农村未成年人的平均得分为2.00±0.01，城市未成年人的平均得分为1.86±0.01。农村未成年人中，有20.07%的人网络沉迷得分较高，城市未成年人中的这一比例为15.33%（见图5）。

3. 高中生和技校/中专/职高学生网络沉迷倾向程度更高

网络沉迷得分在学段间具有显著差异（$F=90.48$，$p<0.001$）。其中，得分最低的为小学高年级学生（平均得分为1.80±0.66），其次是小学低年级学生（平均得分为1.91±0.66）、初中生（平均得分为1.92±0.63）、高中生（平

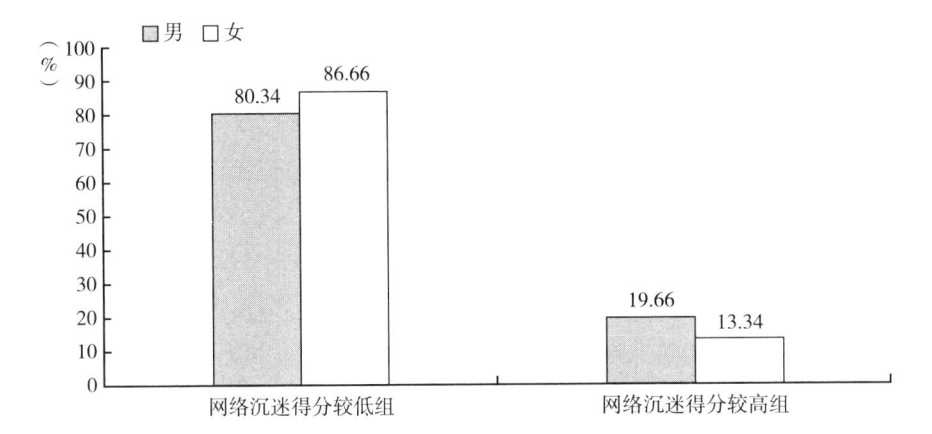

图 4 未成年人网络沉迷的性别差异（$N=21733$）

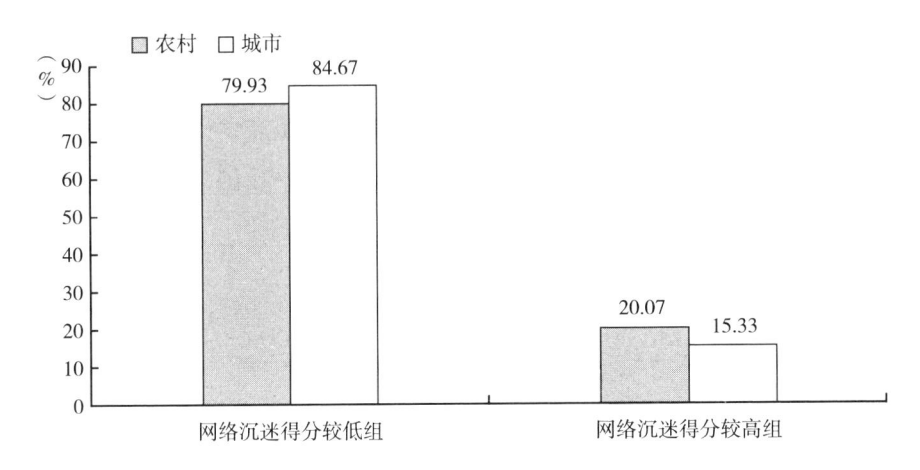

图 5 未成年人网络沉迷的城乡差异（$N=21733$）

均分得为 2.01±0.62），最高分是技校/中专/职高学生（平均得分为 2.07±0.62）。不同学段学生的具体差异见图 6。

4. 非重点中小学学生网络沉迷倾向程度更高

重点学校学生的网络沉迷得分略高于非重点学校学生（$t=-2.92$，$p=0.003$）。重点学校学生平均得分为 1.91±0.01，非重点学校学生平均得分为 1.88±0.01。但是，在分组结果中（见图 7），非重点学校学生中，有 16.43%

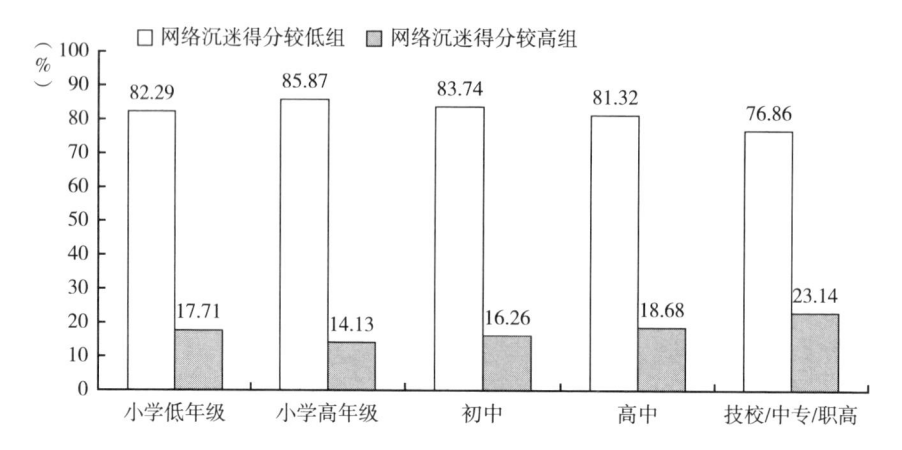

图 6 未成年人网络沉迷的学段差异 （$N=21733$）

的学生网络沉迷得分较高，略高于重点学校学生（16.23%），相差 0.2 个百分点。这说明尽管非重点学校学生的平均得分低于重点学校学生，但网络沉迷得分较高组所占的比例略高。若以 3 分为分界线，非重点学校中有 3.1% 的学生的网络沉迷得分高于 3 分，而重点学校学生中的这一比例为 2.9%，正好是 0.2 个百分点的差异。

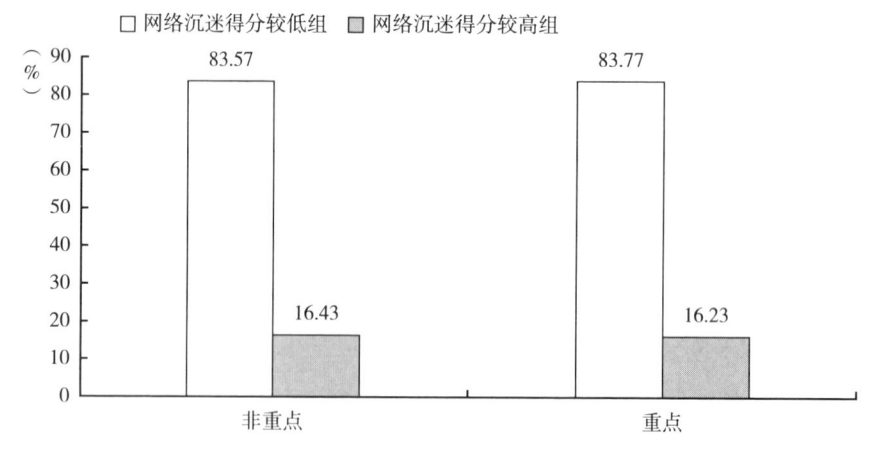

图 7 未成年人网络沉迷的学校类型差异 （$N=21344$）

5. 综合差异特征

因为抽样的原因，不同特征的未成年人在其他特征上可能也存在差异，因此，采用回归分析的方式，探讨在其他特征保持不变时，未成年人网络沉迷的差异。

首先，分析各特征对网络沉迷分数的影响（见表1）。模型1纳入了所有未成年人被试（$N=21733$），模型2仅包括中小学生（$N=21344$）。结果发现，在其他特征不变时，男性未成年人网络沉迷得分比女性未成年人高0.108～0.111分；农村未成年人比城市未成年人得分高0.118～0.119分；小学低年级学生比小学高年级学生得分高0.105～0.106分，与初中生没有显著差异，比高中生得分低0.095～0.112分，比技校/中专/职高学生得分低0.094分。在其他特征保持不变的情况下，重点中小学学生的网络沉迷得分比非重点中小学生低0.031分。

表1 未成年人人口学特征对网络沉迷得分的影响

变量	参照变量	模型1 系数	模型2 系数
常数		2.055***	2.057***
女性	男性	−0.111***	−0.108***
城市	农村	−0.119***	−0.118***
小学高年级	小学低年级	−0.106***	−0.105***
初中	小学低年级	0.003	0.011
高中	小学低年级	0.095***	0.112***
技校/中专/职高	小学低年级	0.094***	
重点中小学	非重点中小学		−0.031***

*** $p<0.01$，** $p<0.05$，* $p<0.1$。

考虑到各特征间存在相互影响，将交互作用纳入方程后发现，性别和学段有交互作用（见图8）、城乡和学段有交互作用（见图9），其他特征间没有交互作用。可以看到，在其他特征不变时，各学段均是男生的网络沉迷得分显著高于女生，除技校/中专/职高学生外，农村未成年人的网络沉迷得分高于城市未成年人。另外，技校/中专/职高学生中，男生得分虽略高于女

生，但男女生之间没有显著差异；农村未成年人得分虽略低于城市未成年人得分，但二者间也没有显著差异。

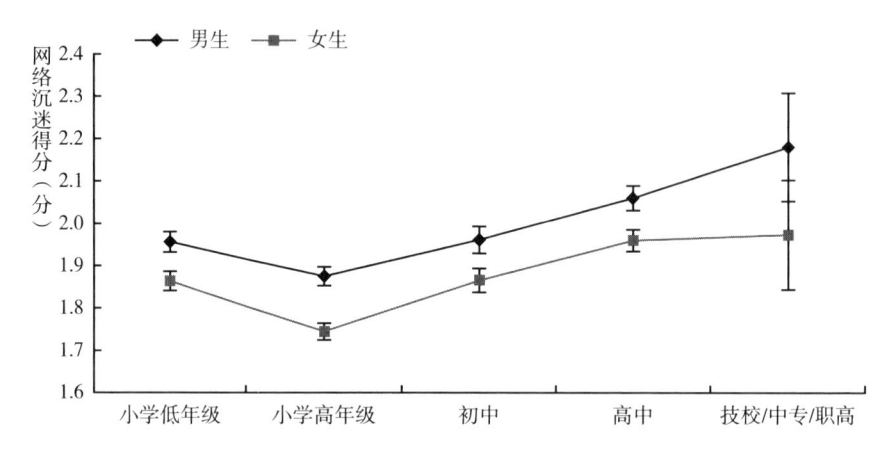

图8 性别和学段在网络沉迷得分上的交互作用

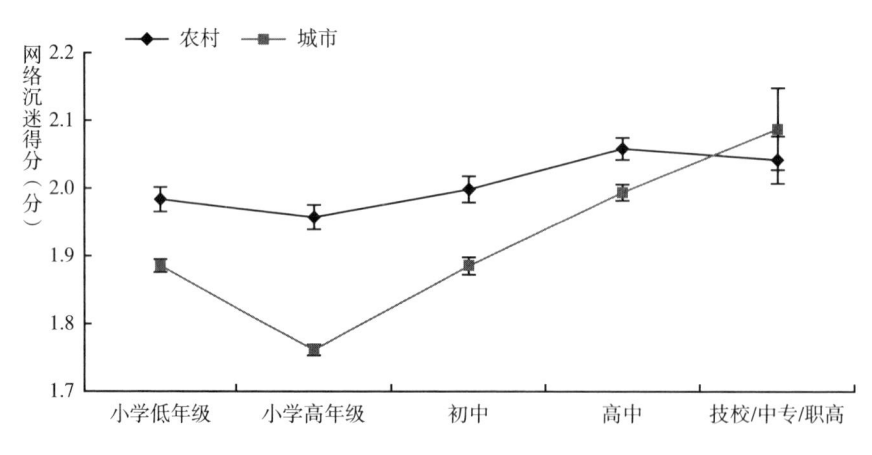

图9 城乡和学段在网络沉迷得分上的交互作用

（三）未成年人网络沉迷的网络行为特征

1. 首次上网时间越早，网络沉迷得分越高

网络沉迷得分在首次上网时间上有显著差异（$F = 33.68$，$p < 0.001$）。

其中，在上小学时首次上网的未成年人网络沉迷得分最低（平均得分为 1.87±0.64），其次是上高中时（平均得分为 1.95±0.69）、上初中时（平均得分为 1.96±0.60），最高分是上小学前（平均得分为 1.97±0.68）。首次上网时间为上小学时的未成年人网络沉迷得分显著低于上小学前和上初中时，其他学段间没有显著差异。但是，网络沉迷得分较高组中首次上网时间为上小学前和上高中时的未成年人占比较高（见图10），这有可能是因为不同首次上网时间的未成年人在其他人口学特征上也有差异，例如首次上网时间为高中时的未成年人学段是高中或职高，而前面的分析也表明，高中或职高的未成年人网络沉迷得分更高。因此，接下来，笔者对控制人口学特征后的首次上网时间对网络沉迷的影响进行了分析。

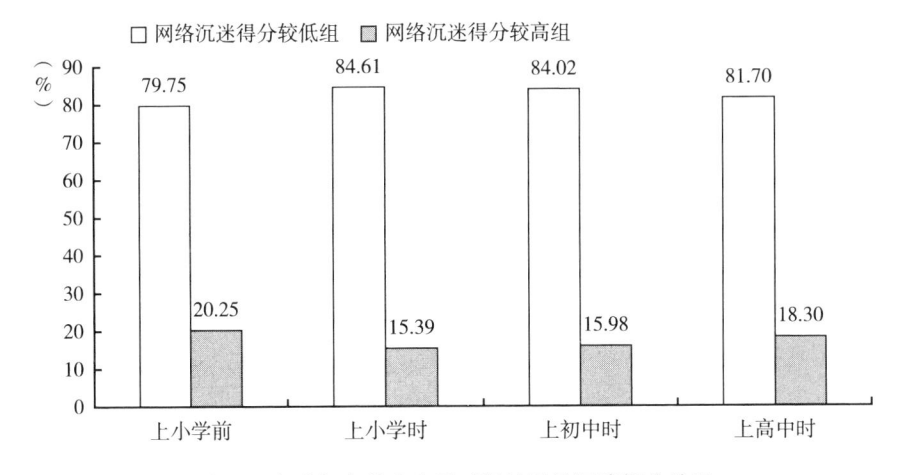

图10 未成年人首次上网时间的网络沉迷得分差异

在控制人口学特征后①（见表2），相比首次上网时间为上小学前的未成年人，首次上网时间为上小学时的未成年人网络沉迷得分低了 0.093~0.094 分；首次上网时间为上初中时的未成年人网络沉迷得分低了 0.151~0.156 分；首次上网时间为上高中时的未成年人网络沉迷得分低了 0.184~

---

① 因加入中小学学校类型后，去掉了技校/中专/职高的学生样本，样本量不同，故采用两个模型进行分析。模型1的控制变量是性别、学段和居住地；模型2的控制变量是性别、学段、居住地和中小学学校类型。由于篇幅所限，省略控制变量的结果，下同。

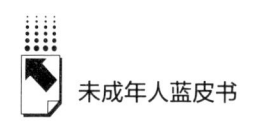

0.187分。这证实了上述推测,即未控制人口学特征时,首次上网时间为上高中时的未成年人网络沉迷得分较高,是因为学段的影响。但是如果学段相同,则首次上网时间越晚,网络沉迷得分越低。

表2 未成年人上网行为对网络沉迷得分的影响

变量纳入方式	维度	变量	参照变量	模型1 系数	p值	模型2 系数	p值
分开纳入	首次上网时间	上小学时	上小学前	-0.093	0.000	-0.094	0.000
		上初中时	上小学前	-0.151	0.000	-0.156	0.000
		上高中时	上小学前	-0.184	0.000	-0.187	0.000
	最近半年上网频率	有时	很少	0.081	0.000	0.084	0.000
		经常	很少	0.266	0.000	0.274	0.000
		总是	很少	0.404	0.000	0.410	0.000
	周一至周五上网时长	1~2小时	1小时以内	0.137	0.000	0.139	0.000
		2~3小时	1小时以内	0.238	0.000	0.245	0.000
		3小时及以上	1小时以内	0.455	0.000	0.469	0.000
	周六至周日上网时长	1~2小时	1小时以内	0.113	0.000	0.114	0.000
		2~3小时	1小时以内	0.224	0.000	0.228	0.000
		3小时及以上	1小时以内	0.406	0.000	0.417	0.000
同时纳入	首次上网时间	上小学时	上小学前	-0.047	0.001	-0.047	0.001
		上初中时	上小学前	-0.064	0.010	-0.062	0.016
		上高中时	上小学前	-0.121	0.069	-0.123	0.092
	最近半年上网频率	有时	很少	0.011	0.432	0.014	0.348
		经常	很少	0.108	0.000	0.115	0.000
		总是	很少	0.152	0.000	0.152	0.000
	周一至周五上网时长	1~2小时	1小时以内	0.067	0.000	0.064	0.000
		2~3小时	1小时以内	0.110	0.000	0.110	0.000
		3小时及以上	1小时以内	0.272	0.000	0.274	0.000
	周六至周日上网时长	1~2小时	1小时以内	0.055	0.000	0.055	0.000
		2~3小时	1小时以内	0.102	0.000	0.106	0.000
		3小时及以上	1小时以内	0.206	0.000	0.219	0.000

2. 网络使用频率越高,网络沉迷得分越高

由图11可见,最近半年网络使用频率越高的未成年人在网络沉迷得分较高组中的比例也越高。在控制人口学特征后(见表2),相比最近半年很少使用网络的未成年人,有时使用网络的未成年人网络沉迷得分显著高了

0.081~0.084分，经常使用网络的未成年人网络沉迷得分显著高了0.266~0.274分，而总是使用网络的未成年人网络沉迷得分显著高了0.404~0.410分。

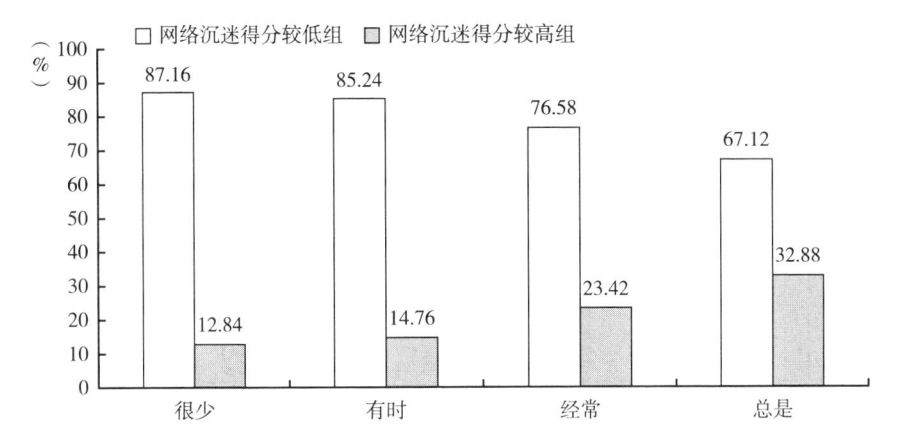

图11 未成年人不同网络使用频率的网络沉迷得分差异

3. 网络使用时长越长，尤其是周一至周五上网时长越长，网络沉迷得分越高

由图12可见，最近一个月平均每天上网时长越长，无论是周一至周五，还是周六至周日网络沉迷得分较高组的比例都更高。但是，相比在周六至周日，在周一至周五最近一个月平均每天上网时长越长，网络沉迷得分较高组的比例更高。尤其是在周一至周五平均每天上网3小时及以上的未成年人，网络沉迷得分较高组的比例占39.86%，周六至周日平均每天上网3小时及以上的未成年人，网络沉迷得分较高组的比例为31.13%。

在控制人口学特征后（见表2），相比在周一至周五平均上网1小时以内的未成年人，上网1~2小时的未成年人网络沉迷得分显著高了0.137~0.139分，上网2~3小时的未成年人网络沉迷得分显著高了0.238~0.245分，上网3小时及以上的未成年人网络沉迷得分显著高了0.455~0.469分。相比在周六至周日平均上网1小时以内的未成年人，上网1~2小时的未成年人网络沉迷得分显著高了0.113~0.114分，上网2~3小时的未成年人网络沉迷得分显著高了0.224~0.228分，上网3小时及以上的未成年人网络沉迷

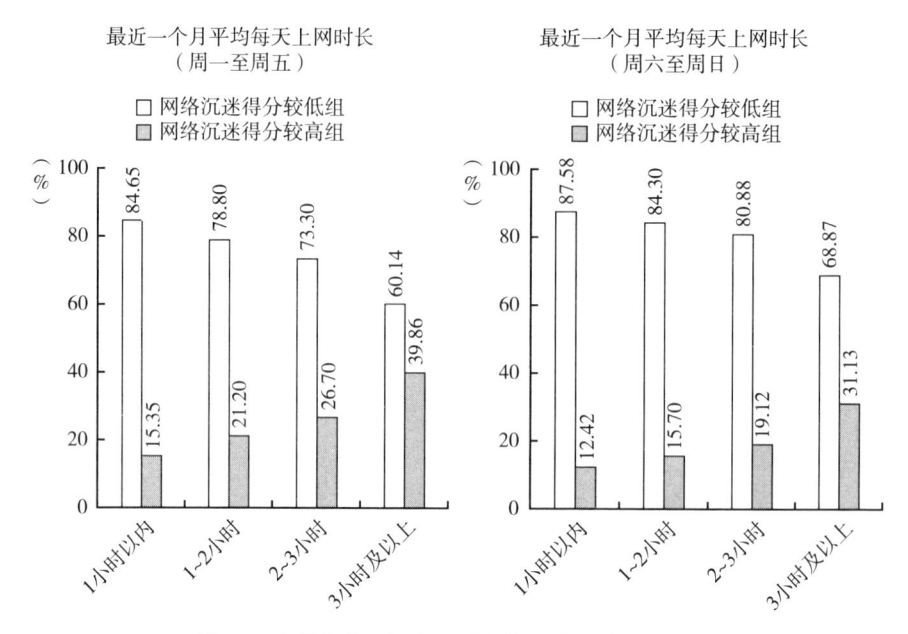

图12 未成年人不同上网时长的网络沉迷占比差异

得分显著高了0.406~0.417分。

因为首次上网时间、上网频率、上网时长间有交互影响，上网频率高的未成年人上网时长也更长。为了解哪个因素对未成年人网络沉迷影响更大，笔者进一步将它们同时纳入回归方程，结果发现，若上网频率和上网时长不变，首次上网时间为上小学前的未成年人与首次上网时间为上高中时的未成年人，在网络沉迷得分上没有显著差异；若首次上网时间和上网时长保持不变，上网频率很少和有时的未成年人在网络沉迷得分上没有显著差异；其他因素仍然有显著影响，对网络沉迷得分影响最高的是周一至周五的平均每天上网时长。

4. 网络娱乐类行为增加网络沉迷风险

我们测量了未成年人上网做的22种事情的频率，结果发现，在人口学特征保持不变的情况下，未成年人做这22种事情的频率均能显著影响网络沉迷得分。而对网络沉迷得分影响较多的网络活动包括粉丝应援、在网上发表言论、看直播（不含直播课程）、玩游戏和看短视频（见图13）。网上学习的频率越高，网络沉迷得分越低。

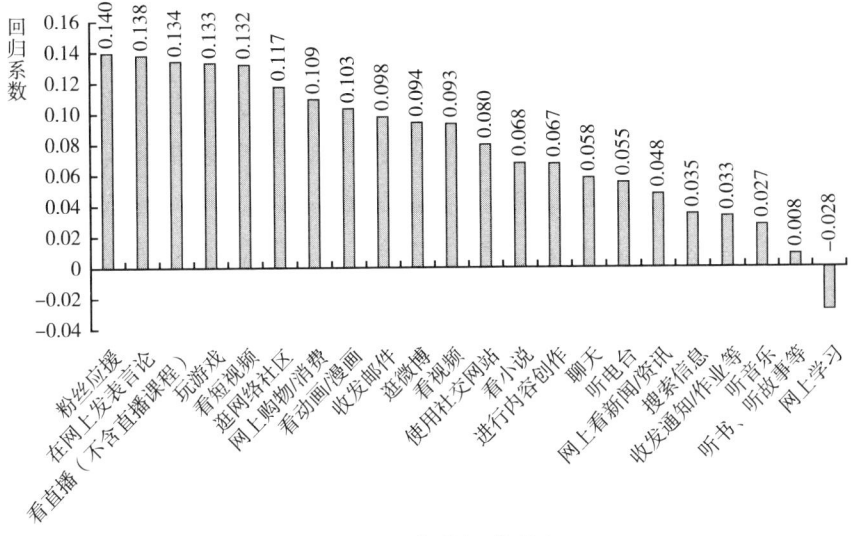

(1) 分别纳入模型时

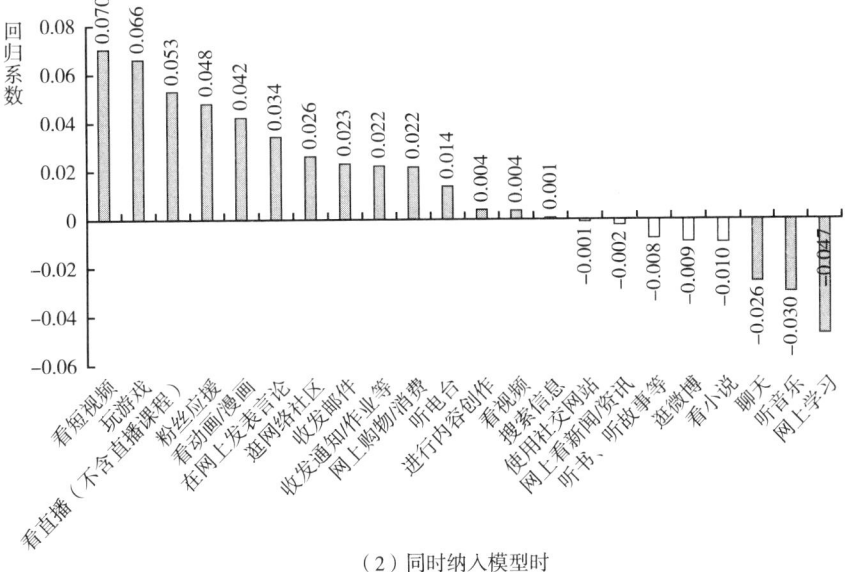

(2) 同时纳入模型时

图 13　未成年人做 22 种事情的频率对网络沉迷得分的预测作用（多元线性回归结果）

说明：此处所示结果为多元线性回归方程结果，控制变量为性别、城乡和学段。加入中小学学校类型对结果没有影响，因篇幅所限，此处省略。纵轴为非标准化系数，代表上网频率每增加 1 个程度，网络沉迷得分增加/减少的值。系数为正，代表增加网络沉迷得分；系数为负，代表降低网络沉迷得分。灰色代表有显著影响（$p<0.05$），白色代表没有显著影响。

但是，未成年人在上网时往往是不仅仅做一件事情，例如粉丝应援可能增加了在网上就社会事件发表言论和逛网络社区的概率。因此，笔者在控制其他上网行为后发现，在其他上网行为不变的情况下，能显著增加网络沉迷得分的网络活动是看短视频、玩游戏、看直播（不含直播课程）、粉丝应援和看动画/动漫；不能显著影响网络沉迷得分的事情分别有搜索信息、使用社交网站、网上看新闻/资讯、听书、听故事等，逛微博和看小说。而聊天、听音乐和网上学习能显著降低网络沉迷得分。

我们进一步分析了未成年人在9种常见上网行为上花的时间，结果发现，在其他人口学特征和上网时长不变的情况下，在周一至周五，仅增加看短视频、看动画/动漫、看直播（不含直播课程）、玩游戏、看视频和进行内容创作的时长，就能显著提高未成年人网络沉迷得分；但是仅增加网上学习的时长，反而会显著降低网络沉迷得分，而仅增加聊天时长，对网络沉迷得分没有显著影响。在周六至周日，仅增加看短视频、看直播（不含直播课程）、玩游戏、看动画/动漫、进行内容创作和看视频的时长，也能显著提高未成年人网络沉迷得分；但仅增加网上学习和聊天时长会显著降低网络沉迷得分（见图14）。

综合以上结果，粉丝应援、看直播（不含直播课程）、看短视频、玩游戏、看动画/动漫等网络娱乐类行为，会提高未成年人网络沉迷得分，但是网上学习、搜索信息等网络学习类行为和聊天等行为，对网络沉迷得分没有显著影响，甚至可能降低网络沉迷得分。这可能是因为网络学习和休闲类行为与网络娱乐类行为的互斥性，即网上学习和聊天的时间增多了，网上娱乐的时间就减少了。

（四）影响未成年人网络沉迷的其他因素

以下我们分析了其他影响未成年人网络沉迷的因素，与家庭有关的因素将在本书的其他报告中呈现。

1. 对网络亚文化的喜爱程度高增加网络沉迷风险

在控制人口学特征的基础上，加入饭圈、喜爱短视频、喜爱弹幕、喜爱

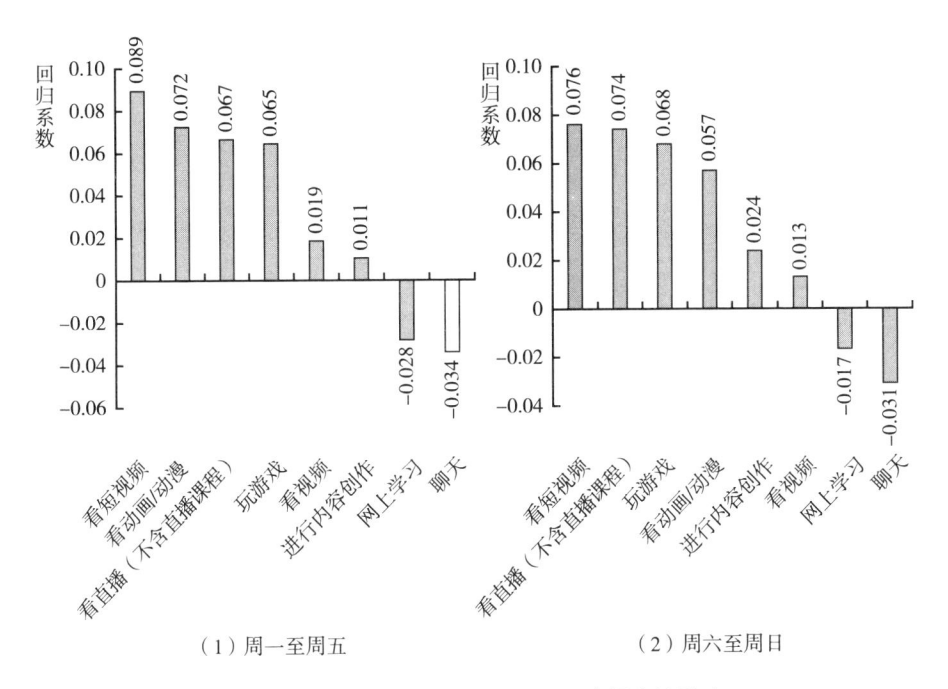

图14 常见事项上网时长对网络沉迷得分的影响

说明：此处所示结果为多元回归方程结果，各事项同时纳入回归方程，控制变量为性别、城乡和学段。加入中小学学校类型对结果没有影响，因篇幅所限，此处省略。纵轴为非标准化系数，代表上网频率每增加1个程度，网络沉迷得分增加/减少的值。系数为正，代表增加网络沉迷得分；系数为负，代表降低网络沉迷得分。灰色代表有显著影响（$p<0.05$），白色代表没有显著影响。

饭圈和喜爱二次元均能显著提高未成年人网络沉迷得分。但是，因为这些网络亚文化之间也可能相互影响，例如喜爱二次元的未成年人也可能喜爱弹幕，因此，再将几个亚文化选项同时纳入回归模型，在其他亚文化不变的情况下，仅喜爱短视频、喜爱弹幕、喜爱饭圈和喜爱二次元能显著提高未成年人网络沉迷得分，但如果喜爱程度不变，加入饭圈对网络沉迷得分没有显著影响（见图15）。结合前述分析，更关键的不是加入饭圈，而是对饭圈的喜爱程度。

那么，喜爱饭圈和粉丝应援间是什么关系？结果发现，两者呈正相关（$r=0.566$，$p<0.001$）。笔者再将粉丝应援的频率也纳入回归方程，发现粉

丝应援的频率能显著提高网络沉迷得分，而喜爱饭圈变得不显著。也就是说，喜爱饭圈通过粉丝应援的中介作用来影响未成年人网络沉迷得分。

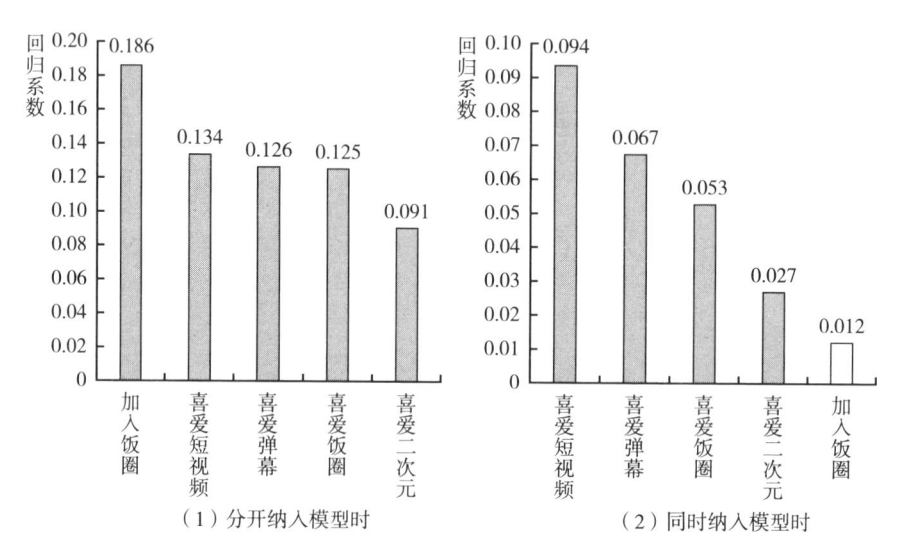

图15 亚文化对网络沉迷得分的预测作用（多元线性回归结果）

说明：此处所示结果为多元线性回归方程结果，控制变量为性别、城乡和学段。加入中小学学校类型对结果没有影响，因篇幅所限，此处省略。纵轴为非标准化系数，代表上网频率每增加1个程度，网络沉迷得分增加/减少的值。系数为正，代表提高网络沉迷得分；系数为负，代表降低网络沉迷得分。灰色代表有显著影响（$p<0.05$），白色代表没有显著影响。

2. 开展过防网络沉迷教育的学校的学生网络沉迷得分更低

我们询问了未成年人其所在学校是否开展过防网络沉迷教育，结果显示，开展过防网络防沉迷教育的学校，其学生网络沉迷得分显著下降0.1分（见表3）。

3. 认为互联网越重要，网络沉迷得分越高

我们使用7道题目测量了未成年人认为互联网对于自己而言的重要程度，例如，"互联网是我获取信息的重要渠道"、"我娱乐放松的主要途径就是互联网"和"在网上，我能够充分表达自我"等。结果显示，未成年人认为互联网对自己的重要性每增加1分，其网络沉迷得分显著增加0.464分，在这一影响下，网络沉迷得分的增加幅度最大。

表3 其他因素对未成年人网络沉迷得分的影响

变量	参照变量	模型1 系数	模型1 p值	模型2 系数	模型2 p值
学校开展过防网络沉迷教育	未开展过	-0.100	0.798	-0.100	0.000
互联网对自己的重要性		0.464	0.000	0.464	0.000
学校融入度		-0.258	0.000	-0.259	0.000
自尊		-0.167	0.000	-0.166	0.000
自我效能感		-0.045	0.754	-0.045	0.000
生活满意度		-0.085	0.000	-0.086	0.308
幸福感		-0.081	0.000	-0.082	0.853
学习成绩满意度		-0.063	0.740	-0.063	0.000
学业压力		0.101	0.000	0.102	0.000
未来信心		-0.151	0.000	-0.151	0.000

注：各变量为单独纳入回归方程，模型1的控制变量为性别、城乡和学段；模型2的控制变量为性别、城乡、学段和中小学学校类型。

4. 学校融入度越高，网络沉迷得分越低

我们使用3道题目，如"我喜欢这所学校"，测量了未成年人的学校融入度。结果显示，学校融入度每增加1分，未成年人网络沉迷得分显著下降0.258~0.259分，在这一影响下，网络沉迷得分的下降幅度最大。

5. 自尊和自我效能感越强，网络沉迷得分越低

我们使用"我感到我有许多好的品质"等3题测量了未成年人的自尊，使用"有麻烦的时候，我通常能想到一些应付的方法"等2题测量了未成年人的自我效能感。结果显示，自尊得分每增加1分，未成年人网络沉迷得分显著下降0.166~0.167分；自我效能感每增加1分，未成年人网络沉迷得分显著下降0.045分。

6. 生活满意度和幸福感越强，网络沉迷得分越低

我们使用"我满意自己的生活"一题测量了未成年人的生活满意度，使用"总的来说，我是一个幸福的人"一题测量了未成年人的幸福感。结果显示，生活满意度每增加1分，未成年人网络沉迷得分显著下降0.085~0.086分；幸福感每增加1分，未成年人网络沉迷得分显著下降0.081~0.082分。

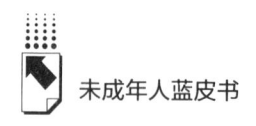

7. 学业压力越大，网络沉迷得分越高

我们使用"你对自己的学习成绩满意吗"一题测量了未成年人的学习成绩满意度，结果显示，学习成绩满意度每增加1分，未成年人网络沉迷得分显著下降0.063分。我们使用"你觉得自己现在的学习压力大吗"一题测量了未成年人的学业压力，结果显示，学业压力每增加1分，未成年人网络沉迷得分显著增加0.101~0.102分。我们使用"你对自己的未来有信心吗"一题测量了未成年人对未来的信心，结果显示，未来信心每增加1分，未成年人网络沉迷得分显著下降0.151分。

综合上述的研究结果，开展防网络沉迷教育、对学校融入度高、自尊心强、自我效能感强、生活满意度高、幸福感强、学习成绩满意度高、未来信心强是防止网络沉迷的保护性因素，而感知到的互联网对自己的重要程度高和学业压力大是网络沉迷的危险性因素。

三 研究讨论

（一）我国未成年人中有网络沉迷倾向的比例不高，但仍然不容忽视

本报告中，未成年人的网络沉迷平均得分为1.89±0.65分，显著低于中值2.5分。大多数未成年人的网络沉迷倾向程度都较低，网络沉迷倾向程度较低组有18148人（83.5%），网络沉迷倾向程度较高组有3585人（16.5%）。总体而言，我国未成年人中有网络沉迷倾向的比例不高。但是这并不代表我国未成年人网络使用现状一定乐观，原因有以下几个。

一是本报告使用的是雷雳、杨洋（2007）编制的"青少年病理性互联网使用量表"中与网络沉迷描述更接近的7道题，拉高了网络沉迷的评分标准，故而可能拉低网络沉迷倾向程度。二是本报告的样本为6~18岁的未成年人，小学生占比为63.1%，鉴于小学生的网络沉迷倾向程度更低，故可能拉低整体的网络沉迷倾向程度。按学段来分，网络沉迷得分较高组占比

最高的是技校/中专/职高学生，占23.14%。三是本报告中的网络沉迷量表是由未成年人自己填写，未成年人有可能低估自己的网络使用情况。在本书的其他报告中，笔者报告了家长评价下的未成年人网络沉迷得分，高于2.5分的占了30%以上，比未成年人自评的比例高。四是有效样本存在偏差，愿意认真填问卷的未成年人，有可能本身网络使用情况较好，而严重病理性使用的未成年人及家庭或者不配合填问卷，或者不好好填问卷致使问卷无效，也拉低了筛选率。五是在全部未成年人样本中，有196位（0.9%）未成年人网络沉迷得分为满分4分，网络沉迷倾向程度较高。六是本报告中，尽管网络对未成年人主要的影响在于带来开心的感受，但有14.78%存在一定程度的耐受性，有18.36%存在一定的戒断症状。耐受性和戒断症状是成瘾的重要指标，此部分未成年人的网络使用情况须引起重视。不仅如此，网络沉迷还给未成年人带来了不同程度的成绩下降（27.69%）、身体变差（24.22%）和与家人交流减少（19.29%）等后果，这些后果也是我们不能忽视未成年人网络沉迷状况的原因之一。

（二）男性、农村未成年人、高中学段学生和首次上网时间较早的未成年人网络沉迷的风险更高

本报告发现，男性未成年人的网络沉迷得分显著高于女性未成年人，且在不同学段上均是如此。以往研究也发现男性较女性更容易沉迷，但也有一些研究发现性别间无显著差异（林琴，2005）。这有可能是由不同研究在样本抽取和调查时间上的差异所致。但是，一般来说，在未成年人阶段，男性的冲动控制能力较女性更弱，可能更容易沉迷于网络，需要更多外部力量的引导。农村未成年人网络沉迷风险更高。一方面，这可能与农村留守的未成年人增多有关，其父母均在外打工，缺少对农村未成年人网络使用的监管，而祖父母一辈又在监管方面有心无力，从而使农村未成年人网络沉迷风险增高；另一方面，这也可能与农村未成年人感知到的家庭社会地位有关，在本书的其他报告中，笔者发现，主观家庭地位感知越低的未成年人，网络沉迷风险越高。这可能是因为未成年人处于敏感期，主观家庭地位感知较低，可

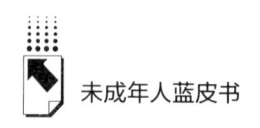

能影响其自尊,转而在网络世界寻求弥补。本报告发现,自尊心强和自我效能感强是预防网络沉迷的保护性因素。另外,学段越高的未成年人,网络沉迷风险越高,一方面是因为学段与网龄的交互作用。学段越高的未成年人,往往网龄也越长,越有可能沉迷于网络。本报告确实发现,在学段相同的情况下,首次上网时间越晚,即网龄越短,网络沉迷得分越低。但另一方面还有可能在于,学段越高的未成年人,家长越难对其网络使用状况进行监管。在本书的其他报告中,笔者也发现,家长的监管和严格的教养方式,能降低未成年人网络沉迷的风险。

可见,对于这几类网络沉迷风险较高的未成年人,可以从自控和他控两方面入手。在自控方面,应注意增强未成年人的自尊心,增强他们的自我效能感,从而从内部降低他们网络沉迷的风险。在他控方面,未成年人还不具备完全的自控能力,需要外界力量的干预,不能放任不管,应加强对他们使用网络的监管和引导。

(三)网络娱乐类行为有增加网络沉迷的风险,而网络学习类行为能降低网络沉迷风险

本报告发现,看短视频、玩游戏、看直播(不含直播课程)和看动画/动漫等网络娱乐类行为,会增加未成年人的网络沉迷得分,但是网上学习、搜索信息等网络学习类行为和聊天等行为,对网络沉迷得分没有显著影响,甚至可能降低网络沉迷得分。这可能是因为网络学习和休闲类行为与网络娱乐类行为等的互斥性,即网上学习和聊天的时间增多了,网上娱乐的时间就减少了。

因此,不必对未成年人使用网络"谈虎色变",而应注意未成年人上网做的事情。互联网已经成为未成年人获取信息的重要来源,新冠肺炎疫情也促使许多学校采取网上教学的方式。现在的未成年人被称为"网络原住民",不让未成年人使用网络虽然可能降低网络沉迷的风险,但也可能造成未成年人信息获取不足、跟不上时代等其他风险。因此,应该对未成年人网络娱乐类行为进行限制和管控,尤其是控制周一至周五的上网时间。

（四）粉丝应援有增加网络沉迷的风险，"清朗"系列专项行动或可助于降低网络沉迷风险

本报告发现，粉丝应援会提高未成年人网络沉迷得分，并且喜爱饭圈是通过粉丝应援的中介作用来影响未成年人的网络沉迷得分的。目前，粉丝应援的乱象无形中增加了未成年人网络使用的时长。有的未成年人花了许多时间在控评、打榜、刷屏和其他应援上，有的未成年人为了给明星打榜，切换十几甚至几十个号，熬夜投票，重复又耗时力地做着并不真实的"数据"，从而影响了未成年人的学习和生活。

2021年，国家网信办在全国范围内开展"清朗"系列专项行动，除了整治未成年人网络环境，也对粉丝应援等饭圈乱象展开了整治，规范明星及其背后机构、官方粉丝团的网上行为，严厉打击网络暴力、引发网络粉丝群体非理性发声、应援等行为，整治网站平台热点排行乱象，规范平台管理，建立并完善长效工作机制。本报告暂且不论追星的好坏，"清朗"系列专项行动整治粉丝应援等现象后，应能有助于减少未成年人的在网时间，从而降低网络沉迷风险。

（五）提高未成年人线下生活的质量是防范网络沉迷的关键

学校融入度高、生活满意度高、幸福感强、学习成绩满意度高和未来信心强是防止网络沉迷的保护性因素，而感知到的互联网对自己的重要程度高和学业压力大是发生网络沉迷的危险性因素。在本书的其他报告中，笔者还发现家庭关系也是一个重要的保护性因素。未成年人有一个很重要的需求，即爱与归属的需求。马斯洛（2012）认为，"如果生理需要和安全需要得到了很好的满足，一个人就会渴望同人们建立一种关系，渴望在他的团体和家庭中有一个位置，并且他将为达到这个目的做出最大的努力"。如果这种需求能在学校和家庭等线下生活中得到满足，则未成年人不必转到互联网中去寻求，从而减少网络使用时长，预防网络沉迷风险。

对于线下生活质量不高，如被同伴排斥、亲子关系不良的未成年人而

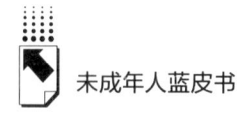

言，互联网则成为他们的另一个港湾。在线下生活中得不到的满足，他们可以在这里得到。从这个角度来说，互联网满足了他们的需求，于他们有一定益处。然而，这种补偿性的满足，始终替代不了线下真实的与人相处所带来的满足。因此，对于网络沉迷的未成年人，应从他们的学校、家庭环境入手，通过改善同伴关系、营造良好的学校环境和家庭氛围，满足他们爱与归属的需要，降低互联网对他们的重要程度，从而降低网络沉迷风险。但是，现在一些家庭，当孩子出现网络沉迷问题时，首先想到的不是改善家庭环境，而是把孩子送去一些没有正规资质的"戒网瘾训练营"，这样会把孩子推得更远。笔者将在本书的其他报告中重点分析家庭因素对网络沉迷的影响，希望家长和学校能更重视未成年人线下的生活环境和质量，这才是预防未成年人网络沉迷的关键。

（六）防网络沉迷教育具有一定的作用，可在全国各学校推行

开展过防网络沉迷教育的学校，其学生的网络沉迷得分更低。然而，现在许多学校的网络教育内容多为技术操作，缺少网络安全教育、网络道德教育。学校计算机课程往往只是侧重知识性、技术性方面的内容，涉及网络信息素养和网络教育方面的内容很少，对于未成年人网络行为也未能给予及时、正确、科学的引导（邓验、曾长秋，2012）。鉴于在本报告中，防网络沉迷教育的一定作用，建议可在全国范围内推行防网络沉迷等教育，让未成年人不仅学会如何使用电脑和上网，也教会未成年人如何正确地上网，提高未成年人的网络道德素养，增强未成年人网络自控能力。

参考文献

邓验、曾长秋，2012，《青少年网络成瘾研究综述》，《湖南师范大学社会科学学报》第2期。
雷雳，2010，《青少年"网络成瘾"探析》，《心理发展与教育》第5期。
雷雳、杨洋，2007，《青少年病理性互联网使用量表的编制与验证》，《心理学报》第

4 期。

林琴，2005，《网络成瘾的研究进展》，《中国学校卫生》第 3 期。

马斯洛，2012，《动机与人格》（第 3 版），许金声等译，中国人民大学出版社。

Caplan, S. 2005. "A Social Skill Account of Problematic Internet Use." *Journal of Communication* 55 (4): 721-736.

Davis, R. 2001. "A Cognitive-behavioral Model of Pathological Internet Use." *Computers in Human Behavior* 17: 187-195.

专题报告

Special Reports

B.8 未成年人网络媒介使用与价值观报告

高文珺 滕素芬[*]

摘 要： 本报告分析了网络媒介使用与未成年人内在和外在目标价值追求之间的关联。数据来源于2021年在全国31个省、自治区和直辖市进行的"未成年人数字生活与网络保护调查"的21733名6~18岁在校学生的数据。结果发现，未成年人普遍看重个人成长、亲和乐群和热心公益等内在目标价值，较少追求财富成功、社会认可和形象出众等外在目标价值。目标价值追求存在性别、学段和城乡差异。经常使用短视频、视频和网络游戏等网络媒介的未成年人会更多追求外在价值，这种影响在城市和高中阶段的未成年人中更为明显。逛微博与看新闻和资讯对农村和小学低年级阶段未成年人影响更为明显。

关键词： 未成年人 网络媒介使用 内在目标价值 外在目标价值

---

[*] 高文珺，中国社会科学院社会学研究所副研究员，中国社会科学院社会心理与行为实验室副研究员，中国社会科学院社会学研究所社会心理学研究中心副研究员；滕素芬，共青团中央维护青少年权益部协商代言处处长，一级调研员。

根据发展心理学理论，儿童中期（6~11岁）开始，儿童对自我的认识开始包含了内在的人格特质和价值观念（Shaffer & Kipp，2009），到了青春期（11~18岁），青少年为确立自我同一性而探索，形成关于自己的个性、信念、目标和价值观的内在的连续、统一的自我概念，这一过程中会逐渐确立自己的理想和价值观（伯克，2014）。由此看来，从小学到高中阶段，是未成年人价值观形成的一个重要阶段。这一阶段的价值观形成，会受到个体和环境两方面诸多因素的影响，而在信息化社会，互联网为未成年人提供了一个便利又宽广的进行同伴互动、获取信息、表达想法和接触文化的新环境，这对未成年人的价值观形成会产生怎样的影响？本报告将通过问卷调查，对这一问题进行探讨。

一 引言

（一）从生态系统角度看未成年人价值观形成的影响因素

布朗芬布伦纳（Brofenbrenner）的生态系统理论（ecological system theory）从环境与个体的交互作用角度探讨了青少年成长发展的影响因素。该理论认为未成年人的发展是不断变化的人与不断变化的环境相互作用的产物，环境由交互作用的嵌套系统组成，包括微观系统（microsystem）、中系统（mesosystem）、外系统（exosystem）和宏观系统（macrosystem）（Brofenbrenner & Morris，2006）。个体或环境都会随时间发生改变，并最终影响着个体发展的方向。

在这些环境层次中，微观系统是指个体活动和交往的直接环境，常见的包括家庭、学校和同伴关系。中系统是个体的微观系统之间的联系，如家校互动。外系统是未成年人未直接参与却对他们的发展产生影响的系统，如家长的工作状况、社区的环境等。宏观系统是环境层次的最外层，指微观系统、中系统和外系统嵌套其中的文化和亚文化环境，如社会价值取向、道德观念、习俗等文化背景。

互联网的出现，形成了一种新的环境，它打破物理空间的限制，拓展了未成年人日常活动所能接触的直接环境，又可渗入中系统和外系统之中，并且不断改变着社会观念、社会心理、社会行为、社会文化，影响着未成年人成长过程中的宏观系统。从生态系统理论的视角看，互联网从各个环境层面上都可能会影响未成年人的成长，包括价值观的形成。

（二）网络新媒介对未成年人价值观的影响

伴随着互联网技术的日新月异，越来越多的具有参与性和互动性、传播范围广、传播速度快的新媒介融入未成年人的日常生活，成为其接收信息、学习、休闲娱乐、社交的重要途径。这些新媒介的使用和基于新媒介而形成的一些亚文化，都可能对青少年的价值观产生影响。有研究者探讨了新媒体平台（向仲敏等，2016）、网络视频（汤筠冰，2017）、短视频（马苗苗、刘济良，2020）、网络直播（杨镇渊、刘济良，2018）、饭圈文化（何攀文、唐钱，2021）、动漫文化（刘济良、周亚文，2017）等新媒介和基于新媒介兴起的一些亚文化对未成年人价值观的影响。本研究将根据全国调查，分析未成年人对各种网络新媒介的使用与其价值观之间的关系。

价值观念涵盖广泛，本调查所探讨的未成年人价值观，主要集中于其所追求的目标价值。采用 Kasser 等（Kasser & Ryan, 1996; Kasser, 2002）编制的量表来测量未成年人对具体生活目标的看重程度，并将其分为内在目标价值和外在目标价值两方面。其中，内在目标价值包括三方面测量，分别为个人成长、亲和乐群与热心公益，如"不断成长并学习新东西"、"有可以信赖的好朋友"和"努力让世界变得更好"，实现这些目标价值能够促进人格的完善及认知的增加。外在目标价值包括三方面测量，分别为财富成功、社会名气和形象出众，如"成为非常富有的人"、"成为知名人士"和"外表令人着迷"。对这些目标价值的追求更多同外在设定的标准相关（李原，2017）。采用 4 点量表计分，1 代表"完全不重要"，4 代表"非常重要"。计算每个目标内容所有题目的均值，得分越高，代表个体越看重某种目标价值。

二 研究结果

(一)未成年人目标价值的特点

1.未成年人整体更追求内在价值而不是外在价值

整体上,受访未成年人普遍更重视内在目标价值而不追求外在目标价值,以4点计分,中间值为2.5分,未成年人对内在的个人成长、亲和乐群与热心公益价值的重视程度得分平均都高于中间值(见表1),表明未成年人普遍认为这些价值重要。而对外在的财富成功、社会名气和形象出众价值的重视程度平均得分都低于中间值,表明未成年人普遍认为这些价值不太重要。进一步以中间值2.5分为界,将低于2.5分划为低分组,表明调查对象认为某目标价值并不重要;将高于2.5分划为高分组,表明调查对象认为某种目标价值重要;将2.5分划为中间组,表明调查对象对某目标价值的重视程度居中。从结果可以看出,超过八成的未成年人都重视内在的个人成长、亲和乐群与热心公益的价值;不到三成的未成年人认为外在的财富成功、社会名气和形象出众重要,五成多的未成年人认为财富成功和社会名气不重要,超过六成的未成年人认为形象出众并不重要。

表1 未成年人价值观基本特点

单位:分,%

价值观维度	价值观	均值	低分组比例(不重要)	中间组比例(中等)	高分组比例(重要)
内在目标价值	个人成长	3.24	10.27	6.51	83.22
	亲和乐群	3.36	7.20	5.27	87.53
	热心公益	3.25	8.92	7.95	83.13
外在目标价值	财富成功	2.36	50.92	19.67	29.42
	社会名气	2.33	52.17	19.77	28.06
	形象出众	2.20	64.82	11.12	24.06

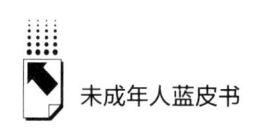

2. 未成年人价值观的人口学特点

（1）男生比女生更注重财富成功和社会名气价值

分析男女生在目标价值追求上的差异可以发现，相对而言，女生追求内在目标价值的比例要高于男生，而整体上男生追求外在目标价值（除形象出众的比例略低于女生）的比例更高（见表2）。具体而言，女生看重个人成长、亲和乐群与热心公益的比例略高于男生，不看重这些价值的比例低于男生。而男生有更高比例的人看重财富成功和社会名气，女生不重视这两个价值的比例则更高。两者在对形象出众的重视上几乎没有差异，女生不重视的人略少。

表 2 不同性别未成年人目标价值分布特点

单位：%

价值观维度		价值观低分比例		价值观高分比例	
		男	女	男	女
内在目标价值	个人成长	11.55	9.01	81.42	85.01
	亲和乐群	8.11	6.30	86.17	88.88
	热心公益	9.89	7.96	82.44	83.82
外在目标价值	财富成功	48.72	53.11	32.36	26.48
	社会名气	49.17	55.16	31.21	24.92
	形象出众	65.72	63.93	24.00	24.12

（2）未成年人随年级增长越来越注重内在价值，高中生对外在价值注重的比例有回升

不同学段未成年人目标价值特点如表3所示。在内在目标价值方面，未成年人随着学段的增加，会更加重视内在成长收获与人际关系和谐方面的价值，高中生看重个人成长与亲和乐群价值的人数比例最高，其次是初中生，职高/中专学生重视这些价值的人数占比低于初中生和高中生，高于小学生。对于热心公益这一价值，小学低年级学生看重的人数占比最高，随学段增长，重视程度减弱（职高/中专学生除外），高中生重视热心公益的人数占比在各学段中相对较低。

在外在目标价值方面，小学阶段，未成年人比较看重财富成功、社会名气和形象出众这些外在价值，随着年龄增长，对这些价值的重视程度减弱，追求这些价值的人数比例不断下降；但到了高中阶段，未成年人又开始追求财富成功和形象出众价值，重视比例提高。尤其是，就读于职高/中专的未成年人，对外在价值的重视比例在所有学段中最高。

表3 不同年级未成年人目标价值分布特点

单位：%

	学段	个人成长	亲和乐群	热心公益	财富成功	社会名气	形象出众
价值观低分	小学低年级	11.16	7.54	7.50	46.02	43.79	65.83
	小学高年级	11.88	7.73	8.42	56.70	53.45	69.39
	初中	8.13	6.02	8.71	57.02	58.89	66.11
	高中	7.84	6.61	11.93	43.65	56.56	56.08
	职高/中专	10.03	8.23	10.03	36.50	49.36	41.90
价值观高分	小学低年级	81.64	86.38	85.11	32.03	33.90	22.94
	小学高年级	80.96	86.23	83.85	26.00	28.18	20.57
	初中	85.85	89.44	82.49	24.33	22.25	22.37
	高中	87.50	89.97	79.56	34.84	23.57	31.54
	职高/中专	83.03	87.92	82.78	42.93	35.22	44.47

（3）农村未成年人比城市未成年人更重视外在价值

比较城乡未成年人在目标价值上的特点，结果发现，城市未成年人和农村未成年人相比，会有更高比例的人认可内在价值，如会更重视个人成长、亲和乐群与热心公益；同时，前者要比后者更少追求外在目标价值，包括更少比例的人重视财富成功、社会名气和形象出众这些价值，农村未成年人则对这些外在价值更为重视（见表4）。

表4 城乡地区未成年人目标价值分布特点

单位：%

	学校所在地	个人成长	亲和乐群	热心公益	财富成功	社会名气	形象出众
价值观低分	城市	9.31	6.46	8.13	52.20	52.04	65.97
	农村	13.25	9.48	11.35	46.99	52.58	61.31
价值观高分	城市	84.62	88.61	84.27	28.21	27.62	23.18
	农村	78.92	84.22	79.63	33.13	29.42	26.78

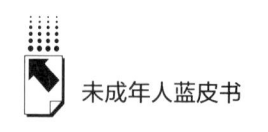

（二）未成年人的互联网使用与目标价值

如前所述，未成年人价值观的形成受多重因素的影响。本调查重点关注未成年人网络媒介的使用与其目标价值之间的关联。将从不或很少使用某网络媒介界定为低频率使用某媒介，将有时使用某网络媒介界定为中等频率使用某媒介，将经常或总是使用某媒介界定为高频率使用某媒介。在众多未成年人日常生活中可能接触的网络媒介中，选择了相对来说未成年人使用较多的两类媒介，一是休闲娱乐类的网络媒介，包括短视频、视频和网络游戏；二是学习和获取信息类的网络媒介，包括网上学习与新闻和资讯、微博。未成年人对上述各种网络媒介的使用频率情况如表5所示。

表5 未成年人网络媒介使用频率

单位：%

	低频率(从不或很少)	中等频率(有时)	高频率(经常或总是)
休闲娱乐			
看短视频	47.66	29.48	22.86
看视频(如看剧、看综艺)	56.01	27.45	16.54
玩网络游戏	59.12	24.82	16.06
信息获取			
网上学习	32.92	41.22	25.85
看新闻和资讯	70.48	20.21	9.31
逛微博	89.63	6.43	3.94

1.未成年人看短视频与目标价值

（1）未成年人看短视频越频繁，越追求外在价值

在本次调查中，中等频率和高频率看短视频的未成年人合计占到了52.34%（见表5）。看短视频是未成年人日常休闲娱乐的重要方式。对比分析看短视频频率不同的未成年人的价值观特点可以发现（见表6和图1），看短视频频率不同的未成年人持有的内在目标价值差异较小，主要表现在看短视频较多的未成年人追求热心公益价值的比例更低，不认同热心公益价值

的比例更高。在外在目标价值上，看短视频频率不同的未成年人存在一定差异，看短视频越多的未成年人，越追求财富成功、社会名气和形象出众这些外在价值。具体而言，看短视频频率高的未成年人，与从不或很少看短视频的未成年人相比，其看重财富成功这一价值的比例要高出 12.31 个百分点（36.98% vs. 24.67%），看重形象出众这一价值的比例要高出 16.55 个百分点（35.06% vs. 18.51%），看重社会名气这一价值的比例要高出 4.07 个百分点（30.64% vs. 26.57%）。这些结果表明，看短视频的频率可能会影响未成年人对外在价值的重视程度。

表 6 未成年人看短视频的频率与其目标价值特点

单位：%

	看短视频频率	个人成长	亲和乐群	热心公益	财富成功	社会名气	形象出众
价值观低分	低	10.98	8.08	8.80	56.56	54.44	71.94
	中等	9.12	6.04	8.15	47.93	50.20	63.24
	高	10.31	6.86	10.19	43.02	49.98	52.01
价值观高分	低	82.89	86.47	83.96	24.67	26.57	18.51
	中等	84.11	88.67	83.63	31.23	28.47	24.50
	高	82.75	88.26	80.76	36.98	30.64	35.06

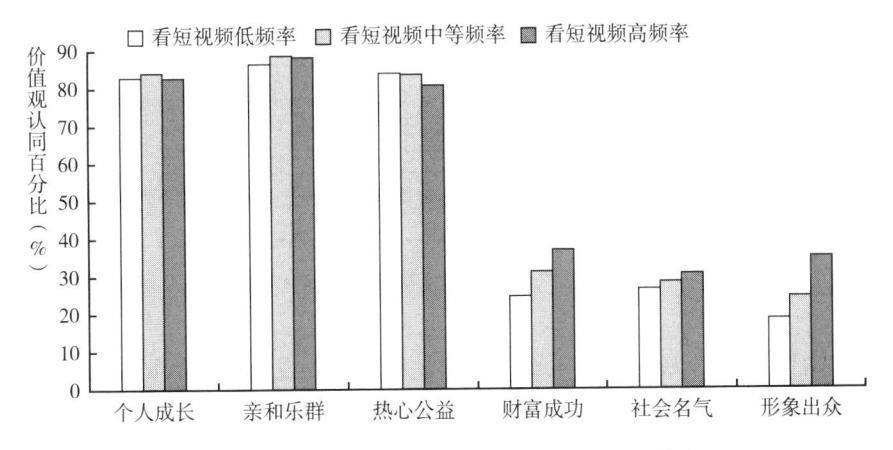

图 1 未成年人短视频使用频率与价值观认同特点

（2）看短视频对城市和高中阶段未成年人的价值取向影响更大。

下文将进一步比较分析不同特点的未成年人看短视频与目标价值的关系是否有差异。为更清晰呈现结果，只对比分析从不或很少看短视频和经常或总是看短视频的未成年人认同某一价值观的数据（价值观高分组比例），即看短视频频率不同的未成年人分别会有多少人追求某种价值。

对城乡未成年人的对比分析可以发现，看短视频频率不同的未成年人在内在目标价值上的城乡差异较小，在外在目标价值上的差异则在城市未成年人中表现得更为明显（见图2）。具体而言，经常或总是看短视频的城市未成年人，与从不或很少看短视频的城市未成年人相比，重视形象出众的比例差异较大，前者比后者高出17.36个百分点（35.18% vs. 17.82%），重视财富成功的比例高出8.25个百分点（36.01% vs. 27.76%），重视社会名气的比例高出5.00个百分点（31.01% vs. 26.01%），这些差异高于农村未成年人中的相应差异。这一结果表明看短视频可能对城市未成年人的价值取向影响更大。

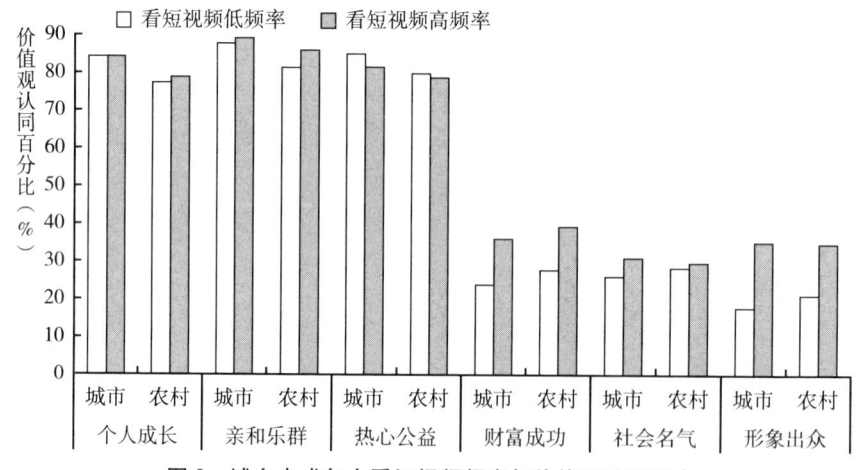

图2 城乡未成年人看短视频频率与价值观认同特点

对不同学段未成年人的对比分析则发现，看短视频频率不同的未成年人在外在目标价值上的差异，在高年级未成年人中表现得更为明显（见图3）。具体而言，经常或总是看短视频的高中生，与从不或很少看短视频的高中生相比，重视财富成功的比例高出14.86个百分点（42.64% vs. 27.78%），重视社会名气的比例高出8.10个百分点（28.13% vs. 20.03%），看重形象出众的比例要高出17.67个百分点（41.27% vs. 23.60%）。此外，经常或总是看短视频的初中生对形象出众的重视也要比从不或很少看短视频的初中生高出21.22个百分点（34.50% vs. 13.28%）。这一结果提示，看短视频频率可能与高年级学生价值取向关联更紧密。

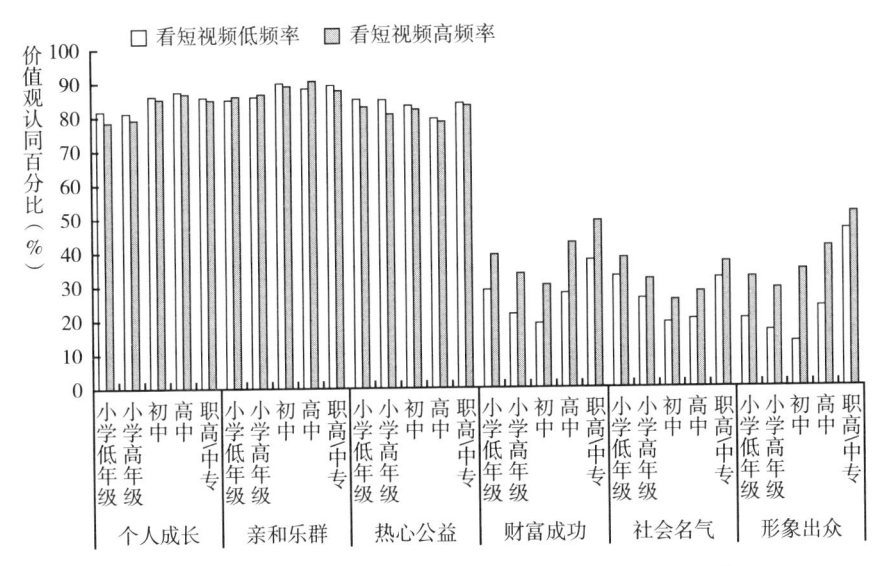

图3　不同学段未成年人看短视频频率与价值观认同特点

2. 未成年人看视频的频率与目标价值

（1）未成年人在网上看视频越频繁，对外在价值越重视

分析看视频（如看剧、看综艺）频率不同的未成年人的价值观特点可以发现，看视频频率不同的未成年人在内在目标价值上的差异较小（见表7和图4）。在外在目标价值上，看视频频率不同的未成年人存在一定差异，看视频越多的未成年人，会更多追求财富成功和形象出众等价值。具体而言，看视频频率高的未成年人，与从不或很少看视频的未成年人相比，其看重财富成功这一价值的比例要高出7.69个百分点（34.63% vs. 26.94%），看重形象出众这一价值的比例要高出14.03个百分点（34.05% vs. 20.02%）。看视频频率可能也会影响未成年人的某些外在价值取向。

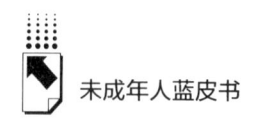

表7 未成年人看视频频率与其目标价值特点

单位：%

	看视频频率	个人成长	亲和乐群	热心公益	财富成功	社会名气	形象出众
价值观低分	低	11.17	7.99	9.18	53.41	53.54	69.82
	中等	8.68	5.78	8.06	48.80	50.60	61.79
	高	9.87	6.87	9.46	46.01	50.13	52.93
价值观高分	低	82.18	86.52	83.01	26.94	27.39	20.02
	中等	84.84	89.04	83.82	31.33	28.21	26.29
	高	84.03	88.46	82.39	34.63	30.07	34.05

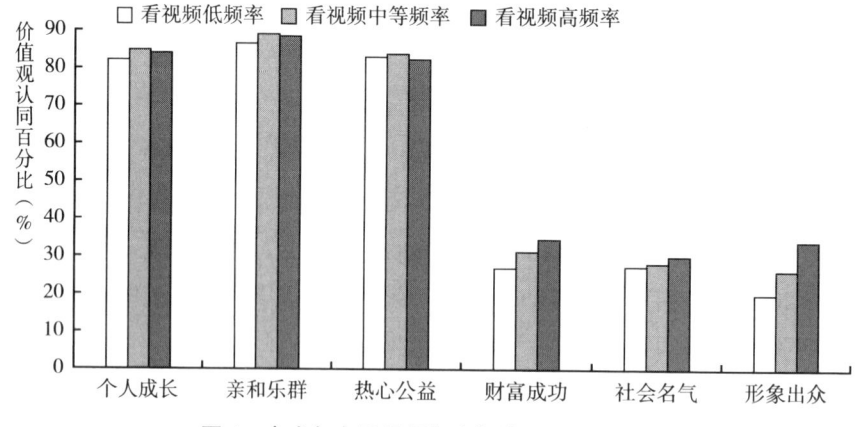

图4 未成年人看视频频率与价值观认同特点

(2) 看视频对城市和初高中阶段未成年人的外在价值追求影响更大

对城乡未成年人的对比分析可以发现（见图5），看视频频率不同的未成年人在目标价值取向上的差异在城乡间具有不同特点。具体而言，经常或总是看视频的农村未成年人，与从不或很少看视频的农村未成年人相比，会更重视亲和乐群（86.86% vs. 82.25%）这一内在价值，这一差异要高于城市未成年人之间的相应差异，表明看视频可能让农村未成年人更多意识到亲和乐群的意义。而在外在价值方面，经常或总是看视频的城市未成年人，与从不或很少看视频的城市未成年人相比，对形象出众这一价值的重视比例要高出15.54个百分点（34.60% vs. 19.06%），对社会名气的重视比例要高出3.40个百分点（30.09% vs. 26.69%），这些差异大于农村未成年人中的相应差异，表明城市未成年人对形象出众和社会名气的追求可能更容易受看视频的影响。

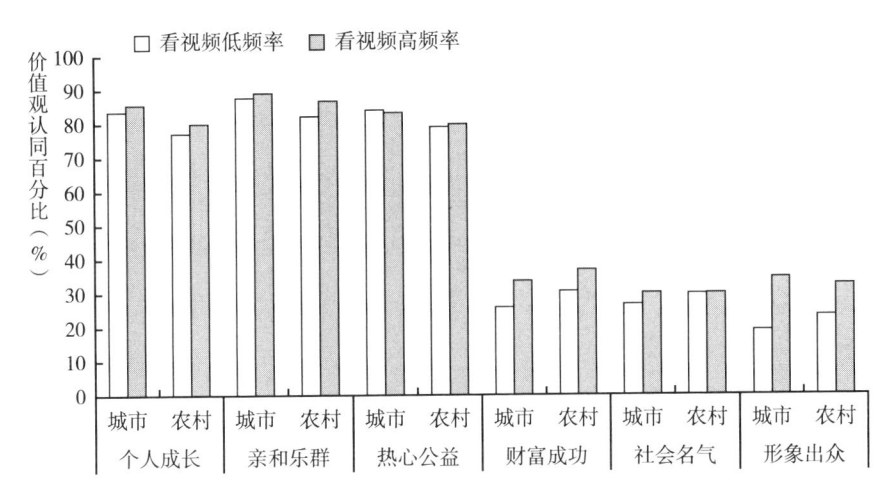

图5 城乡未成年人看视频频率与价值观认同特点

对不同学段未成年人的对比分析则发现，看视频频率不同的未成年人在目标价值取向上的差异，大多在高年级未成年人中表现得更明显（见图6）。具体而言，经常或总是看视频的高中生，与从不或很少看视频的高中生相比，重视财富成功的比例要高出12.32个百分点（42.66% vs. 30.34%），重视社会名气的比例要高出6.40个百分点（28.26% vs. 21.86%），看重形象出众的比例要高出17.15个百分点（41.22% vs. 24.07%）。此外，经常或总是看网络视频的初中生对社会名气和形象出众的重视，与从不或很少看的初中生之间的差异也较大，分别为6.27个百分点和15.10个百分点。这一结果显示看视频与初高中生的价值取向关联可能更紧密。

3. 未成年人网络游戏与目标价值

（1）未成年人玩网络游戏越频繁，对外在目标价值越重视

分析玩网络游戏频率不同的未成年人的价值观特点可以发现，玩网络游戏频率不同的未成年人，在内在目标价值上的差异较小，主要表现为玩网络游戏较频繁的未成年人，对个人成长和热心公益的目标价值重视较少（见表8和图

199

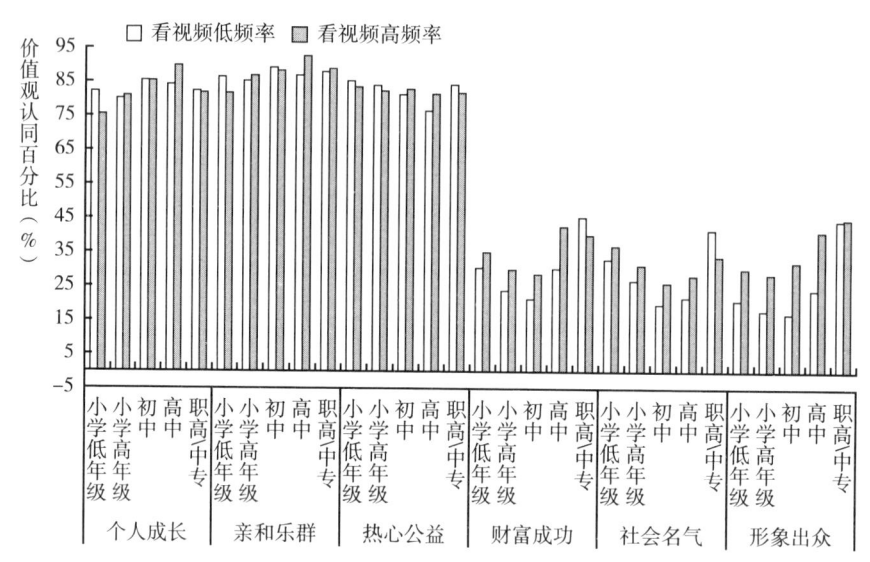

图6 不同学段未成年人看视频与价值观认同特点

7)。在外在目标价值上，玩网络游戏频率不同的未成年人存在一定差异，玩网络游戏越多的未成年人，会更加注重财富成功、社会名气和形象出众这些外在价值。具体而言，玩网络游戏频率高的未成年人，与从不或很少玩的未成年人相比，其看重财富成功这一价值的比例要高出10.07个百分点（36.70% vs. 26.63%），看重形象出众这一价值的比例要高出10.17个百分点（31.49% vs. 21.32%），重视社会名气的比例要高出4.82个百分点（31.60% vs. 26.78%）。可见，玩网络游戏的频率也可能会影响未成年人的外在价值取向。

表8 未成年人玩网络游戏的频率与其目标价值特点

单位：%

	玩网络游戏频率	个人成长	亲和乐群	热心公益	财富成功	社会名气	形象出众
价值观低分	低	9.78	7.09	8.13	53.52	53.50	68.13
	中等	9.97	6.73	8.93	48.21	50.53	62.22
	高	12.55	8.34	11.81	45.53	49.80	56.68
价值观高分	低	84.22	87.87	84.62	26.63	26.78	21.32
	中等	83.10	87.54	82.24	31.33	28.80	25.78
	高	79.71	86.25	79.03	36.70	31.60	31.49

图7 未成年人玩网络游戏频率与价值观认同特点

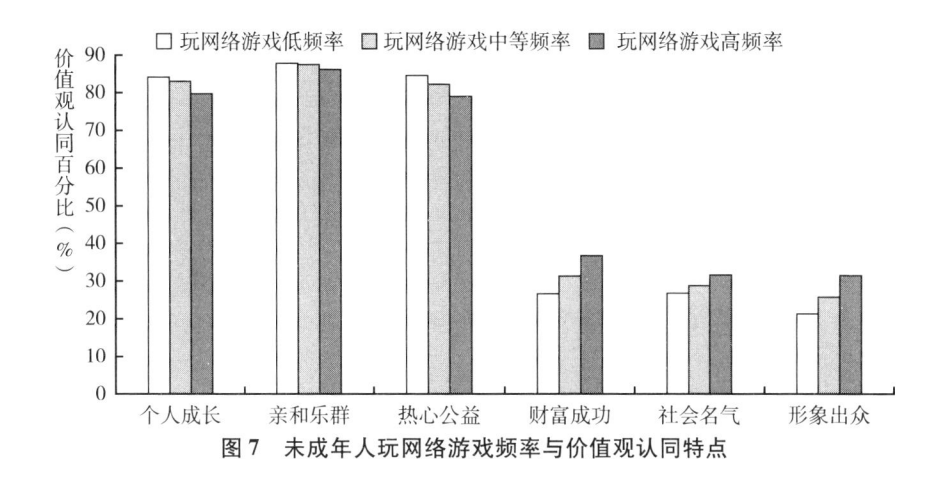

（2）玩网络游戏对农村和高中阶段未成年人的价值取向影响更大

对城乡未成年人的对比分析可以发现，玩网络游戏频率不同的未成年人在外在目标价值取向上的差异存在一定城乡差别（见图8）。具体而言，经常或总是玩网络游戏的农村未成年人，与从不或很少玩的农村未成年人相比，重视财富成功的比例高出12.74个百分点（42.21% vs. 29.47%），重视形象出众的比例高出14.59个百分点（38.11% vs. 23.52%），重视社会名气的比例高出6.25个百分点（34.47% vs. 28.22%），这些差异都大于城市未成年人中的相应差异。这一结果表明玩网络游戏可能对农村未成年人的价值取向影响更大。

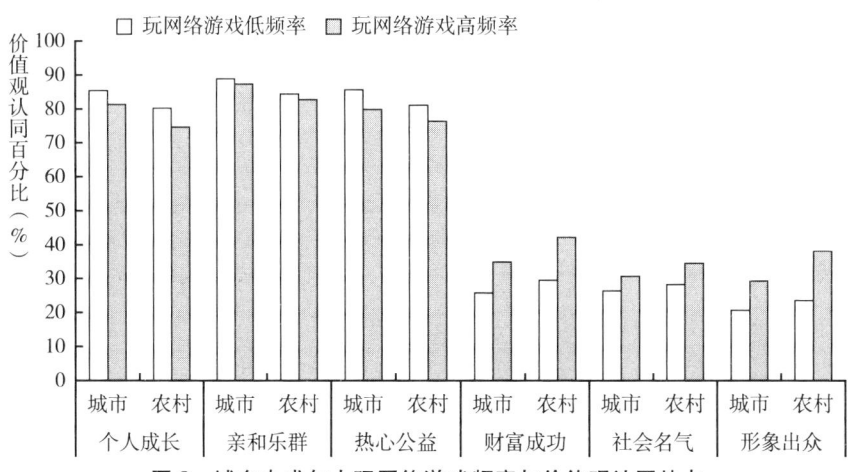

图8 城乡未成年人玩网络游戏频率与价值观认同特点

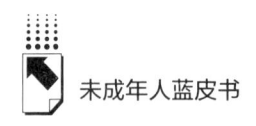

对不同学段未成年人的对比分析可以发现，玩网络游戏频率不同的未成年人在目标价值取向上存在差异，这在高年级未成年人中表现得更明显（见图9）。具体而言，经常或总是玩网络游戏与从不或很少玩的高中生和职高/中专学生之间，对社会名气的重视比例差异较大，前者要比后者分别高出9.39个百分点（29.92% vs. 20.53%）和9.81个百分点（41.86% vs. 32.05%）。

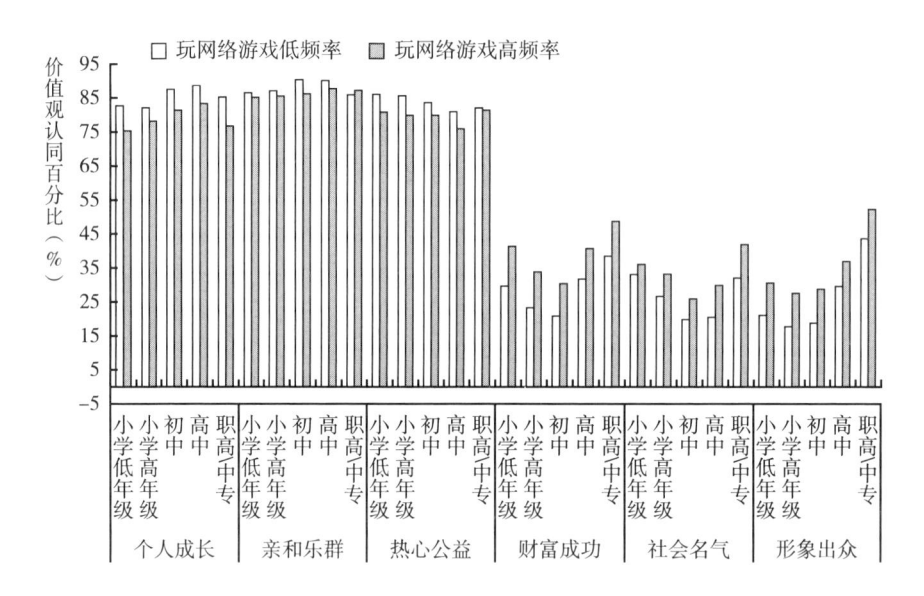

图9 不同学段未成年人玩网络游戏频率与价值观认同特点

4. 未成年人网络学习与目标价值

（1）未成年人网络学习越频繁，越注重内在价值

分析网络学习频率不同的未成年人的价值观特点可以发现，网络学习频率不同的未成年人在外在目标价值上的差异较小，表现在经常或总是网络学习的未成年人比从不或很少的未成年人更少重视财富成功（见表9和图10）。但在内在目标价值上，存在一定差异，具体而言，网络学习频率越高的未成年人，越重视个人成长、亲和乐群与热心公益等内在价值。具体而言，网络学习频率高的未成年人，与从不或很少网络学习的未成年人相比，其看重个人成长这一价值的比例要高出7.61个百分点（86.17% vs. 78.56%），看重热

心公益这一价值的比例要高出 6.89 个百分点（85.98% vs. 79.09%），看重亲和乐群这一价值的比例要高出 4.58 个百分点（88.77% vs. 84.19%）。

表 9　未成年人网络学习的频率与其目标价值特点

单位：%

	网络学习频率	个人成长	亲和乐群	热心公益	财富成功	社会名气	形象出众
价值观低分	低	14.10	10.06	11.92	49.84	52.89	64.05
	中等	8.43	5.47	7.56	50.09	51.79	64.68
	高	8.35	6.32	7.28	53.60	51.86	66.03
价值观高分	低	78.56	84.19	79.09	31.25	29.11	25.46
	中等	85.09	89.42	84.57	28.89	27.08	23.25
	高	86.17	88.77	85.98	27.92	28.28	23.56

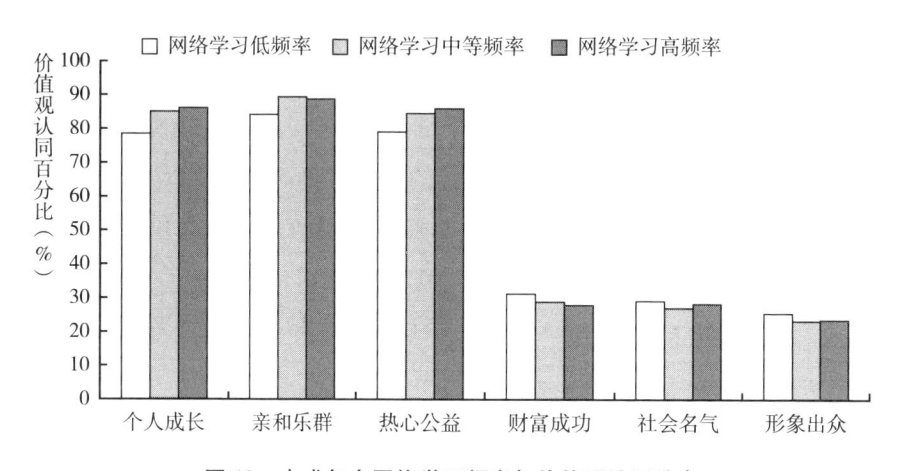

图 10　未成年人网络学习频率与价值观认同特点

（2）网络学习对城市和初高中阶段未成年人的价值取向影响更大

对城乡未成年人的对比分析可以发现，网络学习频率不同的未成年人在外在目标价值取向上的差异在城乡有所不同（见图 11）。具体而言，经常或总是和从不或很少网络学习的城市未成年人相比，前者对财富成功的重视比例低 3.59 个百分点（26.75% vs. 30.34%），农村未成年人群体中这一差异则很小。这表明网络学习频率对城市未成年人价值观影响可能更大。

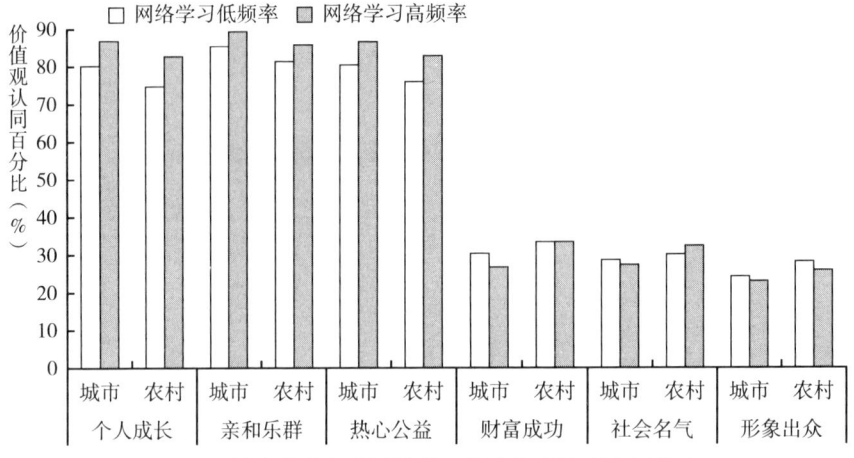

图11 城乡未成年人网络学习频率与价值观认同特点

对不同学段未成年人的对比分析可以发现，网络学习频率不同的未成年人在目标价值取向上的差异因未成年人发展阶段不同而不同（见图12）。经常或总是和从不或很少网络学习的小学低年级学生之间，在内在价值上的差异最小，前者与后者相比，对个人成长的重视比例高出4.38个百分点，相应的最大差异在高中生群体中，相差8.94个百分点；对亲和乐群的重视比例高出1.90个百分点，相应的最大差异在初中生群体中，相差7.09个百分点；对热心公益的重视比例高出3.95个百分点，相应的最大差异在高中生群体中，相差11.01个百分点。这一结果表明小学低年级学生更少受到网络学习频率的影响，初高中生相对受到的影响更大。

5. 未成年人看新闻和资讯与目标价值

（1）未成年人看新闻和资讯越频繁，对内在和外在价值重视程度都有提升

分析看新闻和资讯频率不同的未成年人的价值观特点可以发现，看新闻和资讯频率不同的未成年人在目标价值上存在一定差异（见表10和图13）。具体表现为，经常或总是看新闻和资讯的未成年人比从不或很少看的未成年人既更重视个人成长（88.38% vs. 81.49%）与亲和乐群（90.76% vs. 86.23%）这些内在价值，又更重视财富成功（34.11% vs. 28.40%）和形象出众（29.16% vs. 22.18%）这些外在价值。

未成年人网络媒介使用与价值观报告

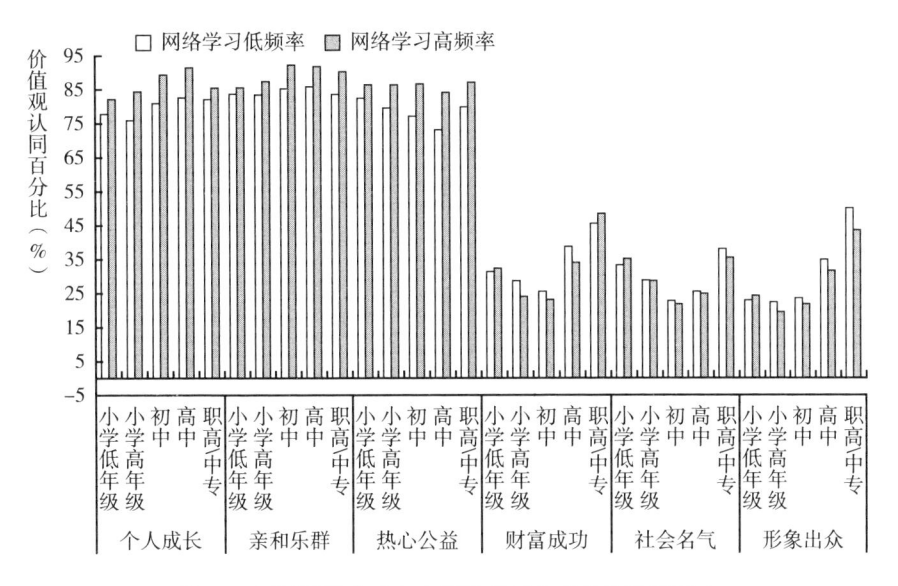

图 12 不同学段未成年人网络学习与价值观认同特点

表 10 未成年人看新闻和资讯的频率与其目标价值特点

单位：%

	看新闻和资讯的频率	个人成长	亲和乐群	热心公益	财富成功	社会名气	形象出众
价值观低分	低	11.50	8.04	9.45	52.25	52.82	66.93
	中等	7.24	4.90	7.10	47.91	50.82	60.34
	高	7.56	5.88	8.90	47.40	50.17	58.63
价值观高分	低	81.49	86.23	82.27	28.40	27.99	22.18
	中等	86.89	90.60	85.47	30.78	27.64	28.28
	高	88.38	90.76	84.58	34.11	29.51	29.16

（2）看新闻和资讯频率对农村和小学低年级阶段的未成年人影响更大

对城乡未成年人的对比分析发现，看新闻和资讯频率不同的未成年人在目标价值取向上有一定的城乡差异（见图14）。具体而言，经常或总是看和从不或很少看新闻和资讯的农村未成年人，在个人成长、亲和乐群和热心公益价值的重视程度上的差异会更大，前者与后者相比，对个人成长的重视比

205

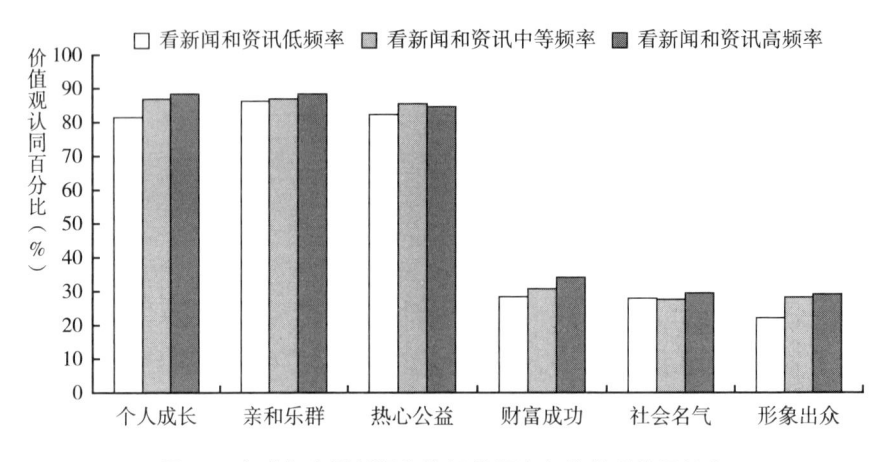

图13 未成年人看新闻和资讯的频率与价值观认同特点

例高出10.32个百分点（86.45% vs. 76.13%），对亲和乐群的重视比例高出7.94个百分点（89.68% vs. 81.74%），对热心公益的重视比例高出6.18个百分点（84.09% vs. 77.91%）。与此同时，农村未成年人群体中，经常或总是看新闻和资讯与从不或很少看的未成年人相比，前者重视财富成功的比例比后者高出8.90个百分点（40.22% vs. 31.32%）。上述这些差异在城市未成年人中更小。这表明看新闻和资讯更容易影响农村未成年人的价值取向。

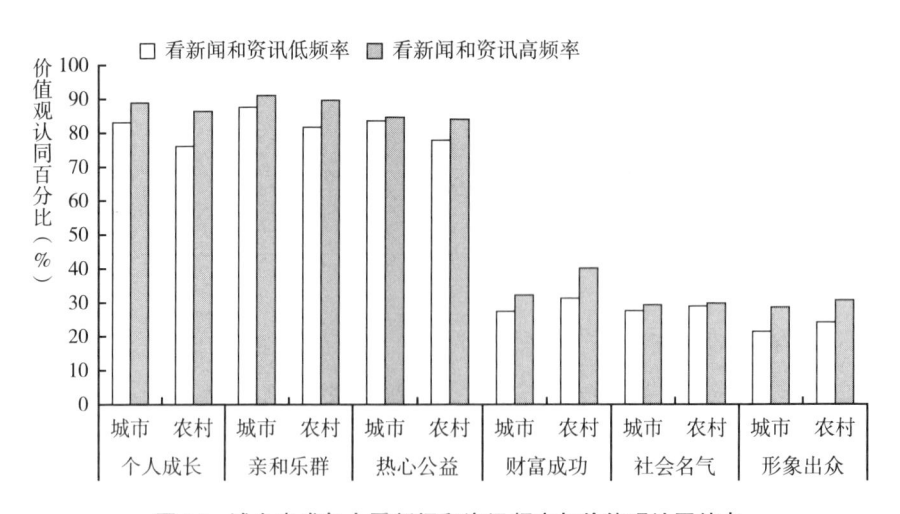

图14 城乡未成年人看新闻和资讯频率与价值观认同特点

对不同学段未成年人的对比分析可以发现，看新闻和资讯的未成年人在目标价值取向上的差异因未成年人发展阶段不同而不同（见图15）。在经常或总是和从不或很少看新闻和资讯的小学低年级学生之间，前者比后者对个人成长的重视比例低4.43个百分点（77.21% vs. 81.64%），在热心公益价值的重视比例上低了4.01个百分点（80.88% vs. 84.89%），也就是说小学低年级学生看新闻和资讯，更有可能降低其对内在价值的重视程度。而其他学段的学生，则往往因看新闻和资讯而更注重内在价值。经常或总是看新闻和资讯的小学低年级学生和从不或很少看的相比，对外在价值的重视程度差异也比其他学段的学生大，前者要比后者对财富成功的重视比例高出8.44个百分点（39.71% vs. 31.27%），对社会名气的重视比例高出7.90个百分点（41.18% vs. 33.28%），对形象出众的重视比例高出8.14个百分点（30.15% vs. 22.01%）。这一结果表明小学低年级学生更容易受到看新闻和资讯频率的影响。

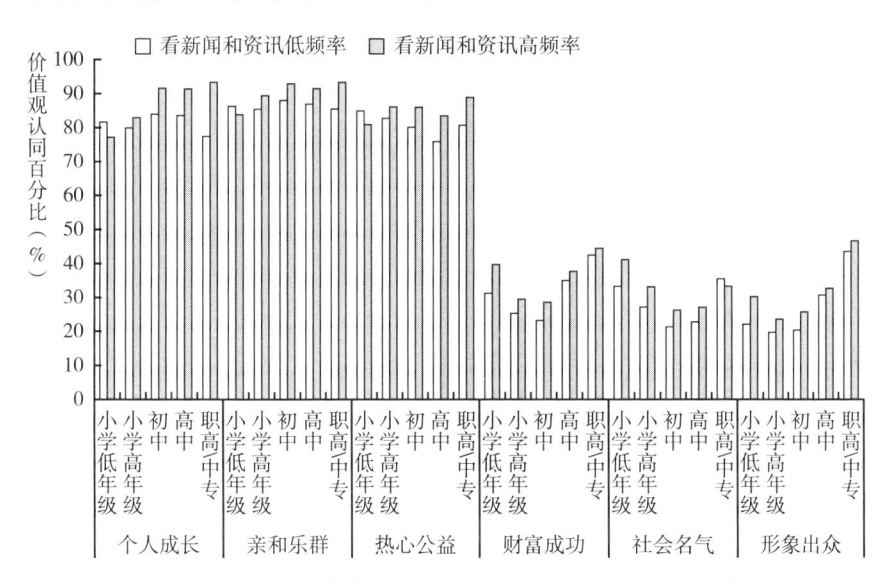

图15 不同学段未成年人看新闻和资讯与价值观认同特点

6. 未成年人逛微博与目标价值

（1）未成年人逛微博越频繁，越重视外在价值

分析逛微博频率不同的未成年人的价值观特点可以发现，逛微博频率不

同的未成年人在目标价值上存在一定差异（见表11和图16）。具体表现为，经常或总是逛微博的未成年人比从不或很少逛微博的未成年人有更高比例的人重视个人成长（90.19% vs. 82.78%）与亲和乐群（90.77% vs. 87.30%）这些内在价值，也更重视财富成功（40.65% vs. 28.33%）、社会名气（31.54% vs. 27.84%）和形象出众（45.21% vs. 22.16%）这些外在价值。

表11　未成年人逛微博的频率与其目标价值特点

单位：%

	逛微博的频率	个人成长	亲和乐群	热心公益	财富成功	社会名气	形象出众
价值观低分	低	10.47	7.27	8.84	52.03	52.38	66.88
	中等	9.44	7.01	9.59	42.56	50.64	50.50
	高	7.13	5.96	9.70	39.37	49.77	41.47
价值观高分	低	82.78	87.30	83.22	28.33	27.84	22.16
	中等	85.12	88.70	82.55	37.70	28.97	37.55
	高	90.19	90.77	82.01	40.65	31.54	45.21

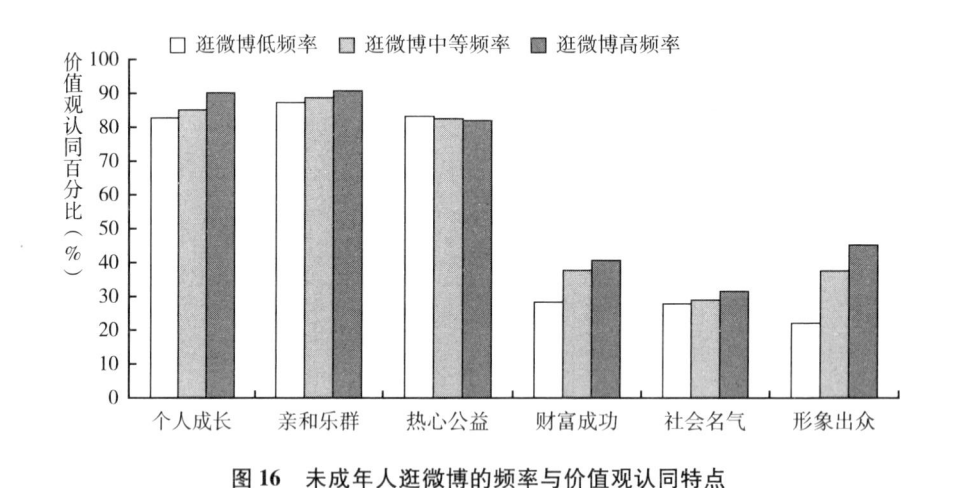

图16　未成年人逛微博的频率与价值观认同特点

（2）逛微博对农村未成年人的内在价值和城市未成年人的外在价值影响更明显，对小学低年级阶段未成年人的价值取向影响更明显

对城乡未成年人的对比分析可以发现，逛微博频率不同的未成年人在目

标价值取向上有一定的城乡差异（见图17）。具体而言，经常或总是逛微博和从不或很少逛微博的农村未成年人，在个人成长与亲和乐群价值的重视程度上的差异会比较大，前者和后者相比，对个人成长的重视比例高出9.58个百分点（87.77% vs. 78.19%），对亲和乐群的重视比例高出7.95个百分点（91.49% vs. 83.54%），这些差异比城市未成年人中相应的差异大。而城市未成年人群体中，经常或总是和从不或很少逛微博的未成年人相比，前者重视财富成功的比例比后者高出13.67个百分点（40.87% vs. 27.20%），重视社会名气的比例高出4.49个百分点（31.89% vs. 27.40%），重视形象出众的比例高出24.71个百分点（45.96% vs. 21.25%）。上述这些差异在农村未成年人中会更小。这表明逛微博更可能影响农村未成年人的内在价值取向，影响城市未成年人的外在价值取向。

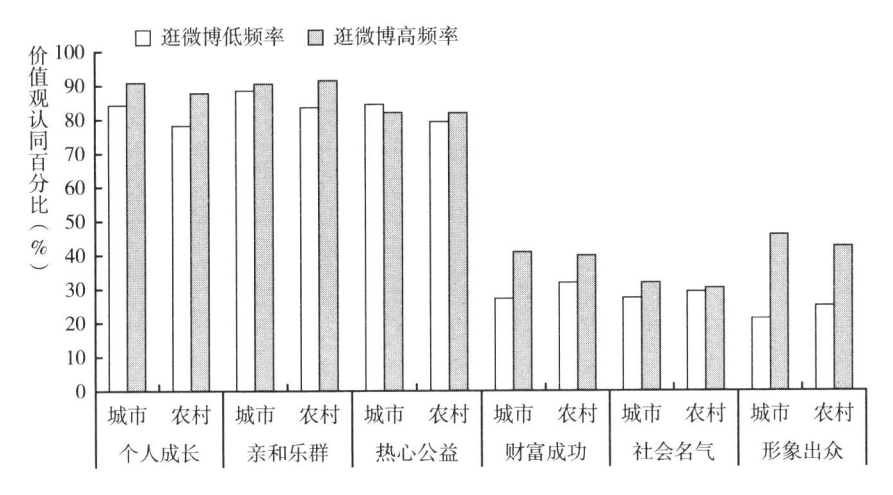

图17 城乡未成年人逛微博与价值观认同特点

对不同学段未成年人的对比分析可以发现，逛微博的未成年人在目标价值取向上的差异因未成年人发展阶段不同而不同（见图18）。经常或总是逛微博的小学低年级学生与从不或很少逛的相比，在内在价值上的差异最大，前者比后者对个人成长的重视比例低了11.31个百分点（70.59% vs. 81.90%），对亲和乐群的重视比例低了10.14个百分点（76.47% vs.

86.61%），对热心公益的重视比例低了8.78个百分点（76.47% vs. 85.25%）。这表明小学低年级学生更容易因逛微博而降低对内在价值的重视程度，而初高中学生经常逛微博时，对内在价值的重视程度会提高。此外，经常或总是和从不或很少逛微博的小学低年级学生，在外在目标价值上差异也最大，尤其是在财富成功和社会名气上，前者分别比后者高出了21.14个百分点（52.94% vs. 31.80%）和25.05个百分点（58.82% vs. 33.77%）。整体上，逛微博对未成年人价值观的影响在小学低年级学生中更为明显。

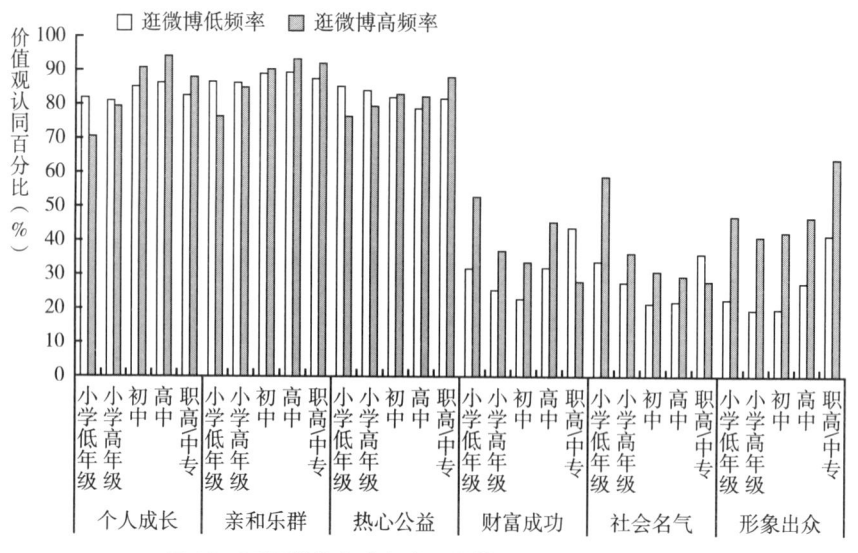

图18 不同学段未成年人逛微博与价值观认同特点

三 研究结论和建议

（一）研究结论

本报告分析了当前未成年人对个人成长、亲和乐群和热心公益等内在目标价值以及对财富成功、社会名气、形象出众等外在目标价值的追求特点，分析了未成年人网络媒介使用与其价值观之间的关系。主要有以下四方面的研究发现。

1. 未成年人普遍更注重内在成长而不追求外在名利，男女侧重也不同

对全国6~18岁在校学生的调查结果显示，超过八成的未成年人都更为看重内在目标价值，认可获得个人成长、亲和乐群和热心公益这些内在价值；而不到三成的未成年人认可财富成功、社会名气和形象出众这些外在目标价值，认为其对自身重要。男生比女生更看重外在价值，如财富成功和社会名气。

2. 未成年人随年龄增长更注重内在价值，农村未成年人更追求外在价值

调查结果显示，未成年人随着年龄增长，会更加注重个体内在发展的价值，追求个人成长与亲和乐群价值，但对热心公益的价值重视程度会降低。小学低年级未成年人对财富成功、社会名气和形象出众这些外在价值有所关注，随年龄增长重视程度下降，但到高中阶段后，未成年人中会有更多的人追求财富成功和形象出众价值，尤其是职高/中专的学生，对外在价值尤为重视。

对城乡未成年人的对比分析发现，农村未成年人与城市未成年人相比，会更看重外在的财富成功、社会名气和外表出众这些价值，而更少注重个人成长、亲和乐群与热心公益价值。

3. 频繁使用一些网络媒介的未成年人会更多追求外在价值

本报告比较分析了对于几种常见网络媒介使用频率不同的未成年人的价值取向，结果显示，经常看短视频、看视频和玩网络游戏的未成年人，会更加看重财富成功、社会名气和形象出众这些外在价值；同时，其对个人成长和热心公益这样的内在价值的重视程度会有所下降。其中，看短视频频繁和未成年人更多追求外在目标价值之间的关联更为明显，而玩网络游戏频繁和未成年人更少追求内在目标价值的关联更明显。

未成年人使用网络媒介进行学习活动，会在一定程度上增强其对内在目标价值的重视，使用网络媒介获取新闻和资讯的未成年人的内在价值和外在价值追求都可能得到一定提升。

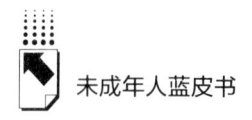

4. 网络媒介对未成年人价值观的影响存在城乡和发展阶段的差异

对比分析发现，看短视频和看视频对未成年人价值追求的影响，在城市未成年人中更为明显。频繁看短视频和视频会更可能提高城市未成年人对财富成功、社会名气和形象出众这些价值的重视程度。玩网络游戏、逛微博与看新闻和资讯对未成年人价值追求的影响则是在农村未成年人中更为明显。

在不同发展阶段，未成年人价值取向受网络媒介影响的程度也有差异。整体上，处于青春期的未成年人，即处于初高中阶段的未成年人，更可能因为频繁看短视频、看视频和玩网络游戏而更多追求财富成功、社会名气和形象出众这些外在价值。而小学阶段的未成年人，特别是低年级的未成年人，价值取向更容易受看新闻和资讯与逛微博的影响，这可能因其对信息的辨别能力还不强有关。

（二）利用网络媒介，积极引导未成年人价值取向的建议

本调查结果显示，网络媒介，尤其是内容媒介作为未成年人成长过程中接触到的新环境，影响着未成年人的价值取向。与利用互联网学习和搜索信息相比，互联网内容媒介的使用与未成年人价值取向的关联更为明显，而这些内容媒介作为一种休闲娱乐方式，在未成年人群体中又占有相当比重的使用率。因此，要关注如何让网络媒介对未成年人的价值取向起到积极的引导作用。本调查结果显示，短视频、视频、网络游戏等内容相关网络媒介，在内容产品的价值输出上，可能存在单一化问题，让未成年人更多去注重财富成功、社会名气和形象出众这些外在价值取向，而减低其对个人成长、亲和乐群与热心公益这些内在价值的关注度。基于此，我们建议在强调互联网媒介内容产品的价值输出符合基本道德规范的同时，还要关注其价值导向的方向性和多元化，利用互联网媒介的优势，对未成年人价值观形成积极的引导作用。

参考文献

劳拉·E. 伯克，2014，《伯克毕生发展心理学：从 0 岁到青少年》，陈会昌等译，中国人民大学出版社。

汤筠冰，2017，《新媒体艺术视角下的网络视频与青少年价值观塑造》，《中国新闻传播研究》第 5 期。

马苗苗、刘济良，2020，《"短视频热"影响下的青少年价值观教育及其建构》，《青年探索》第 1 期。

何攀文、唐钱，2021，《"饭圈文化"影响下青少年价值观教育探析》，《广西青年干部学院学报》第 2 期。

李原，2017，《不同目标追求对幸福感的影响》，《青年研究》第 6 期。

刘济良、周亚文，2017，《论动漫亚文化对我国青少年价值观教育的影响及其对策》，《湖南师范大学教育科学学报》第 5 期。

向仲敏、朱炜、朱莹燕，2016，《新媒体平台传播社会主义核心价值观的对策研究——基于青少年使用新浪微博的数据统计》，《西南交通大学学报》（社会科学版）第 2 期。

杨镇渊、刘济良，2018，《网络直播对青少年价值观的消极影响及教育对策》，《南都学坛：南阳师范学院人文社会科学学报》第 2 期。

Bronfenbrenner, U., & Morris, P. A. 2006. "The Bioecological Model of Human Development." In *Handbook of Child Psychology*：*Vol. 1. Theoretical Models of Human Development*（6th ed., pp. 793 – 828），edited by W. Damon, R. M. Lerner & R. M. Lerner. New York：Wiley.

Kasser & Ryan. 1996. "Further Examining the American Dream：Differential Correlates of Intrinsic and Extrinsic Goals," *Personality and Social Psychology Bulletin* 22.

Kasser. 2002. *The High Price of Materialism*. Cambridge：MIT Press.

Shaffer, D. R. & K. Kipp. 2009. *Development Psychology：Childhood and Adolescence*. Brooks/Cole.

B.9
未成年人网络活动与情绪控制

顾旭光*

摘　要： 随着我国未成年人互联网用户数量的逐年增加，未成年人互联网使用的负面效应也逐渐被社会各界关注。在情绪发展稳定性方面，本报告发现，城乡、父母关系、亲子关系和年龄均对未成年人的情绪稳定性有影响，城乡、年龄和社会支持对未成年人攻击性的影响比较明显。在上网行为与情绪稳定性的关系方面，本报告经过数据分析发现，生活状态对互联网使用和情绪稳定性有明显的调节效应，对情绪控制能力影响较大的因素是学习压力和未来信心，学习压力的增加和未来信心的降低会显著增加上网的频率，同时也会降低情绪稳定性。本报告建议关注未成年人的社会关系，关注农村家长角色缺失的家庭中未成年人的情绪稳定性，关注学习压力对未成年人情绪发展的重要影响，同时要对未成年人随年龄增长而增加的情绪不稳定性给予更多的包容。

关键词： 互联网使用　情绪稳定性　未成年人

《2020年全国未成年人互联网使用情况研究报告》显示，2020年我国未成年互联网网民达到1.83亿人，未成年人互联网普及率为94.9%。我国的未成年人互联网使用已进入普及阶段，使用互联网已成为未成年人日常生活中不可缺少的一部分。

---

* 顾旭光，中国社会科学院大学社会发展系在读博士生。

在这一背景与代际差异的共同作用下，因互联网使用而产生的冲突也愈加频繁，相关话题已成为引起全社会关注的公共性话题，政府监管部门、媒体、商业组织、学者、学校、家长、学生针对互联网的使用形成了数种截然不同的意见，其中争议最大的主要问题是网络的使用到底在多大程度上影响了未成年人的日常生活。具体来说，主要议题大多聚焦于互联网使用是否影响了未成年人正常的学习生活和人际交往；未成年人能否有效甄别网络中有害信息的影响；在心理和行为层面，网络的过度使用是否会增加未成年人的情绪不稳定性和攻击性等问题。

目前，互联网在我国已不再被视作洪水猛兽，随着国家对网络负面信息的管制以及家长对网络认知的提升，社会各界已经可以理性看待互联网的正负面效应。厘清互联网的负面作用机制和影响范围，已成为当前的主要工作。本报告将关注点集中在互联网对未成年人情绪控制和攻击性行为的影响上。

一　未成年人网络使用的基本情况

网络的使用行为主要包括两个指标：一是使用的时长，二是使用的内容。一般判断网络使用情况的主要指标是使用的时长。

在情绪控制方面，情绪控制能力是生活总体状态的后果之一，所以在探究情绪控制与网络使用的关系时要将生活状态的影响考虑在内。具体包括年龄、性别、城乡和家庭经济条件，另外还有社会关系因素和家庭环境因素，如未成年人与父母的关系、未成年人与朋友的关系、家长角色是否缺失、是否为留守未成年人、父母关系是否正常等。

网络使用情况本身也是生活状态的一部分。生活地域、家庭环境和社会因素，是影响情绪控制和互联网使用情况的前置型因素，而互联网的使用情况是中介性因素。如果要考察互联网使用与情绪控制之间的关系，必须要考虑生活状态因素对互联网使用的调节效应（见图1）。

在互联网使用方面，本报告主要考察样本近一个月的平均使用时间以及

```
         ┌──────────┐
         │ 生活状态 │
         └──┬────┬──┘
            │    │
   ┌────────┴┐  ┌┴─────────┐
   │互联网使用│──│ 情绪控制 │
   └─────────┘  └──────────┘
```

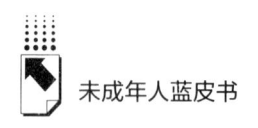

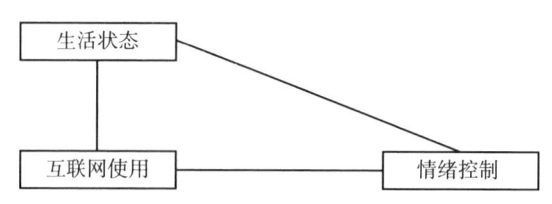

1.生活状态如何影响互联网使用
2.生活状态如何影响情绪控制
3.综合分析生活状态、互联网使用和情绪控制三者之间的关系，明确各因素的影响强度

图1　生活状态、互联网使用与情绪控制关系研究框架

使用的具体内容，同时分析互联网使用与其他相关因素之间的关系。

通过分析样本近一个月的互联网平均使用时间可以发现，未成年人在周末使用互联网的时间较长，整个样本大体可分为三类。第一类可称为"周末松绑型"，指工作日不上网或者上网时长在1小时之内，但到了周末上网时长大幅提升的群体。第二类是工作日不上网，但是周末使用网络时间在1小时之内的群体，可称为"周末放松型"。第三类是工作日上网时长在1小时之内，周末上网时长也在1小时之内的群体，可称为"严格管理型"。将上网时间与上网行为两道题目进行交叉分析并区分工作日和周末可以发现，工作日使用网络时间超过1小时的群体主要进行与学习相关的活动，周末使用网络超过2小时的群体主要进行娱乐活动。

在未成年人使用的上网设备归属方面，有52.0%的样本使用家长的设备，有42.7%的样本使用自己的设备，这也解释了为什么大约有52.8%的样本在周末上网时长能达到1小时以上。使用自己设备的，会较少受到家长的监控，而使用家长设备的，在周末监控会相对放松。

在上网时常做的事情方面，占比最高的十项为：收发学校通知（占11.4%）、听音乐（占9.3%）、网上学习（占6.7%）、看短视频（占5.8%）、搜索信息（占5.5%）、玩游戏（占5%）、看视频（占4.4%）、聊天（占4.7%）、听书/听故事（占4.5%）、看动画/漫画（占3.5%）。这一结论打破了通常认为未成年人上网主要是沉迷于游戏的论断。

（一）上网时间的城乡差异

按照样本所处的城乡来划分，如图2所示，可以看到，不论是工作日还是周末，从不上网的乡村未成年人占比都要略高于城市未成年人，上网时长在"2小时以内"的城市未成年人占比高于乡村。相比于工作日，城乡周末从不上网的未成年人占比都低于工作日从不上网的未成年人占比；周末上网时间在"2小时以内"的未成年人占比不论城乡都稍有增加；不论城乡，周末上网"2小时以上"的未成年人占比都有大幅增加，乡村未成年人周末上网"2小时以上"的增加比例要高于城市未成年人。

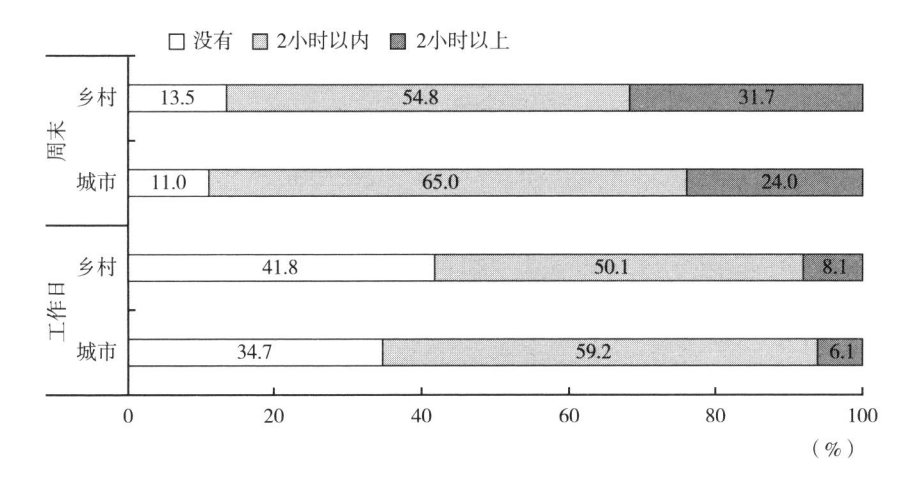

		没有	2小时以内	2小时以上
周末	乡村	13.5	54.8	31.7
周末	城市	11.0	65.0	24.0
工作日	乡村	41.8	50.1	8.1
工作日	城市	34.7	59.2	6.1

图2 城乡未成年人近一个月每天上网时间情况

若按照地域区分使用上网设备的归属，可以发现，城市未成年人拥有自己的上网设备的占45.4%，县城未成年人拥有自己的上网设备的占30.0%，乡镇未成年人拥有自己的上网设备的占40.7%，农村未成年人拥有自己的上网设备的占55.5%。农村地区未成年人拥有自己的上网设备的占比最高，考虑到留守未成年人需要与父母联系的情况，这种比例比较合理，而且这种较高的自有设备占比也解释了为什么农村地区的样本在周末的网络使用率会有大幅度的上升。

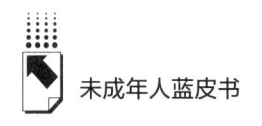

（二）上网时间的社会支持差异

在社会支持方面，未成年人的社会关系相对比较简单，主要包括家庭关系和同辈群体关系两个方面。

一般认为，在与父母同住的情况下，通常来自父母的监控影响较大，但是分析结果显示（见图3），对于从不上网的群体，是否与父母同住对上网时间影响不是特别大，在周末"和父母一起住"、"和父母一方住"、"没有和父母住在一起"的三类群体从不上网的比例均在12%左右，工作日则在34.3%~38.8%。在周末，三类群体中上网"2小时以内"者的占比会逐渐递减，上网"2小时以上"的比例则会逐渐递增，可见父母对子女周末的上网行为有明显的管理作用。工作日的情况与周末类似，可以判断，"没有和父母住在一起"或者"和父母一方住"的群体中上网"2小时以上"者的占比会高于"和父母一起住"的群体。

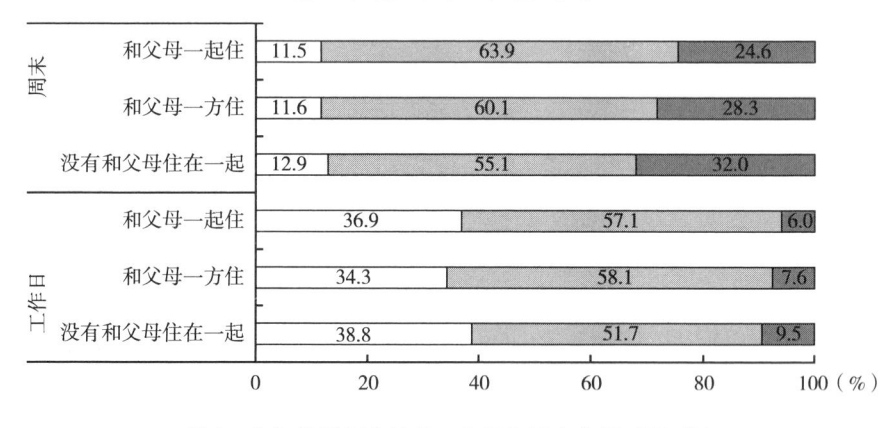

		没有	2小时以内	2小时以上
周末	和父母一起住	11.5	63.9	24.6
周末	和父母一方住	11.6	60.1	28.3
周末	没有和父母住在一起	12.9	55.1	32.0
工作日	和父母一起住	36.9	57.1	6.0
工作日	和父母一方住	34.3	58.1	7.6
工作日	没有和父母住在一起	38.8	51.7	9.5

图3 分与父母居住情况工作日和周末上网时间对比

在设备归属上，没有和父母一起住的未成年人拥有自己设备的比例明显更高，比与父母一起住的群体高10个百分点左右，这很有可能是因为智能设备是他们与父母联系的重要工具。

未成年人网络活动与情绪控制

除了是否与父母同住之外，还需要考察父母关系对未成年人上网行为的影响。如图4所示，在"父母关系完全不好"的样本中，"总是上网"者的占比最大，为8.3%；在"父母关系非常好"的样本中，"很少上网"者的占比最大，为33.2%。整体来看，父母关系的好坏影响着未成年人上网频率的高低，父母关系越好，未成年人的上网频率越低。

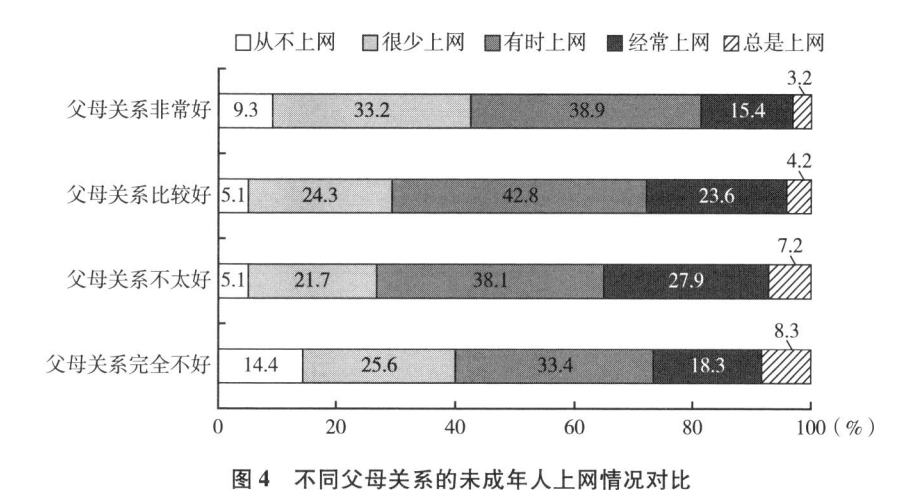

父母关系	从不上网	很少上网	有时上网	经常上网	总是上网
父母关系非常好	9.3	33.2	38.9	15.4	3.2
父母关系比较好	5.1	24.3	42.8	23.6	4.2
父母关系不太好	5.1	21.7	38.1	27.9	7.2
父母关系完全不好	14.4	25.6	33.4	18.3	8.3

图4 不同父母关系的未成年人上网情况对比

（三）上网时间的年龄差异

年龄因素有三方面的影响。首先是随着未成年人自身认知能力的发展，社交需求可能会逐渐增强，网络则是社交的重要工具之一。其次是随着年龄的增长，未成年人的人格个性逐渐发展，通过网络满足个人爱好的需求会逐渐增强。最后是随着年龄的增长，家长给子女的自由度可能会逐渐增加。由此可见，随着年龄的增长，不仅未成年人对于网络使用的主观需求会增强，从客观条件上看，进入初高中之后，未成年人网络使用的客观限制也会有所变化，其网络使用情况就变得更加复杂了。

在年龄划分上，样本数据的年龄为6~19岁，笔者在数据处理时将样本分为三组，分别是儿童（6~11岁，占58.3%）、少年（12~14岁，占14.8%）以及联合国统计口径下的青年（15~24岁，样本数据上限为19岁，

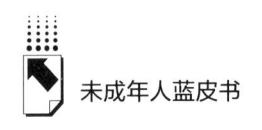

占 26.9%）。

如图 5 所示，不论是工作日还是周末，随着年龄的增长，上网"2 小时以上"群体的占比都有显著增加。在工作日，上网"2 小时以内"的主要是少年。随着年龄的增长，周末上网"2 小时以内"者的占比会逐渐下降。

图例：□没有 ▨2小时以内 ▪2小时以上

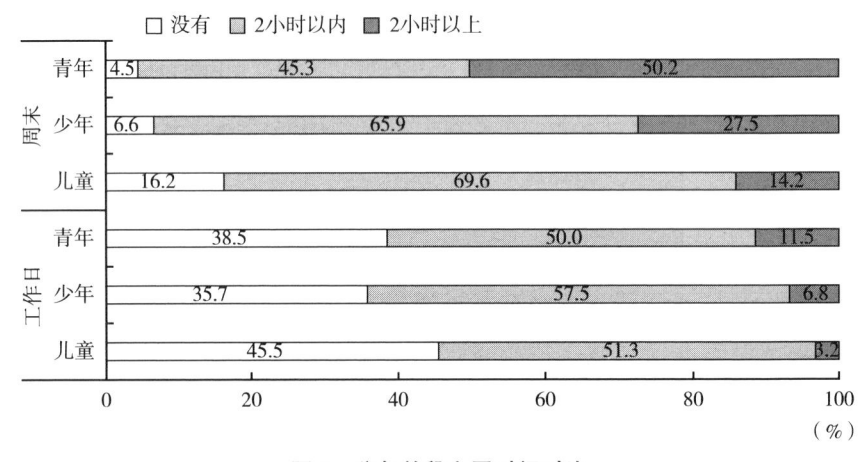

周末：
- 青年：4.5 | 45.3 | 50.2
- 少年：6.6 | 65.9 | 27.5
- 儿童：16.2 | 69.6 | 14.2

工作日：
- 青年：38.5 | 50.0 | 11.5
- 少年：35.7 | 57.5 | 6.8
- 儿童：45.5 | 51.3 | 3.2

图 5　分年龄段上网时间对比

在上网设备归属方面，如图 6 所示，从儿童到青年，使用自己的设备者的占比从 26.8%上升到了 74.3%，使用家长的设备者的占比从 65.6%下降到 23.8%。

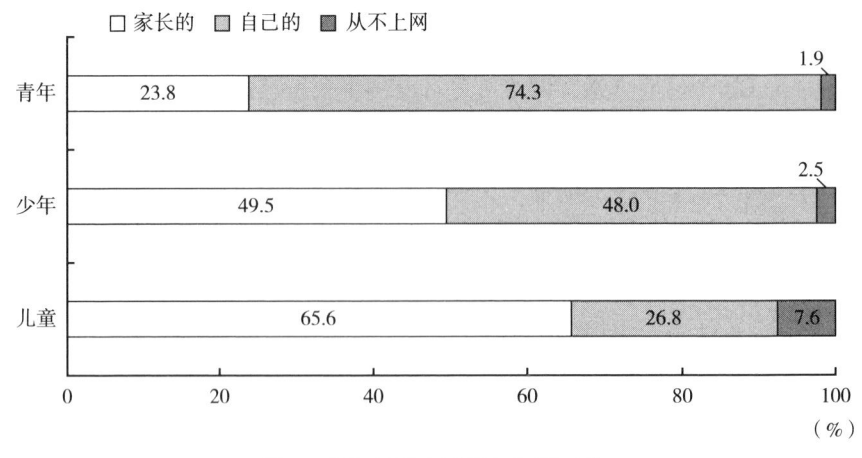

图例：□家长的 ▨自己的 ▪从不上网

- 青年：23.8 | 74.3 | 1.9
- 少年：49.5 | 48.0 | 2.5
- 儿童：65.6 | 26.8 | 7.6

图 6　分年龄段上网设备归属对比

（四）上网时间的学校类型差异

学校类型对未成年人互联网使用的主要影响是上网内容。在网课使用、老师作业布置、家长沟通方面，重点学校的未成年人使用互联网的比例一般更高。

如图7所示，在网络使用时间上，重点学校样本的网络使用频率明显高于非重点学校样本。"从不上网"的重点学校样本占比为4.5%，非重点学校样本占比为9.0%；"很少上网"的重点学校样本占比为23.5%，非重点学校样本占比为31.2%；"有时上网"的重点学校样本占比为40.8%，非重点学校样本占比为39.7%；"经常上网"的重点学校样本占比为25.1%，非重点学校样本占比为17.0%；"总是上网"的重点学校样本占比为6.2%，非重点学校样本占比为3.2%。

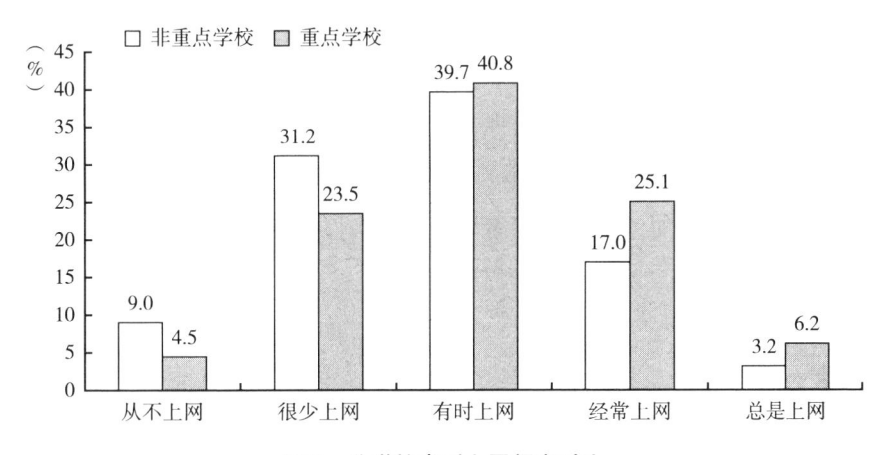

图7　分学校类型上网频率对比

从近一个月平均上网时长看，无论是重点学校样本还是非重点学校样本，周末上网的时间明显长于工作日。如图8所示，非重点学校样本中上网"2小时以内"者的占比，在工作日和周末均高于重点学校。而重点学校样本中上网"2小时以上"者的占比，在工作日和周末均高于非重点学校。从不上网者的占比，非重点学校在工作日低于重点学校，在周末则高于重点学校。

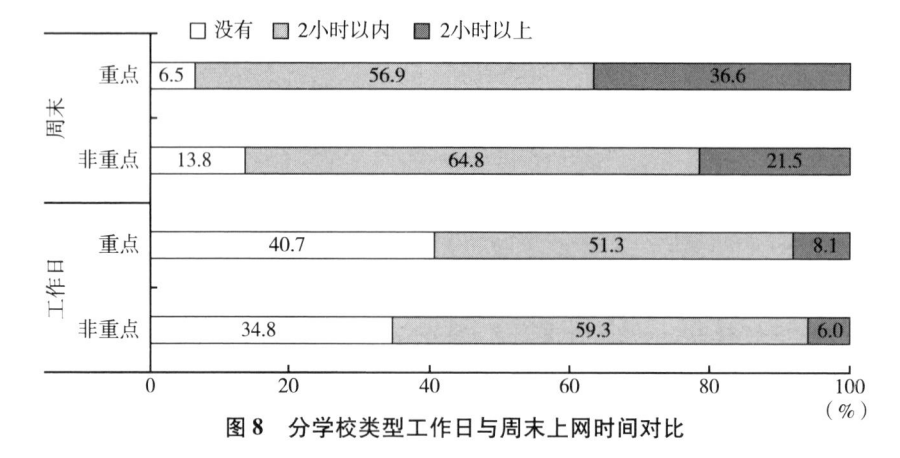

```
         □ 没有   ■ 2小时以内   ■ 2小时以上
      重点  6.5 │      56.9       │     36.6
周末
     非重点 13.8 │       64.8         │   21.5

      重点   40.7      │     51.3      │ 8.1
工作日
     非重点  34.8    │      59.3        │ 6.0
         0      20      40      60      80     100
                                                (%)
         图8  分学校类型工作日与周末上网时间对比
```

二 生活状态与情绪控制

未成年人的情绪控制以及攻击性问题是其网络使用中最被社会各界关注和讨论的问题。上网是否会导致或者增加未成年人的情绪控制问题，网络的使用是否会使未成年人产生攻击性并强化这种攻击性，这在学界尚无定论。

本报告在分析情绪控制时主要关注城乡、父母关系、社交、年龄等因素，分析这些因素对未成年人情绪控制和攻击性的影响。

攻击性不仅指个体针对他人的暴力行为，还指个体在理解世界和人际关系处理上倾向于一种对抗的方式。本报告通过询问"如果受到足够的刺激，我可能会打另一个人来出气"和"我比一般人更容易与人争辩"两道题目来分析样本的攻击性。

（一）情绪控制的基本情况

首先来看过去一个月样本的负面情绪整体平均分数情况。最低分为1分，意味着负面情绪最低，最高分为6分，说明负面情绪最高。样本的整体平均分为2.1分，说明样本的整体情绪状态偏向正向。其中，占比最高的得分是1分，占14.6%，说明这部分样本在情绪方面从未出现过负面状态。如果以3分作为中性的情绪状态，那么有92%的样本情绪状态是偏正面的，只有8%的样本的情绪状态是偏负面的。

在涉及情绪控制的直接题项上,在"容易情绪激动"一题上选择"非常符合"的占5.5%,选择"比较符合"的占22.8%,合计占28.3%;在"情绪反应更激烈"一题上选择"非常符合"的占6.1%,选择"比较符合"的占23.9%,合计占30%;在"因为心烦而无法理智思考"一题上选择"非常符合"的占5.5%,选择"比较符合"的占21.7%,合计占27.2%。总的来看,在情绪控制方面,约有1/3的样本会出现一定的情绪控制问题。

1. 乡村未成年人情绪控制能力略低于城市未成年人

在情绪控制方面,如图9所示,加入"是否和父母同住"变量后比较城乡未成年人的情绪控制能力得分,可以发现,农村地区家长角色缺失的家

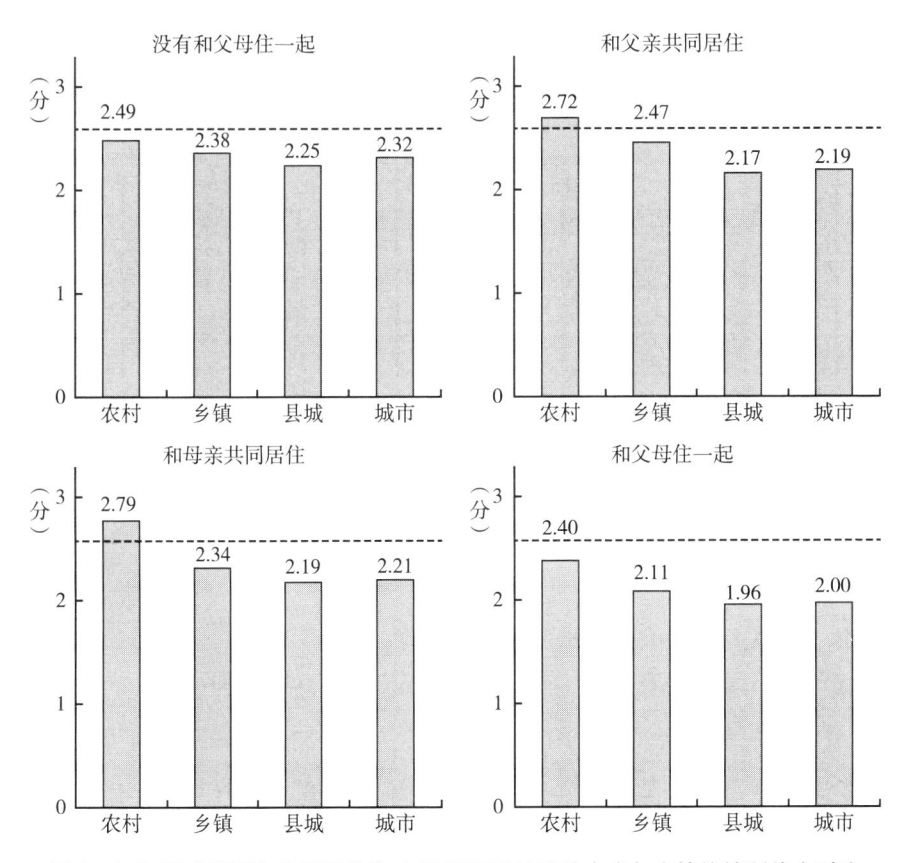

图9 加入了"是否和父母同住"变量后不同地域的未成年人情绪控制能力对比

庭中的未成年人情绪控制能力得分明显高于中位数。农村地区的未成年人不论是否和父母住在一起，情绪控制能力都略低于城市未成年人，可见情绪控制能力受到一定的城乡差异的影响。但是在"没有和父母住一起"与"和父母住一起"的样本中，农村地区样本的情绪控制能力都低于城市、县城和乡镇样本，这意味着除了父母关系和亲子关系的影响之外，还有其他因素在影响农村未成年人的情绪控制能力，可能是学校教育水平低于城市或者受同辈群体影响等。

而当我们加入了城乡变量，比较上网对情绪控制能力的影响，能够发现随着上网频率的增加，情绪控制能力会有所下降（见图10）。但是乡村样本的情绪控制能力要低于城市，考虑到只加入了城乡变量，所以上网频率增加并不完全是情绪控制能力下降的直接原因，具体分析见下文。

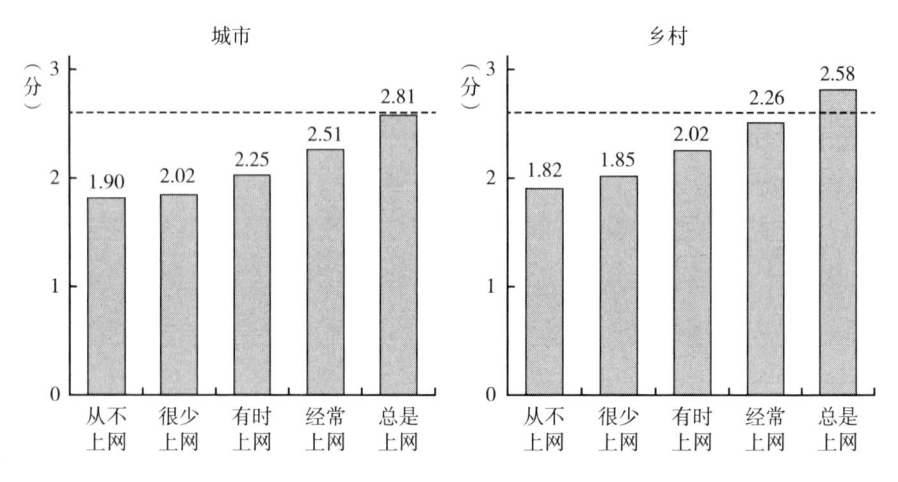

城市：从不上网1.90、很少上网2.02、有时上网2.25、经常上网2.51、总是上网2.81

乡村：从不上网1.82、很少上网1.85、有时上网2.02、经常上网2.26、总是上网2.58

图10　城乡地区未成年人上网情况与情绪控制能力的差异

2. 父母关系对情绪控制能力有正向影响

在"是否更容易情绪激动"一题上，认为自己情绪非常容易激动的样本中"父母关系完全不好"的样本占比比"父母关系很好"的样本占比高8.5个百分点，而认为自己情绪非常不容易激动和不太容易激动的群体中"父母关系很好"的样本占比比"父母关系完全不好"的样本占比分别高2个百分点和7.8个百分点。

未成年人网络活动与情绪控制

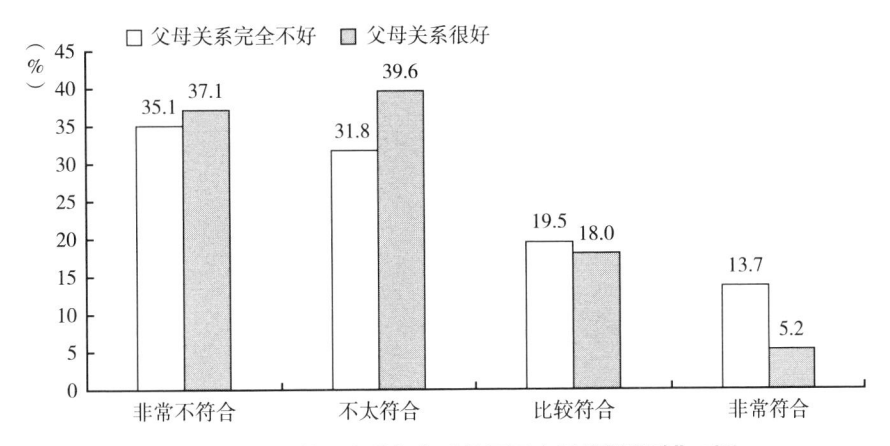

图11 分父母关系未成年人"是否更容易情绪激动"对比

在"情绪反应是否更激烈"一题上,如图12所示,选择"非常符合"情绪反应更激烈的样本中"父母关系完全不好"的样本占比比"父母关系很好"的样本占比高9.4个百分点。在认为自己情绪反应完全不激烈或者不太激烈的样本中,"父母关系很好"的样本占比比"父母关系完全不好"的样本占比分别高2.6个百分点和6.6个百分点。

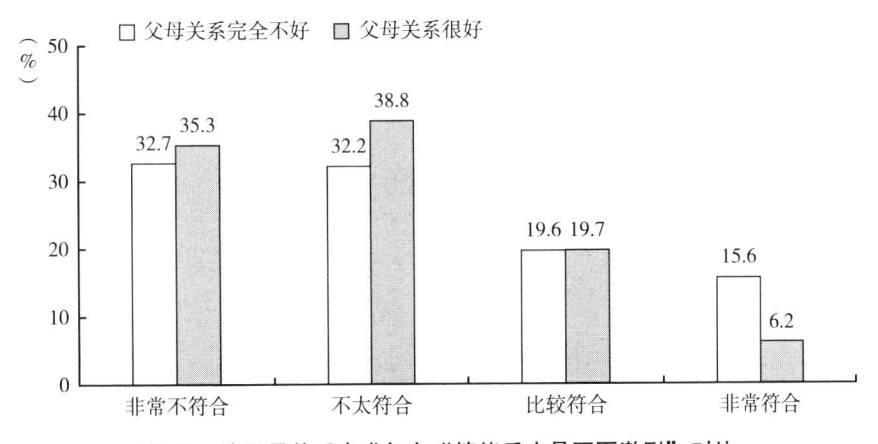

图12 分父母关系未成年人"情绪反应是否更激烈"对比

在"会因为心烦而无法理智思考"一题上,如图13所示,在"非常符合"这项表述的群体中,"父母关系完全不好"的比"父母关系很好"的占

225

比高 8.0 个百分点；而认为自己"非常不符合"这项表述或者"不太符合"这项表述的，"父母关系很好"的比"父母关系完全不好"的占比分别高 10.7 个百分点和 5.1 个百分点。

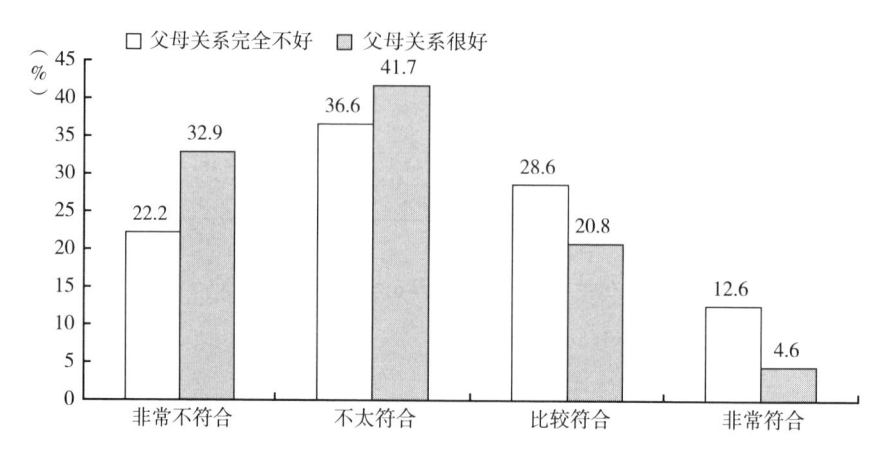

图 13 分父母关系未成年人"会因为心烦而无法理智思考"对比

总的来说，父母关系对未成年人的情绪控制能力有着非常明显的影响，情绪控制能力同时受到生活状态和上网行为的影响，如图 14 所示，上网频率的增加与情绪控制能力存在微量的相关，但是加入了父母关系变量之后发现，父母关系好的样本群体情绪控制能力要远远优于父母关系不好的样本群体。

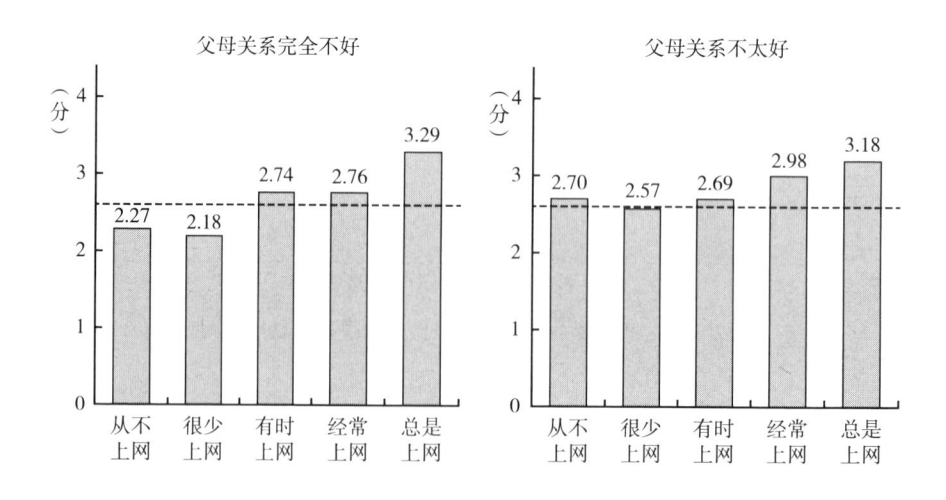

未成年人网络活动与情绪控制

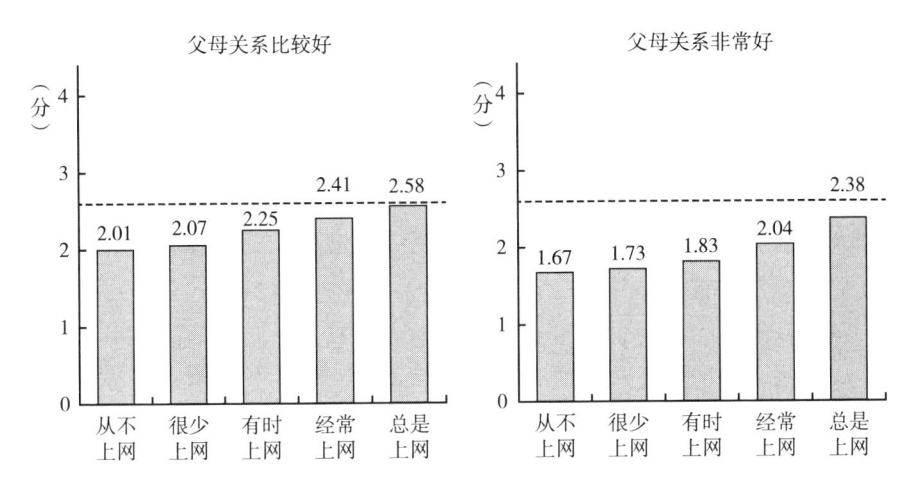

图 14 加入了父母关系变量后上网情况与情绪控制能力的关系

3. 优质社交状况大幅度提升情绪质量

除了家庭关系，未成年人的社会关系对其情绪状态和控制能力也有较强的影响。一般来说，未成年人的社交关系网络除了家庭成员之外主要集中在校园中，同学关系和校园中的朋友关系对未成年人的影响较大。

在"是否更容易情绪激动"一题上，如图15所示，在认为自己不太容易情绪激动的样本中，"在学校与周围人非常亲近"的样本占比要高于"在

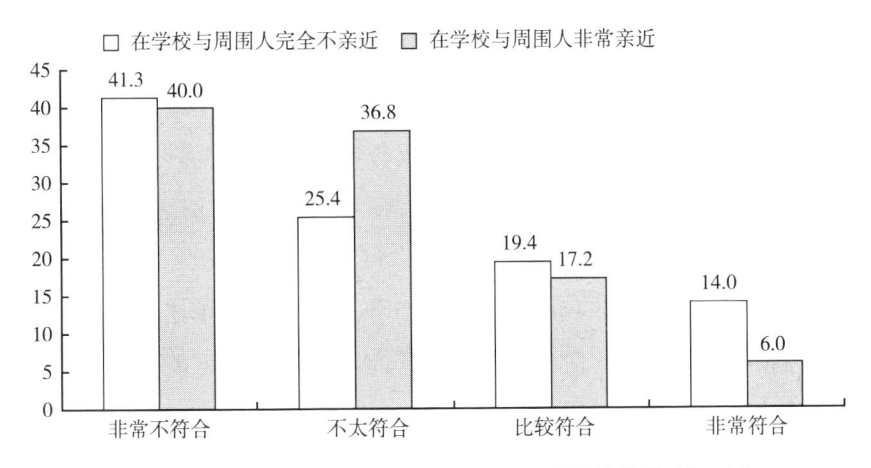

图 15 分学校人际关系未成年人"是否更容易情绪激动"对比

227

学校与周围人完全不亲近"的样本占比。在认为自己非常容易情绪激动的样本中,"在学校与周围人完全不亲近"的样本占比更高。

在"情绪反应是否更激烈"一题上,如图16所示,在情绪反应非常激烈的样本中,"在学校与周围人完全不亲近"的样本占比要高于"在学校与周围人非常亲近"的样本占比,而情绪反应非常稳定的群体则没有受到学校人际关系方面的很大影响。在情绪反应不太激烈的样本中,"在学校与周围人非常亲近"的样本占比更高。这也表现出学校人际交往状态对未成年人情绪控制的正面影响。

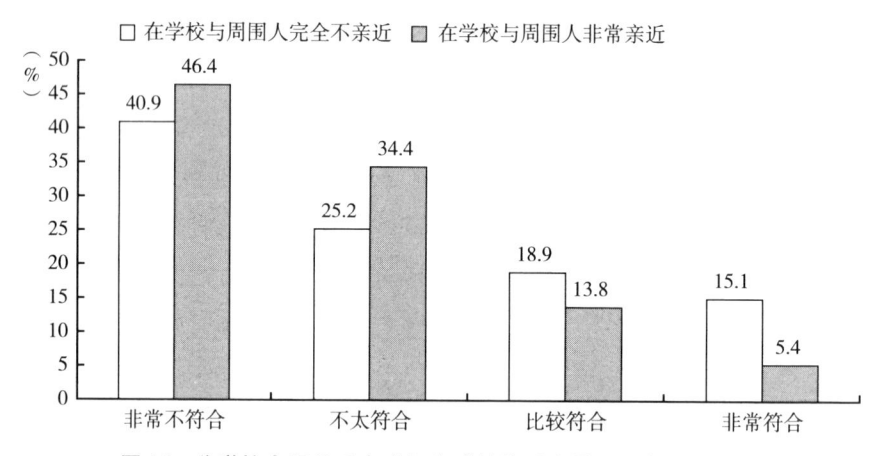

图16 分学校人际关系未成年人"情绪反应是否更激烈"对比

4. 随年龄增长情绪控制能力逐渐下降

在情绪控制方面,如图17所示,随着年龄的增长,符合"情绪更容易激动"的样本占比会有一定程度的提高,而不符合"情绪更容易激动"的样本占比则会不断下降。

情绪反应与年龄呈正相关关系,随着年龄的增长,情绪反应会更加激烈,但其顶峰出现在少年阶段,恰好处于青春期的样本可能有更强的情绪反应。

随着年龄增长,因为心烦而无法理智思考的样本占比在逐渐提高,并在青年阶段达到最高,占比为36.3%。

未成年人网络活动与情绪控制

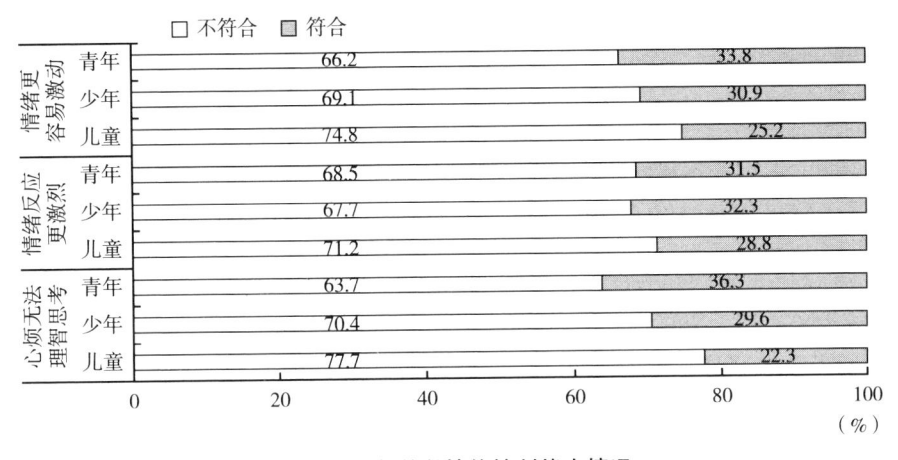

		不符合	符合
情绪更容易激动	青年	66.2	33.8
	少年	69.1	30.9
	儿童	74.8	25.2
情绪反应更激烈	青年	68.5	31.5
	少年	67.7	32.3
	儿童	71.2	28.8
心烦无法理智思考	青年	63.7	36.3
	少年	70.4	29.6
	儿童	77.7	22.3

图17 分年龄段情绪控制能力情况

总的来看，随着样本年龄的逐渐增长，其情绪会趋向于多元化，这也意味着未成年人群体的情绪控制能力随着年龄的增长而减弱。分年龄段来看上网频率与情绪控制能力之间的关系，可以发现，在儿童和少年阶段，上网频率较高的样本群体的情绪控制能力较弱，但是青年阶段样本的情绪控制能力基本与上网频率无关，而且随着年龄的增长，未成年人整体的情绪控制能力有所减弱（见图18）。

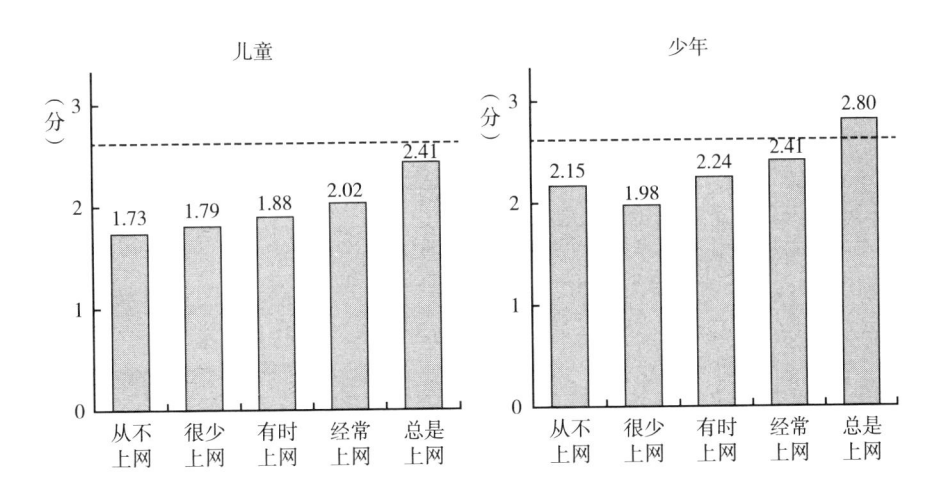

儿童

从不上网	很少上网	有时上网	经常上网	总是上网
1.73	1.79	1.88	2.02	2.41

少年

从不上网	很少上网	有时上网	经常上网	总是上网
2.15	1.98	2.24	2.41	2.80

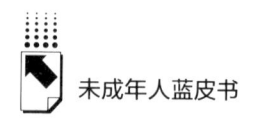

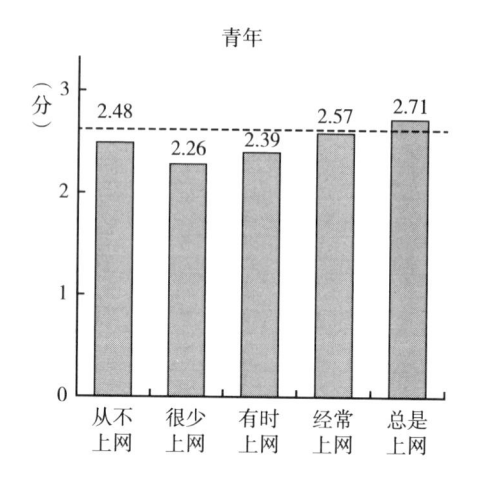

图 18 加入年龄变量后不同上网频率的未成年人情绪控制能力得分情况

（二）未成年人攻击性的影响因素

1. 城乡未成年人的攻击性几乎没有显著差异

在"受到足够的刺激可能会打人"一题上，如图 19 所示，城乡未成年人之间存在几乎可以忽略的差异，选择"符合"此表述的乡村未成年人占比仅比城市高 1.1 个百分点。选择符合"相比一般人更容易与人争辩"的

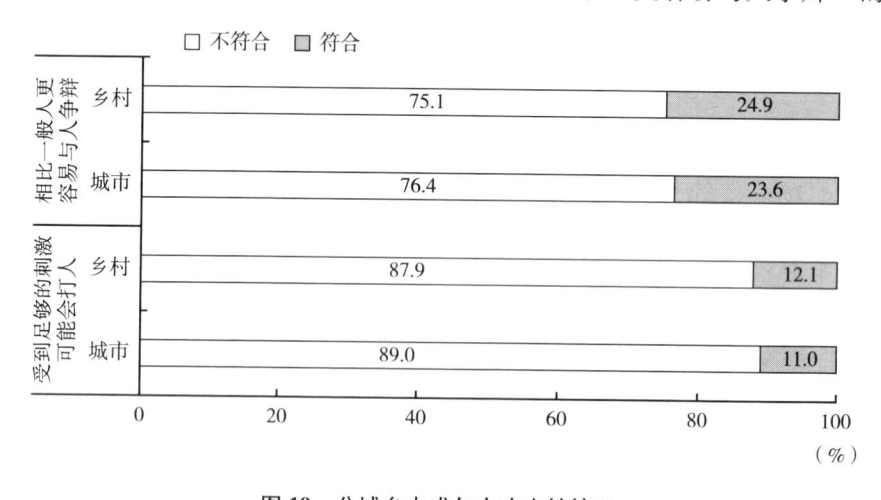

图 19 分城乡未成年人攻击性情况

乡村未成年人占比仅比城市高1.3个百分点。这完全有可能是抽样误差引起的，所以不能认为城乡未成年人在攻击性表现上有差别。

2. 攻击性随年龄增长而增强

如图20所示，在"受到足够的刺激可能会打别人"一题上，攻击性与年龄的关系并不明显，不论是否符合这种描述，所有年龄段的差异都不是特别大。选择"符合"的儿童占比为11.2%，少年占比为10.0%，青年占比为12.1%。考虑到打人这种行为被学校和家庭接受的空间比较小，这种差异基本可以忽略。在"相比一般人更容易与人争辩"一题上，年龄的影响更为明显，从儿童到青年，选择"符合"的样本占比从22.0%上升到26.8%。这种变化符合常识，即语言争辩增加，但是类似于打人的行为未必会随着年龄增长而增加。

	不符合	符合
相比一般人更容易与人争辩 青年	73.2	26.8
相比一般人更容易与人争辩 少年	73.8	26.2
相比一般人更容易与人争辩 儿童	78.0	22.0
受到足够的刺激可能会打人 青年	87.9	12.1
受到足够的刺激可能会打人 少年	90.0	10.0
受到足够的刺激可能会打人 儿童	88.8	11.2

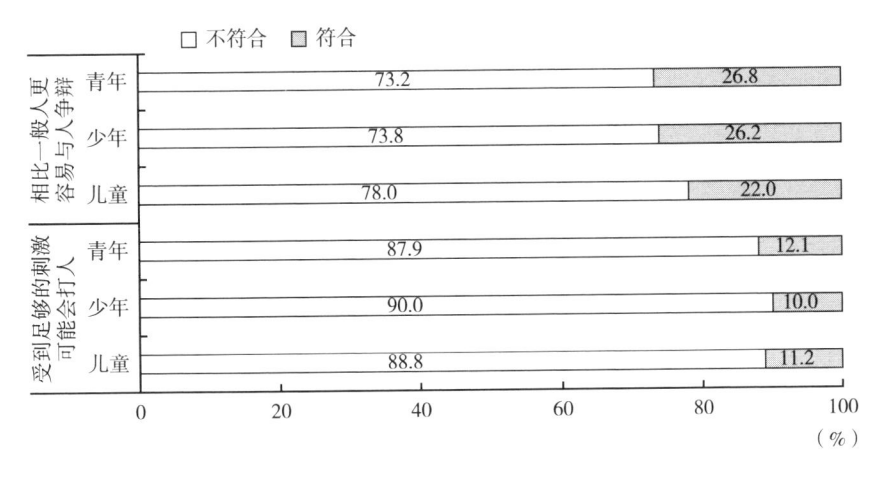

图20　分年龄段未成年人攻击性情况

3. 稳定的社会支持能有效减少攻击性行为

如图21所示，父母关系对"受到足够的刺激可能会打人"的影响非常明显，"父母之间关系很好"的未成年人选择符合此表述的比例比"父母之间关系不好"的低4.3个百分点。在"相比一般人更容易与人争辩"一题上，"父母之间关系很好"的未成年人选择符合此表述的比例比"父母之间关系不好"的低9.4个百分点。

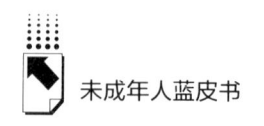

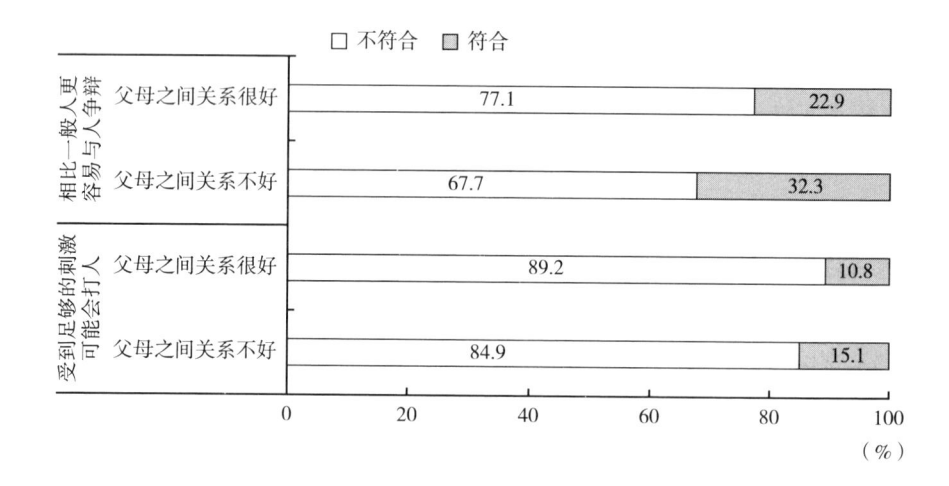

图21 分父母关系未成年人攻击性情况

如图22所示，与父母关系亲近的未成年人明显比不亲近的攻击性弱。符合"相比一般人更容易与人争辩"表述的未成年人中，与父母关系亲近的样本占比比与父母关系不亲近的样本占比低10.2个百分点。

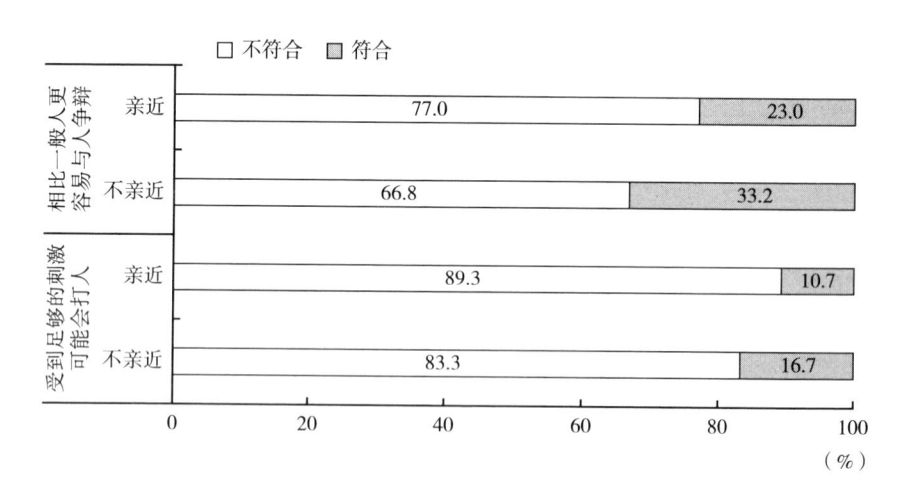

图22 分亲子关系未成年人攻击性情况

三 各因素对情绪控制影响的多元方差分析

(一)因变量设定

在因变量方面,选取十道关于情绪控制表现方面的量表题目,得分为1~6分,对十道题目的得分进行加总平均后,得到一个关于情绪控制的连续变量,由于题目是负向测量,所以得分越高表示情绪控制能力越差。该变量的平均值为2.07,标准差为1.01,中位数为1.9,25%分位数为1.3,75%分位数为2.6,峰度为1.42,偏度为5.38,说明变量整体分布右偏,这意味着样本整体的情绪控制能力较好,有20%左右的样本存在一定的情绪控制方面的问题。

(二)自变量情况

在自变量选择方面,除了年龄、性别、居住地等基础人口变量,还选取了上网情况、与父母关系是否亲近、现实中朋友多少、幸福感等变量进行调节分析,判断社会支持因素与幸福感对上网行为以及情绪控制能力的联合影响。考虑到未成年人主要的社会角色是学生,所以将学习压力、未来信心作为主要的影响因素加入分析中与上网情况进行交互,最终形成7个嵌套模型进行多元方差分析。

(三)方差分析结果及模型解读

在模型1中,自变量年龄、性别、城乡、与父母关系、近半年上网情况以及父母关系与上网情况的交互项的F检定结果都显著,模型的整体解释力 R^2 为0.15,表示各组别的情绪控制能力都有显著差异,或者说所有的变量对未成年人的情绪控制能力都有显著影响,多因素联合解释了情绪控制得分变量15%的总变差,模型效力比较好。

模型2加入年龄与上网情况的交互项,主要是考虑到在第一部分的分析

中，随着年龄的增长，对于网络的使用量有较大增加，加入交互项后所有变量的 F 检定结果依然显著，模型的解释力依然在 0.15。

模型 3 加入了生活中的朋友变量，加入该变量的目的在于补足社会支持这项指标，在家庭关系之外纳入同辈群体的影响。加入此变量后各变量依然显著，上网情况的 F 判定系数略有提高，模型解释力较模型 2 略有提高，调整 R^2 变为 0.16，说明模型解释了 16% 的总变差，上网情况判定系数的变动说明上网情况对情绪控制能力的影响可能受到了其他因素的调节。

模型 4 加入了学习压力变量，这一变量的加入使得模型的整体解释力提升到 0.22，上网和上网与父母关系的判定系数都出现了显著度下降，但是依然具有显著性，意味着上网情况的组间平方和有一定下降，对情绪控制的影响力有微小波动，但是并不足以否定其差异。学习压力对情绪控制力有非常明显的影响，使得模型的解释力从 0.15 上升到了 0.22。

学习压力、上网行为和情绪控制三者之间的关系如图 23 所示，在完全没有学习压力的群体中，其整体的情绪控制能力得分低于中位数 2.6 分，而且随着上网频率的增加，情绪控制能力的得分会略微增加，意味着情绪控制能力会变差，但是仍然处于较好的水平。在学习压力比较大和学习压力非常大的群体中，其情绪控制能力得分明显高于低压力的群体，学习压力非常大的样本的情绪控制能力得分基本已经超过了中位数，而且上网频率越高的群体情绪控制能力越差。不过这里有一点需要注意，因为仅考虑了学习压力这一个因素，所以上网行为和情绪控制能力之间的关系并不能完全确定。

模型 5 加入了未来信心变量，这一变量使模型的解释力进一步提升到 0.25，而上网情况的 F 判定系数在 0.05 的条件下已经不显著了。这意味着，学习压力和未来信心两个变量可能调节了上网行为对情绪控制能力的影响，同时意味着学习压力和未来信心与上网行为有关。在不考虑未来信心与上网行为的交互作用的情况下，在模型 5 中，如果按照置信度 0.01 的标准，已经可以认为上网不影响情绪控制能力。

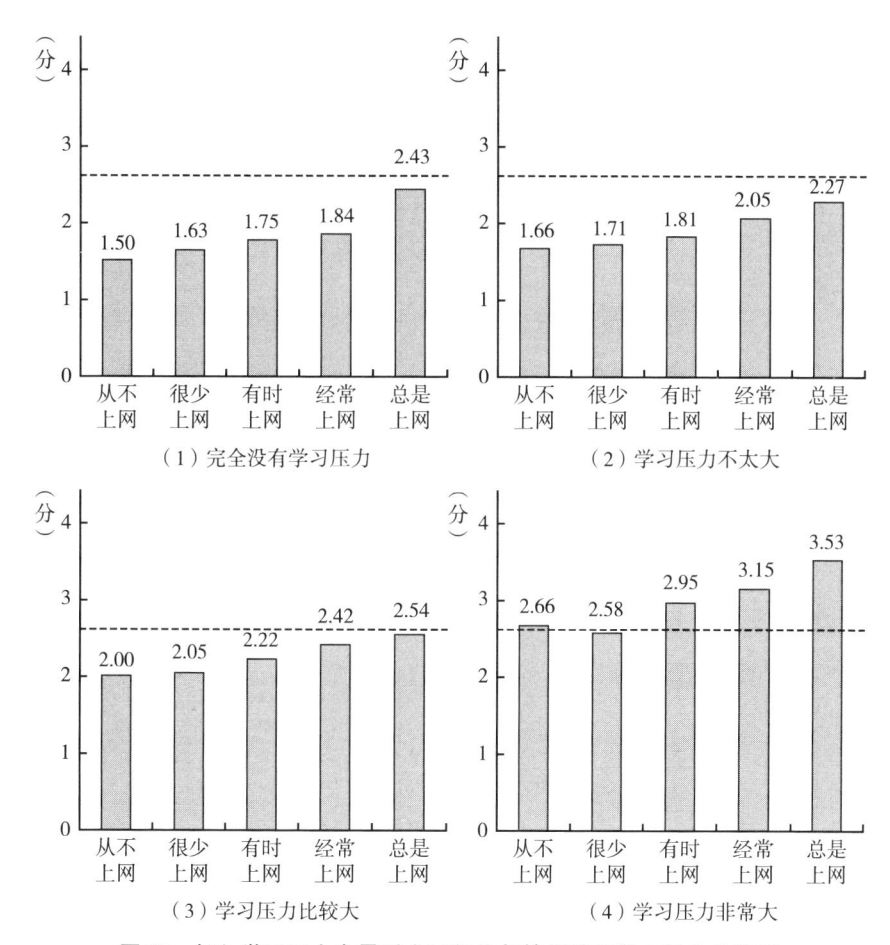

图 23 加入学习压力变量后上网行为与情绪控制能力得分的关系

未来信心、上网行为和情绪控制能力三者关系如图 24 所示,完全没有信心的群体具有最高的情绪控制能力得分,意味着其情绪控制能力最差,而对未来非常有信心的群体,整体的情绪控制能力最强。总的来说,相比于上网行为,学习压力、未来信心以及其他人口学变量对未成年人的情绪影响更加直接,而且在加入了学习压力变量之后还能观察到上网频率和情绪控制能力的关系,所以在模型 6 中继续加入未来信心和上网行为的交互项。

延续模型 5 的思路,模型 6 加入未来信心和学习压力与上网行为的交互

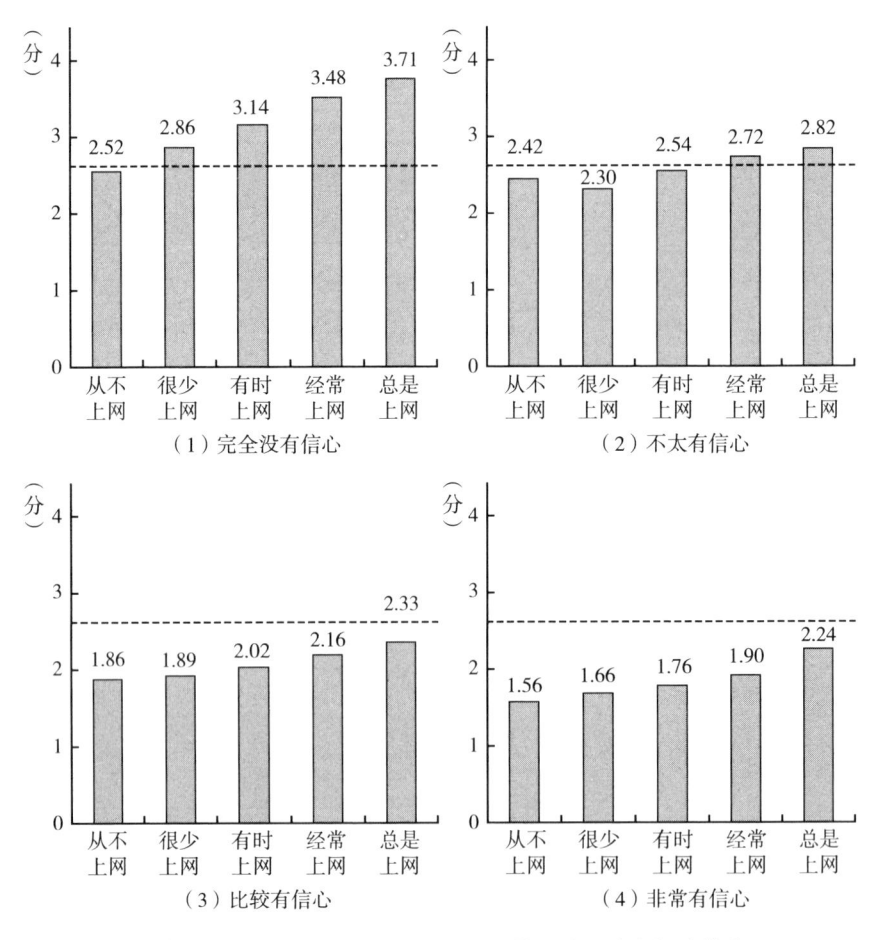

图 24 加入未来信心变量后上网行为与情绪控制能力得分的关系

项,模型的 R^2 依然保持在 0.25,解释力比较优秀,其他各变量都显著。但是上网行为的显著度又回到了 0.01 的水平,说明组间变差有所提升。另外,与父母关系和上网行为的交互项的判定系数增大,但是仍然保持显著,这意味着情绪控制能力受到来自未来信心和学习压力与上网行为的交互项的影响,大于来自与父母关系的影响。

在之前的分析中发现未成年人的学习压力和未来信心对其情绪控制能力有非常重大的影响,那么有必要考虑未成年人对生活的主观认知对情绪控制的影响,所以在模型 7 中加入了幸福感变量,模型的解释力由此提升到

0.26，其余变量判定系数没有太大变化。整体来说，对情绪控制能力有影响力的变量之间的作用机制基本得到了甄别。

四　总结

（一）稳定的社会支持能带来较强的情绪控制能力与较低的攻击性

社会支持主要包括是否与父母同住、父母关系、亲子关系和同辈群体（朋友数量）等因素。社会支持失调，对于未成年人来说，可能意味着面临更少的情感支持、经济支持以及日常行为的管控，对于正处于人格发展完善阶段的未成年人来说，毫无疑问有较强的负面影响。

社会支持失调会导致未成年人情绪控制能力减弱，攻击性和极端行为增加，上网行为也会相应增加。当未成年人处于社会支持崩解状态中时，一方面来自大人的监管和同辈群体正面影响的群体效应可能都会减少乃至消失，这时网络使用量的增加也是有效逃避情感压力和创伤的一种方式。也就是说，与父母同住、父母关系更好、同辈群体支持更多的样本，在网络的使用上可能更接近平均状态，同时拥有更强的情绪控制能力和更低的攻击性。

据此，对于未成年人的情绪控制和攻击性问题，首先需要从情感关怀入手，加以适当的心理疏导，协助其从亲子关系和同辈群体关系中获得情感支持，才有可能解决相应的行为失调问题。

（二）城乡未成年人情绪控制能力差异明显，农村家长角色缺失的家庭中未成年人的情绪发展值得关注

农村地区未成年人的情绪控制能力略弱于城市地区，尤其是农村地区家长角色缺失的家庭中未成年人与城市地区未成年人相比，在情绪控制能力和攻击性方面的差距更为明显。留守未成年人心理健康问题已成为社会各界广泛关注的重大问题。

鉴于城乡二元结构的现实依然存在，农村地区的未成年人相比城市更有可能处于社会支持缺失、亲子关系不够稳定以及缺乏发展机会的负面生活状态中，而且以上状态有可能增加农村未成年人的网络使用量，同时导致其情绪控制力减弱、攻击性增强的问题。正如前文的数据分析结果显示的，即使同样是在没有和父母同住或与父母同住的情况下，乡村未成年人的情绪控制能力仍弱于城市样本，产生差距的原因可能是教育水平、经济水平、文化习惯、发展机遇等，但是整合起来都可以纳入城乡结构的大框架中进行分析和加以解决。

（三）学习压力和未来信心对上网行为与情绪控制有调节作用

学习压力和未来信心是多元方差分析得出的比较重要的影响因素，二者联合解释了9%的组间变差，而且二者对上网行为都有一定的调节作用，也就是说，未成年人学习压力和未来信心的不同，可能导致上网行为的增加或者减少，进而影响未成年人的情绪控制能力和攻击性。

值得注意的是，学习压力和未来信心两项因素对城市群体的影响较大。在城市，感到"学习压力比较大"和"学习压力非常大"的未成年人占比分别为29.6%和6.7%，而在乡村，占比分别为11.1%和2.3%。另外，处于中等生活水平同时感到自己"学习压力比较大"和"学习压力非常大"的样本分别占22.8%和4.2%，这些数字也代表了大多数中国未成年人日常生活的主观感受。数据显示，在感觉"学习压力非常大"和对未来"完全没有信心"的群体中，"总是上网"的样本占比为8.3%和12%，远远高于其他群体。那么，如果我们将上网行为视作一种释放压力或者逃避问题的方式，上网为什么能够显著地影响情绪控制能力就可以得到解释。

（四）进入青春期情绪控制能力有所下降

青春期年龄段样本的情绪控制力会有所减弱，语言的攻击性会有所增强，尤其值得注意的是，进入青年阶段的样本，上网情况与情绪控制能力得分的关系开始明显减弱。方差分析的结果也显示，在7个嵌套模型中，年龄一直是情绪控制能力非常稳定的影响因素，F 判定系数一直稳定显著。

未成年人进入青春期后会经历生理和心理的剧烈变化，处于三观形成的初步阶段。在这种情况下，一方面，他们具有较强的社交需求和探求世界的欲望，对于网络的需求也会增强；另一方面，考虑到国内普遍较大的升学压力，网络比较容易成为他们与父母发生争执对抗的爆发点。

一般情况下，处于较高职业地位的父母可能对上网行为持包容态度，而观念相对保守、在亲子关系方面已经存在一些问题的父母更有可能与青春期的子女发生较为严重的冲突，尤其是当未成年人在身体条件上已经有对抗家长的能力之后，对抗行为往往会随着冲突的加深而出现暴力行为。

考虑到我们已经验证了社会支持、城乡差异、学习压力和未来信心对上网行为的调节作用及其对情绪控制能力的较大影响，所以我们对社会广泛认知的网络使用与情绪控制存在因果关系的判断有必要持保留态度。在青春期出现严重情绪控制和攻击性问题的极端案例中，所有人都应该意识到，除了把网络以及游戏当作洪水猛兽之外，家长沟通和管理能力、亲子关系，以及学习和发展压力对未成年人情绪控制的影响可能需要得到更多的关注与重视。

B.10 未成年人网络行为与心理健康研究*

刘晓柳 滕素芬**

摘　要： 未成年人的心理健康问题是社会普遍关心的问题，不仅关系到社会的稳定、家庭的和谐，也关系到国家未来的发展。网络使用行为是影响未成年人心理健康的重要因素之一。本研究将考察多种网络使用行为对心理健康的影响，并且特别考察了亲子关系的调节作用。结果发现，不同类型的网络使用行为频率对心理健康的影响不同。在亲子关系的高分组和低分组，网络使用行为对心理健康的影响也略有不同。根据本研究的结果，提出了针对未成年人网络使用行为的相关政策建议。

关键词： 未成年人　网络使用行为　心理健康

一　引言

未成年人的心理健康问题是社会普遍关心的问题，不仅关系到社会的稳定、家庭的和谐，也关系到国家未来的发展。从国家开始倡导"素质教育"开始，未成年人的心理健康作为心理素质的一部分，就受到了国家有关部门的大力重视。1999年，教育部印发的教基〔1999〕13号文件《教育部关于

---

* 本文受到北京教育学院2022年重点关注课题（ZDGZ2022-06）"父母教养方式对中学生心理健康的影响研究"资助。
** 刘晓柳，博士，北京教育学院思想政治教育与德育学院心理健康教育系讲师，研究方向为青少年心理健康；滕素芬，共青团中央维护青少年权益部协商代言处处长，一级调研员。

加强中小学心理健康教育的若干意见》中提出了要开始加强中小学心理健康教育。2002年，教育部关于印发《中小学心理健康教育指导纲要》的通知，正式提出了心理健康教育工作的纲领。2012年，教育部对该纲要提出了修订，印发了《中小学心理健康教育指导纲要（2012年修订）》，随后在2015年印发了针对心理辅导室的具体工作意见——《中小学心理辅导室建设指南》。2020年以来，受新冠肺炎疫情的影响，中小学心理健康也受到了一定的影响。2021年7月，教育部办公厅再一次印发了关于加强学生心理健康管理工作的通知（教思政厅函〔2021〕10号）。

在影响中小学心理健康的众多因素中，网络使用行为是其中重要的一项。2019年12月，国家卫生健康委、中宣部、中央文明办、中央网信办等12部委联合发布了《健康中国行动——儿童青少年心理健康行动方案（2019-2022年）》，在心理健康宣教行动中就明确指出，要教育引导儿童青少年安全合理使用电脑和智能终端设备，预防网络和游戏沉迷。疫情期间，学生居家学习，依赖于在线学习这种网络使用行为，因此，明确不同网络行为对心理健康的影响至关重要。学者关于网络使用行为的研究还存在一些不足。一是针对网络使用行为的研究主要集中在网络游戏成瘾这一病理性问题上。根据2021年7月共青团中央维护青少年权益部和中国互联网络信息中心联合发布的《2020年全国未成年人互联网使用情况研究报告》可以看到，未成年人的互联网普及率达到了94.9%，特别是新冠肺炎疫情突袭而至之后，很多学校利用网课进行在线教学，这部分未成年人的网络使用是必要且合理的，所以对其他网络使用行为的研究是非常迫切的。二是在网络使用行为和心理健康的关系研究中，大多数研究都是探讨网络使用行为对心理健康的消极影响。比如邹嘉忠等（2002）认为网络信息泛滥给青少年带来精神上的焦虑；毛晓洁和胡恭华（2010）认为网络中各种各样有关自杀的信息也会对青少年造成极大的影响。但是网络使用给心理健康带来的积极影响却很少提到。比如梁晓燕（2008）的研究中发现，在网络上获得有效的社会支持可以提高青少年个体的生活满意度、自尊水平并且降低孤独感。那么，全面地考察、对比不同网络使用行为对心理健康的影响也是非常重要的。

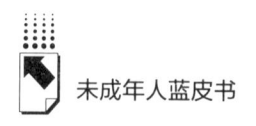

在关于网络使用行为的研究中，也有研究者考察了亲子关系这一变量。众多研究一致认为，亲子关系越好，网络使用（尤其是不良网络使用）越低。比如钱宝娟（2019）的研究发现，亲子依恋得分越高，问题性手机使用越少。还有其他研究认为，亲子关系先影响了某个变量，进而影响了网络使用，也就是说，有其他变量作为这个影响路径中的中介变量。比如吕娜（2019）的研究发现对父母信任程度越高的学生，其与父母的疏离感越低，进而其病理性互联网使用的程度越低。而喻典（2018）的研究则发现，亲子关系越好，初中生的智能手机成瘾水平越低，是因为亲子关系越好，学生的自尊水平越高，而自尊水平较高的学生则较少在智能手机的使用上成瘾。同样是研究中介变量，文咏婕（2020）的研究将心理韧性作为中介变量，亲子依恋越好，个体的心理韧性越强，其网络成瘾的可能性越低。但在前人的研究中，鲜有考察亲子关系的调节作用，即在不同亲子关系的家庭中，网络使用对心理健康是否有不同的影响。

因此，本研究将考察多种网络使用行为对心理健康的影响，并将心理健康分为心理健康的积极情绪和心理不健康的消极情绪两个方面，除此之外，还会探究家庭环境中亲子关系这一变量对该影响路径的调节作用。

本研究中对网络行为的测量使用自编量表，通过16个条目测量未成年人可能存在的四类网络使用行为，分别为娱乐休闲、信息搜索、上网学习和社交活动。量表采用5点计分，得分越高、表明使用网络进行该行为的频率越高。样题包括"听音乐""搜索信息""网上学习""聊天"。本研究中测量心理健康积极方面采用的是Veit和Ware（1983）编辑的Mental Health Inventory（MHI）量表中积极情绪子量表（Positive Affect Subscale），该量表包括4个条目，分别测量了4种积极情绪的状态。量表采用克特式6点计分，得分越高表示积极情绪发生的频率越高、即心理健康程度越好。样题包括"我感到心平气和""我感觉轻松、愉快"。而测量心理健康消极方面采用的是周成超等（2008）修订的中文版的Kessler心理健康状况评定量表（Kessler Psychological Distress Scale，K10）。该量表由10个题目组成，询问个体过去一个月内出现抑郁、紧张、焦虑等症状的频率。该量表采用克特式

6点计分，分数越高，心理困扰越严重，亦可理解为抑郁和焦虑症状越严重。样题包括："无缘无故地感觉筋疲力尽""感到不安或烦躁"。本研究中测量亲子关系采用的是社会关系网络问卷（鲍振宙等，2014），将询问对象更换为"父母"，这样可以测量亲子关系。该问卷由8个条目组成，询问个体在生活中下列相关情形发生的频率。样题包括："父母真正关心我""我和父母彼此感到厌烦"（反向计分）。该问卷采用克特式5点计分，其中两个条目反向计分后求均值，整体得分越高表明亲子关系越好。

二 研究结果

（一）一般人口学变量对心理健康的影响

1. 心理健康的整体状况较好

在本研究中心理健康通过积极和消极两个方面进行测量，在整体样本中，心理健康积极方面和消极方面的最小值、最大值、平均数和标准差如表1所示。

表1 心理健康的整体概况（$N=21733$）

	平均数	标准差	最小值	最大值
积极方面	4.34	1.28	1	6
消极方面	2.07	1.01	1	6

积极方面的计分为1~6分，其中3.5分为中值。从本研究的均值来看，积极方面的均值大于4分，说明大部分未成年人在心理健康的积极方面表现较好，各项积极情绪在过去一个月中出现的频率在"不少时间"以上。消极方面的计分为1~6分，其中3.5分为中值。从本研究的均值来看，消极方面的均值在2分左右，说明大部分未成年人在心理健康的消极方面得分较低，各项消极情绪在过去一个月出现的频率在"很少如此"左右。

心理健康积极方面和消极方面的具体得分分布如表2所示。

表2 心理健康的得分分布

单位：%

	积极方面	消极方面
1≤均分<2	3.5	51.0
2≤均分<3	9.9	31.2
3≤均分<4	20.1	11.9
4≤均分<5	21.1	3.3
5≤均分≤6	45.4	2.6

从心理健康的得分分布可以看出，大部分未成年人的积极方面得分较高、消极方面得分较低，超过一半的个体在积极方面的频率上选择了"大部分时间"或"总是如此"，超过一半的个体在消极方面的频率上选择了"从来没有"。但是仍有3%左右的个体心理健康状况较差，有3.5%的个体在积极方面的频率上选择了"从来没有"，而2.6%的个体在消极方面的频率上选择了"大部分时间"或"总是如此"。

使用Pearson相关分析考察心理健康积极方面和消极方面的相关系数，得到结果相关系数为-0.413，并在$p<0.001$的显著性水平上显著。这说明心理健康的积极方面和消极方面呈现中等强度的负相关，即积极方面得分越高，消极方面得分越低。这也说明了两个测量工具具有较好的有效性。

2. 男性未成年人的心理健康水平略高于女性

不同性别的心理健康状况如表3、图1所示。

表3 不同性别未成年人的心理健康状况

	男($N=10842$)		女($N=10891$)		t值
	平均数	标准差	平均数	标准差	
积极方面	4.39	1.28	4.28	1.27	6.33***
消极方面	2.05	1.01	2.10	1.02	-3.82***

*** $p<0.001$，** $p<0.01$，* $p<0.05$，下同。

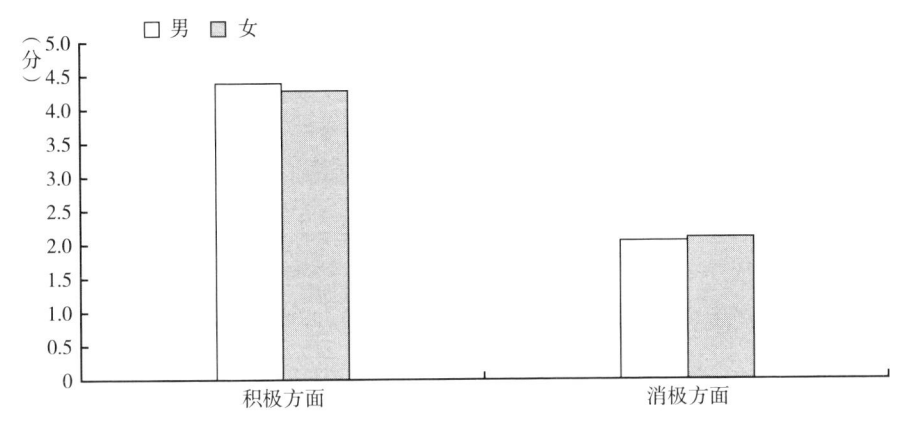

图1 不同性别未成年人的心理健康状况

从表3和图1可知，女性在心理健康的积极方面得分显著低于男性，t检验结果表明差异在$p<0.001$的水平上显著，男性在心理健康的消极方面得分显著低于女性，t检验结果表明差异在$p<0.001$的水平上显著。

3. 年龄和学段越高心理健康状况越差

在调查中询问了个体的出生年份，使用调查年份减去出生年份得到个体在被调查时的年龄。不同年龄未成年人的心理健康状况如表4、图2所示。

表4 不同年龄未成年人的心理健康状况

	不同年龄	样本量	平均数	标准差
积极方面	6	156	4.29	1.52
	7	1056	4.70	1.16
	8	1655	4.72	1.13
	9	2211	4.52	1.23
	10	2478	4.41	1.35
	11	2506	4.47	1.29
	12	2608	4.41	1.33
	13	2003	4.29	1.34
	14	1211	4.15	1.31
	15	1001	4.05	1.21
	16	1424	4.02	1.19
	17	2085	4.09	1.18
	18	1339	3.93	1.19

续表

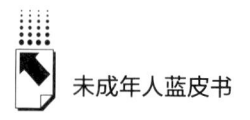

	不同年龄	样本量	平均数	标准差
消极方面	6	156	1.96	1.05
	7	1056	1.63	0.71
	8	1655	1.62	0.70
	9	2211	1.81	0.85
	10	2478	1.90	0.96
	11	2506	1.96	1.00
	12	2608	2.03	1.07
	13	2003	2.16	1.09
	14	1211	2.33	1.09
	15	1001	2.45	1.08
	16	1424	2.41	1.00
	17	2085	2.42	0.97
	18	1339	2.55	1.02

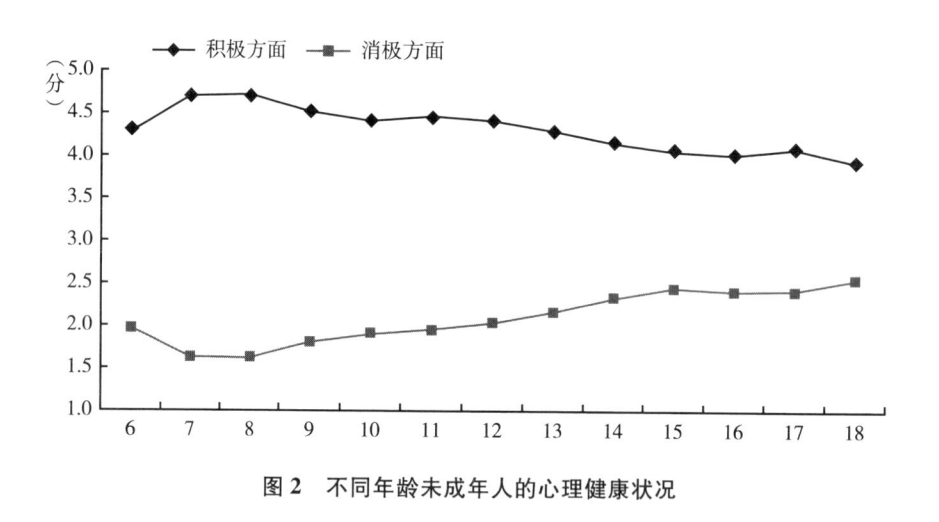

图2 不同年龄未成年人的心理健康状况

从表4和图2可知，不同年龄未成年人的心理健康状况略有不同，整体来讲，年龄越大，心理健康的积极方面得分越低、消极方面得分越高。方差分析结果表明，不同年龄未成年人的心理健康积极方面得分存在显著差异（$F=60.45$，$p<0.001$），不同年龄未成年人的心理健康消极方面得分存在显著差异（$F=157.169$，$p<0.001$）。

除此之外，调查中还询问了个体所在学段，分为小学低年级、小学高年级、初中、高中和技校/中专/职高，不同学段未成年人的心理健康状况如表5、图3所示。

表5 不同学段未成年人的心理健康状况

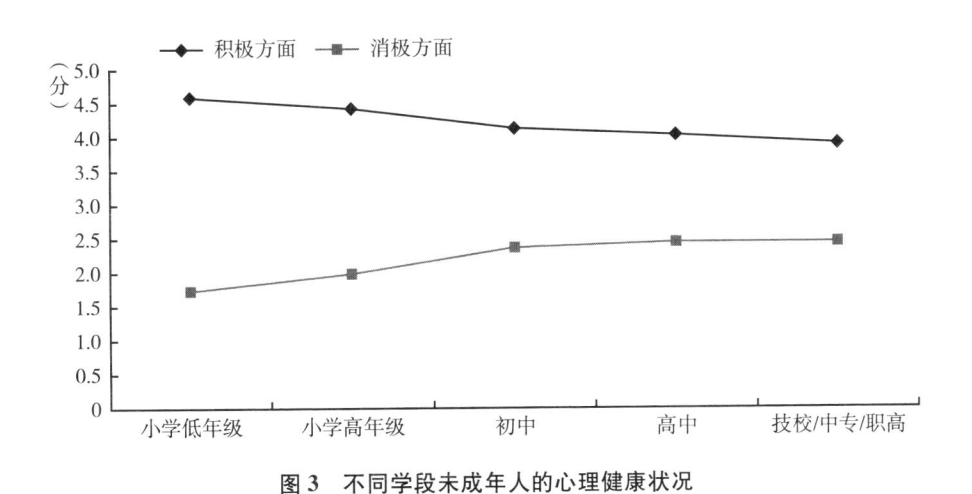

	不同学段	样本量	平均数	标准差
积极方面	小学低年级	5997	4.59	1.21
	小学高年级	7719	4.42	1.34
	初中	3420	4.13	1.27
	高中	4208	4.03	1.18
	技校/中专/职高	389	3.90	1.22
消极方面	小学低年级	5997	1.74	0.81
	小学高年级	7719	1.99	1.04
	初中	3420	2.37	1.08
	高中	4208	2.44	0.99
	技校/中专/职高	389	2.44	1.01

图3 不同学段未成年人的心理健康状况

从表5和图3可知，不同学段未成年人的心理健康状况略有不同，整体来讲，学段越高，心理健康的积极方面得分越低、消极方面得分越高。方差分析结果表明，不同学段未成年人的心理健康积极方面得分存在显著差异

（$F=169.009$，$p<0.001$），不同学段未成年人的心理健康消极方面得分存在显著差异（$F=435.857$，$p<0.001$）。LSD事后检验的结果表明，在心理健康积极方面，小学低年级、小学高年级、初中、高中的得分依次显著减少，高中和技校/中专/职高的得分没有显著差异，在心理健康的消极方面，小学低年级、小学高年级、初中、高中的得分依次显著增加，技校/中专/职高的得分和初中、高中组没有显著差异。

4. 居住地为城市的未成年人心理健康水平略高

在调查中询问了个体的居住地，包括农村和城市，不同居住地未成年人的心理健康状况如表6、图4所示。

表6 不同居住地未成年人的心理健康状况

	农村（$N=5337$）		城市（$N=16396$）		t值
	平均数	标准差	平均数	标准差	
积极方面	4.03	1.29	4.44	1.26	−20.58***
消极方面	2.22	0.99	2.03	1.02	12.37***

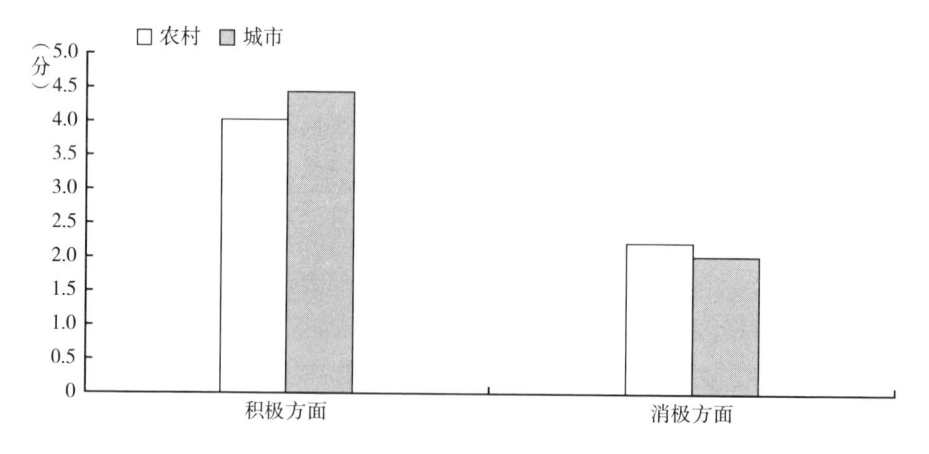

图4 不同居住地未成年人的心理健康状况

从表6和图4可知，居住地为农村的个体在心理健康的积极方面得分显著低于居住地为城市的个体，t检验结果表明差异在$p<0.001$的显著性水平

上显著，居住地为农村的个体在心理健康的消极方面得分显著高于居住地为城市的个体，t检验结果表明差异在$p<0.001$的显著性水平上显著。

5. 不同生活水平越高心理健康状况越好

在调查中询问了个体觉得家庭在本地（所在城市/乡村）的生活水平如何，分为下等水平、中下水平、中等水平、中上水平、上等水平5个等级，不同生活水平未成年人的心理健康状况如表7、图5所示。

表7 不同生活水平未成年人的心理健康状况

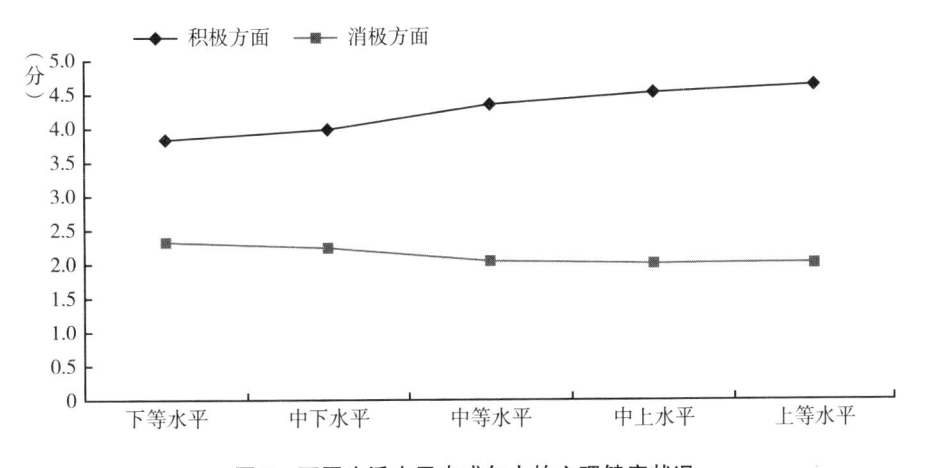

	不同生活水平	样本量	平均数	标准差
积极方面	下等水平	889	3.84	1.35
	中下水平	3057	3.99	1.24
	中等水平	11820	4.35	1.22
	中上水平	4443	4.53	1.29
	上等水平	1524	4.64	1.49
消极方面	下等水平	889	2.33	1.12
	中下水平	3057	2.24	1.00
	中等水平	11820	2.04	0.96
	中上水平	4443	2.01	1.02
	上等水平	1524	2.02	1.28

图5 不同生活水平未成年人的心理健康状况

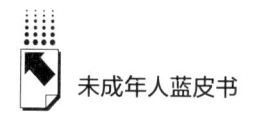

不同生活水平未成年人的心理健康状况略有不同，整体来讲，生活水平越高，心理健康的积极方面得分越高、消极方面得分越低。方差分析结果表明，不同生活水平未成年人的心理健康积极方面得分存在显著差异（$F = 140.138$，$p<0.001$），不同生活水平未成年人的心理健康消极方面得分存在显著差异（$F = 42.792$，$p<0.001$）。LSD事后检验的结果表明，在心理健康积极方面，下等水平、中下水平、中等水平、中上水平和上等水平的得分依次显著增加，在心理健康的消极方面，下等水平、中下水平、中等水平、中上水平和上等水平的得分依次显著减少，上等水平的得分和中上水平、中等水平没有显著差异。

（二）网络行为对心理健康的影响

为了了解网络行为对心理健康的影响，本研究将分别以心理健康积极方面和消极方面作为因变量，以不同网络行为作为自变量进行多层线性回归分析，首先将性别、年龄、学段、居住地、生活水平这些一般人口学变量作为控制变量加入第一层，然后将娱乐休闲、信息搜索、上网学习、社交活动四种网络行为加入第二层，考察自变量对因变量的影响。

在心理健康积极方面为因变量的回归分析中，第一层模型可以解释因变量总变异的7.9%，方差分析结果表明整体模型显著（$F = 272.546$，$p<0.001$），加入第二层后模型可以解释因变量总变异的8.4%，方差分析结果表明整体模型显著（$F = 207.594$，$p<0.001$），而且第二层自变量的加入显著增加了对因变量变异的解释力度（$F\ \text{change} = 119.003$，$p<0.001$）。各自变量的未标准化回归系数、标准误及标准化回归系数如表8所示。

从表8可知，在控制了一般人口学变量之后，四种网络行为对心理健康积极方面的影响仍然显著。其中，娱乐休闲和社交活动对心理健康积极方面的回归系数为负数，信息搜索和上网学习对心理健康积极方面的回归系数为正数。通过对标准化回归系数绝对值的比较可以发现，上网学习和社交活动对心理健康积极方面的影响略高，娱乐休闲和信息搜索对心理健康积极方面的影响略低。也就是说，在控制了一般人口学变量的影响之后，个体上网进

表8 网络行为对未成年人心理健康积极方面的回归分析

		未标准化回归系数 B	标准误 SE	标准化回归系数 Beta	t 值
第一层模型	常数	4.10	0.07		60.33***
	性别	-0.11	0.02	-0.04	-6.62***
	年龄	-0.04	0.01	-0.09	-5.08***
	学段	-0.07	0.02	-0.07	-3.70***
	居住地	0.26	0.02	0.09	12.62***
	生活水平	0.18	0.01	0.12	18.16***
第二层模型	常数	4.01	0.07		54.64***
	性别	-0.12	0.02	-0.05	-7.06***
	年龄	-0.04	0.01	-0.09	-5.09***
	学段	-0.05	0.02	-0.05	-2.59**
	居住地	0.23	0.02	0.08	11.33***
	生活水平	0.17	0.01	0.12	17.68***
	娱乐休闲	-0.12	0.02	-0.06	-7.30***
	信息搜索	0.11	0.01	0.08	8.65***
	上网学习	0.14	0.01	0.10	13.14***
	社交活动	-0.14	0.01	-0.09	-9.70***

行娱乐休闲的频率越高，其心理健康积极方面的得分越低；个体上网进行信息搜索的频率越高，其心理健康积极方面的得分越高；个体上网进行学习的频率越高，其心理健康积极方面的得分越高；个体上网进行社交活动的频率越高，其心理健康积极方面的得分越低。并且，上网学习的正向影响高于信息搜索的正向影响，社交活动的负向影响高于娱乐休闲的负向影响。

在心理健康消极方面为因变量的回归分析中，第一层模型可以解释因变量总变异的8.1%，方差分析结果表明整体模型显著（$F=384.129$，$p<0.001$），加入第二层后模型可以解释因变量总变异的13.5%，方差分析结果表明整体模型显著（$F=378.232$，$p<0.001$），而且第二层自变量的加入显著增加了对因变量变异的解释力度（$F\ change=340.821$，$p<0.001$）。各自变量的未标准化回归系数、标准误及标准化回归系数如表9所示。

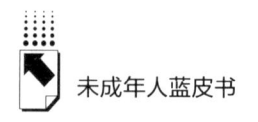

表9 网络行为对未成年人心理健康消极方面的回归分析

		未标准化回归系数 B	标准误 SE	标准化回归系数 Beta	t值
第一层模型	常数	1.36	0.05		25.63***
	性别	0.05	0.01	0.03	3.83***
	年龄	0.07	0.01	0.22	12.56***
	学段	0.05	0.02	0.05	3.03**
	居住地	-0.08	0.02	-0.03	-4.77***
	生活水平	-0.06	0.01	-0.05	-7.17***
第二层模型	常数	1.04	0.06		18.36***
	性别	0.05	0.01	0.02	3.67***
	年龄	0.05	0.01	0.16	9.54***
	学段	-0.01	0.02	-0.01	-0.48
	居住地	-0.08	0.02	-0.03	-4.90***
	生活水平	-0.06	0.01	-0.05	-7.88***
	娱乐休闲	0.23	0.01	0.14	17.21***
	信息搜索	-0.02	0.01	-0.02	-2.30*
	上网学习	-0.05	0.01	-0.05	-6.20***
	社交活动	0.20	0.01	0.17	18.28***

在控制了一般人口学变量之后，四种网络行为对心理健康消极方面的影响仍然显著。其中，娱乐休闲和社交活动对心理健康消极方面的回归系数为正数，信息搜索和上网学习对心理健康消极方面的回归系数为负数。通过对标准化回归系数绝对值的比较可以发现，娱乐休闲和社交活动对心理健康消极方面的影响较大，信息搜索和上网学习对心理健康消极方面的影响较小。也就是说，在控制了一般人口学变量的影响之后，个体上网进行娱乐休闲的频率越高，其心理健康消极方面的得分越高；个体上网进行信息搜索的频率越高，其心理健康消极方面的得分越低；个体上网进行学习的频率越高，其心理健康消极方面的得分越低；个体上网进行社交活动的频率越高，其心理健康消极方面的得分越高。并且，社交活动对心理健康消极方面的正向影响

高于娱乐休闲的正向影响，上网学习对心理健康消极方面的负向影响高于信息搜索的负向影响。

（三）亲子关系调节作用下网络行为对未成年人心理健康的影响

为了进一步了解亲子关系对于网络行为影响未成年人心理健康的调节作用，将亲子关系均值加减一个标准差作为界定值，将总样本分为亲子关系高分组（4.555至最高分）和亲子关系低分组（最低分至3.053），然后分别使用多层线性回归分析考察网络行为对心理健康的影响，以心理健康积极方面和消极方面作为因变量，以不同网络行为作为自变量进行多层线性回归分析，首先将性别、年龄、学段、居住地、生活水平这些一般人口学变量作为控制变量加入第一层，然后将娱乐休闲、信息搜索、上网学习、社交活动四种网络行为加入第二层，考察自变量对因变量的影响。

在心理健康积极方面为因变量的回归分析中，在亲子关系低分组，第一层模型可以解释因变量总变异的1.7%，方差分析结果表明整体模型显著（$F=13.117$，$p<0.001$），加入第二层后模型可以解释因变量总变异的2.3%，方差分析结果表明整体模型显著（$F=9.834$，$p<0.001$），而且第二层自变量的加入显著增加了对因变量变异的解释力度（$F\ change=5.649$，$p<0.001$）。在亲子关系高分组，第一层模型可以解释因变量总变异的3.2%，方差分析结果表明整体模型显著（$F=23.435$，$p<0.001$），加入第二层后模型可以解释因变量总变异的4.2%，方差分析结果表明整体模型显著（$F=18.759$，$p<0.001$），而且第二层自变量的加入显著增加了对因变量变异的解释力度（$F\ change=12.528$，$p<0.001$）。两组各自变量的未标准化回归系数、标准误及标准化回归系数如表10所示。

对比亲子关系的高低两组可以发现，四种网络行为对心理健康积极方面的影响是不同的。在亲子关系低分组中，控制了一般人口学变量之后，四种网络行为对心理健康积极方面的影响只有信息搜索的影响是显著的，并且为正向影响。在亲子关系高分组中，控制了一般人口学变量之后，四种网络行为对心理健康积极方面的影响仍为显著的。其中，娱乐休闲和社交活动对心

表10 亲子关系调节作用下网络行为对未成年人心理健康积极方面的回归分析

		亲子关系低分组($N=3716$)				亲子关系高分组($N=3604$)			
		B	SE	Beta	t	B	SE	Beta	t
第一层模型	常数	2.70	0.17		16.13***	4.98	0.15		33.67***
	性别	-0.17	0.04	-0.06	-3.95***	-0.12	0.04	-0.05	-3.28***
	年龄	0.02	0.02	0.05	1.25	-0.01	0.01	-0.02	-0.46
	学段	-0.02	0.05	-0.02	-0.49	-0.11	0.04	-0.10	-2.52*
	居住地	0.18	0.05	0.06	3.79***	0.20	0.05	0.07	3.96***
	生活水平	0.12	0.02	0.08	5.01***	0.08	0.02	0.07	4.10***
第二层模型	常数	2.53	0.18		13.97***	4.98	0.16		31.81***
	性别	-0.18	0.04	-0.07	-4.18***	-0.12	0.04	-0.05	-3.28***
	年龄	0.02	0.02	0.04	0.90	-0.01	0.01	-0.03	-0.66
	学段	-0.03	0.05	-0.02	-0.57	-0.10	0.04	-0.09	-2.24*
	居住地	0.16	0.05	0.06	3.40***	0.18	0.05	0.06	3.67***
	生活水平	0.11	0.02	0.08	4.93***	0.08	0.02	0.07	4.11***
	娱乐休闲	0.03	0.04	0.02	0.75	-0.11	0.04	-0.07	-3.20***
	信息搜索	0.09	0.03	0.07	2.98**	0.05	0.02	0.05	2.23*
	上网学习	0.04	0.03	0.03	1.68	0.09	0.02	0.09	4.49***
	社交活动	-0.04	0.03	-0.03	-1.23	-0.08	0.03	-0.06	-2.55*

理健康积极方面的回归系数为负数，信息搜索和上网学习对心理健康积极方面的回归系数为正数。也就是说，在两组之间，信息搜索对于心理健康积极方面的影响是几乎相同的，但是娱乐休闲、上网学习和社交活动的影响是不同的。

在心理健康消极方面为因变量的回归分析中，在亲子关系低分组，第一层模型可以解释因变量总变异的2.8%，方差分析结果表明整体模型显著（$F=21.525$，$p<0.001$），加入第二层后模型可以解释因变量总变异的7.3%，方差分析结果表明整体模型显著（$F=32.640$，$p<0.001$），而且第二层自变量的加入显著增加了对因变量变异的解释力度（$F\text{ change}=45.251$，$p<0.001$）。在亲子关系高分组，第一层模型可以解释因变量总变异的6.2%，方差分析结果表明整体模型显著（$F=47.886$，$p<0.001$），加入第二层后模型可以解释因变量总变异的10.0%，方差分析结果表明整体

模型显著（$F=44.529$，$p<0.001$），而且第二层自变量的加入显著增加了对因变量变异的解释力度（F change $=37.879$，$p<0.001$）。两组各自变量的未标准化回归系数、标准误及标准化回归系数如表11所示。

表11 亲子关系调节作用下网络行为对未成年人心理健康消极方面的回归分析

		亲子关系低分组($N=3716$)				亲子关系高分组($N=3604$)			
		B	SE	Beta	t	B	SE	Beta	t
第一层模型	常数	1.54	0.15		10.19***	1.06	0.12		8.98***
	性别	0.19	0.04	0.08	4.90***	0.09	0.03	0.05	3.10**
	年龄	0.06	0.02	0.15	3.75***	0.05	0.01	0.16	3.87***
	学段	0.00	0.04	0.00	-0.10	0.07	0.04	0.08	2.05*
	居住地	0.13	0.04	0.05	3.10**	-0.06	0.04	-0.03	-1.60
	生活水平	-0.02	0.02	-0.02	-0.88	-0.03	0.02	-0.03	-1.93
第二层模型	常数	1.06	0.16		6.62***	0.82	0.12		6.62***
	性别	0.15	0.04	0.06	3.91***	0.09	0.03	0.05	3.08**
	年龄	0.04	0.02	0.10	2.60**	0.04	0.01	0.13	3.17**
	学段	-0.04	0.04	-0.04	-0.94	0.03	0.03	0.03	0.78
	居住地	0.10	0.04	0.04	2.51*	-0.06	0.04	-0.03	-1.59
	生活水平	-0.03	0.02	-0.02	-1.26	-0.04	0.02	-0.04	-2.49*
	娱乐休闲	0.19	0.04	0.11	5.35***	0.18	0.03	0.14	6.58***
	信息搜索	0.02	0.03	0.02	0.73	0.00	0.02	0.00	-0.14
	上网学习	0.04	0.02	0.03	1.64	-0.04	0.02	-0.04	-2.33*
	社交活动	0.16	0.03	0.12	5.40***	0.12	0.02	0.11	4.93***

对比亲子关系的高低两组可以发现，四种网络行为对心理健康消极方面的影响是不同的。在亲子关系低分组中，控制了一般人口学变量之后，四种网络行为对心理健康消极方面的影响中娱乐休闲和社交活动的影响是显著的，并且为正向影响。在亲子关系高分组中，在控制了一般人口学变量之后，四种网络行为对心理健康消极方面的影响中娱乐休闲、上网学习、社交

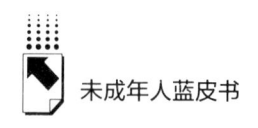

活动是显著的。其中，娱乐休闲和社交活动对心理健康消极方面的回归系数为正数，上网学习对心理健康消极方面的回归系数为负数。也就是说，在两组之间，娱乐休闲和社交活动对于心理健康消极方面的影响是几乎相同的，但是上网学习的影响是不同的。

三 讨论与结论

（一）一般人口学变量对心理健康的影响

在本研究的整体样本中，心理健康积极方面的得分较高、消极方面的得分较低，也就是说，大部分未成年人的心理健康程度较好，但是仍有3%左右的未成年人在积极方面得分较低、消极方面得分较高，说明其心理健康程度较差。这个结果与《中国教育追踪调查（2013-2014）基线调查数据》的结果比较类似，在该调查中发现全国范围内未成年人心理健康状况良好，78%的未成年人处于比较健康或健康的水平，约有6%的未成年人"经常"或"总是"出现极端消极情绪。

分性别看，男性未成年人在心理健康积极方面的得分显著高于女性、消极方面的得分显著低于女性，也就是说，男性未成年人的心理健康状况好于女性未成年人。在过去的研究中，多数的研究也发现了类似的性别差异（丁文清等，2017），有研究者（俞国良等，2016）认为这可能是因为进入青春期后的女性在行为上受到更多的限制，被要求做符合性别角色的事，在对未来的选择方面也受到许多限制，社会对她们的期望较高，因此造成了较差的心理健康水平。

从不同年龄和学段的角度来说，基本呈现了年龄越大、学段越高，未成年人心理健康积极方面得分越低、消极方面得分越高的趋势，也就是说年龄越大、学段越高，其心理健康水平越差。随着年龄的增长，未成年人所面临的挑战越多、压力越大，而且进入青春期后，呈现出心理发展不成熟、情感发展不稳定的特点，心理矛盾冲突明显，也造成了年龄较大的未成年人面临更多的心理问题。

从不同居住地的角度来说，居住在农村的未成年人其心理健康的积极方面得分显著低于居住在城市的未成年人、消极方面的得分显著高于居住在城市的未成年人。居住地为农村的未成年人，一方面可能拥有更少的社会资源、教育资源，接受的心理健康教育更少（王勍和俞国良，2017），另一方面，由于现在进城务工人员的比例较大，居住地为农村的未成年人可能是父母不在身边的留守儿童，其受到的家庭支持较少，可能会有更强的孤独感和自卑感，他们也更容易感到委屈难过，性格更敏感（刘霞等，2007）。

从不同生活水平的角度来说，生活水平越高，未成年人心理健康积极方面得分越高、消极方面得分越低，也就是说，生活水平越高的未成年人，其心理健康状况越好。这一结论符合心理健康社会学的压力加工模型，研究者（Pearlin等，1981）认为个体心理健康水平受到其社会经济地位的影响，它不仅影响个体面临的问题，还影响个体所需要的用来解决这些问题的资源。个体的社会经济地位越高，其面临的压力越小、并且应对压力的资源越多，因此心理健康水平越好。

（二）网络行为对心理健康的影响

本研究在控制了一般人口学变量的影响之后，探究了不同网络行为的频率对心理健康积极方面和消极方面的影响。

从心理健康积极方面来说，娱乐休闲和社交活动的影响为负向，信息搜索和上网学习的影响为正向，且上网学习的正向影响和社交活动的负向影响略高。从心理健康消极方面来说，娱乐休闲和社交活动的影响为正向，信息搜索和上网学习的影响为负向，且娱乐休闲和社交活动的正向影响较高。整体来说，未成年人娱乐休闲和社交活动的频率越高，心理健康水平越低，信息搜索和上网学习的频率越高，心理健康水平越高。

从这个结果中，可以看出四条比较重要的结论：（1）不同类型的网络使用行为对心理健康的影响是不同的，并不是所有的上网活动都对心理健康产生积极的影响，也不是所有的上网活动都对心理健康产生消极的影响。在

本研究中，信息搜索和上网学习的影响为正向影响，娱乐休闲和社交活动的影响为负向影响。（2）当未成年人个体进行有目的的信息搜索活动时，会对心理健康水平有小幅的正向影响，这与邹嘉忠等（2002）的研究结果相悖，其研究认为网络信息泛滥会给未成年人带来精神上的焦虑。但是在本研究中，测量信息搜索的条目表明未成年人进行的信息搜索活动并不是盲目的，而是利用网络寻求某种问题的答案，或者查看某些特定的资讯，其面对的信息是有针对性的，因此没有带来焦虑，而是由于得到了相应的答案，获得了满足感，小幅度地提高了心理健康水平。（3）上网学习活动会对心理健康水平有较高的正向影响。在疫情影响下，随着在线教学的普及，学生越来越熟悉上网听课、上网查资料、上网提交作业等形式，在获得知识、完成课业的情况下可以获得相应的学业成就感，因此对心理健康有正向的影响。（4）娱乐休闲和社交活动对心理健康的影响为负向。使用网络进行娱乐休闲的时间越多，表明未成年人个体进行学习、锻炼身体、与亲友交流的时间越短，尤其如果达到了沉迷的程度，会更为严重地损害未成年人的身心健康。使用网络进行社交活动对心理健康的影响与前人（梁晓燕，2008）的研究有所不同，这可能需要进一步考察使用网络进行社交活动是否获得真正有效的社会支持，只从频率的角度来说，使用网络进行社交活动的时间越长，越可能损害个体在现实生活中的社会支持系统（荀寿温等，2013）。

（三）亲子关系的调节作用

亲子关系的调节作用主要体现在亲子关系的高分组和低分组，网络使用情况对心理健康的影响是不同的。在亲子关系低分组，使用网络进行信息搜索的频率越高，积极情绪越高；使用网络进行娱乐休闲的频率越高，消极情绪越高；使用网络进行社交的频率越高，消极情绪越高。在亲子关系的高分组，除了以上三种在亲子关系低分组中显著的影响路径之外，使用网络进行娱乐休闲和社交活动的频率越高，积极情绪越低；使用网络进行上网学习的频率越高，积极情绪越高，并且消极情绪越低。对比来看，在亲子关系高分组，娱乐休闲和社交活动对心理健康的积极方面有降低的作用，这可能是因为亲子关系好的学生在实际生活中可以与家人一起进行娱乐休闲或社交活动，而虚拟世界的代替是负面的，所以导致积极情绪的降低。除此之外，在亲子关系好的家庭中，上网学习会增加积极情绪、降低消极情绪。这可能是因为当个体使用网络进行学习时还会得到父母的表扬和称赞，因此为上网学习这种行为附加了正向的标签，使其对心理健康有积极的影响。

四 对策与建议

（一）有针对性地监督未成年人的网络使用

不同的网络使用活动对未成年人的心理健康影响不同，因此应该有针对性地对未成年人的网络使用行为进行监督，既不能"置之不理"，也不能一概而论。家长作为未成年人的监护人，应该尽可能了解未成年人的网络使用情况，使用好各智能终端的"家长控制模式"或"青少年模式"功能，合理限制未成年人使用网络的时间以及具体的网络活动。

（二）鼓励有效的网络使用，防止无意义的网络沉迷

现代生活中，无论是成年人还是未成年人，已经离不开网络的使用，因此，在使用网络时，应该注重有效地利用网络，让网络"为我所用"，而不是受到网络的支配。在针对未成年人的网络使用教育中，也应该突出网络鉴别力的教育，使未成年人更加明确各项网络使用行为的意义。

（三）丰富现实生活的各项活动

除了限制未成年人的网络使用行为，更重要的是，在现实生活中为未成年人提供更为丰富的各项活动，让未成年人在现实生活中获得各种心理需要的满足，比如增加亲人的陪伴，让其获得温暖的社会支持；比如安排丰富的文体活动，让其增长知识的同时锻炼体魄；比如加强动手能力的培养，让其通过自己的努力获得成就感满足感。

参考文献

鲍振宙、李董平、张卫、王艳辉、孙文强、赵力燕,2014,《累积生态风险与青少年的学业和社交能力:子女责任感的风险补偿与调节效应》,《心理发展与教育》第5期。

丁文清、周苗、宋菲,2017,《中国学龄儿童青少年心理健康状况Meta分析》,《宁夏医科大学学报》第7期。

梁晓燕,2008,《网络社会支持对青少年心理健康的影响机制研究》,博士学位论文,华中师范大学。

刘霞、赵景欣、申继亮,2007,《农村留守儿童的情绪与行为适应特点》,《中国教育学刊》第6期。

吕娜,2019,《中职生亲子依恋、疏离感与病理性互联网使用的关系研究》,硕士学位论文,云南师范大学。

毛晓洁、胡恭华,2010,《青少年自杀的危险因素分析》,《医学与社会》第3期。

钱宝娟,2019,《亲子依恋对青少年问题行为的影响:问题性手机使用的中介和自我建构的调节》,硕士学位论文,陕西师范大学。

王勍、俞国良,2017,《初中生心理健康的横断历史研究》,《中国特殊教育》第11期。

文咏婕,2020,《中学生亲子依恋与网络成瘾的关系》,硕士学位论文,湖南科技大学。

苟寿温、黄峥、郭菲、侯金芹、陈祉妍,2013,《青少年网络成瘾与抑郁之间的双向关系》,《中国临床心理学杂志》第4期。

俞国良、李天然、王勍,2016,《高中生心理健康的横断历史研究》,《教育研究》第10期。

喻典,2018,《中学生智能手机成瘾:亲子关系和自尊的作用机制及其应对建议》,硕士学位论文,华中师范大学。

周成超、楚洁、王婷等,2008,《简易心理状况评定量表Kessler10中文版的信度和效度评价》,《中国临床心理学杂志》第6期。

邹嘉忠、杨海娟、徐大良,2002,《网络对青少年心理健康的挑战》,《教育探索》第3期。

Pearlin, I. Leonard, Elizabeth G. Menaghan, Morton A. Lieberman and Joseph T. Mullan. 1981. "The Stress Process." *Journal of Health & Social Behavior* 22 (4): 337-356.

Veit, CT, and Ware JE Jr. 1983. "The Structure of Psychological Distress and Well-being in General Populations." *Journal of Consulting and Clinical Psychology* 51 (5): 730-742.

B.11 未成年人网络使用与创造性

应小萍 吴 吉*

摘 要： 基于"未成年人数字生活与网络保护"课题组的调查数据，本报告从小学低年级、小学高年级、初中、高中、技校/中专/职高五个学习阶段，分析网络使用对未成年学生创造性的影响。结果发现，使用网络的较低年级学生比不使用网络的有更高的日常创造性行为；使用网络的较高年级学生比不使用网络的有更低的日常创造性行为。进一步分析手工设计、社会活动、语言文学、科学技术、文艺表演五个领域的创造性行为后发现，相较于不使用网络的较低年级女生，使用网络的女生在文艺表演领域和手工设计领域有更高的创造性行为；使用网络的中学和技校/中专/职高的女生比不使用网络的在科学技术领域有更低的创造性行为。网络使用对男生在五个领域的日常创造性行为的影响不大，使用网络的高中男生比不使用网络的有更低的语言文学领域的日常创造性行为。对创新新颖有效、创新新颖、创新有效三个创新特性，革新新颖有效、革新新颖和革新有效三个革新特性的创造性认知倾向进行分析后发现，使用网络的小学男生和技校/中专/职高男生比不使用网络的有更高的创新特性的创造性认知倾向；和不使用网络的小学女生相比，使用网络的小学女生有更高的创新特性的创造性认知倾向；网络使用对中学女生的创新特性的创造性认知倾向没有显著影响，对未成年学生的革新特性的创造性认知倾向的影响较小。

---

* 应小萍，中国社会科学院社会学研究所、社会心理学研究中心，中国社会科学院社会心理与行为实验室副研究员。研究方向为社会心理学。吴吉，中国社会科学院大学社会学系研究生。

关键词： 网络使用　日常创造性行为　创造性认知倾向

一　引言

2021年6月1日生效和正式实施的新修订版《中华人民共和国未成年人保护法》，将"网络保护"单独列为一章，彰显了我国为保护未成年人身心健康，保障其合法权益，将网络保护上升为与家庭、学校、社会、政府、司法保护同等重要地位的决心。

在依法清除危害未成年人身心健康网络活动的同时，国家也鼓励和支持有利于未成年人健康成长的网络行为。本报告基于2021年3月31日至4月21日在全国实施的互联网时代未成年人发展调查数据，关注网络使用对于未成年学生创造性的影响。对创造性的测量可以从很多方面进行，本报告选取了日常创造性行为和创造性认知倾向，分析网络使用对未成年学生的影响。

创造性4C模型是根据不同创造量级提出的，分为迷你创造（mini-c）、小创造（little-c）、大创造（Big-c）和专业创造（Pro-c），日常创造性即为小创造（Kaufman & Beghetto，2009；应小萍、罗劲，2019）。未成年学生的创造性体现在日常生活中不同领域，即手工设计、社会活动、语言文学、科学技术、文艺表演五个领域的创造性行为中（程玉洁，2012；孙鹏、邹泓、杜瑶琳，2014）。

心理学关于创造性的研究表明：人类的创造性和创造性活动是包含了从原初的创意生成到有效的理解、识别、评价、实现以及扩散的全过程。在这个过程中，以对创意的识别评价和理解接受为代表的创造性认知倾向具有特别重要的意义，它对创意的产生过程以及特定创意能否得到有效的认可和传播具有关键的监控和调节作用，同时也反映了个体的创造创新相关经验、创意鉴别力以及开放性。为了更加深入地研究和分析未成年人的创造性认知倾向，我们从对创新创造所具有的本质特征入手，解析了对于不同的创造性本质特征的创造性认知倾向。创新创造的本质兼具"新颖性"和"有效性",也就是说创新创造是"新颖性"和"有效性"这两种基本特征的有机结合(Beaty et al.,2016)。"新颖性"和"有效性"在"创新"和"革新"产品的认知中是否发挥着不一样的作用?也就是说,尽管"创新"和"革新"都具有"新颖性"和"有效性"的特征,但这种特征的配比和组合方式很有可能是不一样的。

为了系统地分析新颖性和有效性特征对"革新"和"创新"的作用和贡献,可以从创新所具有的两个特征——新颖性和有效性——以及革新(改进型的创新)与创新(原创型的创新)的角度,研究和分析创造性认知倾向。本报告采用"创新"和"革新"物品设计库中的材料进行了进一步的细分,通过对创新和革新设计物品的喜爱度评价,测量创造性认知倾向(Huang, Chiu & Luo, 2016)。在对"创新"产品的认知加工中,对"新颖性"的评分越低,则对整体的创造性的评分和使用效益评价就会越高。而在对"革新"产品的认知加工中则发现了相反的情况,即如果一项"革新"的"新颖性"评分越高,则其整体的创造性评分和使用效益评价也会越高。不管是"革新"还是"创新"产品,都存在着"有效性"越高则整体的创造性评分越高的现象。

二 研究方法

(一)调查对象

本报告的未成年人是指6~18岁正在接受初等教育和中等教育的在校学生,本报告按学习阶段对接受调查的在校学生进行分类并分析。小学低年级,即小学1~3年级,共5997名学生,男生占50.4%;小学高年级,即小学4~6年级,共7719名学生,男生占49.8%;初中共3420名学生,男生占50.5%;高中共4208名学生,男生占48.2%;技校/中专/职高共389名学生,男生占56.3%。

（二）测量

1.网络使用状况

本报告的网络使用状况分为不使用和使用。要求参与调查的学生回答"最近半年，你上网频率如何？"，上网包括上网学习、娱乐、查资料、看新闻、玩游戏、看视频、聊天等等，回答包括五个选项。报告将"从未上网""很少"两个选项定义为"不使用"网络，将"有时""经常""总是"三个选项定义为"使用"网络。

表1列出了本次调查在小学低年级、小学高年级、初中、高中、技校/中专/职高五个学习阶段男女生的网络使用状况。在小学低年级，不使用网络的学生多于使用网络的学生，不使用网络的男生略超过半数，占52.5%，高于使用网络的男生；不使用网络的女生略低于六成，占57.7%，多于使用网络的女生。从小学高年级开始到技校/中专/职高，使用网络的学生远超于不使用网络的学生。小学高年级使用网络的男生略多于女生，使用网络的女生略高于六成，占60.6%，多于不使用网络的女生；使用网络的男生高于六成，占63.8%，多于不使用网络的男生。初中使用网络的女生略多于男生，使用网络的女生略低于八成，占78.3%，远多于不使用网络的女生；使用网络的男生约为3/4，占75.1%，也是远多于不使用网络的男生。高中使用网络的男女生占比接近，使用网络的男女生均接近八成，分别占78.9%和79.6%，远多于不使用网络的男女生。在技校/中专/职高学习阶段，使用网络的女生多于男生，使用网络的女生和男生分别占87.6%和78.5%，远多于不使用网络的女生和男生。

表1　不同学习阶段和性别学生的网络使用比例

单位：%

学习阶段	性别	网络使用状况	
		不使用	使用
小学低年级	男	52.5	47.5
	女	57.7	42.3

续表

学习阶段	性别	网络使用状况 不使用	网络使用状况 使用
小学高年级	男	36.2	63.8
	女	39.4	60.6
初中	男	24.9	75.1
	女	21.7	78.3
高中	男	21.1	78.9
	女	20.4	79.6
技校/中专/职高	男	21.5	78.5
	女	12.4	87.6

2. 创造性

（1）日常创造性行为

本报告改编了中学生日常创造性行为问卷（程玉洁，2012），测量未成年人学生在手工设计、社会活动、语言文学、科学技术、文艺表演五个领域的日常创造性行为。除文艺表演领域包括七种常见的创造性行为外，其他四个领域均包括六种常见创造性行为，按照其所体现的创造力程度由低到高排列，题号为每个条目的权重分，对每个条目做是或否的回答，分别记为1或0分。条目的最终得分为该题的权重分乘以选择的分数，领域得分为该维度下条目分的总和，文艺表演得分从0到28分，手工设计、社会活动、语言文学、科学技术四个领域得分从0到21分。五个领域得分的总和为日常创造力分数，从0分到112分。

（2）创造性认知倾向

本调查选取了在新颖性、有效性和喜欢程度上符合研究目的的四张图片，即常规、创新新颖有效、革新新颖有效、新颖无效这四种类别的物品设计图片各一张。[①] 请参与调查的未成年学生对这四种物品设计进行从"1非

---

① 师保国课题组在一项研究中，让初一学生从新颖性、有效性、喜欢程度和购买倾向四个方面，对常规、创新型的新颖有效、革新型的新颖有效、新颖无效共四类物品设计图片进行1~5分评价，建立了以初中生为研究对象的物品设计图片库。图片上除了物品外，为每个物品配了12~13字的文字说明，内容包括物品名称、材质和用途等。见师保国《初中生创造性产品评估的现状研究》，未发表实验报告。

常不喜欢"到"5 非常喜欢"的喜欢程度评价,得分越高表示喜欢程度越高。通过统计对这些设计的喜欢程度得分,得到未成年学生的创造性认知倾向得分(应小萍、罗劲,2019)。

常规物品设计的喜欢程度评价得分和新颖无效物品设计的得分被作为基线参照分数。例如,用创新型新颖有效物品设计得分减去常规物品设计得分之后,即可获得"创新新颖"特性的创造性认知倾向得分(即"创新新颖有效"-"常规有效"="创新新颖",Ren et al.,2020),正数分数越高表示接受认可创新型设计中的新颖性特性的倾向越强,负数分数越高则表示该倾向越弱或喜欢常规熟悉设计的倾向越强。而将创新型新颖有效设计得分减去新颖无效得分后可获得对创新型设计中有效性特性的倾向程度得分(即"创新新颖有效"-"新颖无效"="创新有效"性,Ren et al.,2020),正数分数越高表示接受认可创新型设计中的有效性特性的倾向越强。

同理,将革新型新颖有效物品设计的得分减去常规物品设计得分之后即可得到"革新新颖",即对革新型设计的新颖性特性的倾向得分。将革新新颖有效得分减去新颖无效得分后可获得革新有效得分,正数分数越高表示接受认可革新有效倾向越强。

三 结果

本报告考察在小学低年级、小学高年级、初中、高中、技校/中专/职高五个学习阶段中的男女学生的网络使用对日常创造性、创造性认知倾向的影响,对使用网络和不使用网络的未成年学生的日常创造性行为得分和创造性认知倾向得分进行独立样本 t 检验分析。

(一)日常创造性行为

1.日常创造性行为

图 1 为不同学习阶段、不同性别的未成年学生,在使用和不使用网络时

的日常创造性行为得分情况。在手工设计、社会活动、语言文学、科学技术、文艺表演五个领域的创造性行为得分的总和为日常创造性行为得分。结果显示，只有在小学低年级，使用网络的女生的日常创造性行为得分均值（15.27分）显著高于不使用网络的女生的得分均值（13.85分）（$p<0.05$）；而小学低年级使用网络的男生的日常创造性行为得分为13.34分，高于不使用网络的男生的得分13.04分，两者之间不存在显著差异。小学高年级使用网络的女生的日常创造性行为得分为21.75分，高于不使用网络的女生的得分21.44分，两者之间也不存在显著差异。小学高年级男生，初中、高中和技校/中专/职高的男女学生中，使用网络的学生的日常创造性行为得分分别为18.97分、16.85分、20.11分、18.08分、18.26分、16.98分和13.17分，低于不使用网络的学生的得分19.39分、18.21分、21.73分、19.61分、19.92分、17.98分和18.86分，t检验显示不同网络使用状况的学生之间的日常创造性行为不存在显著差异。

在日常创造性行为总分上，相比不使用网络的学生，小学低年级使用网络的学生有更高的日常创造性行为；小学高年级女生也是如此。但小学高年级男生，以及进入中学后不使用网络的学生比使用网络的有略高的日常创造性行为。

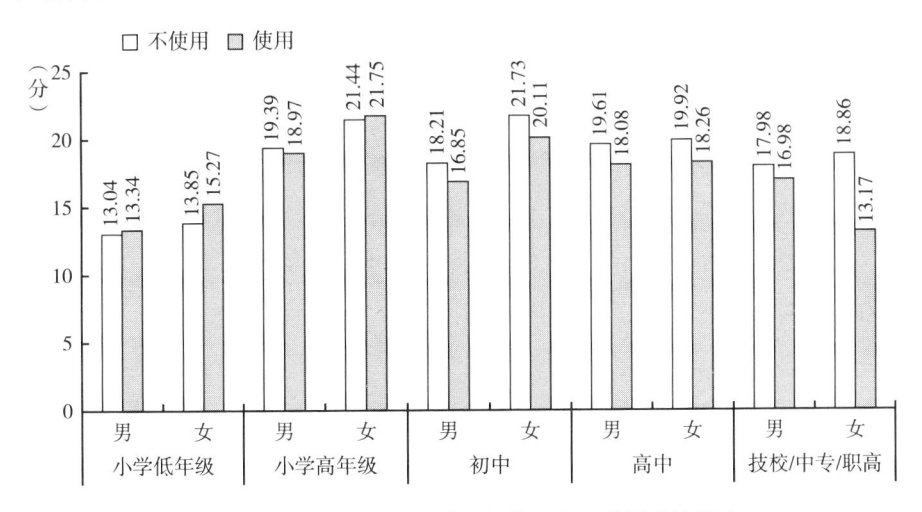

图1　各学习阶段男女生的网络使用和日常创造性行为

下面将分析网络使用状况对不同学习阶段学生的手工设计、社会活动、语言文学、科学技术、文艺表演五个领域的日常创造性行为的影响。

2. 小学低年级学生的日常创造性行为

图2所示为小学低年级男女学生，在不同网络使用状况下的日常领域创造性行为得分。使用网络的男生在手工设计、科学技术、文艺表演这三个领域的创造性行为得分分别为3.63分、3.16分、2.39分，略高于不使用网络男生的得分3.57分、2.97分、2.19分。使用网络的男生在社会活动和语言文学两个领域的创造性行为得分为2.61分和1.55分，略低于不使用网络的男生的得分2.65分和1.66分。独立样本t检验显示差异不显著。

使用网络的小学低年级女生的手工设计领域创造性行为得分为5.00分，显著高于不使用网络的女生的得分4.31分（$p<0.001$）。使用网络的女生的文艺表演领域创造性行为得分为2.90分，显著高于不使用网络女生的得分2.49分（$p<0.01$）。使用网络的女生的社会活动和科学技术领域创造性行为得分为2.87分和2.97分，略高于不使用网络的女生的得分2.74分和2.73分。使用网络的女生的语言领域创造性行为得分为1.53分，略低于不使用网络的女生的得分1.57分。

使用网络显著影响了小学低年级女生在手工设计和文艺表演领域的日常创造性行为，但对社会生活、语言文学和科学技术领域的创造性行为没有显著影响，对男生的五个领域的日常创造性行为的影响也不显著。

3. 小学高年级学生的日常创造性行为

图3所示为小学高年级男女生在不同网络使用状况下的五个领域的日常创造性得分。使用网络的男生在手工设计、社会活动、语言文学、科学技术、文艺表演五个领域的日常创造性行为得分分别为4.37分、3.96分、2.60分、4.92分、3.12分，与不使用网络的男生的得分（分别为4.51分、3.94分、2.88分、4.87分、3.18分）接近，差异不显著。网络使用状况没有影响到男生的日常创造性得分。使用网络的小学高年级女生在文艺表演领域的创造性得分为4.07分，显著高于不使用网络的女生的3.67分（$p<0.05$）。使用网络的女生在手工设计、社会活动、语言文学、科学技术四个

未成年人网络使用与创造性

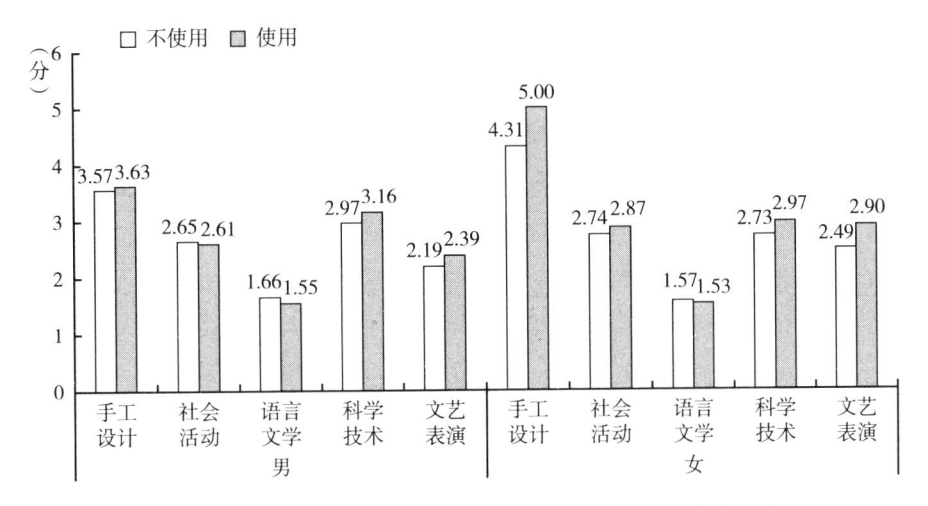

图2 小学低年级男女生的网络使用和日常五领域创造性行为

领域的创造性得分分别为 6.32 分、4.18 分、2.88 分、4.29 分,与不使用网络的女生的 6.17 分、4.09 分、2.88 分、4.62 分接近,不存在显著差异。

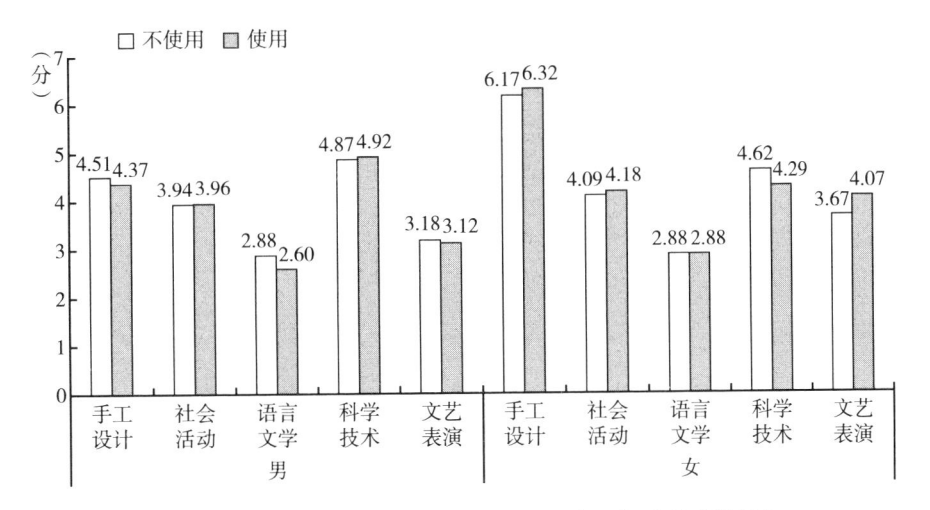

图3 小学高年级男女生的网络使用和日常五领域创造性行为

网络使用状况显著影响了小学高年级女生的文艺表演领域的创造性行为,对其他领域的日常创造性行为没有显著影响,对男生的五个领域的日常

269

创造性行为也没有显著影响。

4. 初中学生的日常创造性行为

图4所示为初中男女生在不同网络使用状况下的手工设计、社会活动、语言文学、科学技术、文艺表演五个领域的日常创造性行为得分。使用网络的男生在手工设计、社会活动、语言文学、科学技术、文艺表演五个领域的日常创造性行为得分分别为3.77分、3.85分、2.39分、4.00分、2.84分，略低于不使用网络的男生的得分4.14分、4.08分、2.61分、4.43分、2.93分，但差异不显著。使用网络的初中女生在社会活动领域的创造性行为得分为4.00分，低于不使用网络的女生的得分4.61分，边缘显著（$p=0.048$）；使用网络的女生在科学技术领域的创造性行为得分为3.36分，显著低于不使用网络的女生的得分4.05分（$p<0.05$）。使用网络的女生在手工设计、语言文学、文艺表演五个领域的日常创造性行为得分分别为5.64分、3.06分、4.05分，与不使用网络的女生的得分5.70分、3.50分、3.88分接近，但差异不显著。

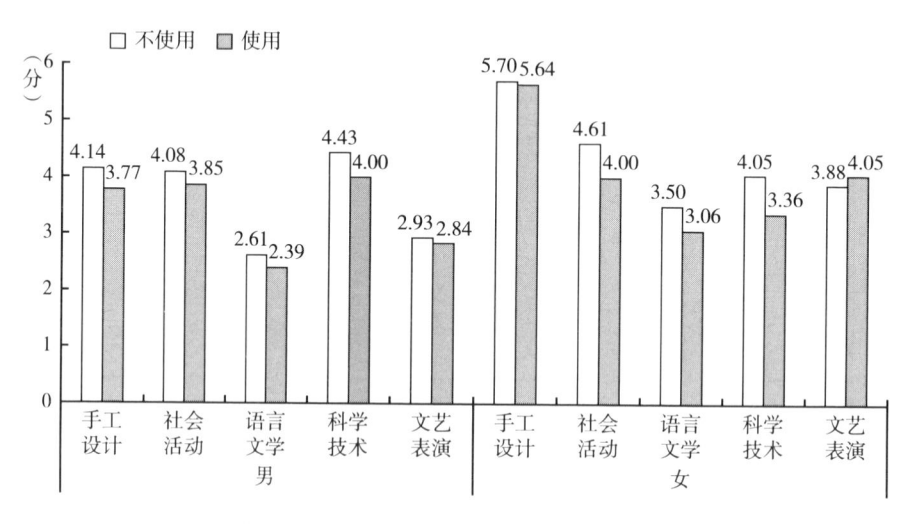

图4 初中男女生的网络使用和日常五领域创造性行为

进入初中阶段，除了使用网络的女生的文艺表演领域创造性行为得分仍旧高于不使用网络的女生外，其他四个领域的创造性行为得分均比不使用网络的女生低，使用网络只是影响到女生在科学技术领域的日常创造性行为（显著下降），对其他四个领域的影响并不显著。使用网络的男生在五领域的创造性行为得分均低于不使用网络的男生，但差异并不显著。

5. 高中学生的日常创造性行为

图5为高中男女生在不同网络使用状况下，手工设计、社会活动、语言文学、科学技术、文艺表演五个领域的日常创造性行为得分。使用网络的男生的语言文学领域创造性行为得分为2.79分，显著低于不使用网络的男生的3.49分（$p<0.05$）。使用网络的女生在科学技术领域的创造性行为得分为2.79分，显著低于不使用网络的女生的3.56分（$p<0.001$）。使用网络的男生在手工设计、社会活动、科学技术、文艺表演四个领域的创造性行为得分分别为3.72分、4.37分、3.87分、3.32分，均低于不使用网络男生的得分（3.82分、4.44分、4.07分、3.78分），但差异并不显著。使用网络的女生在手工设计、社会活动、语言文学、文艺表演四个领域的创造性行为得分分别为4.84分、4.06分、2.97分、3.60分，也均低于不使用网络的女生的得分4.90分、4.51分、3.27分、3.68分，差异也并不显著。

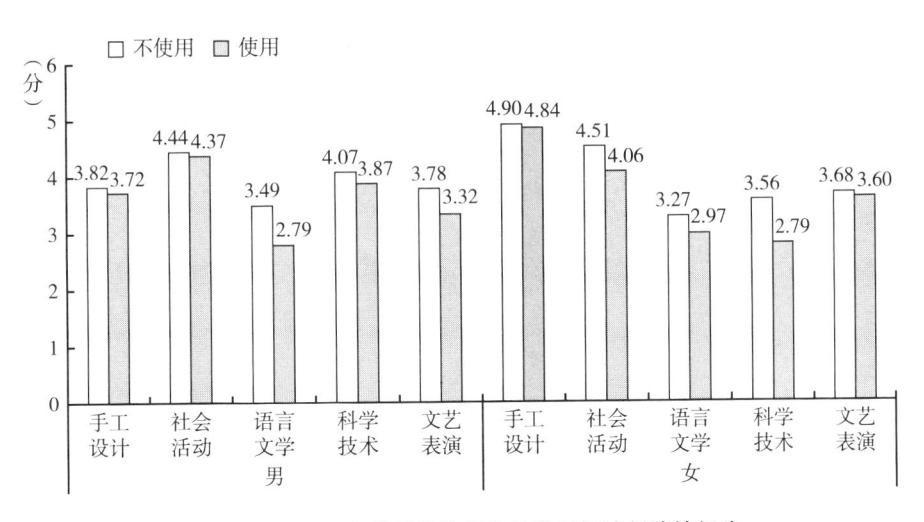

图5 高中男女生的网络使用和日常五领域创造性行为

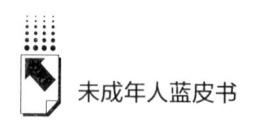

和初中相同,当学生进入高中后,网络使用会影响他(她)在五个领域的创造性行为,但只影响男生在语言文学领域的日常创造性行为(显著下降),女生只在科学技术领域的日常创造性行为显著下降。在其他领域的日常创造性行为上,虽然使用网络学生比不使用网络学生得分低,但不存在显著差异。

6. 技校/中专/职高学生的日常创造性行为

图6为技校/中专/职高男女学生在不同网络使用状况下的手工设计、社会活动、语言文学、科学技术、文艺表演领域的日常创造性行为得分。使用网络的女生在科学技术领域的创造性行为得分为1.54分,远低于不使用网络的女生的得分5.14分,且差异显著($p<0.01$)。使用网络的男生的手工设计、社会活动、语言文学、科学技术、文艺表演领域的日常创造性行为得分分别为3.95分、3.85分、2.44分、3.45分、3.30分,接近于不使用网络的男生在五个领域的日常创造性行为得分3.64分、4.11分、3.26分、3.83分、3.15分,差异不显著。使用网络的女生在手工设计、社会活动、语言文学、文艺表演领域的日常创造性行为得分为3.85分、2.68分、1.98分、3.11分,与不使用网络的女生的得分4.33分、3.48分、3.14分、2.76分接近,且差异不显著。

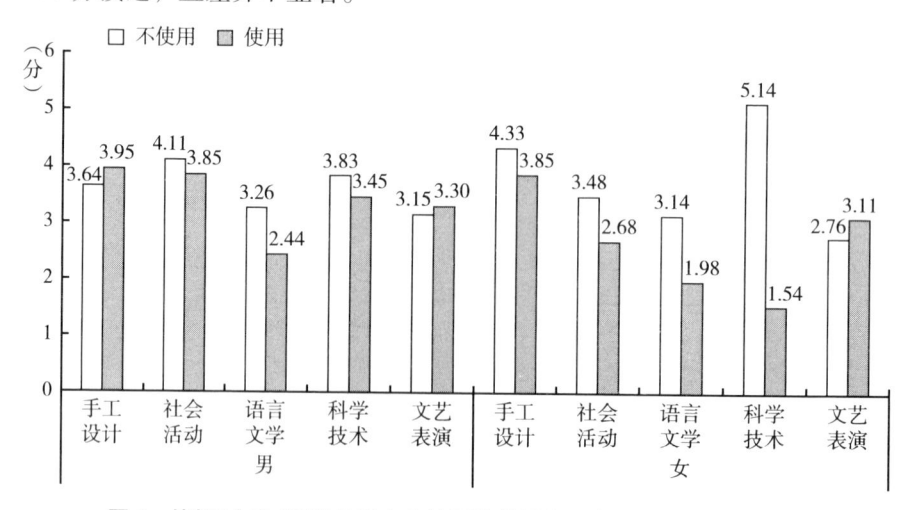

图6 技校/中专/职高的男女生的网络使用和日常五领域创造性行为

技校/中专/职高学生与高中学生年龄相同,但网络使用状况稍有不同,从表1可以看到,在两个学习阶段,男生使用网络的比例接近,但女生使用网络的比例,技校/中专/职高高于高中。女生的科学技术领域日常创造性行为受到网络使用的影响而显著下降。除了男生在手工设计领域和文艺表演领域,女生在文艺表演领域,使用网络的日常创造性行为得分高于不使用网络的学生外,在其他领域的日常创造性行为得分上,使用网络比不使用网络的得分更低,但这些差异均未达到显著水平。

(二)创造性认知倾向

常规和新颖无效物品设计喜欢度评价得分在创造性认知倾向测量上作为基线参照得分,一般假设对常规和新颖无效的喜欢程度较为稳定,不易受到其他因素影响,适合作为基线参照使用。所以除了直接用创新新颖有效和革新新颖有效这两个特性表示创造性认知倾向外,还可以将这两个特性的得分减去基线分数,获得四个创造性认知特性分数,即将创新型新颖有效物品设计得分减去常规物品设计得分之后得到"创新新颖"特性得分;将创新型新颖有效物品设计得分减去新颖无效物品设计得分后获得"创新有效"得分;将革新型新颖有效物品设计得分减去常规物品设计得分之后得到"革新新颖"特性得分;将革新型新颖有效物品设计得分减去新颖无效物品设计得分后获得"革新有效"得分。

因而如果发现基线参照分数受到网络使用状况的影响,在使用和不使用网络之间存在差异,减去基线分数后获得的创造性认知特性分数能排除基线的影响,可考察网络使用对其的影响。另外,我们也发现所有五个学习阶段的学生,从均分看,对常规物品设计的喜爱度最高,超过了对创新新颖有效和革新新颖有效物品设计的喜爱,所以在减去常规基线分数后,创新新颖和革新新颖特性的分数均分是负分,负数分越大表示这一创造性认知特性倾向越弱。新颖无效物品设计的喜爱度分数均分在五个学习阶段的男女学生中都是最低的,因而减去新颖无效基线分数后,创新有效和革新有效特性分数均为正分。

下面分小学低年级、小学高年级、初中、高中和技校/中专/职高五个学习阶段，对使用和不使用网络的男女学生的创新特性和革新特性的创造性认知倾向进行独立样本 t 检验，考察网络使用是否影响了未成年学生的创造性认知倾向。

1. 小学低年级学生的创造性认知倾向

使用网络的小学低年级男生常规和新颖无效物品设计喜爱度分数分别为 3.03 分和 1.91 分，和不使用网络的男生得分 2.99 分和 1.93 分接近，不存在显著差异。小学低年级女生的常规基线分数在使用和不使用网络中分别为 3.01 分和 2.97 分，两组分数接近不存在显著差异；而新颖无效基线分数在使用和不使用网络中分别为 1.91 分和 1.82 分，差异显著（$p<0.05$）。

（1）创新特性的创造性认知倾向

图 7 所示使用网络的小学低年级男生在创新新颖有效、创新新颖、创新有效特性的创造性认知分数分别为 2.09 分、-0.94 分、0.18 分，比不使用网络的男生的分数 2.05 分、-0.94 分、0.12 分略高或相同，独立样本 t 检验显示创新特性的创造性认知倾向不存在显著差异。

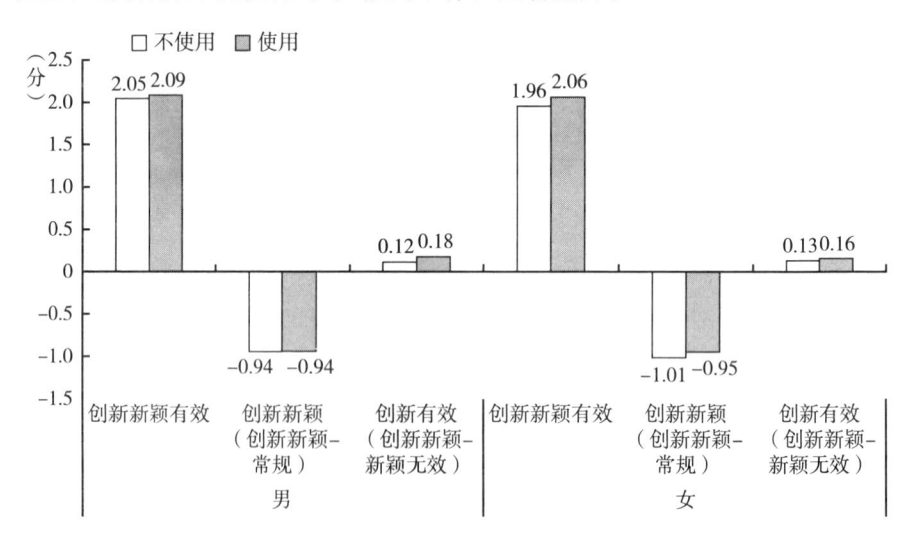

图 7 小学低年级男女生的网络使用和创新特性的创造性认知倾向

使用网络的小学低年级女生在创新新颖有效特性上的分数为 2.06 分，比不使用网络的女生的 1.96 分略高，独立样本 t 检验显示差异显著（$p<0.01$）。在创新新颖、创新有效特性的创造性认知倾向上，使用网络的小学低年级女生的得分为 -0.95 分、0.16 分比不使用网络的女生的得分 -1.01 分、0.13 分略高，t 检验显示差异不显著。

（2）革新特性的创造性认知倾向

图 8 所示上网的小学低年级男生在革新新颖有效、革新新颖和革新有效特性的创造性认知倾向得分为 2.29 分、-0.74 分和 0.38 分，比不上网男生的得分 2.23 分、-0.76 分和 0.30 分略高，但除了在革新有效特性上存在边缘显著差异（$p=0.049$）外，不存在显著差异。

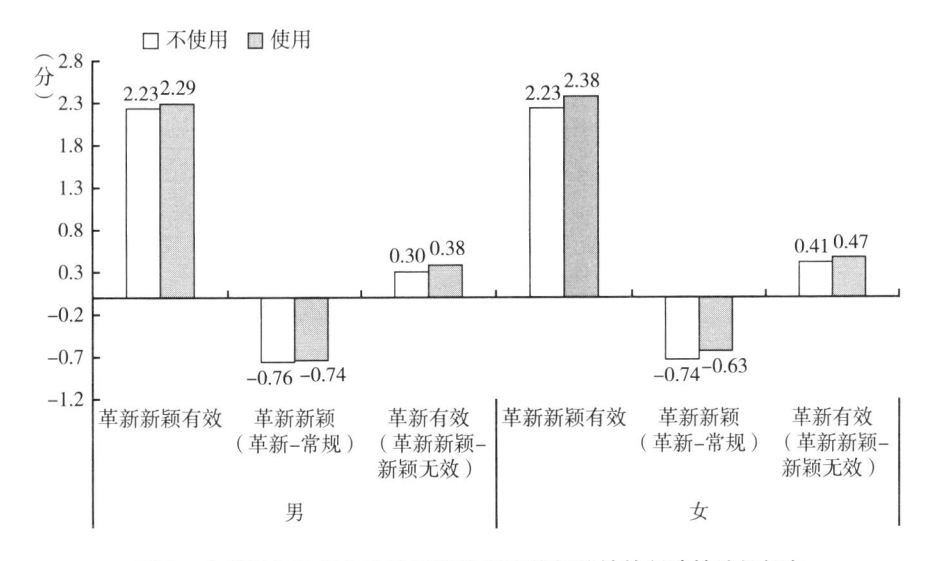

图 8 小学低年级男女生的网络使用和革新特性的创造性认知倾向

上网的小学低年级女生在革新新颖有效、革新新颖和革新有效特性的创造性认知倾向得分为 2.38 分、-0.63 分和 0.47 分，和不上网的女生得分 2.23 分、-0.74 分和 0.41 分相比略高，t 检验显示除了在革新新颖特性上存在边缘显著（$p=0.043$）外，不存在显示差异。

2. 小学高年级学生的创造性认知倾向

小学高年级男生的常规物品设计喜爱度作为基线分数在使用和不使用网络中的得分分别为 3.08 分和 3.00 分，两组分数存在显著差异（$p<0.05$）；而新颖无效基线分数在使用和不使用网络中分别为 1.77 分和 1.74 分，分数接近不存在显著差异。使用网络的小学高年级女生在常规和新颖无效物品设计喜爱度上的分数分别为 2.96 分和 1.73 分，与不使用网络的女生的 2.98 分和 1.73 分不存在显著差异。

（1）创新特性的创造性认知倾向

图 9 显示使用网络的小学高年级男生在创新新颖有效、创新有效特性的创造性认知倾向的得分为 2.08 分、0.31 分，显著高于不使用网络的男生的得分 1.97 分、0.23 分，显著水平分别为 $p<0.01$、$p<0.05$；在创新新颖特性上，使用网络的男生的得分 -1.00 分和不使用网络的男生的得分 -1.03 分接近，不存在显著差异。

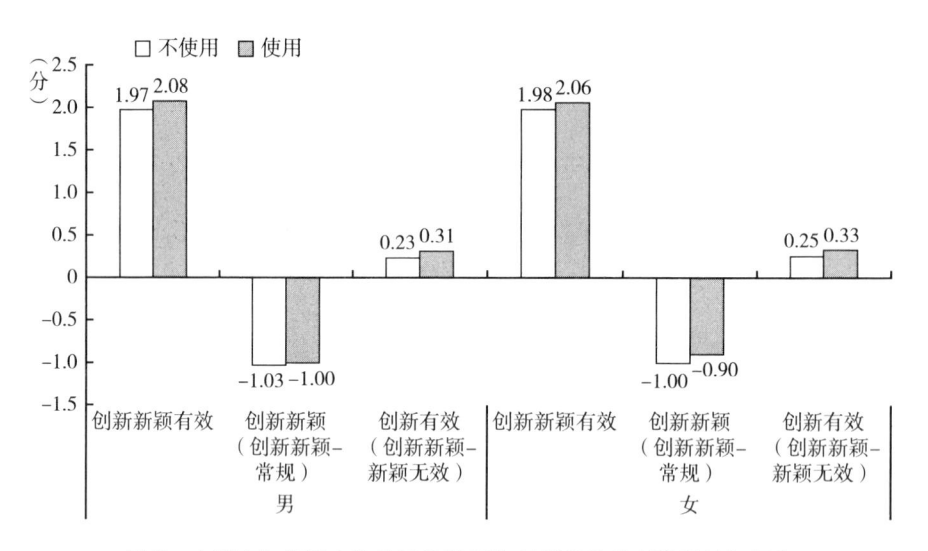

图 9 小学高年级男女生的网络使用和创新特性的创造性认知倾向

使用网络的小学高年级女生在创新新颖有效、创新新颖、创新有效特性的创造性认知倾向得分为 2.06 分、-0.90 分、0.33 分，显著高于不使用网络的女生的得分 1.98 分、-1.00 分、0.25 分，显著水平分别为 $p<0.01$、$p<0.01$、$p<0.05$。结果显示，小学高年级女生的创新特性的创造性认知倾向受到网络使用的影响。

（2）革新特性的创造性认知倾向

图 10 显示使用网络的小学高年级男生在革新新颖有效和革新有效特性的得分为 2.18 分和 0.41 分，显著高于不使用网络的男生的得分（2.06 分和 0.32 分），显著水平分别为 $p<0.001$ 和 $p<0.01$；在革新新颖特性上，使用网络的男生的得分-0.90 分与不使用网络的-0.94 分差异并不显著。结果显示，使用网络的小学高年级男生的革新新颖有效和革新有效的创造性认知倾向强于不使用的男生。

在革新新颖有效、革新新颖、革新有效特性上，使用网络的女生的得分为 2.16 分、-0.80 分、0.43 分，略高于不使用网络的女生的得分（2.15 分、-0.83 分、0.42 分），独立样本 t 检验显示差异并不显著。

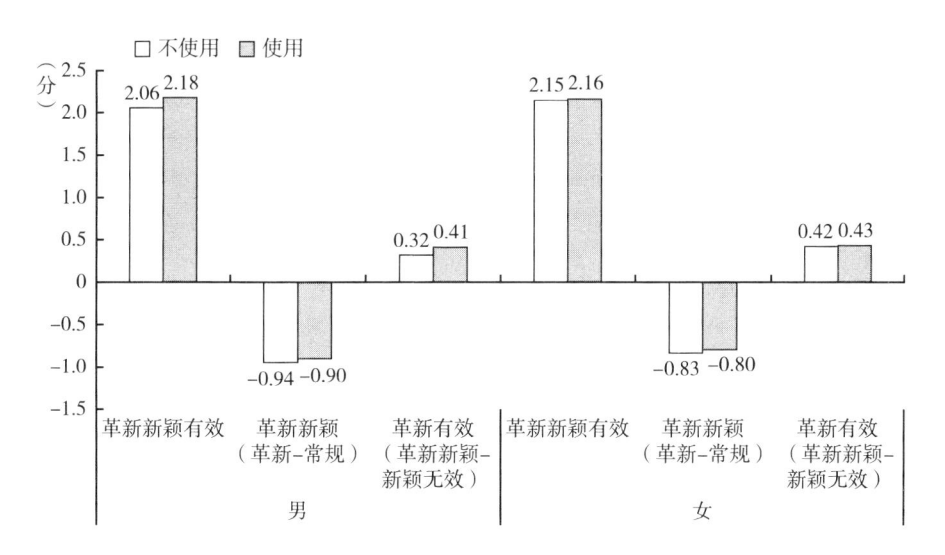

图 10 小学高年级男女生的网络使用和革新特性的创造性认知倾向

3. 初中学生的创造性认知倾向

在基线常规和新颖无效物品设计喜爱度上，使用网络的初中男生为 3.10

分和1.76分，女生为3.05分和1.75分；不使用网络的男生为3.07分和1.85分，女生为3.07分和1.71分；对上网和不上网的初中男女生的常规和新颖无效基线分数进行独立样本t检验，结果显示男女生均不存在显著差异。

（1）创新特性的创造性认知倾向

图11所示在创新新颖有效、创新新颖、创新有效特性上，使用网络的初中男生的创造性认知倾向得分为2.21分、-0.89分、0.45分，女生得分为2.24分、-0.81分、0.49分；不使用网络的初中男生在创新特性的创造性认知倾向的得分为2.22分、-0.85分、0.37分，女生分数分别为2.18分、-0.89分、0.47分；独立样本t检验显示，使用和不使用网络的初中男女生在创新特性的创造性认知倾向上不存在显著差异。

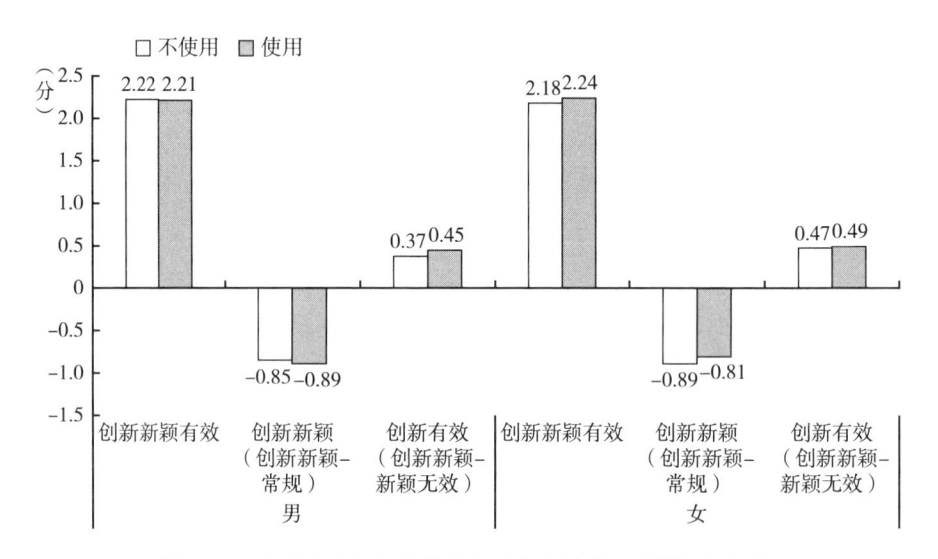

图11 初中男女生的网络使用和创新特性的创造性认知倾向

（2）革新特性的创造性认知倾向

图12显示使用网络的初中男生在革新新颖有效、革新新颖、革新有效特性的创造性认知倾向得分为2.17分、-0.93分、0.41分，与不使用网络的男生的得分2.22分、-0.85分、0.37分接近，独立样本t检验显示不存在显著差异。使用网络的初中女生在革新新颖有效、革新新颖、革新有效特

性的创造性认知倾向得分为 2.27 分、-0.78 分、0.52 分，略高于或等于不使用网络的女生得分（2.23 分、-0.84 分、0.52 分），t 检验显示差异不显著。

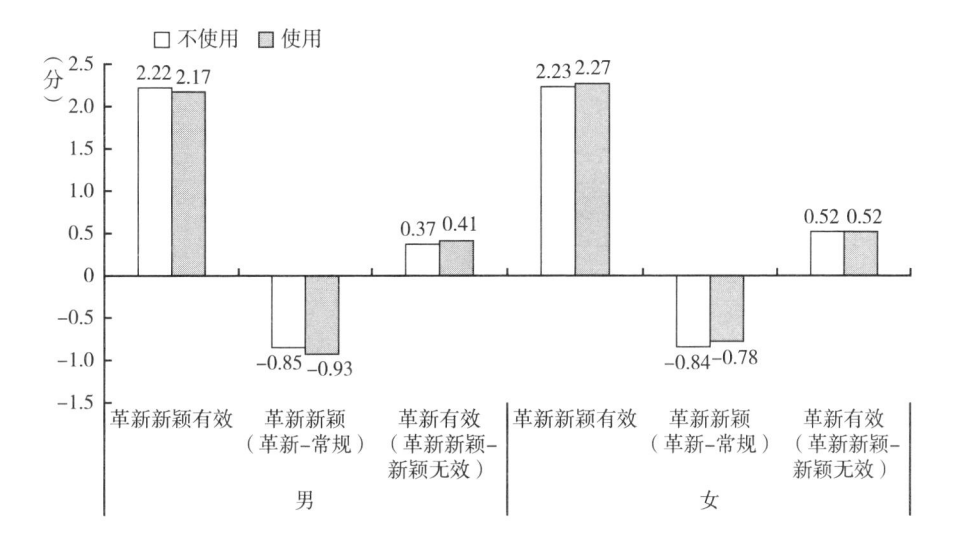

图 12　初中男女生的网络使用和革新特性的创造性认知倾向

4. 高中学生的创造性认知倾向

在基线常规和新颖无效物品设计喜爱度上，使用网络的高中男生得分为 3.17 分和 1.86 分，女生为 3.21 分和 1.89 分；不使用网络的男生得分为 3.10 分和 2.00 分，女生为 3.19 分和 1.88 分；对上网和不上网的高中男女生的常规和新颖无效基线分数进行独立样本 t 检验，结果显示男生在新颖无效上存在显著差异（$p<0.01$），其他不存在显著差异。

（1）创新特性的创造性认知倾向

从图 13 中可以看到，在创新新颖有效、创新新颖、创新有效特性的创造性认知倾向上，使用网络的高中男生的得分分别为 2.46 分、-0.71 分、0.60 分，女生的得分分别为 2.47 分、-0.74 分、0.58 分；不使用网络的高中男生的相应得分分别为 2.50 分、-0.60 分、0.49 分，女生得分分别为

2.47分、-0.72分、0.59分。进行独立样本t检验后显示，使用和不使用网络的男女生在创新特性的创造性认知倾向上不存在显著差异。

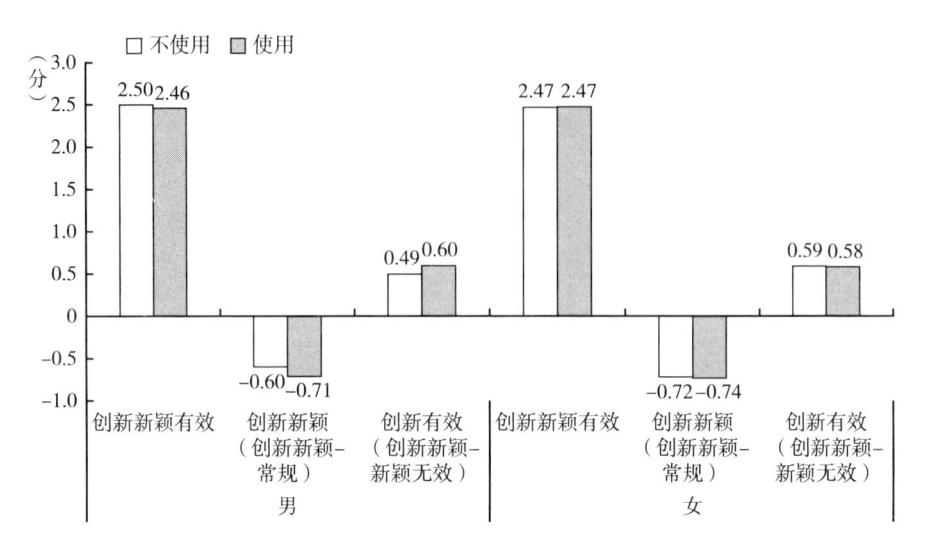

图13 高中男女生的网络使用和创新特性的创造性认知倾向

（2）革新特性的创造性认知倾向

图14显示上网的高中男生的革新新颖特性的创造性认知倾向得分为-0.87分，显著低于不使用网络的男生的得分（-0.71分，$p<0.05$）；上网的高中男生在革新新颖有效、革新有效特性的创造性认知倾向得分为2.30分、0.44分，与不上网的男生的得分2.38分、0.38分接近，t检验显示不存在显著差异。上网的高中女生在革新新颖有效、革新新颖、革新有效特性的得分为2.47分、-0.74分、0.58分，与不上网的女生的得分2.48分、-0.70分、0.61分接近，t检验显示差异不显著。

5.技校/中专/职高学生的创造性认知倾向

在基线常规和新颖无效物品设计喜爱度上，使用网络的技校/中专/职高男生的分数为3.26分和1.78分，女生为3.36分和1.56分；不使用网络的男生为3.51分和1.91分，女生为3.05分和1.86分；对上网和不上网的男生和女生的常规和新颖无效基线分数进行独立样本t检验，结果显示均不存

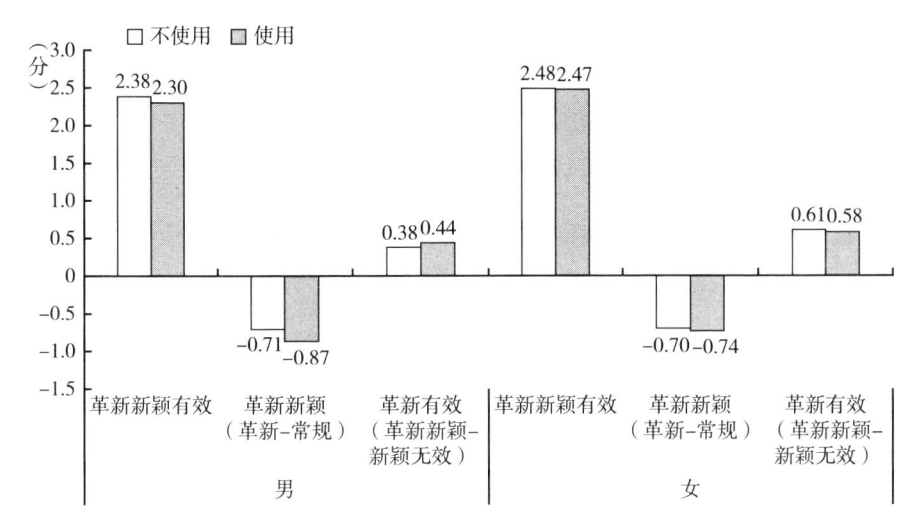

图 14　高中男女生的网络使用和革新特性的创造性认知倾向

在显著差异。

（1）创新特性的创造性认知倾向

图 15 所示在技校/中专/职高学习阶段，使用网络的男生在创新新颖特性的创造性认知倾向得分为 -0.94 分，显著高于不使用网络的男生得分（-1.38 分，$p<0.05$）；在创新新颖有效、创新有效特性得分上，使用网络的男生的得分分别为 2.33 分、0.54 分，高于不使用网络的男生的得分（2.13 分、0.21 分），t 检验显示差异不显著。上网的女生在创新新颖有效、创新新颖、创新有效特性上的得分为 2.13 分、-1.23 分、0.56 分，不上网的女生的得分为 2.33 分、-0.71 分、0.48 分，独立样本 t 检验显示女生在创新特性的创造性认知倾向上不存在显著差异。

（2）革新特性的创造性认知倾向

图 16 显示使用网络的技校/中专/职高男生在革新新颖有效、革新新颖、革新有效特性的创造性认知倾向上的得分为 2.20 分、-1.06 分、0.41 分，与不使用网络的男生的得分（2.38 分、-1.13 分、0.47 分），经独立样本 t 检验发现不存在显著差异；使用网络的女生在革新新颖有效、革新新颖、革

281

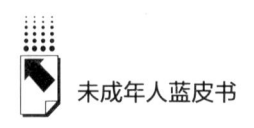

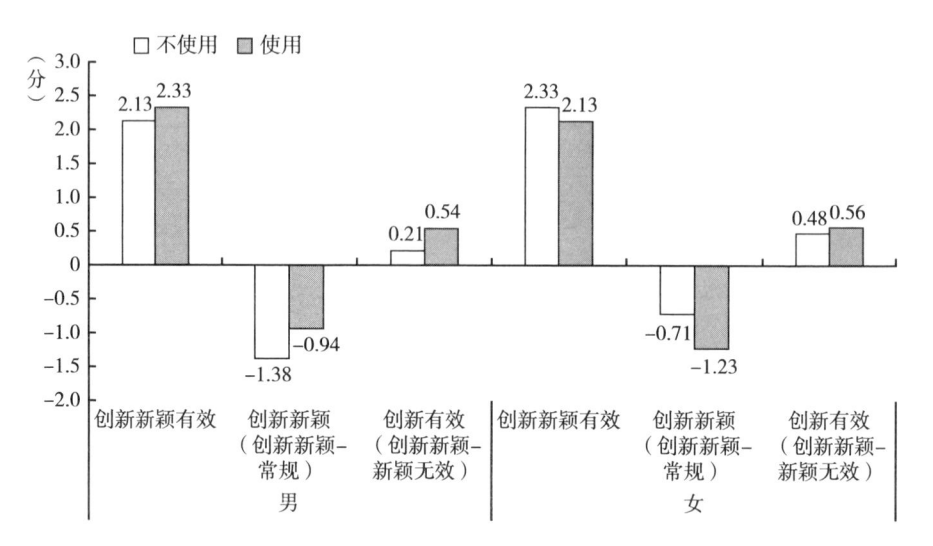

图 15 技校/中专/职高男女生的网络使用和创新特性的创造性认知倾向

新有效特性上得分为 2.10 分、-1.26 分、0.54 分,与不使用网络的女生的得分 2.19 分、-0.86 分、0.33 分,经独立样本 t 检验发现差异不显著。

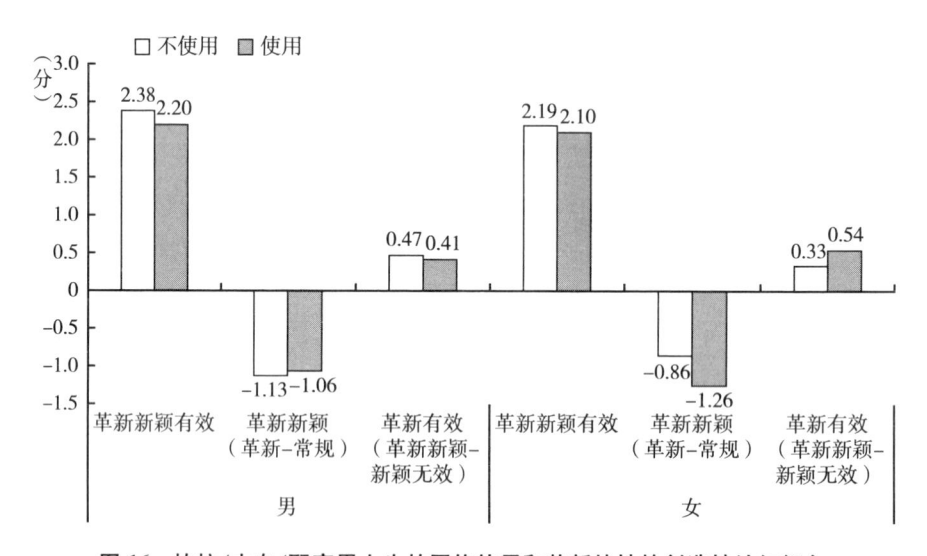

图 16 技校/中专/职高男女生的网络使用和革新特性的创造性认知倾向

四 小结

（一）未成年学生的网络使用和日常创造性行为

分析五个学习阶段的未成年学生网络使用状况对手工设计、社会活动、语言文学、科学技术、文艺表演五个领域，以及总体的日常创造性的影响，得到以下几个结果。

1. 网络使用对较低年级学生的日常创造性具有一定的促进作用，对较高年级学生的日常创造性有减弱作用

在日常创造性行为总分上，使用网络的小学低年级男女生和小学高年级女生比不使用网络的有较高的得分；相比使用网络的小学高年级男生、初高中和中专/技校/职高学习阶段的男女生，不使用网络的学生的日常创造性得分略高。

2. 网络使用对较低年级女生在文艺表演和手工设计领域的日常创造性有促进作用，对较高年级女生在科学技术领域的日常创造性有减弱作用

使用网络的小学和初中女生在文艺表演领域、使用网络的小学低年级女生在手工设计领域，比不使用网络的同学习阶段的女生有更高的日常创造性；使用网络的初高中和技校/中专/职高的女生比不使用网络的在科学技术领域有更低的日常创造性。

3. 网络使用对各学习阶段的男生在五个领域的日常创造性影响不大，对高中男生在语言文学领域的日常创造性有减弱作用

在小学、初中和技校/中专/职高学习阶段的男生，手工设计、社会活动、语言文学、科学技术、文艺表演五个领域的日常创造性水平没有受到网络使用状况的影响。使用网络的高中男生比不使用网络的高中男生在语言文学领域有更低的日常创造性。

（二）未成年学生的网络使用和创造性认知倾向

对未成年学生的创新特性和革新特性的创造性认知倾向，分五个学习阶

段的分析后得到以下几个结果。

1.网络使用对小学高年级男生和技校/中专/职高男生的创新特性的创造性认知倾向有促进作用

使用网络的小学高年级男生相较于不使用网络的，在创新新颖有效、创新有效特性的创造性认知倾向更强；相比不使用网络的技校/中专/职高男生，使用网络的在创新新颖特性上有更高的创造性认知倾向。

2.网络使用对小学女生的创新特性的创造性认知倾向有促进作用，对中学女生没有显著影响

与不使用网络的小学低年级女生相比，使用网络的小学低年级女生在创新新颖有效特性上有更高的创造性认知。使用网络的小学高年级女生比不使用的在创新特性上有更高的创造性认知倾向。网络使用对初中、高中、技校/中专/职高三个学习阶段的女生的创新特性的创造性认知倾向没有显著影响。

3.未成年学生的革新特性的创造性认知倾向受网络使用状况的影响较小

网络使用对五个学习阶段的女生的革新特性的创造性认知倾向没有显著影响。网络使用对小学低年级、初中和技校/中专/职高男生的革新特性的创造性认知倾向没有显著影响。使用网络的小学高年级男生比不使用网络的，在革新新颖有效特性和革新有效特性有更高的创造性认知倾向。使用网络的高中男生相比不使用网络的，在革新新颖特性上有更低的创造性认知倾向。

（三）利用网络使用提高未成年人创造性的建议

网络使用对于青少年心理与认知发展的影响是多方面的，它的一个重要的影响方面就是可以对青少年创造力培养和发展发挥作用。

本报告分析了调查数据后发现，对于不同的创造性领域以及不同性别、学习阶段的未成年学生，网络使用具有不同的影响。比如，低年级未成年人使用网络对其创造性的发展可能更有利，而高年级未成年人使用网络则与之相反；使用网络有助于发展低年级女生在文艺表演领域的创造性发展，但对高中男生的在语言文学领域的创造有不利的影响等；因此，需要我们具体问

题具体分析，有甄别地帮助家长以及教育工作者有效地指导学生用网络，使之服务于未成年人的健康成长和创造性培养。

国家应鼓励研究和开发有利于未成年学生创造性发展的网络使用形式和内容，让更多有利于未成年学生创造创新潜能得以发挥的网络产品和服务能够应用到教学和日常生活中。

参考文献

程玉洁，2012，《中学生日常创造性行为的特点及其与人格的关系》，北京师范大学硕士学位论文。

孙鹏、邹泓、杜瑶琳，2014，《青少年创造性思维的特点及其对日常创造性行为的影响：人格的中介作用》，《心理发展与教育》第4期。

应小萍、罗劲，2019，《创新与革新：心理机制及对社会心理建设的启示》，《哈尔滨工业大学学报》（社会科学版）第6期。

Beaty, R. E., Benedek, M., Silvia, P. J. & Schacter, D. L. 2016. "Creative Cognition and Brain Network Dynamics", *Trends in Cognitive Sciences* 20（2）.

Kaufman, J. C. & Beghetto, R. A. 2009. "Beyond big and little: The four c model of creativity", *Review of General Psychology* 13.

Huang, F., Chiu, C. & Luo, J. 2016. "Neural Pathway of Renovative and Innovative Products Appreciation", *Scientific Reports* 6.

Ren, J., Huang, F., Zhou, Y., Zhuang, L., Xu, J., Gao, C., Qin, S. & Luo, J. 2020. "The Function of the Hippocampus and Middle Temporal Gyrus in Forming New Associations and Concepts During the Processing of Novelty and Usefulness Features in Creative Designs", *NeuroImage* 214.

B.12
未成年人互联网使用与人际关系研究

郭冉 韩晓雪[*]

摘　要： 网络的高速发展给未成年人带来了新的生活方式、社交方式以及新的代际关系，成为未成年人新型社会化的主要推动力。本章主要分析未成年人互联网使用与人际关系变化情况，并有以下主要发现：（1）未成年人利用互联网社交的比例整体较低，其频率也较低，包括较少使用社交软件、网络社区等；（2）未成年人懂得如何利用互联网积极拓展社交，男生和高年级学生更为活跃；（3）未成年人普遍对网络的正负功能有着清晰的认知；（4）互联网的使用改善了亲子关系，增进了父母对子女的了解；（5）随着未成年人的成长，其隐私意识也越来越强，会对手机做较多的隐私设置，较少和父母分享。此外，不同学生群体在互联网使用与人际关系变化中表现出明显差异，其中父母的陪伴可以更好地塑造子女的价值观，使之有更客观的评价；高年级学生则因为成长和学业压力会产生更多的隐私、社交渴望和相对较多的负面情绪，也较少会和父母分享自己的内心世界。

关键词： 互联网社交　正功能与负功能　亲子关系　隐私意识

引　言

互联网由于其便利性、快捷性、获得咨询和服务的丰富性和趣味性，在

---

[*] 郭冉，中国社会科学院社会发展战略研究院，助理研究员；韩晓雪，中国社会科学院大学马克思主义学院，硕士研究生。

"互联网原住民"——未成年人社交中逐渐占据了不可或缺的地位。同时,网络生活的无处不在、网络接入的便捷性也部分消除了地区之间的网络鸿沟,使不同的未成年人在使用网络社交过程中不仅产生了差异性,也产生了趋同性,更深刻地影响了未成年人人际关系和代际关系的发展变化。作为社会成员中的一分子,未成年人的生活、学习、娱乐等活动共同构成了其日常生活的基本内容,性别、年龄、受教育阶段都会对其行为模式产生明显影响。

未成年人网络社交与家庭关系尤为密切。随着流动人口规模加大,留守儿童数量不断攀升,父母能否长期陪伴成为影响未成年人成长的重要因素。由于未成年人的网络社交行为受到了家庭方面的潜在影响,因此,从家庭视角分析未成年人网络社交情况及其差异对了解未成年人行为模式和改善未成年人人际关系都有较大的帮助。在本章中,笔者把未成年人按照与父母的居住情况分为:和父母同住、和父亲同住、和母亲同住以及不和父母同住四种类型。

不同地区的学校类型和不同教育阶段的未成年人网络社交的情况存在一定的差异,这种差异一方面体现为人群自身的差异,另一方面也与地区间经济和社会发展进程密不可分。从不同地区的学校类型看,城市、县城、乡镇和农村学校在诸多方面存在明显差距,如教育资源分配不均衡,生源存在明显差距。从不同教育阶段看,未成年人的学习任务、学习能力和自我管理能力也都有明显差异,因此在行为方式中也会有直观体现。需要说明的是,本文的调查对象是"未成年人数字生活与网络保护"调查的21733名6~18岁的在校学生。因此,在本文的环境中,"未成年人"与"学生"概念相等。

一 基本情况

(一)利用互联网社交的基本情况

1. 超半数学生从不或很少上网聊天,女生上网聊天的频率高于男生

根据图1,有58.21%的学生从不或很少上网聊天,其中男生表示

"从不或很少"上网聊天的比例为60.54%，大于女生55.88%的比例。而占学生总数24.32%的"有时"进行上网聊天的学生中，女生比例为26.29%，大于22.35%的男生比例；占学生总数17.47%的"经常或总是"上网聊天的学生中，17.83%的女生占比也大于17.11%的男生占比。总的来看，超过半数的学生"从不或很少"上网聊天，男生上网聊天的频率低于女生。

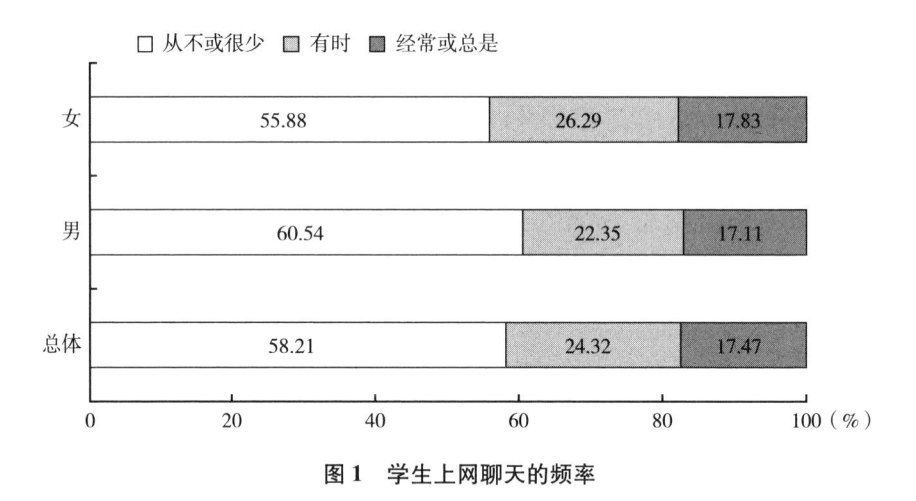

图1 学生上网聊天的频率

聚焦到不同地区学校学生上网聊天频率的特征上（见图2），可以看到县城学校学生选择"从不或很少"上网聊天的比例最大，为65.94%，城市学校学生紧随其后，占比57.25%，而乡镇学校学生选择"从不或很少"上网聊天的比例低于县城学校学生和城市学校学生，为55.34%，农村学校学生选择"从不或很少"上网聊天的比例最小，为40.12%。"有时""经常或总是"上网聊天的学生占比呈现相反的状态，农村学校学生选择"有时""经常或总是"上网聊天的学生比例最大，分别为36.72%和23.17%，紧随其后的乡镇学校学生，分别占比25.76%和18.89%，而城市学校学生选择"有时""经常或总是"上网聊天的比例低于农村学校学生和乡镇学校学生，分别为24.53%和18.21%，县城学校学生选择"有时""经常或总是"上网聊天的比例最小，分别为21.14%和12.92%。换一个角度来看频率的分布，城市、县城、乡镇、农村四地的学生，"从不或很少"上网聊天的比例呈现倒U形分布，而"有时"和"经常或总是"上网聊天的比例呈U形分布。

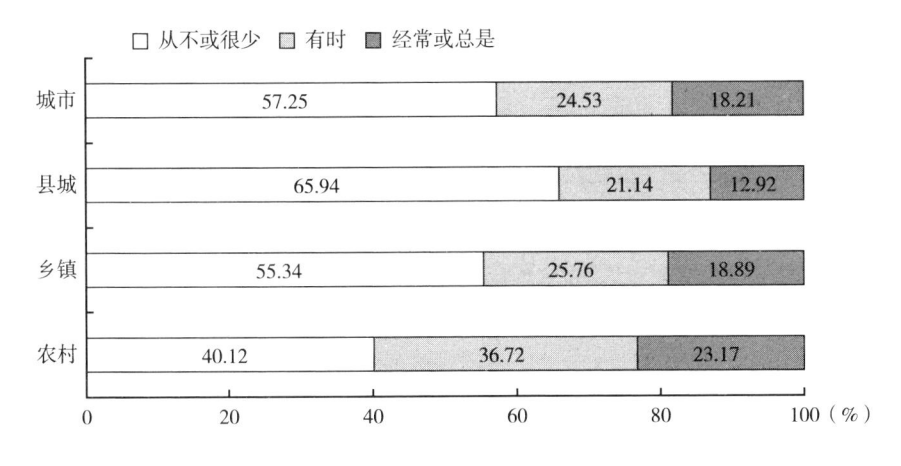

地区	从不或很少	有时	经常或总是
城市	57.25	24.53	18.21
县城	65.94	21.14	12.92
乡镇	55.34	25.76	18.89
农村	40.12	36.72	23.17

图2 不同地区学校学生上网聊天的频率

学生上网聊天的频率与其居住形式也有一定关系。和父母同住与否，关系到是否能得到父母的照顾与及时的沟通。总的来看，与父母越疏远，上网聊天的频率越高（见图3）。与父母同住的学生中有59.14%的学生"从不或很少"上网聊天，23.9%的学生"有时"上网聊天，16.97%的学生"经常或总是"上网聊天，是四种类型中上网频率总体最低的。与此形成对比的是不和父母同住的学生中有50.35%的学生"从不或很少"上网聊天，而28.78%的学生"有时"上网聊天，20.87%的学生"经常或总是"上网聊天，是四种类型中上网频率最高的。比较分别和母亲、父亲同住的学生上网聊天的情况区别较小，和母亲同住的学生"从不或很少"上网聊天、"经常或总是"上网聊天的占比高于和父亲同住的学生，"有时"上网聊天的占比低于和父亲同住的学生。

图4显示，学生上网聊天的频率与年级高低成正比，学生年级越高，上网聊天的频率越高。小学低年级的学生中有84.64%的学生"从不或很少"上网聊天，小学高年级的学生中有63.35%的学生"从不或很少"上网聊

□ 从不或很少　■ 有时　■ 经常或总是

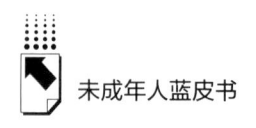

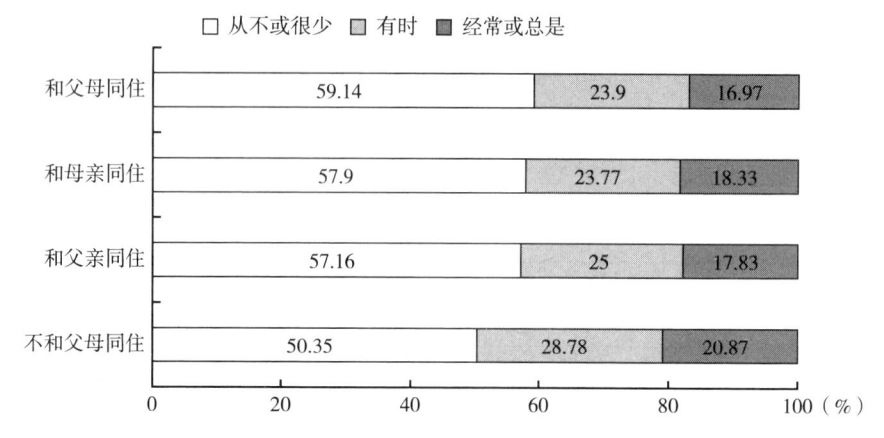

居住形式	从不或很少	有时	经常或总是
和父母同住	59.14	23.9	16.97
和母亲同住	57.9	23.77	18.33
和父亲同住	57.16	25	17.83
不和父母同住	50.35	28.78	20.87

图3 不同居住形式的学生上网聊天的频率

天,亦即超半数的小学阶段学生"从不或很少"上网聊天。高中阶段的学生中有29.7%的学生"从不或很少"上网聊天,初中阶段的学生中有38.57%的学生"从不或很少"上网聊天,仅1/3左右的中学阶段学生"从不或很少"上网聊天。小学阶段与中学阶段相比,小学阶段的学生选择"有时""经常或总是"上网聊天的比例也远小于中学阶段的学生。而中学阶段的学生很多已经拥有了自己的网络设备,操作起来更加方便,上网聊天的频率也更高。

□ 从不或很少　■ 有时　■ 经常或总是

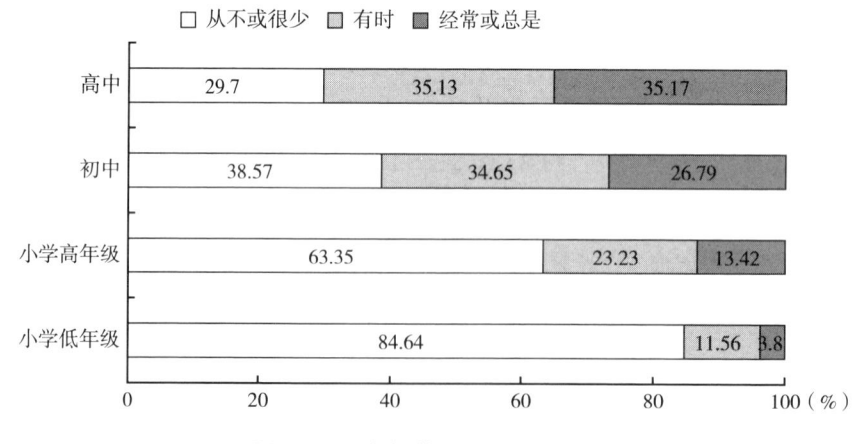

年级	从不或很少	有时	经常或总是
高中	29.7	35.13	35.17
初中	38.57	34.65	26.79
小学高年级	63.35	23.23	13.42
小学低年级	84.64	11.56	3.8

图4 不同年级学生上网聊天的频率

2. 未成年人群体逛微博频率较低，女生比男生更喜欢逛微博

微博作为常用的社交软件，具有较高的时效性、互动性和低成本性，融合了多种信息传播形式，操作简单直观。但未成年人"经常或总是"使用微博的比例相对较低。图5显示，未成年人总体中，仅3.94%"经常或总是"逛微博，其中男生的比例为1.62%，女生的比例为6.26%，女生"经常或总是"逛微博的比例是男生的近3倍。

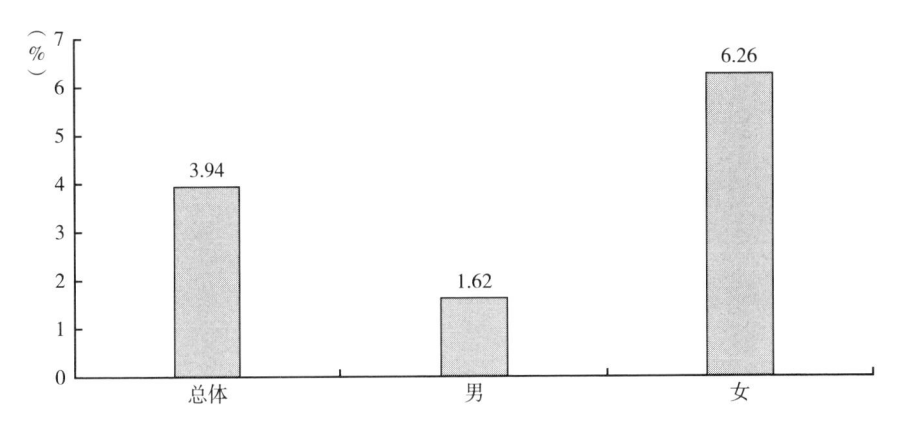

图5 学生"经常或总是"逛微博的频率

图6显示，在不同地区，未成年人微博使用的差异，城市学校的学生中有89.35%的人"从不或很少"逛微博，县城学校的学生中有91.87%的人"从不或很少"逛微博，而乡镇学校的学生中有88.91%的人"从不或很少"逛微博，农村学校的学生中有84.18%的人"从不或很少"逛微博。城市学校"从不或很少"逛微博的学生较农村学校学生多一些。县城学校的学生中"有时"逛微博和"经常或总是"逛微博的学生占比均最小，分别是5.92%和2.21%。农村学校的学生中"有时"逛微博和"经常或总是"逛微博的学生占比均最大，分别是10.36%和5.46%。

图7显示，"从不或很少"逛微博这一选项中，和父母同住的学生比例最大，为90.09%，其次是和母亲同住的学生比例（89.13%）以及和父亲同住的学生比例（88.37%），选择比例最小的是不和父母同住的学生，占87.45%。

未成年人蓝皮书

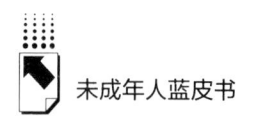

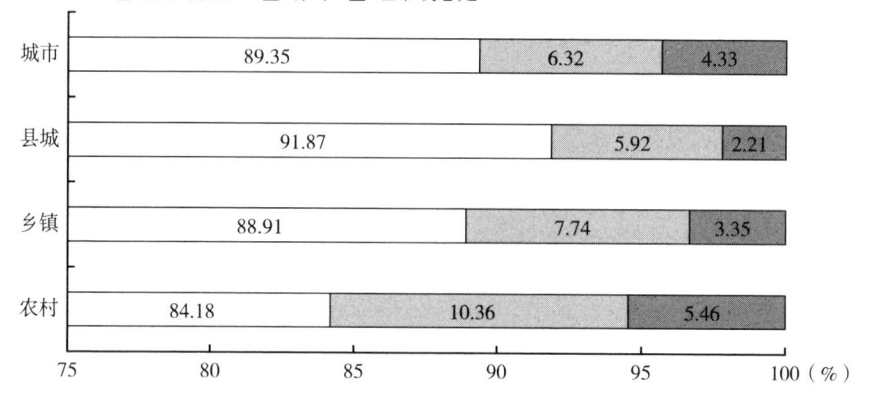

图6 不同地区学校学生逛微博的频率

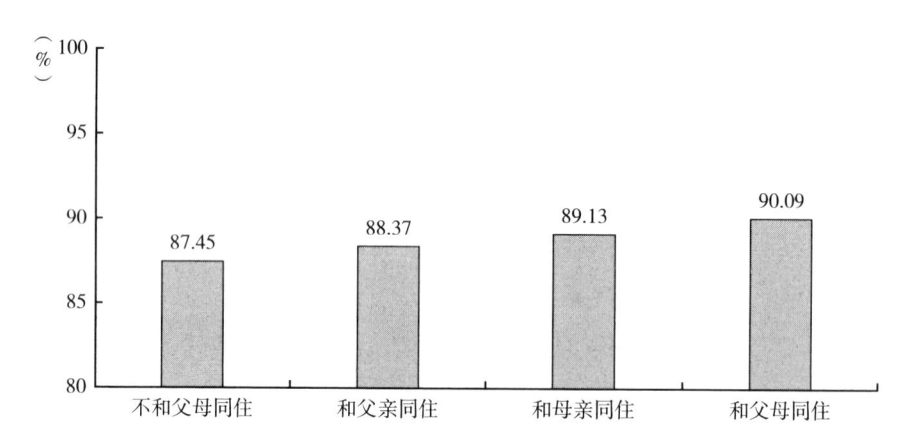

城市：从不或很少 89.35，有时 6.32，经常或总是 4.33
县城：从不或很少 91.87，有时 5.92，经常或总是 2.21
乡镇：从不或很少 88.91，有时 7.74，经常或总是 3.35
农村：从不或很少 84.18，有时 10.36，经常或总是 5.46

图7 不同居住形式的学生"从不或很少"逛微博的频率

不和父母同住：87.45
和父亲同住：88.37
和母亲同住：89.13
和父母同住：90.09

同样的选项在不同年级的学生中也呈现差异，图8显示，小学低年级学生中有98.37%的人"从不或很少"逛微博，小学高年级学生中有94.64%的人"从不或很少"逛微博。而初中阶段学生中"从不或很少"逛微博的比例明显变少了，为83.89%，高中阶段学生的比例更小，为74.09%。随着年级的升高，学生接触微博的比例提高。一方面，他们的上网能力越来越强，可以熟练使用各种终端和功能；另一方面，他们拥有的网络设备越来越多，同时也更愿意关注周边的舆论和新闻，获取信息的能力和意愿也越强。

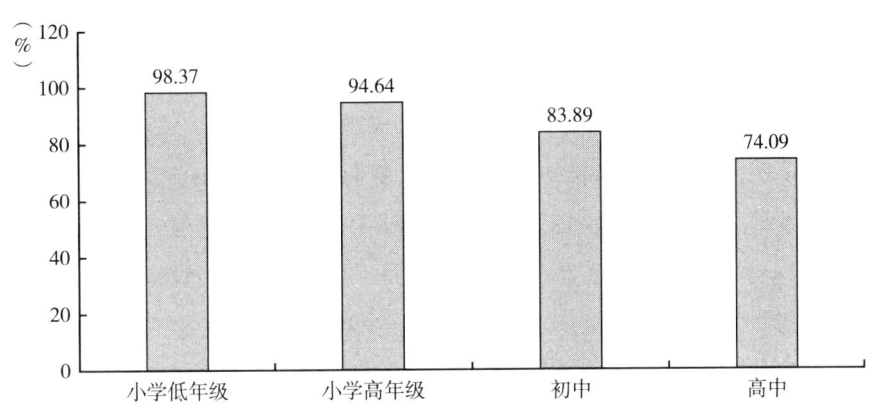

图 8 不同年级学生"从不或很少"逛微博的频率

3. 未成年人群体逛网络社区频率较低,女生更喜欢逛网络社区

知乎、豆瓣、B 站等网络社区是当前中国互联网中参与讨论人数较多、具有较大社会影响力的网络平台。为年轻人提供了发展独有精神文化的空间。但在未成年人群体中,这些网络社区的使用频率仍然较低。

图 9 显示,总的来看,仅有 3.57% 的学生会"经常或总是"逛网络社区。但就网络社区而言,男女生使用频率的差异并不像微博那样大。男生"经常或总是"逛网络社区的比例为 3.09%,女生"经常或总是"逛网络社区的比例稍大一些,为 4.06%。

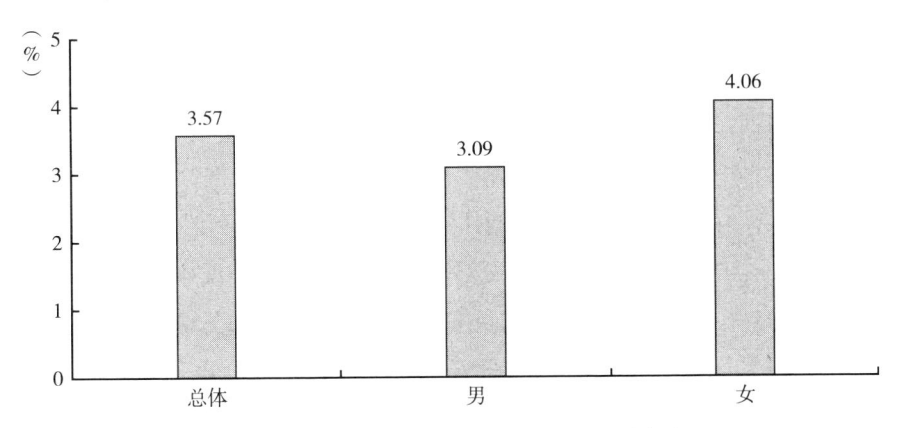

图 9 学生"经常或总是"逛网络社区的频率

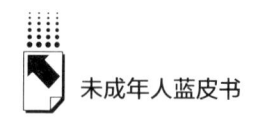

在不同地区学校学生中展开来看（见图10），县城学校的学生从不或很少逛网络社区的比例最大，为91.63%，其次是乡镇学校的学生（89.95%）、城市学校的学生（88.15%）、农村学校的学生（85.31%）。农村学校的学生"有时"逛网络社区的比例最大，为11.49%，其次是城市学校的学生（7.93%）、乡镇学校的学生（6.62%）、县城学校的学生（6.22%）。城市学校的学生"经常或总是"逛网络社区的比例最大，为3.93%，其次是乡镇学校的学生（3.43%）、农村学校的学生（3.2%）、县城学校的学生（2.15%）。不同地区学校的学生逛网络社区的频率参差不齐，农村学校学生的频率相比之下稍微低一些。

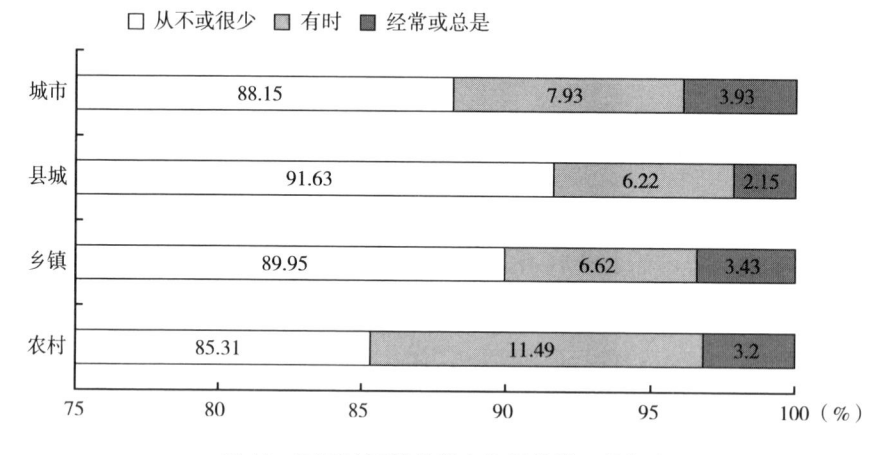

地区	从不或很少	有时	经常或总是
城市	88.15	7.93	3.93
县城	91.63	6.22	2.15
乡镇	89.95	6.62	3.43
农村	85.31	11.49	3.2

图10 不同地区学校学生逛网络社区的频率

图11显示，和父母同住的未成年人中"从不或很少"逛网络社区的比例最大，为89.31%，和父亲同住的未成年人中"从不或很少"逛网络社区的比例最小，为86.57%。和母亲同住的未成年人，以及不和父母同住的未成年人中"从不或很少"逛网络社区的比例居于以上两类情况中间，且和母亲同住的未成年人"从不或很少"逛网络社区的比例较不和父母同住的人低一些。也就是说，"从不或很少"逛网络社区的学生比例从大到小的排序依次是和父母同住、和母亲同住、不和父母同住、和父亲同住。选择"有时"逛网络社区的未成年人从大到小的比例排序与选择"从不或很少"逛网络社区的

未成年人比例排序完全相反：和父亲同住（9.77%）、不和父母同住（8.39%）、和母亲同住（7.82%）、和父母同住（7.25%）。选择"经常或总是"逛网络社区的比例在不同居住形式中的差异不大。

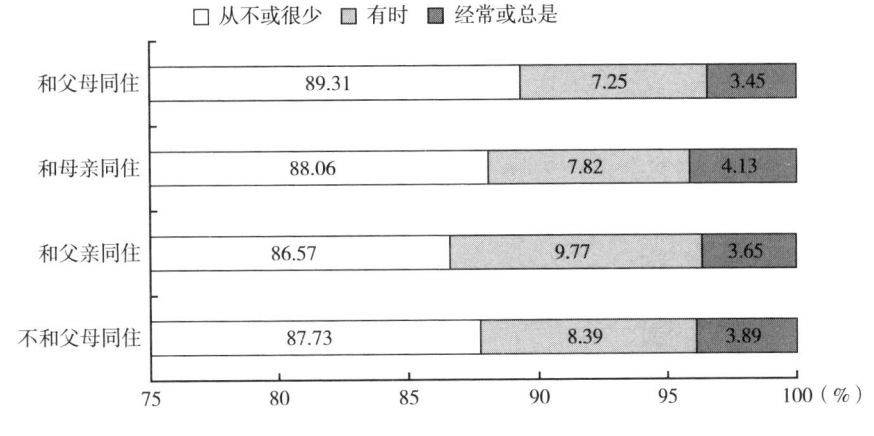

图 11 不同居住形式的学生逛网络社区的频率

从不同年级来看（见图12），年级越高逛网络社区的频率越高。未成年人选择"从不或很少"逛网络社区的占比从大到小排序为小学低年级（97.24%）、小学高年级（93.98%）、初中（84.71%）、高中（72.02%），与年级的高低呈现相关性。

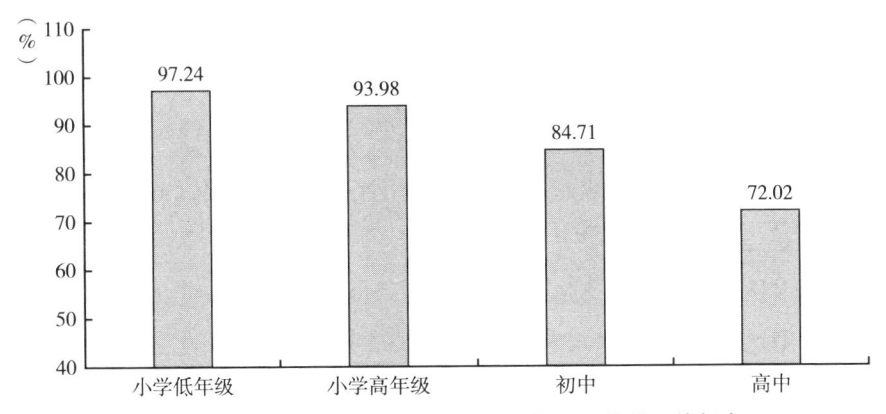

图 12 不同年级的学生"从不或很少"逛网络社区的频率

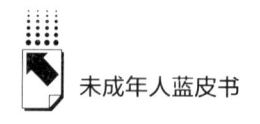

4. 未成年人群体使用社交网站频率不高，但高于微博和网络社区

图13显示，未成年人群体对社交网站的使用频率不太高。总体来说，有高达79.54%的学生表示"从不或很少"使用社交网站，仅有11.67%的学生表示"有时"使用社交网站，仅8.78%的学生表示"经常或总是"使用社交网站。

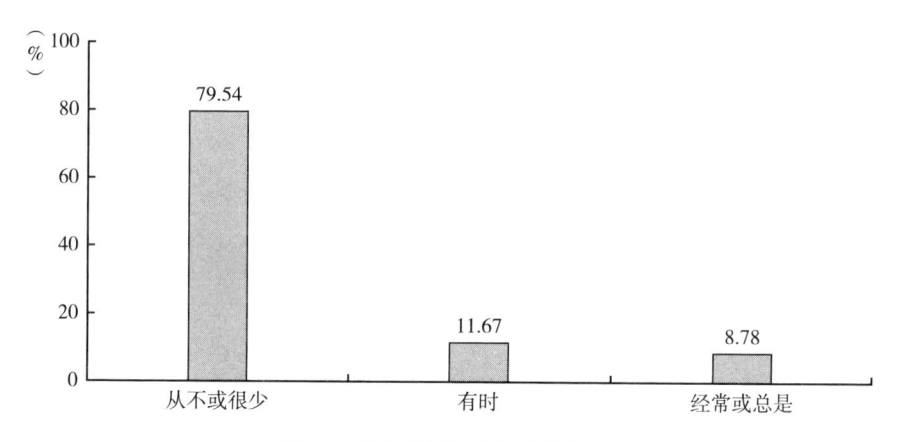

图13 学生使用社交网站的频率

图14显示，综合来看，县城学校的学生使用社交网站的频率是最低的，其中84.41%的学生表示"从不或很少"使用社交网站，9.77%的学生表示"有时"使用社交网站以及5.82%的学生表示"经常或总是"使用社交网站。城市学校的学生和乡镇学校的学生使用社交网站的频率总体来看稍微高于县城学校的学生，但两组区别不大。综合来看，农村学校的学生使用社交网站的频率是最高的，其中72.5%的学生表示"从不或很少"使用社交网站，还有18.46%的学生表示"有时"使用社交网站以及9.04%的学生表示"经常或总是"使用社交网站。

图15显示，不同居住形式之间，和父母同住的未成年人"从不或很少"使用社交网站的比例最大，达80.12%，"有时"使用社交网站的比例最小，为11.22%，"经常或总是"使用社交网站的比例最小，为8.65%。不和父母同住的未成年人中"从不或很少"使用社交网站的比例最小，为

未成年人互联网使用与人际关系研究

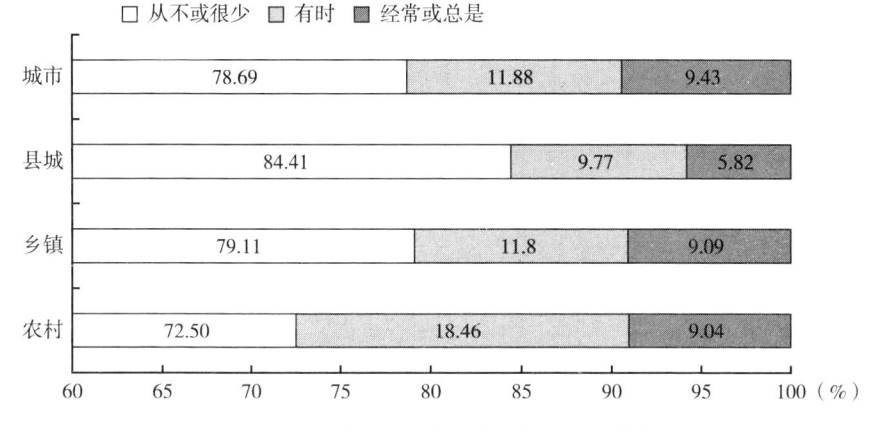

	从不或很少	有时	经常或总是
城市	78.69	11.88	9.43
县城	84.41	9.77	5.82
乡镇	79.11	11.8	9.09
农村	72.50	18.46	9.04

图 14 不同地区学校学生使用社交网站的频率

75.87%，相应地，这些未成年人"有时"使用社交网站的比例最大，达14.42%，"经常或总是"使用社交网站的比例最大，达9.71%。和父母一方同住的未成年人使用社交网站的频率居于以上两种情况中间，且和母亲同住的未成年人使用社交网站的频率比和父亲同住的未成年人使用社交网站的频率稍微低一些；和母亲同住的未成年人"从不或很少""有时""经常或总是"使用社交网站的比例分别为79.84%、11.43%、8.73%，而和父亲同住的未成年人"从不或很少""有时""经常或总是"使用社交网站的比例

	从不或很少	有时	经常或总是
和父母同住	80.12	11.22	8.65
和母亲同住	79.84	11.43	8.73
和父亲同住	77.52	13.33	9.14
不和父母同住	75.87	14.42	9.71

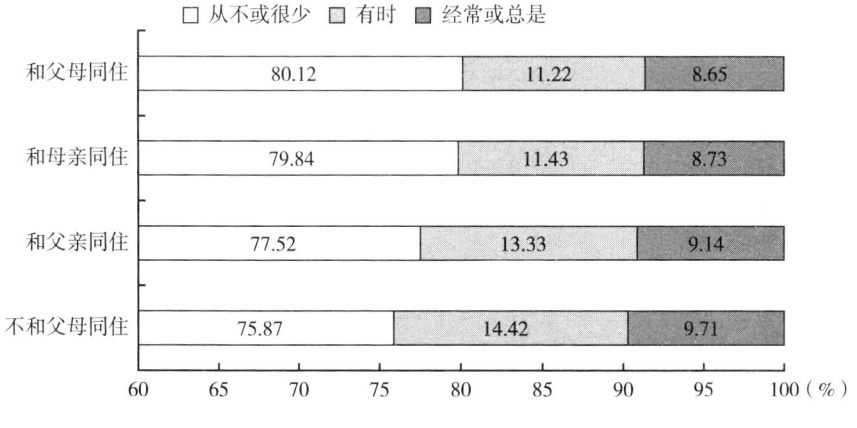

图 15 不同居住形式的学生使用社交网站的频率

297

分别为77.52%、13.33%、9.14%，就选从不或很少用社交网站的比例而言，和母亲同住的未成年人占比大于和父亲同住的比例，而就选"有时"以及"经常或总是"的比例而言，和母亲同住的学生小于和父亲同住的学生。

图16显示，从不同年级学生的选择来看，随着年级的升高，学生使用社交网站的频率也逐步提升，这一结论体现在不同年级选择"从不或很少"使用社交网站的学生比例中，小学低年级为95.17%，小学高年级为87.48%，初中为69.97%，高中为52.94%。

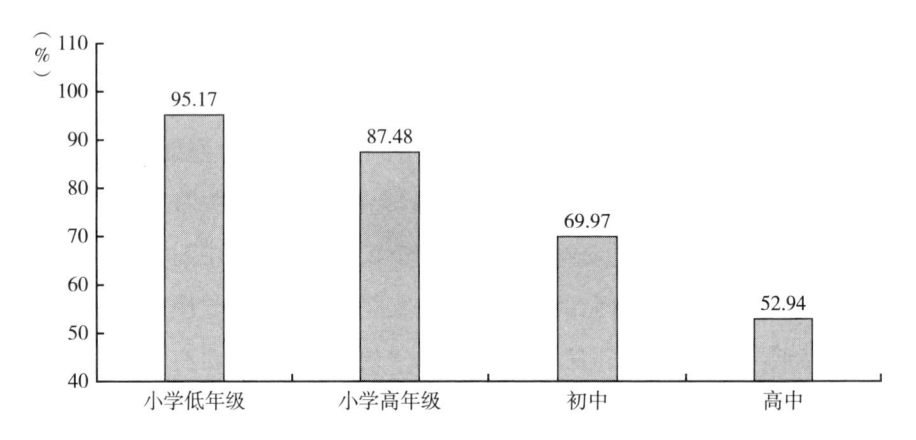

图16 不同年级学生"从不或很少"使用社交网站的频率

（二）利用互联网社交的扩展情况

1. 未成年人群体网络社交时间不长，周末时间较多一些

社交时间能在一定程度上反映出未成年人群体利用互联网进行社交的一些特征。图17显示，结合未成年人群体学习与休息时间的分配，可以发现这一群体周六和周日比周一到周五的社交时间多一些，以选择"不上网聊天"选项的学生占比为例，52.48%的学生表示周一到周五的学习时间不上网聊天，而周六和周日不上网聊天的学生占比有所下降，仅为45.38%。选择周六和周日上网聊天时间在"1小时以内""1~2小时""2~3小时""3

小时以上"的学生占比均高于周一到周五的上网聊天的学生占比。这说明，学生们周一到周五的时间仍大多被课堂和作业占据，而周末上网聊天的时间较多一些，况且学生群体聊天的对象多为自己的同学，在校期间他们可以线下交流。同时，我们还能注意到，周一到周五，上网聊天时间在"1小时以内"的学生比"1~2小时"的学生多，他们又依次多于"2~3小时"上网聊天时间的学生。

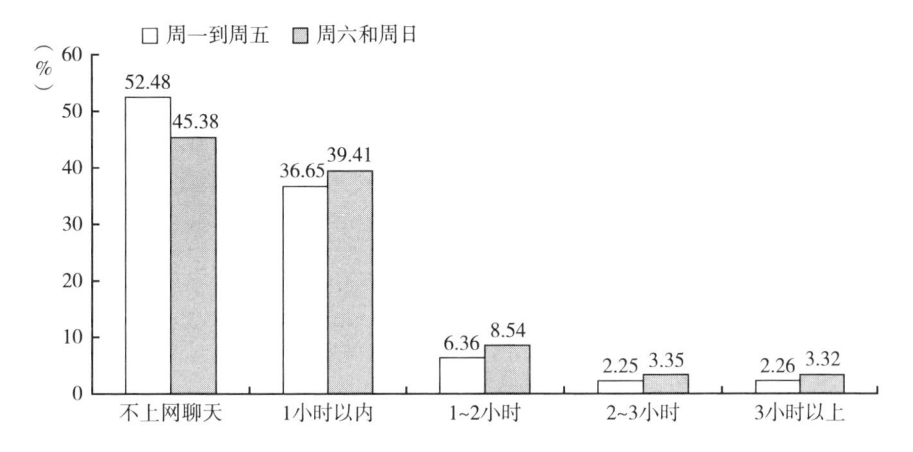

图17 学生网络社交时间分布

图18显示，学生群体周一到周五的上网聊天时间平均为每天0.41个小时，而在周六和周日的上网聊天时间平均为每天0.53个小时。男女生的上网聊天时间有些不同，其中男生周一到周五的上网聊天时间平均为每天0.39个小时，而在周六和周日的上网聊天时间平均为每天0.50个小时。女生周一到周五的上网聊天时间平均为每天0.43个小时，而在周六和周日的上网聊天时间平均为每天0.55个小时。

从不同地区学校类型看（见图19），学生们的上网聊天时间也有不同。其中农村学校的学生周一到周五的上网聊天时间平均为每天0.57个小时，周六和周日的上网聊天时间平均为每天0.75个小时，均为四类情况中上网聊天时间最长的。其次是乡镇学校的学生，周一到周五的上网聊天时间平均为每天0.52个小时，周六和周日的上网聊天时间平均为每天0.64个小时。

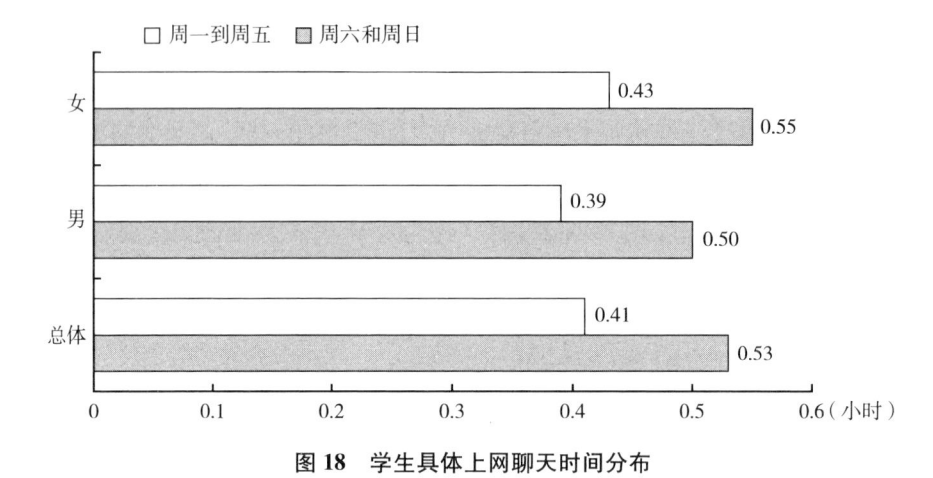

图 18 学生具体上网聊天时间分布

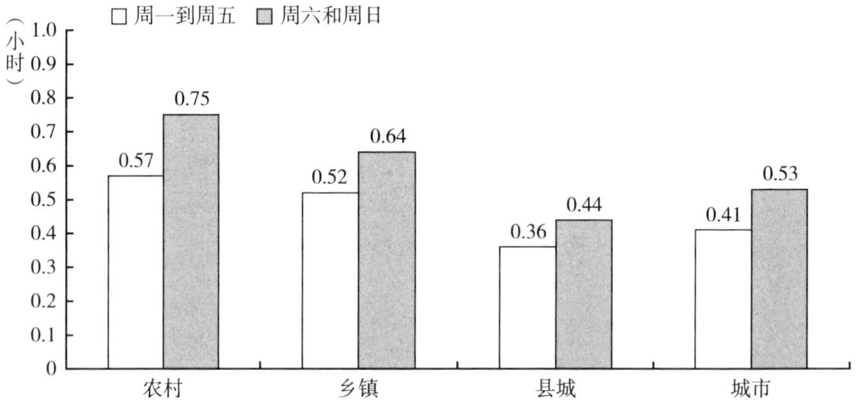

图 19 不同地区学校学生的上网聊天时间

上网聊天时间长度第三名是城市学校的学生,周一到周五的上网聊天时间平均为每天0.41个小时,周六和周日的上网聊天时间平均为每天0.53个小时。最后是县城学校的学生,周一到周五的上网聊天时间平均为每天0.36个小时,周六和周日的上网聊天时间平均为每天0.44个小时。可见,农村学校的学生更喜欢上网聊天。

对于不同居住形式的未成年人而言,与父母同住意味着更多的家庭交流、陪伴,以及更少的上网聊天时间。

图20显示，不和父母同住的未成年人周一到周五的上网聊天时间平均为每天0.54个小时，周六和周日的上网聊天时间平均为每天0.67个小时，均为四类情况中上网聊天时间最长的。其次是和母亲同住的未成年人，周一到周五的上网聊天时间平均为每天0.46个小时，周六和周日的上网聊天时间平均为每天0.58个小时。上网聊天时间长度第三名的是和父亲同住的未成年人，周一到周五的上网聊天时间平均为每天0.45个小时，周六和周日的上网聊天时间平均为每天0.56个小时。最后是和父母同住的未成年人，周一到周五的上网聊天时间平均为每天0.39个小时，周六和周日的上网聊天时间平均为每天0.5个小时。不和父母同住的未成年人上网聊天时间更长。

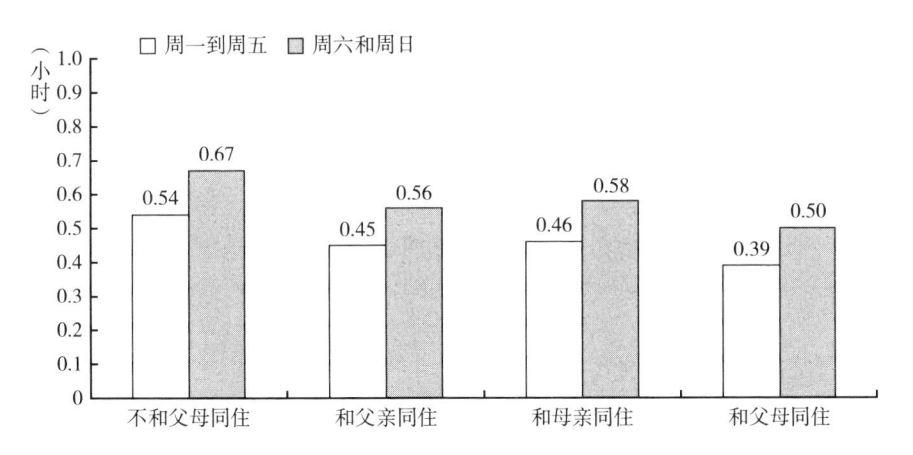

图20 不同居住形式学生的上网聊天时间

对于不同学习阶段的未成年人而言，年级越高上网聊天时间越长（见图21）。小学低年级的学生周一到周五的上网聊天时间平均为每天0.16个小时，周六和周日的上网聊天时间平均为每天0.17个小时，均为四类情况中上网聊天时间最短的。其次是小学高年级的学生，周一到周五的上网聊天时间平均为每天0.35个小时，周六和周日的上网聊天时间平均为每天0.38个小时。第三位是初中年级的学生，周一到周五的上网聊天时间平均为每天0.59个小时，周六和周日的上网聊天时间平均为每天0.78个小时。最后是高中年级的学生，周一到周五的上网聊天时间平均为每天0.72个小时，周

六和周日的上网聊天时间平均为每天 1.02 个小时。高中生逐渐长大成人，有了更多社交需求，也会花更多时间上网聊天进行社交。

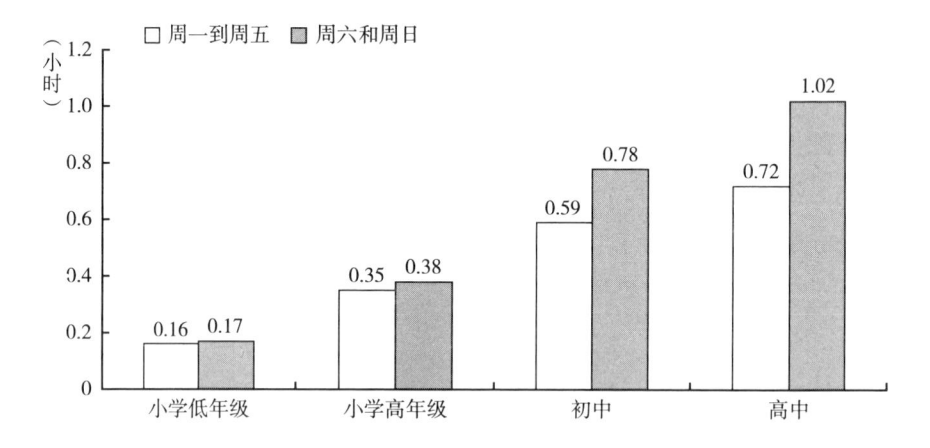

图 21 不同年级学生的上网聊天时间

2. 四分之一的未成年人能够通过互联网认识朋友，男生交友力更强

网络为结交朋友提供了一个便利的平台，图 22 显示，24.76% 的未成年人通过互联网认识朋友。分性别看，通过互联网认识朋友的男生占 27.74%，通过互联网认识朋友的女生占 21.78%。男生较于女生，上网聊天的时间更短，反而能够通过互联网认识更多的朋友。

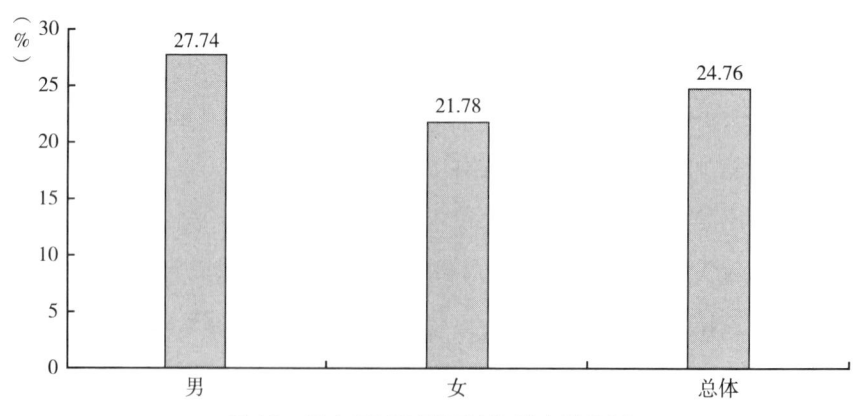

图 22 学生通过互联网认识朋友的比例

从不同地区学校来看（见图23），37.10%的农村学校学生认为他们在互联网中认识了朋友，29.66%的乡镇学校学生认为他们在互联网中认识了朋友，24.86%的城市学校学生认为他们在互联网中认识了朋友，20.90%的县城学校学生认为他们在互联网中认识了朋友。农村学校学生上网的时间更长，也更容易通过互联网结识朋友。

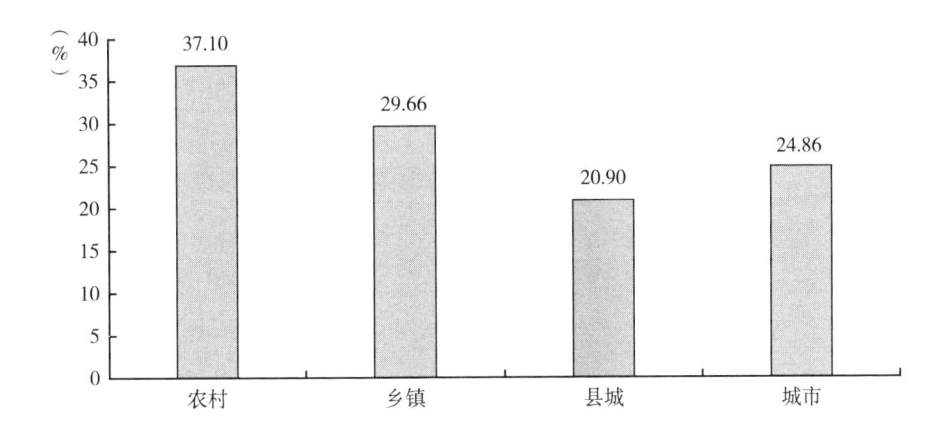

图23 不同地区学校学生通过互联网认识朋友的比例

不同年级学生通过互联网结识朋友的能力也有明显差异，年级越高，其通过互联网结交新朋友比例越大（见图24）。39.79%的高中生认为他们在

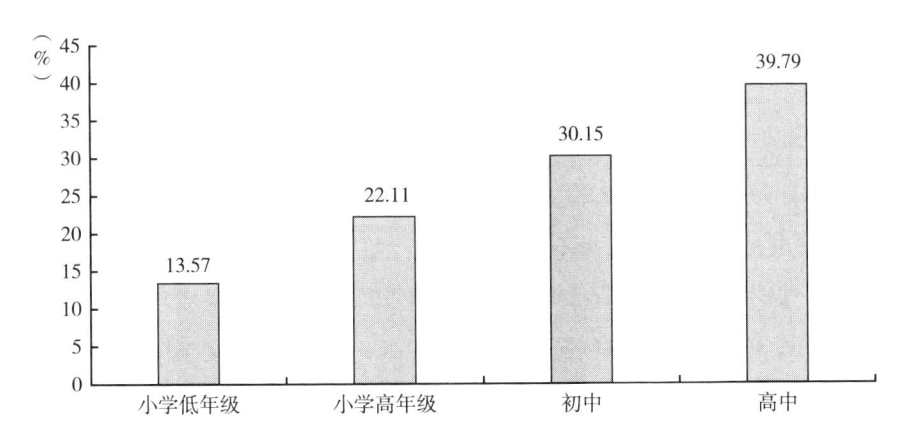

图24 不同年级学生通过互联网认识新朋友的比例

互联网中认识了朋友，30.15%的初中生认为他们在互联网中认识了朋友，22.11%的小学高年级学生认为他们在互联网中认识了朋友，13.57%的小学低年级学生认为他们在互联网中认识了朋友。

3. 超过三成的学生表示自己通过互联网结识了志趣相投的人，男生占比更大

互联网可以拓展未成年人的社交圈子，找到志趣相投的人。图25显示，35.71%的未成年人表示自己通过互联网结识了志趣相投的人。分性别看，男生占比38.56%，女生占比32.86%。

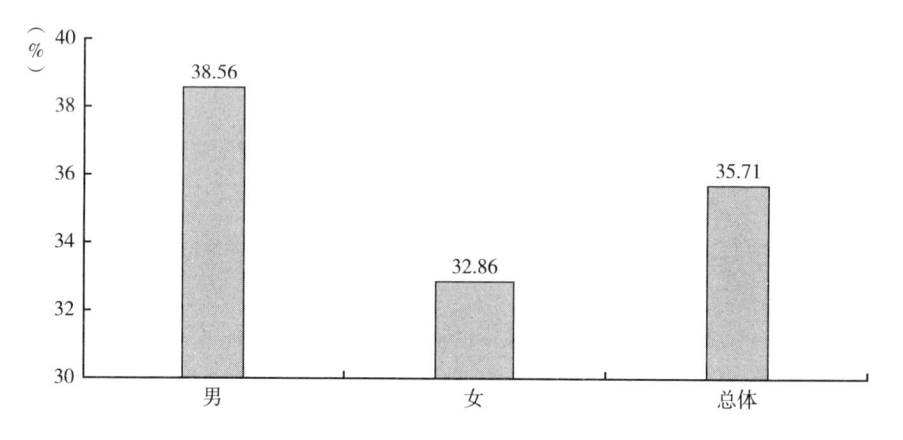

图25 学生通过互联网结识志趣相投的人的比例

图26显示，农村学校的学生通过互联网结识志趣相投的人的比例最大，为48.02%，其次是乡镇学校的学生，为39.39%，再次是城市学校的学生，为35.92%，而县城学校的学生通过互联网结识了志趣相投的人的比例最小，为31.77%。

互联网社交弥补了父母不在身边、缺少陪伴的心理及情感缺失，给未成年人社交提供了新的选择。图27显示，不和父母同住的未成年人通过互联网结识志趣相投的人的比例最大，为42.92%，其次是和父亲同住的未成年人，为38.65%，再次是和母亲同住的未成年人，为37.50%，而和父母同住的未成年人通过互联网结识志趣相投的人的比例最小，为34.32%。

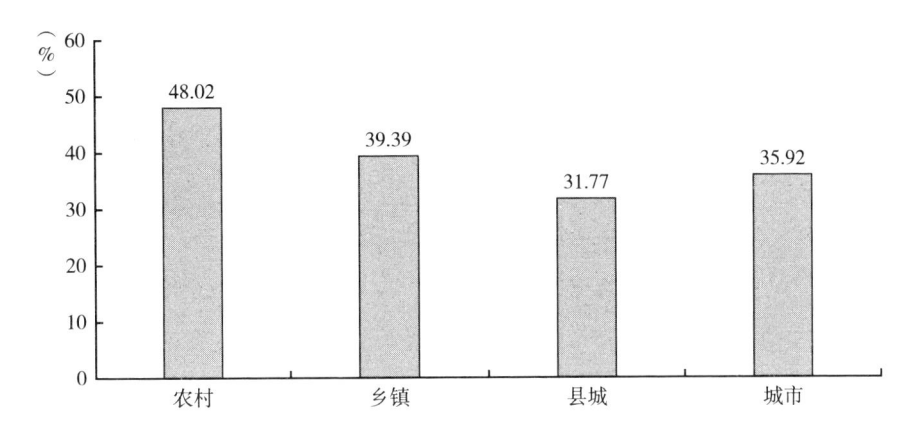

图 26 不同地区学校学生通过互联网结识志趣相投的人的比例

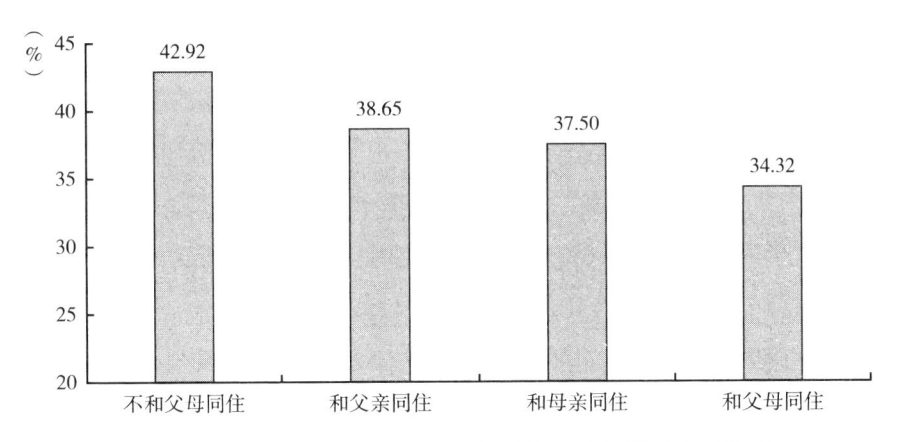

图 27 不同居住方式学生通过互联网结识志趣相投的人的比例

图 28 显示，不同年级学生通过互联网结识了志趣相投的人的比例从小到大也呈现递增的正相关趋势。小学低年级中仅有 19.16% 的学生表示通过互联网结识了志趣相投的人，小学高年级中有 33.39% 的学生表示通过互联网结识了志趣相投的人，45.99% 的初中生表示通过互联网结识了志趣相投的人，而表示通过互联网结识了志趣相投的人的高中生占比超过了半数，达到了 53.54%。可见，高年级学生更懂得如何利用互联网结交新朋友。

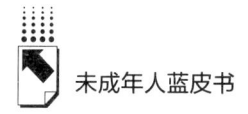

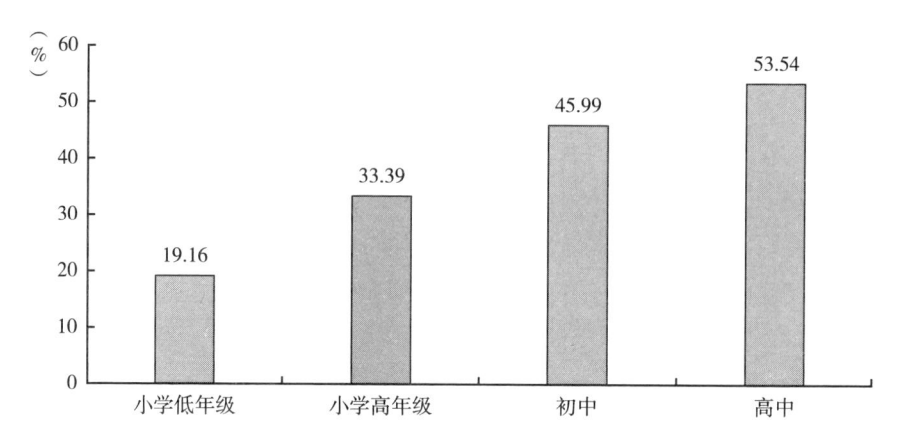

图 28 不同年级学生通过互联网结识志趣相投的人的比例

4. 超半数的学生没有网友，高年级学生网友较多

图 29 显示，学生群体中有网友的占比仍较小，56.13%的学生表示"没有"网友，29.91%的学生表示有"较少"网友，有"较多"网友的学生占比仅为 13.96%。在"没有"网友这一选项中，男生比例仅为 51.37%，女生比例大于男生，为 60.86%。同样地，在有"较少"网友这一选项中，男生比例仅为 32.17%，女生比例大于男生，为 27.66%。相反，在有"较多"网友这一选项中，男生比例为 16.45%，大于女生 11.47%的比例。

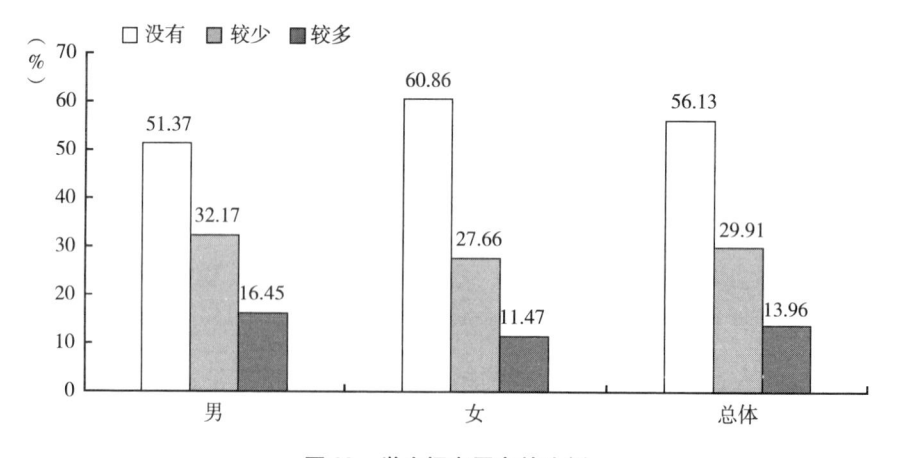

图 29 学生拥有网友的比例

图 30 显示，观察不同地区学校学生拥有网友的比例，不难发现农村学校学生有网友的比例更大，仅 40.49% 的农村学校的学生"没有"网友，其次是乡镇学校的学生，比例为 52.07%。农村学校的学生有"较多"网友的比例最大，达 19.58%，其次是乡镇学校的学生，比例为 15.71%。

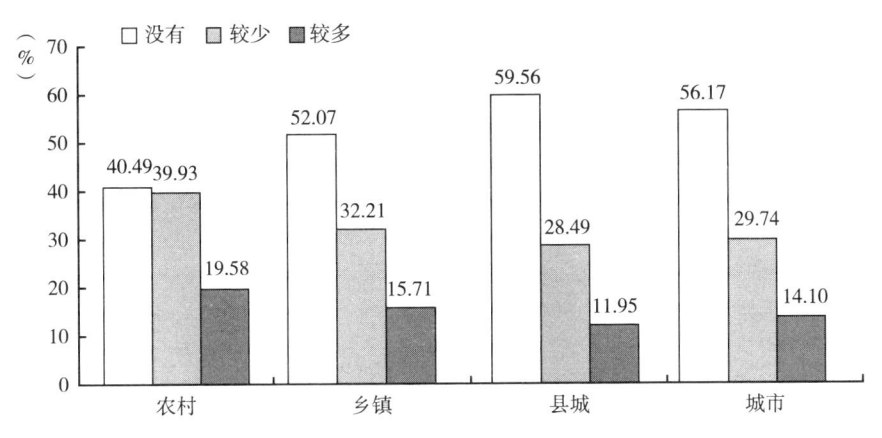

图 30 不同地区学校学生拥有网友的比例

图 31 显示，高年级学生的网友数量较多。高中年级仅有 34.39% 的学生表示"没有"网友，这一占比是四类学生群体中最低的，其次是初中（44.30%）、小学高年级（59.40%）、小学低年级（75.32%）。而表示"较

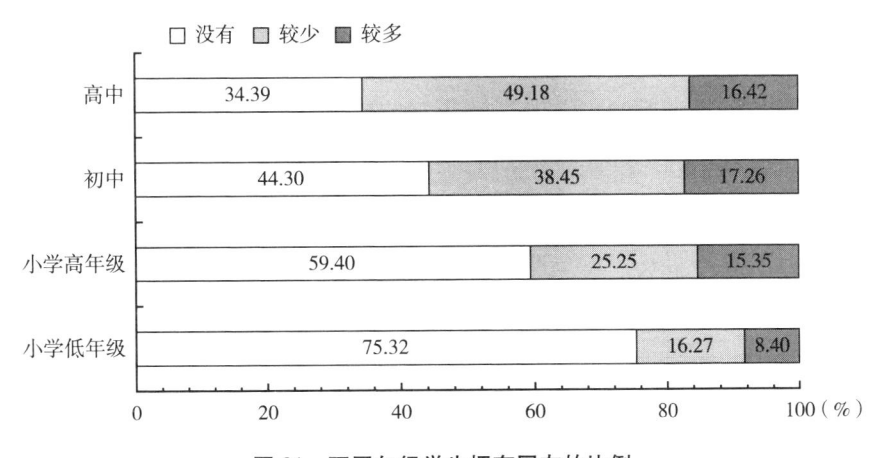

图 31 不同年级学生拥有网友的比例

少"网友的占比顺序完全相反，高中是四类学生群体中最高的（49.18%），其次是初中（38.45%）、小学高年级（25.25%）、小学低年级（16.27%）。"较多"网友这一选项，初中年级和高中年级学生占比相似，但前者略高，二者分别为17.26%和16.42%。

5. 大部分学生现实中的好朋友数量较多，男生朋友更多

总体而言，几乎所有的未成年人的交友重心都在现实中。图32表明，仅有1.19%的未成年人"没有"现实中的好朋友。同时，75.60%的未成年人认为现实中的好朋友数量"较多"，23.22%的未成年人认为现实中的好朋友数量"较少"，这又说明大部分未成年人现实中的好朋友数量较多。

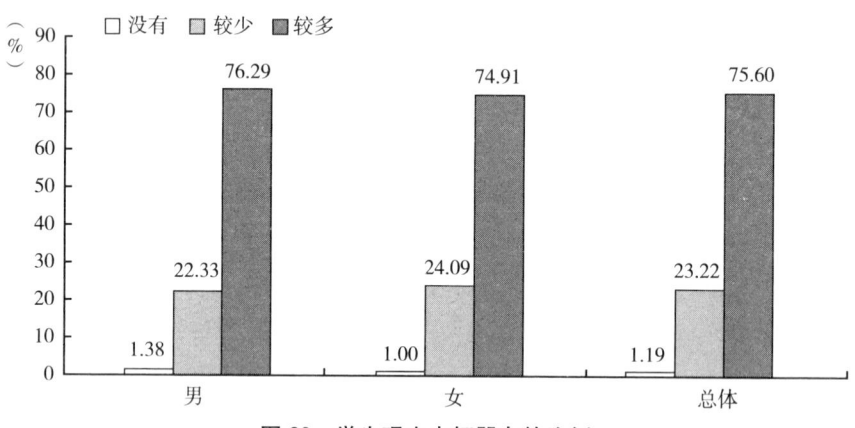

图32 学生现实中好朋友的比例

分性别看，现实中女生拥有好朋友的比例小于男生。1%的女生"没有"现实中的好朋友，而1.38%的男生"没有"现实中的好朋友，但是男生现实中拥有"较多"好朋友的比例高于女生，76.29%的男生拥有"较多"的现实中好朋友，22.33%的男生拥有"较少"的现实中好朋友，而74.91%的女生拥有"较多"的现实中好朋友，24.09%的女生拥有"较少"的现实中好朋友。

图33显示，不同居住形式也会影响未成年人现实中的好朋友比例。和父母同住的未成年人中仅有0.86%的人选择了自己"没有"现实中好朋友

这一选项，其次是和母亲同住的未成年人，占比为1.87%，和父亲同住的未成年人选择这一选项的占比稍高，为2.12%，不和父母同住的未成年人中认为自己"没有"现实中好朋友的比重最大，为2.22%。这说明，和父母同住的未成年人比不和父母同住的未成年人更容易交到现实中的好朋友，这与家庭教育环境有一些关系，和父母同住的未成年人更乐于与人沟通，交友能力更强。与此相对应，77.94%的和父母同住的未成年人认为自己有"较多"现实中的好朋友，为四种情况未成年人中占比最大的，其次是和父亲同住的未成年人（71.04%）以及和母亲同住的未成年人（69.92%），不和父母同住的未成年人中仅有67.19%认为自己有"较多"现实中的好朋友。反过来看，30.58%的不和父母同住的未成年人认为自己有"较少"现实中的好朋友，为四种情况中占比最大的，其次是和母亲同住的未成年人（28.22%），和父母同住的未成年人中仅有21.20%认为自己有"较少"现实中的好朋友。

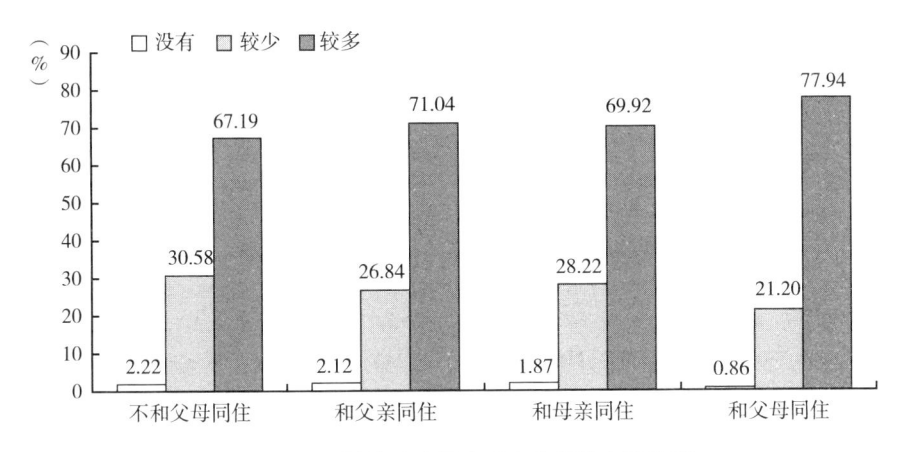

图33　不同居住形式学生现实中好朋友的比例

（三）上网的正负功能

互联网通过多媒体技术方便了资料共享，提高了办事效率，为网民提供了展示和交流的平台，也带来了多样化的休闲娱乐。但是网络同样有其劣势，网络信息的流量大、传播快且可信度较传统媒介低、存在一定的风

险因素，容易造成未成年人的沉迷、传播暴力、低俗内容等，因而也会带来一定的负功能，由此也引发了全社会对未成年群体网络教育的广泛关注。无论是家长还是教育工作者，都应在日常生活和教育工作中注意引导孩子们的网络使用，让他们知网、懂网，正确地用网。

1. 近四成的未成年人认可上网的正向功能，男生较女生态度更为积极

图 34 显示，有 37.58% 的未成年人认可上网的正向功能，其中男生占比 41.43%，女生占比 33.74%，男生认可上网正向功能的比例略高于女生。

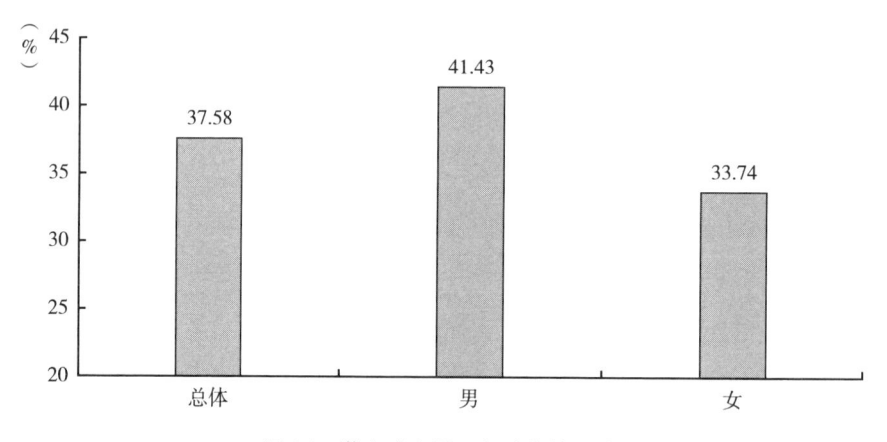

图 34 学生对上网正向功能的评价

总体上看，持负面评价的未成年人比例相对较低，占二成左右（见图35）。有 19.29% 的未成年人认为上网存在的负向功能，其中男生占比 21.62%，女生占比 16.97%，男生评价上网负向功能的比例也要比女生多出近五个百分点。总的来说，未成年人群体对上网的负向功能评价较少，低于对上网的正向功能认可度。

2. 农村和乡镇地区学校学生对上网的正向功能更为认可

从图 36 可知，43.88% 的农村学校的学生和 41.87% 的乡镇学校的学生对上网正向功能的认可比例最大，而城市学校学生的认可比例仅为 38.25%，县城学校学生的认可比例最小，为 32.29%。

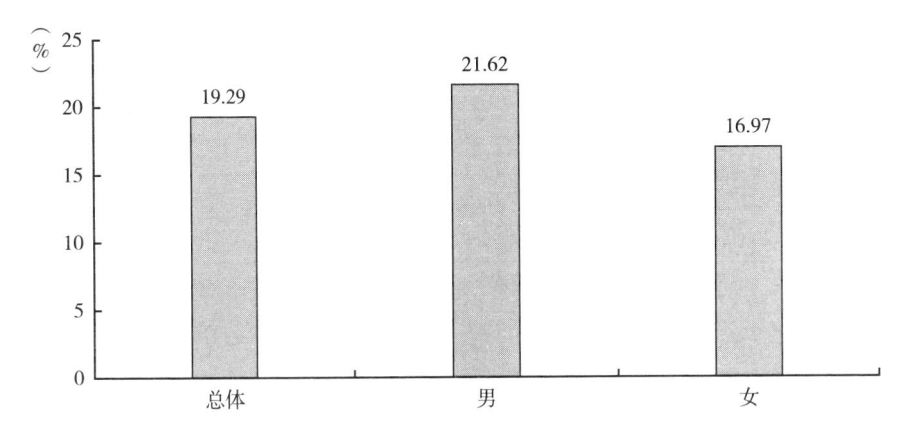

图 35 学生对上网负向功能的评价

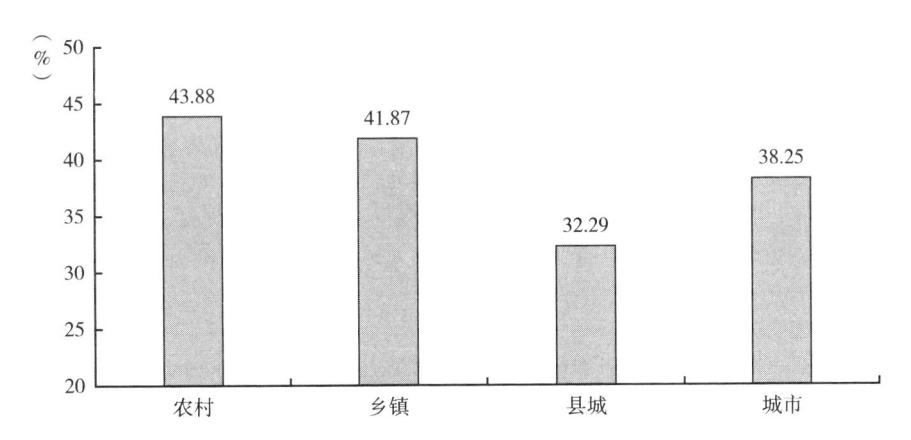

图 36 不同地区学校学生对上网正向功能的评价

3. 父母的悉心照料有助于防止未成年人网络沉迷，对网络的认识也更为中立

不同居住形式在一定程度上影响着未成年人对上网正向功能的评价，图37显示，和父母同住的未成年人中认可上网正向功能的比例最小，为36.30%，和父母一方同住或不和父母同住的未成年人对上网正向功能的评价比例相近似，其中40.05%的和父亲同住的未成年人认可上网的正向功能，40.85%的不和父母同住的未成年人认可上网的正向功能，41.43%的和母亲同住的未成年人认可上网的正向功能。

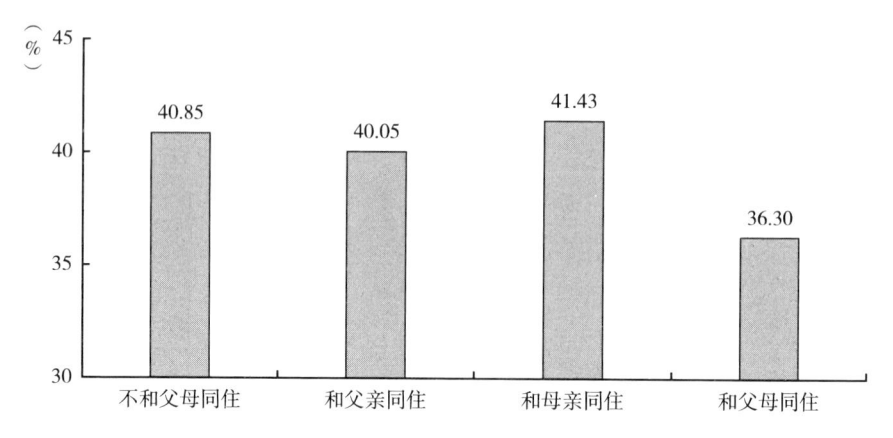

图 37 不同居住形式学生对上网正向功能的评价

从负面评价来看（见图38），和父母同住的未成年人认为上网存在负向功能的比例仍是最小，为17.96%，和父母一方同住或不和父母同住的未成年人对上网负向功能的评价比例近似，其中21.50%的不和父母同住的未成年人认为上网存在负向功能，22.42%的和母亲同住的未成年人持此观点，23.60%的和父亲同住的未成年人认为上网存在负向功能。结合上一组问题，和父母同住的未成年人中，认为上网具有正向功能和负向功能的未成年人比例均是四类中最小的，他们中的大多数未成年人能够既看到上网的正向功能，又看到上网的负向功能，能做出正确的辨析。

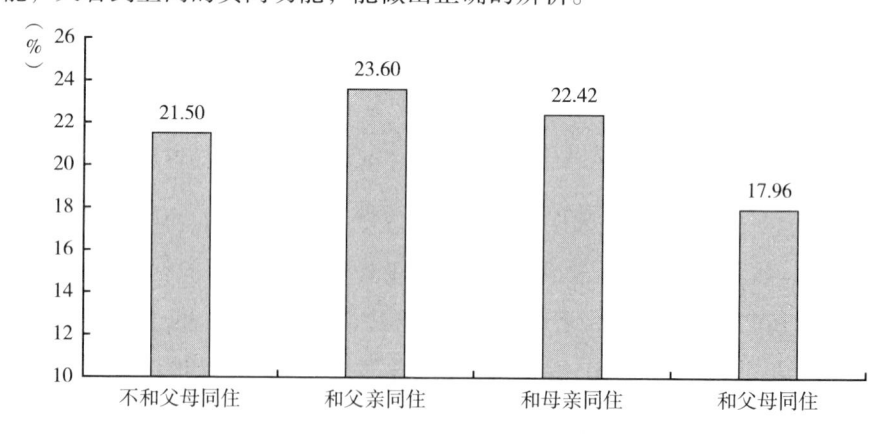

图 38 不同居住形式学生对上网负向功能的评价

4. 高年级学生更为认可网络的正向功能

不同年级学生对上网正向功能评价的比例随着年级的升高而逐步增长，图 39 显示小学低年级、小学高年级、初中年级、高中年级的学生认可上网正向功能的比例依次为 27.06%、34.02%、46.75%、50.45%。低年级学生掌握的网络使用技巧较少，使用网络范围更窄，而高年级学生能够解锁更多网络软件，能够熟练运用网络软件的各种功能。

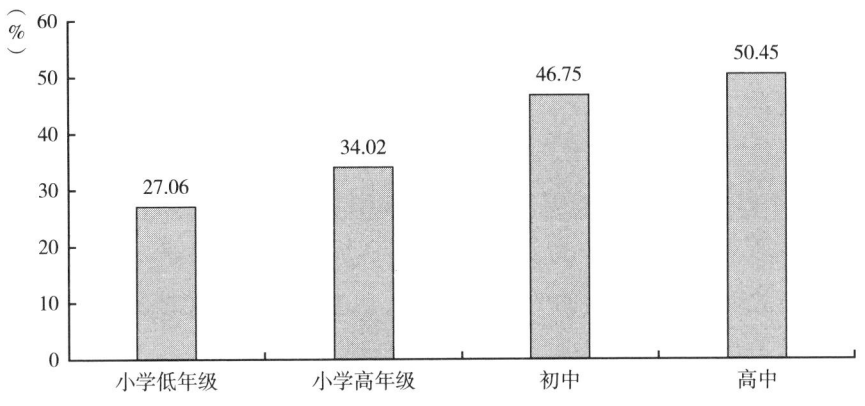

图 39　不同年级学生对上网正向功能的评价

图 40 显示，在不同的年级，未成年人对于上网负向功能的评价在不同年级呈现不同的比重，且呈现"U 形"分布。高中阶段的学生中有 22.67%

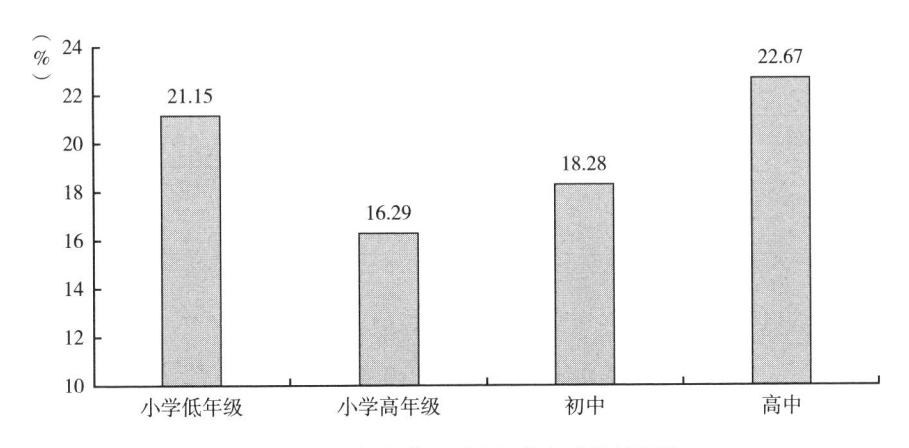

图 40　不同年级学生对上网负向功能的评价

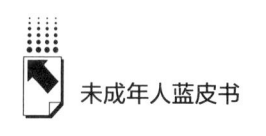

的人对上网持负面评价，为四类情况比重最大，其次是小学低年级学生，占比21.15%，再次是初中，占比18.28%，最后是小学高年级，占比16.29%。

二 互联网与亲子关系变化

（一）亲子关系

1. 互联网时代背景下，亲子关系正在重塑，变得更为和睦

近年来，随着计算机和互联网在家庭中的迅速普及，传统的亲子关系发生了很大的变化，网络时代的亲子关系正处于解构和重塑的转型阶段。

图41数据显示，与父母关系出现明显问题的比例都相对较小，而家庭关系和睦的选项比例都较大。其中，接近八成的子女"从不或很少"与父母感到彼此厌烦，近2/3的子女表示"从不或很少"与父母发生争吵，仅有1/4的子女"从不或很少"与父母谈论个人秘密和感受。

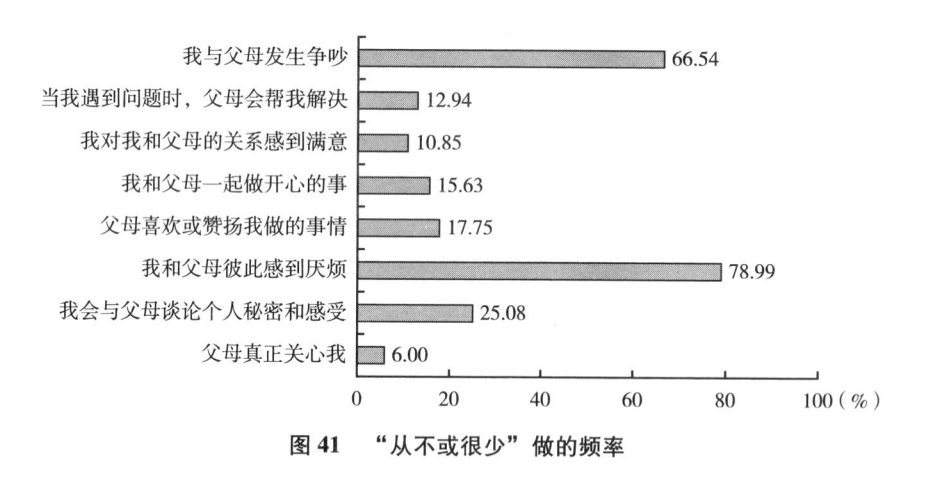

项目	比例(%)
我与父母发生争吵	66.54
当我遇到问题时，父母会帮我解决	12.94
我对我和父母的关系感到满意	10.85
我和父母一起做开心的事	15.63
父母喜欢或赞扬我做的事情	17.75
我和父母彼此感到厌烦	78.99
我会与父母谈论个人秘密和感受	25.08
父母真正关心我	6.00

图41 "从不或很少"做的频率

图42显示，从另一角度来看，83.28%的人认为父母"经常或总是"真正关心自己，近七成子女对亲子关系感到满意，六成左右的父母"经常或总是"帮助子女解决困难。这表明大部分子女能够理解父母对自己的关心爱护，家庭关系也非常和谐。类似地，只有6.45%的学生认为"经常或总

是"和父母彼此厌烦,只有9.02%的学生"经常或总是"与父母发生争吵。此外,半数左右的学生"经常或总是"与父母分享秘密,将其作为自己的知心朋友。这些都说明父母和子女之间需要真诚、深入的沟通,彼此熟悉才能构建出和谐的家庭环境。

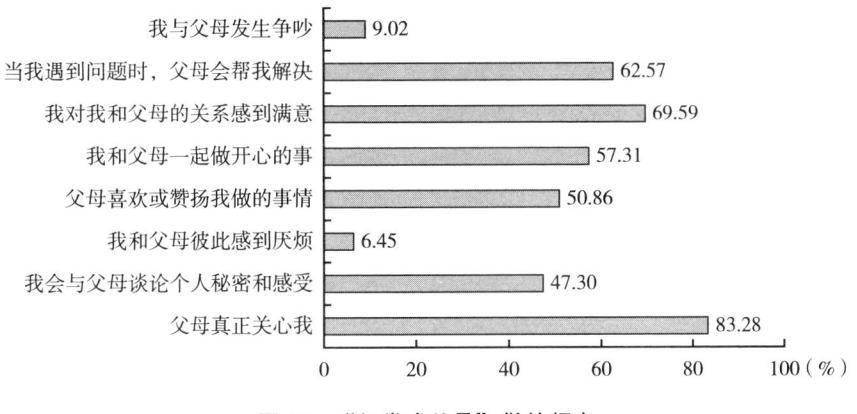

项目	百分比
我与父母发生争吵	9.02
当我遇到问题时,父母会帮我解决	62.57
我对我和父母的关系感到满意	69.59
我和父母一起做开心的事	57.31
父母喜欢或赞扬我做的事情	50.86
我和父母彼此感到厌烦	6.45
我会与父母谈论个人秘密和感受	47.30
父母真正关心我	83.28

图42 "经常或总是"做的频率

图43显示,不同居住形式对亲子熟悉程度有一定的影响,和父母同住更有助于亲子关系的和谐。其中,和父母同住的未成年人的亲子关系得分最高,为31.02分,不和父母同住的未成年人的亲子关系得分最低,为28.25分。和父母一方同住的情况下,和母亲同住的未成年人的亲子关系得分稍高

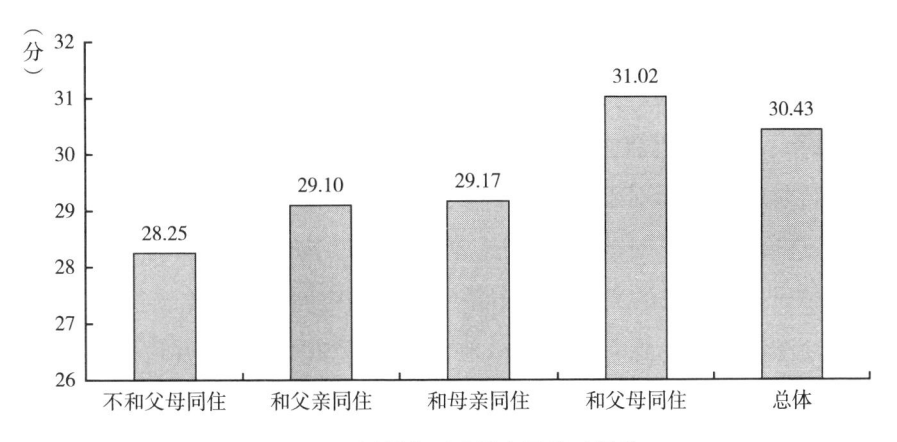

居住形式	得分
不和父母同住	28.25
和父亲同住	29.10
和母亲同住	29.17
和父母同住	31.02
总体	30.43

图43 不同居住形式的亲子关系得分

一些。这说明和父母同住的情况下，亲子熟悉程度会更高，家长和未成年人平常沟通、解决问题会更加方便及时。

亲子关系得分的差异在不同年级之间体现得更加明显（见图44）。随着未成年人年级升高，其叛逆心理和自我意识逐渐加强，亲子关系得分降低。小学低年级亲子关系得分为32.18分，而小学高年级为30.84分，初中为28.91分，高中为28.57分。随着年龄的增加，未成年人有越来越多的秘密不愿意和家长分享，亲子关系得分也趋于下降。

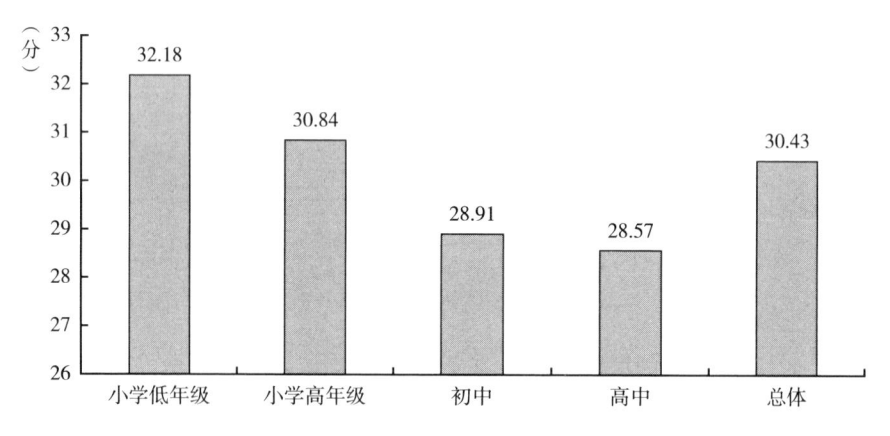

图44 不同年级学生的亲子关系得分

2. 父母对孩子各类情况的了解程度较高

根据统计结果（见图45），父母对子女各类情况了解程度较高，如交友、消费、网络使用、爱好等，但有待进一步深入。

（1）父母对子女各类情况的了解程度参差不齐，对爱好了解较少

总的来讲，父母对子女所做事情了解程度较高，但对部分事项的了解程度有所差异，尤其是对孩子的爱好。其中，7.28%的父母不知道自己孩子的好朋友是谁，9.92%的父母不知道孩子在空闲时间里做什么，10.32%的父母不知道孩子放学后通常会去什么地方，12.90%的父母不知道孩子和朋友在一起会干什么，13.45%不知道孩子怎么花费他们的零用钱，17.27%的父母不知道孩子上网喜欢看什么。

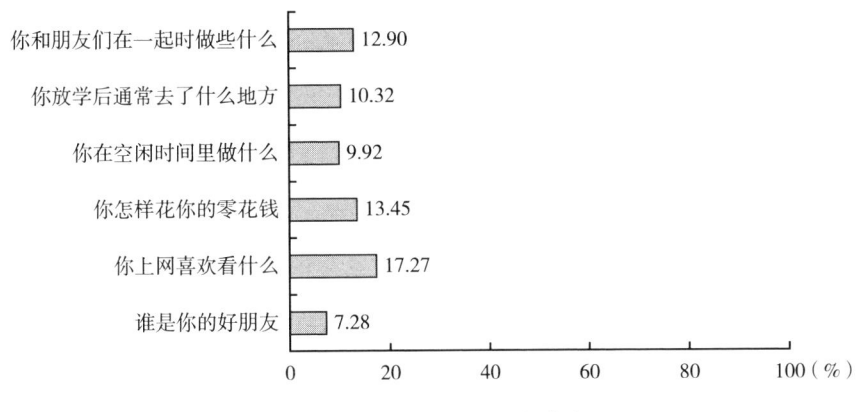

未成年人互联网使用与人际关系研究

图 45 父母不了解子女所做事情的比例

- 你和朋友们在一起时做些什么 12.90
- 你放学后通常去了什么地方 10.32
- 你在空闲时间里做什么 9.92
- 你怎样花你的零花钱 13.45
- 你上网喜欢看什么 17.27
- 谁是你的好朋友 7.28

可以发现，父母对子女交友较为熟悉，但对子女与朋友互动、上网喜欢看的内容的了解则相对较少。

（2）了解程度得分①

从不同地区学校来看（见图 46），从农村到乡镇、县城和城市，家长对子女的了解程度是逐渐提高的，但除城市学校的学生外，其余几类学校家长对子女的了解程度都低于总体水平。

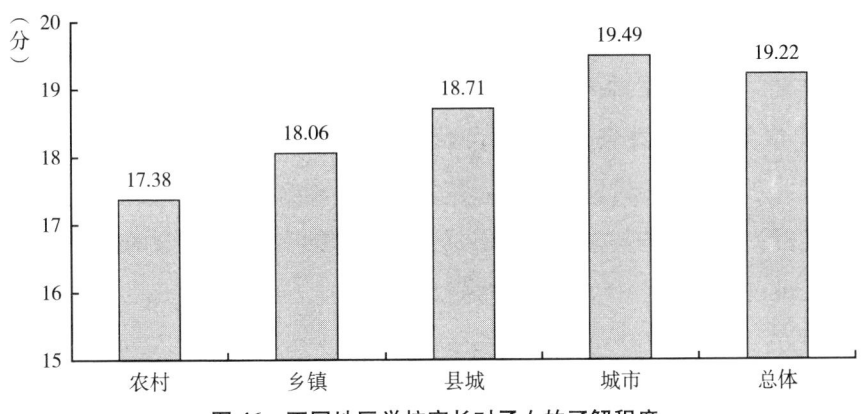

图 46 不同地区学校家长对子女的了解程度

- 农村 17.38
- 乡镇 18.06
- 县城 18.71
- 城市 19.49
- 总体 19.22

---

① 本文将了解程度做加总归纳，总分为 5~25 分，分数越高表明父母对子女越了解。

从不同居住方式来看（见图47），与父母同住是亲子了解程度最高的，与母亲居住其次，与父母均不同住的了解程度最低。这也表明，增进对子女的了解，仍需家人之间更多的相处和交流。

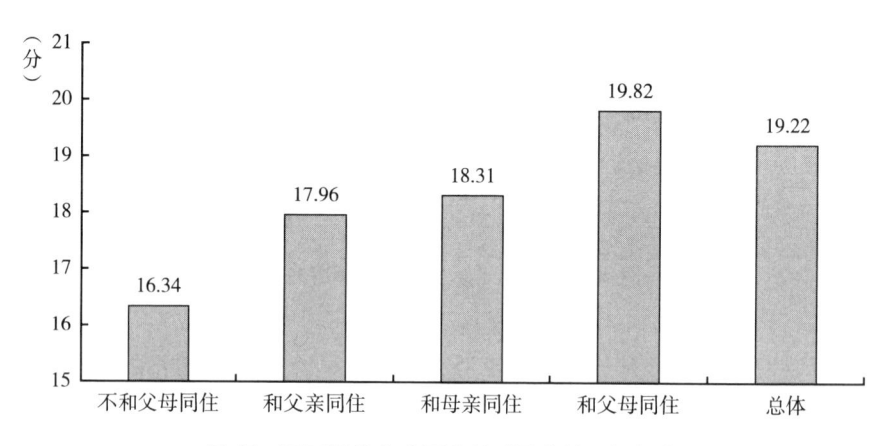

图47 不同居住方式下家长对子女的了解程度

3. 未成年人认为自己和父母关系较好，女生和父母关系好的比例更大

亲子之间的互动从婴幼儿时期就起着潜移默化的作用，基本决定了孩子以后的行为模式、性格养成等。随着少年期、青春期等转折时期的到来，孩子就会慢慢形成成熟的、个性化的人格。小到身心健康，大到价值观、人生观的建立，亲子关系对孩子的影响十分深远。

图48显示，总体来看，亲子关系都非常好。有88.98%的未成年人认为和父母关系较好。分性别看，认为和父母关系较好的男生占比88.37%，认为和父母关系较好的女生占比89.58%。由此可见，绝大多数的未成年人能够和父母很好地相处。女生的情感相对更加细腻，她们和父母的关系相较于男生更好一些。

图49显示，不同地区学校的学生与父母的关系状况有些差距，在城市学校的学生中，89.41%的人认为和父母关系较好，在县城学校的学生中，88.96%的人认为和父母关系较好，而乡镇学校中仅有86.44%的学生认为和父母关系较好，农村学校的学生认为和父母关系较好的比重最小，为

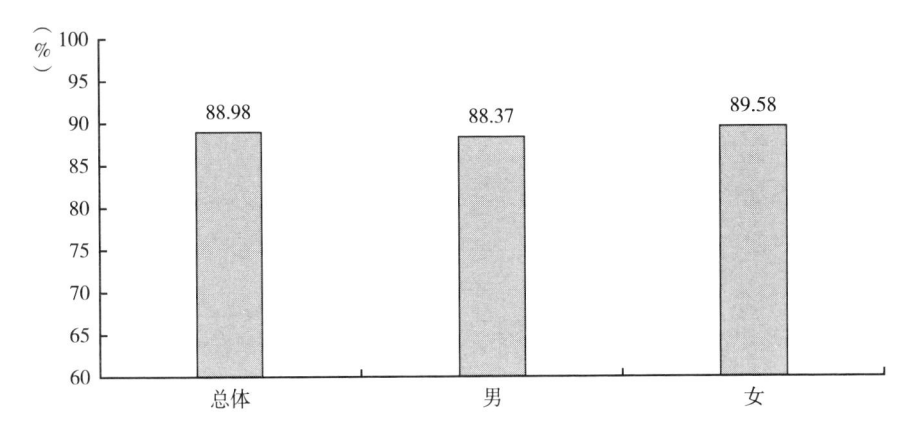

未成年人互联网使用与人际关系研究

图48 分性别子女与父母关系较好的比例

81.92%。城市和乡镇学校的学生和父母关系相较于农村和乡镇学校的学生更好一些。

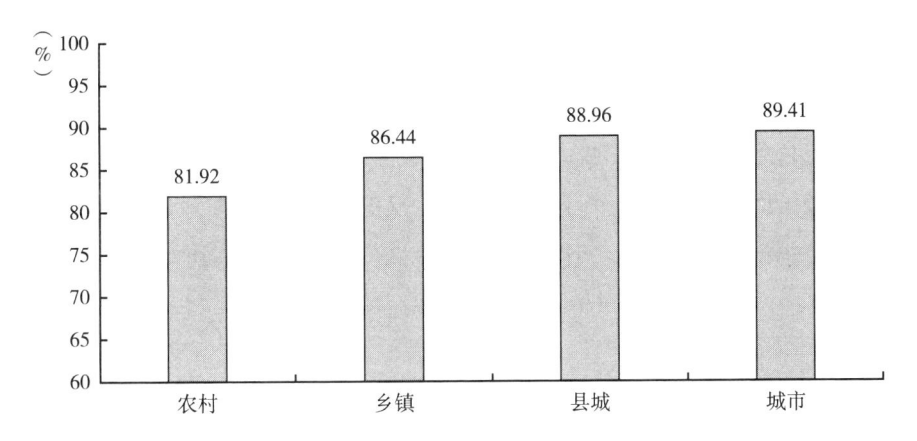

图49 不同地区学校学生与父母关系较好的比例

同样地，不同居住方式的子女与父母的关系也有差距（见图50），和父母同住的未成年人中，91.17%的人认为和父母关系较好，和母亲同住的未成年人中，84.68%的人认为和父母关系较好，和父亲同住的未成年人中有83.42%认为和父母关系好，而不和父母同住的未成年人认为和父母关系好的比重最小，为81.48%。与父母同住的未成年人和父母关系更好一些，这

319

些未成年人与家长沟通更加方便,接触时间也长,能够得到父母更多的关爱。

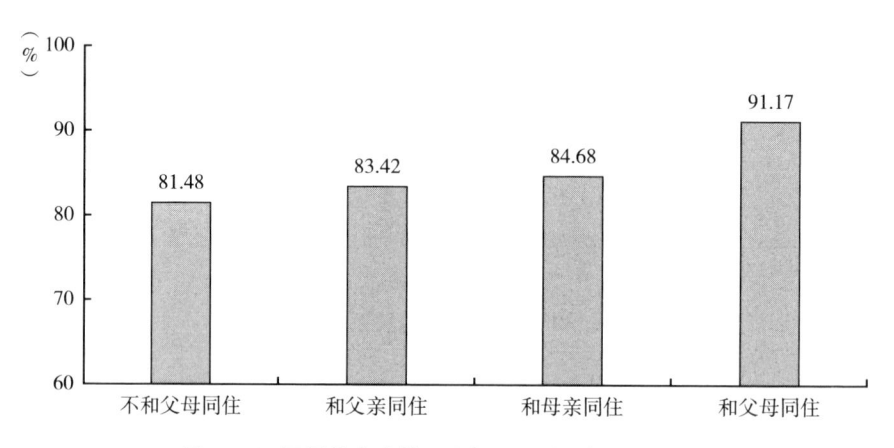

图50 不同居住方式的子女与父母关系较好的比例

年级的不同也会影响亲子关系状况,图51结果表明,年级越低,父母和子女的关系越亲近。年幼的孩子更加依赖于父母,而随着年龄的增长,他们开始有自己的秘密和想法,与父母之间的争吵会日益变多,父母也会觉得想关心孩子而力不从心。小学低年级中,92.91%的学生认为和父母关系较好,到了小学高年级,这一比例下降到90.23%,随即进入初中阶段,仅有

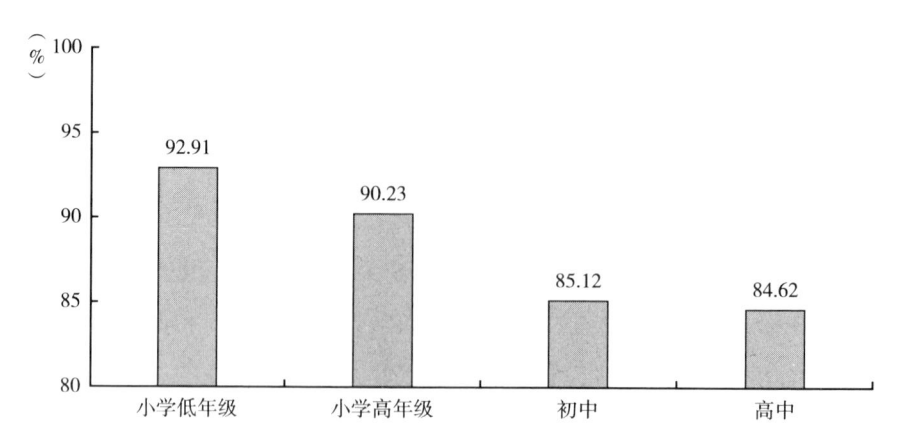

图51 不同年级学生与父母关系较好的比例

85.12%的学生认可和父母的良好关系,高中阶段只有84.62%的学生认为和父母关系较好。

4. 亲子关系在地区、家庭、年级之间体现出明显差异

(1) 县城、城市地区的学生与父母关系更为亲近

绝大多数的未成年人和父母关系较为亲近,但在不同地区学校之间占有不同的比重(见图52),其中农村地区的学生占比86.62%,乡镇地区的学生占比88.84%,县城地区的学生占比92.09%,城市地区的学生占比91.83%,从农村到县城,比重逐步增大,和父母关系亲近的学生比例逐渐提高。

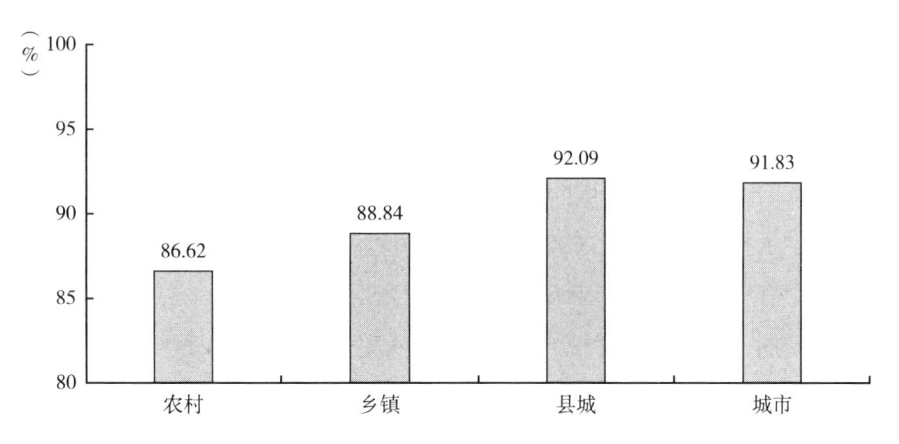

图52 不同地区学校类型的子女与父母关系亲近的比例

(2) 与父母同住更有利于增加亲近感

和父母的亲近感在不同居住类型之间也有差异,其中不和父母同住的未成年人占比81.97%,和父亲同住的未成年人占比与和母亲同住的未成年人占比相差不大,分别为88.56%和88.59%,和父母同住的未成年人占比93.33%,和父母同住的未成年人中拥有这种亲近感的比重最大。

(3) 亲近感随着学生年级增高而降低,但总体仍然较高

在不同的学习阶段,未成年人与父母的亲近程度有一定差距。图54显示,95.58%的小学低年级的学生有和父母亲近的感觉,91.85%的小学高年

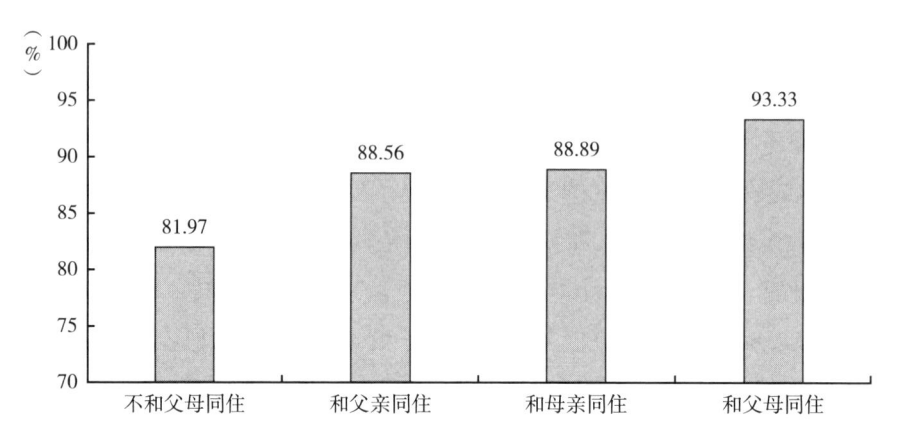

图 53　不同居住类型的子女与父母亲近的比例

级的学生有和父母亲近的感觉，这说明小学阶段学生和父母较为亲近。小学生对父母的依赖程度相对较高，更愿意和父母分享自己的生活和学习状况。高中阶段的学生中只有 88.80% 的人认为自己有和父母亲近的感觉，而初中阶段的学生相同观点的比重最小，为 87.66%。随着年龄的增长，父母和子女之间会有一些隔阂，影响双方关系中对亲近感觉的体验。初中阶段的学生正值青春期，这是自我意识的确定和自我角色形成的关键时期，最典型的心理特征就是自我同一性和角色混乱的冲突，青春期的各种叛逆现象频频发生，在一定程度上降低了亲子间亲近的感觉。

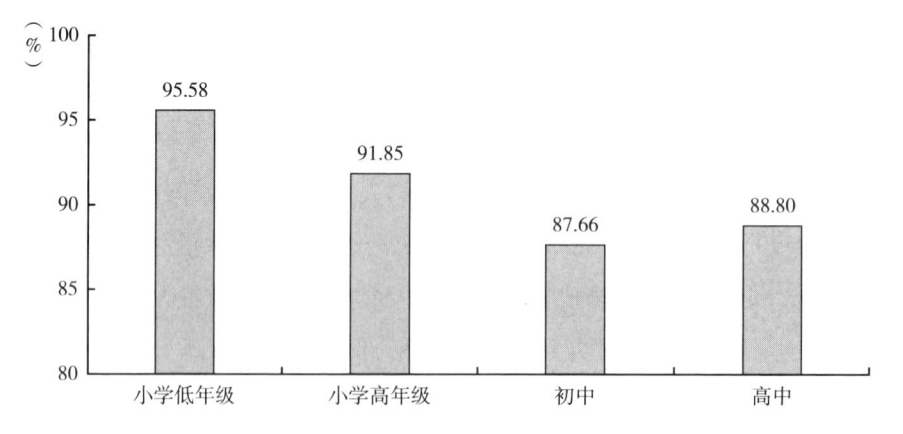

图 54　不同学习阶段的子女与父母亲近的比例

（二）学校情况

学校是学生学习生活的主要场所，了解未成年人群体对学校的认识和想法有助于我们更有效地洞察学生的学习状态。

1. 女生较男生更喜欢自己的学校

据调查（见图55），有89.41%的学生喜欢自己所在的学校，其中男生占比88.77%，女生占比90.05%，此外，仅10.11%的学生希望自己转到别的学校，其中男生占比10.95%，女生占比9.27%，这都说明，绝大多数的学生能接受自己的学校，其中女生对学校的喜爱度更高。问及在学校的具体情况时，84.92%的学生表示自己与周围的人都很亲近，其中男生占比85.00%，女生占比84.83%，男生对周围环境的适应能力和接纳能力比较强。

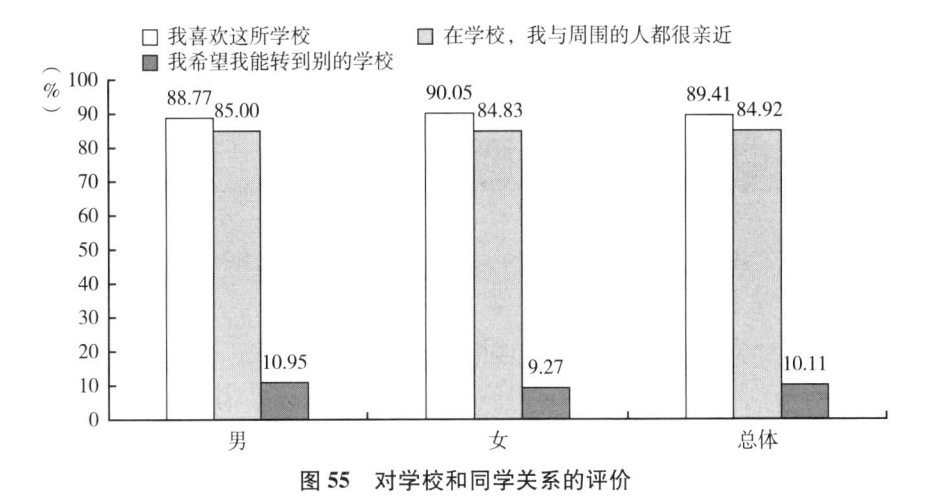

图55 对学校和同学关系的评价

2. 县城和城市地区学校的学生对自己学校更为认同

根据不同地区学校学生的划分（见图56），城市学校的学生中喜欢自己所在学校的人数占比最大，为90.07%，其次是县城学校的学生（89.15%），乡镇学校的学生中喜欢自己所在学校的人数占比为85.00%，农村学校的学生中喜欢自己所在学校的人数占比最小，为81.17%。反之，城市学校的学生希望转校的占比最小，为9.53%，其次是县城学校的学生（10.05%），乡镇学校的学生中希望转校的占比为15.15%，农村学校的学生中希望转校的占比最大，为16.00%。原因是城市学校的硬件设施和环境状况、学习氛围、师资力量都比农村的学校稍好一些。此外，有76.65%的农村学校的学生认为自己与周围的人很亲近，81.58%的乡镇学校的学生认为自己与周围的人很亲近，而选择相同选项的人数占比在县城学校和城市学校中分别为84.14%、85.62%。

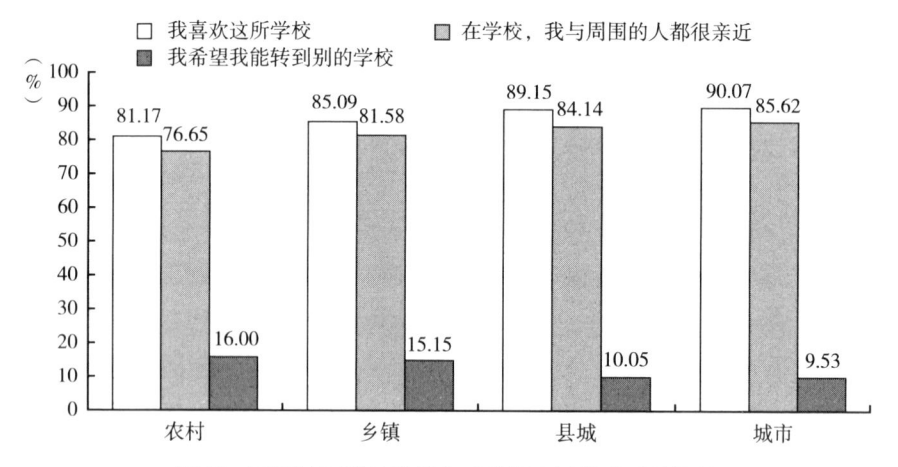

图56 不同地区学校的学生对学校和同学关系的评价

3.重点学校学生对学校的接受度相对较低

图57显示，以"重点"和"非重点"为划分依据，91.25%的"非重点"学校的学生喜欢自己所在的学校，9.28%的"非重点"学校的学生希望能转到别的学校。而重点学校的学生反而只有84.96%的学生喜欢自己所在的学校，12.13%的学生希望能转到别的学校。"非重点"学校的学生中有85.57%的人认为自己与周边的人很亲近，而"重点"学校的学生中有83.32%的人认为自己与周边的人很亲近。"重点"学校是家长眼中重点高校的敲门砖，承担了较高的期望，但重点学校的学生学习压力也更大，因而对自己所处环境也有更消极的评价。

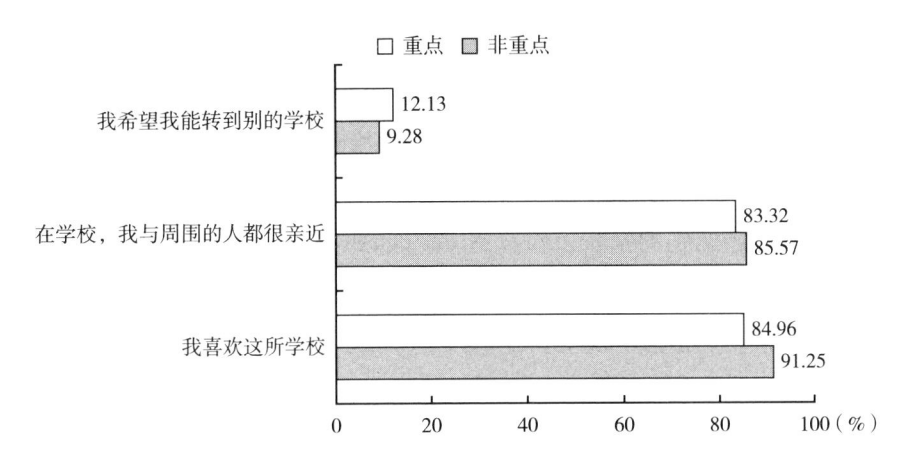

图57 对学校和同学关系的评价：重点与非重点学校

4. 和父母同住的人对自己所处环境评价更为积极

图58显示，和父母同住的学生中有更多的人喜欢自己的学校（占总人数的91.06%），更多的人与周围的人觉得亲近（占总人数的86.95%），更少的人想转到其他学校（占总人数的8.99%）。不和父母同住的学生中有更少的人喜欢自己的学校（占总人数的82.03%），更少的人与周围的人觉得亲近（占总人数的78.08%），更多的人想转到其他学校（占总人数的14.42%）。

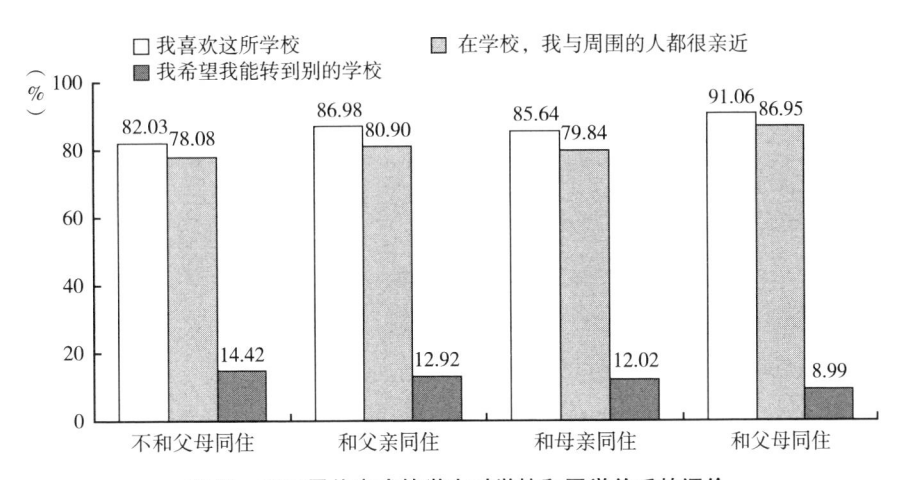

图58 不同居住方式的学生对学校和同学关系的评价

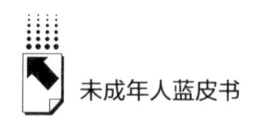

父母的因素也影响着孩子对学校的好感度,如与父母同住,孩子能及时和父母分享在学校的喜悦、倾诉在学校的苦恼,对所处环境的评价也更为积极。

5. 随着年级的升高,学生对学校的评价逐渐降低

图59显示,小学低年级的学生中有95.39%的人喜欢这所学校,仅6.14%的人想转到别的学校,而且有88.71%的人认为和周围的人很亲近。小学高年级的学生中喜欢这所学校的人数占比稍有下降,为93.04%,有7.71%的人想转到别的学校,只有85.62%的人认为自己和周围的人都很亲近。这三项指标在升入初中之后有了更明显的变化,初中阶段的学生中喜欢这所学校的人数占比降至86.85%,有12.31%的人想转到别的学校,只有84.00%的人认为自己和周围的人都很亲近。到了高中阶段,77.42%的学生表示不喜欢自己所在的学校,17.67%的人想转到其他学校,79.46%的学生认为自己和周围的人都很亲近。

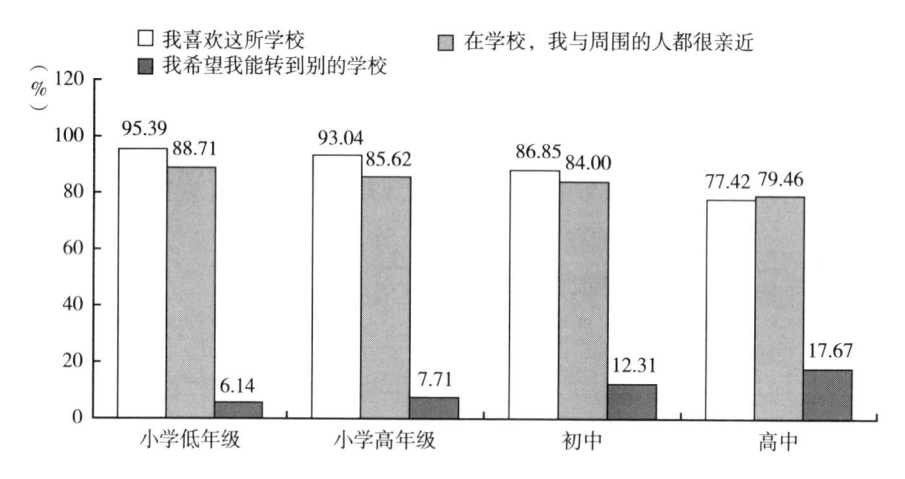

图59 不同学习阶段的学生对学校和同学关系的评价

6. 未成年人遇到困难时寻求帮助的对象

图60显示,过半数的未成年人在遇到困难时会想到同学、朋友。同学们处于同一个成长阶段,更容易产生共鸣,思维方式和行为方式也较为相似,遇到困难找同学倾诉或帮忙的学生占比达到58.43%。其后,有

33.42%的学生会跟自己的父母交流沟通。父母有更多的人生体验和经历，他们处理问题的方式更加成熟，也能够更加有效的解决困难，为学生提供示范。2.37%的学生表示遇到困难时没有人可以交流，他们往往只能自己解决问题。

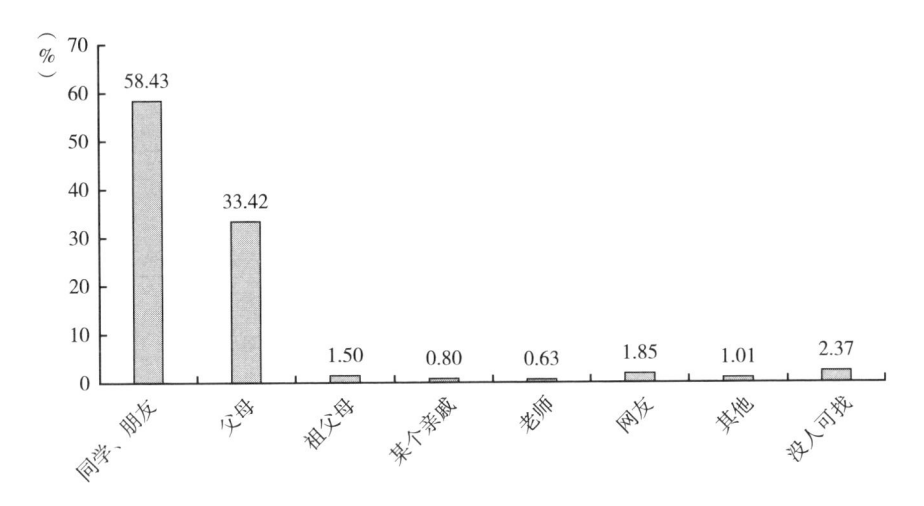

图 60　未成年人遇到困难时寻求帮助的对象

（三）亲子互动与父母网络监督

1. 父母对孩子的监督严格程度较高

图61显示，79.43%的父母会监督孩子的学习，79.42%的父母尤其关注孩子的上网时间。另外，74.53%的父母十分注重学生在学校里的表现，73.03%的父母会控制孩子看电视的时间，71.79%的家长监督着孩子每天几点回家，甚至还有将近半数的家长会干涉孩子和谁交朋友（46.05%）、穿衣打扮（45.65%）。

2. 父母和孩子的互动集中体现在日常生活中

最频繁的亲子活动更多的是一些日常生活事宜。图62显示，86.48%的父母经常和孩子一起吃晚饭，53.20%的家长会陪伴孩子读书，48.92%的家长会陪伴孩子看电视，43.78%的家长会陪伴孩子做运动。其实事无大小，

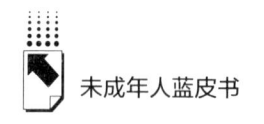

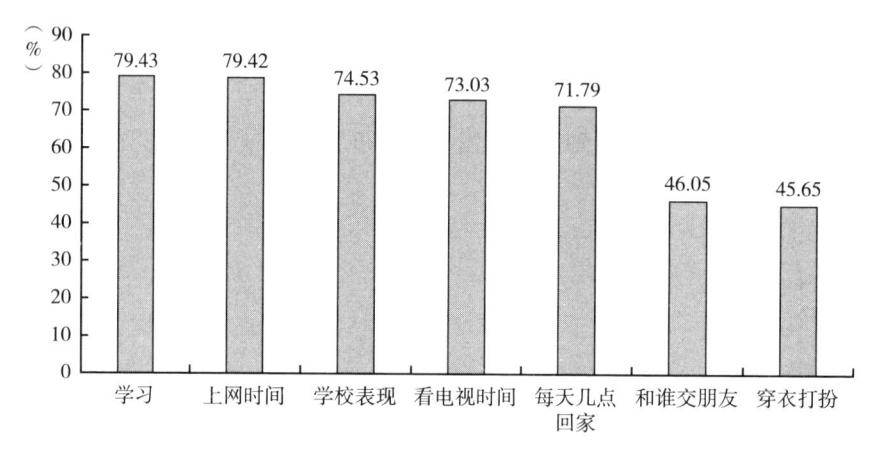

图 61　父母对子女监督的严格程度

多些陪伴总能促进亲子关系的改善，父母的此类行为值得鼓励。反过来，仅有9.81%的家长会陪孩子玩电子游戏，10.50%的家长会陪孩子去博物馆、科技馆、画展等地方参观，10.52%的家长陪孩子外出看电影、演出、体育比赛等，16.55%的家长会陪伴孩子去公园、游乐场等地方，28.21%的家长会陪孩子看短视频或直播、33.36%的家长会陪孩子上网。我们注意到，家长不经常陪伴孩子进行的项目，一部分是电子游戏等内容，一部分是各种户外活动、文化娱乐活动等。这些活动需要花费较多的时间精力，但陪孩子进行户外运动、参加文化娱乐活动，对于促进亲子关系的融洽，往往能起到事半功倍的效果。

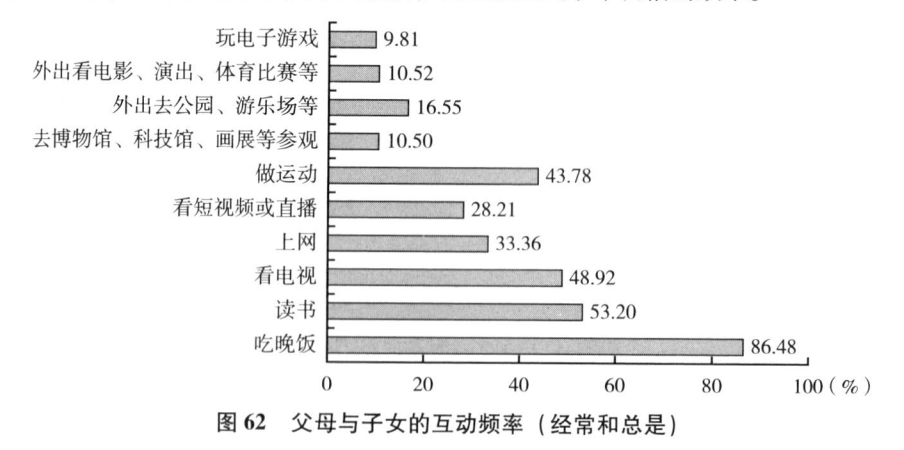

图 62　父母与子女的互动频率（经常和总是）

另一角度看待这一问题，图63显示，父母"从不或很少"和子女一起吃晚饭的比重仅为1.64%，其次仅有9.16%的家长很少陪伴孩子去公园、游乐场等地方，仅9.18%的家长"从不或很少"陪伴孩子看电视，17.91%的家长"从不或很少"陪伴孩子读书，12.91%的家长"从不或很少"陪伴孩子做运动，22.34%的家长"从不或很少"陪孩子外出看电影、演出、体育比赛等；"从不或很少"陪孩子去博物馆、科技馆、画展等地方参观的比例为27.32%，"从不或很少"陪孩子上网的比例为34.07%，"从不或很少"陪孩子看短视频或直播的比例为41.67%，"从不或很少"陪孩子玩电子游戏的比例为66.92%。

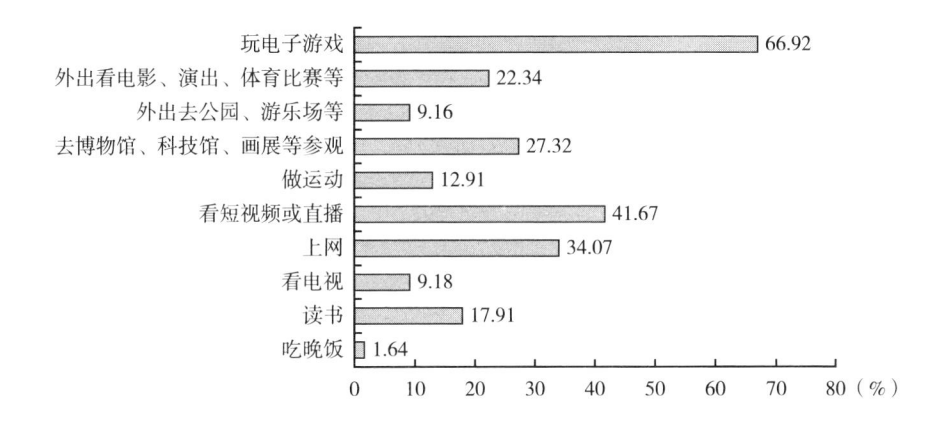

项目	比例(%)
玩电子游戏	66.92
外出看电影、演出、体育比赛等	22.34
外出去公园、游乐场等	9.16
去博物馆、科技馆、画展等参观	27.32
做运动	12.91
看短视频或直播	41.67
上网	34.07
看电视	9.18
读书	17.91
吃晚饭	1.64

图63 父母与子女的互动频率（从不或很少）

（四）隐私设置

1.近四分之一的未成年人会对手机进行隐私设置

随着科技的发展，手机的出现给人们带来了极大的便利，同时丰富了人们的日常生活。手机的普及也方便了未成年人的学习、社交等活动。随着年龄增长和社会交往的扩大，在学习之余，未成年人也会有自己的隐私。图64显示，总体而言，23.97%的未成年人会对手机进行隐私设置，其中男生占比25.59%，女生占比22.36%。相比之下，男生用手机更加注重隐私。

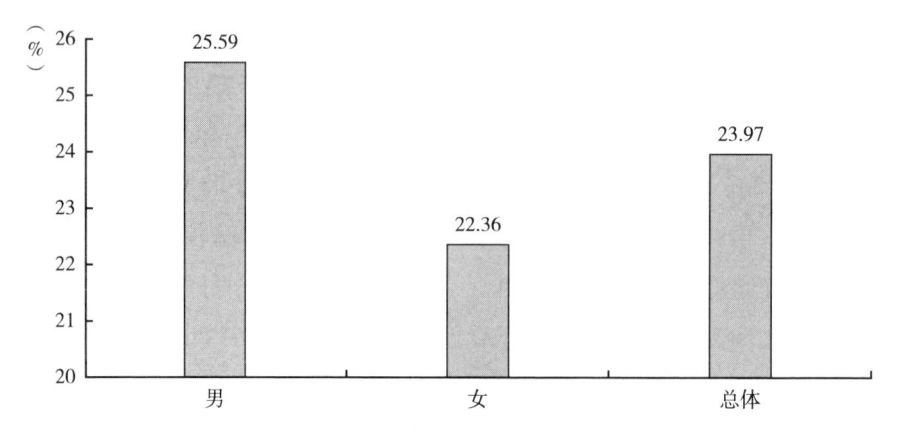

图64 未成年人对手机进行隐私设置的比例

不同地区学校的未成年人对手机隐私设置的比例有所差异。图65显示，农村学校、乡镇学校、城市学校、县城学校的学生对手机进行隐私设置的比例分别是29.38%、26.40%、24.36%、20.68%。

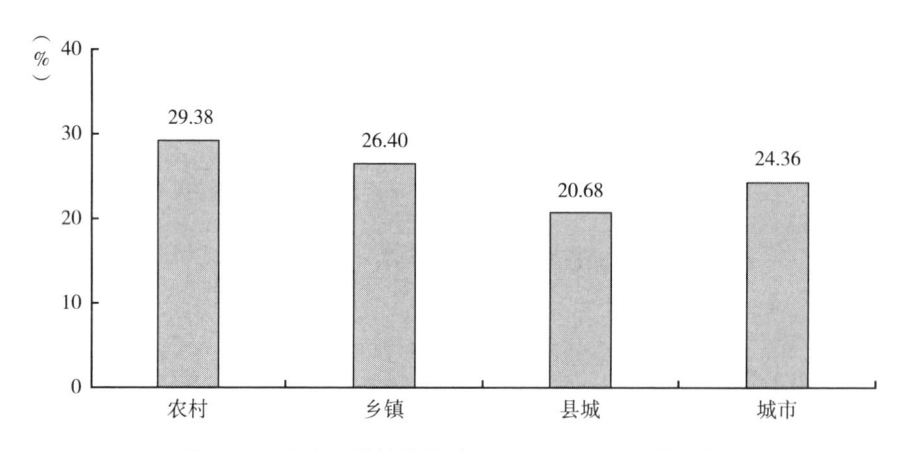

图65 不同地区学校学生对手机进行隐私设置的比例

图66显示，在"重点"学校和"非重点"学校的对比中，"重点"学校的学生隐私保护意识更强。其中，"重点"学校的学生中有35.34%的人进行了隐私设置，而"非重点"学校的学生中仅有19.30%。

不同居住方式也会影响未成年人与父母的坦诚程度，与父母交流充分，则

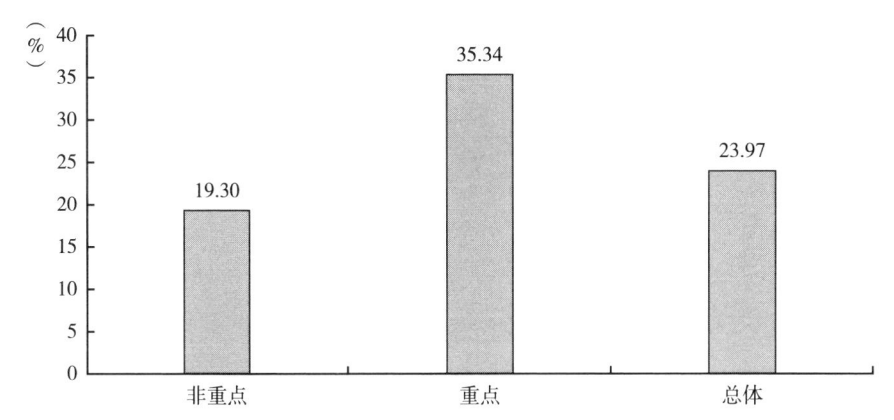

图 66 不同学校类型学生对手机进行隐私设置的比例：重点与非重点学校

隐私设置相对较少。图 67 显示，和父母同住的未成年人中进行隐私设置的比例是四类中最小的，占比 22.29%，而不和父母同住的未成年人中进行隐私设置的比例是四类中最大的，占比 31.62%，和父亲同住的未成年人中进行隐私设置的比例（28.06%）与和母亲同住的未成年人（26.31%）接近。与父母同住的未成年人与父母沟通较多，彼此了解程度更高，设置隐私的比例较小。

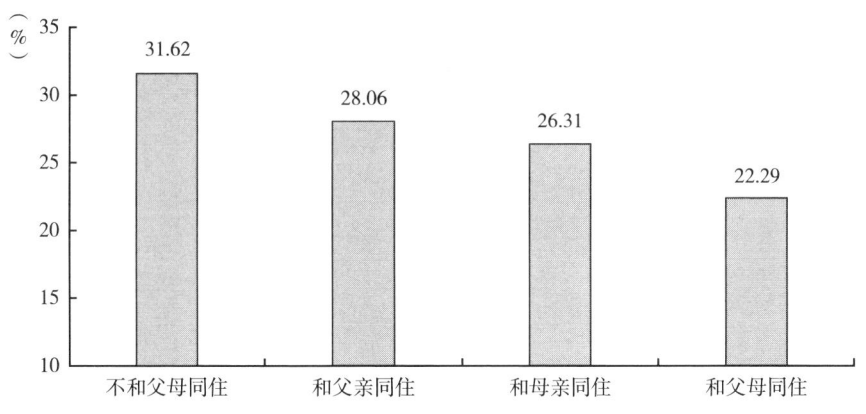

图 67 不同居住方式的未成年人进行手机隐私设置的比例

不同教育阶段的学生对手机进行隐私设置的比例有较大区别。图 68 显示，小学低年级的学生中仅有 8.69% 的人对手机进行隐私设置，而高中阶段的学生中有 48.03% 的人对手机进行隐私设置。对手机进行隐私设置的比例随着年级的升高呈上升趋势，小学高年级对手机进行隐私设置的学生比例大于小学低年级但小于初中年级，为16.82%，初中阶段对手机进行隐私设置的学生比例大于小学高年级但小于高中年级，为34.56%。随着年龄的增长，学生与家长之间有越来越多的代沟，学生也有越来越多的隐私。

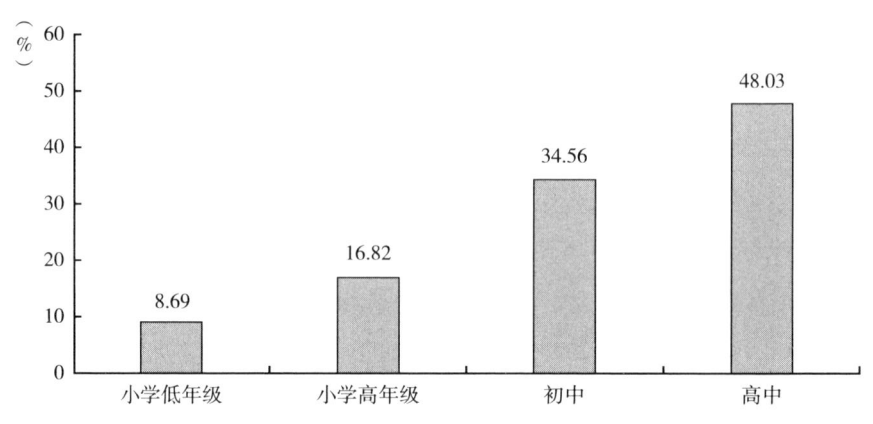

图68 不同教育阶段的学生进行手机隐私设置的比例

2. 五分之一的学生有家长不知道的社交和游戏账号

图69显示，总体上有20.04%的学生在网上有家长不知道的QQ、微信账号、游戏的账号，其中男生占比22.44%，女生占比17.65%。以性别区分，男生更加注重自己的网络隐私。

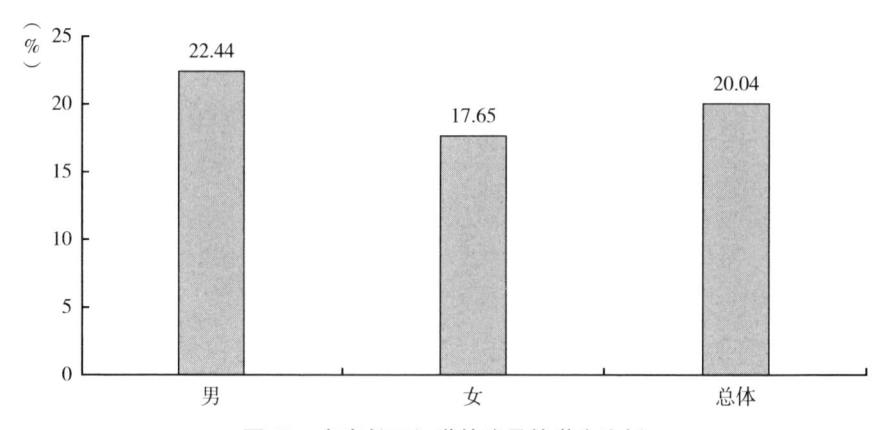

图69 有家长不知道的账号的学生比例

在"重点"学校和"非重点"学校学生的对比中,前者仍然有更多的隐私。图 70 显示,"重点"学校的学生中有 29.63%的人在网上有家长不知道的 QQ、微信账号、游戏账号,而"非重点"学校的学生中仅有 16.11%。

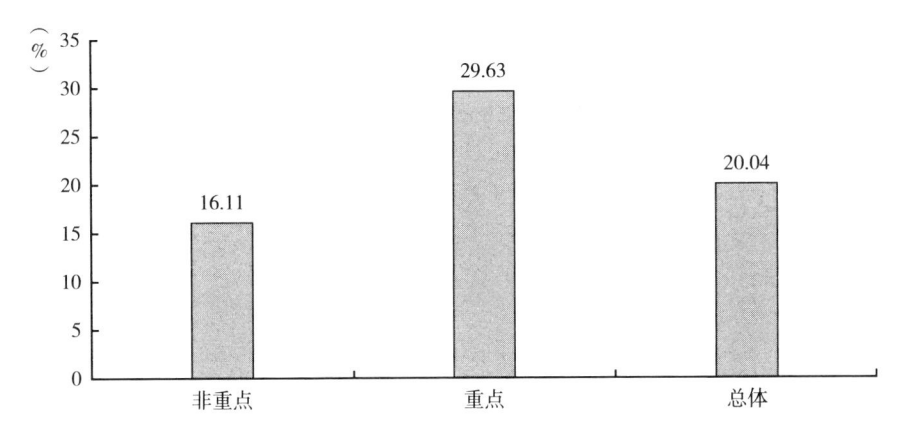

图 70 有家长不知道的账号的学生比例(重点与非重点学校)

图 71 显示,不同地区学校中,在网上有家长不知道的 QQ、微信账号、游戏账号的学生比例也不同。其中,农村学校、乡镇学校、城市学校、县城学校的学生在网上有家长不知道的账号的比例分别是 28.25%、24.96%、19.66%、18.85%。

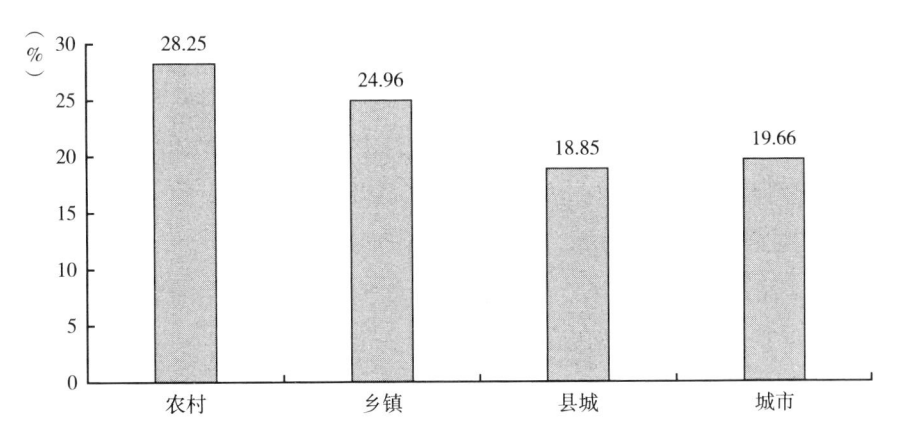

图 71 有家长不知道的账号的学生比例(不同地区学校类型)

图72显示，不同居住方式也会影响未成年人与父母的坦诚程度，和父母同住的学生对父母最为坦诚，他们在网上有家长不知道的账号的比例是四类中最小的，占比18.33%，而不和父母同住的学生比例是四类中最大的，占比28.71%。此外，和母亲同住的学生中在网上有家长不知道的账号的学生比例为21.75%，和父亲同住的学生比例为24.41%。可以看到，与父母同住的学生亲子之间更加坦诚。

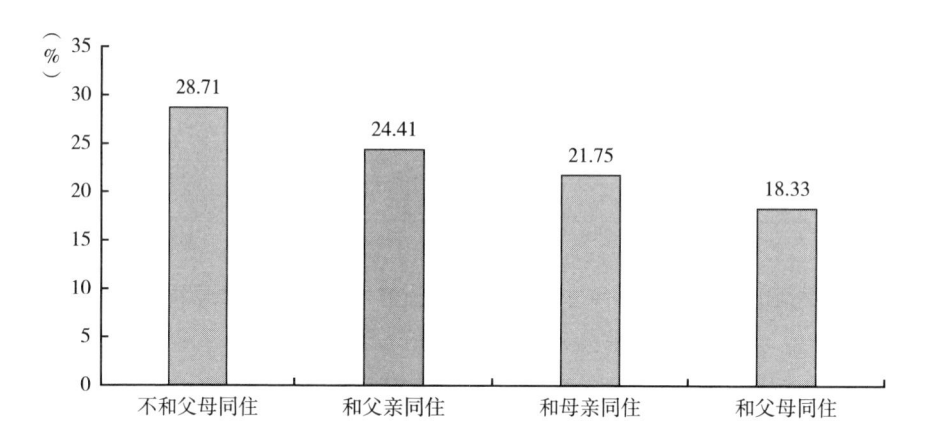

图72 有家长不知道的账号的学生比例（不同居住方式）

从学习阶段来看，有家长不知道的账号的学生比例随着年级升高而增加。其中，小学低年级的学生中仅有7.37%的人在网上有家长不知道的账号，而高中阶段的学生中有42.68%的人在网上有家长不知道的账号。小学高年级的学生比例大于小学低年级但小于初中年级，为12.79%，初中阶段的学生比例大于小学高年级但小于高中，为28.19%。

3. 超过四分之一的未成年人会偷偷使用网络

图74显示，总体上26.74%的未成年人有偷偷使用网络的情况，其中男生占比29.10%，女生占比24.39%。相对来说，男生对网络的依赖和使用的情况更加普遍。

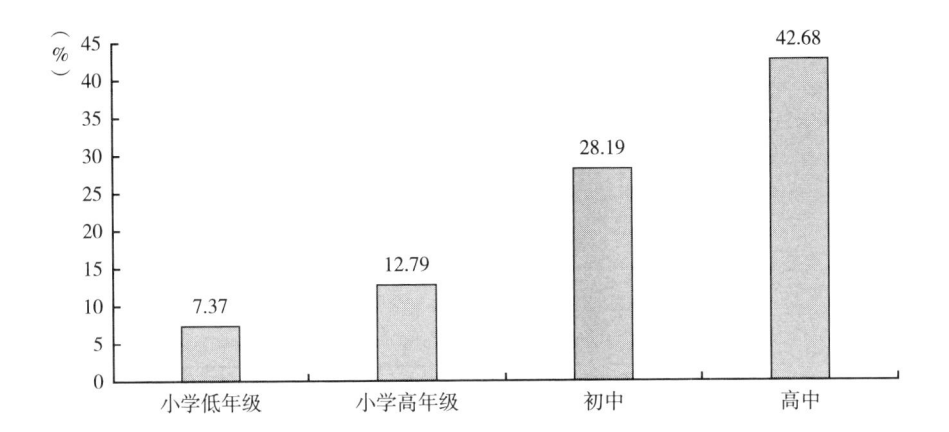

图 73 有家长不知道的账号的学生比例（不同年级）

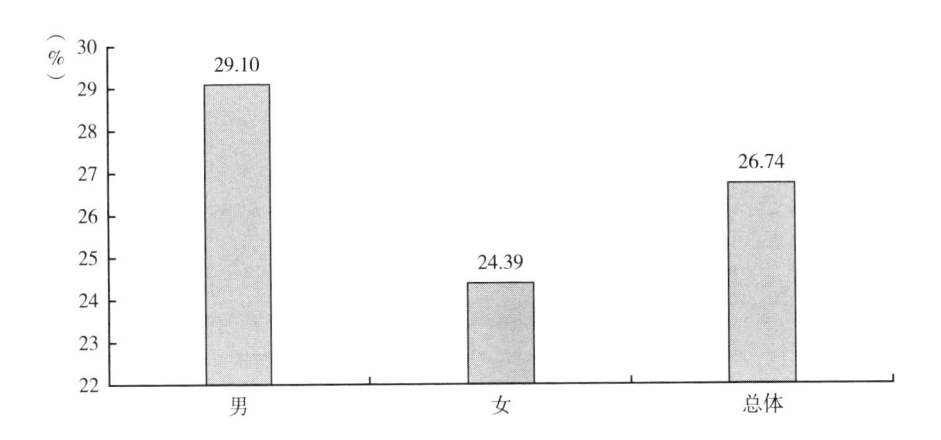

图 74 偷偷使用网络的未成年人比例

图75显示，不同地区学校中，偷偷使用网络的未成年人比例也不同，农村学校、乡镇学校、城市学校、县城学校的学生偷偷使用网络的比例分别是28.81%、27.03%、27.43%、23.32%。

在"重点"学校和"非重点"学校的对比中（见图76），"重点"学校的学生中有34.17%的学生会偷偷使用网络，而"非重点"学校的学生中仅有23.69%的学生会偷偷使用网络。

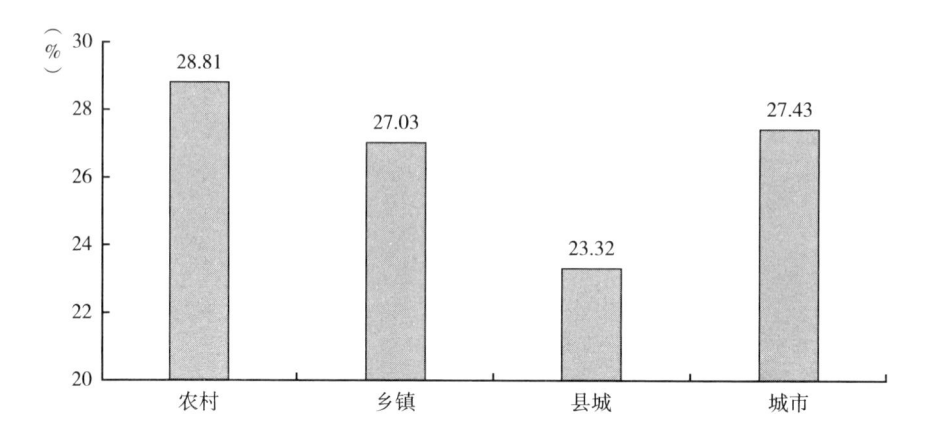

图 75　偷偷使用网络的学生比例（不同地区学校类型）

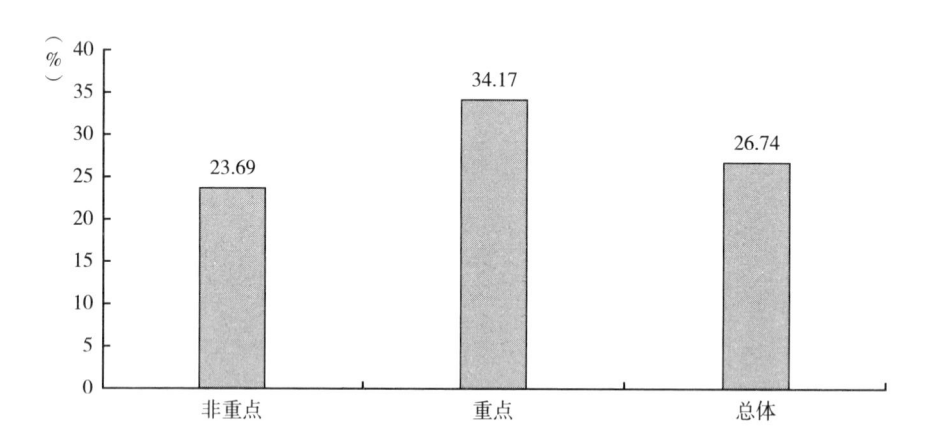

图 76　偷偷使用网络的学生比例（重点与非重点学校）

图77显示，和父母同住的学生中会偷偷使用网络的比例是四类中最小的，占比25.80%，其次是和母亲同住的学生占比，为28.25%，不和父母同住的学生中会偷偷使用网络的比例（29.06%）小于和父亲同住的学生，而和父亲同住的学生中会偷偷使用网络的比例是四类中最大的，占比30.09%。

年级越高，未成年人偷偷使用网络的比例越大。图78显示，小学低年级的学生中有18.21%的人偷偷使用网络，其次是小学高年级，占比

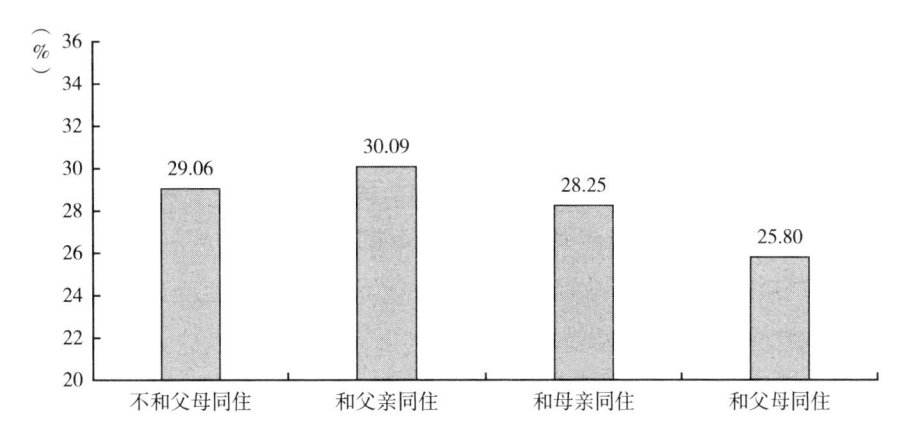

图 77 偷偷使用网络的学生比例（不同居住方式）

21.10%，初中学生的比例达到了 32.13%，而高中学生这一比例达到了 43.31%。大多数小学生没有自己的网络设备，不具备偷偷使用网络的条件。随着年级的增加，学生的自主时间越来越多，越来越多的学生有了自己的手机等上网终端，偷偷使用网络的比例也越来越大。

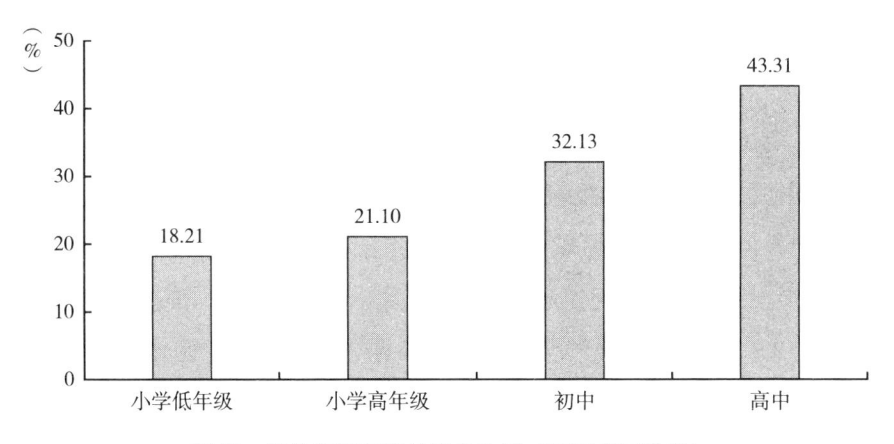

图 78 偷偷使用网络的学生比例（不同学习阶段）

4. 三分之一的家长设置过"青少年模式"或"家长控制模式"

家长设置"青少年模式"或"家长控制模式"的初衷是为了约束孩子的上网时间、帮助孩子形成良好的上网习惯。图 79 显示，总的来看，

32.24%的学生家长设置过类似"青少年模式"或"家长控制模式",但男生家长设置的比例明显高于女生家长。其中男生家长设置类似"青少年模式"或"家长控制模式"的比例为35.48%,女生家长设置比例为29.01%。

近1/3的学生家长曾有过类似的设置,这说明"青少年模式"或"家长控制模式"对于约束未成年人上网可以起到一定的作用。相较于女学生,男学生更容易沉迷网络,所以男生家长设置"青少年模式"或"家长控制模式"的比重相较于女生更大。

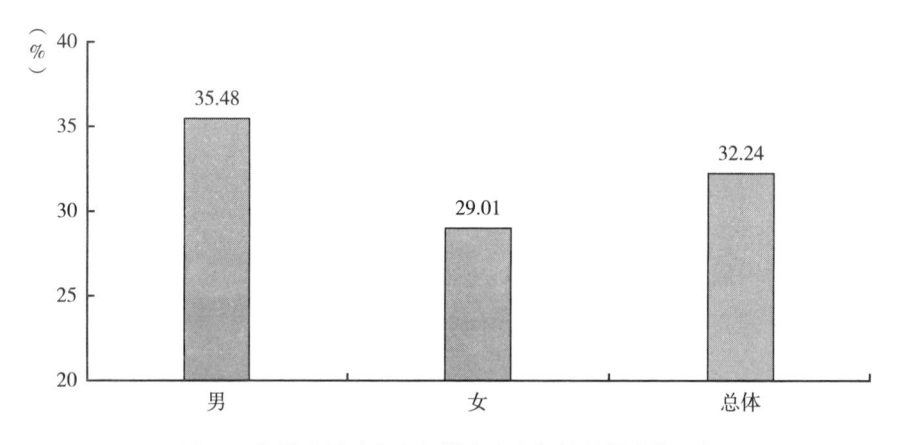

图79 家长设置过青少年模式或家长控制模式的比例

不同地区学校中,学生家长设置过"青少年模式"或"家长控制模式"的比例也不同,图80显示农村学校、乡镇学校、城市学校、县城学校中,学生家长设置过"青少年模式"或"家长控制模式"的比例分别是25.61%、29.43%、32.09%、34.79%。农村学校学生家长设置过"青少年模式"或"家长控制模式"的比例较小,部分原因是不太熟悉手机操作,也有一部分家长没有太多的时间去关注孩子。

在"重点"学校和"非重点"学校的对比中,图81显示,"重点"学校的学生家长中有27.79%的人设置过"青少年模式"或"家长控制模式",而"非重点"学校的学生中有34.06%的人设置过"青少年模式"或"家长控制模式"。

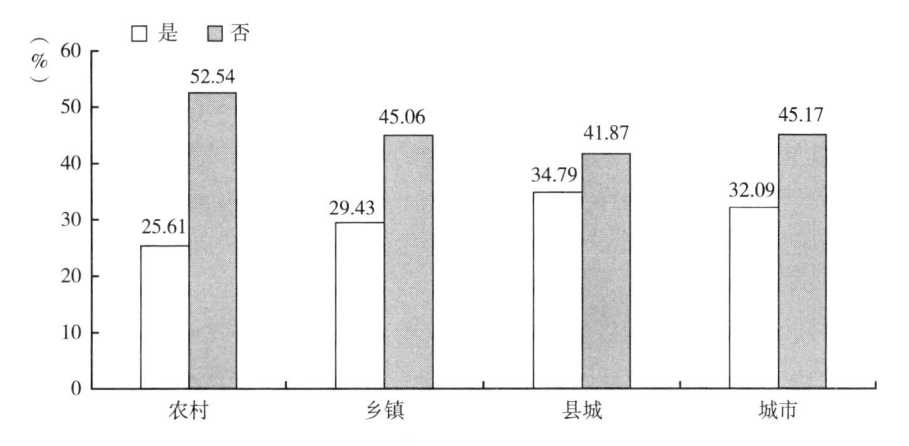

图 80　家长设置过青少年模式或家长控制模式的比例（不同地区学校类型）

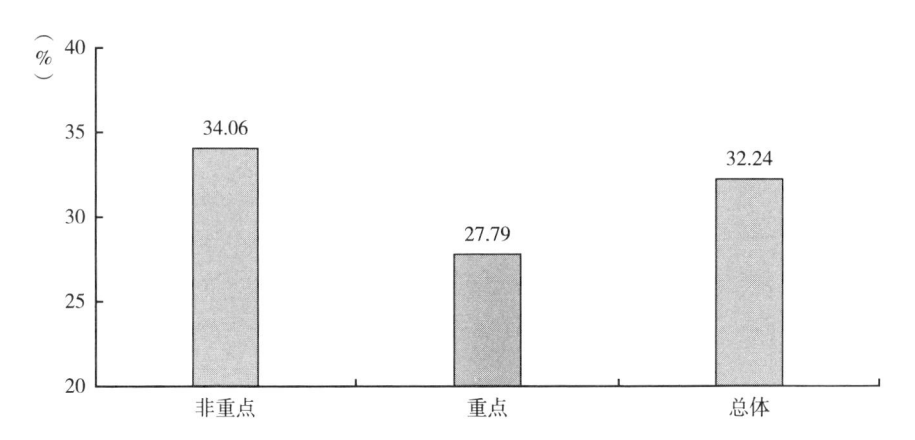

图 81　家长设置过青少年模式或家长控制模式的比例（重点与非重点学校）

从不同居住方式来看（见图 82），其家长设置"青少年模式"或"家长控制模式"的比例，从高到低依次是子女和父亲同住（33.47%），和父母同住（32.58%），和母亲同住（30.67%），不和父母同住（29.33%）。

图 83 显示，小学高年级的学生家长中设置过"青少年模式"或"家长控制模式"的比例是四类情况中最大的，为 37.98%。其次是小学低年级的学生，比例是 35.90%，初中阶段的学生家长中设置过"青少年模式"或"家长控制模式"的比例为 28.77%，而高中阶段的学生家长设置过"青少年模式"

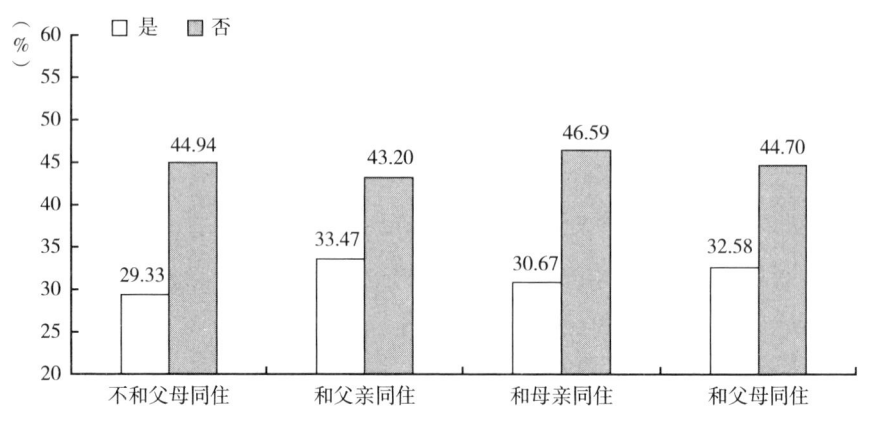

图82 家长设置过青少年模式或家长控制模式的比例（不同居住方式）

或"家长控制模式"的比例是四类中最小的，占比20.38%。小学阶段的学生自制力较差，自我保护意识也较差，需要家长设置"青少年模式"或"家长控制模式"进行监督约束。

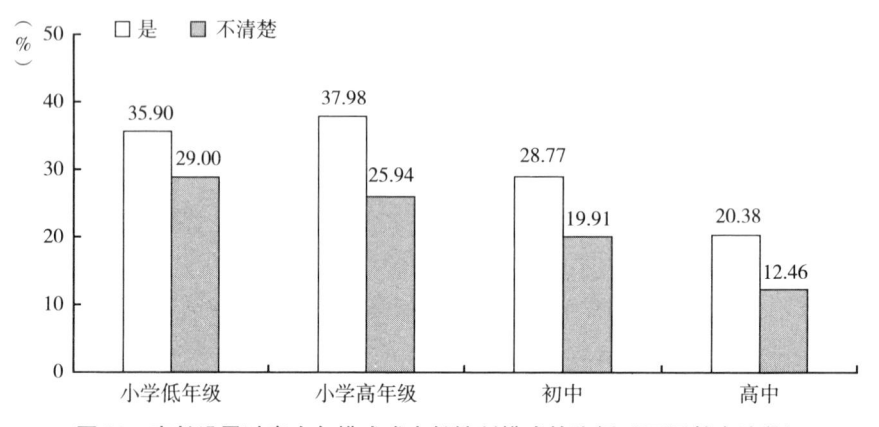

图83 家长设置过青少年模式或家长控制模式的比例（不同教育阶段）

5. 与父母分享网上内容的比例

图84显示，总体而言，13.91%的未成年人从不和父母分享在网上看到的内容，比例相对较小。其中男生从不分享的比例为15.56%，略高于女生的12.28%。相比之下，占总数7.76%的未成年人总是和父母分享在网上看到的内容，其中男生占比为7.15%，低于女生的8.37%。

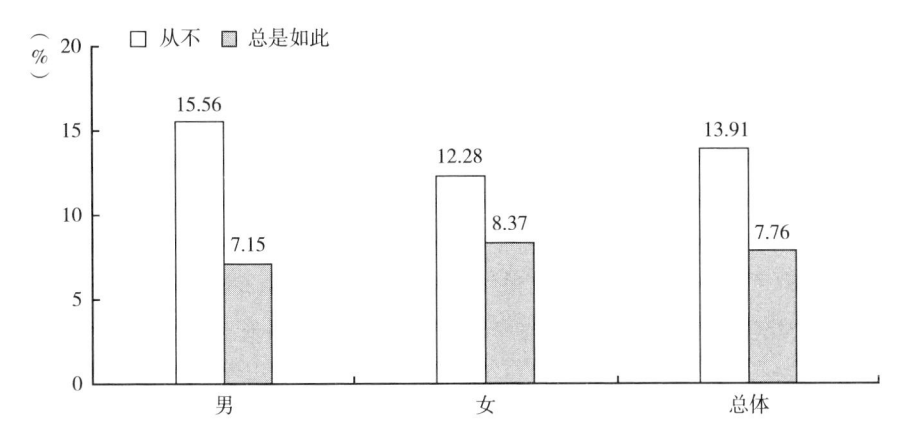

图84 与父母分享内容的比例

亲子关系越好,子女越倾向于和父母分享自己所见所闻的有趣内容。图85显示,和父母同住的未成年人中只有12.73%的人从不和父母分享在网上看到的内容,而不和父母同住的未成年人中这一比例为21.36%。相反,和父母同住的未成年人中有8.78%的人总是和父母分享在网上看到的内容,而不和父母同住的未成年人这一比例仅为4.51%。一方面,和父母同住的未成年人与父母分享所见内容更加方便;另一方面,亲子之间关系的融洽也更容易让未成年人分享。

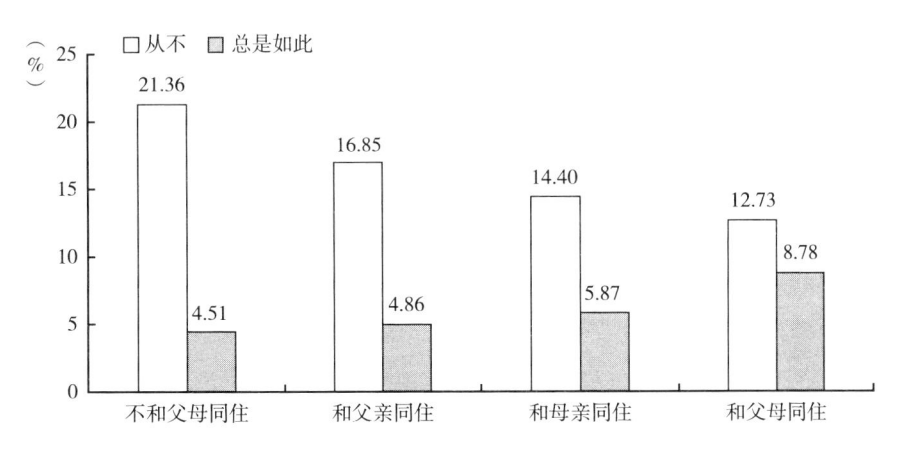

图85 与父母分享内容的比例(不同居住方式)

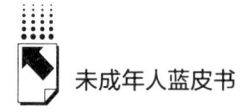

总的来看，孩子更愿意和母亲交流。其中和母亲同住的未成年人中有14.40%"从不"分享在网上看到的内容，而和父亲同住的未成年人中这一比例为16.85%。相反，和母亲同住的未成年人中有5.87%的人"总是"分享在网上看到的内容，而和父亲同住的未成年人中这一比例仅有4.86%。

不同教育阶段的未成年人分享情况也有明显不同，图86显示，"总是"与父母分享的比例与"从不"分享的比例都随着年级升高而缩小，而"从不"分享的比例缩小得更快。

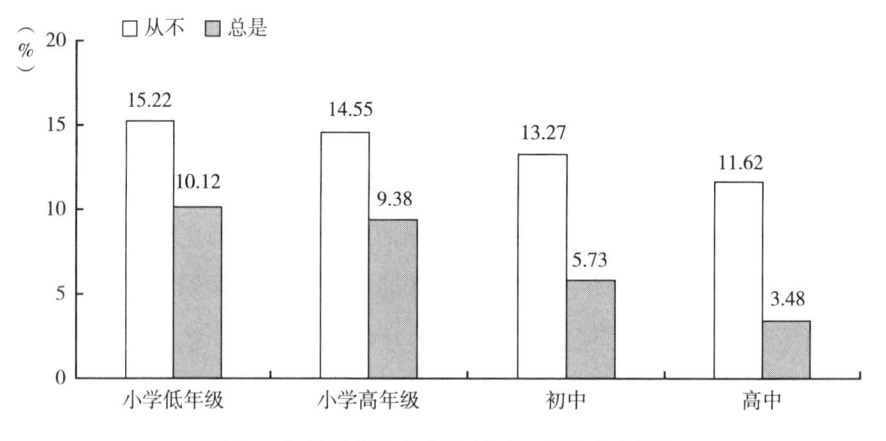

图86 与父母分享内容比例（不同教育阶段）

其中，小学低年级学生中有15.22%的人"从不"和父母分享在网上看到的内容，有10.12%的人"总是"和父母分享在网上看到的内容。小学高年级学生中"从不"或者"总是"和父母分享在网上看到的内容的比例均小于小学低年级，分别占比14.55%、9.38%。初中阶段的学生两种情况的比例小于小学高年级学生，分别占比13.27%、5.73%。而高中阶段的学生"从不"和父母分享在网上看到的内容的人数占比最少，为11.62%，"总是"和父母分享在网上看到的内容的比例也是最小的，占比3.48%。

三 总结和讨论

互联网的使用带给未成年人丰富多彩的网络生活、社交方式，也重塑了未成年人的人际交往模式和代际关系。

总的来看，由于未成年人绝大多数处于小学及中学阶段，同时也受到家长、学校的严格教导与约束，其网络使用方式和人际关系也体现出了相应的特点。一方面，未成年人使用互联网的频率较低、时长较短，较多的社交发生在周末；另一方面，未成年人使用网络社交的现象较为普遍，包括聊天、拓展人际交往等，但未成年人交友重心仍然在现实中。相对于结交现实中的好朋友，使用网络结识网友的未成年人相对较少，其占未成年人群体的比例不足一半。此外，年级越高，相对成熟的未成年人对网络的评价也更为积极。分性别看也有明显差异，女生比男生更倾向于网络社区的互动，男生比女生更会拓展网络社交。

由于未成年人所处环境主要是家庭和学校，对于未成年人的网络社交，仍需学校和家长的合理引导，以保障其健康和安全使用网络。针对男女生心理特点和成长过程中的差异，也应采用有针对性措施进行合理引导。未成年人正处于身心成长且不成熟的阶段，其身心健康的保障不仅需要对网络安全的保障和使用网络的引导，更应该通过线下的同辈群体互动、丰富拓展课余生活、增加互动性和合作性项目等途径，使他们与身边的同学建立更融洽的关系。

互联网对于亲子关系的影响也非常深远。一方面，互联网为亲子间互动增加了新的、更便捷的途径，有助于改善亲子关系；另一方面，父母会通过多种方式进行网络使用监督，子女也会通过自己的方式保护隐私。当然，亲子之间的相处仍然以线下互动为主。增加户外活动、增加亲子之间的交流，并且亲子能够共同完成这些事情，对于增进了解、改善亲子关系更为重要。而亲人的陪伴和照顾，则会在未成年人成长的关键期发挥重要的作用，在未成年人网络使用和网络安全会发挥更积极的效果。

B.13
家长对未成年人亚文化的态度研究报告

顾旭光 周晓倩*

摘 要： 未成年人亚文化先天带有与父辈相区别的属性，在未成年人群体实践自身亚文化爱好的过程中，不可避免地会与父辈产生冲突，而不同家长由于对亚文化的认知不同，在管理方式和态度上也存在差异。本报告根据父母对子女爱好的亚文化种类的参与情况，构建了"网络生活化水平"这一指标，分析了影响父母网络生活化水平的因素以及不同网络生活化水平的父母对子女亚文化的态度差异。数据分析结果显示，较高的网络生活化水平会显著提升父母对子女爱好的亚文化的包容度。在各种亚文化类别上，家长对短视频的接受度最高。随着子女年龄的增长，父母的亚文化包容度也会有所提升。在学习方面，随着学习成绩满意度的提升和子女学习压力的增加，部分父母能够接受子女一定程度的亚文化参与，但是部分中高收入的家长以及子女就读重点学校的家长，更倾向于非常严格的管控和排斥态度，子女升学压力使父母倾向于更严苛的管理。

关键词： 亚文化 短视频 未成年人

在社会学、文化人类学和伦理学的研究以及大众媒体的表述中，"亚文化"与"未成年人"经常成对出现，未成年人追求个性的心理状态和对新

---

* 顾旭光，中国社会科学院大学社会发展系在读博士生；周晓倩，北京青少年服务中心青年发展部，干部。

鲜事物的接纳能力，让他们成为各类亚文化的爱好者和践行者。目前在我国的未成年人群体中，各类亚文化的风潮正当其时，二次元、古风国潮、游戏，以及新媒体等衍生出来的户外、技术宅、模型等各类爱好群体不断涌现，并且形成了比较稳固的传播圈层。

自从社会学家帕森斯在1942年创造出青年文化（Youth culture）这一概念以来，社会学家一直将青年文化当作美国中产阶级未成年人的一个附属标签进行分析；芝加哥学派的帕克对越轨行为与亚文化关系地进一步研究，在大众传媒层面，赋予了亚文化一定的负面色彩。对于未成年人来说，青年文化不仅是一个客观的文化现象，更是他们将自己与父母区别开来的手段，英国伯明翰学派的斯图亚特·霍尔指出，战后英国青年的各种亚文化，诸如"泰迪党""光头党""朋克摇滚"等，类似于一种利用文化符号进行的象征性抵抗，具有空间的、阶层的，甚至是历史层面的特殊意义。

回到我国青年文化的生存空间，由于家庭和学校的双重管理，未成年人与家庭和学校的社会关系更加紧密，越轨行为相对罕见，未成年人亚文化的反抗意涵不是非常突出，它们更多是一种个人爱好或者消遣娱乐的手段。尽管如此，与父母和外界因此而起的冲突也在所难免。

当前未成年人的亚文化与他们的父辈形成了有趣的对垒，后者是我国首批在未成年时代就接触了互联网以及改革开放后第一批新鲜外来文化的70后与80后。也就是说，曾经被更上一世代的父母批评为玩物丧志、痴迷游戏的未成年人为人父母之后，如何面对自己子女辈所钟爱的新文化种类，代际的文化交互毫无疑问具有现实与理论意义。无论如何，在亲子互动中，父辈的权威性使他们成为具有优势的一方，所以父母自身的经济社会状况和文化教育资源可能是影响他们对子女爱好的亚文化的态度的最主要的因素。

基于以上思考，本报告设立了分析框架（见图1），将父母对网络的使用程度和亚文化实践程度作为关键因素整合构建出"网络生活化水平"这一指标，同时将社会经济地位与就业、受教育水平、婚姻状态、子女学习状况等因素作为控制因素。本报告主要关注的问题是，不同年龄段的父母，在

不同的网络生活化水平下，对游戏、二次元、饭圈和短视频等亚文化的态度会有何种差异。

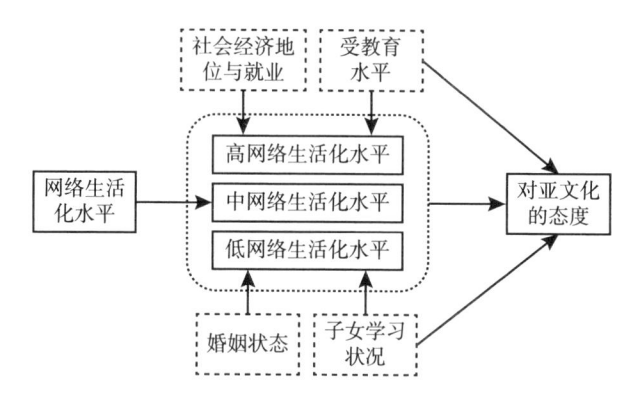

图1　网络生活化水平与对亚文化的态度分析框架

一　家长基本情况以及对亚文化的总体态度

（一）家长对未成年人亚文化的基本态度

从家长对各类亚文化的整体态度看，如图2所示，相较于"非常反对"和"非常支持"这种极端的态度，"不支持也不反对"的中立默许态度更能体现家长群体对各类亚文化的整体支持态度。

对短视频，家长有着最高的中立态度（占44.5%）和"比较支持"占比（占7.9%），而且表示"非常反对"（占20.0%）和"比较反对"（占26.9%）的占比在各类亚文化中最低和次低。对二次元，家长的态度也比较缓和，家长"非常反对"（占35.8%）和"比较反对"（占28.7%）的占比合计为64.5%，持中立态度的占比为31.5%，居各类亚文化的第二位。

对饭圈文化，家长的反对态度非常明确，"非常反对"（占50.5%）和"比较反对"（占26.3%）的占比合计为76.8%，持中立态度的占比最低（占21.0%），"比较支持"和"非常支持"的占比合计为2.2%，"非常反对"的占比在各类亚文化中最高。考虑到近两年来社会各界对"饭圈文化"的持续批判和抑制，家长的反对态度也是比较合理的。

对传统的代际冲突爆发点——游戏，家长的反对态度略低于饭圈文化，"比较反对"的占比（占33.5%）在各类亚文化中最高，"非常反对"的占比（占42.9%）略低于饭圈文化，中立态度的占比（占22.2%）次低。

总而言之，家长对短视频和二次元的接受程度相对较高。弹幕文化因为是以视频为载体，起源于早期的二次元社区，所以家长对它的态度与对二次元的态度类似。家长最反对的是饭圈文化和游戏，对饭圈文化的反对最激烈，持中立态度和"非常反对"态度的占比分别为最低和最高，游戏次之，但是最高的"比较反对"占比似乎展现了家长的无奈。

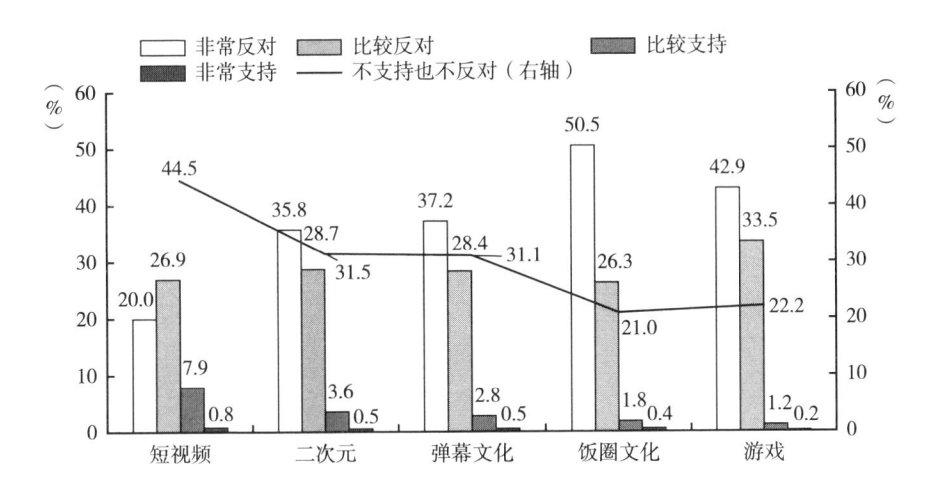

图2 家长对各类亚文化的整体态度

在各类亚文化中，家长对短视频的包容度很高，考虑到短视频的特点就是"短"，则很容易理解家长的关注点所在。这种快餐型的互联网亚文化产品更便于家长的管理和控制，而且没有较高的持续性投入，包括金钱和时间两个方面的投入。而饭圈文化和游戏则不同，未成年人对这两种亚文化一旦深度参与后，会不可避免地有打榜、皮肤充值等额外的支出，关于家长的经济状况对亚文化认知的影响在下文中会详细展开。

在家长对未成年人网络使用的总体态度方面，有两个选项分别为"互联网是获取信息的重要渠道"和"互联网的使用能够提升未成年人的创造力"，从图3中可以看到，同意前者的占比要高于后者。对"互联网是获取信息的重要渠道"这一选项选择"非常不同意"（占9.0%）和"不太同意"（占31.9%）的占比合计为40.9%，选择"比较同意"（占51.4%）和"非常同意"（占7.7%）的占比合计为59.1%。对"互联网的使用能够提升未成年人的创造力"这一选项选择"非常不同意"（占12.3）和"不太同意"（占42.9%）的占比合计为55.2%，表示"比较同意"（占41.2）和"非常同意"（占3.6%）的占比合计为44.8%。可见，在互联网使用上，家长的态度基本可以分为两派，将互联网看作获取信息工具的家长占比要高于将互联网看作提升创造能力平台的家长占比。

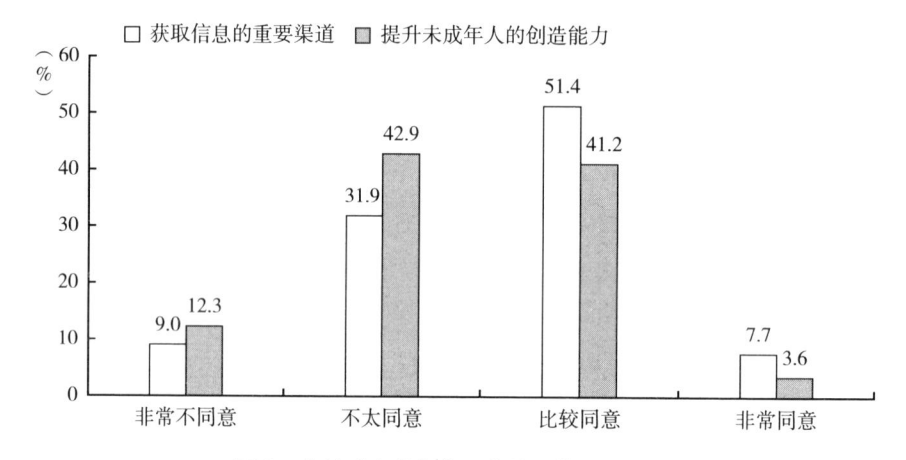

图3 家长对未成年人网络使用的总体态度

（二）家长基本情况及对网络生活化程度的影响

1.家长网络生活化程度

本报告将家长的网络生活化定义为家长日常生活与互联网的交融程度。由于家长日常生活与互联网的交融程度存在差异，可想而知，其对子女喜爱的互联网亚文化的态度也会产生差异。定义操作方面主要分两个指标，其一是家长的互联网使用时间，其二是家长对部分亚文化的参与程度，比如游戏、短视频等。

首先，在互联网使用方面，家长最近半年来"从不上网"的占2.6%，"很少上网"的占13.5%，"有时上网"的占32.4%，"经常上网"的占43.6%，"总是上网"的占7.9%。总的来看，家长的网络使用率非常高，"有时上网"、"经常上网"和"总是上网"的家长占比合计为83.9%。

在上网具体内容的时间分配上，如图4所示，在周末每天投入"2小时以上"的群体，占比由高到低的项目分别是"看视频"、"短视频"、"玩手机游戏"和"看直播"。投入时间在"2小时以内"的使用者，占比由高到低的项目分别是"短视频"（占71.8%）、"看视频"（占60.7%）、"看直播"（占36.0%）和"玩手机游戏"（占35.4%）。

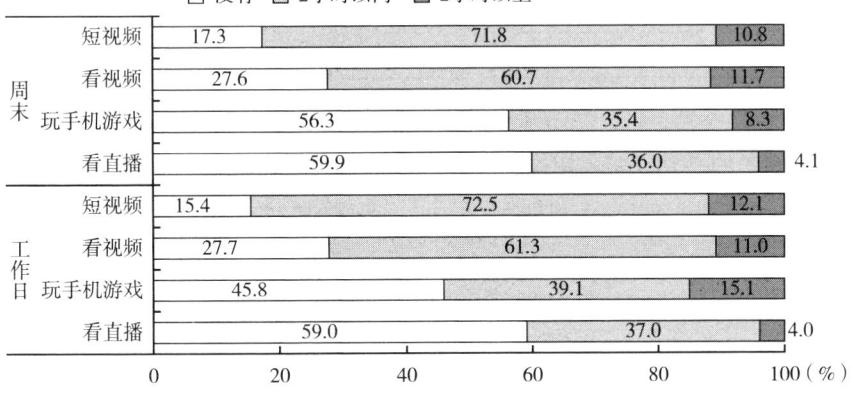

		没有	2小时以内	2小时以上
周末	短视频	17.3	71.8	10.8
	看视频	27.6	60.7	11.7
	玩手机游戏	56.3	35.4	8.3
	看直播	59.9	36.0	4.1
工作日	短视频	15.4	72.5	12.1
	看视频	27.7	61.3	11.0
	玩手机游戏	45.8	39.1	15.1
	看直播	59.0	37.0	4.0

图4 工作日和周末家长在各项网络使用上的时间投入

由此可以看出，在周末，重度使用者（时间投入在2小时以上者）更倾向于看视频，而中度使用者（时间投入在2小时以内者）更倾向于短视频。工作日的情况与周末基本一致，"玩手机游戏"的家长占比略有增加。

综合以上的分析，本报告依据家长的网络生活化程度，将家长分为高、中、低三个层次。

由于每个人生活、工作状况的差异，主观定义的上网时间"经常""有时"实则难以明确界定，故整个标准体系以各项亚文化互联网内容使用的具体时间为主要标准，以"近半年的上网情况"作为辅助标准。考虑到亚文化的四个选项内容并不互斥，所有单一类型的投入时间并不能衡量整体的时间投入状况，比如一个在玩手机游戏和短视频上每天投入时间为 0 的样本，可能在看直播或者看视频上投入超过 3 小时的时间，故采取将四个分类和上网时间的值相加的方式，其数值由低到高的属性基本可以代表网络投入的时间，然后取新变量的 25 和 75 分位数，最终得到三个分类段，恰好对应高、中、低三个层次，统计描述如表 1 所示。最终的分类结果为，高网络生活化水平群体占 23.0%，中网络生活化水平群体占 50.7%，低网络生活化水平群体占 26.3%。

表 1 用户网络生活化水平描述统计量

	样本量	均值	标准差	P25 分位数	P75 分位数
网络生活化水平	19804	11.5	3.3	9	13

2. 家长的性别、城乡和代际及网络生活化水平情况

在性别方面，样本中男性占 26.7%，女性占 73.3%。在城乡分布方面，乡村的样本占 25.8%，城市的样本占 74.2%。在年龄分布方面，"26~31 岁"的占 7.3%，"32~36 岁"的占 23.0%，"37~41 岁"的占 33.2%，"42~51岁"的占 33.4%，"52 岁及以上"的占 3.1%。

根据样本的性别、城乡分布和年龄分布来分析家长的网络生活化水平可以发现，男性与女性在网络生活化水平上并无明显差异。如图 5 所示，城市家长的网络生活化水平略高于乡村，低网络生活化水平群体中乡村家长占比比城市家长占比高 4.3 个百分点，中网络生活化水平群体中城市家长占比比乡村家长占比高 3.7 个百分点，高网络生活化水平群体中城市家长占比比乡村家长占比高 0.5 个百分点。总的来说，考虑到近十年来我国较高的移动端互联网覆盖率，这方面的城乡差距基本上可以忽略，但是城乡的经济差异可能会对网络生活化水平产生一些轻微的影响。

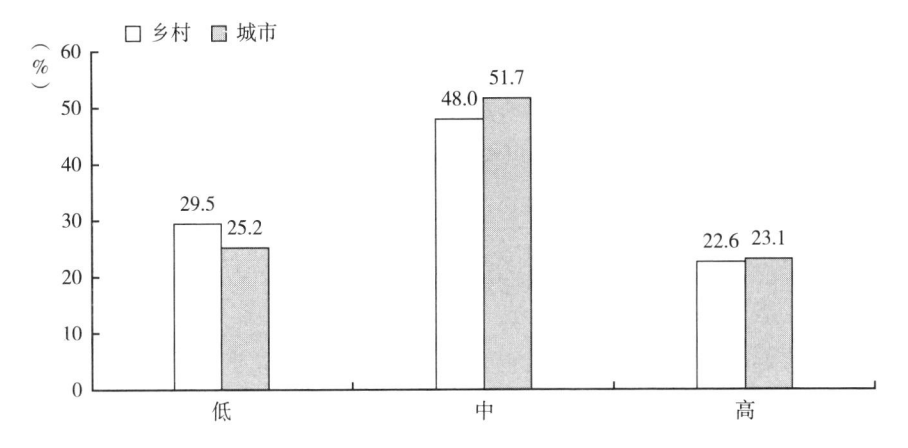

家长对未成年人亚文化的态度研究报告

图5 城乡网络生活化水平差异

从图6可以看出，年龄越轻，家长的网络生活化水平为高的占比越大，分别为90后占29.6%、80后占25.1%、70后占18.8%和70前占15.0%。中网络生活化水平则分为两类，70前和90后均在44%左右，70后和80后均在51%左右。在低网络生活化群体中，70前占比最高（占40.9%），其后依次为70后（占30.2%）、90后（占26.7%）和80后（占23.1%）。

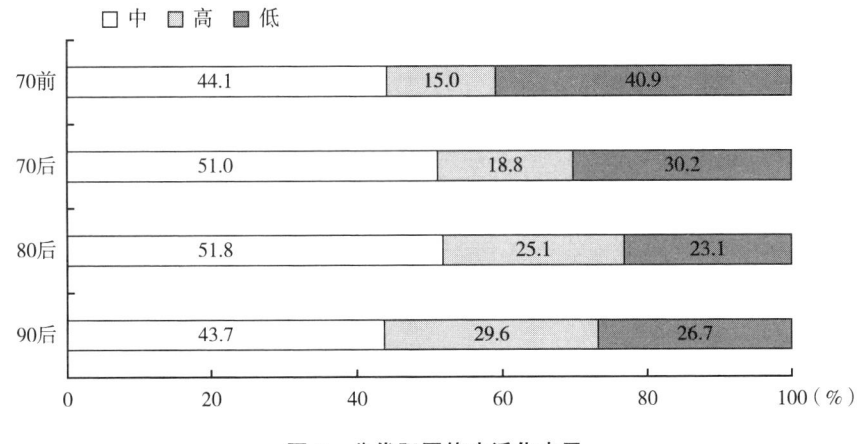

图6 分代际网络生活化水平

3. 家长的社会经济地位及就业情况对网络生活化水平的影响

家长的社会经济地位，主要以职业为依据，划分为"国家机关、党群组织、企事业单位负责人"（占8.5%）、"专业技术人员"（占15.1%）、"办事人员和有关人员"（占7.8%）以及"商业、服务、农林及设备操作人员"（占68.6%）四大类。

在家庭收入方面，本报告将家庭收入从1万元及以下到100万元以上分为15组，各组占比如图7所示。本报告参考国家统计局2005年的标准[1]——家庭收入6万~50万元为中等收入家庭，以6万元为中等收入家庭的下界，以及国家发改委社会发展研究所课题组2012年提出的人均年可支配收入22000~65000元作为中等收入者的标准[2]，以七普中国家庭平均2.62人计，取170300元作为中等收入家庭的上界，最终取数据中的6万~8万元组和15万~20万元组作为中等收入家庭的上界和下界，确定中等收入家庭的年人均可支配收入为6万~20万元。最终按照收入将家庭划分为3组：年收入1万~6万元的为低收入家庭，年收入6万~20万元的为中等收入家庭，年收入20万~100万元以上的为高收入家庭。分组结果显示，低收入家庭占37.2%，中等收入家庭占44.7%，高收入家庭占18.1%。在就业情况方面，无就业的占14.2%，正常就业的占54.7%，离退休或返聘的占1.7%，边缘就业（辞职、内退、下岗、失业）的占14.7%，务工或者打工的占14.8%。

先来看家庭收入细分组与家长网络生活化水平的关系。

由图8可见，收入在6万~8万元的区间是一个很明显的分界点，从最低收入组到这个组别，低网络生活化水平家长的占比明显下降，从38.8%下降到24.3%，中网络生活化水平家长占比从43.9%上升到50.7%，高网络生活化水平家长占比从17.3%上升到25.0%。

进入中等收入组，三种网络生活化水平都相对进入平稳的阶段，从6万~

---

[1] 国家统计局城调总队课题组：《中国城市中等收入群体探究》，《数据》2005年第6期，第39~41页。
[2] 国家发改委社会发展研究所课题组、常兴华、李伟：《扩大中等收入者比重的实证分析和政策建议》，《经济学动态》2012年第5期，第12~17页。

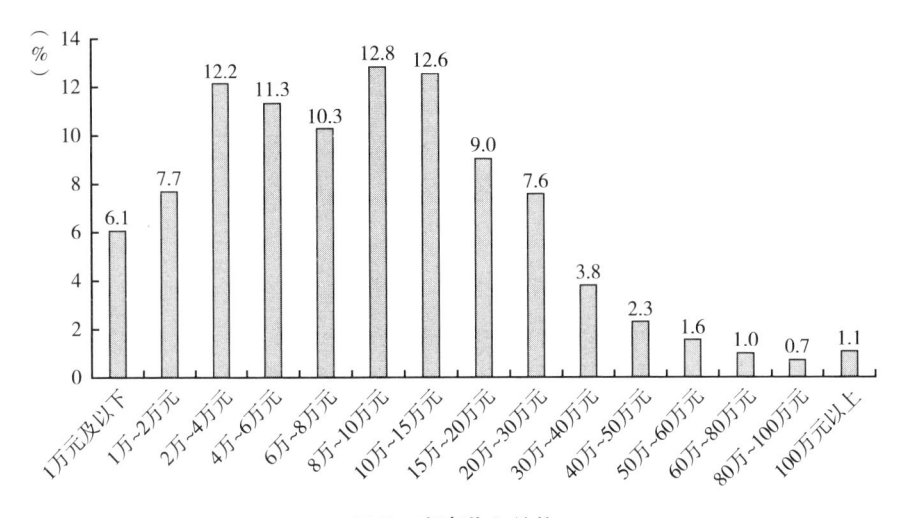

家长对未成年人亚文化的态度研究报告

图7 家庭收入结构

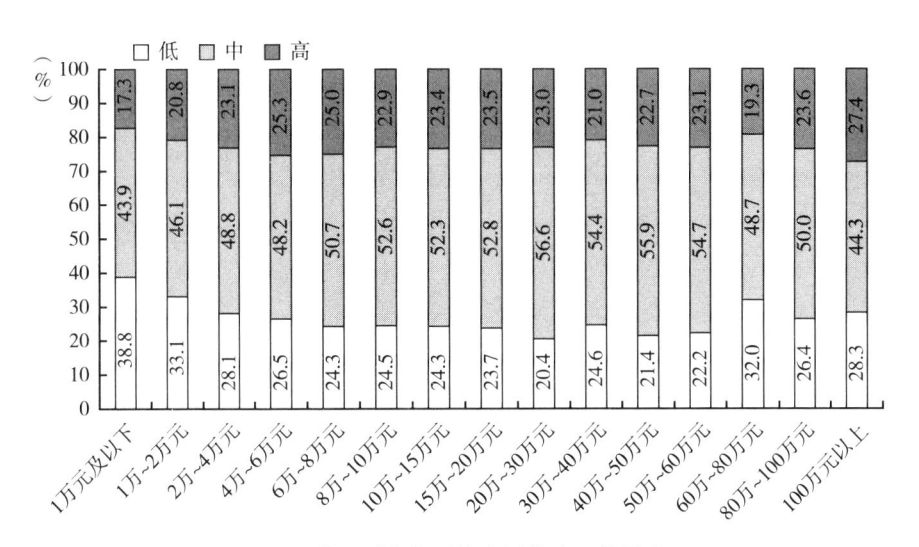

图8 收入对家长网络生活化水平的影响

8万元组到15万~20万元组的高网络生活化水平家长占比在24%左右，比较稳定。中网络生活化水平家长占比从50.7%上升到52.8%，在下一个拐点之前一直保持在55%左右。低网络生活化水平家长占比与高网络生活化水平家长占比相差不大，稳定保持在24%左右。

值得注意的是，之后的拐点与国家统计局课题组划分的50万元的中等收入群体上界相比，扩散到了60万元，考虑到15年间的财富增长和中等收入群体进一步扩大，这一点可以得到解释。总的来说，50万元以上的高收入群组其网络生活化水平是有所下降的，这与部分高收入岗位所要求的工作投入度是分不开的。

从收入分组结果来看，如图9所示，随着家庭收入的增加，中网络生活化水平群体的占比会明显上升，从47.2%上升至54.5%；低网络生活化水平群体的占比保持下降状态，从30.4%下降到22.9%；高网络生活化水平群体在中等收入家庭中占比略高，在低收入家庭和高收入家庭则分别为22.4%和22.6%。毫无疑问，中网络生活化水平的人群随着收入的增加而增加，高收入家庭中的高网络生活化水平群体占比要低于中等收入家庭，不过有必要区分具体职业。

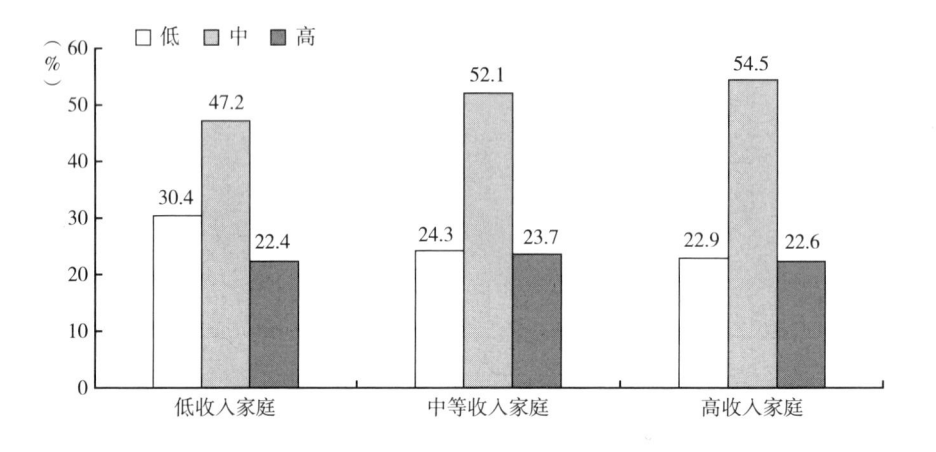

图9 不同收入家庭的网络生活化水平情况

不同职业类型家长的网络生活化水平情况如图10所示。其中，中网络生活化水平家长占比最高的是"办事人员和有关人员"（占55.3%），其后依次是"专业技术人员"（占53.4%）、"国家机关、党群组织、企事业单位负责人"（占50.6%）和"商业、服务、农林及设备操作人员"（占49.6%）。

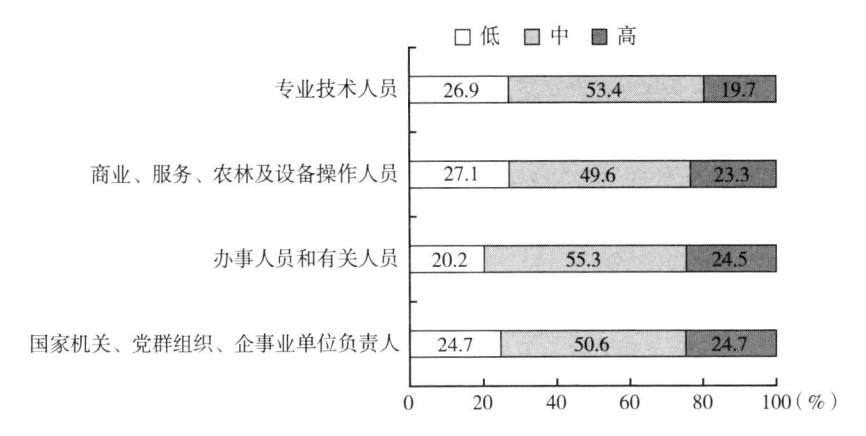

家长对未成年人亚文化的态度研究报告

图10 不同职业类型的家长的网络生活化水平情况

职业	低	中	高
专业技术人员	26.9	53.4	19.7
商业、服务、农林及设备操作人员	27.1	49.6	23.3
办事人员和有关人员	20.2	55.3	24.5
国家机关、党群组织、企事业单位负责人	24.7	50.6	24.7

家长的就业情况对家庭收入和网络生活化水平也有非常大的影响，如图11所示，高网络生活水平化者占比最高的是"无就业"群体（占24.5%），这是因为他们拥有更多的闲余时间，其后依次是"边缘就业"群体（占24.2%）、"正常就业"群体（占23.2%），较低的是"务农或打工"（占20.4%）群体和"离退或返聘"群体（占14.1%），因为离退休和返聘人员的年龄都比较大，他们的互联网能力就会相对比较差。

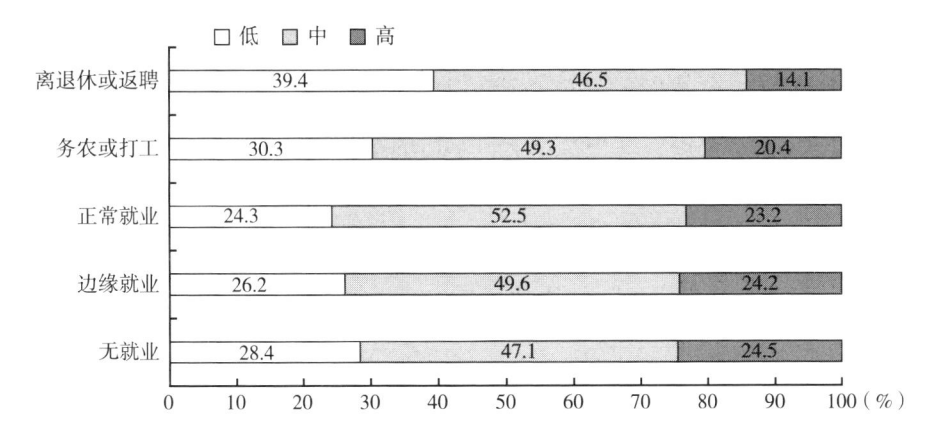

图11 不同就业情况的家长的网络生活化水平情况

就业情况	低	中	高
离退休或返聘	39.4	46.5	14.1
务农或打工	30.3	49.3	20.4
正常就业	24.3	52.5	23.2
边缘就业	26.2	49.6	24.2
无就业	28.4	47.1	24.5

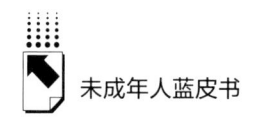

4. 家长的受教育水平与子女教育期望

在答题者及其配偶的受教育水平方面，如图12所示，受教育水平为"初中及以下"的父亲占34.0%，母亲占37.0%；受教育水平为"高中/中专/职高"的父亲占27.4%，母亲占25.3%；受教育水平为"大学专科"的父亲占15.1%，母亲占15.5%；受教育水平为"大学本科及以上"的父亲占23.5%，母亲占22.2%。

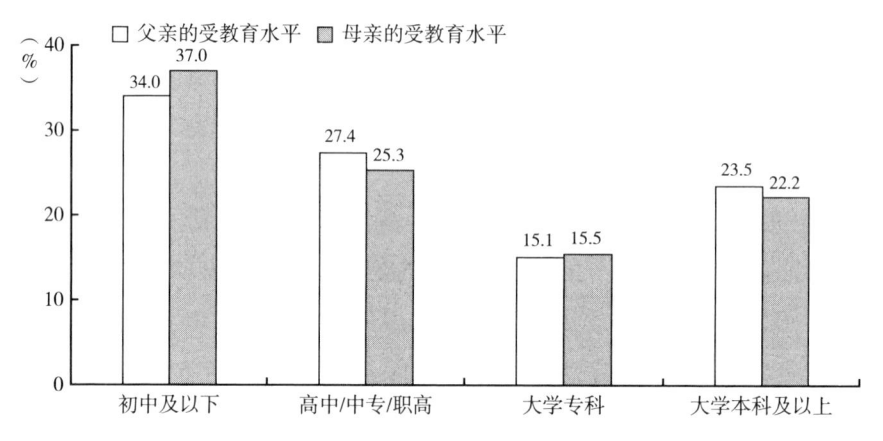

图12 答题者及其配偶的受教育水平

答题家长的受教育水平与其网络生活化水平的关系如图13所示。首先，随着家长受教育水平的提高，中网络生活化水平家长的占比会明显升高，由48.1%上升到54.7%。"初中及以下"学历的家长中低网络生活化水平家长的占比为29.5%，随着学历的升高，这一比例逐渐下降到23.5%。高网络生活化水平的家长在各教育水平家长中的占比都比较稳定，基本在22%左右，而"高中/中专/职高"学历的家长中高网络生活化水平的家长占比达到了25.1%。

5. 婚姻状况与生活满意度

在婚姻状况与生活满意度方面，初婚有配偶的家长占83.6%，再婚有配偶的家长占5.4%，离婚的家长占5.4%，同居的家长占4.3%，丧偶和其他情况的家长占1.3%。如图14所示，高网络生活化水平家长占比最高的是

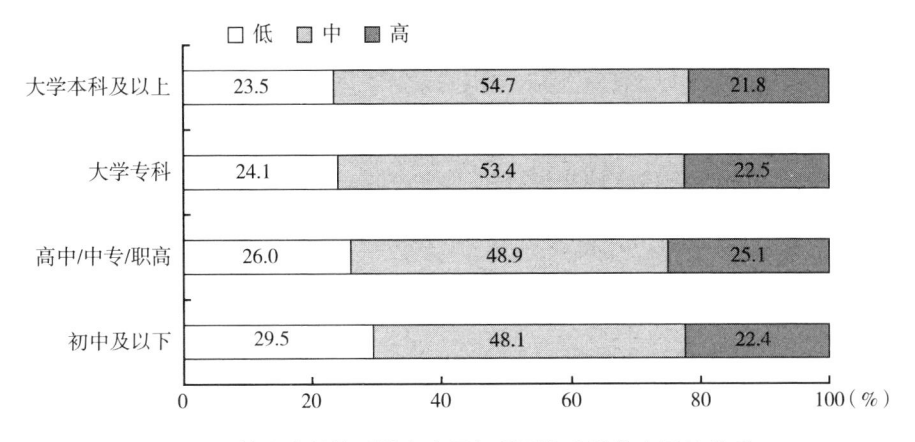

家长对未成年人亚文化的态度研究报告

学历	低	中	高
大学本科及以上	23.5	54.7	21.8
大学专科	24.1	53.4	22.5
高中/中专/职高	26.0	48.9	25.1
初中及以下	29.5	48.1	22.4

图13 答题家长的受教育水平与其网络生活化水平的关系

处于离婚状态的家长（占26.9%），其次是初婚有配偶的家长（占22.9%），再婚有配偶的家长中高网络生活化水平者占21.2%，同居的家长中高网络生活化水平者占21.1%。离婚状态可以大幅度提升个人的闲暇时间，从心理状态上看，离婚个体也需要较多地使用互联网满足其心理需求。同居状态的家长网络生活化水平较低有两个方面的原因：其一是婚姻状态为同居的家长中82.4%的人学历为"初中及以下"或者"高中/中专/职高"；其二是有68%的婚姻状态为同居的家长的家庭年收入处于中等收入水平以下。

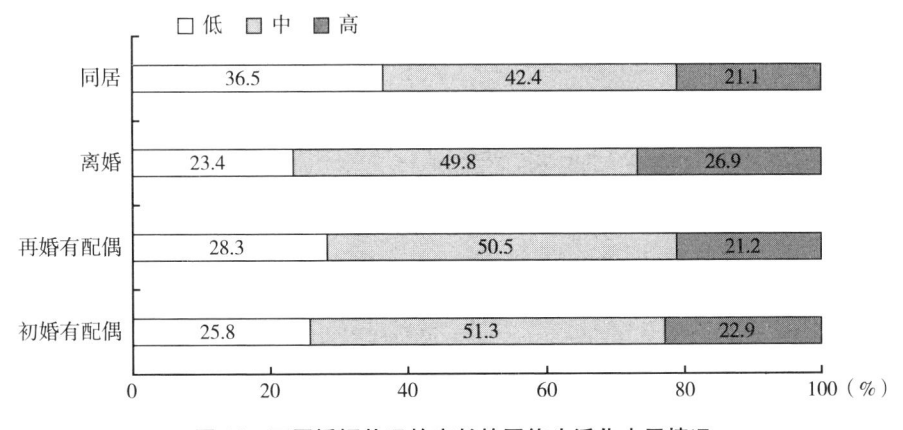

婚姻状况	低	中	高
同居	36.5	42.4	21.1
离婚	23.4	49.8	26.9
再婚有配偶	28.3	50.5	21.2
初婚有配偶	25.8	51.3	22.9

图14 不同婚姻状况的家长的网络生活化水平情况

在生活满意度方面，如图15所示，随着生活满意度的提升，高网络生活化水平家长的占比会有所下降，中网络生活化水平的家长中"不太满意"和"比较满意"自己生活者的占比较高，分别为50.7%和52.7%，而低网络生活化水平的家长中这两类群体的占比较低。

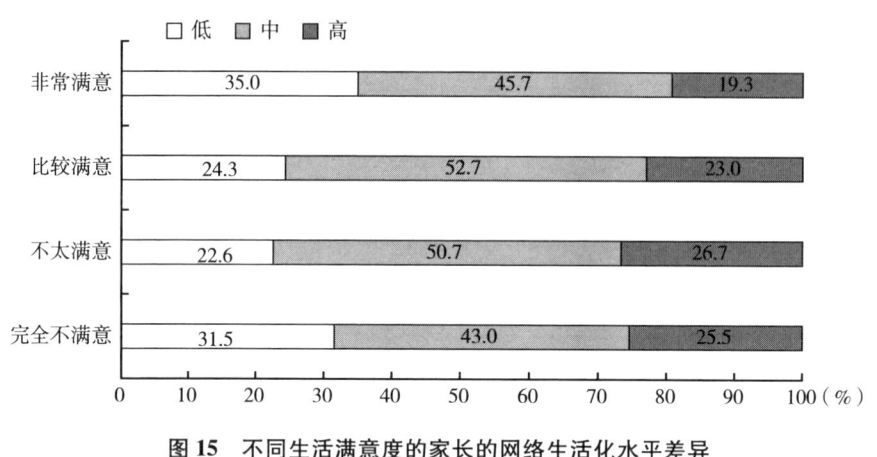

生活满意度	低	中	高
非常满意	35.0	45.7	19.3
比较满意	24.3	52.7	23.0
不太满意	22.6	50.7	26.7
完全不满意	31.5	43.0	25.5

图15 不同生活满意度的家长的网络生活化水平差异

二 家长对子女亚文化参与态度差异和影响因素

（一）不同网络生活化水平的家长对亚文化的态度差异

如图16所示，随着家长网络生活化水平的提高，对游戏"非常反对"的家长占比显著下降，从50.3%下降到37.6%；而家长网络生活化水平的提升会带来"比较反对"者占比的略微提升，从29.2%上升到了35.4%；态度中立者占比也有一定程度的提升，从19.1%提升到了25.5%。态度中立者占比的提升和非常反对者占比的下降都非常容易理解，但是比较反对者的占比有所上升则比较令人意外。考虑到比较反对在态度上的模糊性，并不能认为这种反对是非常严厉的态度。

前文对三类网络生活化水平的群体进行了画像，中、高网络生活化水平

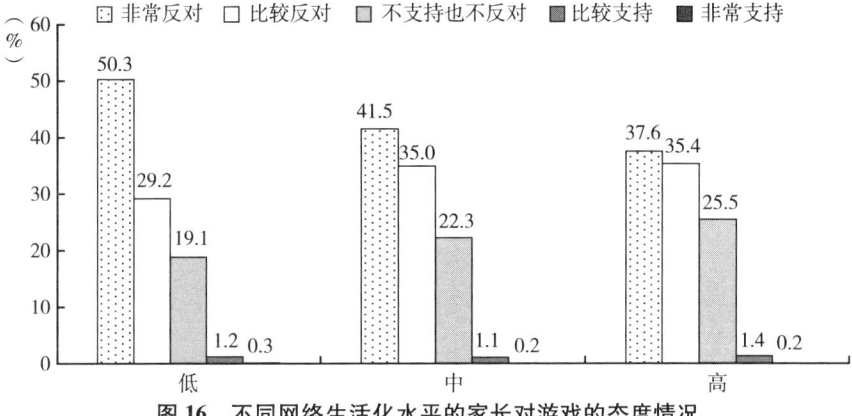

家长对未成年人亚文化的态度研究报告

图16 不同网络生活化水平的家长对游戏的态度情况

的群体有一个非常显著的特征,就是其学历一般显著高于低水平的群体,这个群体对亚文化的态度一般不会持明显的支持态度,但是至少会倾向于比较温和的处理方式。鉴于整个样本对游戏的反对态度仅次于饭圈文化,我们可以认为网络生活化水平的提升也会提升家长对亚文化的包容度。

在家长对饭圈文化的态度方面,如图17所示,随着家长网络生活化水平的提高,其态度明显趋向于温和,"非常反对"者的占比从57.2%下降到44.1%,"比较反对"者的占比从23.2%上升到28.0%,"不支持也不反对"者的占比从17.4%上升到24.7%。

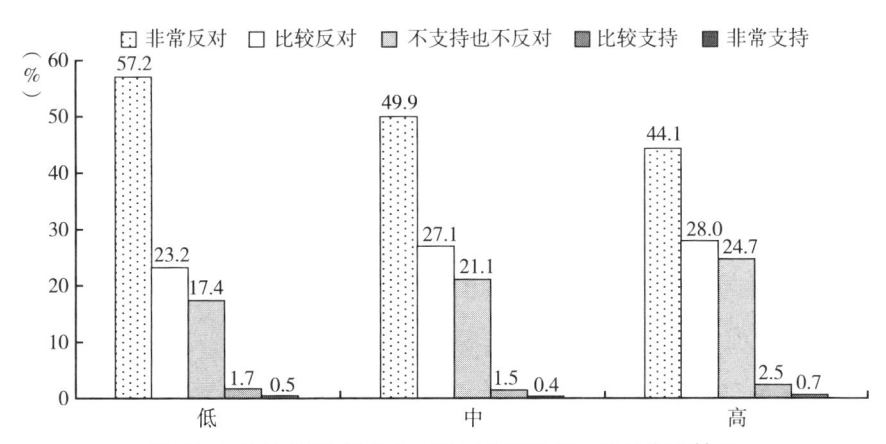

图17 不同网络生活化水平的家长对饭圈文化的态度情况

359

在家长对二次元的态度方面，如图18所示，网络生活化水平有非常明显的作用。随着家长网络生活化水平的提升，"非常反对"者的占比从46.6%下降到了29.7%，"不支持也不反对"者的占比从25.0%上升到了35.9%，"比较反对"者的占比从25.1%上升到30.5%又降至29.0%。

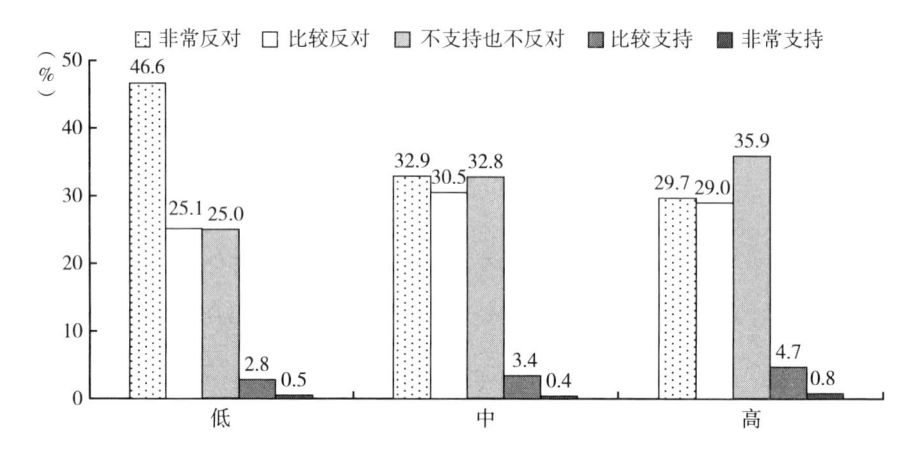

图18 不同网络生活化水平的家长对二次元的态度情况

在父母对弹幕文化的态度方面，如图19所示，随着家长网络生活化水平的提升，"非常反对"者的占比从47.1%下降到31.1%，"比较反对"者的占比从24.8%上升到29.6%，"不支持也不反对"者的占比从25.1%上升到35.0%，该占比上升的程度要高于饭圈文化，可见家长对弹幕文化的接纳度要高于对饭圈文化的接纳度。

最后来看不同网络生活化水平的家长对短视频的态度，如图20所示，随着家长网络生活化水平的提升，"非常反对"者的占比从30.7%下降到14.4%，降幅在各种亚文化中最大；"比较反对"者的占比变化不大，从27.9%下降到24.2%，仅下降了3.7个百分点；"比较支持"者的占比从6.2%上升到10.1%，绝对占比远远高于二次元、饭圈文化和弹幕文化。

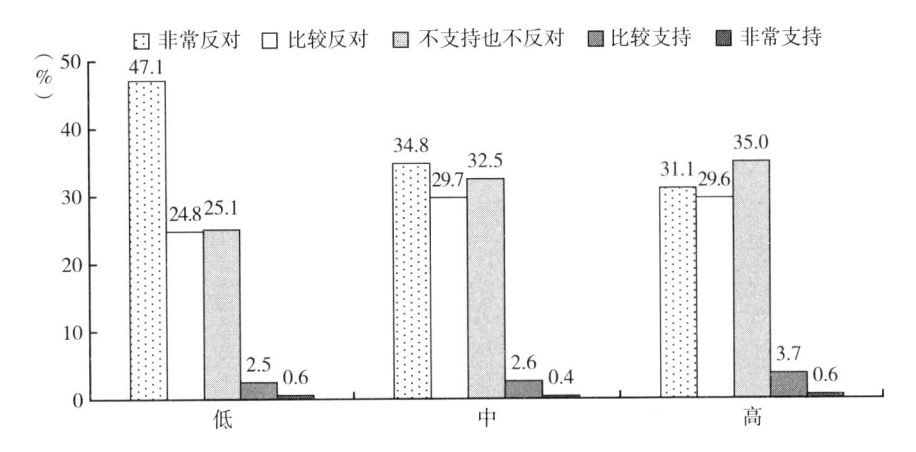

图 19 不同网络生活化水平的家长对弹幕文化的态度情况

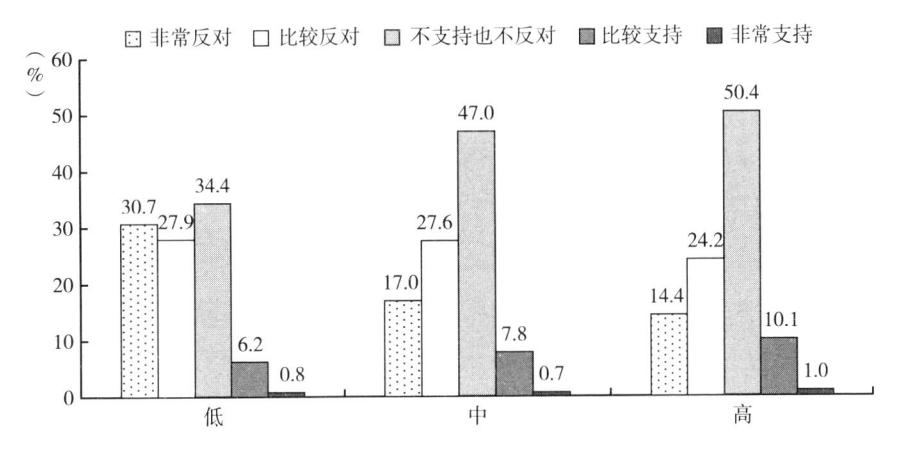

图 20 不同网络生活化水平的家长对短视频的态度情况

（二）未成年人教育阶段及压力水平与父母对亚文化的态度

家长与子女的亲子互动，除了作为家人的日常情感交流之外，有很大一部集中在学习方面，而学习实际上也是二者产生冲突的原因之一，学习压力不仅作用在子女身上，对父母来说压力也非常明显。

在已经明确了家长的网络生活化水平能够显著影响其对亚文化的态度的

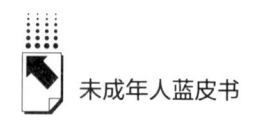

前提下，很有必要分析随着子女学习状况的变化，父母对亚文化的态度产生了哪些变化，这些变化是否又会被家长的网络生活化水平调节。

1. 子女年级及家长对成绩的满意度与家长对亚文化态度的差异

如图21所示，随着子女年级的升高，家长对游戏的包容态度会有大幅度的提升，"非常反对"者的占比从49.2%下降到了初中的40.3%、高中的29.3%，如果子女就读于"技校/中专/职高"的话，这一占比会进一步下降到23.0%。"不支持也不反对"者的占比也会有大幅度的上升，从小学低年级的16.9%上升到初中的24.3%、高中的34.7%，如果子女就读于"技校/中专/职高"的话，这一占比会进一步上升到46.6%。值得注意的是，"比较反对"者的占比在小学、初中、高中阶段都比较稳定，保持在33%，如果子女就读于"技校/中专/职高"，占比会下降到27.5%。分析持"比较反对"态度家长的家庭收入可以发现，来自中等收入家庭的家长占比较高。

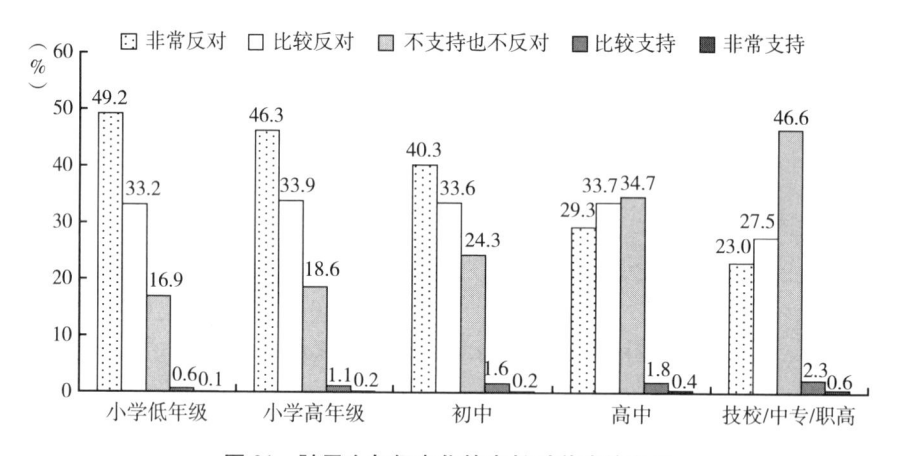

图21 随子女年级变化的家长对游戏的态度

再来看家长对短视频的态度。如图22所示，随着子女年级的升高，"不支持也不反对"者的占比从小学低年级的38.9%上升到高中的58.2%，"比较反对"者的占比则从28.7%下降到了20.4%，"非常反对"者的占比则从24.9%迅速下降到11.9%，"比较支持"者占比也从

6.9%上升到8.7%，如果子女就读于"技校/中专/职高"的话还会上升到17.4%。

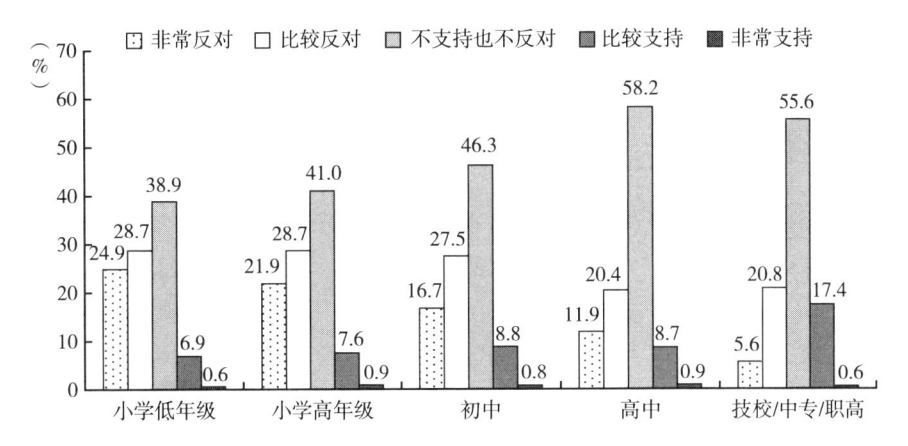

图22 随子女年级变化的家长对短视频的态度

从家长对子女成绩的满意度来看，如图23所示，随着满意度的上升，对游戏"非常反对"者的占比会从61.3%下降到42.2%，而"比较反对"者的占比会从26.8%下降到26.1%，"不支持也不反对"者的占比会从10.8%上升到27.6%，可见子女的学校表现会严重影响父母对亚文化的态度，而且子女成绩对家长态度的影响也不会因为家长的网络生活化水平不同有特别大的改变，低、中网络生活化水平的家长在对子女成绩不满意时对游戏的反对态度基本接近，而高网络生活化水平的家长在这种情况下，持反对态度者的占比在2%左右。

成绩的满意度对家长对短视频态度的影响与游戏稍有不同。如图24所示，随着成绩满意度的上升，"比较反对"者的占比会有一定程度的下降，从28.5%下降到23.4%；"不支持也不反对"者的占比会有一定程度的提升；"非常反对"者的占比从24.6%下降到18.2%然后又回升到26.1%，这也是各个组别中的最高值。出现这种情况的原因，主要是"非常满意"的组别中有更高的中等收入家庭和高收入家庭占比，大约比其他组别高10个百分点，前文提到过中等收入家庭对子女教育有更高的

363

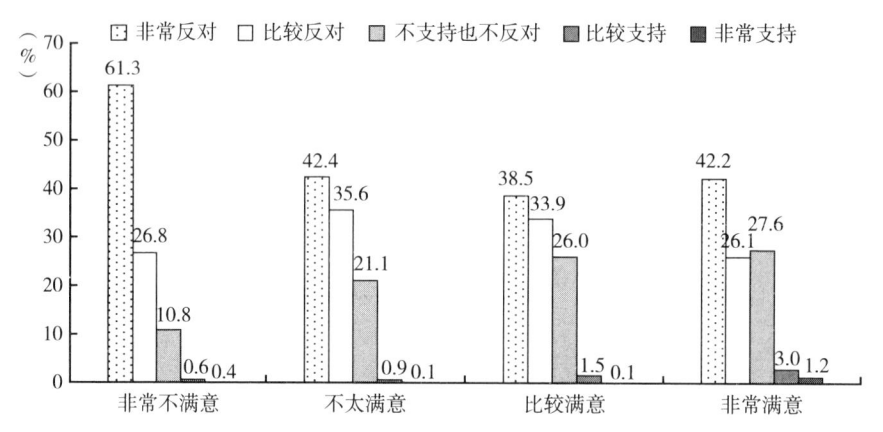

图 23 随成绩满意度变化的家长对游戏的态度

期待，而正是这种高期待值，让家长担心对相关亚文化的热衷会影响子女的成绩。

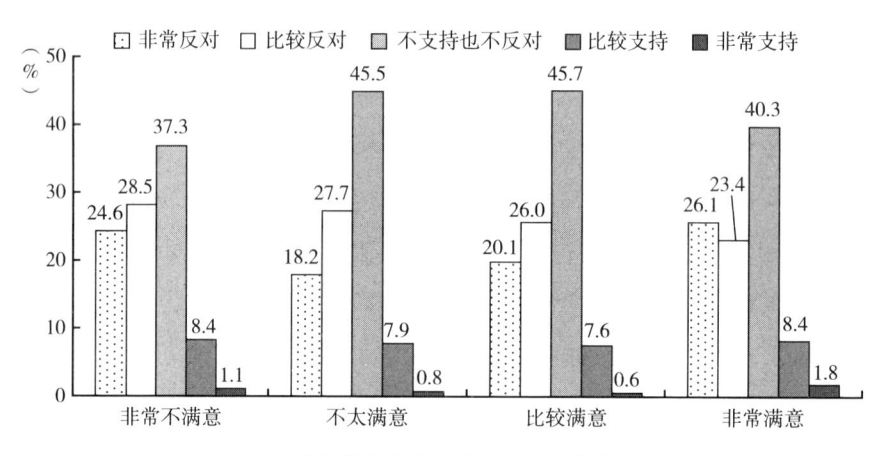

图 24 随成绩满意度变化的家长对短视频的态度

2.子女压力与家长对亚文化态度的差异

子女的压力情况对父母对亚文化态度的影响与成绩满意度类似，如图25所示，除了"压力非常大"的情况外，随着子女压力的提升，父母对于游戏的态度会有所缓和，"非常反对"者的占比从49.9%下降到了41.1%，"不支持也不反对"者的占比从19.7%上升到了22.9%。在"压力非常大"

的组别中,"非常反对"者的比例从41.1%上升到48.3%,"比较反对"者的占比从34.8%下降到28.6%,而"不支持也不反对"者的占比从22.9%下降到20.9%。

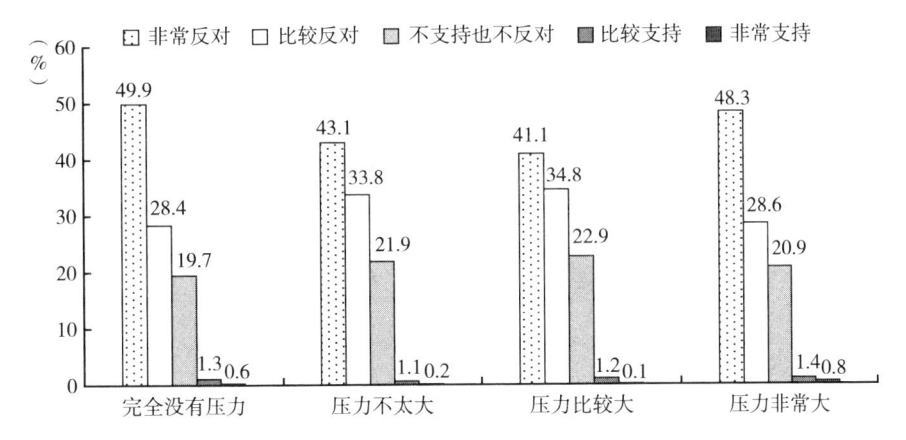

图25 随子女压力变化的家长对游戏的态度

出现这种不太容易解释的非线性变化趋势的原因有二。一是样本是否来自重点学校,"压力比较大"和"压力非常大"样本中来自重点学校者的占比要比来自非重点学校者高出14个百分点。二是"压力比较大"和"压力非常大"样本中高中生占比比其他类别分别高12个百分点和14个百分点。很明显,这些群体有额外的发展压力,故在这种情况下,父母不认为游戏能对学生的减压和学习产生积极的效果。

对短视频,"不支持也不反对"的家长占比依然很高,而且随着子女压力的上升,"比较反对"者的占比从25.6%下降到22.7%,"非常反对"者的占比则从25.8%下降到21.2%,"比较支持"者的占比从7.4%上升到10.3%。总的来说,家长较高的短视频使用率让他们对短视频的性质和内容有非常清晰的认识,大部分家长认为短视频对于压力比较大的子女可能有适当的放松效果,而且短视频的投入时间可控,所以家长对短视频的支持态度与短视频本身的特性高度相关。

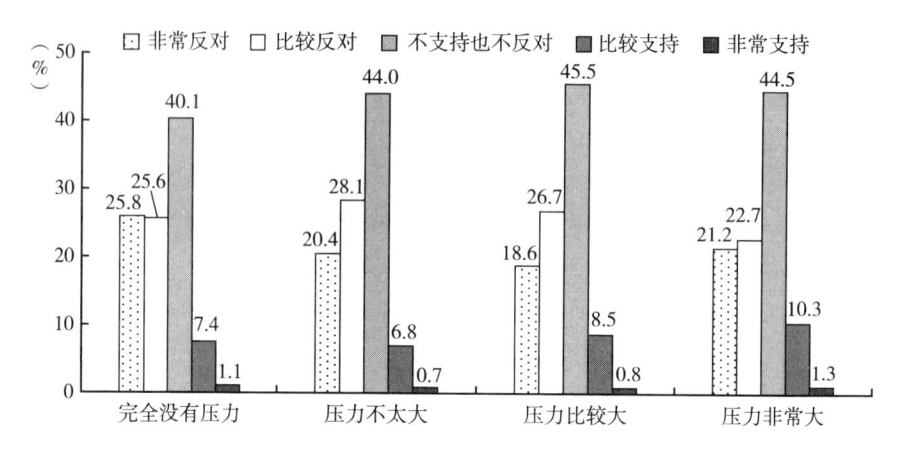

图26 随子女压力变化的家长对短视频的态度

三 总结

(一)高网络生活化水平的家长亚文化包容度更高

网络生活化水平的概念除了常规的网络使用时间之外,还包含对各类亚文化产品的了解程度。从分析结果看,收入、受教育水平、职业类型、就业情况等因素都会对家长的网络生活化水平有非常明显的正向提升效果。而较高的网络生活化水平对家长的亚文化包容度有非常明显的提升作用,但是在"比较反对"这一态度上,不同网络生活化水平的家长存在一定程度的差异性。

恰恰是因为网络生活化水平与其他因素的正向关系,随着网络生活化水平的提升,收入水平、受教育水平等的提升也增加了样本对子女的教育期待,因而出现了"比较反对"者占比从中网络生活化水平样本向高网络生活化水平样本增加的现象。但是无论如何,随着网络生活化水平的提升,持极端态度(非常反对)的家长占比也在大幅度下降。从这个角度来说,代际在互联网亚文化上的矛盾核心点已经不是观念问题,更多的可能来自面对升学、就业等现实问题时的不同判断。

（二）中等收入家庭对子女教育的关注会提升管理严苛度

样本中中等收入家庭占44.7%，而中等收入家庭明显对子女的教育有更强烈的期待，这种期待很有可能来自家长自身通过教育才得到了相对稳定的职业和收入所产生的文化观念。

而恰好是这种观念，赋予了中等收入家庭的家长一定的矛盾属性。一方面，他们有着较高的网络生活化水平，大部分对互联网并不存在认知鸿沟，对亚文化的属性和特质也比较了解。另一方面，他们对子女较高的教育期待迫使他们对子女的亚文化爱好进行一定程度的管理。从具体态度上来看，这种态度并非特别强硬，多以"比较反对"的态度呈现，有一定比例的父母在短视频这类占用时间相对比较可控的项目上给子女留下了放松空间，不过也存在一些精益求精的父母，他们在子女成绩已经让自己"非常满意"的情况下，还会继续保持高压的管理状态。

（三）学习成绩会显著影响家长对亚文化的态度

随着子女教育阶段的上升，家长对相关亚文化产品的包容度会显著提升，有两方面原因可以进行解释。首先，家长更重视对低龄阶段子女的管理和教育，因为对互联网的过度使用可能形成沉迷的习惯。其次，随着儿童成长进入少年和青年阶段，个性爱好逐渐形成，家长不再倾向于以非常专制的手段进行管理。

随着家长对子女成绩满意度的上升，他们也会在一定程度上放松对子女亚文化爱好的管控，但是如果子女就读于重点高中的话，有一定比例的家长会坚持高强度的管控，目的是减少亚文化对子女高考的影响。当然，中等收入家庭和部分低收入家庭的家长包容度相对较低。值得注意的是，子女爱好的具体类型对父母态度有较大的影响，游戏、饭圈文化对于大部分父母来说有着更低的接受度，而对短视频、弹幕文化等单向接受不需要大量时间和精力投入的内容，家长明显有着更高的接受度。

总而言之，父母对未成年人亚文化的态度受到两方面的影响：一是父母

自身的认知能力和管理惯习,这是基础性因素;二是子女的学校表现和学业阶段。大部分父母正是在这几个因素的作用下,在不同类型的亚文化中做出对子女学业影响程度的判断和取舍,而子女也会根据父母的意见和自身面临的现实压力调配自己可支配的空间。

B.14
家长对子女在线教育及人际关系评价研究

郭冉 韩晓雪*

摘　要： 作为在线教育中的参与主体，家长的角色也是不容忽视的。本章以家长的观测视角为主，分析讨论家长对在线教育的评价以及在线教育对人际关系影响的评价。研究有几个主要发现。（1）未成年人的触网年龄普遍较低，初次触网时间主要在小学。（2）未成年人上网学习、娱乐时长普遍较短，且主要集中于周末。（3）在线教育开展形式较为丰富多样，但仍然以三大主课为主导。家长对网络教育开展情况普遍持积极评价，但未成年人的网络学习时长普遍在每天1小时以内。（4）网课的费用体现出明显的城乡差距，重点中学、高年级学生在网课费用上也有较大负担。（5）亲子关系方面，父母认为亲子关系总体上较为融洽、亲近，亲子互动集中体现于日常生活中。孩子会经常和父母分享网络内容，其网友数量较少，遇到问题时也会第一时间寻求父母帮助。（6）父母对孩子的成绩和未来保持乐观，但对孩子面临的学习压力保持清醒认知。此外，城乡地区网络教育效果差距明显，与家长同住形式的影响也体现出家长照料对于子女成长的重要作用。从未成年人心理发展的角度，低年级到高年级学生也需要不同的教育、教学及培养策略。

---

* 郭冉，中国社会科学院社会发展战略研究院，助理研究员；韩晓雪，中国社会科学院大学马克思主义学院，硕士研究生。

关键词： 家长视角　在线教育　人际关系　亲子关系

一　基本情况

（一）未成年人上网频率较为合理，大部分上网频率较低

从家长视角整体上来看，未成年人上网频率较低（见图1）。根据对家长的调查数据，未成年人中有44.37%的人有时会上网，进行学习、娱乐、查资料、看新闻、玩游戏、看视频、聊天等活动。有26.96%的未成年人上网的频率"很少"。有3.94%的受访学生家长表示自己孩子从未上网。可见，大部分未成年人上网活动的时间并不长，能够科学安排、合理把握上网频次。

从家长视角看，有四分之一左右的未成年人"经常"或"总是"上网，对网络依赖度较高。有21.48%受访家长认为孩子"经常"上网，有3.24%的受访家长承认孩子总是上网。

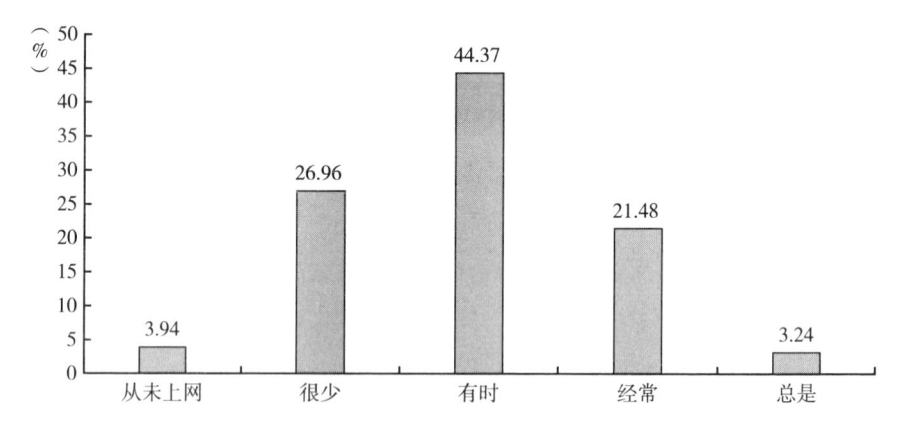

图1　最近半年孩子上网频率①

---

① 来自家长视角的统计数据，即家长认为的情况，以下图均同。

（二）初次触网时间

1. 互联网普及后，未成年人初次触网的年龄越来越小

随着时代的发展，网络已经进入千家万户，未成年人首次上网的年龄越来越早。从统计数据中可以看出（见图2），超过半数的学生家长表示孩子上小学时便开始使用网络，占比61.85%。此外，有25.16%的学生家长表示孩子在上小学以前便已经初次接触互联网。当代未成年人作为互联网原住民，使用互联网已经成为一项基本技能，这是未成年人首次触网年龄越来越低的社会背景。在未成年人首次触网年龄越来越低的现实下，打造一个绿色、健康的网络环境显得尤为重要。

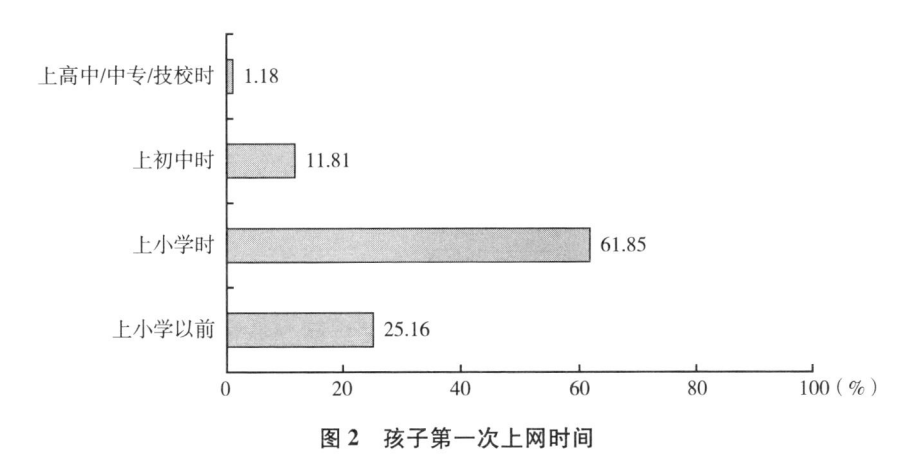

时间段	比例(%)
上高中/中专/技校时	1.18
上初中时	11.81
上小学时	61.85
上小学以前	25.16

图2　孩子第一次上网时间

2. 城市学校的学生较于农村学校的学生初次触网时间更早

以城乡差异为切入点观测受访家长认为未成年人初次接触互联网的时间，可以看出城市学校的学生会更早接触到互联网。图3可见，在家长看来，农村学校的学生第一次上网时间在上小学以前的比例仅为17.76%，而城市学校的学生占比达到了27.74%，两者差距较大。

此外，认为孩子在上小学时为第一次上网时间的农村学校的受访家长占农村家长总数的59.09%，而城市学校的受访家长却占到城市家长总数的62.81%，后者比例相对较高。从数据上来看，无论在城市学校还是农村学校，

上小学时或更早接触互联网的未成年人已经占到了绝大多数，低龄触网的现象非常普遍。

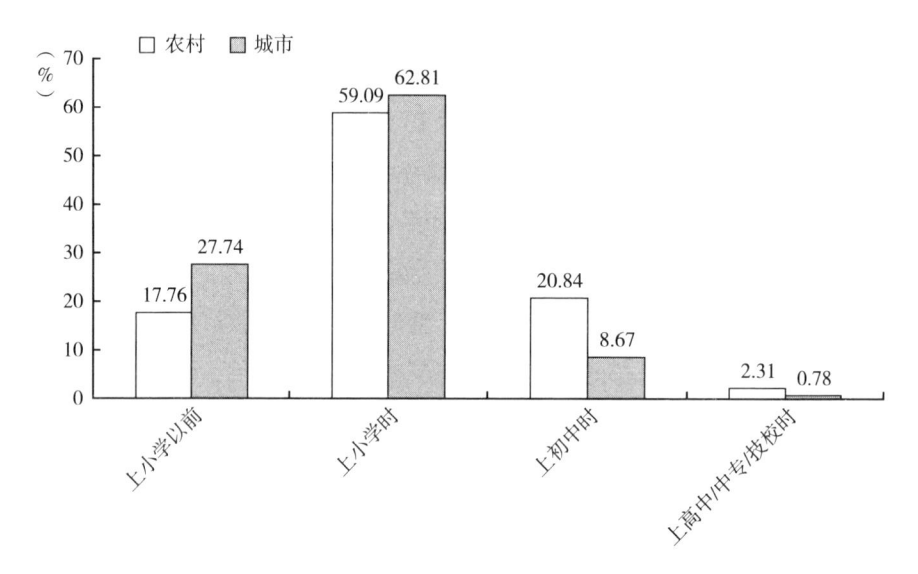

图 3　初次触网的城乡差异

	上小学以前	上小学时	上初中时	上高中/中专/技校时
农村	17.76	59.09	20.84	2.31
城市	27.74	62.81	8.67	0.78

反之，家长认为上初中、高中以后才初次接触互联网的未成年人比例比较少。其中农村学校中上初中时才初次接触互联网的未成年人占比20.84%，城市学校中上初中时才初次接触互联网的未成年人占比8.67%。高中以后才初次接触互联网的未成年人更少，其中农村学校中上初中时才初次接触互联网的未成年人占比2.31%，城市学校中上高中时才初次接触互联网的未成年人占比0.78%。得益于移动互联网的普及，无论在城市学校还是农村学校，上初中时或上初中以后才接触互联网的学生仅占少部分。

（三）孩子在网上学习、娱乐的时间

1. 未成年人周六到周日的上网时间多于周一到周五，大多在1小时以内

随着智能电子产品的普及和多样化，未成年人过度依赖电子产品的现象频频发生，如何引导学生控制上网时长，在娱乐和学习之间保持平衡显得尤

为重要。

根据统计数据显示（见图4），在家长看来未成年人在周末比周一到周五学习期间的上网时间偏多一些，以选择"不上网"的占比为例，32.75%的人表示周一到周五的学习时间学生不上网，而周六和周日休息日不上网的占比仅为9.39%。同样，选择周六和周日上网时间在"1~2小时""2~3小时""3小时以上"的占比均高于周一到周五上网的占比。而周一到周五上网时间在"1小时以内"的占比（46.28%）较周末（35.55%）较多一些。

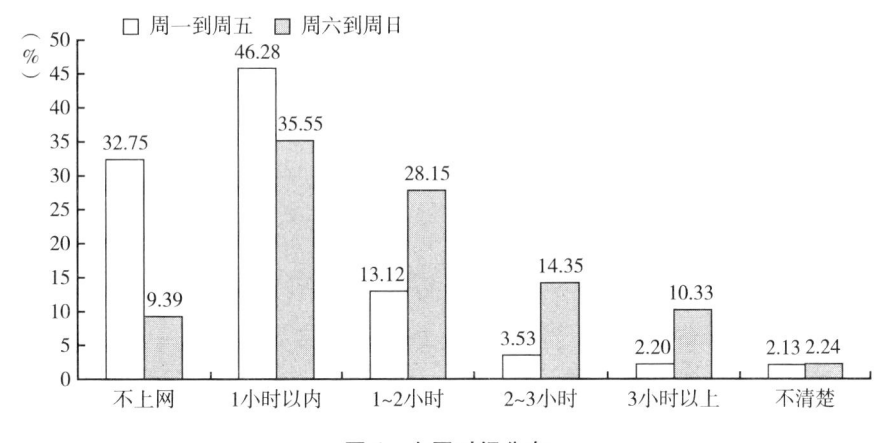

图4 上网时间分布

同时，未成年人上网的总时间并不长，尤其是周一至周五，上网2小时以上的比例相对较低。一周之中，上网时间在1小时以内的未成年人最多，其次是上网时间在1~2小时，再次是2~3小时上网时间和3小时以上上网时间。此外，还有极少数的未成年人家长不清楚孩子每周的上网时间。

2. 男生上网时间稍长于女生，农村学校学生上网时间稍长于城市学校学生

据统计（见图5），受访家长认为未成年人周一到周五的上网时间平均为每天0.61个小时，而在周六和周日的上网时间平均为每天1.35个小时，周末上网时间是平时上网时间的两倍有余。

分性别看，男女生的上网时间差异不大，周末略有差异。男女生周一到

373

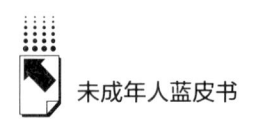

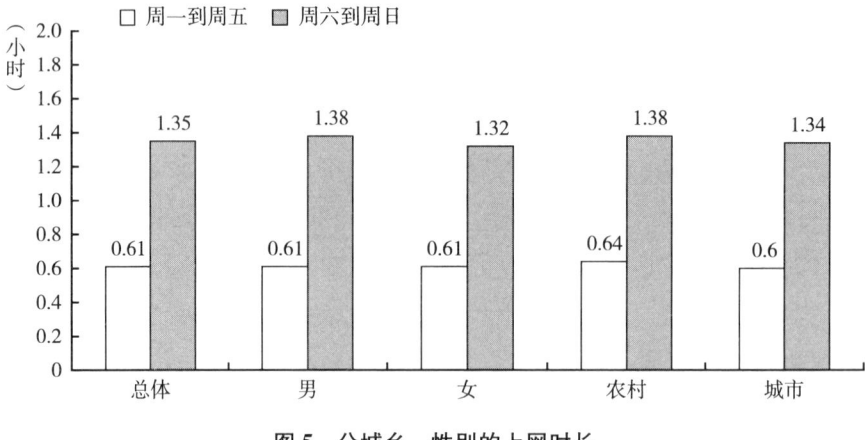

图 5　分城乡、性别的上网时长

周五的上网时间均为每天0.61个小时，而男生周末上网时间平均为每天1.38个小时，女生周末上网时间平均为每天1.32个小时，男生上网时间稍长一些，网络使用强度稍高于女生。

对比城乡学校的学生，农村学校的学生上网时间比城市学校的学生上网时间更长。农村学校的学生周一到周五的上网时间平均为每天0.64个小时，而城市学校的学生周一到周五的上网时间平均为每天0.6个小时。农村学校的学生周六和周日的上网时间平均为每天1.38个小时，城市学校的学生周六和周日的上网时间平均为每天1.34个小时。

3.和父母同住可以显著降低上网时长

父母的陪伴对未成年人的成长具有重要的影响，父母与子女的相处可以给予子女更多家庭的关怀陪伴，又可以发挥较好的监督作用，对于防止未成年人过度上网，合理控制他们的上网时间也具有重要的控制和调节作用。

通过对和父母的同住形式进行考察，与父母同住可显著降低未成年人上网时长（见图6）。其中，不和父母同住的未成年人周一到周五的上网时间平均为每天0.69个小时，周六和周日的上网时间平均为每天1.43个小时，均为四类情况中上网时间最长的。其次是和父亲同住的未成年人，周一到周五的上网时间平均为每天0.66个小时，周六和周日的上网时间平均为每天

1.43个小时。和母亲同住的未成年人，周一到周五的上网时间平均为每天 0.65 个小时，周六和周日的上网时间平均为每天 1.38 个小时。而和父母同住的未成年人，周一到周五的上网时间平均为每天 0.59 个小时，周六和周日的上网时间平均为每天 1.33 个小时。

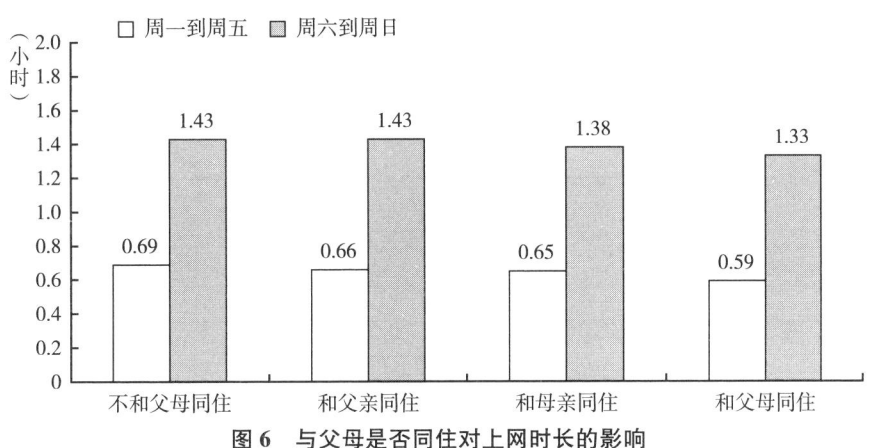

图6 与父母是否同住对上网时长的影响

4. 上网时间受到不同学习阶段的影响，年级越高上网时间越长

小学低年级的学生周一到周五的上网时间平均为每天 0.47 个小时，周六和周日的上网时间平均为每天 0.89 个小时，均为四类情况中上网时间最短的（见图7）。小学高年级的学生，周一到周五的上网时间平均为每天 0.65 个小时，周六和周日的上网时间平均为每天 1.01 个小时。初中学生周一到周五的上网时间平均为每天 0.65 个小时，周六和周日的上网时间平均为每天 1.1 个小时。高中学生周一到周五的上网时间平均为每天 0.72 个小时，周六和周日的上网时间平均为每天 1.13 个小时。

可见，随着年级的增加，无论是周一到周五还是周六到周日，学生上网时间都会有所增长。小学阶段的学生大多数没有属于自己的上网设备，上网时间受到父母的严格监控，而随着年纪的增长，学生主见更强，学生家长不再会像小学时一样实时监督，上网时间有所增长。另一方面，出于学习、社交需求，更多高年级学生拥有和使用手机等设备，也会花更多时间上网。

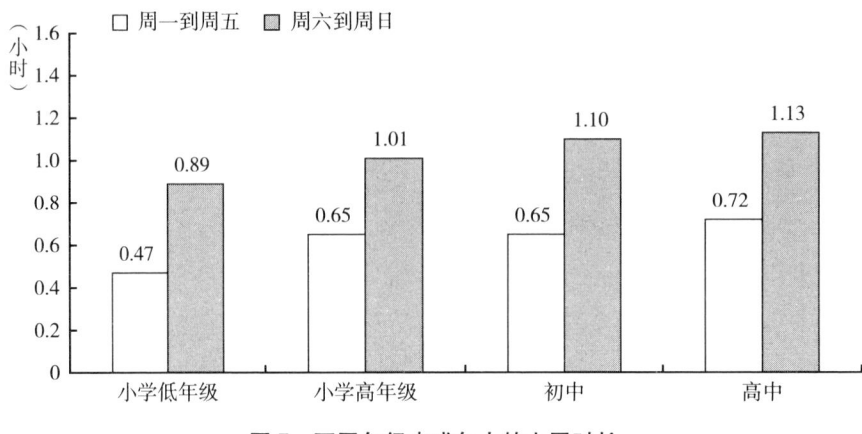

图 7 不同年级未成年人的上网时长

（四）子女上网学习时长

1. 近半数未成年人从未上网学习，较多未成年人上网学习时间在1小时以内

学习网络课程已是未成年人上网的重要内容，但上网课对视力的影响越来越受到众多家长的关注。国家卫健委发布的《儿童青少年新冠肺炎疫情期间近视预防指引》对不同年龄段学生线上学习时间做出了明确规定。不少地区的教育局也发布了相关文件，建议学校要合理控制时间长度，不加重学生学习负担。在新冠肺炎疫情形式相对可控的当下，线下课程在一定程度上得以恢复。

根据调研（见图8），有45.84%的受访学生家长认为学生周一到周五从未上网学习，有42.86%的学生周六到周日从未上网学习，占到受访总数的近半数。此外，大多数学生上网学习时间也在一小时以内，有29.47%的学生周一到周五上网学习时间在1小时以内，有27.82%的学生周六到周日上网学习时间在1小时以内。周一到周五从未上网学习或者上网学习时间在1小时以内的人数多于周六到周日从未上网学习出现了或者上网学习时间在1小时以内的人数。而上网学习时间在1小时以上的人数周一到周五少于周六到周日的情况。有13.74%的学生周一到周五上网学习时间在1~2小时以内,有15.25%的学生周六到周日上网学习时间在1~2小时以内。有4.12%的学生周一到周五上网学习时间在2~3小时以内,有6%的学生周六到周日上网学习时间在2~3小时以内。有2.53%的学生周一到周五上网学习时间在3小时以上,有3.68%的学生周六到周日上网学习时间在3小时以上。另外,有4.30%的学生家长不清楚孩子周一到周五上网学习时间,有4.39%的学生家长不清楚孩子周六到周日的上网学习时间。

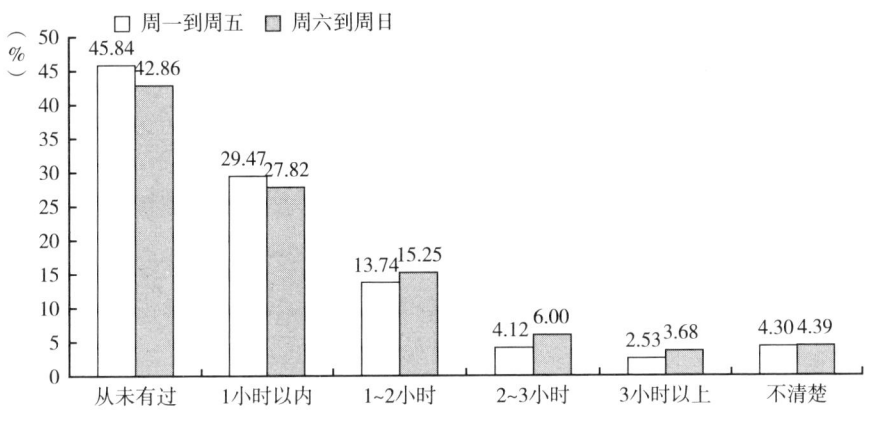

图8 上网学习时间分布

2. 男女生上网时间差距不大,城市学校学生周末上网学习时间较长

在家长眼中(见图9),受访学生周一到周五的上网学习时长均为0.57小时,周六到周日的上网学习时长均为0.68小时,学生周末上网学习时长长于周一到周五。

未成年人上网时间的差距在性别差异上体现不明显。在周一到周五,女生上网学习时间均为0.59小时,而男生上网时间也达到了0.55小时。在周六到周日,女生上网学习时间均为0.66小时,而男生上网时间也达到了0.59小时。

在城乡差异视角下,城乡学校学生周一到周五上网学习时间相近,城市学校的学生周一到周五上网学习时间均为0.58小时,而农村学校的学生周一到周五上网学习时间也达到了0.53小时。在周六到周日,城市学校学生

图 9 分城乡、性别上网学习时长

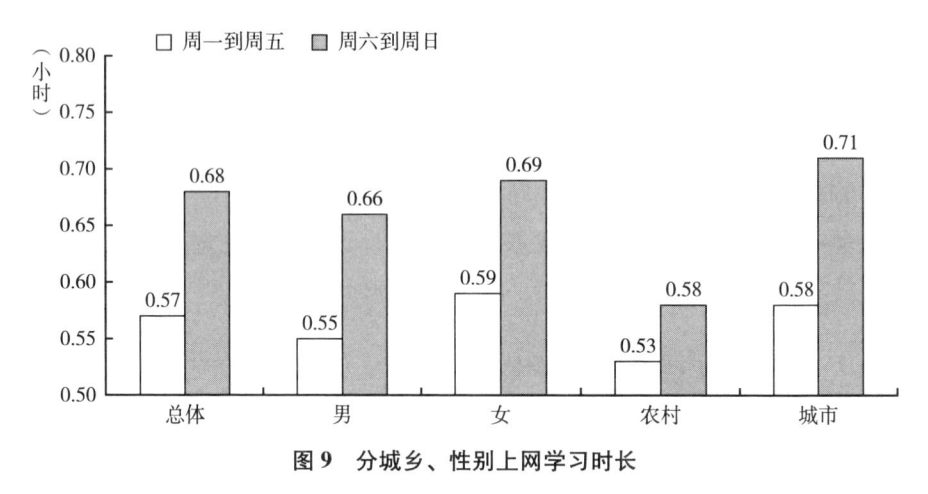

和农村学校学生上网学习时间有较大差距，城市学校的学生周一到周五上网学习时间达到了0.71小时，而农村学校的学生周一到周五上网学习时间仅为0.58小时。一方面，为了保障学生的学习质量，城市学校的学生家长会利用周末时间给孩子补课，周末上网课的情况多有发生。另一方面，受城乡教育质量差异的影响，城市学校教育资源更丰富，他们会提前制定周末时间的学习计划表，查缺补漏，温习巩固，周末上网学习的时间也会相应延长。

3. 和父亲同住的学生上网学习时长更长

和父母不同同住形式也会显著影响未成年人上网学习时长（见图10）。和父亲同住的未成年人上网学习时长是四种分类中最长的，周一到周五的上网学习的时间平均为0.65小时，周六到周日的上网学习的时间平均为0.74小时。其后，在周一到周五，和父母同住、和母亲同住、不和父母同住的未成年人上网学习的时间分别为0.56小时、0.55小时、0.55小时；在周六到周日，和父母同住、和母亲同住、不和父母同住的未成年人上网学习的时间分别为0.68小时、0.62小时、0.61小时。和父亲同住的未成年人受父亲督促较多，上网学习时间更长。

4. 高年级学生上网学习时间更长

随着年级的增长，受访家长表示学生上网学习的时间显著提升（见图

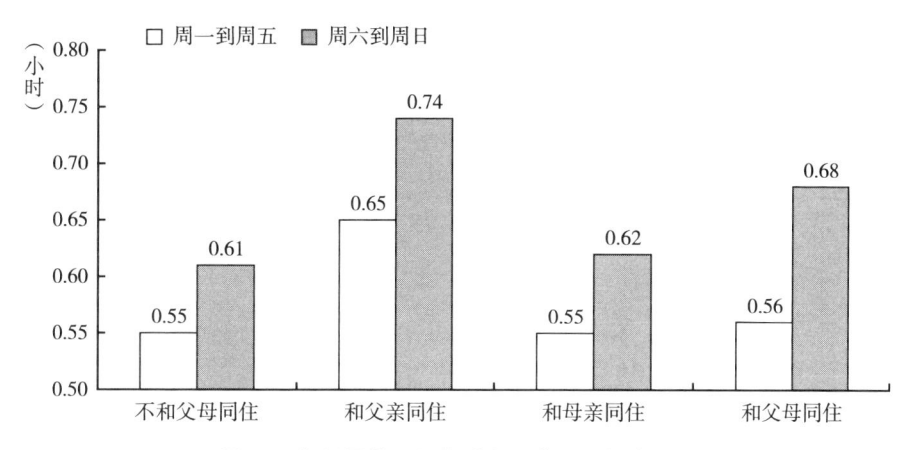

图 10　与父母是否同住对上网学习时长的影响

11）。在小学低年级阶段，周一到周五学习时间仅为 0.44 小时、周六到周日 0.49 小时；到了小学高年级阶段，学生学习时间增长到周一到周五 0.61 小时、周六到周日 0.68 小时。初中阶段，学生学习时间进一步增长，达到了周一到周五 0.62 小时、周六到周日 0.79 小时的情况。高中阶段的学生学习时间是四种阶段中最长的，他们周一到周五上网学习的时间为 0.65 小时，周六到周日上网学习的时间为 0.87 小时。在低年级的学习中，大部分学生能当堂解决所听到的学习任务，而高年级的学习难点越来越多，学生在线下课堂听到的课程内容往往不能被全部接受，这就需要他们利用周一到周五课后以及周末的休息时间查缺补漏、巩固学习。因此，年级越高，上网学习的时间越长。

（五）学校网络教育开展情况

为了进一步提高未成年人的网络文明素养，发挥清朗网络文化滋养育人的独特作用，培育文明守法、健康向上的新时代好少年，越来越多的学校组织开展了各种形式的网络教育活动。从家长处了解（见图12），大部分受访未成年人所在学校开展过"网络安全防范和自我保护教育"主题教育活动，以此形式开展的网络教育的学校占比 74.84%。另外，有半数左右的学校开

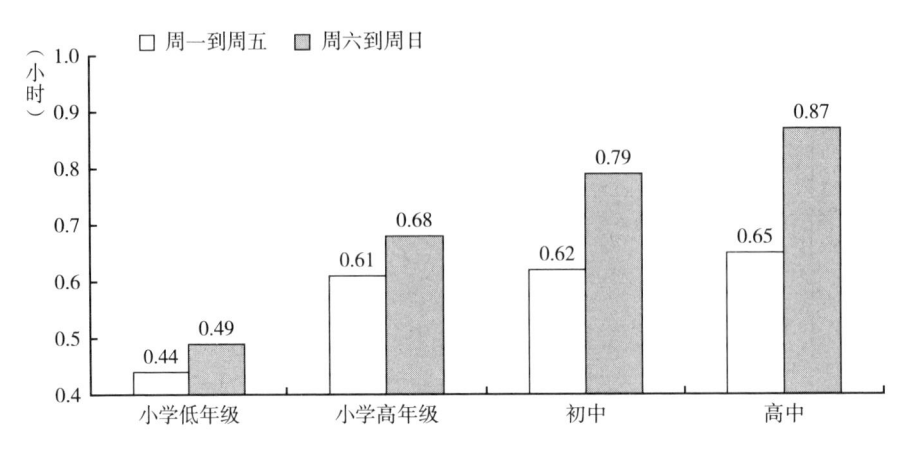

图 11 不同年级学生的上网学习时长

展了"文明上网教育""网络防沉迷教育""网络相关法律知识普及"相关教育活动，参与或听过这三种形式活动的学生家长数量分别占比53.51%、50.7%、50.56%。以上四种形式的主题教育活动受到大部分学校的追捧。此外，还有35.09%的家长了解到学校开展过"具体的网络操作技能"教育活动，还有1.35%的家长了解到学校开展过其他形式的网络教育活动。此外，仍有7.48%的受访家长表示从未了解到学校开展过任何形式的网络教育活动。学校作为学生的监督方之一，应承担起普及网络教育的责任，切实保障未成年人的网络安全。

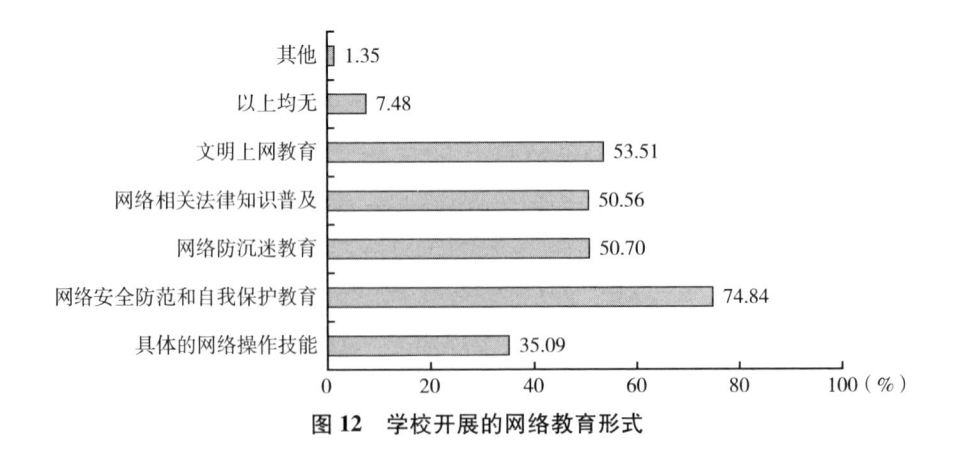

图 12 学校开展的网络教育形式

二 在线教育情况

（一）在线教育基本情况

1. 上网学习类型丰富多样，查资料和做作业最为常见

在线教育，是指利用已有的互联网、人工智能等技术手段，将传统的课外教育元素，包括线下学习环境、学习资源、学习方式、教学关系等，转移到线上进行的一种技术手段。同时，在线教育也打破了传统的教学关系、教学空间、时间的限制，形式相对灵活多样。

从家长的视角来看，学生们主要是上网课、做作业、在线问答、查资料、背单词、使用学习软件和学习课外知识，通过上述几种方法来完成在线学习。从对家长的调研的统计数据来看（见图13），学生们在线学习最经常做的两件事分别是查资料（23.77%）和做作业（22.5%），这说明完成课内学习任务是在线学习最主要的目的。此外，也有较多的同学利用在线学习来拓展学习视野、增加学习技能储备，如上网课（16.85%）、背单词（16.68%）和学习课外知识（16.17%）、使用学习软件（14.91%）。对于交互式的在线问答，则关注较少，仅有10.89%的同学经常在线提问、获得解答。

另一方面，在线学习时使用最少的方式，也是在线问答，超过半数的学生从未或很少用此功能。此外，从未或很少在线背单词和使用学习软件的学生比例也都接近半数。

这说明，学生们在线学习时，更多会关注课内要求的学习任务，完成作业并利用课外知识、查找资料辅助学习，其学习具有一定的自主性。

2. 网课学习科目以三大主课为核心，理科和美术学习也具有相对优势

课外在线学习主要目的是为课内学习做补充，也是传统课外学习在互联网发展的大环境下采用的新形式。正如学生们参与各类课外培训班，他们参加这些课外在线学习课程的主要目的也是为了提高学习成绩。总体上来看

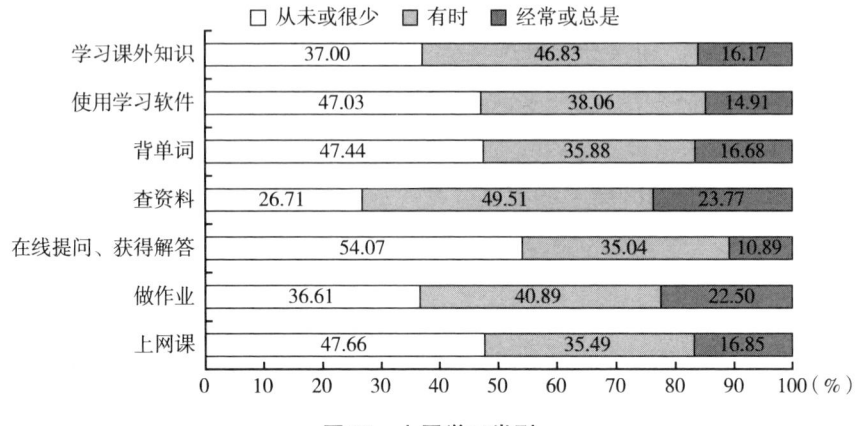

图13 上网学习类型

（见图14），绝大多数学生都参加过课外在线学习，仅有22.3%的学生从未上过网课。这也从侧面表明，参与课外在线学习已经成为一个非常普遍的学习方式。

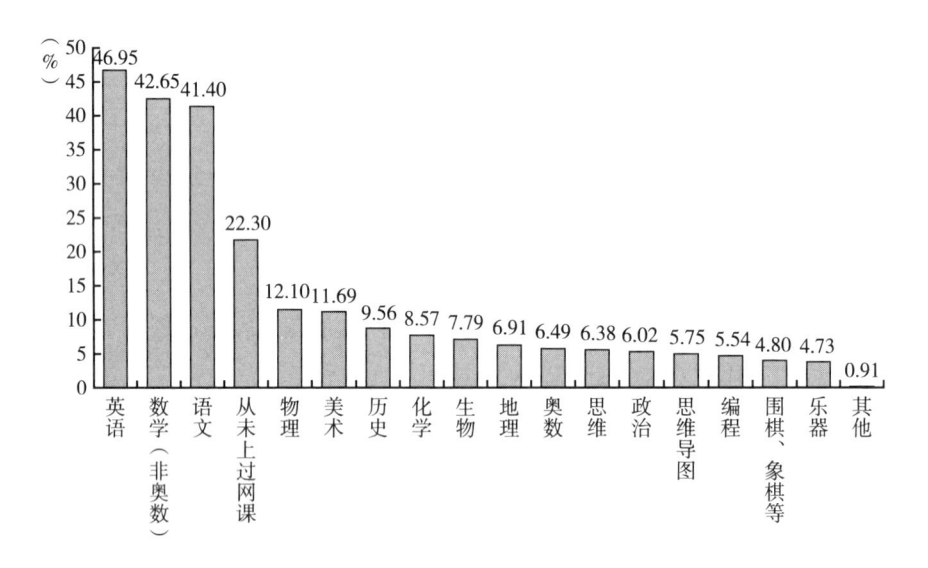

图14 上网学习内容

对于学习科目而言，从家长视角观测到的结果与从学生视角观测的结果相似，网课学习科目的分布也明显体现出差异，"强主干，弱枝叶"是明显的特点，即语数（非奥数）英为主，理科和美术具有相对优势，其他科目较少且较为均衡。

作为中考、高考的必考科目，语数（非奥数）英三大主课是最主要的在线学习课程，其比例均接近一半。其中有46.95%的学生上过英语课，42.65%的学生过数学（非奥数）课，41.4%上过语文课。此外，从未上过网课的学生数量也占到了一定比例（22.3%）。

在传统观念中，"学好数理化"意味着在未来工作、择业中会占有较大的优势。因此，物理、化学和生物课的学习比例低于主科，但相较于其他课程仍然具有一定的优势，其中学习物理课的学生占12.1%，化学占8.57%，生物占7.79%。美术课也受到欢迎，有11.69%的学生上过美术课来培养爱好、陶冶情操。学习历史的学生数量也占9.56%。此外，思维、编程等侧重于科技和应用类的课程也有一定的优势。其他课程如地理、奥数、政治、思维导图、棋类、乐器的学习比例都在4%~7%，比例分布相对均衡。

3. 在线教育平台种类丰富，用户数量各不相同

在线教育的发展也催生出一批在线教育平台的崛起和竞争，也给老师和学生带来了便利。

大多数家长都认为平台的选择是十分关键的，它影响着未成年人群体的课程体验，进而影响到其学习效率。实践中，往往大流量的开放式在线教育平台更容易得到青睐（见图15）。其中作业帮（28.82%）和钉钉（24.93%）最为常用，成为各地中小学甚至高等教育学校在线教育平台的首选。此外，学而思网校（16.51%）、猿辅导（12.64%），一起学（12.32%）等线上教育十分火爆，他们会借助第三方网校系统服务商用现成的网校系统搭建属于自己的在线教育平台，这些平台活跃度也比较高。新冠肺炎疫情期间和后疫情时期，腾讯会议（6.77%）作为暂时性的常用软件也被很多学校选用。其后，高途课堂、在线英语、新东方、专科在线教育平台的选择比例均在4%~7%，学习通、掌门一对一、洋葱学院、跟谁学、企鹅辅导、考虫及其他学习软件、网络平台较为小众。

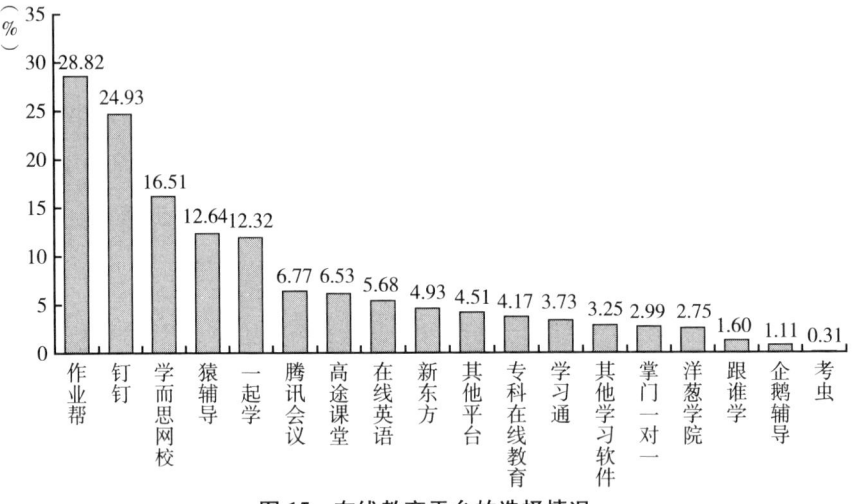

图15 在线教育平台的选择情况

作业帮 28.82
钉钉 24.93
学而思网校 16.51
猿辅导 12.64
一起学 12.32
腾讯会议 6.77
高途课堂 6.53
在线英语 5.68
新东方 4.93
其他平台 4.51
专科在线教育 4.17
学习通 3.73
其他学习软件 3.25
掌门一对一 2.99
洋葱学院 2.75
跟谁学 1.60
企鹅辅导 1.11
考虫 0.31

4. 近八成学生每周有1~2节网课，区域、家庭、年级对网课频率有影响

（1）超过半数的学生仅有1节网课，有2节网课的学生数量较多

不同学生网课学习时间的长短并不相同，各学校的网课安排也相对灵活。据统计（见图16），超过半数的学生仅有1节网课，占比55.67%。此外，有2节网课的学生数量较多，占比21.02%。网课频率在每周3节、4节、5节、6节、7节的学生人数占比分别为9.5%、5.73%、2.59%、1.81%、1.03%，网课频率在每周8节及以上的学生人数占比为2.64%。

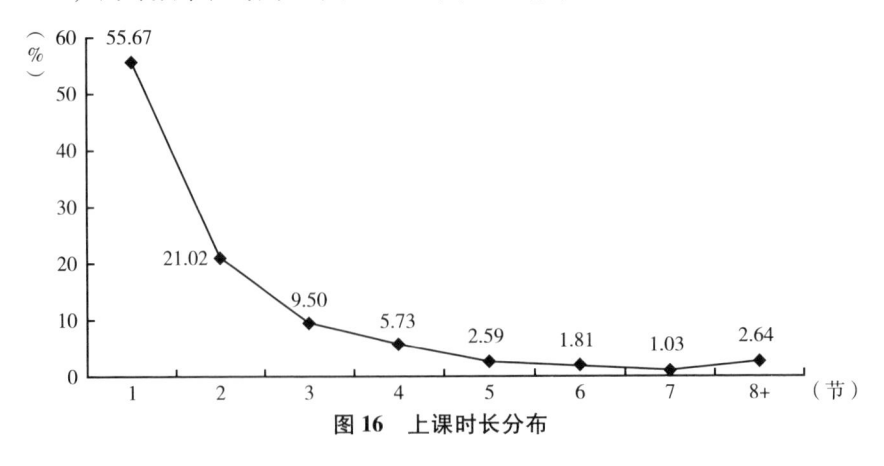

图16 上课时长分布

1节 55.67
2节 21.02
3节 9.50
4节 5.73
5节 2.59
6节 1.81
7节 1.03
8+节 2.64

（2）农村学校网课平均时长高于城市学校，重点学校高于非重点学校

从学校所在地来看（见图17），农村学生网课课时数（2.18）高于城市学生网课课时数（1.96）。

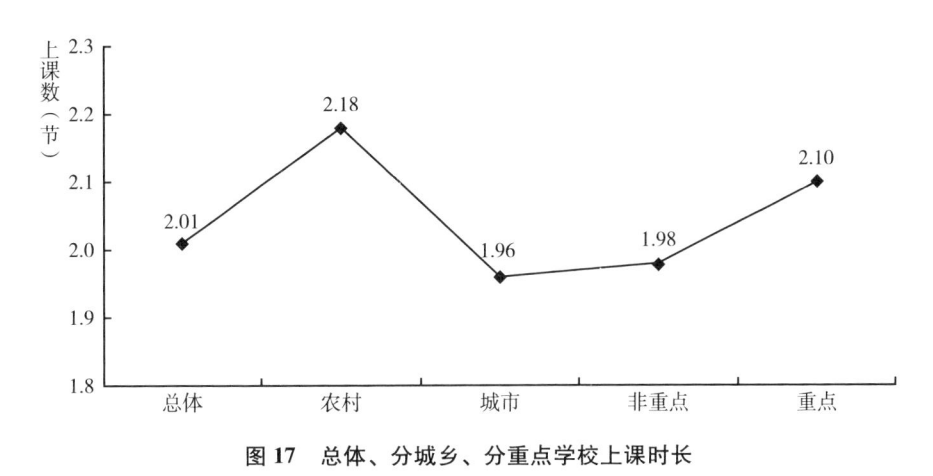

图17　总体、分城乡、分重点学校上课时长

学校类型对网课频率也有一定影响，重点学校每周有2.1节课，非重点学校每周有1.98节课。重点学校的学生被赋予更高的期望，学校及父母都会投入更多的心血在这些学生的教育上，网课作为线下课程的补充内容，更多被重点学校的学生接纳。

（3）不和父母同住的未成年人的平均课时最长

通过图18可见，不和父母同住的未成年人其课时数（2.31）高于和父亲同住的课时数（2.14），又高于和母亲同住的课时数（2.06），而和父母同住的学生其课时数（1.97）最低。父母是子女的第一老师，父母陪伴和教育在子女的学习中发挥了重要作用。但是，不和父母同住的学生往往不会得到父母的实时监督，父母更倾向借助网课这种形式督促孩子积极学习。

（4）随着年级的提升，网课平均时长也逐步变长

此外，未成年人网课课时数在各年级中显现出差异（见图19）：小学低年级学生的课时数最低（1.85），其次是小学高年级学生（1.94），再次是初中学生（2.13），高中生的课时数可是说是最高的（2.3）。由于高年级学

385

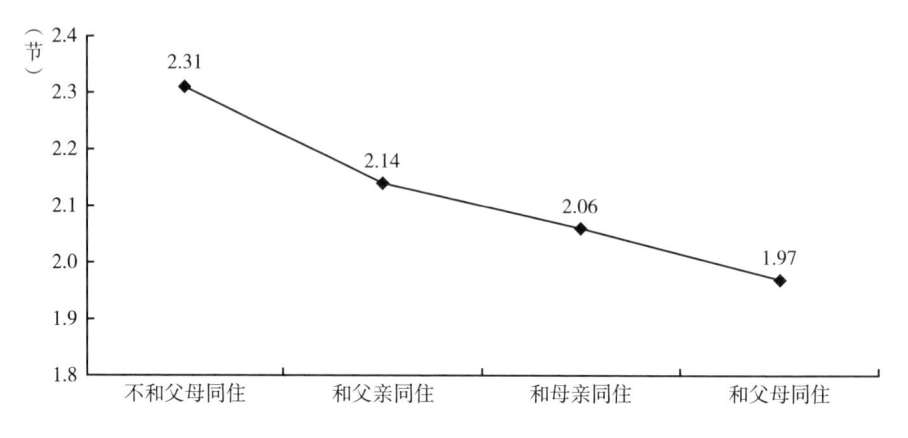

图18 和父母同住方式与上课时长差异

生面临相对紧迫的考试、升学压力，课程安排相对较多，而低年级的教学内容较为简单，且毕业升学压力较小，课程任务轻松，因此较少安排网课。

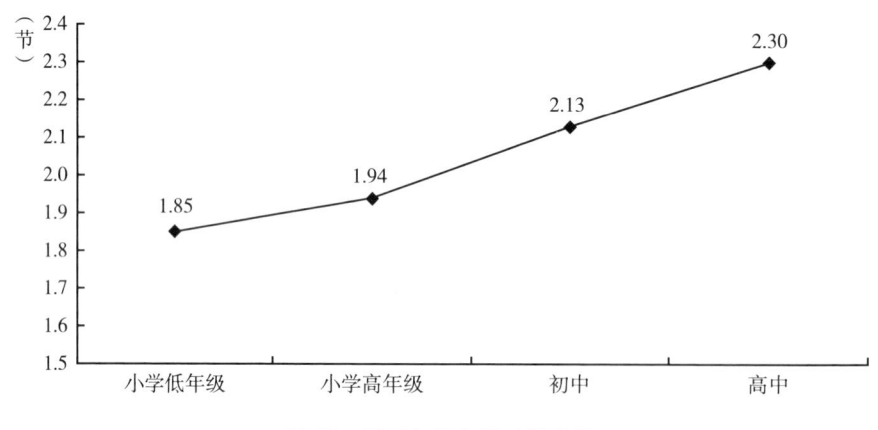

图19 不同年级上课时长差异

5. 网课费用的支出体现出城乡间、不同学校类别间的较大差异

（1）绝大部分未成年人在线教育费用在5000元以内，2万元以上的人数较少

对子女的教育，家长需要在时间、精力、物质支持和陪伴照护等方面付出诸多努力。为了不让孩子输在起跑线，许多家长不计成本地为子女教育投

入各种资源。随着信息时代的发展和疫情形势的变化，尤其是"互联网+教育"的兴起，在线教育如雨后春笋般冒出，当前不仅线下辅导机构一片火热，在线教育培训也如火如荼地开展着。和传统线下辅导班相比，在线教学更加便捷，学费也相对便宜，越来越多的学生家长都开始考虑给孩子报名网课学习。在"双减"政策出台之前，课外培训给家长和未成年人都带来了巨大的负担。

统计数据显示（见图20），近六成的未成年人在线教育费用在0~1000元，占比57.82%。此外，有16.38%的未成年人在线教育费用在1001~3000元，有9.85%的未成年人在线教育费用在3001~5000元。因此，绝大部分未成年人的在线教育费用都在5000元以内，其中位数也低于1000元。

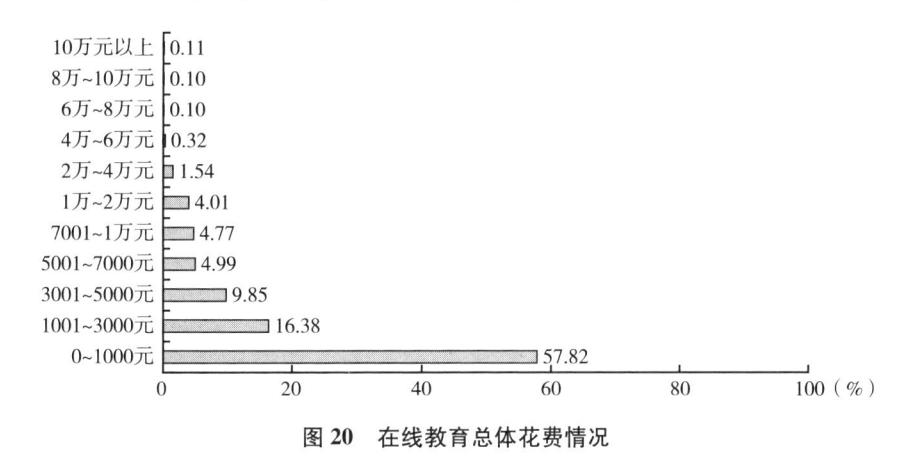

费用区间	百分比
10万元以上	0.11
8万~10万元	0.10
6万~8万元	0.10
4万~6万元	0.32
2万~4万元	1.54
1万~2万元	4.01
7001~1万元	4.77
5001~7000元	4.99
3001~5000元	9.85
1001~3000元	16.38
0~1000元	57.82

图20 在线教育总体花费情况

相比之下，在线教育费用在5001~7000元、7001~1万元、1万~2万元的未成年人人数占比分别为4.99%、4.77%和4.01%，总体比例较低。而在线教育费用在2万元以上的未成年人人数极少。

（2）男生在线教育费用高于女生

总的来看（见图21），家长为未成年人在线教育支付的费用平均为3137元，这也和总体的分布趋势大致相似。分性别来看，男生在线教育费用平均为3235元，女生在线教育费用平均为3039元，男生在线教育费用明显高于女生。

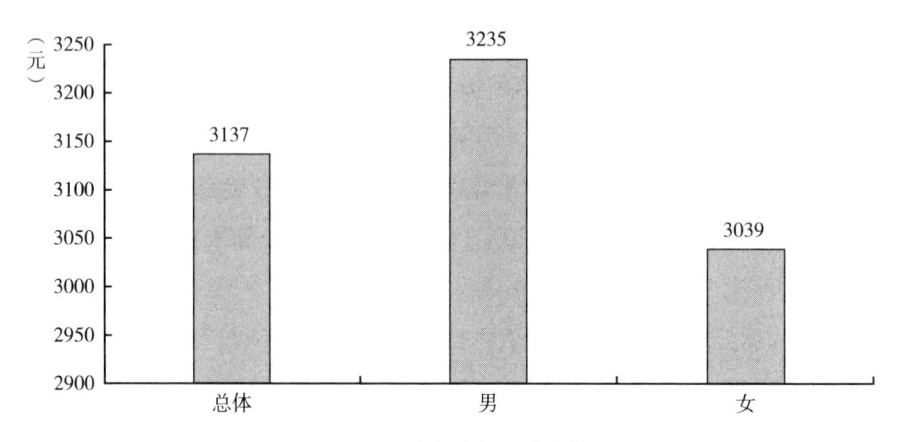

图 21 男女生在线教育花费情况

(3) 城市学校的学生在线教育费用高于农村学校的学生

分城乡来看（见图 22），城市学校的学生在线教育费用平均为 3665 元，农村学校的学生在线教育费用平均为 1571 元，城市学校的学生在线教育费用显著高于农村学校的学生，高出近 1.33 倍，在线教育的城乡投入差距十分明显。

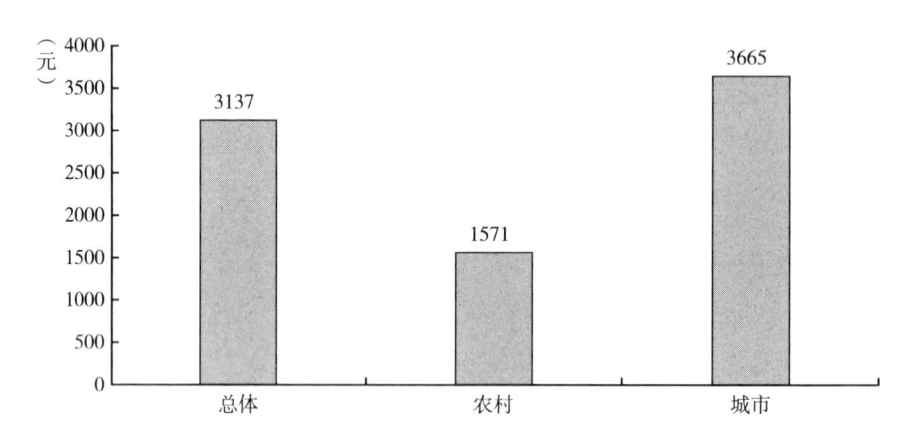

图 22 城乡学生在线教育花费情况

(4) 非重点与重点学校费用

如图 23 所示，未成年人在线教育费用平均为 3137 元，但重点学校与非重点学校的在线教育花费差距十分突出。其中，非重点学校的学生在线教育费用平均为2821元，重点学校的学生在线教育费用平均为3955元，重点学校的学生在线教育费用高出非重点学校40.2%。

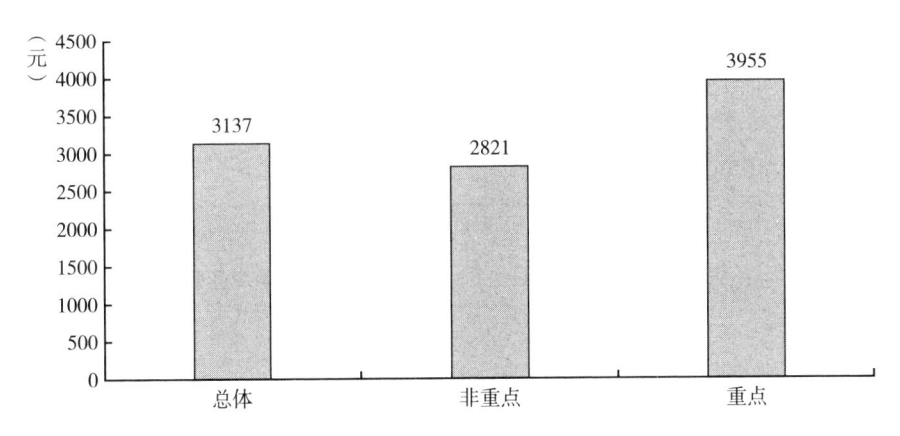

图23　重点和非重点学校学生在线教育花费情况

（5）与父母不同居住方式的网课费用

在父母看来，孩子与父母同住的形式反映出父母对子女直接照料和教育的差异，也会对子女教育的即时反馈产生较大影响，因此会显著影响教育投入（见图24）。首先，和父母同住的未成年人在线教育费用为3302元，是四类情况中花费最多的。其次是和父亲同住的未成年人，这类学生在线教育费用为3008元。再次，和母亲同住的学生在线教育费用为2622元，相对较低，母亲也会在子女学习中分担一些教育的任务进而降低课外网课培训费用。不和父母同住的未成年人获得父母的直接照料较少，教育投入也最低，其在线教育费用平均为2213元。

（6）年级越高，在线教育费用越高

随着年级的增长，在线教育费用也不断增长（见图25）。小学低年级、小学高年级、初中阶段、高中阶段受访家长在孩子的在线教育投入费用分别为2468元、3015元、3218元和4276元。年级越高，需要巩固学习的知识内容越多，对网课的投入越高。

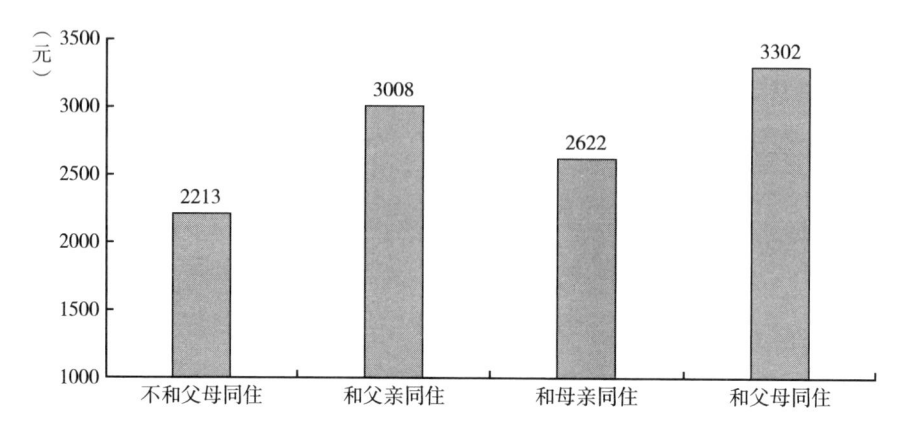

图 24 与父母不同居住方式的未成年人在线教育花费

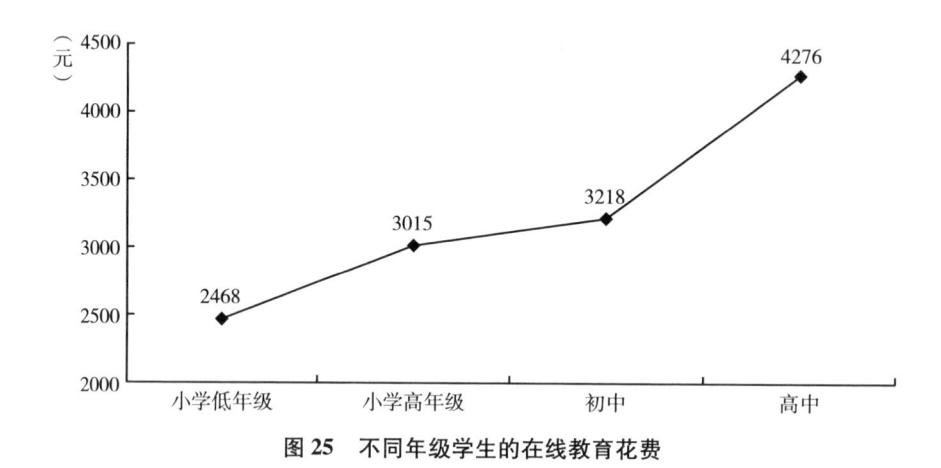

图 25 不同年级学生的在线教育花费

6. 手机是最主要的网课设备，使用比例高达半数

虽然"网络授课"的模式有了一定的发展，但仍太不成熟，不同设备的产品端、应用端、音频，或是画质情况，也会影响网课的氛围、未成年人的注意力，甚至还会影响其视力。

通过图 26 可见，手机小巧方便，是最常用的网课设备，以 52.36% 的比例处于设备使用的首位。另外，还有 26.8% 的学生会选用平板电脑，24.94% 的学生会选用笔记本电脑或台式电脑，相较于手机，电脑设备的屏幕更大，这也会在很大程度上降低眼睛的疲劳，增强画质的感观性。随着现代媒体和科学技术的发展,电视投屏也受到一些家长的追捧,有 5.96% 的学生在电视大屏上收看网课。

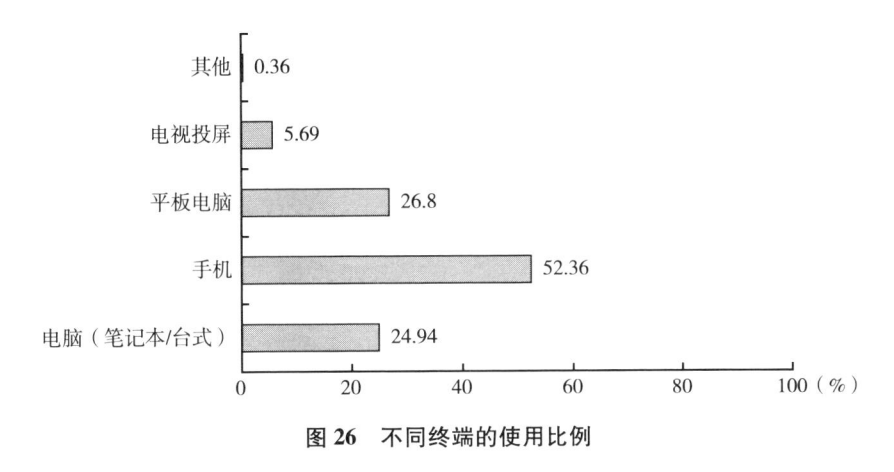

```
其他           0.36
电视投屏        5.69
平板电脑        26.8
手机           52.36
电脑(笔记本/台式) 24.94
```

图 26　不同终端的使用比例

(二)在线教育效果

1. 不同学校、家庭情况、年级间学生网课知识的吸收程度仍有差异

即使家长和老师都已经尽最大努力为学生能够上好一堂网课提供保障,但不同学生对网课知识的吸收程度仍有差异。这种差异在不同性别、不同的学校所在地区、不同的父母陪同情况、不同的年级间显现出来。

(1) 在线教育效果较为理想,女生听课效果更好一些

总体来看(见图 27),占受访学生家长总数 66.19% 的家长表示在线教育内容学生全部或大部分能听懂,占受访学生家长总数 29.56% 的家长表示在线教育内容学生小部分能听懂,占总数 4.26% 的家长表示在线教育内容学生全部听不懂。

分性别观察在线教育的吸收效果,女生比男生稍好一些。男同学中,占受访学生家长总数 65.66% 的家长表示在线教育内容学生全部或大部分能听懂,占受访学生家长总数 29.74% 的家长表示在线教育内容学生小部分能听懂,占受访学生总数家长 4.59% 的家长表示在线教育内容学生全部听不懂。女同学中,占受访学生家长总数 66.7% 的家长表示在线教育内容学生全部

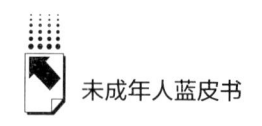

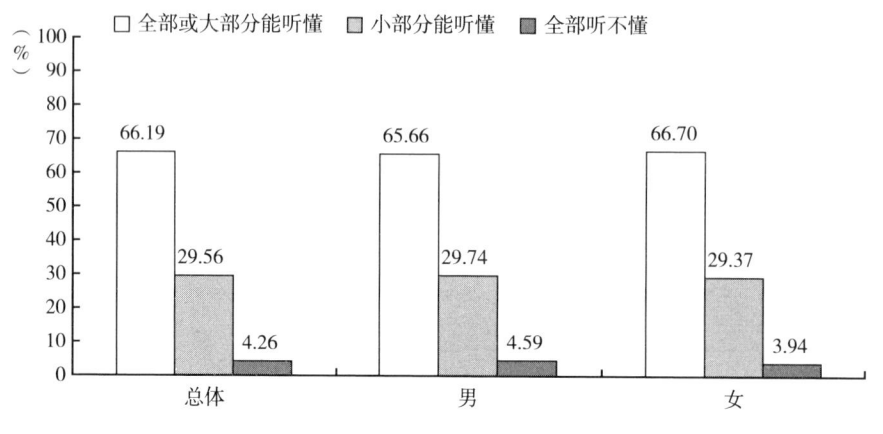

图27 学生听懂讲课的比例

或大部分能听懂，占受访学生家长总数29.37%的家长表示在线教育内容学生小部分能听懂，占受访学生家长总数3.94%的家长表示在线教育内容学生全部听不懂。

（2）城市学校中学生上网课的学习质量较农村学校更高

统计数字显示（见图28），城市学校上网课的效果和学习质量明显高于农村学校学生。这也在一定程度上体现了城乡教育水平的差异，结合前文，也反映出城乡学生日常使用网络进行学习的差距。

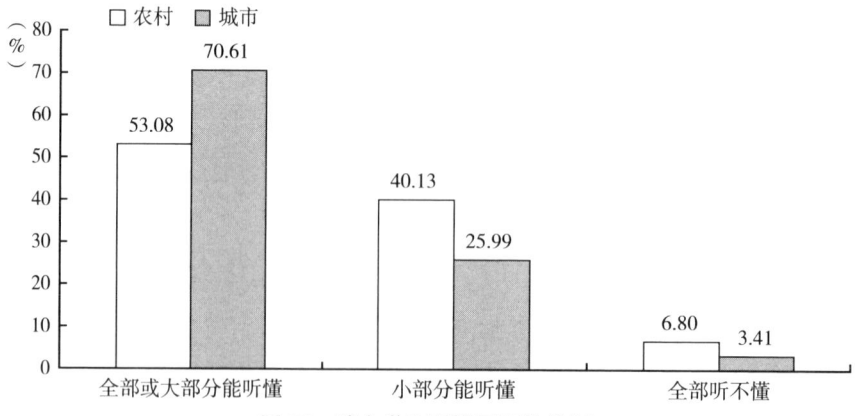

图28 城乡学生听懂网课的比例

从学校所在地区角度分析,城市学校中有70.61%的学生家长表示学生全都或大部分能听懂网课内容,而农村学校中仅有53.08%比例的学生家长选择学生"全都或大部分能听懂"选项。"小部分能听懂"的学生比例是农村(40.13%)高于城市(25.99%)。最后,农村学校"全都听不懂的"的学生比例超过了城市学校,占比分别为6.8%和3.41%。

(3)与父母不同居住方式的子女网课听懂情况

和父母同住与否,关系到是否可以接受父母的学习指导和即时反馈,因此对学习效果也会产生明显影响。在和父母同住的情况下,未成年人听网课的效果相较好一些(见图29)。未成年人和父母同住的情况中有67.99%的家长表示学生"全都或大部分能听懂",是四种分类标准中比重最大的,而只有3.93%的表示学生"全都听不懂",也是四种分类标准中比重最小的。未成年人不和父母同住的家长中仅有52.57%表示学生"全都或大部分能听懂"。与父亲一方同住还是与母亲一方同住对未成年人是否听得懂网课影响较小,相对而言,与父亲一方同住稍微好一些,其"全都或大部分能听懂"的比例为66.81%,比与母亲一方同住的60.78%稍高一些。"全都听不懂"的比例为4.66%,比与母亲一方同住的4.93%又稍低一些。

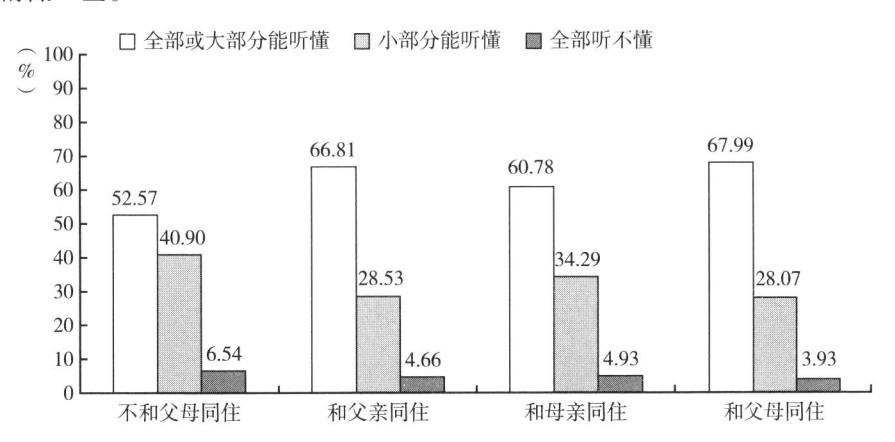

图29 不同同住方式与听懂网课比例

（4）小学高年级学生听懂网课的比例最高，高中学生听懂的比例最低

不同学习阶段的学生在学习效果方面也存在差异，随着教育程度提高，知识难度上升，能完全听懂并掌握的比例也会下降（见图30）。其中，小学高年级学生听懂网课的比例最高，其次是初中年级学生，再次是小学低年级，高中学生听懂网课较为困难。这与学习阶段接受的知识难度也有一定关系，小学、初中年级的学习知识较为基础，更易于学生学习，而高中的知识相对难懂，这一特点也反映在网课的听讲过程之中。小学低年级尽管知识难度较低，但低年级小学生认知能力还处于发展之中且相对较低，学习效果也会有一定的影响。

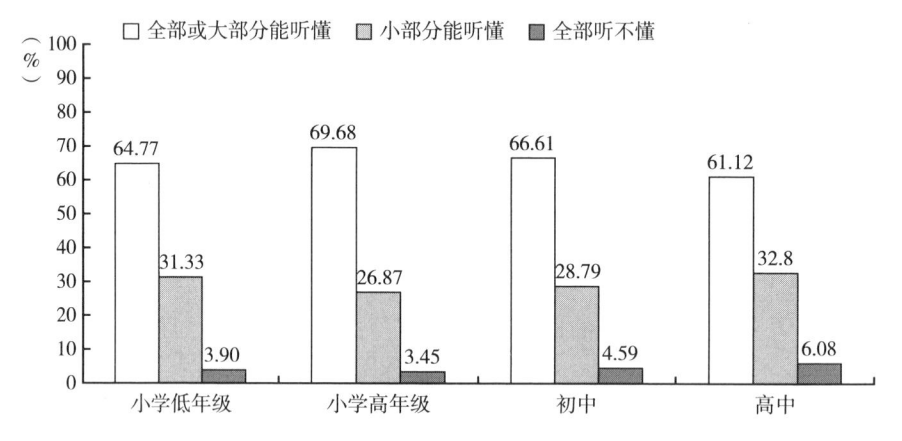

图30 不同年级学生听懂网课比例

小学高年级阶段有占比69.68%的家长表示学生"全都或大部分能听懂"网课内容，初中阶段有占比66.61%的家长表示学生"全都或大部分能听懂"网课内容。而小学低年级中有64.77%的家长表示学生"全都或大部分能听懂"，高中的家长占比更少，仅有61.12%。四种情况下，表示学生"小部分能听懂"与"完全能听懂"的家长比例相差不大，其中高中"全都听不懂的"的比例依然最高，为6.08%，小学高年级最低，为3.45%。

2.大多数学生家长对网课的学习效果有积极评价

网络教育学习不受时间、空间的限制，可以使学习的探究性更加深入。

家长对子女在线教育及人际关系评价研究

当未成年人在遇到问题时,可以在网上与同学和老师进行及时的交流。绝大多数的学生家长认为网课学习对孩子有帮助。而体现在每个不同的个体上,网课的帮助作用或多或少,不同的学校所在地区、不同的父母陪同情况、不同的学生年级的学生家长对网课对学习是否有帮助这一问题的反应也不相同,但差别不大。

(1) 过半数的学生家长肯定了网课学习的作用

总的来看(见图31),有66.87%的受访学生家长认为网课对学习有帮助,在家长中具有较高的接受度和认可度。其中,65.07%的男学生家长认为网课学习对孩子有帮助,68.66%的女学生家长认为网课学习对孩子有帮助。

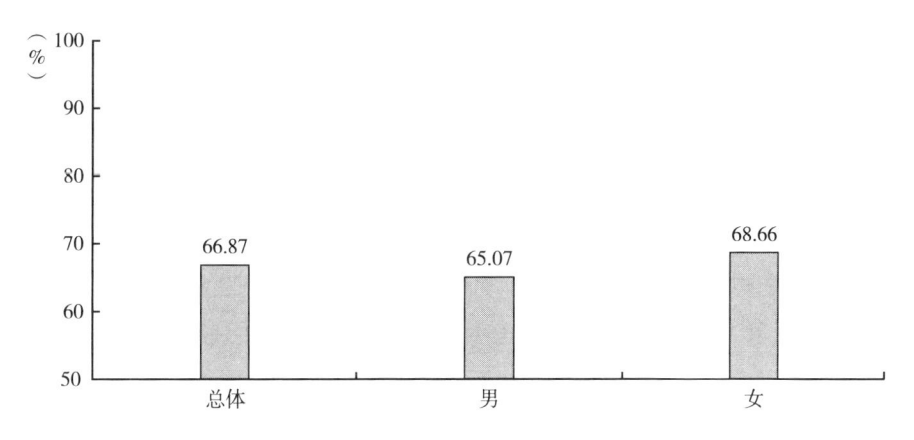

图31 认为网课有帮助的比例(分性别)

(2) 不和父母同住的学生的家长对网课的帮助价值认可度最低

从亲子不同同住方式来看(见图32),不和父母同住的学生的家长对网课的帮助价值认可度最低,仅63.06%的学生家长认为网课对孩子有帮助,其次是孩子和母亲同住的学生家长(64.07%),以及孩子和父亲同住的学生家长(66.3%)。孩子和父母同住的学生家长中认为网课对孩子有帮助占比最高,为67.65%。这说明,和父母同住的学生的网课效果在家长看来是最好,这类学生受到更严格的监督,学生学习基础也相对更好，加之客观学习条件的影响，这类未成年人往往能更好地运用网课学习知识。

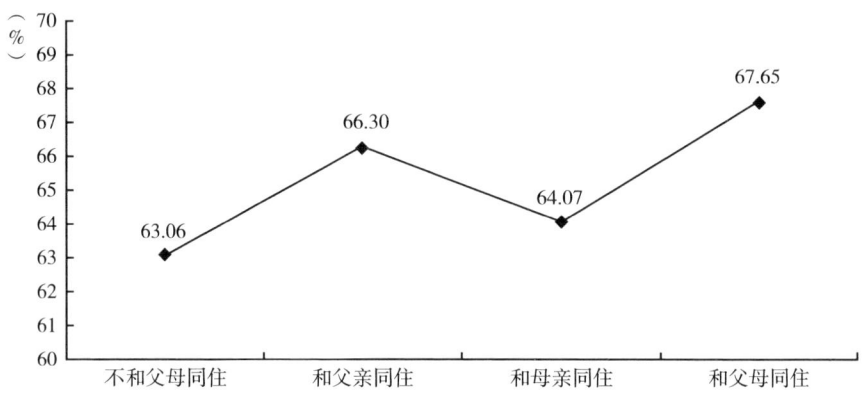

图32　认为网课有帮助的比例（不同居住方式）

（3）高中阶段学生家长对网课的帮助价值认可度最高

从不同学习阶段来看（见图33），高中学生家长对网课的帮助价值认可度最高，有68.86%的家长认为网课对孩子学习有帮助，其次是小学低年级（66.71%）和初中阶段（66.57），小学高年级学生家长中认为网课对学生学习有帮助的占比最少，为66.09%。这说明，不同学习阶段未成年人的网课效果也不相同。高中阶段课程难度更大，网课能帮助学生更好地学习知识。

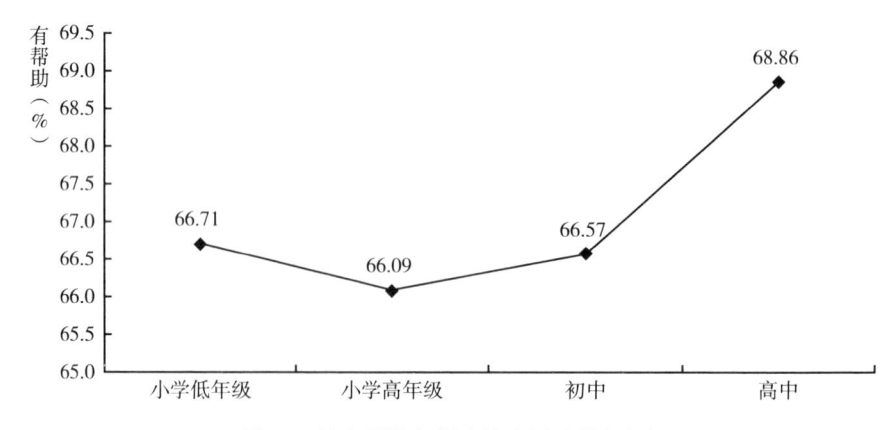

图33　认为网课有帮助的比例（分年级）

3. 大多数学生家长表示孩子喜欢上网课，但不同性别、地区、年级学生家长存在不同观点

（1）大部分的学生家长表示孩子喜欢上网课

数据显示（见图34），61.6%的学生家长认为孩子喜欢上网课。其中，城市的学生对网课总体接受程度最高，有63.7%的城市学校学生家长表示孩子非常喜欢上网课，有55.4%的农村学校学生家长表示孩子喜欢上网课。此外，在家长看来，男生对上网课接受程度低于女生，男生喜欢上网课的比例为（59.96%），女生喜欢上网课的比例为（63.24%）。

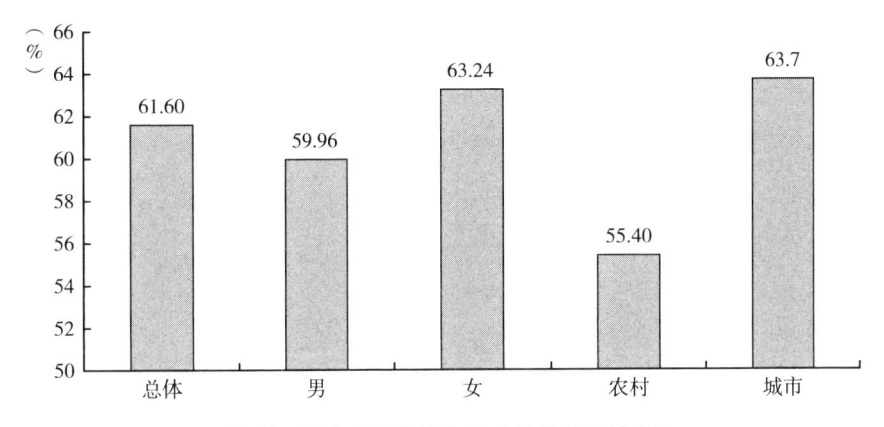

图34 喜欢上网课的比例（分性别和城乡）

（2）和父母同住的学生对网课的喜爱度更高

在家长看来，和父母同住的学生对网课的喜爱度远高于不和父母同住的学生（见图35）。其中，和父母同住的学生、和父亲同住的学生、和母亲同住的学生以及不和父母同住的学生喜欢上网课的比例分别是62.67%、60.77%、59.14%和54.18%。

（3）小学低年级的学生对网课总体接受程度最高

此外，在家长看来（见图36），小学低年级的学生对网课总体接受程度最高，有66.52%的小学低年级学生喜欢上网课，61.74%的小学高年级学生喜欢上网课。而高中的学生接受程度最低，比例仅为57.22%，其次是初中年级（58.03%）。

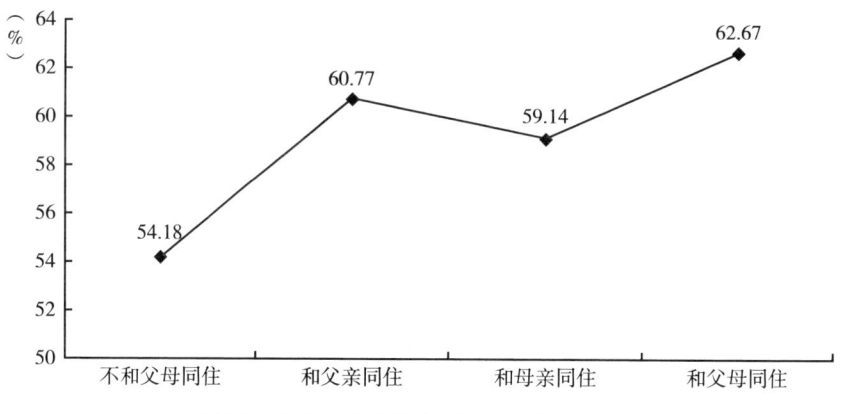

图 35 喜欢上网课的比例（不同居住方式）

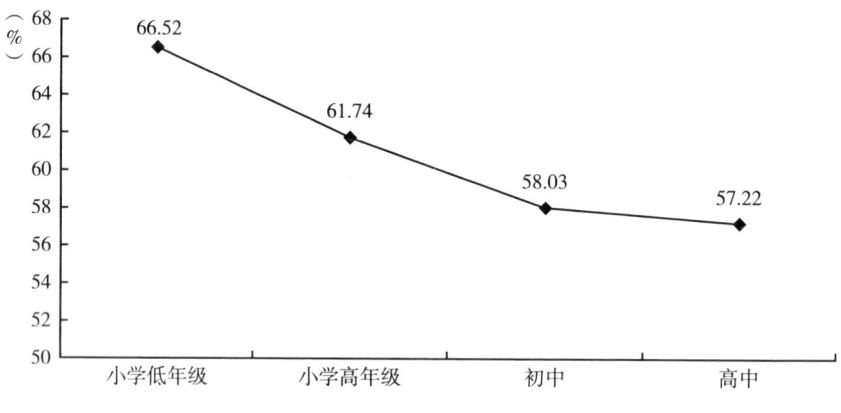

图 36 喜欢上网课的比例（分年级）

4. 相较于网课，绝大多数学生家长认为线下授课效果更好

比起线上辅导，传统的线下授课的优势就在于学生和老师之间的课堂沟通，学生和老师之间能够通过提问、讨论等交流形式进行课堂上的即时反馈，上课效果更好。虽然大部分学生家长肯定了线上授课的积极作用，但绝大多数家长仍然认为线下授课这种模式效果更好。根据调查（见图37），有92.68%的学生家长认为线下上课效果更好；相反，仅有7.32%的学生家长认为网上上课效果更好。

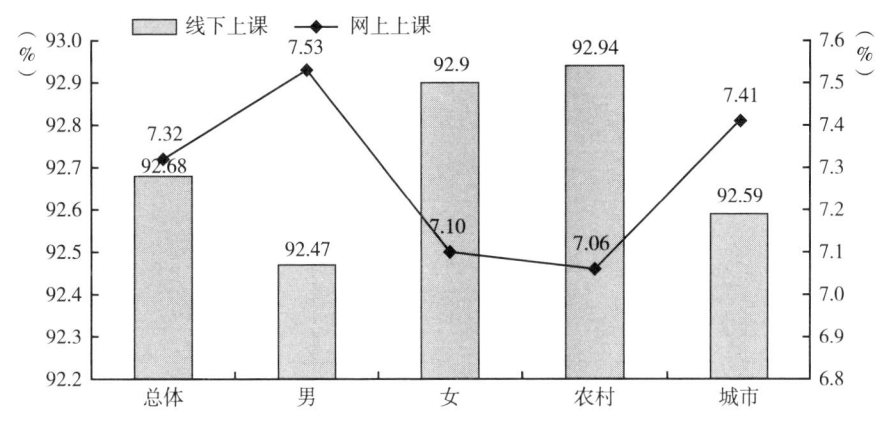

图 37　线上线下上课的选择（分城乡、性别）

（1）女生家长比男生家长更倾向线下上课，农村学校的学生家长也比城市学生家长更倾向线下上课

从学生性别来看，认为线下上课效果更好的女学生家长占比92.9%，男学生家长占比92.47%。相反，认为网上上课效果更好的男学生家长占比7.53%，女学生家长占比7.1%。这也说明，女学生家长较于男学生家长更倾向选择线下上课。

分城乡来看，认为线下上课效果更好的农村学校学生家长占比92.94%，城市学校学生家长占比92.59%。相反，认为网上上课效果更好的城市学校学生家长占比7.41%，农村学校学生家长占比7.06%。这也说明，农村学校学生家长和城市学校学生家长在这一问题上的看法不完全相同，农村学校学生家长较城市学校学生家长更倾向选择线下上课。

（2）和子女同住的家长更青睐线下授课

总的来看，家长均更倾向线下授课，但从与父母同住形式来看，与子女同住的家长更倾向线下授课，而不同住的家长选择线上授课的相对较多（见图38）。

其中，和子女同住的家长中有92.98%的人认为线下上课效果更好。认为线下上课效果更好的比例在子女和父亲同住的学生家长中有92.29%，在子女和母亲同住的学生家长中有91.72%，在子女不和父母同住的学生家长

399

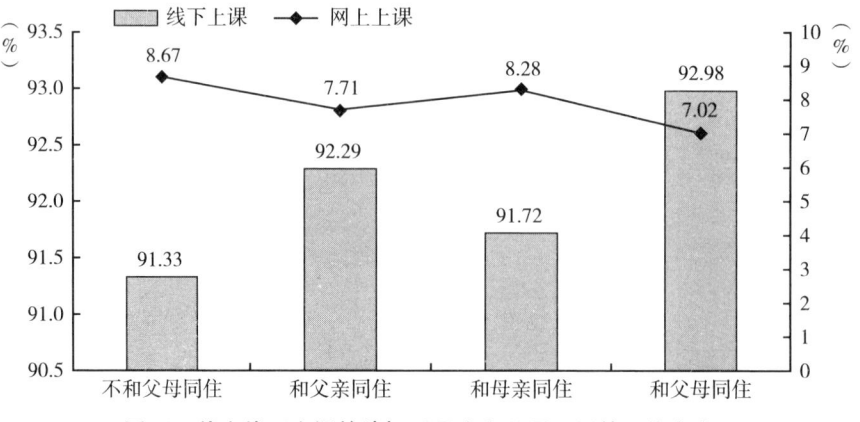

图38 线上线下上课的选择（子女和父母不同的同住方式）

中有91.33%，呈现递减的趋势。

相反，子女和父母同住的学生家长中有7.02%认为线上上课效果更好。认为线上上课效果更好的比例在子女和父亲同住的学生家长中有7.71%，在子女和母亲同住的学生家长中有8.28%，在子女不和父母同住的学生家长中有8.67%，呈现递增的趋势。这说明，子女和父母同住的学生家长，尤其是子女和母亲同住的学生家长，更倾向选择线下上课。

(3) 小学低年级学生家长更倾向选择线下上课

从学习阶段来看，年级越低的家长越倾向线下授课（见图39）。其中认为线下上课效果更好的小学低年级学生家长占比93.97%，初中学生家长占比93.27%。相反，认为网上上课效果更好的小学高年级学生家长占比92.56%，高中学生家长占比90.56%。这也说明，不同学习阶段学生家长在这一问题上的看法也不完全相同，小学低年级学生家长更倾向选择线下上课。

5. 学生家长对网课的评价体现出网课的两面性

任何事物都有两面性，网课同样也有利有弊。它具有随时随地、灵活性强的优势，网课视频大多可以回放，很大程度上保障了"停课不停学"，为学生提供优质的教育资源，整合各领域优秀的师资力量为学生的学习提供便利。但是，网课在针对性辅导学生方面不及传统教学，每个学生的思维方式

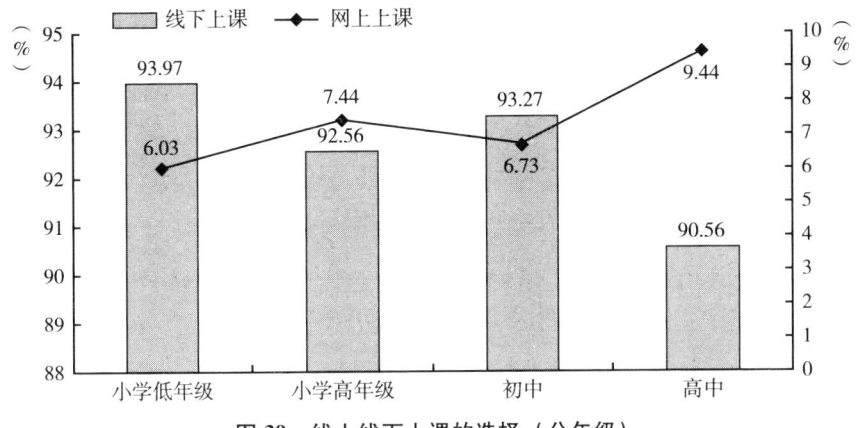

图 39 线上线下上课的选择（分年级）

和能力是不同的，面授是比较快捷的解决问题的方式，网课还会对学生的视力有一定影响，也给家长、老师监督学习效果造成不便。线上和线下教育如何能更好结合，这个问题还有待解决。

不同学生家长对于网课也有着不同的评价。通过图40可见，有86.62%的学生家长认为"孩子上网课眼睛太累"，有84.79%的学生家长认为"与隔着屏幕相比，孩子还是更喜欢和老师面对面交流"，有83.03%学生家长认为"网课效果没有线下面对面上课好"，有79.06%的学生家长认为"网课内容可以反复观看，便于复习和理解"，有76.34%学生家长认为"上网课时如有疑问，孩子无法与老师及时交流"，有75.26%学生家长认为"如果没人在旁监督，孩子上网课效果并不好"，有75.23%学生家长认为"网课对上课设备和网速要求高"，有73.84%学生家长认为"孩子上网课，还是需要家长在一边监督"，有68.53%学生家长认为"孩子上网课并没有节约家长的时间"，有68.02%学生家长认为"上网课时，孩子比较难集中注意力"，有64.51%学生家长认为"上网课的时间、地点灵活"。由此看出，大多数的学生家长在一定程度上认可了网课学习的便捷性，但他们更倾向线下授课。此外，还有超半数的学生家长评价说"上网课让孩子学到了更多新的知识和技能""上网课能让孩子接触到更多优秀的老师""网课的学习内容丰富"。有近半数的学生家长评价"上网课孩子可以自己选择学习方

式、控制学习进度"。仅37.83%的学生家长认为"上网课可以更有针对性地解决孩子的问题"。

项目	百分比(%)
孩子上网课,还是需要家长在一边监督	73.84
孩子上网课并没有节约家长的时间	68.53
上网课让孩子学到了更多新的知识和技能	60.48
与隔着屏幕相比,孩子还是更喜欢和老师面对面交流	84.79
网课内容可以反复观看,便于复习和理解	79.06
上网课孩子可以自己选择学习方式、控制学习进度	49.47
上网课能让孩子接触到更多优秀的老师	54.43
上网课可以更有针对性地解决孩子的问题	37.83
上网课时如有疑问,孩子无法与老师及时交流	76.34
上网课时,孩子比较难集中注意力	68.02
如果没人在旁监督,孩子上网课效果并不好	75.26
网课的学习内容丰富	55.52
网课对上课设备和网速要求高	75.23
网课的上课形式比线下更有趣	40.08
网课效果没有线下面对面上课好	83.03
孩子上网课眼睛太累	86.62
上网课的时间、地点灵活	64.51

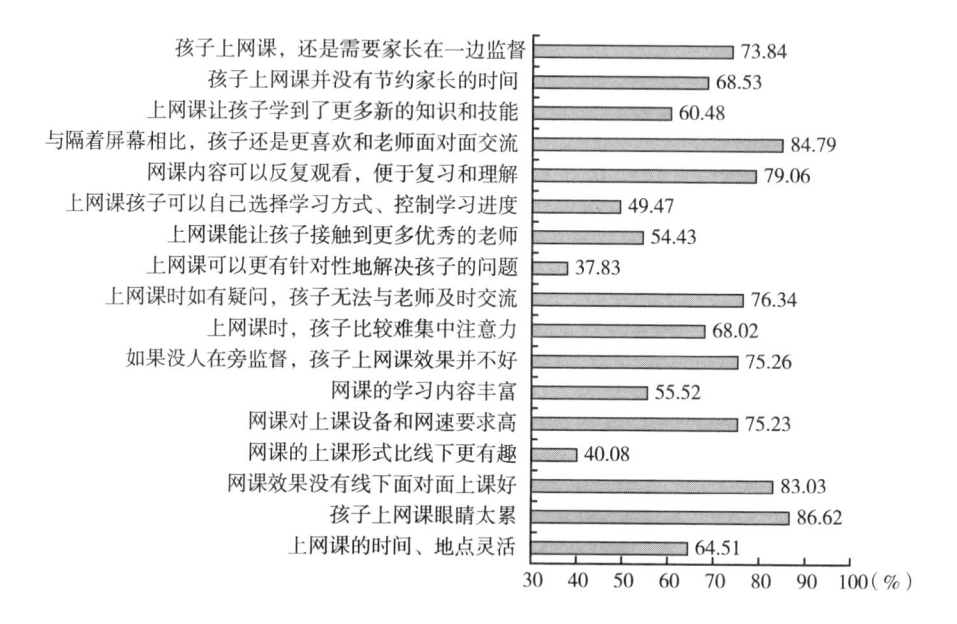

图40 家长对学生上网课的评价

三 新冠肺炎疫情期间的在线教育

(一)基本情况

1. 大部分学校在疫情期间组织网上教学

统计数据显示,新冠肺炎疫情期间,有87.68%的未成年人所在学校组织了网上教学。网课覆盖率较高,也为"停课不停学"打好了基础。

2. 钉钉是各学校最热门的网上教学渠道

在新冠肺炎疫情期间,钉钉被教育部选为网课教学平台。根据统计数据(见图41),有高达56.82%的学校选择钉钉为组织网上教学的渠道。

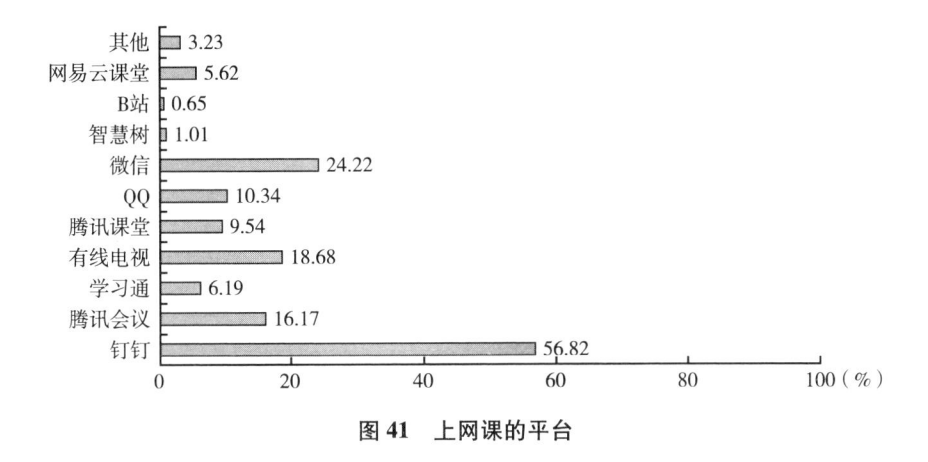

平台	百分比
其他	3.23
网易云课堂	5.62
B站	0.65
智慧树	1.01
微信	24.22
QQ	10.34
腾讯课堂	9.54
有线电视	18.68
学习通	6.19
腾讯会议	16.17
钉钉	56.82

图41 上网课的平台

微信作为即时通信工具，适用范围最广，更易于家长操作，因此成为24.22%的学校选用的教学渠道。18.68%的学校选用有线电视开展线上教学。腾讯会议也在疫情时期得到了广泛使用，其中16.17%的学校选用腾讯会议开展线上教学。通常腾讯会议的注册、登录也都与微信、电话号码、QQ账号相关，账号的互通也扩大了其适用范围。QQ（10.34%）、腾讯课堂（9.54%）也占有一定比例。学习通（6.19%）、网易云课堂（5.62%）、智慧树（1.01%）、B站（0.65%）等也是少数学校的选择。

3. 家长会不同程度地监督孩子的在线学习

在线课堂上，老师与学生之间的反馈和沟通不如真实课堂那样顺畅，老师很难清晰观察到每一个学生的状态，也难以做到对学生的监督学习。作为家长，还需要用智慧去指导、监督孩子的在线学习。可以说，除了教师参与授课，家长也承担了对孩子教育的大量工作，不仅要监督孩子的课后学习，还要即时监督孩子的听课状态。

统计数据显示（见图42），绝大多数家长都会监督孩子上网课。其中，有35.96%的家长"有时会"监督孩子上网课，有29.91%的家长"经常会"监督孩子上网课，有15.51%的家长"总是会"监督孩子上网课。综上，有超过80%的家长会不同程度地监督孩子的在线学习。而近

20%的家长表示"从来不会"和"很少会"监督子女网上教学,其中"从来不会"监督的家长仅占4.29%,14.32%的家长"很少会"监督孩子的网课。

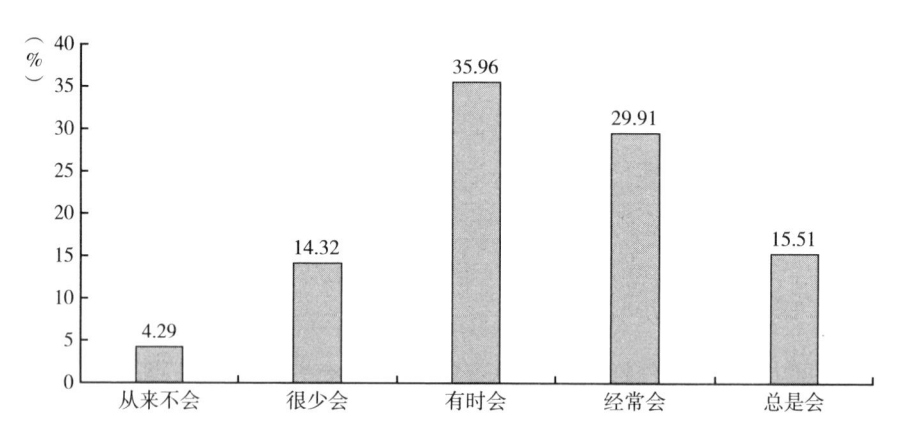

图42 监督子女在线学习的比例

4. 大多数学生能够紧跟教学进度,但跟不上进度的学生中仅一半会向老师反馈

在网课学习过程中,能跟上教学进度的学生占比接近八成,总体效果较好(见图43)。其中,有52.27%的学生家长反映孩子大部分时间能跟上老师讲授的进度,20.48%的学生家长表示孩子有时能跟上老师讲授的进度。此外,15.66%的学生家长表示孩子总是能够跟得上老师讲授的进度,还有9.63%的学生家长表示孩子很少能跟得上,甚至有1.95%的学生家长表示孩子从来都跟不上进度。

总的来说,线上授课的方式能被大多数同学接受,也能产生较好的效果,在新冠肺炎疫情期间有效地完成了教学任务,丰富了教学形式。但部分家长也表示,还是有些学生的网课学习进度跟不上,其学习能力仍需加强。

5. 学生上学校的网课遇到问题时,仅半数左右的家长向老师反映

网课还有一个弊端,就是不能做到课堂教学那种即时性的互动和沟通。

图 43 学生能否跟上进度

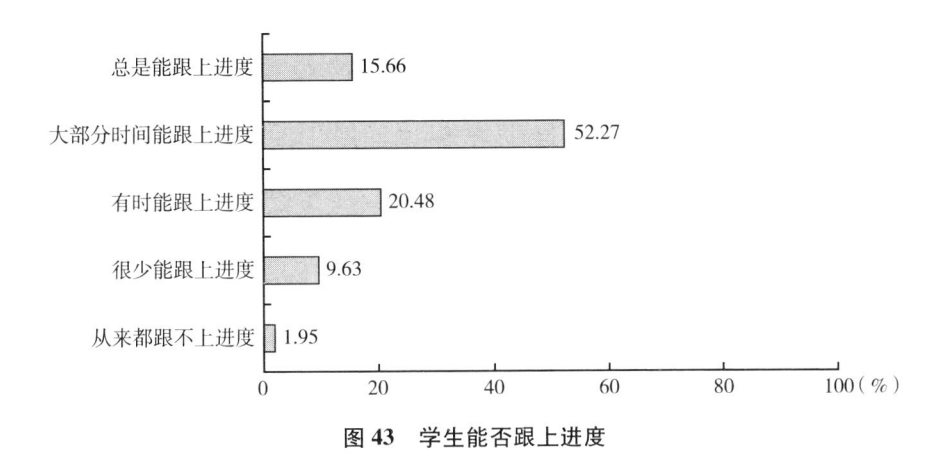

- 总是能跟上进度 15.66
- 大部分时间能跟上进度 52.27
- 有时能跟上进度 20.48
- 很少能跟上进度 9.63
- 从来都跟不上进度 1.95

当孩子跟不上网课教学进度时，仅有51.54%的家长会向老师反馈。这也会导致网课的授课、学生学习质量打折扣。

（二）遇到问题

1. 网络、手机等硬件问题较少，沟通、交流和辅导等软件问题较多

网课学习也会暴露出一些学生难以应对的问题，总的来看，手机、电脑等上网设备不足，网络不稳定、经常掉线，流量等硬件方面的问题在上网课时较少发生，而辅导功课、与老师沟通、注意力集中等软性问题较为突出（见图44）。

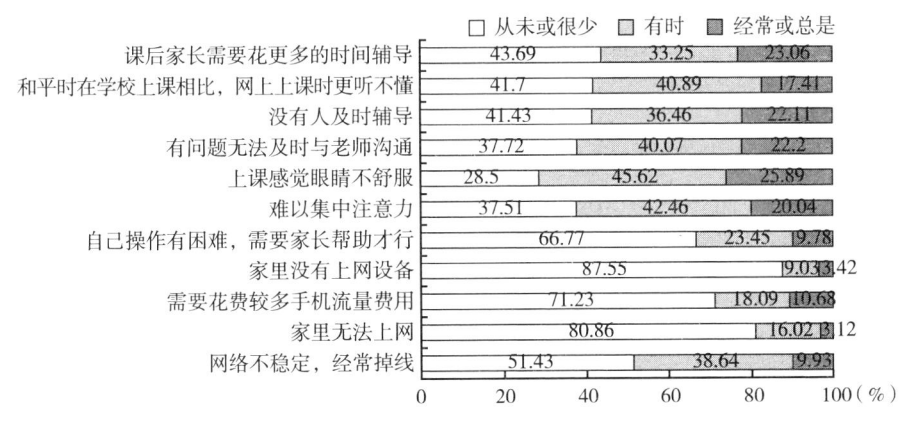

从未或很少 | 有时 | 经常或总是

项目	从未或很少	有时	经常或总是
课后家长需要花更多的时间辅导	43.69	33.25	23.06
和平时在学校上课相比，网上上课时更听不懂	41.7	40.89	17.41
没有人及时辅导	41.43	36.46	22.11
有问题无法及时与老师沟通	37.72	40.07	22.2
上课感觉眼睛不舒服	28.5	45.62	25.89
难以集中注意力	37.51	42.46	20.04
自己操作有困难，需要家长帮助才行	66.77	23.45	9.78
家里没有上网设备	87.55	9.03	3.42
需要花费较多手机流量费用	71.23	18.09	10.68
家里无法上网	80.86	16.02	3.12
网络不稳定，经常掉线	51.43	38.64	9.93

图 44 上网课遇到的问题

其中,"有问题无法及时与老师沟通"是家长反映较多的问题,占比22.2%。还有22.11%的家长反映学生"没有人及时辅导",17.41%的家长反映"和平时在学校上课相比,网上上课时更听不懂",20.04%的家长反映"难以集中注意力"。对于家长而言,课后也需要家长花更多时间进行辅导,增加了家长的辅导压力。如前所述,大部分家长也需要上班工作,这种情况容易导致网课结束后,不能及时辅导子女功课,巩固知识。

从硬件方面来看,无网络、无设备或网络不稳定、不会操作等问题也困扰着一些同学。但硬件问题相对较轻,易于解决。另外,网课依赖于上网终端,但手机、电脑屏幕对眼睛会产生一定的伤害。占比25.89%的学生家长表示孩子经常或总是"上课感觉眼睛不舒服"。

2. 大多数学生家长倾向线下上课或者网上和线下相结合的上课方式

总体来看,在上课方式的选择中(见图45),大多数的学生家长倾向线下上课(58.69%),还有相当一部分学生倾向网上和线下相结合的上课方式(38.98%),只有少数同学倾向网上上课(2.33%)。

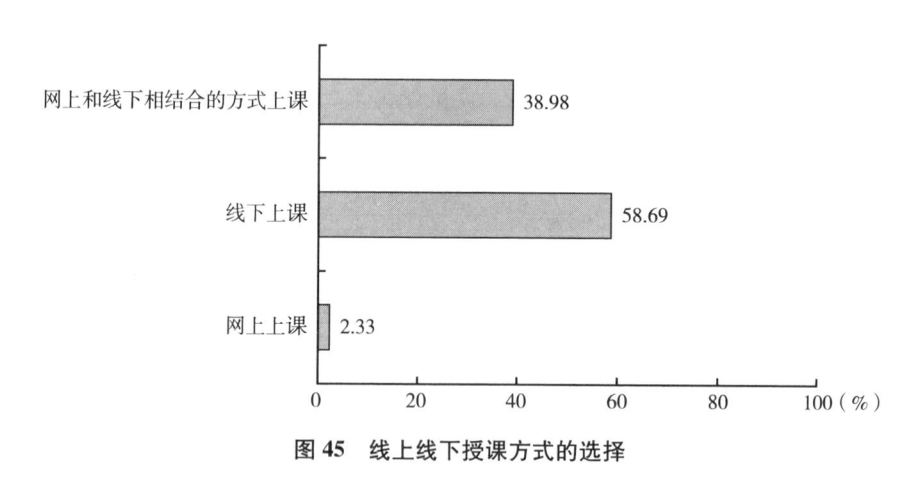

图45 线上线下授课方式的选择

从学生家长角度出发,他们也认为线下课堂更具吸引力。这就需要充分发挥好线上、线下学习方式的各自优势,才能实现两者高效融合。

四 家长对未成年人网络使用与人际关系的评价

(一)父母对未成年人使用互联网的评价总体偏向积极正面

近年来,随着网络和智能手机的迅速发展,中小学生接触手机和网络游戏的比例日益增长,也引发了全社会对网络游戏及中小学生教育、成长的广泛关注。父母对未成年人使用互联网的认识有分歧,但总体偏向积极正面(见图46)。

项目	比例(%)
互联网可以提升青少年的创造能力	44.79
互联网是青少年拓展视野、了解世界的重要渠道	50.83
在网上,青少年更容易找到兴趣相同的人	24.85
网络是青少年认识朋友的重要渠道	17.33
在网上,青少年能够充分表达自我	29.86
青少年娱乐放松的主要途径就是互联网	26.32
互联网是青少年日常学习的重要助手	52.31
互联网是青少年获取信息的重要渠道	59.06

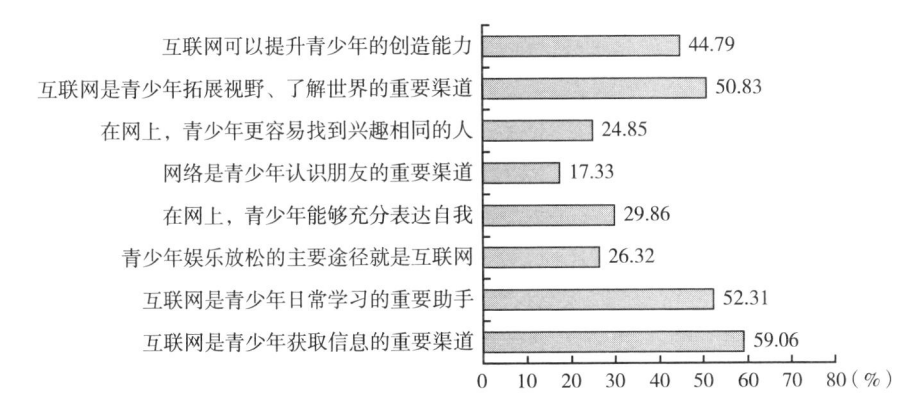

图46 父母对青少年使用互联网的认知

首先,59.06%的学生家长认为"互联网是青少年获取信息的重要渠道",52.31%的学生家长认为"互联网是青少年日常学习的重要助手",50.83%的学生家长认为"互联网是青少年拓展视野、了解世界的重要渠道",44.79%的学生家长认为"互联网可以提升青少年的创造能力"。

此外,还有少部分学生家长赞同"在网上,青少年能够充分表达自我""青少年娱乐放松的主要途径就是互联网""在网上,青少年更容易找到兴趣相同的人""网络是青少年认识朋友的重要渠道"等观点。

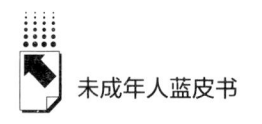

（二）亲子关系自评

1.家长眼中的亲子关系较为融洽

近年来，随着计算机和互联网在家庭中的迅速普及，传统的亲子关系发生了很大的变化，网络时代的亲子关系正处于解构和重塑的转型阶段。

总的来看（见图47），受访家长眼中的亲子关系较好，处于积极的氛围中。其中，84.73%的父母经常或总是关心孩子，68.97%的父母经常或总是对自己的孩子的关系感到满意，67.33%的父母经常或总是在孩子遇到问题时帮忙解决，60.76%的父母经常或总是喜欢或赞扬孩子做的事情。此外，过半数的父母表示总是或经常"孩子会与父母谈论个人秘密和感受""孩子和父母一起做开心的事"，体现出亲密无间的亲子关系。

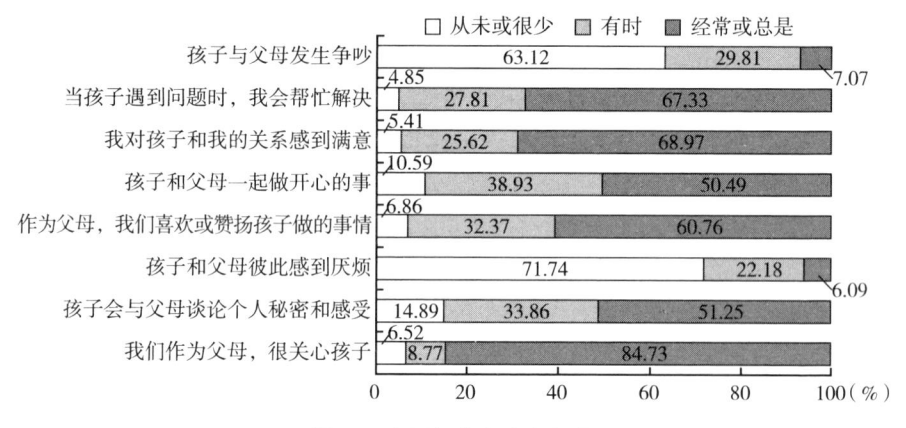

	从未或很少	有时	经常或总是
孩子与父母发生争吵	63.12	29.81	7.07
当孩子遇到问题时，我会帮忙解决	4.85	27.81	67.33
我对孩子和我的关系感到满意	5.41	25.62	68.97
孩子和父母一起做开心的事	10.59	38.93	50.49
作为父母，我们喜欢或赞扬孩子做的事情	6.86	32.37	60.76
孩子和父母彼此感到厌烦	71.74	22.18	6.09
孩子会与父母谈论个人秘密和感受	14.89	33.86	51.25
我们作为父母，很关心孩子	6.52 / 8.77		84.73

图47 亲子相处方式和频率

此外，与父母经常发生争吵的人仅为7.07%，孩子与父母彼此感到厌烦的比例也仅有6.09%，比例较低。这些都说明父母眼中，他们和子女之间真诚沟通、彼此熟悉，能维持和谐的家庭环境。

2.绝大多数的未成年人和父母关系亲近

（1）女生家长、城市地区的学生家长与子女之间更为亲近

绝大多数的父母认为自己和子女之间有亲近的感觉，但拥有这种感觉

的父母在子女所属不同性别、不同地区学校之间占有不同的比重（见图48）。

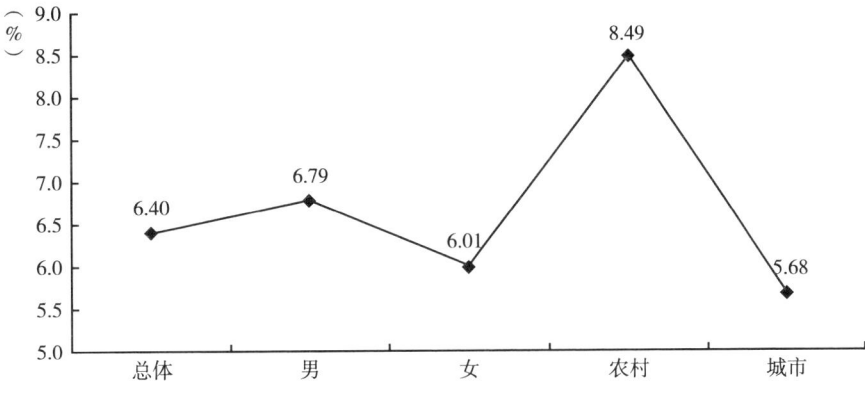

图48 和父母关系不亲近的比例（分性别、城乡）

女学生家长认为自己和子女之间不亲近的占比6.01%，男学生家长认为自己和子女之间不亲近的占比6.79%，两者相差不大，前者认为自己和子女之间更为亲近。

农村地区的学生家长认为自己和子女之间不亲近的占比8.49%，城市地区的学生家长认为自己和子女之间不亲近的占比5.68%，两者相差较大，城市地区的学生家长认为自己和子女之间更为亲近。

（2）和子女同住的父母拥有更多亲子亲近感

子女和父母的亲近感在子女和父母不同同住形式之间也占有不同的比重（见图49），其中不和子女同住的父母中认为他们并不亲近的占比13.84%，子女和母亲同住的父母中认为他们并不亲近的占比与和父亲同住的父母中认为他们并不亲近的占比相差不大，分别为7.85%和7.52%，和父母同住的父母中认为他们并不亲近的占比5.42%。反过来，和子女同住的父母拥有这种亲近感的比重最大，和子女关系亲近的父母数量最多。

（3）随着年级增加，父母和子女间亲近的感觉越来越少

在不同的学习阶段，学生与父母的亲近程度有一定差距（见图50）。

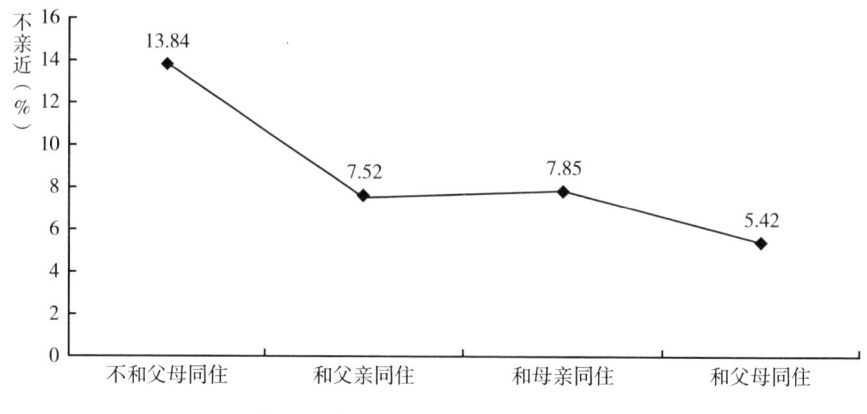

图 49 和父母同住方式与不亲近感

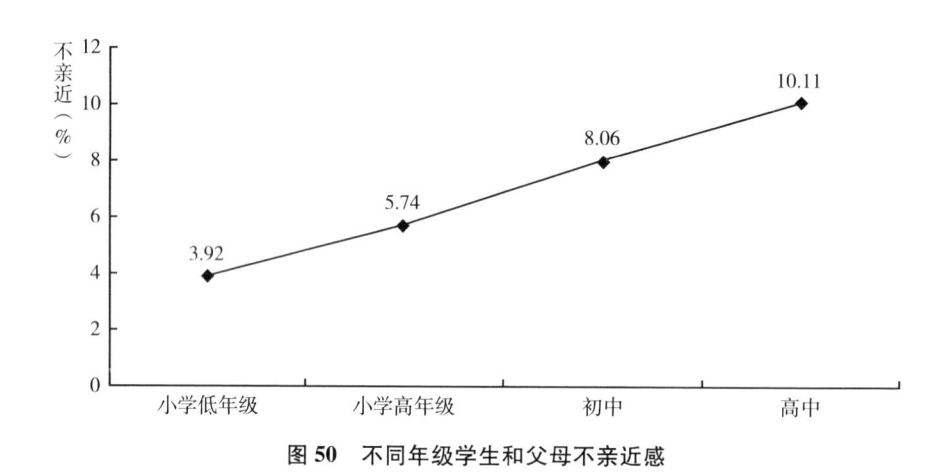

图 50 不同年级学生和父母不亲近感

3.92%的小学低年级的学生父母感觉他们不亲近，5.74%的小学高年级的学生父母感觉他们不亲近，这说明小学阶段学生和父母较为亲近，小学生对父母的依赖程度相对较高，小学生更愿意和父母分享自己的生活和学习状况。初中年级的学生中有8.06%的父母认为自己和子女间没有亲近的感觉，而高中年级的学生家长相同观点的比重最高，为10.11%。随着年龄的增长，父母和子女之间会有一些隔阂，影响亲子关系中对亲近感觉的体验。随着年级增加，学生自我意识的确定和自我角色的形成越来越具有各自特点，最典型的心理特征就是自我同一性和角色混乱的冲突，在一定程度上拉远了父母与子女间亲近的感觉,父母需要根据孩子不同的性格做出不同措施。

3. 父母和孩子的互动集中体现在日常生活中

亲子互动集中于最日常的生活之中,而最频繁的亲子活动主要是一些日常生活事项,如读书、吃饭、运动、看电视等。

通过图51可见,父母经常和子女一起吃晚饭的比重占到了92.71%,72.18%的家长会经常陪伴孩子看电视,71.49%的家长会经常陪伴孩子读书,63.63%的家长会经常陪伴孩子做运动。其实事无大小,多些陪伴总能促进亲子关系的延伸,父母的此类行为值得鼓励。反过来,仅有9.63%的家长会经常陪孩子玩电子游戏,10.85%的家长经常陪孩子外出看电影、演出、体育比赛等,10.86%的家长会经常陪孩子去博物馆、科技馆、画展等地方参观,28.74%的家长会经常陪伴孩子去公园、游乐场等地方,49.81%的家长会经常陪孩子上网,45%的家长会经常陪孩子看短视频或直播。我们注意到,家长不经常陪伴孩子进行的项目一部分是父母不太擅长的电子游戏、网络视频等内容,一部分是各种户外活动。其实陪伴不仅局限于日常生活之中,陪孩子去参与文化娱乐活动、陪他们户外活动,对改善亲子关系往往能起到良好的效果。

活动	从未做过	经常做
一起玩电子游戏	72.66	9.63
外出看电影、演出、体育比赛等	20.35	10.85
外出去公园、游乐场等	6.49	28.74
去博物馆、科技馆、画展等地方参观	25.53	10.86
做运动	11.14	63.63
看短视频或直播	38.18	45.00
上网	34.28	49.81
看电视	8.09	72.18
读书	10.97	71.49
吃晚饭	0.94	92.71

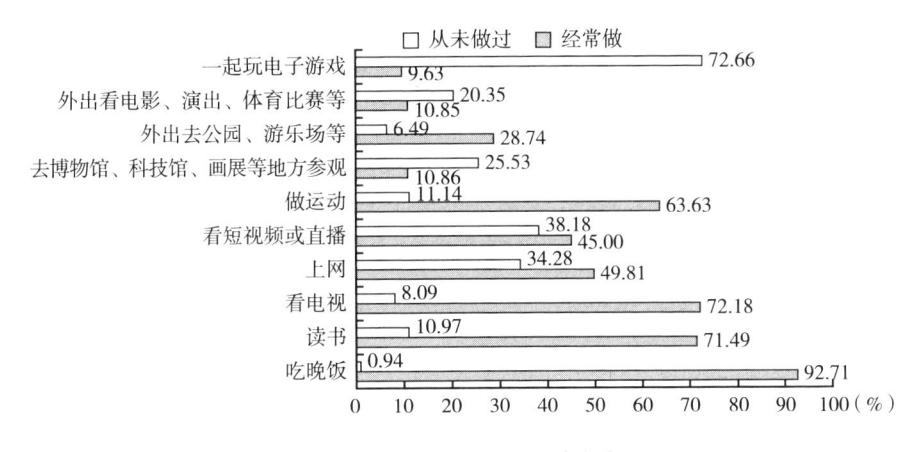

图51 父母和孩子的互动方式

4. 近八成家长认为孩子会和自己分享网上内容

总的来看,绝大多数家长都认为孩子会和自己分享网上看到的内容

（见图52）。其中，占总数5.17%的家长认为孩子总是和自己分享在网上看到的内容，有近四分之一（23.39%）的家长认为孩子"经常"和自己分享网上看到的内容，而更多的学生家长认为孩子有时会和自己分享在网上看到的内容，占比40.76%。

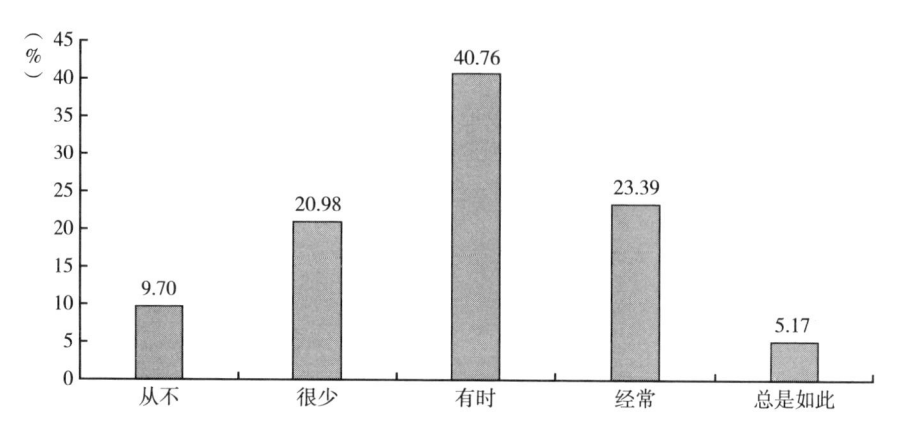

图52 孩子和父母分享内容的频率

相比之下，占总数9.7%的家长认为孩子从不和自己分享在网上看到的内容，20.98%的家长认为孩子"很少"分享在网上看到的内容。

（三）子女网络社交情况

1. 超半数的学生没有网友，绝大部分学生很少有网友

在家长看来（见图53），学生群体中网友的占比仍较少，63.17%的学生家长表示孩子完全没有网友，19.54%的学生家长表示孩子很少有网友，认为孩子有非常多网友的学生家长占比仅为1.76%。

2. 父母是孩子遇到困难时的第一求助者

父母有更多的人生体验和经历，他们处理问题的方式更加成熟，也能够更加有效的解决困难，为未成年人提供示范。统计结果显示（见图54），三分之二的父母认为孩子遇到困难会向自己来求助，占比66.09%。其后，21.83%的父母认为孩子遇到困难会想到找同学、朋友解决。未成年人与同

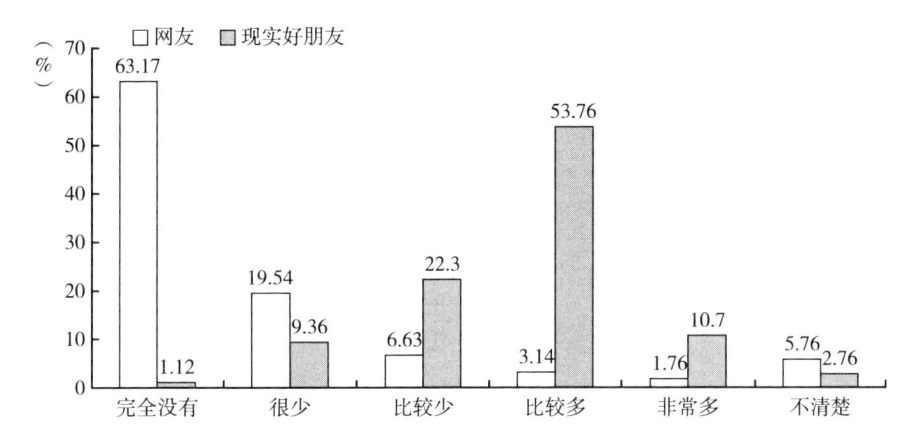

图 53 父母眼中孩子在网络和现实中的好友数量

学、朋友处于同一个成长阶段，思维方式和行为方式较为相似，更容易产生共鸣，因此遇到困难找同学、朋友倾诉或帮忙的未成年人占比 1/5 左右。其后，父母认为有 3.67% 的学生遇到困难会告诉老师。

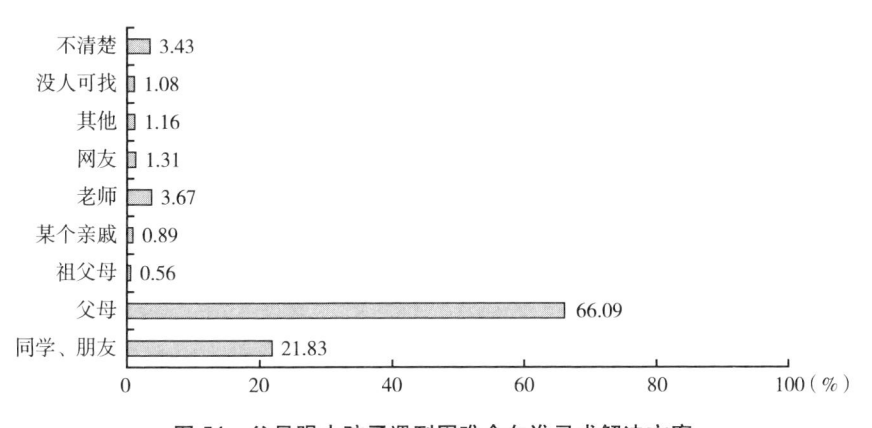

图 54 父母眼中孩子遇到困难会向谁寻求解决方案

（四）对子女网络使用的管理和规定

1. 父母对孩子的监督严格程度较高

根据调研（见图 55），84.82% 的家长管理着孩子每天的回家时间，

413

83.61%的父母尤其关注孩子的上网时间，77.54%的父母会约束孩子看电视的时间，76.94%的父母会监督孩子的学习，另外，75.13%的父母十分注重学生在学校里的表现。其至还有半数左右的家长会干涉孩子和谁交朋友（53.19%）、穿衣打扮（46.72%）。中国式教育背景下，父母严格管教孩子成长的方方面面，全心全力照顾孩子，安排好孩子生活的每一个细节，保证孩子全力专注于应试学习。但对孩子的过分干预不仅不利于孩子的成长，还不利于和谐的家庭环境。这就需要父母不断体会和摸索，找到最适合自己孩子的监督方式。

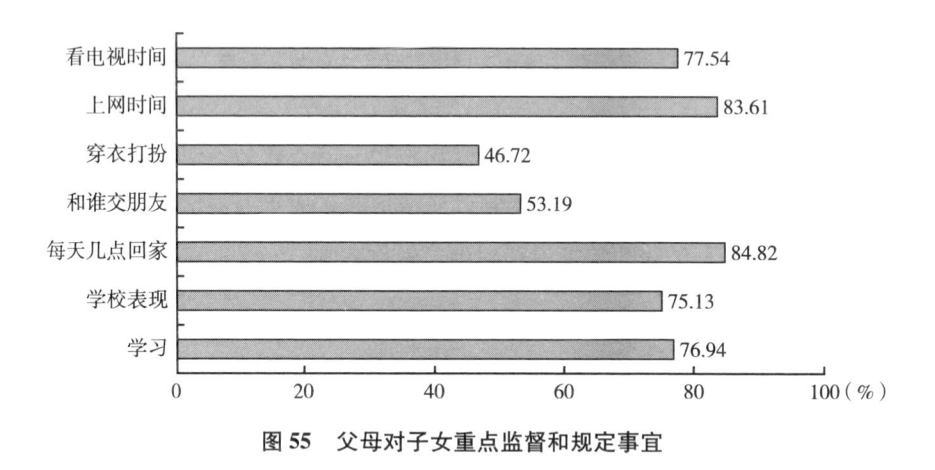

项目	百分比
看电视时间	77.54
上网时间	83.61
穿衣打扮	46.72
和谁交朋友	53.19
每天几点回家	84.82
学校表现	75.13
学习	76.94

图55 父母对子女重点监督和规定事宜

2. 40%左右的学生家长设定过"青少年模式"

目前，我国网民中未成年网民比例很高。未成年人由于好奇心强、辨别力和自控力较弱，容易沉迷网络，影响学业和身心健康。因此，"青少年模式"的推出对于促进未成年人健康成长具有积极意义。在子女使用一些网络应用看视频、玩游戏的时候，41.44%的学生家长设定过"青少年模式"（见图56）。家长设定"青少年模式"的初衷只是为了约束孩子的上网时间、帮助孩子形成良好的上网习惯，"青少年模式"或多或少能起到一定的作用。此外，还有30.66%的学生家长知道孩子曾偷偷使用网络，24.37%的孩子会做私密设置，16.07%的孩子有家长不知道的账号。

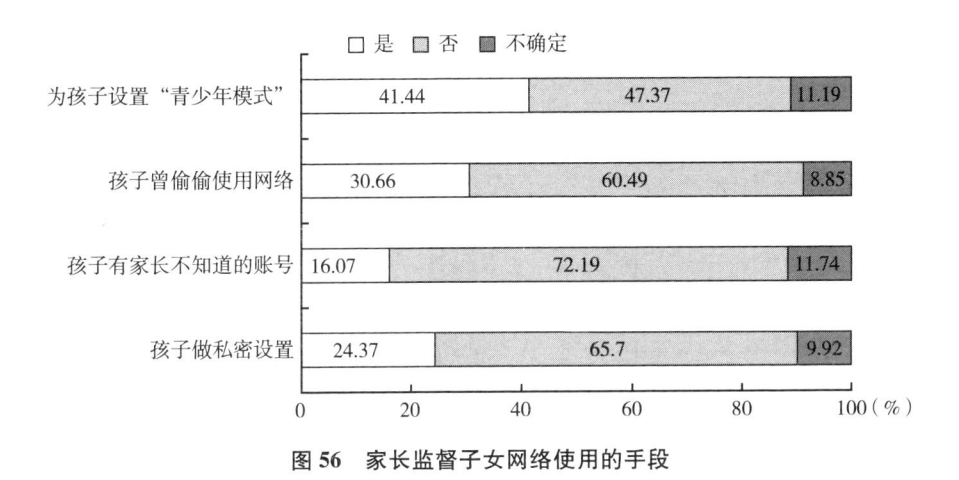

家长对子女在线教育及人际关系评价研究

	是	否	不确定
为孩子设置"青少年模式"	41.44	47.37	11.19
孩子曾偷偷使用网络	30.66	60.49	8.85
孩子有家长不知道的账号	16.07	72.19	11.74
孩子做私密设置	24.37	65.7	9.92

图56 家长监督子女网络使用的手段

（五）子女学习成绩

1. 家长眼中，孩子学习成绩大体处于中等或中等偏上水平

据了解，受访学生家长对孩子学习成绩在班级中的排位认知较为乐观但仍相对谦虚。通过图57可见，37.11%的学生家长表示孩子的成绩水平在中等偏上的位置，有32.44%的学生家长表示孩子成绩处于中等水平，还有9.73%的学生家长表示孩子学习成绩很好。仅15.36%的学生家长表示孩子的成绩水平在中等偏下的位置，仅5.36%的学生家长表示孩子的成绩不好。大多数受访学生家长对孩子成绩所处水平较为自信。

2. 将近半数的学生家长认为子女上次考试的位置较为靠前

在受访家长眼里（见图58），有29.92%的家长认为自己的子女上次考试成绩排名中等靠前，29.74%的学生家长认为子女上次考试成绩排名中等，有14.33%的被访家长认为子女上次考试成绩排名中等靠后，以及有2.67%的学生家长不清楚自己孩子上次考试成绩的排名位置。这说明，受访家长认为子女的学习成绩整体较好。

3. 过半数的学生家长及学生自己对上次考试成绩不满意

总体来看，超过半数的受访学生家长及学生自己认为上次考试的成绩不

415

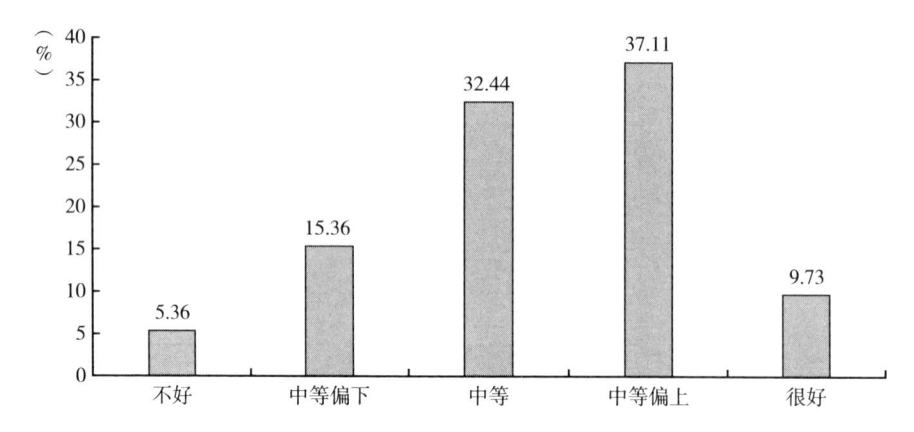

图 57　家长眼中的子女学习成绩

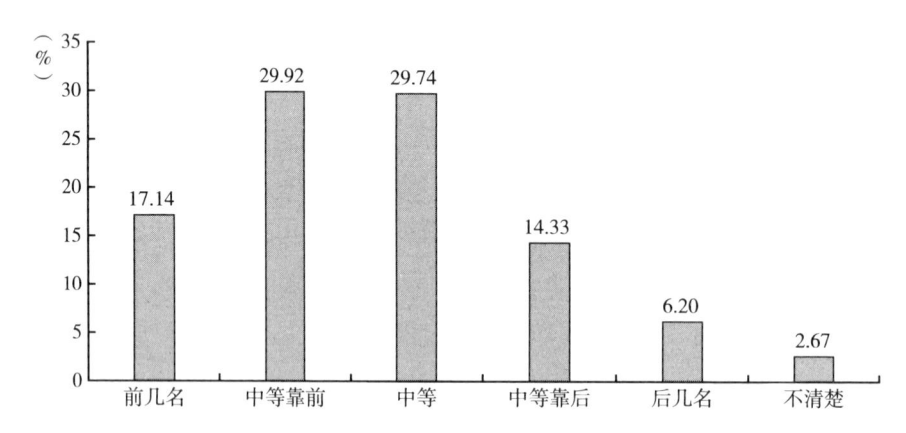

图 58　学生家长眼中子女的上次考试成绩排名

太理想。通过图 59 可见，46.19%的学生家长对其孩子上次考试所取得的成绩不太满意，49.97%的学生对自己上次考试所取得的成绩不太满意。其后，38.09%的学生家长对其孩子上次考试所取得的成绩比较满意，37.35%的学生对自己上次考试所取得的成绩比较满意。10.76%的学生家长对其孩子上次考试所取得的成绩非常不满意，8.41%的学生对自己上次考试所取得的成绩非常不满意。最后，4.96%的学生家长对其孩子上次考试所取得的成绩非常满意，4.27%的学生对自己上次考试所取得的成绩非常满意。

对比发现，学生对自己成绩的满意度要低于家长的评价。因此，学生成

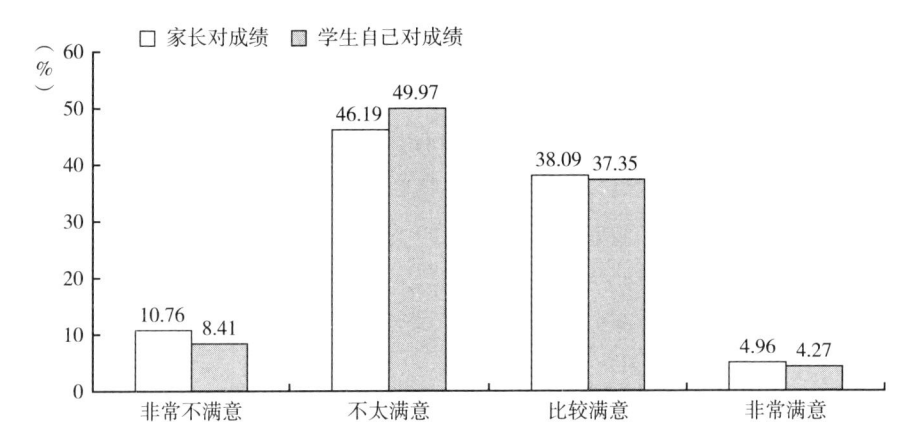

图 59 家长及学生自己对学生上次考试成绩的满意程度

长的过程需要家长的鼓励与认同，他们也需要家长、老师辅导其进行心理调适，以增强学习动力，取得更多进步和自我认可。

4. 大约半数的受访学生家长觉得孩子学习压力较大

现在学生的学习压力普遍较大。通过图 60 可见，受访学生家长中有将近一半的人觉得孩子压力比较大，占比 46.54%，6.79% 的家长表示孩子压力非常大。这表明需要采取有效措施，帮助学生和家长缓解压力，调节学习带来的紧张感。此外，40.23% 的家长表示孩子压力不太大，6.43% 的家长表示孩子完全没有压力。

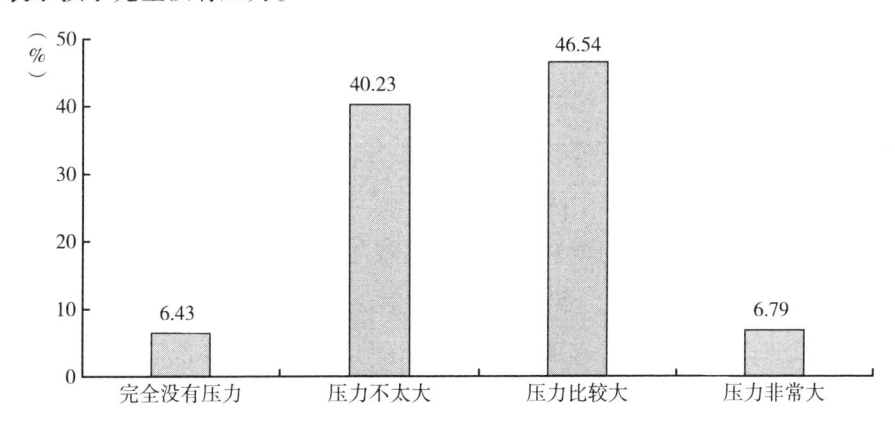

图 60 家长认为子女的学习压力

417

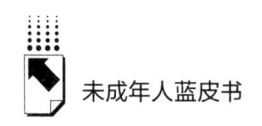

5. 大部分的学生家长表示对自己孩子的未来有信心

绝大多数家长对子女未来抱有乐观期待。通过图61可见，51.24%的受访学生家长表示对孩子的未来比较有信心，30.97%的学生家长表示对孩子的未来非常有信心。相反，仅15.66%的学生家长表示对孩子的未来不太有信心，仅2.13%的学生家长表示对孩子的未来完全没有信心。

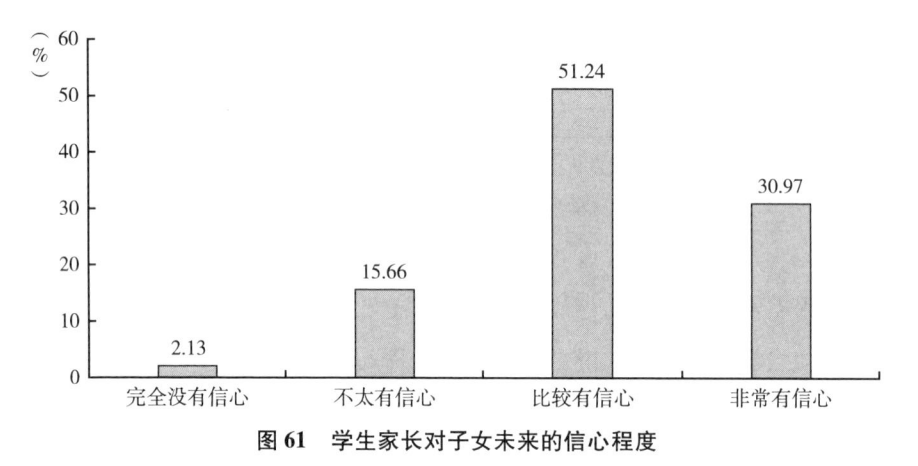

图61 学生家长对子女未来的信心程度

五 总结和讨论

家长作为网络教育中的参与主体，从其自身的视角来看待未成年人的在线教育以及人际关系，提出针对性地监督、引导措施，对于未成年人网络使用和人际关系也是极为关键的。

首先，由于学校和家长的监督和管理，大多数学生的上网时间和频率都较为合理，且主要是周末上网。但学生的触网年龄普遍较低，初次触网时间主要在小学，使用网络的频率和强度则随着年龄（学习阶段）上升而逐渐上升。分人群看，男生的上网时长多于女生，农村学生的上网时长多于城市学生，父母陪伴在身边也有助于通过密切的互动和引导降低使用网络的强度。这对于分类型、精准化和合理化引导未成年人的上网行为提出了较高要求。

第二，落实政策要求，在线教育开展情况普遍较好。在线教育开展形式较为丰富多样，网课可以覆盖到较多课程，新冠肺炎疫情期间授课学习转到线上，保障疫情期间的"停课不停学"。但由于学习阶段的特点，中小学课程的开展仍然以三大主课为主导。家长对网络教育开展情况普遍持积极评价，在教学过程中，网络、手机等硬件问题较少，沟通、交流和辅导等软件问题较多。从学习效果来看，大多数家长也倾向线上线下相结合的方式。这也说明，需要妥善解决在线课程中遇到的互动和交流问题，及时有效处理学生遇到的学习问题，做好反馈与沟通，优化学习效果。

第三，父母对未成年人使用网络的评价总体偏向积极正面。从人际关系方面，绝大多数父母认为子女没有或较少有网友，这与未成年人的回答存在一定的差异。另外，父母对于未成年人上网的监督和管理较为严格。在子女遇到问题时，父母也是其第一求助者，确保未成年人安全使用网络。亲子关系方面，父母认为亲子关系总体上较为融洽、亲近，亲子互动集中体现于日常生活中。从未成年人心理发展的角度，低年级到高年级学生也需要不同的教育、教学及培养策略。

第四，网课的费用对于家庭支出造成了较大的压力。家长承担网课费用有较大负担，并体现出明显的城乡、重点中学和非重点中学、低年级学生和高年级的差距。此外，由于教育资源分布不均，城乡差距凸显，城乡之间的在线教育质量也有明显差距。因此，需要进一步利用网络技术手段，解决城乡间教育资源分布不平衡和农村教育资源配置不充分的问题，促进教育事业取得更高质量的发展。

B.15 家庭因素对未成年人网络沉迷的影响研究[*]

张　衍　马　畅[**]

摘　要： 本报告调查了11991对未成年人及其家长，发现家长评价孩子网络沉迷的严重程度高于孩子自评，家长评价孩子的得分属于网络沉迷得分较高组的占34.04%，约为孩子自评的2倍。70%以上的家庭主导者为母亲，母亲对降低未成年人网络沉迷风险作用较大，但父亲作为主要照看者也能显著降低孩子自评的网络沉迷得分，故应进一步提高父亲的参与度。相比于收入，主观阶层对未成年人网络沉迷的影响更大，自尊在主观阶层和网络沉迷间起到了部分中介作用。良好的亲子关系和父母关系是预防未成年人网络沉迷的关键。有助于降低网络沉迷风险的教养方式是在低期望下的严格管教，但这指的并不是家长是否采取了网络监管行为，而是指家长在孩子学习和生活中的整体监管意识。家长的网络使用观念、周一至周五玩手机游戏和看短视频的时长，也对未成年人网络沉迷有显著影响。预防和干预未成年人网络沉迷，家长需调整自己的教养方式，改善家庭关系，重视孩子的线下生活，并且以身作则，管控自己的上网行为。

关键词： 未成年人　网络沉迷　家庭因素

---

[*] 本报告受到国家社会科学基金青年项目"城镇化进程中社会心态的隧道效应研究"（21CSH045）的资助。
[**] 张衍，中国社会科学院社会学研究所博士后、助理研究员，研究方向为社会心理学和文化心理学，E-mail: zhangyan_ios@cass.org.cn；马畅，沈阳市人民政府驻北京办事处经济协作处二级主任科员。

一 引言

《2020年全国未成年人互联网使用情况研究报告》显示，2020年，我国未成年网民已达到1.83亿人，超过1/3的小学生在学龄前就开始使用互联网且呈逐年上升趋势，随着数字时代的发展，未成年人首次触网的年龄越来越小。互联网为未成年人搭建了数字化的学习、生活、娱乐和社交空间，但是互联网环境复杂多样，未成年人的生理、认知、社会性和人格尚未成熟，未成年人网络沉迷状况应引起关注。在研究中，网络沉迷或网络成瘾又称"病理性互联网使用"（Pathological Internet Use，PIU）（雷雳、杨洋，2007）。这是一种多维度的综合征，包括认知和行为的诸多症状，这些症状可能导致如社会退缩、逃学、孤独、抑郁等社会性的、学业的以及健康等方面的消极后果（雷雳，2010；Caplan，2005；Davis，2001）。

因此，研究探讨未成年人网络沉迷的影响因素对预防和干预未成年人网络沉迷具有重要的现实意义。在众多影响因素中，家庭因素成为研究者关注最多的因素之一，包括但不限于家庭环境、亲子依恋、亲子关系、教养方式、父母关系等（邓林园等，2012，2013；张锦涛等，2011；周春莲等，2004）。2019年3月，由国家互联网信息办公室牵头，各网络平台纷纷上线"青少年模式"，在使用时间段、时长、功能和浏览内容等方面对未成年人上网行为等进行规范。但是，"青少年模式"并不是强制性的，家长输入密码后也可解除限制，因此，这一模式一方面帮助家长控制未成年人的上网行为，另一方面也赋予了家长更多的监管责任。

家庭是个体社会化及发展的首要场所。在个体处于青春期这一发展阶段时，家庭系统及其相关因素对个体影响的重要作用已经得到了许多理论和实证研究的支持。许多研究在探讨影响因素时，或者仅使用家长评价，或者仅使用孩子自评。然而，家长可能存在高估的情况，孩子可能存在低估的情况。仅用一种评价方式可能有失偏颇，我们也并不能判断哪种评价方式更贴近孩子真实的网络沉迷状况。因此，因此，本报告基于"未成年人数字生

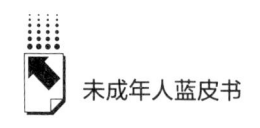

活与网络保护调查"的全国调查，采用孩子自评和家长评价两种视角，分别探讨了影响这两种评价结果的家庭因素。未成年人回答关于自身的问题，家长回答关于孩子的问题。测量量表使用的是雷雳、杨洋（2007）编制的《青少年病理性互联网使用量表》。该量表由凸显性、耐受性、强迫性上网/戒断症状、心境改变、社交抚慰和消极后果6个维度组成。根据研究需要，在凸显性、耐受性、强迫性上网/戒断症状和心境改变4个维度中各选择1道题目，在消极后果维度选择3道与网络成瘾相关的题目，共7题用于测量青少年的网络沉迷。为避免孩子或家长选择"中立"的比例较大，本报告采用四级评分的方式，迫使被试在完全不符合（=1）、不符合（=2）、符合（=3）和完全符合（=4）间选择，得分越高，代表孩子自评或家长评价的网络沉迷得分越高。在本研究中，孩子自评的内部一致性（Cronbach's α=0.866）和家长评价的内部一致性（Cronbach's α=0.901）都较高。

本报告主要分析了家庭地位、家长照料和家长网络使用行为的影响。其中，家庭地位分为父母学历、客观地位和主观地位；家长照料通过谁负责填问卷进行了间接测量，通过未成年人对主要学习照看者和生活照料者的选择进行了直接测量。此外，还分析了家庭关系（包括亲子关系和父母关系）、父母的教养方式（包括教育支出、家长对孩子学习成绩的满意程度和家长的严格程度）和家长网络监督行为（包括是否使用"青少年模式"和是否允许孩子自己下载软件）的影响。家长网络使用行为则分析了家长的上网频率以及玩手机游戏、看短视频、看视频和看直播四种常见上网行为的上网时长和家长的网络使用观念对未成年人网络沉迷的影响。本研究的控制变量包括孩子性别、孩子年级、孩子居住地、父母居住地、父母婚姻状况、父母的孩子数量和学校类型。

二 研究结果

（一）家长评价高于孩子自评

孩子自评网络沉迷的得分为1.87±0.64分，家长评价孩子网络沉迷的得分为2.23±0.68分,两者的相关度较高,相关系数为0.348(p<0.001),但是家长评价的网络沉迷情况较孩子自评的情况严重。

因为量表为四级评分,中值为2.5分,本报告将小于2.5分的未成年人划分为网络沉迷得分较低组,将得分大于2.5分的未成年人划分为网络沉迷得分较高组。结果如图1所示,在匹配样本中,孩子自评属于网络沉迷得分较高组的占15.30%,而家长评价属于网络沉迷得分较高组的占34.04%。孩子自评得分低于家长评价得分,也低于全部样本中孩子自评得分。在全部孩子样本中,自评属于网络沉迷得分较高组的占16.50%。匹配样本的家长评价得分也低于全部家长样本。在全部家长样本中,家长评价属于网络沉迷得分较高组的占37.74%。这可能是因为,孩子和家长都能认真填问卷的家庭更重视家庭教育、亲子关系更好等,这使得他们给出的网络沉迷得分较低。因为孩子可能存在低估网络沉迷的倾向,而家长可能存在高估网络沉迷的倾向,以下从孩子自评和家长评价两个视角,分别对影响未成年人网络沉迷的因素进行分析。

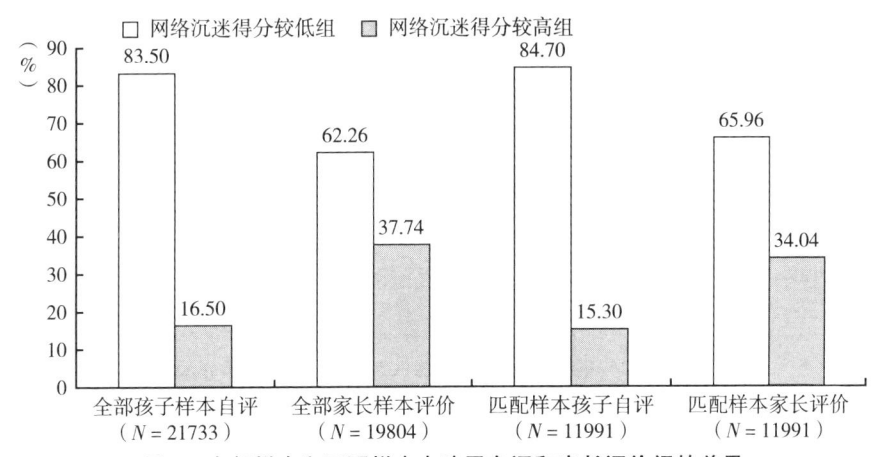

图1 全部样本和匹配样本在孩子自评和家长评价间的差异

(二)男性、高年级学生、农村未成年人、父母离过婚的未成年人和非独生子女网络沉迷得分更高

采用多元回归分析,分析人口学变量对孩子自评网络沉迷和家长评价间的差异,结果发现,在其他特征相同的情况下,相比于男性,女性未成年人

自评网络沉迷得分显著低了 0.118 分，家长评价网络沉迷得分显著低了 0.120 分。相比小学低年级学生，小学高年级学生自评网络沉迷得分显著低了 0.123 分，高中生显著高了 0.086 分，初中生和技校/中专/职高学生与小学低年级学生没有显著差异。但是，相比于小学低年级学生家长，其他年级学生家长评价网络沉迷得分均显著较高，小学高年级、初中、高中和技校/中专/职高学生家长评分分别高了 0.104 分、0.098 分、0.087 分和 0.200 分。相比于目前居住在农村的未成年人，居住在城市的未成年人自评网络沉迷得分显著低了 0.045 分，但是家长评价网络沉迷得分二者没有显著差异。相比于父母居住在农村的未成年人，父母居住在城市的未成年人自评网络沉迷得分显著低了 0.068 分，家长评价网络沉迷得分显著低了 0.085 分。相比于父母是初婚有配偶的未成年人，父母离婚的未成年人自评网络沉迷得分高了 0.081 分，而再婚有配偶的家长评价其孩子的网络沉迷得分高了 0.074 分，但同居的家长评价其孩子的网络沉迷得分显著低了 0.153 分。相比于只有一个孩子，父母有两个孩子的未成年人自评网络沉迷得分高了 0.062 分，家长评价网络沉迷得分高了 0.075 分；父母有三个及以上孩子的未成年人自评网络沉迷得分高了 0.153 分，家长评价网络沉迷得分高了 0.044 分。相比于非重点学校学生，重点学校学生自评网络沉迷得分低了 0.032 分，但家长评价得分二者没有显著差异。可见，男性、高年级学生、农村未成年人、父母离过婚的未成年人和非独生子女网络沉迷的风险可能更高。

表 1　人口学特征对孩子自评和家长评价网络沉迷得分的影响

变量		参照变量	孩子自评		家长评价	
			系数	p 值	系数	p 值
常数			2.015	0.000	2.194	0.000
孩子性别	女性	男性	-0.118	0.000	-0.120	0.000
孩子年级	小学高年级	小学低年级	-0.123	0.000	0.104	0.000
	初中	小学低年级	-0.022	0.212	0.098	0.000
	高中	小学低年级	0.086	0.000	0.087	0.000
	技校/中专/职高	小学低年级	0.075	0.175	0.200	0.005
孩子居住地	城市	农村	-0.045	0.041	0.074	0.002

续表

变量	参照变量	孩子自评 系数	孩子自评 p值	家长评价 系数	家长评价 p值
父母居住地	城市	农村	-0.068	0.002	-0.085	0.000
父母婚姻状况	再婚有配偶	初婚有配偶	0.006	0.829	0.074	0.010
	离婚	初婚有配偶	0.081	0.003	0.050	0.078
	丧偶	初婚有配偶	0.077	0.224	-0.033	0.617
	同居	初婚有配偶	-0.015	0.582	-0.153	0.000
父母孩子数量	两个孩子	一个孩子	0.062	0.000	0.075	0.000
	三个及以上孩子	一个孩子	0.153	0.000	0.044	0.084
学校类型	重点学校	非重点学校	-0.032	0.023	-0.024	0.123

（三）家庭地位对孩子网络沉迷的影响

1. 母亲学历越高，孩子网络沉迷得分越低

如表2所示，在其他人口学特征不变的情况下，相比于父亲学历是初中及以下的未成年人，父亲学历是高中/中专/职高、大学专科、大学本科、硕士及以上的未成年人自评网络沉迷得分分别低了0.031分、0.053分、0.101分和0.129分。相比于母亲学历是初中及以下的未成年人，母亲学历是高中/中专/职高、大学专科、大学本科、硕士及以上的未成年人自评网络沉迷得分分别低了0.059分、0.098分、0.136分和0.133分。可见，父母学历越高，孩子自评网络沉迷得分越低。但是父母学历对家长评价网络沉迷得分没有显著影响。

为进一步探究父母哪一方的学历对未成年人网络沉迷影响更大，笔者将两者同时纳入回归方程，结果发现，在控制了人口学特征后，如果母亲学历不变，父亲学历对孩子自评网络沉迷得分没有显著影响。但是，即使父亲学历不变，相比于母亲学历是初中及以下的未成年人，母亲学历是高中/中专/职高、大学专科、大学本科、硕士及以上的未成年人自评网络沉迷得分分别低了0.061分、0.099分、0.124分和0.104分。父母学历对家长评价网络沉迷得分仍然没有显著影响。

表2 父母学历对孩子自评和家长评价网络沉迷得分的影响

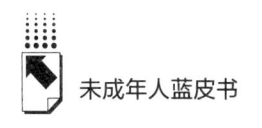

模型	变量		参照变量	孩子自评		家长评价	
				系数	p 值	系数	p 值
模型1：分别纳入	父亲学历	高中/中专/职高	初中及以下	-0.031	0.045	0.011	0.520
		大学专科	初中及以下	-0.053	0.006	-0.013	0.545
		大学本科	初中及以下	-0.101	0.000	-0.019	0.344
		硕士及以上	初中及以下	-0.129	0.000	-0.010	0.764
	母亲学历	高中/中专/职高	初中及以下	-0.059	0.000	-0.007	0.670
		大学专科	初中及以下	-0.098	0.000	-0.009	0.646
		大学本科	初中及以下	-0.136	0.000	-0.022	0.250
		硕士及以上	初中及以下	-0.133	0.000	-0.030	0.432
模型2：同时纳入	父亲学历	高中/中专/职高	初中及以下	0.004	0.814	0.016	0.398
		大学专科	初中及以下	0.015	0.531	-0.007	0.794
		大学本科	初中及以下	-0.017	0.507	-0.010	0.718
		硕士及以上	初中及以下	-0.040	0.285	0.005	0.896
	母亲学历	高中/中专/职高	初中及以下	-0.061	0.001	-0.012	0.536
		大学专科	初中及以下	-0.099	0.000	-0.005	0.837
		大学本科	初中及以下	-0.124	0.000	-0.014	0.588
		硕士及以上	初中及以下	-0.104	0.015	-0.026	0.570

注：控制变量包括孩子性别、孩子年级、孩子居住地、父母居住地、父母婚姻状况、父母的孩子数量和学校类型。因篇幅所限，省略控制变量的分析结果。下同。

可见，如果仅提高父亲学历，但母亲学历不变，对未成年人网络沉迷得分没有显著影响。但是，如果仅提高母亲学历，但父亲学历不变，仍然能显著降低未成年人网络沉迷得分。在模型1的分析中，父亲学历提高对网络沉迷得分的降低作用，是因为父亲学历提高的同时，母亲学历也随之提高。图2呈现了父母学历的关系，父亲学历越高的未成年人，母亲学历也越高。但是模型2的结果提示我们，对降低未成年人网络沉迷作用更大的是母亲学历。

2. 相比于收入，主观阶层对网络沉迷得分的预测力更大

笔者用收入作为指标来测量客观阶层，用孩子和家长自评相对本地的生活水平作为指标来测量主观阶层。结果如表3所示，在控制了人口学特征后，家庭年收入、孩子主观生活水平和家长主观生活水平均对孩子自评和家

家庭因素对未成年人网络沉迷的影响研究

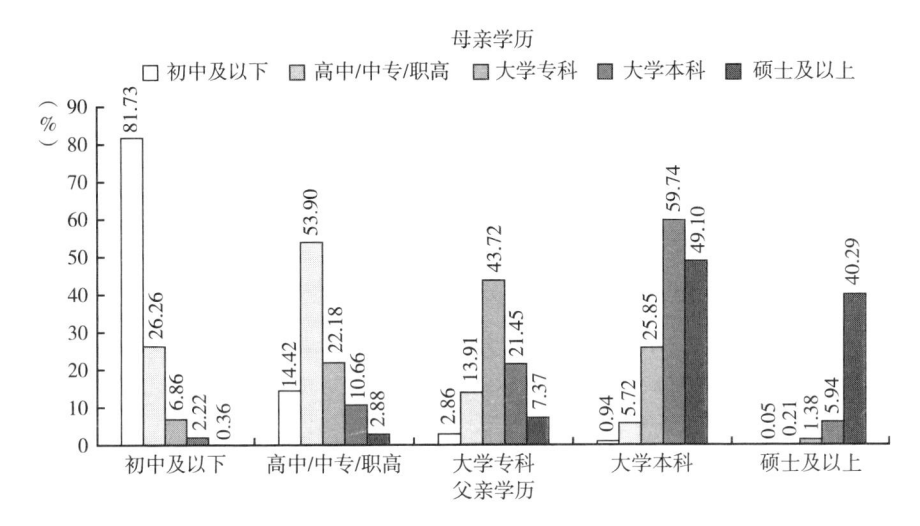

图 2 父母学历的关系

长评价网络沉迷得分有显著影响。家庭年收入每提高一个程度，孩子自评网络沉迷得分降低 0.015 分，家长评价网络沉迷得分降低 0.006 分；孩子主观生活水平每提高一个程度，孩子自评网络沉迷得分降低 0.130 分，家长评价网络沉迷得分降低 0.033 分；家长主观生活水平每提高一个程度，孩子自评网络沉迷得分降低 0.068 分，家长评价网络沉迷得分降低 0.114 分。

表 3 主客观阶层对孩子自评和家长评价网络沉迷得分的影响

模型	变量	孩子自评 系数	p 值	家长评价 系数	p 值
模型 1：分别纳入	家庭年收入	−0.015	0.000	−0.006	0.010
	孩子主观生活水平	−0.130	0.000	−0.033	0.000
	家长主观生活水平	−0.068	0.000	−0.114	0.000
模型 2：共同纳入	家庭年收入	−0.003	0.130	0.006	0.014
	孩子主观生活水平	−0.123	0.000	0.005	0.560
	家长主观生活水平	−0.012	0.187	−0.124	0.000

但是，因为主客观阶层间也存在相互影响，在模型 2 中，笔者将三个变量同时纳入回归方程，考察其他变量不变时，另一个变量的单独作用。结果

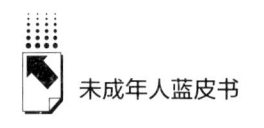

发现，在控制了人口学特征后，如果主观阶层不变，家庭年收入每提高一个程度，对孩子自评网络沉迷得分没有显著影响，但会提高家长评价孩子的网络沉迷得分0.006分。但是，若人口学特征、家庭年收入和家长主观生活水平不变，孩子主观生活水平仅影响孩子自评得分，其每提高一个程度，孩子自评网络沉迷得分降低0.123分；若人口学特征、家庭年收入和孩子主观生活水平不变，家长主观生活水平仅影响家长评价得分，其每提高一个程度，家长评价网络沉迷得分降低0.124分。

可见，相比于收入来说，主观阶层对未成年人网络沉迷的影响更大，如果主观阶层不变，收入反而会起到提高网络沉迷程度的作用。但孩子的主观阶层仅影响其自评的网络沉迷得分，这可能是因为家长的阶层感知会影响孩子的主观阶层感知，进而影响其自评网络沉迷得分。而家长的主观阶层更直接影响的是家长评价的孩子网络沉迷得分。

考虑到在本书《未成年人网络沉迷报告》一文中，自尊对孩子自评网络沉迷得分有显著影响，那么，主观阶层是否可能通过影响自尊来影响网络沉迷呢？在模型2的基础上，笔者进一步纳入了孩子自尊的变量，结果发现，孩子主观生活水平对孩子自评网络沉迷得分仍然有显著影响，但是其系数下降为0.114（$p<0.001$），此为主观生活水平对孩子自评网络沉迷得分的直接效应。在控制了孩子主观生活水平后，自尊对孩子自评网络沉迷得分也有显著影响（B=−0.157，$p<0.001$），且孩子主观生活水平能显著正向预测其自尊水平（B=0.055，$p<0.001$），可见，自尊有中介作用，中介效应为−0.157×0.055≈−0.009，中介效应占总效应的7.3%。

类似地，本书《未成年人网络沉迷报告》一文发现，农村未成年人网络沉迷风险较高，这是否与他们的主观阶层较低有关？如图3所示，尽管城乡未成年人中都有超过50%的人认为自己家属于中等水平，但是农村未成年人中认为自己家属于中等水平以下的占比为30.87%，城市未成年人中认为自己家属于中等以下的占比为13.36%，农村未成年人的主观阶层评价较低。农村未成年人主观阶层对其网络沉迷得分的总效应是−0.075（$p<0.001$），直接效应是−0.070（$p<0.001$），自尊的中介效应是−0.086×0.062≈−0.005，

中介效应占总效应的 6.67%。城市未成年人主观阶层对其网络沉迷得分的总效应是 -0.134（$p<0.001$），直接效应是 -0.125（$p<0.001$），自尊的中介效应是 $-0.171\times0.052\approx-0.009$（$p<0.001$），占总效应的 6.67%。可见，自尊的中介作用在城乡未成年人中相同，但是主观阶层对网络沉迷得分的影响在城市未成年人中更大。

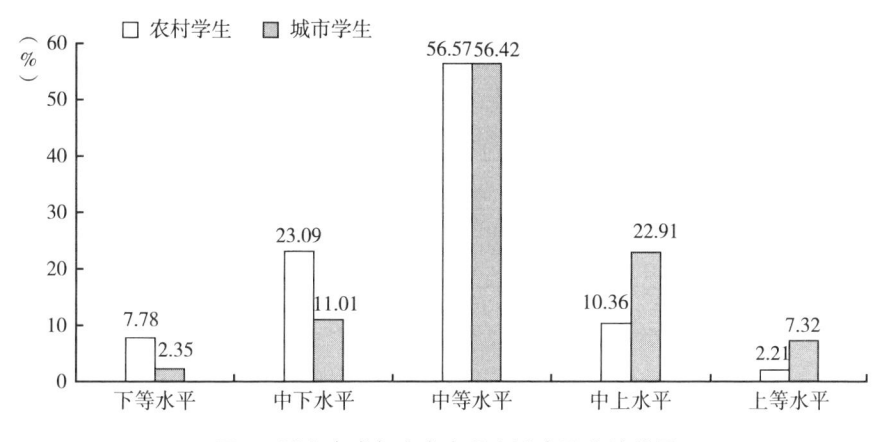

图 3　城乡未成年人在主观生活水平上的差异

（四）家长照料对孩子网络沉迷的影响

1. 多数家庭由母亲填问卷，且对孩子网络沉迷评价更低

在本研究中，仅需父母之一填答问卷，因此谁负责填问卷可以间接反映出家庭中谁主要负责孩子的学习和生活。在全部家长样本（$N=19804$）中，共有 14512 份问卷（占 73.3%）是由母亲作答的；在本研究所采用的匹配样本（$N=11991$）中，共有 8812 份问卷（占 73.5%）是由母亲作答的。两者数据非常接近，反映出我国家庭教育仍然是母亲主导的。

由父亲和母亲谁来主导，对未成年人网络沉迷是否有影响？如图 4 所示，由母亲主导的未成年人中，自评或家长评价属于网络沉迷得分较高组的占比都比由父亲主导的未成年人低。似乎母亲主导有利于降低未成年人的网络沉迷程度，但是进一步的多元线性回归分析结果显示，若人口学特征不变，父母亲谁来填问卷对孩子自评网络沉迷得分没有显著影响，而母亲填问卷的，评价孩子的网络沉迷得分显著比父亲填问卷的下降了0.045分，这可能是因为母亲对孩子的网络沉迷情况更乐观。

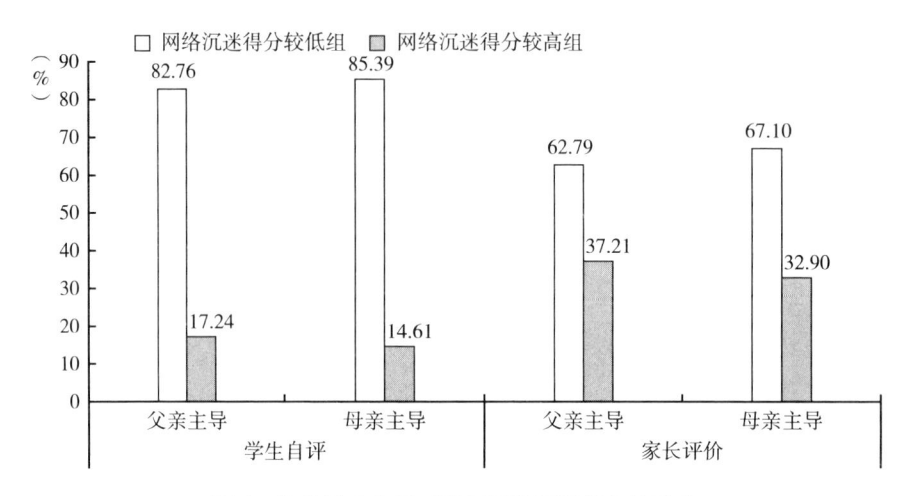

图4 父母谁来主导对孩子网络沉迷得分的影响

2. 父母是学习主要照看者的未成年人，网络沉迷得分更低

谁来填问卷是对父母亲谁来主导孩子学习和生活的一种推测，有一定的偏差。在问卷中，我们询问了孩子"在你家里，你的学习主要是谁在负责照看"以及"在你家里，你的日常生活（除学习外）最主要是谁在照料"两个问题。以下，笔者将分别分析学习和生活主要照顾者对未成年人网络沉迷的影响。

如图5所示，无论是在学习还是生活中，70%以上的未成年人均认为母亲是其主要照料者。在学习上，有17.90%的未成年人选择了父亲是其主要照看者，5.78%的未成年人选择了没人照看，4.65%的未成年人选择了祖父母是其主要照看者；在生活上，有12.91%的未成年人选择了祖父母是其主要照料者，选择父亲和无人照料的分别占10.61%和1.40%。可见，与问卷填答者所反映的情况一致，母亲仍然是主导者，而父亲参与程度较低。

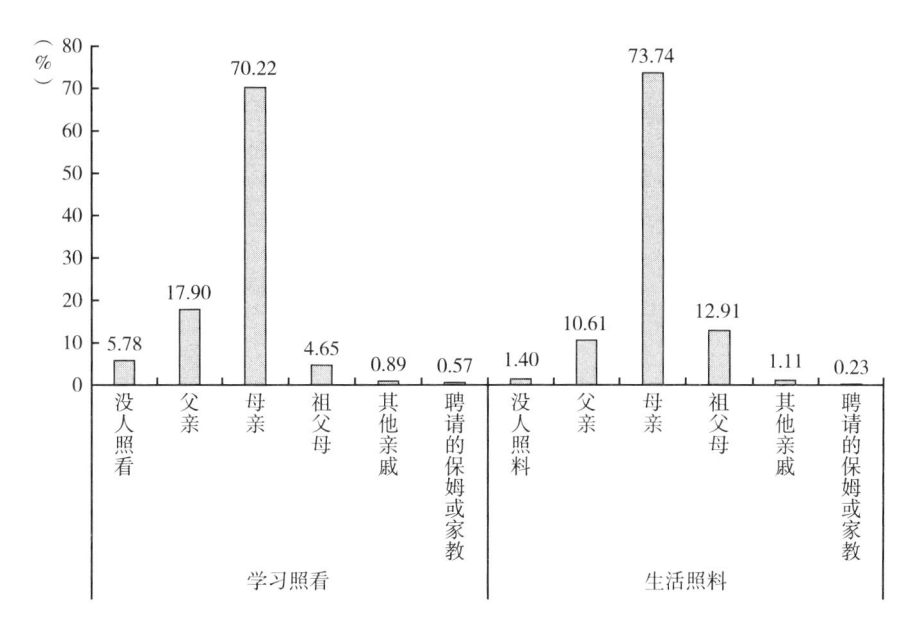

图 5 未成年人学习/生活的主要照顾者

以下分析家庭照料者对未成年人网络沉迷的影响。如表 4 所示，在控制了人口学特征后，相对于在学习上无人照看的未成年人，父亲为主要照看者的孩子自评网络沉迷得分显著下降了 0.076 分，但对家长评价网络沉迷得分没有显著影响；母亲为主要照看者的孩子自评网络沉迷得分显著下降了 0.059 分，家长评价网络沉迷得分显著下降了 0.079 分；祖父母为主要照看者的未成年人家长评价网络沉迷得分显著下降了 0.098 分，但对孩子自评得分没有显著影响。

对生活照料的分析发现，谁是主要生活照料者对孩子自评网络沉迷得分均没有显著影响。但是，祖父母为主要生活照料者的未成年人，其家长评价得分显著下降 0.113 分。祖父母为主要照看/照料者对家长评价网络沉迷的影响，有一种可能是因为填问卷的都是父亲或母亲，对孩子的网络使用情况不了解。其他亲戚、保姆或家教为主要照看/照料者，对孩子自评和家长评价网络沉迷得分的作用，与无人照看/照料的未成年人没有显著差异。这说明对未成年人网络沉迷有影响的主要是父亲和母亲在学习上的照看。

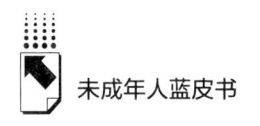

表4 主要照料者对孩子自评和家长评价网络沉迷得分的影响

分类	变量	参照变量	孩子自评 系数	孩子自评 p值	家长评价 系数	家长评价 p值
谁来填问卷	母亲	父亲	-0.019	0.141	-0.045	0.002
学习主要照看者	父亲	无人照看	-0.076	0.008	-0.058	0.059
	母亲	无人照看	-0.059	0.028	-0.079	0.006
	祖父母	无人照看	0.022	0.565	-0.098	0.014
	其他亲戚	无人照看	-0.028	0.631	-0.043	0.514
	保姆/家教	无人照看	-0.009	0.905	-0.035	0.677
生活主要照料者	父亲	无人照料	0.012	0.842	-0.067	0.218
	母亲	无人照料	0.045	0.423	-0.099	0.054
	祖父母	无人照料	0.077	0.184	-0.113	0.035
	其他亲戚	无人照料	0.112	0.164	0.042	0.558
	保姆/家教	无人照料	0.021	0.873	-0.100	0.404

3. 家庭关系越好，网络沉迷得分越低

我们调查了孩子对亲子关系的感知（平均分为3.85±0.73分，满分5分），以及家长对亲子关系的感知（平均分为3.84±0.61分，满分5分）。尽管孩子对亲子关系的评价得分略高，但两者差异不明显，且相关度较高，相关系数为0.516（$p<0.001$），说明孩子和家长对亲子关系的感知较接近。但是，因为亲子关系是个体的主观感受，从理论上来说，孩子对亲子关系的感知只会影响其自评网络沉迷得分，不会影响家长的评价得分，家长对亲子关系的感知同理也只会影响其对孩子网络沉迷的评价得分，而不会影响孩子的自评得分。因此，后续分析中仅分析了孩子的亲子关系感知对孩子自评网络沉迷得分的影响，以及家长的亲子关系感知对家长评价孩子网络沉迷得分的影响。

结果如表5所示，在控制了人口学特征后，孩子和家长的亲子关系感知均能显著影响未成年人的网络沉迷得分。孩子的亲子关系感知得分每提高1分，孩子自评网络沉迷得分显著下降0.214分；家长的亲子关系感知得分每提高1分，家长评价网络沉迷得分显著下降0.339分。可见，良好的亲子关系是预防网络沉迷的保护性因素。

类似地，我们也分别测量了孩子对父母关系的感知（平均分为3.39±0.62

分，满分为 4 分）和家长对婚姻关系的感知（平均分为 3.32±0.61 分，满分为 4 分）。家长对婚姻关系的感知得分略低于孩子，但是两者显著相关，相关系数为 0.330（$p<0.001$）。与亲子关系一样，父母/婚姻关系感知也是个体的主观感受，因此，笔者也仅分析了孩子的父母关系感知对孩子自评网络沉迷得分的影响，以及家长的婚姻关系感知对家长评价孩子网络沉迷得分的影响。

结果如表 5 所示，在控制了人口学特征后，两者均能显著预测未成年人的网络沉迷。孩子的父母关系感知得分每增加 1 分，其自评网络沉迷得分显著下降 0.287 分；家长的婚姻关系感知得分每增加 1 分，其评价孩子的网络沉迷得分显著下降 0.212 分。可见，良好的父母关系也是预防未成年人网络沉迷的保护性因素。

表 5　家庭关系和父母教养方式对孩子自评和家长评价网络沉迷得分的影响

因变量	自变量	系数	p 值
孩子自评	孩子的亲子关系感知	-0.214	0.000
	孩子的父母关系感知	-0.287	0.000
	教育支出	-0.010	0.000
	教育支出（控制收入）	-0.002	0.584
	孩子认为家长对自己成绩的满意程度	-0.141	0.000
	孩子认为家长对自己成绩的满意程度（控制孩子对成绩的满意度）	-0.151	0.000
	孩子认为家长对自己成绩的满意程度（控制孩子对成绩的满意度和实际成绩）	-0.131	0.000
	孩子认为家长的严格程度	-0.077	0.000
	孩子认为家长的严格程度（控制孩子的亲子关系感知）	-0.019	0.095
家长评价	家长的亲子关系感知	-0.339	0.000
	家长的婚姻关系感知	-0.212	0.015
	教育支出	0.008	0.006
	教育支出（控制收入）	0.015	0.000
	家长对孩子成绩的满意程度	-0.160	0.000
	家长对孩子成绩的满意程度（控制孩子对成绩的满意度）	-0.162	0.000
	家长对孩子成绩的满意程度（控制孩子对成绩的满意度和实际成绩）	-0.132	0.000
	家长自评严格程度	-0.115	0.000
	家长自评严格程度（控制家长的亲子关系感知）	<0.001	0.983

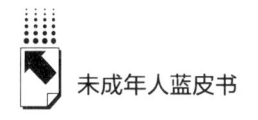

4. 家长对孩子学业的满意程度和严格的教养方式可预测网络沉迷得分

笔者从三个方面分析了父母教养方式的影响，分别是：教育支出、家长对孩子学习成绩的满意程度和家长的严格程度。

如表5所示，在人口学特征不变的情况下，教育支出对孩子自评和家长评价孩子网络沉迷得分有显著影响。但因为支出与收入往往呈正相关关系，进一步控制家庭收入后发现，如果家庭收入水平不变，教育支出每增加1个程度，孩子自评网络沉迷得分没有显著变化，但家长评价孩子的网络沉迷得分显著上升0.015分。这可能是因为在收入相同的情况下，越愿意花钱在教育上的家长，对孩子的期待越高，更不能接受孩子沉迷网络，因而感知到更严重的网络沉迷情况。但是，也可能是因为认为孩子网络沉迷越严重的家长，越希望通过教育支出来进行弥补。

在学习满意度方面，从图6可以看到，相比于孩子对自己学习成绩的满意程度，家长对孩子学习成绩的满意程度更高，而孩子感知到的家长对自己学习的满意程度是最高的。

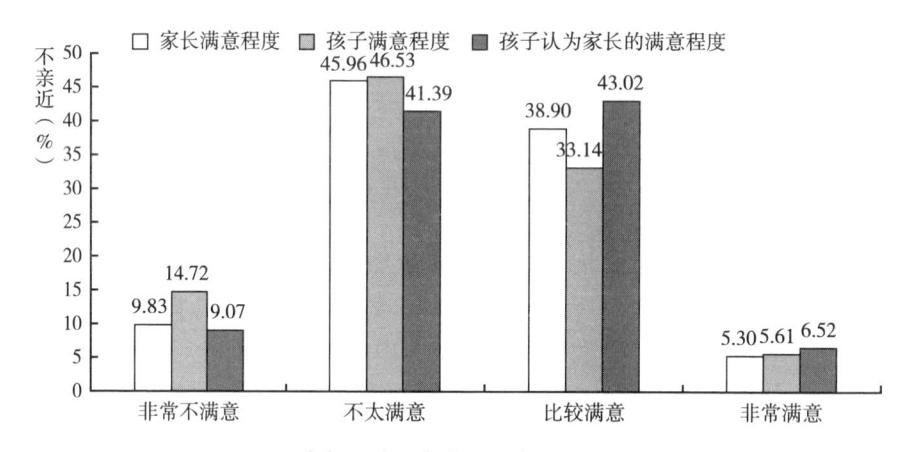

图6 家长和孩子在学习满意程度上的差异

以下，笔者用孩子感知到的家长对自己学习成绩的满意程度去预测自评网络沉迷，用家长对孩子学习成绩的满意程度去预测家长评价孩子的网络沉迷情况。结果发现（见表5），在控制了人口学特征后，孩子认为家长对自己学习成绩的满意度每增加1分，孩子自评网络沉迷得分显著下降0.141分；家长对孩子学习成绩的满意度每增加1分，家长评价孩子的网络沉迷得分显著下降0.160分。

然而，这是否与孩子对成绩的满意度以及实际的成绩有关？笔者对两者进行了控制，结果发现（见表5），即使在孩子对自己的学习成绩满意程度和实际成绩都相同的情况下，孩子认为家长对自己学习成绩的满意度每增加1分，孩子自评网络沉迷得分仍然显著下降0.131分，家长评价孩子的网络沉迷得分也显著下降0.132分。可见，无论孩子自身满意度和实际成绩如何，家长对孩子学习成绩的满意度和孩子感知到的家长的满意度，都是影响网络沉迷得分的因素。

在家长的教养方式方面，孩子认为家长较严格（平均分为2.90±0.59分，满分为4分），但是相比于家长自评的严格程度（平均分为2.92±0.53分，满分是4分）得分略低。两者相关度较高，相关系数为0.541（$p<0.001$）。与前面的分析类似，用孩子感知的父母严格程度预测孩子自评网络沉迷得分，用家长自评严格程度预测家长对孩子网络沉迷的评价得分。结果发现（见表5），在控制了人口学特征后，孩子感知的父母严格程度每增加1分，其自评网络沉迷得分显著下降0.077分；家长自评严格程度每增加1分，其评价孩子的网络沉迷得分显著下降0.115分。这可能是因为越严格的教养方式，对孩子的网络使用监管越严格，因而网络沉迷得分下降，也有可能是因为亲子关系的作用。接下来，笔者重点分析了家长网络使用监督对孩子网络沉迷得分的影响。当纳入网络使用监督变量后，严格的教养方式仍然能显著降低孩子自评和家长评价的网络沉迷得分（见表6）。然而，纳入亲子关系后，严格的教养方式不再能显著降低孩子自评和家长评价的网络沉迷得分。教养方式与亲子关系间呈正相关关系（$r=0.279$，$p<0.001$）。也就是说，教养方式较严格的家庭，反而亲子关系越好，从而降低了未成年人的网络沉迷程度。再进一步将亲子关系按25%的分数，分成4组。分组分析发现，教养方式主要降低的是亲子关系不良组孩子的自评网络沉迷程度（$B=-0.045$，$p=0.045$），而对其他亲子关系组没有显著影响。可见，对于未成年人而言，家长管好于不管。

表6　家长网络使用监督对孩子自评和家长评价网络沉迷得分的影响

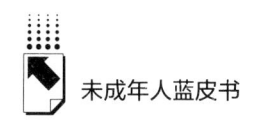

模型	变量	参照变量	孩子自评 系数	孩子自评 p值	家长评价 系数	家长评价 p值
模型1:分别纳入	不使用"青少年模式"	使用"青少年模式"	-0.021	0.093	-0.100	0.000
	未听过"青少年模式"	使用"青少年模式"	0.018	0.397	0.068	0.003
	允许下载软件	不允许下载软件	0.020	0.320	-0.010	0.635
模型2:同时纳入	不使用"青少年模式"	使用"青少年模式"	-0.031	0.013	-0.119	0.000
	未听过"青少年模式"	使用"青少年模式"	0.011	0.601	0.056	0.017
	家长的严格程度		-0.079	0.000	-0.129	0.000

5. 家长的网络监管意识对孩子网络沉迷得分有显著预测作用

我们询问了家长"当孩子使用家长设备上网时，家长是否允许孩子自己下载软件"，结果有1296名家长（占17.85%）选择了允许，5963名家长（占82.15%）选择了不允许。当问到家长是否会设定"青少年模式"时，有4826名家长（占40.25%）表示会设定，5957名家长（占49.68%）表示不会设定，1208名家长（占10.07%）表示从未听说过"青少年模式"。可见，多数家长不会设定"青少年模式"，但会限制孩子自己下载软件。那么，这两种网络监督方式，哪种对孩子网络沉迷影响更大呢？

结果如表6所示，在控制了人口学特征后，是否允许下载软件对孩子自评和家长评价网络沉迷得分都没有显著影响。相对于使用"青少年模式"的家长，不使用"青少年模式"的家长评价孩子的网络沉迷得分显著下降0.100分，未听过"青少年模式"的家长评价孩子的网络沉迷得分显著提高0.068分，但是对孩子自评的网络沉迷得分没有显著影响。这可能是因为，如果家长没有听说过"青少年模式"，说明平时对孩子的网络使用监管和照料不够，孩子可能更容易网络沉迷；但是如果家长听说过"青少年模式"，却选择了不使用的话，有可能是因为他们觉得孩子的网络使用情况并不严重，故在结果中表现为得分下降。因此，对孩子网络沉迷影响更大的不一定是家长是否使用了"青少年模式"，而是家长对孩子网络监管的意识。有时候使用"青少年模式"可能正是因为感到孩子网络使用情况较严重，而有时候不使用"青少年模式"并不一定代表家长没有监管。

笔者进一步纳入家长的严格程度变量后发现，在网络监管不变的情况下，家长的严格程度仍然能显著降低孩子自评和家长评价的网络沉迷得分。但是，如果家长的严格程度不变的话，不使用"青少年模式"的家长，其孩子自评的网络沉迷得分反而显著低于使用"青少年模式"的家长，下降了0.031分。这进一步说明，更重要的不是家长的监管行为，而是监管意识和教养方式。

（五）家长网络使用行为和观念

1. 家长上网频率越高，孩子网络沉迷得分越高

在控制了人口学特征后，家长最近半年上网频率对孩子自评网络沉迷得分没有显著影响，但是上网频率越高，家长评价的孩子网络沉迷得分越高（见表7）。相比于最近半年没有上网的家长来说，很少、有时、经常和总是上网的家长评价其孩子网络沉迷得分分别显著增加了0.107分、0.150分、0.211分和0.285分。

表7 家长网络使用行为和观念对孩子自评和家长评价网络沉迷得分的影响

维度	变量	参照变量	孩子自评 系数	孩子自评 p值	家长评价 系数	家长评价 p值
最近半年上网频率	很少	没有	0.007	0.867	0.107	0.049
	有时	没有	0.024	0.573	0.150	0.004
	经常	没有	0.049	0.248	0.211	0.000
	总是	没有	0.066	0.158	0.285	0.000
周一至周五	玩手机游戏时长		0.017	0.001	0.033	0.000
	看短视频时长		0.029	0.000	0.036	0.000
	看视频时长		0.017	0.009	0.022	0.002
	看直播时长		0.029	0.000	0.028	0.001
周六至周日	玩手机游戏时长		0.023	0.000	0.024	0.000
	看短视频时长		0.026	0.000	0.031	0.000
	看视频时长		0.014	0.022	0.021	0.002
	看直播时长		0.029	0.000	0.038	0.000
家长网络使用观念	家长认为互联网的重要程度		0.135	0.000	0.251	0.000

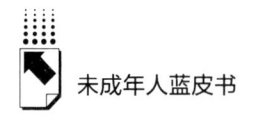

2. 家长网络娱乐类行为越多，孩子网络沉迷得分越高

在控制了人口学特征后，如果其他上网时长不变，仅增加家长上网时长，对孩子自评和家长评价网络沉迷得分均有显著影响（见图7、表7）。并且，在控制了亲子关系和婚姻关系后，家长在这些事情上所花的时间仍然能显著增加孩子网络沉迷得分。可见，家长玩手机游戏、看短视频、看视频和看直播均会增加未成年人网络沉迷的风险。

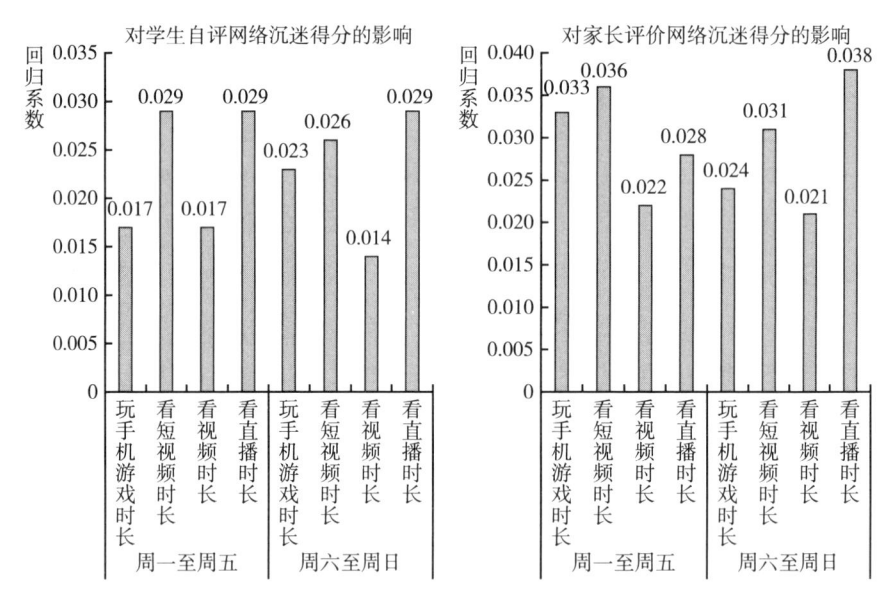

图7 家长网络使用时长对孩子自评和家长评价网络沉迷得分的预测作用（多元线性回归结果）

说明：图中分数代表网络使用时长每增加一个程度，孩子自评或家长评价网络沉迷得分增加的数值；所有系数均在95%的置信区间上显著。

3. 家长认为互联网越重要，孩子网络沉迷得分越高

我们使用8道题目测量了家长认为互联网对于未成年人而言的重要程度，例如，互联网是未成年人获取信息的重要渠道、未成年人娱乐放松的主要途径就是互联网、在网上未成年人能够充分表达自我等。如表7所示，在控制了人口学特征后，认为互联网对未成年人而言越重要的家长，其孩子自评网络沉迷得分越高，每增加一个程度，得分增加0.135

分，且家长评价孩子的网络沉迷得分也越高，每增加一个程度，得分增加 0.251 分。

为探究家长网络使用行为和观念哪个对未成年人网络沉迷影响更大，将上网频率、上网时长和使用观念同时纳入模型，结果发现，在人口学特征、上网时长和家长网络观念不变的情况下，上网频率对孩子自评和家长评价网络沉迷得分没有显著影响。在人口学特征、上网频率和家长网络观念不变的情况下，仅周一至周五玩手机游戏和看短视频的时长能显著增加孩子自评和家长评价的网络沉迷得分。在人口学特征、上网频率和时长不变的情况下，家长的网络使用观念仍然能显著预测孩子自评和家长评价的网络沉迷得分。可见，家长的网络使用观念、周一至周五玩手机游戏和看短视频的时长，对未成年人网络沉迷影响更大。

三 研究讨论

（一）家长评价未成年人网络沉迷的严重程度高于孩子自评

本报告研究发现，孩子自评网络沉迷的得分为 1.87±0.64 分，家长评价孩子网络沉迷的得分为 2.23±0.68 分，两者的相关度较高，相关系数为 0.348（$p<0.001$），但是家长评价的网络沉迷情况较孩子自评的情况严重。在匹配样本中，孩子自评得分属于网络沉迷得分较高组的占 15.30%，而家长评价得分属于网络沉迷得分较高组的占 34.04%，约为孩子自评的 2 倍。而在全部样本中，孩子自评得分属于网络沉迷得分较高组的占 16.50%，家长评价得分属于网络沉迷得分较高组的占 37.74%，也约为孩子自评的 2 倍。据此，可以估计我国未成年人中有一定网络沉迷倾向者的占比为 15.30%~37.74%。但是，有网络沉迷倾向，并不代表是网络沉迷。有的研究认为我国网络沉迷的检出率为 5.8%~7.3%，另有研究认为约为 10%~15%（雷雳、杨洋，2007）。总的来说，我国未成年人中网络沉迷者占比并不高，但是不同研究的结论有较大的差异，这可能源于孩子自评和家长评价的差异。因

此，今后研究应对孩子自评和家长评价的差异给予更多关注，不能仅以一方评价来下结论。

（二）母亲对预防未成年人网络沉迷作用较大，但也需提高父亲的参与度

本报告认为，如果仅提高父亲学历，但母亲的学历不变，对未成年人网络沉迷得分没有显著影响。但是，如果仅提高母亲学历，即使父亲的学历不变，仍然能显著降低未成年人的网络沉迷得分。并且无论是孩子自评还是家长评价，如果母亲是主要学习照看者，均能显著降低未成年人的网络沉迷得分。可见，母亲对预防未成年人网络沉迷的作用较大。然而，造成这一结果的原因有可能是母亲在家庭照料中参与程度更高。在本研究中，70%以上的家长问卷是由母亲作答的，且70%以上的未成年人认为母亲是其主要照料者，父亲参与程度较低。但是，父亲为主要照看者能显著降低孩子自评的网络沉迷得分。可见，应提高父亲的参与程度，但遗憾的是，父亲参与育儿的程度较低一直是我国家庭面临的一个问题，"丧偶式育儿"是近几年被频繁讨论的话题。如何让男性更多地参与家庭事务，需要整个社会层面的调整，如男女平权，消除男主外、女主内的偏见，以及开展家庭教育和培训等。

（三）主观阶层比客观阶层更能预测未成年人的网络沉迷情况

本报告发现，相比于收入，主观阶层对未成年人网络沉迷的影响更大，如果主观阶层不变，收入反而会起到提高网络沉迷程度的作用。自尊在主观阶层和网络沉迷间起到部分中介作用。也就是说，主观阶层通过影响孩子的自尊，进而影响孩子的网络沉迷情况，但主观阶层本身对网络沉迷也有降低作用。这提示家长应注意引导未成年人减少与他人的比较，尤其是客观阶层较低的家庭，家长自身也应调节主观阶层定位，因为家长的阶层感知会影响孩子的主观阶层感知，进而影响其自评网络沉迷得分。因此，家长和孩子都要树立健康的自我观念，多与自己比较，少与他人比较，建立对自己和家庭的信心与欣赏，这可能提升孩子的自尊，预防网络沉迷。

（四）良好的亲子关系和父母关系是预防未成年人网络沉迷的关键

在家庭系统的众多相关因素中，亲子关系是一个关键因素，而且亲子关系与未成年人问题行为的关系一直是发展心理学领域中的一个重要研究课题（VanWel, Linssen & Abma, 2000）。大量的实证研究都表明，亲子关系对未成年人的问题行为有显著的预测作用，具有较高亲子关系质量的儿童往往会表现出较好的社交技能和较少的问题行为（Schneider, Atkinson & Tardif, 2001）。本报告也发现，良好的亲子关系是预防未成年人网络沉迷的保护性因素。不仅如此，良好的父母关系也能显著降低未成年人网络沉迷得分，而父母离过婚的孩子网络沉迷得分较父母未离过婚的孩子更高。这与前人的研究结果一致，也与笔者在本书《未成年人网络沉迷报告》一文中的发现相呼应，即提高未成年人线下生活质量是防范未成年人网络沉迷的关键。并且，当在其他模型中纳入亲子关系和婚姻关系后，其他因素（如教养方式）变得不再显著，但亲子关系和父母关系仍然显著，这说明亲子关系和父母关系是关键因素。对未成年人网络沉迷的干预，要重视家庭的作用，从改善家庭关系入手。

（五）较低的期望下的严格教养方式能降低未成年人网络沉迷程度

本报告发现，教养方式较严格的家庭，反而亲子关系更好，从而降低了未成年人的网络沉迷得分。并且，分组分析发现，教养方式主要降低的是亲子关系不良组孩子的自评网络沉迷得分，而对其他亲子关系组没有显著影响。现在关于家长的教养方式有许多争论，如有人认为应该给未成年人更多的自主空间，也有人认为应该对未成年人进行更多管控。较为一致的观点是，将家长的教养方式分为权威型、专制型、溺爱型和放任不管型，认为家长采取权威型的教养方式最好。本报告并没有从以上四种教养方式的角度进行探讨，仅分析了家长管得严不严对于未成年人网络沉迷的影响。从本报告的结果来看，对于未成年人而言，家长管好于不管。其原因有二：一是在网络使用方面，未成年人的自我控制力较弱，需要家长更严格的管控；二是从

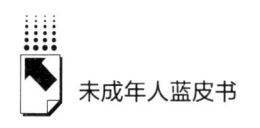

儿童心理的角度看，家长管还意味着在意和关注，而家长不管则是对孩子的忽视和不关注，关注总比不关注要好。然而，权威型和专制型都是"管"，哪种"管"更有利于降低网络沉迷的风险，有待以后的研究来探讨。

本研究在四种教养方式之外，有其他发现。无论孩子对自己学习成绩的满意度和实际成绩如何，家长对孩子学习成绩的满意度和孩子感知到的家长的满意度，都是影响网络沉迷的因素。换句话说，降低家长对孩子学习成绩的期望，提高家长对孩子学习成绩的满意度，让孩子感知到家长对自己的学习成绩是满意的，能有效降低未成年人的网络沉迷程度。因此，更好的教养方式或许是，在低期望下的管教，显然这种教养方式不属于权威型或专制型，但它与时下盛行的关于好家长的描述很一致，即温柔而坚定。温柔在于对孩子的成绩期望不高，对孩子的表现较满意，而不是一味苛责；坚定在于同时能有严格的管教，而不是放任孩子为所欲为。

（六）家长的网络监管意识、网络使用观念和网络行为对未成年人网络沉迷有影响

但是，上述管教并不一定要落实到行动上，更重要的是对未成年人学习和生活的关注与监管的意识。本报告发现，对孩子网络沉迷影响更大的不一定是家长是否使用了"青少年模式"，而是家长对孩子网络监管的意识。有时候使用"青少年模式"可能正是因为家长感到孩子网络使用情况较严重，而有时候不使用"青少年模式"并不一定代表家长没有监管。并且，在网络监管不变的情况下，家长的严格程度仍然能显著降低孩子自评和家长评价的网络沉迷得分。但是，如果家长的严格程度不变的话，不使用"青少年模式"的家长，其孩子自评的网络沉迷得分反而显著低于使用"青少年模式"的家长。这进一步说明，更重要的不是家长有否采取网络监管行为，而是家长的监管意识和教养方式。

除此之外，本报告还发现，家长的网络使用观念、周一至周五玩手机游戏和看短视频的时长，对未成年人网络沉迷有显著影响。可见，预防和干预未成年人网络沉迷，家长还需要调整自己的观念和行为。首先，要重视孩子

的线下生活，进行高质量的陪伴，这样孩子也不会转向网络去寻求满足。其次，家长要以身作则，管控自己的上网行为，将上网时间转为陪伴孩子的时间，这有助于培养良好的家庭氛围，从而降低未成年人的网络沉迷风险。

参考文献

邓林园等，2012，《父母冲突与青少年网络成瘾的关系：冲突评价和情绪管理的中介作用》，《心理发展与教育》第5期。
邓林园等，2013，《家庭环境、亲子依恋与青少年网络成瘾》，《心理发展与教育》第3期。
雷雳，2010，《青少年"网络成瘾"探析》，《心理发展与教育》第5期。
雷雳、杨洋，2007，《青少年病理性互联网使用量表的编制与验证》，《心理学报》第4期。
张锦涛等，2011，《青少年亲子关系与网络成瘾：孤独感的中介作用》，《心理发展与教育》第6期。
周春莲等，2004，《网络成瘾问题研究现状及展望》，《中国医学伦理学》第3期。
Caplan, S. 2005. "A social skill account of problematic internet use." *Journal of communication*：721-736.
Davis, R. 2001. "A cognitive-behavioral model of pathological Internet use." *Computers in Human Behavior* 17：187-195.
Schneider, B. H., L. Atkinson, & C. Tardif. 2001. "Child-parent attachment and children's peer relations：A quantitative review." *Developmental Psychology* 37：86-100.
VanWel, F., H. Linssen, & R. Abma. 2000. "The parental bond and the well-being of adolescents and young adults." *Journal of Youth and Adolescence* 29：307-318.

附 录

一 调查对象

本报告中所用调查数据来源于2021年在共青团中央维护青少年权益部支持下,中国社会科学院社会学研究所和中国社会科学院社会发展战略研究院所进行的"未成年人数字生活与网络保护调查"。调查对象为6岁至18岁小学、初中、高中、职高和中专的在校未成年人及其家长。

采用分阶段随机抽样,第一阶段按照行政区划分成31层;第二阶段每省抽取3~4个地级市;第三阶段在抽中的地级市中选择4所学校,包括2所小学、1所初中和1所高中或职高与中专。抽中的学校每个年级随机抽取1个班做全员问卷调查,抽中班级以高于50%的比例抽取家长调查,并将父母与孩子数据进行一对一匹配;同时在每个年级另抽取部分家长同时进行调查。调查时间段为2021年3月31日至2021年4月21日。最终获得未成年人样本为21733个,家长样本为19804个,其中含未成年人和家长一一配对样本为11991个。调查对象具体信息见表1和表2。

表1 未成年人调查对象基本情况（N=21733）

单位:人,%

属性	类别	人数	百分比
性别	男	10842	49.89
	女	10891	50.11
学龄段	小学低年级(1~3年级)	5997	27.59
	小学高年级(4~6年级)	7719	35.52

续表

属性	类别	人数	百分比
学龄段	初中	3420	15.74
	高中	4208	19.36
	职高/中专	389	1.79
家庭居住地	农村	5337	24.6
	城镇	16396	75.4
学校类型	重点	6322	29.09
	非重点	15411	70.91
省市	安徽省	538	2.48
	北京市	659	3.03
	福建省	674	3.10
	甘肃省	554	2.55
	广东省	496	2.28
	广西壮族自治区	586	2.70
	贵州省	361	1.66
	海南省	587	2.70
	河北省	638	2.94
	河南省	527	2.42
	黑龙江省	499	2.30
	湖北省	645	2.97
	湖南省	904	4.16
	吉林省	670	3.08
	江苏省	925	4.26
	江西省	1469	6.76
	辽宁省	580	2.67
	内蒙古自治区	764	3.52
	宁夏回族自治区	747	3.44
	青海省	967	4.45
	山东省	902	4.15
	山西省	760	3.50
	陕西省	1729	7.96
	上海市	556	2.56
	四川省	594	2.73
	天津市	748	3.44
	西藏自治区	392	1.80
	新疆维吾尔自治区	624	2.87
	云南省	584	2.69
	浙江省	251	1.15
	重庆市	803	3.69

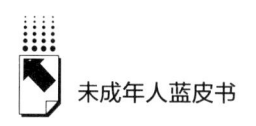

表2 未成年人家长调查对象基本情况（N=19804）

单位：人，%

属性	类别	人数	百分比
家长性别	男	5292	26.72
	女	14512	73.28
年龄	26~31岁（90后家长）	1441	7.28
	32~36岁（80后家长）	4563	23.04
	37~41岁（85后家长）	6565	33.15
	42~51岁（70后家长）	6614	33.40
	52岁及以上（60后家长）	621	3.14
与孩子关系	父亲	5225	26.38
	母亲	14362	72.52
	其他	217	1.10
孩子母亲受教育程度	初中及以下	7329	37.01
	高中/职高/中专	5011	25.30
	大学专科	3064	15.47
	大学本科	3750	18.94
	硕士及以上	650	3.28
孩子父亲受教育程度	初中及以下	6741	34.04
	高中/职高/中专	5422	27.38
	大学专科	2987	15.08
	大学本科	3768	19.03
	硕士及以上	886	4.47
孩子性别	男	10024	50.62
	女	9780	49.38
孩子学龄段	小学低年级	5809	29.33
	小学高年级	7072	35.71
	初中	3211	16.21
	高中	3534	17.84
	职高/中专	178	0.90
居住地	安徽省	538	2.48
	北京市	659	3.03
	福建省	674	3.10
	甘肃省	554	2.55
	广东省	496	2.28
	广西壮族自治区	586	2.70
	贵州省	361	1.66

续表

属性	类别	人数	百分比
居住地	海南省	587	2.70
	河北省	638	2.94
	河南省	527	2.42
	黑龙江省	499	2.30
	湖北省	645	2.97
	湖南省	904	4.16
	吉林省	670	3.08
	江苏省	925	4.26
	江西省	1469	6.76
	辽宁省	580	2.67
	内蒙古自治区	764	3.52
	宁夏回族自治区	747	3.44
	青海省	967	4.45
	山东省	902	4.15
	山西省	760	3.50
	陕西省	1729	7.96
	上海市	556	2.56
	四川省	594	2.73
	天津市	748	3.44
	西藏自治区	392	1.80
	新疆维吾尔自治区	624	2.87
	云南省	584	2.69
	浙江省	251	1.15
	重庆市	803	3.69
	安徽省	538	2.48
	北京市	659	3.03

注：家长调查要求尽量让熟悉孩子情况的家长填写，因此母亲填答比例较高。有极少数是由祖父母或照顾孩子的亲属填写，在关系中归为其他。

二 版权与免责声明

（一）版权声明。本报告由中国社会科学院社会学研究所和社会发展研

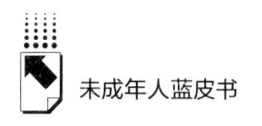

究中心制作，报告中所有的文字、图片、表格均受到中国知识产权法律法规的保护。

（二）免责声明。本报告中的调研数据均采用样本调研方法获得，其数据结果受到样本的影响，部分数据未必能够完全反映真实情况。因此，本报告只提供给个人或单位作为参考资料，研究方不承担因使用本报告而产生的法律责任。

共青团中央维护青少年权益部

中国社会科学院社会学研究所

中国社会科学院社会发展战略研究院

2022 年 10 月

Contents

I General Report

B.1 The Digital Life and Internet Protection of Minors
in China *Tian Feng, Gao Wenjun* / 001

Abstract: The report analyzes the legal changes in the protection of minors on the Internet. Combined with a national questionnaire survey, the report outlined the characteristics of the digital life of minors, such as learning, entertainment, and social interaction, and explains their motivations for Internet use and the impact of Internet use on values, mental health and creativity. The report pointed out that the digital life of minors is closely related to the family environment and school environment, and the Internet-home-school ecosystem affect the development of minors. Based on this, the report recommends that minors' Internet protection should focus to the following aspects: systematically make laws and regulations, strengthen the value orientation of digital content by platform companies, implement internet literacy education, attach importance to family education, enrich offline activities by linking communities, schools and families, and reasonably guide the subjective initiative of minors, etc.

Keywords: Minors; Digital Life; Internet Protection

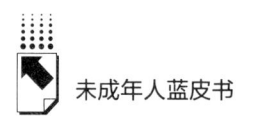

Ⅱ Topical Reports

B.2 Minors Online Education Report

Guo Ran, Han Xiaoxue / 024

Abstract: Online education is a technical means to transfer the traditional teaching field to online, which has a far-reaching impact on the traditional form of education. Based on the analysis of survey data, this chapter compares and analyzes the online education before and after the epidemic from the two dimensions of in class and out of class. The findings of this paper are as follows: (1) whether in class or after class, minors complete learning tasks and expand their knowledge is the main goal of using the network; (2) Minors have a dual attitude towards online classes. On the one hand, they have a high degree of acceptance of online classes, on the other hand, they still prefer offline teaching. While affirming the teaching effect of online classes, they also prefer offline interaction; (3) Parents will play a supervisory role in their childrens online classes; (4) Minors' evaluation of online classes is generally more objective. On the one hand, they recognize the convenience and repeatable viewing characteristics of online classes. On the other hand, they have also encountered many problems such as vision damage, difficulty in concentrating, inability to communicate and feedback in time. Online classes also have high requirements for hardware and network environment; (5) Students of different grades and families will also show significant differences in online classes. Minors living with their parents (at least one party) have better learning effect, while senior students have lower acceptance of online classes and relatively poor learning effect.

Keywords: Minors; Online Education; In Class Learning; Extracurricular Learning; Learning Outcomes

Contents

B.3 Internet Sub-culture Among Minors *Wu Ziyang* / 049

Abstract: The network subculture of minors is an online culture corresponding to the mainstream culture developed by young people as the main creative and user group. With the high popularity and deep penetration of the Internet in the lives of minors, the minors' network subculture has also risen and developed. This survey selected three popular online subcultures that are currently highly discussed in society: "fandom" culture, "Two dimensions" culture, and "barrage" culture. We conducted a national survey to specifically analyze the spread, participation, and popularity of these subcultures. On this basis, we have a comprehensive grasp of the use of minors' online subcultures, and provide verification and reference for policy formulation and academic research.

Keywords: Minors; Network Subculture; "Fandom" Culture; "Two Dimensions" Culture; "Barrage" Culture

B.4 Research on the Online Games Among Minors *Tian Feng* / 087

Abstract: The current study analyzed the status of minors' online game using, and conducted a detailed analysis of different types of minors. It is found that minors in rural areas and left-behind children play online games more. Games have both positive and negative effects on minors. Most minors can recognize the impact of games. The family relationships, including the degree of harmony between parent-child relationship and husband-wife relationship, as well as the closeness of the school environment, will affect online game behaviors. The application of parental control mode or minor protection mode can help reduce the frequency of minors' gaming behaviors, but some minors have opened other accounts and concealed the behavior of playing games in order to play games. Finally, according to the results, the article puts forward relevant suggestions.

Keywords: Online Games; Minors; Family Relationship; School Environment

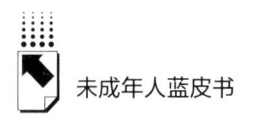

B.5 Short Video use and its Influence Among Minors

Tian Feng / 113

Abstract: This paper systematically analyzes the status of minors' use of short videos, and divides minors into different types according to the frequency and duration of use. Further analysis found that minors who heavily use short videos have some problems in their family relationships, and they are not very close to their parents. Minors who heavily use short videos are also prone to show some bad tendencies in their personal temperament, and these bad tendencies may cause social problems. On the whole, short videos, as a native online entertainment method for minors, does not have much overseas research to learn from, and should be explored in more research fields.

Keywords: Minors; Short Videos; Parent-child Relationship; Personal Temperament

B.6 Reports on Motivation of Minors' Internet Use

Gao Wenjun, Liu Donghao / 136

Abstract: This study analyzes the characteristics, influencing factors, and the consequences of minors Internet use motivation. The data of 21733 students aged 6 – 18 in 31 provinces in China comes from "Minors' Digital Life and Protection Survey" in 2021. The results showed that the needs that minors meet when using the Internet are, in order, cognitive needs, entertainment needs, self-expression needs, and social needs. Minors who are boys, senior students, or students in rural areas, and minors who have poor relationship with parents and less parent-child interaction, and minors who are not fit the school are more likely to use the Internet as an important way to meet their needs. Different types of Internet use motives will lead to differences in the frequency of minors' online behaviors.

Keywords: Minors; Internet Use Motivation; Use and Satisfaction Theory

B.7 Report on Minors' Internet Addiction　　　　*Zhang Yan* / 163

Abstract: This study investigated 21,733 minors aged from 6 to 18 years old, and found that the proportion of Chinese minors with Internet addiction tendency is not high. However, 0.9% minors had an Internet addiction score of four, the full mark, indicating relatively addicted; 14.78% have some degree of addiction tolerance; and 18.36% have some withdrawal symptoms. The risk of Internet addiction was higher for males, rural minors, students in higher grades and minors who first went online earlier. Online entertainments, such as playing online game, joining fan events, watching live-streaming, short videos and animation/cartoon online, can increase the minors' Internet addiction scores. However, online learning, such as searching for information, and online leisure, such as chatting, have no significate impact on Internet addiction scores, and may even reduce Internet addiction scores. School integration, life satisfaction, happiness, academic achievement satisfaction and confidence in the future are the protective factors against Internet addiction, while perceived importance of Internet and academic pressure are the risk factors for Internet addiction. The key to preventing minors from becoming addicted to the Internet is to improve the quality of their offline life. The anti-addiction education has a certain role in reducing Internet addiction, which can be considered to be carried out nationwide.

Keywords: Minors; Internet Addiction; Tendency of Internet Addiction

Ⅲ　Special Reports

B.8 Minors' Internet Media Use and Values

Gao Wenjun, Teng Su-fen / 188

Abstract: The study analyzes the relationship between the use of Internet media and the pursuits of internal and external goal-values of minors. The data of 21733 students aged 6-18 in 31 provinces in China comes from "Minors' Digital

Life and Protection Survey" in 2021. The results showed that minors generally value the intrinsic goals such as personal growth, affiliation and community feeling, and less value the extrinsic goals such as financial success, social recognition and appealing appearance. There are differences in gender, age, and urban-rural areas in the pursuit of goal value. Minors who frequently use online media such as short videos, online videos, and online games will more likely to pursue external values. This influence is more pronounced among minors in urban areas and in high school. Whereas, the impact of using microblog and reading online news on the values is pronounced among minors in rural areas and in primary school.

Keywords: Minors; Internet Media Use; Values of Intrinsic Goals; Values of Extrinsic Goals

B.9 Internet Activity and Emotion Control in Minors

Gu Xuguang / 214

Abstract: With the gradual increase of minor Internet users in China, the negative effects of children and teenagers' Internet use have gradually been paid more and more attention by all sectors of society. Especially in the aspect of emotional stability, the report found that the urban and rural differences, parental relationship, parent-child relationship and age all have an impact on emotional stability, urban and rural areas, age and social support have an obvious impact on aggression. In terms of Internet behavior on the relationship between the emotional stability, through data analysis, we found that the life state have moderation effect to Internet use between emotional stability, in the state of life, the greatest influence on emotional control ability is the study pressure and future expectations, with the increase of learning pressure and future expectations are low, will greatly increase the frequency of online, It also reduces emotional stability. The report suggests that attention should be paid to the social relationships of adolescents, the emotional stability of children and adolescents from single-parent families in rural areas, the important influence of school pressure on adolescents' emotional development, and the increasing emotional instability of adolescents with age should be more tolerant.

Keywords: Internet Users; Emotional Stability; Minors

B.10 The Influence of Minors' Internet Use on Mental Health
Liu Xiao-liu, Teng Su-fen / 240

Abstract: The mental health of minors is a major social problem, which is not only related to social stability and family harmony, but also related to the future development of the country. Internet use is one of the important factors that affecting the mental health of minors. This study conducts an investigation on the influence of various types of Internet use on mental health. The results show that the different types of Internet use frequency have different effects on mental health which includes both positive and negative aspects. And comparing the high parent-child relationship group and the low parent-child relationship group, the effects of Internet use are different. The suggestions about minors' Internet use are proposed based on these results.

Keywords: Minors; Internet Use; Mental Health

B.11 Minors' Internet Usage and Creativity
Ying Xiao-ping, Wu Ji / 261

Abstract: This report analyzed the data in Internet Age and Minors' Development Survey and focused the effects of internet usage on the creativity. The analysis was based on the five grades of school, junior elementary school, senior elementary school, middle school, high school, technical school/secondary vocational school/vocational high school. The results showed that (1) Minors using internet at lower grades scored significantly higher on everyday creativity than ones not using internet. (2) Minors using internet at higher grades scored significantly lower on everyday creativity than ones not using internet. Further analysis on five domains of everyday creativity were conducted, including Craft/Fine Arts, Interpersonal/Social Activity, Language/Literature, Science/Technology, Performance Arts. The results showed that (3) Girls using internet at lower grades scored significantly higher on Performance Arts domain and Craft/Fine Arts domain of everyday creativity than ones using internet. (4) Girls using internet at higher grades scored significantly lower on Science/Technology domain of everyday creativity than ones not using internet. (5) The internet usage had almost no effects on boys' five domains of everyday creativity, boys using internet at higher school scored significantly lower on Language/Literature domain than ones not using internet. The analysis on the characteristics of radical innovation (including Radical/Novel/Useful ones, Radical/Novel ones, Radical/Useful ones) and incremental innovation (including Incremental/Novel/Useful ones, Incremental/Novel ones, Incremental/Useful ones). The results showed that (6) Boys using internet at elementary school and technical school/secondary vocational school/vocational high school scored significantly higher on radical innovation of creative cognition. (7) Girls using internet at elementary school scored significantly higher on radical innovation. (8) The internet usage had no effects on the radical innovation for girls at middle and higher school. (9) The internet usage had little effects on the incremental innovation for minors.

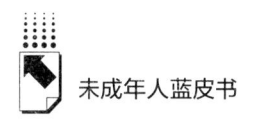

Keywords: Internet Usage; Everyday Creativity; Creative Cognition

B.12 Research on Minors' Internet Use and Interpersonal Relationship *Guo Ran, Han Xiaoxue* / 286

Abstract: The rapid development of the Internet has brought new lifestyles, Socializing and new intergenerational relations to minors, which has become the main driving force of the new socialization of minors. This chapter mainly analyzes the changes of minors' Internet use and interpersonal relationship, and the main findings are as follows: (1) the proportion of minors using the Internet to socialize is low as a whole, as well as its low frequency, including less use of social software and online community; (2) Minors know how to use the Internet to actively expand social interaction, while boys and senior students are more active; (3) Minors generally have a clear understanding of the positive and negative functions of the network; (4) The use of the Internet has improved the intergenerational relationship and enhanced parents' understanding of their children; (5) With the growing up of minors, their privacy awareness is becoming stronger and stronger. They will make more privacy settings for mobile phones and share less with their parents. In addition, different student groups have obvious differences in the changes between Internet use and interpersonal relationships. Parents' company can better shape children's values and make them have more objective evaluation; Senior students will have more privacy, social desire and relatively more negative emotions because of growth and academic pressure, but less willing to share their inner world with their parents.

Keywords: Internet Social Networking; Positive Function and Negative Function; Intergenerational Relationship; Privacy Awareness

B.13 Parents' Attitudes Towards the Subculture of Minors

Gu Xu-guang, Zhou Xiao-qian / 344

Abstract: The minors subculture is inherently different from their parents. In the practice of their own subculture hobbies, it is inevitable that there will be conflicts with their parents, and parents will also have differences in management methods and attitudes based on the reality and their own cognitive differences to the subculture. Based on the participation in parents in their children's hobbies in subcultures, the report constructs an conception called "The level of Online life", and analyzes the influence of other factors of parents "levels of online life" and the differences in parents attitudes to their children's subcultures under different levels. Data analysis results show that a higher level of online life will significantly improve the tolerance of parents to the subculture of their children's hobbies, and parents have a higher acceptance of short videos in various subculture categories. And parents' subcultural tolerance increases as their children age. In terms of learning, generally with the children pressure rising and learning satisfaction children parents can accept children participate in a certain degree of subculture, but some middle and high income parents or Their children are in key schools tend to be very strict control and had rejection attitude to subcultural, based on the entrance pressure and reality to consider the future development to make parents tend to be more strict management.

Keywords: Subculture; Short Videos; Minors

B.14 Parents' Evaluation of Online Education and Children's Interpersonal Relationship *Guo Ran, Han Xiaoxue* / 369

Abstract: As important participants in network education, the role of parents can not be ignored. This chapter focuses on the perspective of parents, analyzing and discussing parents' evaluation of online education and its evaluation of interpersonal relationship. There are several main findings: (1) the age of students accessing to the internet is generally low, and the first time of accessing to the internet is mainly in primary school; (2) Students' online learning and entertainment hours are generally short, and mainly together in weekends; (3) Online education has a variety of forms, but it is still dominated by Chinese math and English courses. Parents generally have positive comments on the development of online education, but students' online learning time is generally less than 1 hour a day; (4) The cost of online class reflects the obvious gap between urban and rural areas, and key middle schools and senior students also have a great burden on the cost of online class; (5) In terms of intergenerational relationship, parents believe that the parent-child relationship is generally harmonious and close, and parent-child interaction is mainly reflected in daily life. Children will often share online content with themselves, with a small number of netizens. When they encounter problems, they will also seek parents' help at the first time; (6) Parents are optimistic about their children's achievements and future, while keeping a clear understanding of the learning pressure their children face. In addition, there is a significant gap in the effect of online education in urban and rural areas. Living with parents also reflects the importance of parental care for children's growth. From the perspective of students' psychological development, junior to senior students also need different education, teaching and training strategies.

Keywords: Parental Perspective; Online Education; Interpersonal Relationship; Intergenerational Relationship

B.15 The Impact of Family on Minors' Internet Addiction:
Evaluation of Children and Parents

Zhang Yan, Ma Chang / 420

Abstract: This study investigated 11991 pairs of children and their parents, and found that parents' evaluation of children' Internet addiction was severer than children' self-evaluation: 34.04% of parents evaluated their children as having some Internet addiction, which was about twice as high as children' self-evaluation. More than 70% of families are dominated by mothers, who play a significant role in reducing the risk of minors' Internet addiction. However, fathers could also significantly reduce the scores of children' self-rated Internet addiction. Fathers' participation in caregiving should be further increased. Compared with income, subjective class has a greater impact on minors' Internet addiction; and self-esteem plays a partial intermediary role between subjective class and Internet addiction. Good parent-child relationship and parents' relationship is the key to prevent minors from Internet addiction. One parenting style that helps reduce the risk of Internet addiction is strict parenting with low expectations. However, this does not refer to whether parents have adopted online supervision behaviors, but the overall awareness of supervision in children's study and life. Parents' attitudes towards Internet use, their amount of time spent playing mobile games and watching short videos from Monday to Friday also had a significant impact on minors' Internet addiction. To prevent and intervene minors' Internet addiction, parents should adjust their parenting style, improve family relations, pay attention to their children's offline life, and control their own online behaviors.

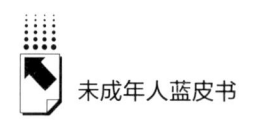

Keywords: Minors; Internet Addiction; Family Factors

权威报告·连续出版·独家资源

皮书数据库
ANNUAL REPORT(YEARBOOK) DATABASE

分析解读当下中国发展变迁的高端智库平台

所获荣誉
- 2020年，入选全国新闻出版深度融合发展创新案例
- 2019年，入选国家新闻出版署数字出版精品遴选推荐计划
- 2016年，入选"十三五"国家重点电子出版物出版规划骨干工程
- 2013年，荣获"中国出版政府奖·网络出版物奖"提名奖
- 连续多年荣获中国数字出版博览会"数字出版·优秀品牌"奖

皮书数据库　　"社科数托邦"微信公众号

成为会员

登录网址www.pishu.com.cn访问皮书数据库网站或下载皮书数据库APP，通过手机号码验证或邮箱验证即可成为皮书数据库会员。

会员福利
- 已注册用户购书后可免费获赠100元皮书数据库充值卡。刮开充值卡涂层获取充值密码，登录并进入"会员中心"—"在线充值"—"充值卡充值"，充值成功即可购买和查看数据库内容。
- 会员福利最终解释权归社会科学文献出版社所有。

数据库服务热线：400-008-6695
数据库服务QQ：2475522410
数据库服务邮箱：database@ssap.cn
图书销售热线：010-59367070/7028
图书服务QQ：1265056568
图书服务邮箱：duzhe@ssap.cn

社会科学文献出版社　皮书系列
卡号：196143229645
密码：

基本子库
SUB DATABASE

中国社会发展数据库（下设 12 个专题子库）

紧扣人口、政治、外交、法律、教育、医疗卫生、资源环境等 12 个社会发展领域的前沿和热点，全面整合专业著作、智库报告、学术资讯、调研数据等类型资源，帮助用户追踪中国社会发展动态、研究社会发展战略与政策、了解社会热点问题、分析社会发展趋势。

中国经济发展数据库（下设 12 专题子库）

内容涵盖宏观经济、产业经济、工业经济、农业经济、财政金融、房地产经济、城市经济、商业贸易等 12 个重点经济领域，为把握经济运行态势、洞察经济发展规律、研判经济发展趋势、进行经济调控决策提供参考和依据。

中国行业发展数据库（下设 17 个专题子库）

以中国国民经济行业分类为依据，覆盖金融业、旅游业、交通运输业、能源矿产业、制造业等 100 多个行业，跟踪分析国民经济相关行业市场运行状况和政策导向，汇集行业发展前沿资讯，为投资、从业及各种经济决策提供理论支撑和实践指导。

中国区域发展数据库（下设 4 个专题子库）

对中国特定区域内的经济、社会、文化等领域现状与发展情况进行深度分析和预测，涉及省级行政区、城市群、城市、农村等不同维度，研究层级至县及县以下行政区，为学者研究地方经济社会宏观态势、经验模式、发展案例提供支撑，为地方政府决策提供参考。

中国文化传媒数据库（下设 18 个专题子库）

内容覆盖文化产业、新闻传播、电影娱乐、文学艺术、群众文化、图书情报等 18 个重点研究领域，聚焦文化传媒领域发展前沿、热点话题、行业实践，服务用户的教学科研、文化投资、企业规划等需要。

世界经济与国际关系数据库（下设 6 个专题子库）

整合世界经济、国际政治、世界文化与科技、全球性问题、国际组织与国际法、区域研究 6 大领域研究成果，对世界经济形势、国际形势进行连续性深度分析，对年度热点问题进行专题解读，为研判全球发展趋势提供事实和数据支持。

法律声明

"皮书系列"(含蓝皮书、绿皮书、黄皮书)之品牌由社会科学文献出版社最早使用并持续至今,现已被中国图书行业所熟知。"皮书系列"的相关商标已在国家商标管理部门商标局注册,包括但不限于LOGO( )、皮书、Pishu、经济蓝皮书、社会蓝皮书等。"皮书系列"图书的注册商标专用权及封面设计、版式设计的著作权均为社会科学文献出版社所有。未经社会科学文献出版社书面授权许可,任何使用与"皮书系列"图书注册商标、封面设计、版式设计相同或者近似的文字、图形或其组合的行为均系侵权行为。

经作者授权,本书的专有出版权及信息网络传播权等为社会科学文献出版社享有。未经社会科学文献出版社书面授权许可,任何就本书内容的复制、发行或以数字形式进行网络传播的行为均系侵权行为。

社会科学文献出版社将通过法律途径追究上述侵权行为的法律责任,维护自身合法权益。

欢迎社会各界人士对侵犯社会科学文献出版社上述权利的侵权行为进行举报。电话:010-59367121,电子邮箱:fawubu@ssap.cn。

社会科学文献出版社